U0692757

中華書局校刊

聚珍仿宋版

十三經注疏

五

毛詩注疏

中華書局

文王之什詁訓傳第二十三

毛詩大雅　陸曰自此以下至卷阿十八篇是文王武王成王周公之正大雅據盛隆之時而推序天命上述祖考之美皆國之大事故爲正大雅焉文王至靈臺八篇是文王之大雅下武至文王有聲二篇是武王之大雅

鄭氏箋　孔穎達疏

文王文王受命作周也　受命受天命而王天下制立周邦○天而王于況反　疏　文王七章章八句○正義曰作文王詩者言文王能受天之命而造立周邦故作此文王之詩以歌述其事也上文王篇名之目下文王指而說其事經五章以上皆是受命作周之事也六章以下爲因戒成王言以殷亡爲鑒用文王爲法言文王之能伐殷其法可則於後亦是受命之事故序言受命作周以總之○傳受命至周邦○正義曰言受命作周是創初改制非天命則不能然故云受命受天命也周雖舊邦其命維新是立周邦也無逸曰文王受命惟中身厥享國五十年注云中身謂中年受命謂受殷王嗣立之命彼謂文王爲諸侯受天子命也此述文王爲天子故爲受天命也按春秋說題辭云河以通乾出天苞雒以流坤吐地符又易坤靈圖云法地之瑞黃龍中流見於雒注云法地之瑞者洛書也然則河圖由天洛書自地纖緯注說皆言文王受洛書而言天命者以河洛所出當天地之位故託之天地以示法耳其實皆是天命故六藝論云河圖洛書皆天神言語所以教告王者也是圖書皆天所命故文王雖受洛書亦天命也帝王革易天使之然故後世創基之王雖無河洛符瑞皆亦謂之受命以其得有天下是命與之故此亦云受天命而王天下也文王雖未得九州以其稱王故以天下言之文王受命毛無明說鴟鴞之傳謂管蔡爲二子則毛意周公無除喪攝政避居東都罪其屬黨之事其受命之年必不得與鄭同也尚書武成篇曰我文考文王克成

厥勳誕膺天命惟九年大統未集孔安國云言諸侯歸之九年而卒故大業未就劉歆作三統曆考上世帝王以爲文王受命九年而崩班固作漢書律曆志載其說於是賈逵馬融王肅韋昭皇甫謐皆悉同之則毛意或當然矣文王九十七而終終時受命九年受命之元年年八十九。年其即諸侯之位已四十二年矣故帝王世紀云文王即位四十二年歲在鶉火文王於是更爲受命之元年始稱王矣乃引周書稱文王受命九年惟暮之春在鎬召太子發作文傳九年猶召太子明其七年未崩故諸儒皆以爲九年而崩其伏生司馬遷以爲文王受命七年而崩故尚書周傳云文王受命一年斷虞芮之訟二年伐邾。三年伐密須四年伐犬夷五年伐耆六年伐崇七年而崩史記周本紀云西伯陰行善諸侯皆來決平虞芮既讓諸侯聞之曰西伯蓋受命之君也此是受命一年之事又曰明年伐犬夷明年伐密須明年敗耆國明年伐邘明年伐崇侯虎而作豐邑明年西伯崩此雖伐犬夷與伐耆伐邘其年與書傳不明次要亦七年崩也鄭不見古文尚書又周書遺失之文難可據信依書傳史記爲之說故洛誥注云文王得赤雀武王俯取白魚皆七年是鄭以文王受命爲七年之事中候我應云季秋之月甲子赤雀銜丹書入豐止於昌戶再拜稽首受尚書運期授引河圖曰倉帝之治八百二十歲立戊午蔀注云周文王以戊午蔀二十九年受命。易類謀。云文王比隆興始霸伐崇作靈臺受赤雀丹書稱王制命示王意注云入戊午蔀二十九年時赤雀銜丹書而命之是鄭意以入戊午蔀二十九年季秋之月甲子赤雀銜丹書而命之也鄭知然者易乾鑿度云入戊午蔀二十九年伐崇作靈臺改正朔布王號於天下受籙應河圖注云受命後五年乃爲此改。猶如也如前聖王所得河圖之書由此而論既云入戊午蔀二十九年雖連以伐崇改正之事云受籙應河圖則二十九年之文爲入受籙而發受籙者即謂受丹書王命之籙也以此知入戊午蔀二十九年即是赤雀所命之年也先言伐崇作靈臺改正朔布王號於天下然後始言受籙者以文王之時所爲大事唯此而已此由天命而然故既言受命之年即言所爲之事下乃繼以受籙應河圖此等之事皆由受籙而爲之故受命之言與二十九年文不連耳是類謀亦先言伐崇然後言受赤雀丹書亦以伐崇作靈臺是文王大事由受命而然故在赤雀之上先言之也且乾鑿度云亡殷者紂黑期火戊倉精授汝位正昌注云火戊戊午蔀也午爲火必言火戊者木精將王火爲之相戊土也又爲火子又火使其子爲己塞水是明倉精絶殷之象也是言文王受命在戊午蔀之意既言入戊午蔀二十九年受籙復説在戊午之意明以二十九年爲受命年也受命之月已是季秋至明年乃改元故書序云惟十有一年武王伐殷注云十有一年本文王受命而數之是年入戊午蔀四十歲矣是鄭以受命元年爲入戊午蔀三十年故改至十年而四十也又以曆校之入戊午蔀二十九年歲在戊午其年殷九月二十五日得甲子明年乃改元則元年歲在己未至十三年在辛未其年正月六日得甲子譜云以曆校之文王受命十三年辛未之歲殷正月六日殺紂是得赤雀之命後年改元之驗也又中候雒師謀云唯王既誅崇侯虎文王在豐豐人一朝扶老至者八十萬戶是受命六年而伐崇居豐也即云至磻谿之水呂尚釣崖王下趨拜曰望公七年矣所以言七年者以本丹書命云雒授金鈐師名呂故得命即望之今受命六年矣而言望公七年通得命之年數之故七是得命之後明年改元鄭所參校於玆明矣若然鄭於金縢之末注云文王年十五生武王又九十七而終終時武王年八十三矣若文王受命七年武王八十三至十一年觀兵得魚之時武王八十七矣至九十三而終則通數取魚之年乃得爲七年鄭云文王得赤烏武王俯取魚皆七年文王以明年數武王以其年數者文王改元須得歲首爲之武王未及改元唯須正名號耳我應説文王之戒武王曰我終之後恒稱太子河洛復告遵朕稱王故太誓説武王升冊稱皇太子得魚即。云俯取是得告之即須改稱故不與文王同也如上所説受赤雀之命必是歲在戊午蔀二十九年矣案乾鑿度云曆元名握先紀日甲子歲甲寅又曰今入天元二百七十五萬九千二百八十歲昌以西伯受命注云受洛書之命爲天子以曆法其年則入戊午蔀二十四年矣歲在癸丑是前校五歲與上不相當者其實當云二百八十五歲以其篇已有入戊午蔀二十九年受籙之言足以可明故略其殘數整言二百八十而不言五也知必加五年當戊午蔀二十九年者依三統曆七十六歲爲一部二十蔀爲一紀積一千五百二十歲凡紀首者皆歲甲寅日甲子卽以甲子之日爲初蔀名甲子蔀一也滿七十六歲其後年初日次癸卯卽以癸卯爲蔀首二也從此以後壬午爲蔀三也辛酉蔀四也庚子蔀五也己卯蔀六也戊午蔀七也丁酉蔀八也丙子蔀九也乙卯蔀十也甲午蔀十一也癸酉蔀十二也壬子蔀十三也辛卯蔀十四也庚午蔀十五也己酉蔀十六也戊子蔀十七也丁卯蔀十八也丙午蔀十九也乙酉蔀二十也是一紀之數終而復始。紀還然今乾鑿度入天元二百七十五萬九千二百八十歲以一紀之法一千五百二十歲除之得一千八百一十五紀餘有四百八十歲卽是入後紀之年其初年還歲甲寅日甲子以甲子癸卯壬午辛酉庚子己卯等六蔀除之餘有二十四年卽是入戊午蔀二十四年更加五年爲二十九年受赤雀之命若推太歲卽以六十除積年其受命之年太歲在戊午若欲知日之所在乘積年爲積日以日行一而六十除之得日之所在又案三統之術魯隱公元年歲在己未其年前惠公之末年歲在戊午計文王受命是戊午之年下至惠公末年六復戊午當三百六十年矣而雒師謀注云數文王受命至魯公末年三百六十五歲又餘五年者本唯云三百六十耳學者多聞周天三百六十五度因誤而加偏校諸本則無五字也或以爲文王再受天命入戊午蔀二十四年受洛書二十九年受丹書若如此說於易緯之文上下符合於中候之注年數又同必知不然者以讖緯所言文王之事最爲詳悉若赤鳥之外別有洛命則應有文言之今未有聞焉明其無也所論圖書莫過中候而我應及雒師謀皆說文王之事只言赤雀丹書不言更有所命詳撿諸緯其辭亦然易通卦驗曰有人侯。牙倉姬演步有鳥將顧其意言文王得赤鳥而演易也是類謀曰受赤雀丹書春秋元命苞曰鳳皇銜丹書於文王之都皆言丹書鳥雀而已會無斥言別有他命鄭言洛書卽丹書是也不然鄭何處得洛書之言乎說者雖云再命既言七年而崩則亦赤雀命後始改元矣若二十四年已後受洛書所以不卽改元而待後命何也且鄭云受洛書之命爲天子若前命已爲天子後命更何所作既天已使爲天子猶尙不肯改元便是傲慢神明違拒天命聖人有作決不然也又鄭於六藝論極言瑞命之事云太平嘉瑞圖書之出必龜龍銜負焉黃帝堯舜周公是其正也若禹觀河見長人皐陶於洛見黑公湯登堯臺見黑。鳥至武王渡河白魚躍文王赤雀止於戶秦穆公白雀集於車是其變也文王唯言赤雀何得更有洛書且洛書龜負而出乃是太平正法於文王之世安得有之此其所以大敝也然則文王所受實赤鳥銜書非洛而出謂之洛書者以其河龍圖發洛龜書感此爲正也。故圖者謂雖不從河謂之河圖書者雖非洛出謂之洛書所以統名焉故元命苞云鳳皇銜圖置帝前黃帝再拜受堯坐中舟與太尉舜臨觀鳳皇負圖授是不從河者也坤靈圖云黃龍中流見於洛注云謂洛書不必皆龜負也言河圖龜書見其正耳所命文王銜丹書者我應是類謀謂之赤雀元命苞謂之鳳皇通卦驗謂之爲鳥鳥者羽蟲之大名赤雀鳳皇之雛神而大之亦得稱鳳文雖不同其實一也受命六年乃始伐崇既伐於崇乃作邑於豐則受命之時未都豐矣而我應云赤雀銜丹書入豐止於昌戶元命苞云鳳皇銜丹書遊於文王之都者鄭作我應序云文王如豐將伐崇受赤鳥是當時行往豐地未都豐也所居有屋故稱昌戶從後言之謂之文王之都太誓云至於王屋譜云周公避居東都亦此類也文王世子稱武王謂文王曰西方有九國焉君王其終無諸文王生稱王也其稱王也必在受命之後元命苞云西伯既得丹書於是稱王改正朔誅崇侯虎稱王之文在誅崇之上是類謀云稱王制命示王意乾鑿度云改正朔布王號於天下二文皆承伐崇作靈臺之下伐崇在六年則亦六年始稱王也但彼文以伐崇之等皆是文王大事故歷言之其言不必依先後爲次未可即以爲定書傳稱二年伐邘三年伐密須四年伐犬夷書序云殷始咎周注云咎惡也紂聞文王斷虞芮之訟後又三伐皆勝而始畏惡之拘於羑里又曰周人乘黎注云乘勝也紂得散宜生等所獻寶而釋文王文王釋而伐黎明年伐崇案殷傳云西伯得四友獻寶免於虎口而克耆大傳曰得三子獻寶紂釋文王而出伐黎其言既同則黎耆一物是文王伐犬夷之後乃被囚得釋乃伐耆也出車說文王之勞還師云春日遲遲是四年遣役五年

始反乃勞之當勞訖被囚其年得釋即以歲暮伐者故稱五年伐者也天無二
日土無二王若五年以前既已稱王改正則反形已露紂當與之爲敵非直咎
惡而已若已稱王顯然背叛雖紂之愚非寶能釋也又書序周人乘黎之下云
祖伊恐奔告於受作西伯戡黎若已稱王則愚者亦知其叛不待祖伊之明始
識之也且其篇仍云西伯明時未爲王是六年稱王爲得其實故乾鑿度布王
號之下注云受命後五年乃爲改此是鄭意以爲六年始王也但文王自於國
內建元久矣無故更復改元是有稱王之意雖則未布行之亦是稱王之迹故
周本紀云詩人道西伯蓋受命之年稱王皇甫謐亦云受命元年始稱王矣正
以改稱元年故疑其年稱王斯言非無理矣但考其行事必不得元年稱王耳
然則六年稱王七年則崩是稱王甚晚禮記大傳注云文王稱王早矣者以殷
紂尚存雖於年爲晚而時未可稱故爲早也一時未可稱而必稱之者我應云我
稱非早一人固下注云我稱王非爲早欲以一人心固臣下是早稱之意也然
則伐崇之時未稱王矣皇矣說伐崇之事而云是類是禡王制云天子將出征
類乎上帝禡於所征之地然則類者祭天之名未稱王而得祭天者文王於伐
崇之後尋即稱王於時天期已至崇又大敵雖未稱王已行王事故類禡文
王雖稱王改正統得行其統內六州而已禮記大傳曰牧之野武王之大事也改
正朔易服色謂克紂之後又復須布天下偏知之猶未制禮未是大定故召
誥云惟二月三月注云當爲一月二月不云正月者蓋待治定制禮乃正言正
月故也然則從是以後始大定矣文王之得太公無經典正文言其得之年月
雖師謀注云文王既誅崇侯乃得呂尚於磻谿之崖是伐崇之年得呂尚也書
傳云散宜生南宮括閎夭三子相與學訟於太公四子遂見西伯於姜里是文
王被囚之年得太公也史記齊世家云西伯政平及斷虞芮之訟伐崇密須犬
夷大作豐邑天下三分其二歸周者太公之謀計居多則是斷虞芮之前得太
公也皇甫謐以爲未受命時已得太公羣言不同莫能齊一案左傳稱呂伋爲
王舅則武王之后大公女也文王受命六年武王以八十二矣不應此時方取
正室且文王爲今年得之明年即崩以人情準之未應便爲武王取其女也又

書傳之美太公言其翼佐文武身有殊勳世祚太公以表東海以其有大功故也若伐崇之後方始得之則文王於時基宇已就太公無所宣其力亦何功業之有乎若武王承父舊基太公因人成事牧野一戰賢聖多矣杖鉞之勞不足稱述而使經傳之文褒揚若此六年始得深可惑矣齊世家云呂尚蓋嘗窮困年老矣以魚釣于周西伯出獵得之或曰太公嘗事紂紂無道去之游說諸侯無所遇而卒西歸周西伯或曰呂尚隱海濱周西伯拘羑里散宜生等知而招尚曰吾聞西伯善養老盍往歸焉言呂尚所以事周雖異然要之爲文武師司馬遷馳騁古今良亦勤矣尚不能知其事周所由安能知得之年月今雖考校未能正之尚書帝命驗曰自三皇以下天命未去饗善使一姓不再命然則文王已受赤雀武王又得白魚者一姓不再命謂子孫既衰之後天不復重命使興耳非謂創業之君也文王雖天意與之而仍未克紂復命武王使之統一故再受命焉○

文王在上於昭于天

在上在民上也於歎辭昭見也箋云文王初爲西伯有功於民其德著見於天故天命之以爲王使君天下也崩謚曰文○於音烏注及下於緝并注皆同見賢遍反下著見同著珍慮反謚音示愼也悉也生存之行終始悉錄之以爲謚也○

周雖舊邦其命維新

乃新在文王也箋云大王聿來胥宇而國於周王迹起矣而未有天命至文王而受命言新者美之也○大音泰後大王皆同○

有周不顯帝命不時

有周周也不顯顯也顯光也不時時也時是也箋云周之德不光明乎光明矣天命之不是乎又是矣○

文王陟降在帝左右

言文王升接天下接人也箋云在察也文王能觀知天意順其所爲從而行之

疏文王至左右○正義曰言文王初爲西伯在於民上也於呼可歎美哉其時已施行美道有功於民其德昭明著見於天言治民光大天所加美以此故爲天所命周自大王已來居此地周雖是舊國其得天命維爲新國矣以明德而受天命變諸侯而作天子是其改新也天既命文王我有周之德豈不光明乎由有美德能受天命則有周之德爲光明矣天之命我文王豈爲不是乎皇天無親惟德是與當時天下莫若文王則天之

所命爲是矣又美文王云文王升則以道接事于天下則以德接治于人常觀察天帝之意隨其左右之宜順其所爲從而行之○傳在上至歎辭○正義曰此言於昭于天是說文王治民有功而明見上天故知在上在於民上也書傳引於穆清廟乃云於者歎之是於爲歎辭也尚書注云於者嗚聲則於嗚古今字耳○箋文王至曰文○正義曰下言其命維新則此未受命時事故鄭本而言文王初爲西伯未受命之時已有功於民其德著見於天故爲天所命也言初爲西伯以對後爲王總受命之前爲初非謂爲西伯之初耳以言在上著見于天明治民之功見也故知有功於民其德著見于天言著見者爲天所加美而知之故天命之爲王使爲君於天下至崩而謚之曰文曲禮下曰君天下曰天子檀弓上曰死謚周道也○箋大王至美之○正義曰言大王自豳來相其可居之處而爲國於周大王已來居此地是周雖舊邦也閟宮云實始翦商是王迹起焉國語言周之興也鸑鷟鳴於岐山雖爲周興之兆而未有書文授之王位是未有天命至文王而受天命以諸侯國名變而爲天子國名是其改新之也言新者美文王能使之新也○傳有周周也時是也○正義曰以周文單故言有以助之烝民曰天監有周時邁曰明昭有周皆同也猶左傳謂濟爲有濟傳疊而解之有周正周也時是釋詁文○箋周之德至是矣○正義曰此言文王德著爲天所命故反其辭以結之言又是者言周德既明天命復是對上句故言又也王肅云天命之是也言時天下莫若文王○傳言文至接人○正義曰人君在人之上在天之下其升降惟天人耳故知言文王升接天下接人謂與之交接天則恭敬承事以接之人則恩禮撫養以接之○箋在察至行之○正義曰此言文王之接天人而云在帝左右明是察天動作而效之言文王觀知天意解在帝也順其所爲從而行之解左右也易稱聖人與天地合其德故順其所爲而效之

亹亹文王，令聞不已。陳錫哉周，侯文王孫子。文王孫子，本支百世。亹亹勉也哉載侯維也本本宗也支支子也箋云令善哉始侯君也勉勉乎不倦文王之勤用明德也其善聲聞日見稱歌無止時也乃由能敷恩惠之施以受命造始周國故天下君之其子孫適爲天子庶爲諸侯皆百世○亹音尾聞音問注同哉如字毛載也鄭始也左傳作載本又作載同敷音孚施始豉反適音的字或作嫡

凡周之士不顯亦世

不世顯德乎。也者世祿也箋云凡周之士謂其臣有光明之德者亦得世世在位重其功也○

疏亹亹至亦世○毛以爲亹亹乎勉力勤用明德不倦之文王以勤行之故有善聲譽爲人所聞日見稱歌不復已止文王能布陳大利以賜子孫於是又載行周道致有天下以此德澤流於後世維文王孫之與子皆受而行之維文王孫之與子不問本宗。之子皆得百。澤相繼言由文王功德深厚故福慶延長也文王之德不但德及子孫而已凡於周爲臣之士豈不有顯德乎言其皆有顯德而亦得繼世食祿言文王德。人及朝臣所以常見稱。識。行復已止也○鄭唯以哉爲始侯爲君爲異言文王能敷陳恩惠之施令德著于天遂受天命而造始周國由此故爲天下之人君其文王孫之與子其本適爲天子支庶爲諸侯皆得百世餘同○傳亹亹至支子○正義曰亹亹勉也釋詁文哉與載古字通用中庸言栽者培之注引上天之載是其通也以其通用故云哉載也釋詁。哉維侯也郭璞曰互相訓是侯得爲維也適譬本幹庶譬其枝故言本本宗支支子也王肅云文王能布陳大利以錫予人故能載行周道致有天下維文王孫子受而行之美其。及支子孫言文王之功德其大宗與支子相承百世之道○箋。云。始至百世○正義曰哉始侯君釋詁文也以文王受命創爲天子宜爲造始周國君其子孫故易傳也受天之命本由明德其用明德卽陳錫是也。不能敷陳恩惠之施故得受命造周令長世稱誦是用明明德而致令聞不已也昭十年左傳曰陳錫載周能施也夫故知去恩惠之賜以施予也宣十五年左傳亦引此詩乃云文王所以造周不是過也是造始周國也既造周國當子孫嗣之故天下之民君其子孫爲天子庶爲諸侯皆百世也○傳不至世祿○正義曰傳以經言不顯則爲顯也由顯而得世世故幷及之不世顯德乎其世世顯德也謂臣有顯德令子孫世之仕者世祿欲舉輕以明重若子孫復有顯德爵位亦世之仕者世祿孟子文○箋凡周至其功○正義曰以士者男子成名之大號下至諸侯及王朝公卿大夫總稱亦可以兼士也凡爲總辭顯爲光明故言謂其臣有光明之德者亦得世世在位以重其功勞故也傳言世祿箋言在位者以言亦世者亦前本支百世也百世謂繼世在位知此亦世世在位也以此知毛言世祿舉輕。苞重耳不謂不得世世也文王之時則其功未定不得定之長在卿大夫之位若武王以後則大封羣臣或爲列土諸侯或爲王朝卿佐維爲王朝之臣其大功亦得世之故直言世世在位而不辨其內外也郊特牲及士冠禮云繼世以立諸侯象賢則封爲國君固當世矣其卿大夫有大功乃得世也王制言天子之縣內諸侯祿也注云選賢置之於位其國之祿如諸侯不得世世又曰大夫不世爵注云謂縣內及列國諸侯爲天子大夫者不世爵而世祿辟賢也又曰諸侯之大夫不世爵祿也公羊傳曰世卿非禮則卿大夫正法不得世也異義卿得世世又公羊穀梁說卿大夫世則權幷一姓妨塞賢路專政犯君故經譏尹氏齊。氏崔氏也左氏說卿大夫得世祿不得世位父爲大夫死子得食其故采而有賢才則復升父故位故傳曰官有世功則有官族謹案易爻位三爲三公二爲卿大夫曰食舊德食舊德謂食父故祿也尚書古我先王暨乃祖乃父胥及逸勤予。不敢動用非罰世選爾勞予不。絕爾善論語曰興滅國繼絕世國謂諸侯世謂卿大夫詩云凡周之士不顯亦世孟子曰文王之治岐也仕者世祿知周制世祿也此許氏亦以卿大夫世祿爲常雖以世祿爲常而有大功德亦得世位故裳裳者華刺幽王棄賢者之類絕功臣之世鄭箴膏肓云公卿之世立大功德先王之命有所不絕者是大功特命則得世位也白虎通曰諸侯繼世世者南面之君體陽而行陽道不絕大夫人臣北面體陰而行陰道有絕故也此託之陰陽之義其實諸侯以大功而封故也卿大夫本以佐君欲令非賢不可所以不世也其得世者又違常法以大功而許之耳

世之不顯

厥猶翼翼思皇多士生此王國王國克生維周之楨

翼翼恭敬思辭也皇天楨幹也箋云猶謀思願也周之臣既世世光明其爲君之謀事忠敬翼翼然又願天多生賢人於此邦此邦能生之則是我周。之幹事之臣○楨音貞爲于僞反下天爲此同

濟濟

多士文王以寧濟濟多威儀也○濟子禮反後濟濟皆同【疏】世之至以寧○毛以爲因上不顯亦世文反而詳之言此世祿之臣豈不光明其德乎言其世世有光明之德故也以有光明之德其爲君之謀事則能翼翼然忠誠而恭敬也所以得有此臣者天以周德至盛欲使羣賢佐之故皇天命多衆之士生之于我周王之國我周王之國能生此賢人收而用之則維是我周家幹事之臣臣能幹事則國以乂安故歎美之此濟濟然多威儀之衆士文王以安寧言文王得賴此臣之力思語辭不爲義鄭以思爲願言此世顯之臣非直謀事恭敬又推誠恕物所及弘廣乃思願皇天令其多衆之士生此我王之國得與我周家爲幹事之臣此世顯之人謀則忠敬心則誠信故歎美之云濟濟多士文王以寧濟濟多士還謂世顯之人與思皇多士不同也○傳翼翼至皇天○正義曰釋訓云翼翼恭也敬是恭之類故連言之以此覆述世顯之人不宜更有所思故以思爲辭皇與多士連文能生多士維天乃然皇者天號故皇爲天也王肅云言天思周德至盛故爲生衆士於此周國王國能生此衆美之之士維周以之爲楨幹也○箋猶謀至之臣○正義曰猶謀釋詁文以思之爲辭止在句末今句首言之不宜爲辭故易傳以意之所思必情之所願故以思爲願朝廷之士多妒忌賢能故嘉魚美太平之君子樂與賢者共之朝臣之願多賢實爲美事明此思皇多士是世顯之人復思使皇天更生多賢也下濟濟多士即世顯之人與此多士不同也何者此思皇多士乃是世顯之人思天生之尚未知思得以否假令得之猶是後世之事文王未得賴之以寧也以此知濟濟多士還是世顯之人傳以翼翼爲恭敬而論語曰爲人謀而不忠乎以謀者主忠故言忠敬翼翼然也言此邦能生則是生而用之故云則是我周家幹事之臣幹事是已用之語明克生爲用之矣○傳濟濟多威儀○正義曰此多士是上世顯之人則諸侯及公卿大夫此文皆兼之釋訓云濟濟容止也孫炎曰濟濟多士之容止也然則濟濟總爲在朝之儀故云威儀也曲禮下云大夫濟濟謂行容之貌與此別少儀云朝廷之儀濟濟翔翔與此同矣○

穆穆文王於緝熙敬止假哉天命有商孫子

穆穆美也緝熙光明也假固也箋云穆穆乎文王有天子之容於美乎又能敬其光明之德堅固哉天爲此命之使臣有殷之子孫○緝七入反熙許其反假古雅反固也○

商之孫子其麗不億上帝既命侯于周服

麗數也盛德不可爲衆也箋云于於也商之孫子其數不徒億多言之也至天已命文王之後乃爲君於周之九服之中言衆之不如德也○麗力計反沈又力知反○

疏 穆穆至周服○毛以爲穆穆然而美者文王也既有天子之容矣於呼美哉又能於有光明之德者而敬之其敬光明之德者而甚堅固哉言尊賢愛士心能堅固故有天命之使臣有商之孫子而代殷也商之孫子其數至多不徒止於一億而已言其數過億也雖有過億之數以紂爲惡之故至於上帝既命文王之後維歸於周而臣服之明文王德盛之至也○鄭唯以侯爲君言商之孫子爲君於周之九服之中爲異餘同○傳穆穆至假固○正義曰穆穆美釋詁文又云緝熙光也敬之云學有緝熙于光明故傳連明言之假雖有別訓以言敬事有德而爲天所命宜爲堅固故爲固也○箋穆穆至子孫○正義曰於以爲歎美之辭故言於美乎言又能敬其光明之德以文王身有聖德復能敬人故言又也直言光明之德不言止則止爲辭也大學引此詩注云敬其所以自處止緇衣亦引此注云敬其容止者彼各有所證故與此不同也此言緝熙敬止明有緝熙之德者敬之故言敬其光明之德天假哉文雖下屬而理結於上故云堅固哉天爲此命之言能敬德堅固故能受天命使臣有商之子孫謂使之爲臣以爲己有即下云侯服于周是也○傳麗數至爲衆○正義曰以億是數名故知麗爲數也德之小者猶可以衆敵之盛德不可爲衆言德盛則難爲衆故雖多而服周深美文王言非衆所敵王肅云商之孫子有過億之數天既命文王則維服于周盛德不可爲衆毛於上章訓侯爲維則其意如肅言也○箋商之至如德○正義曰以舉多而服文王故知不徒億也文王所得六州而已殷之同姓未必有歸之者況其子孫乎而云不億者此作在成王之時從後見其歸周本而美之耳非實事也言天既命文王之後乃爲君於周之九服之中言其貴者耳其數既多亦有不爲君者也九服者

大司馬大行人千里之畿外每云又其外五百里卽侯甸男采衞要夷鎮蕃是也此亦據在後言之天命文王之時服名未定也其服名自古而有故禹貢有甸侯綏要荒五服皐陶謨所謂弼成五服是也但不知夏殷服名耳

侯服于周天命靡常

則見天命之無常也箋云無常者善則就之惡則去之○

殷士膚敏祼。將于京厥作祼將常服黼冔

殷士殷侯也膚美敏疾也祼灌鬯也周人尚臭將行京大也黼白與黑也冔殷冠也夏后氏曰收周曰冕箋云殷之臣壯美而敏來助周祭其助祭自服殷之服明文王以德不以彊○祼古亂反黼音甫冔況甫反字林作縟又火于反鬯敕亮反夏戶雅反○

王之藎臣無念爾祖

藎進也無念念也箋云今王之進用臣當念女祖爲之法王斥成王○藎才刃反爲之法一本作爲之法度

疏　侯服至爾祖○毛以爲商之子孫既衆多今維乃服臣于周以商之族類變爲周臣如是則見天命之無常去惡就善是無常也命既無常故殷之諸臣多士皆有壯美之德見時之疾於周祭宗廟則助其灌鬯之禮而行之於京師言其知命服周之無貳心也因其服周之事而言文王之寬此殷士其爲祼獻行禮之時常服其殷所服黼衣而冔冠也文王若以彊服之則當改其衣冠令之從己今仍服殷冠明其自來歸從文王以德服之不以彊也以既陳文王之盛德因舉以戒成王。言之進用臣法可無念汝祖文王乎言當念汝祖文王之法脩德服衆爲天下所歸是進用臣之道○鄭唯上一句言爲君列在九服于周家是天命無常餘同○傳則見至無常○正義曰天之所爲不可得見以紂之惡文王之善致使商之孫子臣服于周如是觀之則見天命之無常也太學引康誥曰惟命不于常道善則得之不善則失之矣箋亦引彼文是無常之事也○傳殷士至曰冕○正義曰此殷士卽前商之孫子服周者故知殷侯也膚美小雅廣訓文敏疾釋詁文王肅云殷士有美德言其見時之疾。如早來服周也祼者以鬯酒灌尸故言灌鬯也舉祼言之故取郊特牲文云周人尚臭尚臭者一代之禮文王之時未必已然亦可據後而言也以祼是祭禮當須行之故言將行也天官小宰云凡祭祀贊祼將之事注以將爲送則此言祼將亦宜爲送但祼時送爵亦是行之其言雖異義亦同也京大釋詁文桓九年公羊傳曰京師者何天子之居也京者何大也師者何衆也天子之居必以衆大之辭言之此京亦謂京師故訓爲大也冬官繢人云白與黑謂之黼周冕無繢繡之飾則殷冔亦不以黼爲飾黼自衣服之所有也禮器云諸侯九旒注云似夏殷制則殷之諸侯祭服亦九章而下不止於黼而已舉一冕章而表之耳郊特牲及士冠禮皆云周弁殷冔夏收故知冔殷冠也既以冔爲殷冠更取二代以明之故言夏后氏曰收周曰冕也彼云周弁此云冕者以周自大夫以上祭服皆用冕服故傳以冕言之實冕而謂之弁者周禮弁師注云弁古冠之大號官名弁師職掌五冕故知弁是大名也○箋殷之至以彊○正義曰殷臣壯敏來助周祭祼將是也王肅亦云殷士自殷以其美德來歸周助祭行灌鬯之禮也然宗廟之祭以祼爲主於禮王正祼而后亞祼則祼將主周人之事矣而云助行灌者天官小宰凡祭祀贊祼將之事注云又從太宰助王祼謂贊王酌鬱鬯以獻尸言太宰贊王小宰贊太宰是祼將之事有臣助之矣此周人尚臭舉祼將以表祭事見殷士助祭耳不必專助行祼也以祭言已代而服舉其本故云自服殷之服明文王以德不以彊本以德服之而來不以威彊使至何者若爲畏威當改從其周服今服其故服是慕德而來故也武成云大邦畏其力此言不以彊者彼美文王有威可畏耳其實文王化人先以德故言不以彊也此文王之時故殷士仍得服殷之服若制禮之後皆從時王之法唯二王之後服其故服可也○傳藎進無念念也○正義曰藎進釋詁文無念是反而言之故云念也○箋今王至成王○正義曰以承上文王進臣之道而言念之文王實成王之祖故曰斥成王也此美文王之詩當以時王之意稱述先祖之美不應篇末更戒成王而以爲戒成王者以下章云殷之未喪師宜鑒于殷是時已滅舉以爲鑒若文王之時則紂實未亡不得爲戒又卒章云儀刑文王萬邦作孚是欲使後世法文王也下言文王之道可以與後世爲法此云無念爾祖明是上念文王以文王爲祖非成王而誰也戒後世使法文王即是述文王之美故美文王可以戒成王也傳雖不明意當同鄭

無念

爾祖聿脩厥德永言配命自求多福聿述永長言我也我長配天命而行爾庶國亦當自求多福箋云長猶常也王既述脩祖德常言當配天命而行則福祿自來○聿于必反○殷之未喪師克配上帝帝乙已上也箋云師衆也殷自紂父之前未喪天下之時皆能配天而行故不忘也○喪息浪反注同已上時掌反本作以紂直久反○宜鑒于殷駿命不易駿大也箋云宜以殷王賢愚為鏡天之大命不可改易○駿音峻又音俊易毛以豉反不易言甚難也鄭音亦言不可改易也下文及後不易維王同○

疏無念至不易○毛以爲作者戒成王既無不念汝祖文王進臣之法當述而脩行其德王當云長我當爲之者我所配天命而行也又當告庶國云爾庶國亦當自求多福言勤脩德教福自歸之又陳所以我當長配天命而行之者殷自紂父以前未喪失衆心之時其德皆能配上天之命而行由紂不能行配天命令臣民叛而歸我我宜鑒于殷觀其王之賢愚以爲己戒何則天之大命不可改易○鄭唯永言配命二句爲異以爲王常言當配天命而行則自求而歸之者多衆之福也○傳聿述至多福○正義曰聿述言我永長皆釋詁文也直言配命知是長配天命者以下云克配上帝故知配配天命也言爾國亦當自求多福者以上章說殷侯助祭還是殷侯念祖自求多福是戒人之辭故知還戒此殷侯衆多故謂之庶國也○箋長猶至自來○正義曰長雖異理通不若常爲便故猶焉以戒成王宜以多福與配天相成故不爲庶國也又言字不訓爲我○傳帝乙已上○正義曰以失衆而卒亡天下者紂也經云未喪故知帝乙以前其間雖行有善惡不喪衆心故能配天以王者爲配在位不失則能配之故酒誥云自成湯至於帝乙罔不成王畏相舉未亡以駿亡者耳其實以前非無惡者故無逸說殷之三宗之後云自時厥後立王生則逸不知稼穡之艱難是有惡者矣○傳駿大○正義曰釋詁文○箋宜以至改易○正義曰鑒鏡也鏡照物知善惡故以殷爲鏡知存亡言天下之大命不可改易者謂天意善者與之惡者去之此命一定終不變改也○

命之不易無遏爾躬宣昭義問有

虞殷自天遏止義善虞度也箋云宣偏有又也天之大命已不可改易矣當使子孫長行之無終女身則止偏明以禮義問老成人又度殷所以順天之事而施行之〇遏於葛反或作謁音同韓詩遏病也義毛音儀鄭如字度待洛反下同偏音遍下同上天之載無聲無臭儀刑文王萬邦作孚載事刑法孚信也箋云天之道難知也耳不聞聲音鼻不聞香臭儀法文王之事則天下咸信而順之〇疏命之至作孚〇毛以爲戒成王言天之大命既不可改易故常須戒懼此事當垂之後世無令止於汝王之身而已欲令後世長行之長行之者常布明其善聲聞於天下又度殷之所以順天言殷王行不順天爲天所去當度此事終當順天也既言行當順天因說天難倣倣上天所爲之事無聲音無臭味人耳不聞其音聲鼻不聞其香臭其事冥寞欲倣無由王欲順之但近法文王之道則與天下萬國作信言王用文王之道則皆信而順之矣〇鄭唯宣昭義問爲異以爲汝當偏明以禮義問老而有成德之人餘同〇傳遏止義善虞度也〇正義曰遏止義善釋詁文虞度釋言文〇箋有又至行之〇正義曰以上已有所行之事下復言之故知宜爲又也蕩曰雖無老成人謂老人而有成德者也殷王之能順天者謂成湯與三宗耳前文以賢愚爲戒而不言脩其道以不亡爲配天非皆順天與此意異也此又度其殷王之中賢聖能順天者而行之故可福流於後與其宜鑒不同也此經云自天自從也從又爲順故言順天之事〇傳載事刑法孚信也〇正義曰以其說天之事故載爲事也刑法孚信釋詁文〇箋天之至香臭〇正義曰以其令法文王故知爲難知而言也凡言聞者謂耳所知也香臭非聲云鼻不聞其香臭者但以知其氣故借聞名之中庸注云無知其臭氣者聞即知也

文王七章章八句

毛詩注疏校勘記（十六之一）

阮元撰盧宣旬摘錄

○文王

言文王之能伐殷 閩本明監本毛本伐作代案所改是也

年八十九年其卽諸侯之位 閩本明監本毛本同案浦鏜云下年字當衍文是也讀九字斷句

二年伐邾 閩本明監本毛本同案邾當作邘下二邘字十行本不誤

易類謀云 毛本同閩本明監本易作是案皆誤也當作易是類謀曰

乃爲此改猶如也 閩本明監本毛本同案猶上當有應字讀以改字斷句

得魚卽云俯取 閩本明監本毛本同案云下浦鏜云脫王字是也

終而復始紀還然 閩本明監本毛本同案此當重紀字紀紀還然者每紀還甲子等二十部比前爲然也浦鏜云紀還然三字疑衍誤甚矣

有人侯牙也 閩本明監本毛本同案浦鏜云牙當㸦字誤與下步顧相叶是也

湯登堯臺見黑鳥 閩本明監本毛本同案此不誤浦鏜云烏誤鳥非也節南山正義云若湯得黑鳥是其證

故圖者謂 閩本明監本毛本同案此當云故得圖者錯誤耳

其命維新　小字本相臺本同唐石經初刻惟後改維案初刻誤

也者世祿也　閩本明監本毛本同小字本相臺本上也字作士案士字是也正義云仕者世祿易士爲仕而說之耳考文一本采之非也

不問本宗之子皆得百澤相繼　閩本明監本毛本同案浦鏜云支誤之澤當世字誤是也

言文王德人及朝臣　閩本明監本毛本同案人當作又形近之譌

所以常見稱識　閩本明監本毛本同案識當作誦正義下云令長見稱誦是其證也

行復已止也　閩本明監本毛本行作不案所改是也此互易而誤見下

釋詁哉維侯也　閩本明監本毛本哉作文案皆誤也此當作云與下云互易

美其及支子孫　閩本明監本毛本及作本案所改是也

箋云始至百世　閩本明監本毛本云始作令善案所改誤也此云當作哉與上哉互易

不能敷陳恩惠之施　閩本明監本毛本不作以案所改非也此不字當與上行字互易山井鼎云宋板作亦當是剜也

舉輕苞重耳　閩本明監本毛本苞作包案所改是也

故經譏尹氏齊氏崔氏也　閩本明監本毛本同案齊下當衍氏字齊崔氏在春秋經宣十年也王制正義無引不備耳

予不敢動用非罰世選爾勞予不絕爾善　閩本明監本毛本同案此不誤浦鏜云上不字衍掩誤絕皆非

也正義引自如此

則是我周之幹事之臣小字本相臺本同考文古本同閩本明監本毛本之作家案正義云則維是我周家幹事之臣又云故云則是我周家幹事之臣未知其本作家或自爲文也輒改者非

祼將于京唐石經小字本相臺本同閩本同明監本毛本祼誤裸下同

言之進用臣法閩本明監本毛本同案言當作王

如早來服周也閩本明監本毛本如作知案所改是也

故不忘也閩本明監本毛本同小字本相臺本忘作亡考文古本同案亡字是也

言爾國亦當自求多福者閩本明監本毛本同案爾下當有庶字

舉末亡以駿亡者耳閩本明監本毛本同案浦鏜云駿疑駮字誤是也

附釋音毛詩注疏卷第十六〔十六之二〕

〔五十〕

毛詩大雅　鄭氏箋　孔穎達疏

大明文王有明德故天復命武王也二聖相承其明德日以廣大故曰大明○復扶又反【疏】大明八章首章二章四章七章皆六句三章五章六章卒章皆八句至武王○正義曰作大明詩者言文王有明德由其德當上天故天復命武王焉言復更命武王以對前命文王言文王有明德則武王亦有明德互相見也此經八章毛以為從六章上五句長子維行以上說文王有德能受天命故云有命自天命此文王是文王有明德天命之事也篤生武王以下說武王有明德天復命之故云保右命爾燮伐大商是武王有明德復受天命之事也但說文王之德則追本其母述武王之功則兼言其佐文王則天生賢配武王則帝所降臨皆是欲崇其美故辭所汎及鄭唯以首章并言文王武王俱有明德故能伐殷與下為總目餘同○箋二聖至大明○正義曰以經有明無大故解之也聖人之德終始實同但道加於民化有廣狹文王則纔及六州武王徧被天下論其積漸之功故云日以廣大以其益大故曰大明○

明明在下赫赫在上明明察也文王之德明明於下故赫赫然著見於天箋云明明者文王武王施明德于天下其徵應。炤哲見於天謂三辰效驗○赫呼伯反恐也應應對之應炤章遙反本或作灼晢之設反見賢遍反天難忱斯不易維王天位殷適使不挾四方忱信也紂居天位而殷之正適也挾達也箋云天之意難信矣不可改易者天子也今紂居天位而又殷之正適以其為惡乃棄絕之使教令不行於四方四方共叛之是天命無常維德是予耳言此者厚美周也○忱市林反適音的注同挾子燮反一作子協反【疏】明明至四方○毛以為文王施行此明明然光顯之德在於下地其徵應赫赫然著見之驗在於上天由此為天所祐棄紂命之故反而美之云若是則天之意難信斯不可改易者維王位耳以其身爲天子謂天必歸之更無異意何則紂居天之大位而又殷之正適以其爲惡之故天乃絕而棄之使其教令不通達於四方爲四方所共叛而天命歸文王是爲天命難信也以天之難信而文王能得天之意言此所以厚美周也○鄭於文義大同以此章以下總爲明明赫赫辭兼武王言二聖皆能然餘同○傳明明至於天○正義曰明明察也釋訓文以此文上下相對謂施德於下能感上天○箋明明至效驗○正義曰以下言紂之政教不達四方爲天下所棄是武王時乃然則此章爲總目其辭兼文武矣故曰文王武王施明德於天下也以其理當兼之故幷言武耳不以兩明赫赫之文分之使有所屬也謂三辰有效驗者周禮春官神仕職曰掌三辰之法注云日月星辰其著位也桓二年左傳曰三辰旂旗昭其明也服虔云三辰日月星也謂之辰者辰時也日以照晝月以照夜星則運行於天民得取其時節故謂之辰也有效驗者謂日月揚光星辰順軌風雨以時寒暑應節乃知君德能動上天民皆見其徵應所以言赫赫在上也○傳忱信至挾達○正義曰忱信釋詁文微子之命及左傳皆謂微子爲帝乙之元子而紂得爲正適者鄭注書序云微子啓紂同母庶兄紂之母本帝乙之妾生啓及衍後立爲后生受德然則以爲后乃生受故爲正適也挾者周迊之義故爲達周禮所謂浹日浹即今之迊義同也○箋天之至美周○正義曰自古已來無不易之代云不可易者以諸侯以下廢立由人是其可改易也至於天子之位則非人力之所能變改言不可改易所以見其難難而能改所以美周德也紂爲天子而復言使明是天之使也教令不行自由紂惡而云天使之者天將令殷滅故生茲愚主亦天使之也故云天使見天人相將之義○

摯仲氏任自彼殷商來嫁于周曰嬪于京乃及王季維德之行摯國任姓之中女也嬪婦京大也王季大王之子文王之父也箋云京周國之地小別名也及與也摯國中女曰大任從殷商之畿內嫁爲婦於周之京配王季而與之共行仁義之德同志意也○摯音至仲字任音壬注同下大任皆放此嬪毗申反中丁仲反下同大任音泰後大任大姒大姜皆同

疏摯仲

至之行〇毛以爲既言文王明德爲天所與故本其所由言有摯國之中女其氏姓曰任〇從彼殷商之畿內來嫁于周邦既配王季爲妻曰能盡婦道於大國乃與王季維於仁義之德共之而行所以同志意〇鄭唯爲婦於周京之地爲異餘同〇傳摯國至之父〇正義曰以文勢累之任姓仲字故知摯爲國也以下言大任婦人稱姓故知任爲姓仲者中也故言之中女此言仲任下言大任者此本其未嫁故詳言其國及姓字下言已嫁以常稱言之禮婦人從夫之謚故頌稱大姒爲文母大任非謚也以其尊加于婦尊而稱之故謂之大姜大任大姒皆稱大明皆尊而稱之唯武王之妻左傳謂之邑姜不稱大蓋避大姜故也嬪婦釋親文下曲禮云生曰妻死曰嬪此生而言嬪者周禮立九嬪之官婦人有德之稱妻死其夫以美號名之故稱嬪也若非夫於妻傍稱女婦有德雖生亦曰嬪故書曰嬪〇于虞亦是生稱之也京大釋詁文王肅云唯盡其婦道於大國耳述毛爲說也〇箋京周至志意〇正義曰箋易傳者以言於京是於其處所不得漫言於大王肅以爲大國近不辭矣上篇述文王受命之事而云祼將于京可得得以爲京師此王季時爲諸侯之子孫耳追崇其號得謂之王不得卽以其居爲京師也孫毓以爲京師又不通矣思齊曰思媚周姜京室之婦此云來嫁于周曰嬪于京下章云命此文王于周于京皆周京並言明俱是地矣周是大名明京是其中小別也當時殷商爲天下大號而言自彼爲有所從來之辭以商對周故知自其畿內也乃及者相與之辭德者總稱所行者仁義也故言配王季而與行仁義之德同其志意見婦人佐夫故言同耳周本紀云大王曰我世當有興者其在昌乎則王季未爲世子而生昌矣此則從後而言主於王季故其辭若 王季爲君之時言也

大任有身生此文王大任仲任也身重也箋云重謂懷孕也〇重直勇反又直龍反廣雅云懷有娠也下同孕以證反

維此文王小心翼翼昭事上帝聿懷多福厥德不回以受方國回違也箋云小心翼翼恭慎貌昭明聿述懷思也方國四方來附者此言文王之有德亦由父母也

【疏】大任至方國〇正義曰大任既嫁於周今有身而懷孕矣至終

月而生文王維此文王既生長之後小心而恭慎翼翼然明事上天之道既維恭慎而明事上天述行此道思得多福其德不有所違以此之故受得四方之國來歸附之言文王有德亦由於父母○傳身重○○正義曰以身中復有一身故言重箋申之云謂懷孕也易曰婦孕不育是也○○箋小心至由父母○正義曰釋訓云翼翼恭也故知恭慎貌人度量欲其心之大謹慎欲其心之小見其終常戒懼出於性然表記引此詩乃云有君民之大德有事君之小心是也言受方國故知四方之國來附之此篇主美文王有明德而上述大任之配王季故解之云此言文王有德亦由父母也

天監在下有命既集文王初載天作之合在洽之陽在渭之涘

集就載識合配也洽水也渭水也涘厓也箋云天監視善惡於下其命將有所依就則豫福助之於文王生適有所識則爲之生配於氣勢之處使必有賢才謂生大姒○洽戶夾反一音庚合反案馮翊有郃陽縣應劭云在郃水之陽郃戶荅反渭音謂涘音士妃音配字亦作配下皆同爲于僞反下天爲亦爲同處昌慮反○

疏 傳集就至涘厓○正義曰鳥止謂之集是集爲依就之義故以集爲就也文王初載謂其幼小始有識知故以載爲識也釋詁云妃匹合也妃合對也轉以相訓是合爲妃義也洽與渭連文又水北曰陽渭是水名則洽亦水也釋丘云涘爲厓郭璞曰謂水邊也○箋天監至大姒○正義曰於文王有所識則不過二三歲也大戴禮稱文王十三生伯邑考十五生武王發明大姒之小於文王纔一二歲耳若然文王初生已有天命之意皇矣乃眷西顧明是紂惡之後天始視文王與此乖者帝王之命定於冥兆唐堯之受河圖昌名已在其錄明天歸文王在於久矣但作詩之人意各有主皇矣辭爲沮勸作與奪之勢故言見紂之惡乃歸文王此則美文王之聖有賢妃之助故言天將有命爲生大姒所述意異故言天命有早晚耳氣勢之處正謂洽陽渭涘是也名山大川皆有靈氣嵩高曰維嶽降神生甫及申水亦靈物氣與山同詩人述其所居明是美其氣勢故云爲生賢妃於氣勢之處使之必有賢才也思齊云大姒嗣徽音則文王之妻爲大姒也此云天作之合下言文王親迎故知

謂生大姒。所言居河之湄唯言有微攎之疾者小人不得其氣勢唯居下濕故生疾耳辭各有意不得同也**文王嘉止大邦有子**嘉美也箋云文王聞大姒之賢則美之曰大邦有子女可以爲妃乃求昬**大邦有子俔天之妹**俔。磬也箋云既使問名還則卜之又知大姒之賢尊之如天之有女弟○俔牽遍反磬也徐又下顯反。文云譬譬也韓詩作磬磬譬也**文定厥祥**言大姒之有文德也祥善也箋云問名之後卜而得吉則文王以禮定其吉祥謂使納幣也**親迎于渭**言賢聖之配也箋云賢。美配聖人得其宜故備禮也○迎魚敬反**造舟爲梁**

不顯其光言受命之宜王基乃始於是也天子造舟諸侯維舟大夫方舟士特舟造舟然後可以顯其光輝箋云迎大姒而更爲梁者欲其昭著示後世敬昬禮也不明乎其禮之有光輝美之也天子造舟周制也殷時未有等制○造七報反又七道反毛云天子造舟方言云浮梁也廣雅作艁音同說文艁古造字一音才早反輝音暉

疏文王至其光。○毛以爲此篇主美文王雖王季尚存皆以文王爲主上既言天爲生配此言成昬之禮故言文王既聞大姒之賢則嘉美之曰大邦有子女可求以爲昬姻媒以行納采也既納采問名將加卜之又益知大姒之賢言大邦之有子女言尊敬之磬作是天之妹然言尊重之甚也卜而得吉行納吉之後言大姒之有文德文王則以禮定其卜吉之善祥謂使人納幣則禮成昬定也既納幣於請期之後文王親往迎之於渭水之傍造其舟以爲橋梁敬重若此豈不明其禮之有光輝乎言其明也○鄭唯文定厥祥文一字爲異餘同○箋文王至求昬○正義曰上既言大姒之生此言文王嘉止則文王美大姒矣大邦有子文在嘉止之下是文王美之辭明矣既美其賢謂之可以爲妃故知乃求昬也下箋云既使問名則此求昬謂納采時也案士昬禮納采問名同日行事是其禮相因遣納采卽問名也○傳俔磬○正義曰此俔字韓詩文作磬則俔磬義同也說文云俔。諭也詩云俔天之妹謂之譬喻卽引此詩箋云尊之如天之有女弟與譬喻之言合蓋如今俗語譬喻物云磬作然也○箋既使至女弟○正義曰以此既主文王之事下言親迎于渭是指文王身之親迎則文王嘉止文定厥祥皆謂文王身自美之身自定之也始於聞而美之終以造舟親迎則此章文有倫次總述昏禮故箋準行
六禮之事而結之以嘉止有子承上在渭之涘故爲聞而美之既美其賢自然求昏行納采也下言文定厥祥祥者徵祥之美卽卜吉之謂上言納采下言卜
吉明此是問名之後還卜得吉兆益尊美之故言文王既使問名還則卜之又知大姒之賢尊之如天之有女弟也釋親云男子謂女子先生爲姊後生爲妹
妹卽女弟天者無形之物非如人有親族言天妹者繫之於天見尊之耳初嫁必幼故以妹言之易有歸妹之卦亦此意也○傳祥善○正義曰釋詁文○箋
問名至納幣○正義曰祥者吉祥之事而言定之是問名之後卜而得吉昏以納幣爲定定此吉祥唯納幣耳故知文王以禮定其吉祥謂納幣也幣由卜吉
行之故昏禮謂之納徵注云徵成也是亦爲卜吉而言與此祥意協也春秋莊二十二年冬公如齊納幣不言納徵者禮以著義而爲之立名故謂之納徵春
秋君及大夫之行當指其所爲之事故言納幣何休因此言春秋質也此箋上有問名卜而得吉卽納吉也定其吉祥爲納幣也下有親迎是四禮見矣無納
采與請期者詩人之作舉其大綱非如記注能備言其事上箋云求昏者卽是納采也唯請期之文不見耳既親迎明請之可知也六禮納采納吉納徵三禮
言納餘不言納者以問名請期親迎皆須復名而後可言其名既復不須以納配之采也吉也徵也三者皆單是夫氏於女之禮故加納見行之於彼也箋以
此章言取大姒之事皆文王身爲主孫毓云昏禮不稱主人母在則命之此時文王纔十三四孺子耳王季尙在豈得制定求昏之事如毓之言非無理矣鄭
必以文王之娶時實幼少但聖人有作動爲模範此詩歌之大雅以爲正法主於文王之身不復繫之父母耳非謂其時不是父母制之也下所言親迎造舟
皆出文王之意故得後世遵之以爲王者之禮若王季使之然則是王季行王法無所美於文王也親迎造舟既文王所專則嘉止定祥亦是文王身矣復何
所嫌而云文王不可哉○傳言賢聖之配○正義曰此解本之親迎意以賢聖宜相配故備禮而親迎之是言親迎亦明大姒之有德故箋申之言賢女配聖

珍倣宋版印

人得其宜故備禮也六禮唯親迎爲重迎尙身自親之餘禮行之可知故言備也文王雖人子時事在雅則天子法天子當親迎故異義公羊說天子至庶人娶皆當親迎左氏說王者尊無體敵之義故不親迎鄭駁之云大姒之家在洽之陽在渭之涘文王親迎于渭卽天子親迎明矣天子雖至尊其於后猶夫婦也夫婦判合禮同一體所謂無敵豈施於此哉禮記哀公問曰寡人願有言然冕而親迎不已重乎孔子愀然作色而對曰合二姓之好以繼先聖之後以爲天地宗廟社稷之主君何謂已重乎此言親迎繼先聖之後爲天地宗廟主非天子則誰乎是鄭意以此爲天子之法故引之以明天子當親迎也○傳言受至光輝○正義曰昏禮人倫之本禮始於正夫婦然則周有天下王業之基皆始迎於大姒矣故云文王受命之宜及周家王業之基乃初始於是不可不敬重之故造舟也因解舟尊卑之制天子造舟至特舟皆釋水文李巡曰比其舟而渡之曰造舟中央左右相維持曰維舟併兩舩曰方舟一舟曰特舟孫炎曰造舟比舟爲梁也維舟連四舟也然則造舟者比舩於水加板於上卽今之浮橋故杜預云造舟爲梁則河橋之謂也維舟以下則水上浮而行之但舩有多少爲等差耳禮天子乃得造舟文王欲盛其昏事必極物盡禮用天子之制然後爲榮故云造舟然後顯其光輝解本用造舟之意王肅云造舟爲梁然後可以顯著其光輝明文王之聖德於是可以王也○箋迎大姒至等制○正義曰此美大其事而造舟若禮之先有之不應特述明是文王所創制也云迎大姒更爲梁者欲其昭著示後世敬昏禮也不明乎其禮之有光輝言其實明禮之有光輝反其言所以美之也以傳歷言舟之等級故申之云天子造舟周制也殷有時未有等制知者若先有等制則下不僭上文王雖欲重昏禮豈得僭天子乎若僭天子爲罪則大於時人主誰肯聽之以此知殷時未有等制文王敬重昏事始作而用之後世以文王所用故制爲天子法耳故王基云自殷以前質略未有造維方特之差周公制禮因文王敬大姒重初昏行造舟遂卽制之以爲天子禮著尊卑之差記以爲後世法是也

有命自天命此文王于周于京纘女維莘長子維行纘繼也莘

大姒國也長子長女也。維行大任之德焉箋云天爲將命文王君天下於周京之地故亦爲作合使繼大任之女事於莘國莘國之長女大姒則配文王維德之行○纘子管反莘所巾反長張丈反注同○

篤生武王保右命爾燮伐大商

篤厚右助燮和也箋云天降氣于大姒厚生聖子武王安而助之又遂命之爾使協和伐殷之事協和伐殷之事謂合位三五也○右音。祐字亦作佑注同燮蘇接反協戶頰反○

疏有命至大商○毛以爲既言迎得大姒此又言其能與文王行德生聖子以克殷也言教命乃從天而來歸將命此文王于彼周國于其京師也則爲生聖美之匹使繼先姑大任之女事維在於莘國是莘國處長之子女則以配文王與之維德之行共行仁義於周京以此夫妻聖賢共行德義之故爲天降氣於大姒遂厚生聖子武王言武王得美氣之厚天既降氣生之亦安保而佑助又遂命汝武王使汝協和其伐大商之事當靖以待時天道協會而後伐之言其伐又爲天助也○鄭唯於彼周京之地爲異餘同○傳纘繼至德焉○正義曰纘繼釋詁文此莘猶上摯也婦人所繫國姓而已姒是其姓則莘是其國故云莘大姒國也纘女者言能繼行女事故知長子長女喪服注云言子兼男女是也婦之所繼唯繼姑耳繼姑而言維行故知能行大任之德也上章述大任之事云乃及王季維德之行今大姒言大任之德則亦與文王維行矣故箋申之云配文王維德之行是取上章爲說也○箋天爲至之行○正義曰經言有命自天何知不時已受命而言天爲將命文王者以此申結上章之事有命自天猶有命既集也纘女維莘猶在渭之涘也下乃言篤生武王是述新娶之事不得爲受命之後故言將命文王也以大姒之德自在於性故本之維莘言在父母之國已能繼大任之德經之維莘爲纘女所在而言與長子別句而理則下通故又言莘國之長女以明之○傳篤厚右助燮和也○正義曰篤厚燮和皆釋詁文釋詁又云左右助也介尚右也轉而相訓是右爲助也○箋天降至三五○正義曰厚生謂聖性感氣之厚故言天降氣於大姒也聖人雖則有父而聖性受之於天故言天降氣也保右命爾文承厚生之下則安助命之皆是天也故箋於天降氣之下

即連言之安而助之者使之身體康彊國家無虞是安之也多生賢輔年壽九齡是助之也文王之受丹書已云降德滅殷發誅紂及渡盟津白魚入舟是又遂命之也變伐大商文在命爾之下則協和伐商之事天命使然故云使和伐殷之事言天所使也又解和伐殷之事正謂合位於三五是也言正合會天道於五位三所而用之歲月日辰星五者各有位謂之五位星日辰在北歲在南月在東居三處故言三所此事在於外傳周語伶州鳩曰昔武王伐殷歲在鶉火月在天駟日在析木之津辰在斗柄星在天黿星與日辰之位皆在北維顓頊之所建也帝嚳受之我姬氏出自天黿及析木者有建星及牽牛焉則我皇○妣太姜之姪伯陵之後逢公之所憑神也歲之所在則我有周之分野也月之所在辰馬農祥也我太祖后稷之所經緯也王欲合是五位三所而用之韋昭云五位歲月日辰星也三所逢公所憑神也周分野所在也后稷所經緯也案其文云星與日辰之位皆在北維歲之所在月之所在言五位三所謂五物在三處當以此五在爲三所不得以所字充之若必以所字充之則周之分野不言所也又正合五位則五物皆助若三所唯數逢公則日之與辰不助周矣韋昭之言非也周語唯有此言而古曆廢滅劉歆作三統曆以考之頗有其次故韋昭王肅等皆據而言焉漢書律曆志曰三統上元至伐紂之歲十四萬二千一百九歲歲在鶉火張十三度故傳曰歲在鶉火師初發以殷十一月戊子日在析木箕七度故傳曰日在析木是夕也月在房五度房爲天駟故傳曰月在天駟後三日得周正月辛卯朔合辰在斗前一度斗柄也故傳曰辰在斗柄明日壬辰辰星始見○於癸巳武王始發丙午逮師戊午渡于盟津盟津去周九百里師行三十里故三十一日而渡明日己未冬至辰星與婺女伏歷建星及牽牛至於婺女天黿之首故傳曰星在天黿是劉歆所考之事也○此天之五位所以得助周者以辰星在須女八度日在箕七度日月合辰斗前一度謂在箕十度也此三者皆在東北維○此北水木交際又辰星所歷建星及牽牛皆水宿顓頊水德而王帝嚳以木受之今周亦木德當受殷水星與日辰在其位當如帝嚳之代顓頊是一助也又天黿一名玄枵齊之分野大姜之祖有逢伯陵者殷

之諸侯封之齊地逢公之死其神憑焉我周出於姜姓爲外祖所佐是二助也歲星在張十三度鶉火之次周之分野歲星所在利以伐人是三助也月在房五度房心爲大辰大辰農正而農事起謂之農祥后稷播殖百穀月在農祥之星則月亦佑周是四助也以於伐紂之時有此五物助周武王能上應天意合而用之故謂協和也此五位所在星宿度數自非用算無以推之又鄭注尚書爲文王受命武王伐紂時日皆用殷曆劉向五紀論載殷曆之法唯有氣朔而已其推星在天竈則無術焉○

殷商之旅其會如林矢于牧野維予侯興旅衆也如林言衆而不爲用也矢陳興起也言天下之望周也箋云殷盛合其兵衆陳於商郊之牧野而天乃予諸侯有德者當起爲天子言天去紂周師勝也○

上帝臨女無貳爾心言無敢懷貳心也箋云臨視也女女武王也天護視女伐紂必克無有疑心○

【疏】殷商至爾心○毛以爲上既言佑命武王協和伐殷故言伐殷爲天所佑之事殷商之兵衆其會聚之時如林木之盛也此衆雖盛列於牧地之野維欲叛殷而歸我維欲起我而滅殷言皆無爲紂用盡望周勝也非直敵人之意嚮周如此又上天之帝既臨視汝矣其所將之衆皆無敢有懷貳心於汝之心言皆一心樂戰故周所以勝也○鄭唯下三句爲異言殷衆盛天命有歸天乃維予其爲諸侯而有德者當起爲天子言天去紂而興周也天意既欲興周其從武王之人莫不勸樂戒武王言上天之帝護視於汝矣伐紂必克無有疑貳於汝伐紂之心當知其必克無貳心伐之是人又樂戰也伐殷者武王之所欲衆人應難之今衆人不以己勞唯恐武王不戰是勸樂之甚天予人勸所以能克也○傳旅衆至望周○正義曰旅衆釋詁文木聚謂之林如林言其衆多而不爲紂用武成曰甲子昧爽受率其旅若林周本紀云紂聞武王來亦發兵七十萬人拒武王武王使師尚父以大卒馳紂師紂師雖衆皆無戰之心欲武王之亟入紂師皆倒戈以戰以開武王武王馳之紂兵皆崩是衆而不爲用也矢陳釋詁文興起釋言文毛氏於詩予皆爲我無作取予之義上篇侯皆爲維言天下之望周解維予侯興之意王肅云其衆維叛殷我興起而滅殷傳意當

然也○箋殷盛至師勝○正義曰牧誓云至于商郊牧野乃誓書序注云牧野紂南郊地名禮記及時作坶野古字耳今本又不同此陳師交戰予宜爲授予之義武王於紂乃是諸侯有德者當起爲天子明爲王而行惡者當廢黜是言天意去紂而予周故師勝也士無二王對紂名武王爲諸侯也史記伯夷叔齊諫武王曰以臣弒君可謂仁乎伯夷謂武王爲臣詩人稱之爲侯亦可矣○傳言無敢懷貳心○正義曰言無敢則是軍衆之人不敢也泰誓上曰予有臣三千惟一心故傳以無貳爾心爲衆人無敢懷貳心卽左傳所謂同心同德是也○箋臨視也女女武王也至伐紂必克無有疑心○正義曰臨視釋詁文閟宮云致天之屆于牧之野無貳無虞上帝臨汝彼無貳之文在臨汝之上是戒武王使無貳心此文與彼大同明亦戒武王言伐紂必克無有疑心也伐紂之事本出武王之心詩人反言衆人之勸武王見其勸戰之甚太誓曰師乃鼓譟前歌後舞格於上天下地咸曰孜孜無怠是樂勸武王之事

牧野洋洋，檀車煌煌，駟騵彭彭。洋洋廣也煌煌明也駵馬白腹曰騵言上周下殷也箋云言其戰地寬廣明不用權詐也兵車鮮明馬又強則暇且整○洋音羊檀徒丹反煌音皇騵音原駵音留

維師尚父，時維鷹揚，涼彼武王。師大師也尚父可尚可父鷹揚如鷹之飛揚也涼佐也箋云尚父呂望也尊稱焉鷹鷙鳥也佐武王者爲之上將○涼本亦作諒同力尚反韓詩作亮云相也大音泰鷙之利反將子匠反○

肆伐大商，會朝清明。肆疾也會甲也不崇朝而天下清明箋云肆故今也會合也以天期已至兵甲之強師率之武故今伐殷合兵以清明書牧誓曰時甲子昧爽武王朝至于商郊牧野乃誓○肆音四師所類反亦作率坶音牧本又作牧昧音妹

疏　牧野至清明○毛以爲上言將戰爲天人所歸此又述戰時之事言所戰之處牧地之野洋洋然甚寬而廣大於此廣大之處陳檀木之兵車煌煌然皆鮮明又駕駟騵之牡馬彭彭然皆強盛維有師尚父者是維勇略如鷹之飛揚身爲大將時佐彼武王車馬鮮強將帥勇武以此而疾往伐彼大商會値甲子之朝不終此一朝而伐殺虐紂天下乃大清明無復濁亂之政

○鄭唯下二句爲異言天期已至兵甲之强將帥之武故今往伐此大商會合兵衆以朝旦昧爽清明之時伐之也○傳洋洋至下殷○正義曰洋洋文連牧野述戰地之貌故宜爲廣大煌煌言車之鮮故爲明也騵馬白腹曰騵釋畜文郭璞曰騵赤色黑鬣也檀弓說三代乘馬各從正色而周不純赤明其有義故知白腹爲上周下殷戰爲二代革易故見此義檀弓亦言戎事乘騵明非戎事不然因此武王所乘遂爲一代常法夏殷不下其先代之色時主之意異○箋言其至且整○正義曰詩辭所發理不徒然言戰地寬廣必當有意故知明當時不用權詐也少儀曰軍旅思險隱。精以虞是設權必依險阻故寬廣之地不用權詐車之鮮明馬之强盛車固馬肥不慮不克則心不忽遽閑暇於事且齊整也成十六年左傳欒鍼說晉國之勇云好以衆整又曰好以暇牧誓注云好整好暇用兵之術是兵法貴閑整也此說武王之師尚父爲佐則牧野之戰不用權詐矣而維師謀說太公受兵鈐之法云踐爾兵革審權矩應詐縱謀出無孔注云踐行也矩法也當親行汝兵革審其權謀之法孔道也應敵之變詐縱己之謀所出無常道善太公知權變者兵法須知彼己當預爲之備所以貴權謀故善太公能審之但武王之伐紂以至聖攻至惡敵無戰心不假權詐以不用權詐故爲美耳若前人德與己同力又相敵當設權以取勝何則與其自敗寧我敗人故僖二十二年宋公及楚人戰于泓左氏以其不用子魚之計至於軍敗身傷所以責襄公也而公羊善之云雖文王之戰亦不是過鄭箴膏。肓云刺襄公不度德不量力引考異郵云襄公大辱師敗於泓徒信不知權譎之謀不足以。交鄰國定遠。彊也此是譏師敗也公羊不譏違考異郵矣是德均力同當權以取勝也其在軍之士則聽將之命不得縱舍前敵曲爲小仁宣二年宋鄭戰于大棘左傳曰狂狡輅鄭人鄭人入于井倒戟而出之獲狂狡君子曰失禮違命宜其爲禽也戎昭果毅以聽之之謂禮殺敵爲果致果爲毅易之戮也何休以爲狂狡近於古道鄭箴膏。肓云狂狡臨敵拘於小仁忘在軍之禮譏之義合於譏是軍士當從上命也雖成湯伐桀尚書云爾不從誓言予則孥戮汝明軍士雖爲至德之師不可違命縱敵也○傳師大師至涼佐○正義曰史記齊世家云太公望呂尚者東海上人西伯出獵得之曰吾太公望子久矣故號之曰太公望載與俱歸立爲大師劉向別錄曰師之尚之父之故曰師尚父父亦男子之美號太誓注云師尚父文王於磻谿所得聖人呂尚立以爲太師號曰尚父尊之其言皆。可。與尚父義同尊之爲作此號故雖師謀云號曰師尚父是也如世家之文則尚本是名號之曰望而雖師謀云呂尚釣匡注云尚名也又曰望公七年尚立變名注云變名爲望蓋因所呼之號遂以爲名以其道可尊尚又取本名爲號也孫子兵法曰周之興也呂牙在殷則牙又是其名字也釋詁云亮介尚右也左右亮也轉以相訓是亮爲佐也亮諒義同〇箋佐武王爲之上將〇正義曰太誓司馬在前王肅曰司馬太公也司馬非上卿而云上將者周司馬主軍旅之戒命故上將爲司馬也〇傳肆疾至清明〇正義曰釋言云窕肆也郭璞曰輕窕者好放肆左傳云輕者肆焉是肆爲疾之義故以肆爲疾言伐者見清明之速又解會朝清明爲速疾之意言武王陳師會甲日之朝不終一朝而爲天下清明是其疾也王肅云以甲子昧爽與紂戰不崇朝而殺紂天下乃大清明無復濁亂之政傳云會甲肅言甲子昧爽以述之則傳言會甲長。讀爲義謂甲子日之朝非訓會爲甲孫毓云經傳詁訓未有以會爲甲者失毛旨而妄難說耳定本云會甲兵則與會甲子義異〇箋肆故至乃誓〇正義曰肆故今也釋詁文天期已至卽上變伐大商協和五位翦滅有期也兵甲之彊卽上檀車四騵舉車馬則兵甲可知也師率之武卽尚父鷹揚是也故今伐殷其合兵以朝。且清明之時言於時殺紂也引牧誓證清明之時是昧爽之義牧誓注亦引此詩交相爲證以明其事同也昧爽者爽明也言。其昧之。而初明。晚則。塵昏且則清故謂朝旦爲清明古詩曰清晨登隴首是清亦古今之通語也易傳。曰以會者遇值之辭言會朝清明正是會清明之朝耳詩無甲子之文不當横爲會甲且清明與昧爽文協故易之

大明八章四章章六句四章章八句

緜文王之興本由大王也。緜彌延反由一本無由字太王也序舊無注本或有注者非○**疏**緜九章章六句至太王○正義曰作緜詩者言文王之興本之於太王也太王作王業之本文王得因之以興今見文王之興本其上世之事所以美太王也經九章上七章言太王得人心生王業乃避狄居岐作寢廟門社是本太王下二章乃言文王興之事敘以詩爲文王而作故先言文王之興而又追而本之各自爲勢故文倒也○

緜緜瓜瓞民之初生自土沮。漆。興也緜緜不絕貌瓜紹也瓞瓝也民周民也自用土居也沮水漆水也箋云瓜之本實繼先歲之瓜必小狀似瓝故謂之瓞緜緜然若將無長大時興者喻后稷乃帝嚳之冑封於邰其後公劉失職遷于豳居沮漆之地歷世亦緜緜然至大王而德益盛得其民心而生王業故本周之興于沮漆也○瓜古華反瓞田節反韓詩瓞小瓜也沮七余反漆音七瓝蒲剝反長張丈反嚳苦毒反高辛氏帝也冑直又反部他來反王于況反亦如字後王業同

古公亶父。陶復陶穴未有家室古公豳公也古言久也亶父字或殷以名言質也古公處豳狄人侵之事之以皮幣不得免焉事之以犬馬不得免焉事之以珠玉不得免焉乃屬其耆老而告之曰狄人之所欲吾土地吾聞之君子不以其所養人而害人二三子何患無君去之踰梁山邑乎岐山之下豳人曰仁人之君不可失也從之如歸市陶其土而復之陶其壤而穴之室內曰家未有寢廟亦未敢有家室箋云古公據文王本其祖也諸侯之臣稱君曰公復者復於土上鑿地曰穴皆如陶然本其在豳時也傳自古公處豳而下爲二章發○亶都但反父音甫本亦作甫陶音桃復音福注同累土於地上也說文作覆或殷以名言絕句翟音狄屬音燭岐其宜反壤而丈反鑿在洛反爲二于僞反**疏**緜緜至家室○正義曰緜緜然不絕者是瓜紹之瓞瓜之本實繼先歲之瓜歲歲相繼恆小於本若將無復長大之時也以喻后稷乃帝嚳天子之冑封爲諸侯後更遷於豳國世世漸微若將無復興盛之時也至於大王其德漸盛得其民心而初生此王業乃不復爲微此事在何時乎乃用居於沮漆二水之傍已則然矣居沮

漆者復是何人乎乃是我文王之先祖久古之公號爲亶父者於漆沮之傍其爲宅舍纔作陶復陶穴而居之所以然者以其國土未大人衆不多未敢有其家室故且穴復而居之〇傳緜緜至漆水〇正義曰緜緜微細之辭故云不絶貌也釋草云瓞瓝其紹瓞舍人曰瓞名瓝小瓜也紹繼謂瓞子漢中小瓜曰瓞孫炎曰瓞小瓜子如瓝其本子小紹先歲之瓜曰瓞然則瓜之族類本有二種大者曰瓜小者曰瓞此則其種別也而瓜蔓近本之瓜必小於先歲之大瓜以其小如瓝故謂之瓞瓞是瓝之別名故云瓞瓝也此時在豳言民周民者此民自豳居周復以周爲代號此述周國之興故以周言之釋訓云由從自此由訓爲用故自得爲用也土地人之所居故云土居也言沮水漆水者以水非可居之處見居在沮漆之傍舉水以表土耳禹貢雍州云漆沮既從是漆沮俱爲水也或言漆沮爲二水名漢書地理志云右扶風有漆縣云漆水在其縣西則漆是一水名與沮別矣孔安國云漆沮一名洛水漆沮爲一蓋沮一名洛水孔連言之〇箋瓜之至沮漆〇正義曰瓜之本實謂瓜蔓近本之實繼先歲之瓜必小其形狀似瓝故謂之瓞其實瓜之與瓞猶種不同也必言本實小者以其言紹近本之實繼先歲之瓜猶長子之繼父故言繼也瓜寶近本則小今驗信然近本小雖繼先歲之瓜不能大如先歲之瓜猶若后稷封爲諸侯雖繼帝嚳之後不能如嚳爲天子瓜之相繼者歲歲益小若將無長大之時猶后稷之後世世益微若將無興盛之時瓜以年年相承猶人以世世相繼故取喻焉瓜實無長大之時后稷之後則至大王而盛欲言大王之興故言若將無長大之時其實瓜唯益小終亦不能長大也后稷乃帝嚳之胄是嚳爲瓜而稷爲瓞自稷以下祖紺以前皆爲瓞言緜緜不絶則非徒一世故箋歷陳之云封邰遷豳居沮漆之地歷世亦緜緜然是在邰在豳皆緜緜故云歷世也箋言至大王而德益盛舉大王以約之明以前皆是也鄭於生民之箋以姜嫄爲高辛氏之世妃而生后稷經云卽有邰家室周本紀云舜封棄於邰號曰后稷是稷爲帝嚳之胄封於邰也公劉云篤公劉于豳斯館是公劉失職遷於豳也失職者謂失稷官之職不復得在王官也周語云昔我先世后稷以服事虞夏及夏之衰也棄稷

不務我先生不窋用失其官而自竄于戎狄之間韋昭云不窋失官去夏而遷於豳豳西近戎北近狄周本紀亦云不窋末年夏氏政亂去稷不務不窋以失其官而奔戎狄之間然則失職遷豳自不窋始矣言公劉遷豳者案公劉之篇說公劉避亂適豳其言甚詳不可得而改而外傳史記皆言不窋奔於戎狄蓋不窋之時已嘗失官逃竄豳地猶尙往來部國未即定居於豳公劉者不窋之孫至公劉而盡以部民遂往居焉故本紀又云公劉雖在戎狄閒復修后稷之業務耕種相地宜百姓從而歸保焉公劉卒子慶節立國於豳是定國於豳自公劉始也豳有漆沮之水故言居沮漆之地公劉以下常居沮漆正斷以太王而德益盛者以下言古公亶父故知得民心生王業自太王爲始周之追王上至太王而止亦以初基王業故也太王之基王業在於岐周始盛故閟宮云居岐之陽實始翦商但在岐始盛由未遷已得民心故云生王業也生者初始之辭故云本周之興自於沮漆也此沮漆謂在豳地但二水東流亦過周地故下傳曰周原沮漆之間是周地亦有漆沮也○傳古公至家室○正義曰以在豳爲公故曰豳公謂之古公言其年世久古後世稱前世曰古公猶云先王先公也太王追號爲王不稱王而稱公者此本其生時之事故言生存之稱也士冠禮爲冠者制字云伯某甫亶亦稱甫故知字也以周制論之甫必是字但時當殷代質文不同故又爲異說或殷以亶甫爲名名終當諱而得言之者以其時質故也中候稷起注云亶甫以字爲號則鄭意定以爲字不從或說也自古公處豳至如歸市皆孟子對滕文公之辭也唯彼云太王居豳此因古公之下即云處豳爲異耳莊子與呂氏春秋皆云太王亶甫居豳狄人攻之與之珠玉而不肯狄人之求者土地也大王亶甫曰與人之兄居而殺其弟與人之父居而殺其子吾不忍也請免吾乎爲吾臣與狄人臣奚以異也吾聞之不以所養害所養杖策而去人相連而從之遂成國於岐山之下書傳略說云狄人將攻大王亶父召耆老而問焉曰狄人何欲耆老對曰欲得菽粟財貨大王亶甫曰與之每與狄人至不止大王亶甫屬耆老而問焉曰狄人又何欲乎耆老對曰又欲土地大王亶甫曰與之耆老曰吾不爲社稷乎大王亶甫曰社稷所以爲民

也不可以所爲民亡民也耆老對曰君縱不爲社稷不爲宗廟乎大王亶甫曰宗廟吾私也不可以私害民遂杖策而去過梁山邑岐山周人束修奔而從之者三千乘一止而成三千戶之邑與此大意皆同此言不得免焉略說云每與之不止呂氏春秋言不受異人別說故不同耳此言犬馬略說言菽粟明國之所有莫不與之故鄭於稷起及易注皆云事之以牛羊明當時亦與之韓奕箋云梁山在馮翊夏陽縣西北鄭於書傳注云岐山在梁山西南然則梁山橫長其東當夏陽縣西北其西當岐山東北自豳適周當踰之也曲禮下曰國君死社稷公羊傳曰國滅君死之正也則諸侯爲人侵伐當以死守之而公○劉大王皆避難遷徙者禮之所言謂國正法公劉大王則權時之宜論語曰可與適道未可與權公羊傳曰權者反經合義權者稱也稱其輕重度其利害而爲之公劉遭夏人之亂而被迫逐若顧戀疆宇或至滅亡所以避諸夏而入戎狄也大王爲狄人所攻必求土地不得其地攻將不止戰以求勝則人多殺傷故又棄戎狄而適岐陽所以成三分之業建七百之基雖於禮爲非而其義則是此乃賢者達節不可以常禮格之王制稱古者量地以制邑度地以居民地邑民居必參相得故曰無曠土無遊民而公劉大王得擇地而遷又無天子之命諸侯得舉國擅徙者王制所云平世大法法不恆定世有盛衰王政既亂威不肅下迫逐良善無所控告戎狄內侵莫之抗禦故不待天子之命可以權宜避之以其政亂故有空土公劉大王得擇地而遷焉且古者有附庸閑田或可先是閑處也既往遷之人居成國後有明王因而聽之也冬官考工記曰有虞氏上陶說文云陶瓦器竈也蓋以陶去其土而爲之故謂之陶也說文云穴土屋也覆地室也則覆之與穴俱土室耳故箋辨之云覆者於地上鑿地曰穴皆如陶然大司徒注云壤亦土也變言耳以萬物自生焉則言土土猶吐也以人所耕而種藝則言壤壤和緩之貌然則土與壤其體雖同壤言和緩則土堅而壤濡九章算術云穿地四爲壤五爲堅三壤是息土之名覆者地上爲之取土於地復築而堅之故以土言之穴者鑿地爲之土無所用直去其息土而已故以壤言之釋宮云宮謂之室室謂之宮其內謂之家李巡曰謂門以內也郭璞曰今

人稱家義出於此是室內曰家也君子將營宮室宗廟爲先古公在豳之時迫於戎狄國小民少未有寢廟故未敢有宮室以是故覆穴而居也公劉始遷於豳比至古公將歷十世公劉云於豳斯館則豳有宮館也略說稱者老謂大王曰不爲宗廟乎是豳地有寢廟也而此言未有寢廟室家者此以文王在岐而與上本大王初來之事歎美在岐新立故言在豳未有下云作廟翼翼故此言未有寢廟下云俾立室家故此言未有室家以爲立文之勢耳其實在豳之時亦有宮室也七月云入此室處即豳事也不然豈十世之內常穴居乎但豳近西戎處在山谷其俗多復穴而居故詩人舉而言耳○箋復者至章發○正義曰以此復穴別文大車云死則同穴穴在地下則知復在地上俱稱爲陶故知皆如陶然下乃言至於岐下故知此本其在豳時也本其在豳則是未遷傳自古公處豳而下說大王遷岐之事者爲下第二章發此傳也然則傳不待二章而豫發之者以此言在豳未有室家爲下居岐作室以開原也大王所以走馬至岐乃爲狄人所逐故逆爲之傳以通暢作者之意焉○

古公亶父來朝走馬率西水滸至于岐下爰及姜女聿來胥宇

率循也滸水厓也姜女大姜也胥相宇居也箋云來朝走馬言其辟惡早且疾也循西水厓沮漆水側也爰於及與聿自也於是與其妃大姜自來相可居者著大姜之賢知也○朝直遙反滸呼五反辟音避亦作避後放此相息亮反知音智

【疏】古公至胥宇○正義曰文王之先久古之公曰亶父者避狄之難其來以早朝之時疾走其馬循西方水厓漆沮之側東行而至於岐山之下於是與其妃姜姓之女曰大姜者自來相土地之可居者言大王既得民心避惡早而且疾又有賢妃之助故能克成王業○傳率循至宇居○正義曰率循胥相皆釋詁文滸水厓釋水文此說古公而及姜女則姜女太王之妃周本紀云大姜生季歷故知姜女是大姜也宇者屋宇所以居人故爲居也○箋來朝至賢知○正義曰大王與衆避狄不應早而疾驅假使清朝走馬未是善事詩人言之必有其意故知美其避惡早且疾也上言漆沮此言循滸明是循此漆沮之側也爰於及與聿自皆釋詁文遷都自是人君之事

輒言爰及姜女明其著大姜之賢智也○周原膴膴，堇荼如飴。爰始爰謀，爰契我龜，周原沮漆之間也膴膴美也堇菜也荼苦菜也契開也箋云廣平曰原周之原地在岐山之南膴膴然肥美其所生菜雖有性苦者甘如飴也此地將可居故於是始與豳人之從己者謀謀從又於是契灼其龜而卜之卜之則又從矣○膴音武韓詩同堇音謹案廣雅云堇藋也今三輔之言猶然藋音徒弔反荼音徒飴音移契苦計反本又作挈音苦結反灼之略反曰止曰時，築室于茲。箋云時是茲此也卜從則曰可止居於是可作室家於此定民心也疏周原至于茲○正義曰上言來相可居又述所相之處言岐山之南周之原地膴膴然其土地皆肥美也其地所生堇荼之菜雖性本苦今盡甘如飴味然大王見其如此知其可居於是始欲居之於是與豳人從己者謀之人謀既從於是契灼我龜而卜之龜卜又吉大王乃告從己者曰可止居於是可築室於此告之此言所以定民之心令止而不復去也○傳周原至契開○正義曰周原在漆沮之間以時驗而知之述地之良而云膴膴故爲美也荼苦菜釋草文樊光曰苦菜可食也內則曰堇。苴。粉榆則堇是美菜非苦荼之類釋草又云芨堇草郭璞曰即烏頭也江東人呼爲堇晉語孋姬將譖申生寘鴆於酒寘堇於肉賈逵曰堇烏頭也然則堇者其烏頭乎箋云性苦者皆甘如飴若是堇。苴之堇雖非周原亦自甘矣明堇是爲頭也契開者言契龜而開出其兆非訓契爲開也春官菙氏掌共燋契以待卜事注云士喪禮曰楚焞置于燋在龜東楚焞即契所用灼龜也燋謂炬其存火也士喪禮注云楚荊也然則卜用龜者以楚焞之木燒之於燋炬之火既然執之以灼龜故箋云契灼其龜而卜之既契乃開出其兆故春官卜師掌開龜之四兆注云開謂出其占書也是既契乃開之但傳文質略直言契開耳○箋廣平至從矣○正義曰廣平曰原釋地文閟宮云居岐之陽山南曰陽故知周之原地在岐山之南也上言胥宇是相地之辭今言地之美貌故曰大王以此可居於是始與豳人從己者謀也經云爰始爰謀當有二於如箋之言則始下一爰無所用矣王肅云於是始居之於是先盡人事謀之於衆然則箋云始與豳人從己者謀亦謂於是始欲居於是與之謀但箋文少略耳人謀既從大王於是契其龜而卜又得吉則是人神皆從矣洪範曰汝則有大疑謀及乃心謀及卿士謀及庶人謀及卜筮汝則從龜從筮從卿士從庶人從是之謂大同檢此上下大王自相之知此地將可居是謀及乃心也與從己者謀是謀及卿士庶人也契龜而卜是謀及卜也唯無筮事耳禮將卜先筮之言卜則筮可知故云皆從也○箋卜從至於是○正義曰以文承龜下故云卜從則曰可止曰居於是如箋之言則上曰爲辭下曰爲於也

迺慰迺止迺左迺右迺疆迺理迺宣迺畝自西徂東周爰執事

慰安爰於也箋云時耕曰宣徂往也民心定乃安隱其居乃左右而處之乃疆理其經界乃時耕其田畝於是從西方而往東之人皆於周執事競出力也豳與周原不能爲西東據至時從水滸言也○强本亦作壃同居良反注及後放此○

疏迺慰至執事○正義曰上告民令止民心既定乃安隱其居乃止定其處乃處之於左乃處之於右言或左或右開地置邑以居民也乃爲之疆場乃分其地理乃教之時耕乃治其田畝從西方往東之人皆在周原於是執事而競出力言築室耕田無不勸樂也○箋時耕至滸言○正義曰以宣在疆理之下乃畝之上疆理既定乃宣於田畝時耕曰宣宣訓爲偏也發也天時已至令民偏發土地故謂之宣慰止左右文在築室之下明其皆是作邑之事乃左右而處之據公宮在中民居左右故王肅云乃左右開地置邑以居其民與鄭同也疆理是一宣畝亦同但作者以乃間之而足句耳故箋通解之云乃疆理其經界乃時耕其田畝也民性安土重遷離居或有所悔言從西方往東之人皆於周執事競出力明其勸樂於是皆無悔心也豳在周原西北而經言自西便是從其正西而來故辨之云豳與周原不能爲東西據至周之時從水滸而言也鄭志張逸問豳與周原不能爲東西何謂答曰豳地今爲栒邑縣在廣山北沮水西有涇水從此西南行正東乃得周故言東西云岐山在長安西北四百里豳。又有岐山西北四百里如志此言發豳西南而行從沮水之南然後東行以適周也時耕曰宣無他文也鄭以義言之耳○乃召

司空乃。召司徒俾立室家 箋云俾使也司空司徒卿官也司空掌營國邑司徒掌徒役之事故召之使立室家之位處○處昌慮反

其繩。則直縮版以載作廟翼翼 言不失繩直也乘謂之縮君子將營宮室宗廟爲先廄庫爲次居室爲後箋云繩者營其廣輪方制之正也既正則以索縮其築版上下相承而起廟成則嚴顯翼翼然乘聲之誤當爲繩也○繩如字本或作乘案經作繩傳作乘箋云。傳。破。之乘字後人遂誤改經文縮色六反廄音救廣光浪反索桑洛反

疏 乃召至翼翼○正義曰民既得安止乃立國家宮室於是乃召司空之卿令之營度廣輪乃召司徒之卿令之興聚徒役使之立公卿之室家之位處也營度位處以繩正之其繩則方正而直矣依此繩直之處起而築之以繩縮束其板板滿築訖則升下於上以相承載作此宗廟翼翼然而嚴正言能依就準繩牆屋方正也○箋司空至之處○正義曰司空之屬有匠人其職有營國廣狹之度廟社朝市之位是司空掌營國邑也司徒之屬有小司徒其職云凡用衆庶則掌其政教是司徒掌徒役之事也以此二卿各有所掌故召之使立室家之位處也位處者即匠人所謂左祖右社面朝後市之類是也后稷封部爲上公孟子稱文王以百里而王則大王之時以殷之大國當立三卿其一蓋司馬乎時不召者司馬於營國之事無所掌故也○傳言不至爲後○正義曰傳以繩無不直而云其繩則直者言大王所作宮室不失繩之直也釋器云繩謂之縮孫炎曰繩束築板謂之縮郭璞曰縮者縛束之也然則縮者束物之名用繩束板故謂之縮爾雅復言縮之明縮用繩束之也君子將營宮室以下下曲禮文也引之者證先言作廟之意○箋繩者至爲繩○正義曰傳言不失繩直故言用繩之意繩者營其廣輪方制之正言營制之時當用繩也上下相承而起解載義言其相載傳言繩謂之縮出於釋器釋器作繩而傳作乘故爲聲之誤毛公後人寫之誤耳○

捄之陾陾度之薨薨築之登登削屢馮馮 捄虆也陾陾衆也度居也言百姓之勸勉也登登用力也削牆鍛屢之聲馮馮然箋云捄。捊也度猶投也築牆者捊聚壤土盛之以虆而投諸版中○捄

音俱呂沈同徐又音鳩陾耳升反又如之反說文云築牆聲也音而度待洛反注同韓詩云填也薨呼弘反沈呼萌反爾雅云衆也王云亟疾也屢力注反又力未反注同馮扶冰反注同藟力追反沈力戈反字或作樏或作虆音同○劉熙云盛土籠也鍜丁亂反捊薄侯反爾雅云聚也說文云引取土盛音成○

百堵皆興鼛鼓弗勝皆俱也鼛大鼓也長一丈二尺或鼛或鼓言勸事樂功也箋云五版爲堵興起也百堵同時起鼛鼓不能止之使休息也凡大鼓之側有小鼓謂之應鼙朔鼙周禮曰以鼛鼓鼓役事○堵丁古反鼛音羔勝音升謂之應應應對之應小鼓也鼙薄卑反○

疏捄之至弗勝○毛以爲掘土實之於虆謂之捄者衆多陾陾然既取得土送至牆上牆上之人受取而居於板中居之亟疾其聲薨薨然築之者用力登登然牆成削之以牆堅緻土從上下打鍜削之人屢其聲馮馮然其作此牆之時百堵皆同時而起其欲令之食息擊鼛擊鼓不能勝而止之民皆勸事樂功競欲出力言大王之得人心也○鄭唯以度爲投語異意同○傳捄虆至馮馮然○正義曰說文云捄盛土於器也捄字從手謂以手取土虆者盛土之器言捄虆者謂捄土於虆也取土必多故陾陾爲衆王者度地以居民故度爲居也陾陾薨薨皆是衆多之義舉其衆多言百姓相勸勉者築者用力爲多故云用力登登然上言削下言屢馮馮是聲故知削牆下土打鍜是屢之聲馮馮然也禮謂脯爲鍜脩亦言其椎打之○箋捄捊至板中○正義曰以傳文略故足成之說文云捊引取也故以捄爲捊言捊取壤土盛之以虆仍存虆字與傳不異也薨薨是投土之聲者若以捄爲居於虆義不强故云度猶投也○傳鼛大至樂功○正義曰冬官韗人爲臯鼓長尋有四尺八尺曰尋是一丈二尺以其長大故云大鼓也鼓是總名鼛是鼓之别名今鼛鼓並言則非一物故云或鼛或鼓又解不勝之義言其勸其事樂其功民欲疾作鼓欲令止二者交競鼓不能勝止人使休是其勸樂之甚也○箋五板至役事○正義曰五板爲堵定十二年公羊傳文鼛鼓不能止之使休息申說不勝之義傳以鼛鼓爲二鼓解有二鼓之意凡大鼓之側有小鼓謂之應鼙朔鼙此經鼛是大鼓也鼓謂鼙也禮法當有二鼓故鼛鼓並言之

此言勸樂之甚故知鼛鼓爲二餘文則不然若韗人爲鼛鼓正謂壹鼓耳大射云一建鼓在阼階西應鼙在其東一建鼓在西階之西朔鼙在其北是大鼓之傍有小鼓也箋謂鼛爲小鼓明其不異於傳引周禮者地官鼓人文彼云鼓役事此或云止役事以上有止之文而因設耳定本云鼓役事○迺立皋

門皋門有伉迺立應門應門將將王之郭門曰皋門伉高貌王之正門曰應門將將嚴正也美大王作郭門以致皋門作正門以致應門焉箋云諸侯之宮外門曰皋門朝門曰應門內有路門天子之宮加以庫雉○皋音羔伉本又作亢苦浪反韓詩作閌云盛貌將七羊反注同朝直遙反下同○迺立冢土戎醜攸行冢大戎大醜衆也冢土大社也起大事動大衆必先有事乎社而後出謂之宜美大王之社遂爲大社也箋云大社者出大衆將所告而行也春秋傳曰蜃宜社之肉○疏迺立至攸行○毛以爲大王於是之時乃立其宮之郭門後遂爲天子之皋門此皋門有伉然而高大也乃立其宮之正門後遂爲天子之應門此應門將將然而嚴正也乃立其國諸侯之社後遂爲王之大社立此社者爲動大衆所以告之而行也大王還得人心制度之美及文王興用之爲天子之法也鄭唯以皋門應門大社自是諸侯正法爲異其文義則同○傳王之至應門○正義曰下傳云冢土大社美大王之社遂爲大社則毛意以大社者天子社名諸侯不得稱大社也冢土非諸侯之社則皋應非諸侯之門故云王之郭門曰皋門王之正門曰應門是諸侯之郭門不得名皋門諸侯之正門不得名應門也大王實非天子而以皋應言之者美大王作郭門以致皋門作正門以致應門也言大王本作郭門正門耳在後文王之興以爲皋門應門雖還都於豐用岐周舊制故云致得爲之也此言以致皋門下云遂爲大社致者自小至大之辭遂者從本嚮末之稱皆言大王所作遂爲文王之法也此時大王實爲諸侯其作門社固爲諸侯之制諸侯之法異於天子文王爲天子之法不得同於大王而云致門遂社者大王門社必不得同於天子但以殷代尚質未必曲有等級文王因其制度增而長之以爲天子之制故云致耳毛所以爲此說者蓋以明堂位云庫門

天子皐門雉門天子應門魯以諸侯而作庫雉則諸侯無皐應故以皐應爲王門之名也郭門者宮之外郭之門以應門不言宮明與郭門皆爲宮門也正門謂之應門釋宮文孫炎曰謂朝門也毛以諸侯之門不名皐應與鄭別耳而郭門爲宮之外門正門爲朝門亦與鄭不異也伉者極之義故爲高貌將將嚴顯而嚴正亦互明之皆高而嚴正耳○箋諸侯至庫雉○正義曰鄭以檀弓云魯莊公之喪既葬而絰不入庫門春秋定二年雉門及兩觀災是魯有庫門雉門也明堂位云庫門天子皐門雉門天子應門是則名之曰庫雉制之如皐應魯以周公之故成王特褒之使之制二兼四則其餘諸侯不然矣襄十七年傳宋人稱皐門之晳諸侯有皐門也諸侯法有皐應大王自爲諸侯之制非作天子之門矣故云諸侯之宮外曰皐門朝門曰應門文王世子云至於寢門是內有寢門也明堂位云天子皐門天子應門顧命云二伯率諸侯入應門是天子亦有皐應故爲天子之宮加之以庫雉也家語云衛莊公易朝市孔子曰繹之於庫門之內失之矣則衛有庫門魯以周公立庫而衛亦有庫門者家語言多不經未可據信或以康叔賢亦蒙褒賞故也謂應門爲朝門內爲寢門一曰路門以朝位在應門之內路寢在路門之內故繫而名之諸侯三朝皐門之內雖有外朝議大疑詢衆庶乃往不常在焉故不得朝名其君日出所視與羣臣決事之朝在應門之內故以應門爲朝門也○傳冢大至大社○正義曰冢大戎大醜衆皆釋詁文郊特牲云社所以神地之道也禮運云命降於社之謂殽地是社爲土之神也冢既爲大大土爲社故知冢土大社也起大事動大衆至謂之宜皆釋天文爾雅先引此詩二句然後爲此辭以釋之故傳依用焉孫炎曰大事兵也有事祭也宜求見使祐也此文本解戎醜攸行之意言國家起發軍旅之大事以興動其大衆必先有祭事於此社而後出行其祭之名謂之爲宜以行必須宜祭以告社故言戎醜攸行也成十三年左傳曰國之大事在祀與戎故兵爲大事也春秋昭十五年有事於武宮雜記云有事於上帝皆是祭事故謂祭爲有事以兵凶戰危慮有負敗祭之以求其福宜故謂之宜王制云天子將出宜乎社是也傳以大社者天子社名大王時實諸侯而云乃立冢土以天子

子之名言之者美此大王之社而遂爲大社言大王立此社文王後取其制以爲天子之社故以冢土言之毛所以爲此說者蓋以祭法云王爲羣姓立社曰大社郊特牲云天子大社必受霜露風雨之氣也以爲大社之名唯施於天子其諸侯不得名大社故也○箋大社至之肉○正義曰鄭以冢土者訓爲大社之義未即名爲大社諸侯雖不可名大社可以言冢土矣以爲乃立冢土正是諸侯之法大社者出大衆將所告而行以出大衆而告之故謂之大社所告而後行故言攸行也春秋傳曰蜃宜社之肉言此者證宜爲祭社之名三傳皆無此文而言傳曰衍字也閔二年左傳曰帥師者受命于廟受蜃于社成十三年左傳曰成子受蜃於社不敬案地官掌蜃祭祀共蜃器之蜃注云蜃大蛤也飾祭器之屬鄭司農云蜃可以白器令色白然則器以蜃飾之故謂之蜃言受蜃於社非受空器而已明器內有肉是以祭社之肉盛之蜃器而賜之故說者皆以蜃爲宜祭於社之肉箋但取其意言左傳所云蜃者是宜社之肉無曰字也

肆不殄厥慍亦不隕厥問柞棫拔矣行道兑矣肆故今也慍恚隕墜也兑成蹊也箋云小聘曰問柞櫟也棫白桵也文王見太王立冢土有用大衆之義故不絕去其恚惡惡人之心亦不廢其聘問鄰國之禮今以柞棫生柯葉之時使大夫將師旅出聘問其行道士衆兑然不有征伐之意○殄田典反慍紆問反隕韻謹反柞子洛反後同棫音域後同王蒼云棫即柞也字林于目反拔蒲貝反又蒲蓋反下同兑吐外反又徒外反恚一遂反隊直類反蹊音兮櫟音歷桵如誰反後同去羌呂反惡惡上烏路反下如字脱通外反本亦作兑○

混夷駾矣維其喙矣駾突喙困也箋云混夷夷狄國也見文王之使者將士衆過己國則惶怖驚走奔突入此柞棫之中而逃甚困劇也是之謂一年伐混夷太王辟狄文王伐混夷成道興國其志一也○混音昆駾徒對反喙許穢反徐又音尺鋭反使所吏反惶怖上音皇下普故反【疏】肆不至喙矣○正義曰以大王立社有用衆之義故今文王不絕其怨恚惡人之心欲征伐無道也亦不墜其聘問之禮欲親人善鄰也言其威德兼行不忝前業不廢其聘問之使於柞棫之木拔然生柯

葉矣以此之時將其師旅行於道路兌然矣言無征伐之心也但所聘之國路近混夷混夷謂將伐己乃驚走而奔突矣混夷逃怖如是維其困劇矣大王則遷居避狄文王則威懼混夷其跡雖殊而興國則一故連而美之也○傳肆故至成蹊○正義曰肆故今隕墜皆釋詁文說文云慍怨也恚怒也有怨者必怒之故以慍爲恚說文云蹊徑也宣十一年左傳曰牽牛以蹊人之田則蹊者先無行道初爲徑路之名兌是成蹊之貌然文王大夫將師旅而出師行當依大道且其衆既多非徒成蹊而已傳言成蹊者以混夷之地野曠人稀雖有舊道當有荒穢故因士衆之過得成蹊徑以無征伐之事故行得相隨成徑與鄭同也帝王世紀云文王受命四年周正丙子混夷伐周一日三至周之東門文王閉門脩德而不與戰王肅同其說以申毛義以爲柞棫生柯葉拔然時混夷伐周然則周之正月柞棫未生以爲毛說恐非其旨驗毛傳上下與鄭不殊○箋小聘至之意○正義曰小聘曰問聘禮文也王制注云小聘使大夫大聘使卿彼對文耳散則聘問通此說文王之美其聘將師而行明據大聘言之當是卿非大夫也釋木云櫟其實梂不言櫟是柞陸機疏云周秦人謂柞爲櫟蓋據時人所名而言之棫白桵釋木文郭璞曰桵小木也叢生有刺實如耳璫紫赤可食陸機疏云王蒼說棫即柞也其材理全白無赤心者爲白桵直理易破可爲櫝車又可爲矛戟矜今人謂之白梂或曰白柘此二說不同未知孰是釋詁云肆故今也故者因上之辭是以知接上家土爲義大王立家土有用衆之義用衆欲以伐人故文王不絕去恚惡惡人之心言將伐之也既有所惡當有所好故亦不廢聘問之禮是言叛者伐之服者柔之定四年左傳云嘉好之事君行師從卿行旅從則臣之出聘止應將旅而已而云師者以其下說混夷畏之則非徒一旅之衆混夷是周之敵讎文王使臣過其傍而聘問遠國明其不敢輕行故師旅並言之○傳駾突喙困○正義曰說文云駾馬疾行貌引詩云混夷駾矣然則馬之疾行即有奔突之義故云突也喙之爲困則未詳○箋混夷至志一○正義曰采薇云西有混夷之患故知混夷夷狄之國上文行道兌矣是聘者士衆行於道今言混夷奔突故知見文王之使者將士衆過己國則惶怖

驚走而奔突也奔突有所歸入之辭上言柞。棫之中而逃亡國甚困劇也文王之聘當與鄰國往來而得使混夷怖懼者殷之末世戎狄內侵所聘之道近於混夷夷狄部落散居素不屯集忽見兵衆謂其伐己故奔入柞棫以逃避之士衆主爲聘行實無征伐之意但大衆聚行亦有武備故曰烈烈征師召伯成之明行有威武故混夷見之而驚也是之謂一年伐混夷者謂書傳之文書傳之注亦引此云混夷駾矣交相引證明其同也書傳云四年伐犬夷此云一年者書傳說文王受命七年之內其一年伐犬夷非謂受命元年也案采薇出車說文王之伐西戎出則命將遣役歸則執訊獲醜非爲一聘問之使懼之而已而得以此爲伐混夷者混夷與周相近數來犯周文王不絕恚惡惡人之心有征伐之志混夷見聘而怖終不臣伏故至受命四年而伐之此因混夷之驚遂言其伐之事不謂此卽伐也此文在虞芮質成之上或在受命之前非彼四年之事此詩二章說太王避狄難此章言文王伐混夷故箋申其意云成道興國其志一也大王以國小狄彊戰則民死爲害其民寧棄其地故遷而避之文王所服已廣民衆兵彊足得平彼混夷遏其寇亂故伐而定之皆量時制宜其跡雖異至成周道與邦定國是其志一也故作者伐避俱美此章言混夷畏文王而已未是伐事而言文王伐者以因此而在後伐之故言伐耳○

虞芮質厥成文王蹶厥生

質成也成平也蹶動也虞芮之君相與爭田久而不平乃相謂曰西伯仁人也。盍往質焉乃相與朝周入其竟則耕者讓畔行者讓路入其邑男女異路。班白不提挈入其朝士讓爲大夫大夫讓爲卿二國之君感而相謂曰我等小人不可以履君子之庭乃相讓以其所爭田爲閒田而退天下聞之而歸者四十餘國箋云虞芮之質平而文王動其緜緜民初生之道謂廣其德而王業大○芮如銳反蹶俱衛反盍胡臘反竟音景挈苦結反閒音閑○

予曰有疏附予曰有先後予曰有奔。奏。予曰有禦侮

率下親上曰疏附相道前後曰先後喻德宣譽曰奔奏武臣折衝曰禦侮箋云予我也詩人自我也文王之德所以至然者我念之曰此亦由有疏附先後。奏。奔禦侮之臣力也疏附使疏者親也

奔奏使人歸趨之○先蘇薦反注同後胡豆反注先後同本音奔本亦作奔注同奏如字本亦作走音同注同御魚呂反本又作禦音同侮亡甫反相息亮反道音導本亦作導○折之設反衝昌容反○

疏虞芮至禦侮○正義曰言文王遵太王之道行善消惡之故而虞芮二國之君有爭訟事來詣文王而得成其和平也虞芮既平歸周益衆文王於是動其太王初生之道言太王始生王業文王增而長之使王業益大也又言文王之德所以至如此者詩人云我思念之曰亦由有疏附之臣我念之曰亦由有先後之臣我念之曰亦由有奔走之臣我念之曰亦由有禦侮之臣也言上承大王之基下得賢臣之助故能克成王業卒有天下○傳質成至餘國○正義曰釋詁云質平成也則三字義同故以質爲成以成爲平言由詣文王而得成其和平也蹶動釋詁文自虞芮之君以下當有成文不知出何書也蓋往歸焉家語作盍盍訓何不也此相勸之辭宜爲盍也入其邑謂入城中也男女異路謂如王制云道路男子由右婦人由左注云以爲地道尊右故也斑白謂年老其髮白黑雜也以其年老不自提舉其挈有少者代之也士讓爲大夫大夫讓爲御爲選大夫爲卿則各以尊爵相讓也家語書傳並有其事與毛傳小異大同由異人別說故也○箋虞芮至業大○正義曰此文王本太王之詩故首尾相屬首章言太王於緜緜之後始得人心而初生王業今言文王動其生故知動彼初生之道令之使大故云廣其德而王業曰益大謂大於大王之時也此直增動大王民之初生耳而連言緜緜者明大王於緜緜之中而初生王業○今文王又動之見文王所動大於緜緜後之初生故連言之○傳率下至禦侮○正義曰此以臣有四行故解其名之義疏附者此能率其臣下先與君疏者令之親於君上能使親附故曰疏附也先後者此臣能相導禮儀使依典法在君前後故曰先後也奔走者此臣能曉喻天下之人以王德宣揚王之聲譽使人知令天下皆奔走而歸趨之故曰奔走也禦侮者有武力之臣能折止敵人之衝突者是能扞禦侵侮故曰禦侮也以此四行偏該羣臣雖有賢聖不過此矣直總言臣有四行而已不指其臣云某爲疏附某爲禦侮故君奭云惟文王尚克脩和我有夏亦惟有若虢叔有若

閎夭有若散宜生有若泰顛有若南宮括注云詩傳說有疏附奔走先後禦侮之人而曰文王有四臣以受命此之謂引此四行以證五臣明非一臣有一行也彼注云不及呂望太師也教文王以大德謙不以自比焉周公謙不自比詩人不當代謙明周召之輩亦在其中所言四行無定人矣書傳說宜生南宮括閎夭三子學○頌於太公遂與三子見文王於姜里獻寶以免文王乃云孔子曰文王得四臣吾亦得四友自吾得回也門人加親是非疏附與自吾得賜也遠方之士至是非奔走與自吾得師也前有輝後有光是非先後與自吾得由也惡言不至於門是非禦侮與文王有四臣以免虎口丘亦有四友以禦侮如此言則四人人有一行與前說乖者書傳因有四人為之說耳孔子以己弟子四人擬彼四行其於文王之臣亦不言人為一行縱彼四人各為一行此詩所言不獨指彼四人也○箋予我至趣之○正義曰予我釋詁文箋於此獨言詩人自我者此美文王之德而云我所我之事不明故辯之言文王之德所以至然者是也所以得使虞芮感化至於是者我念之由有此四臣之力故也疏附奔走傳○甚未明故特申說之

緜九章章六句

附釋音毛詩注疏卷第十六（十六之二）

阮元撰盧宣旬摘錄

○大明

故云保祐命爾　閩本明監本毛本祐作佑案祐字是也經注作右正義易作祐右祐古今字下同

其徵應炤晢見於天　小字本相臺本同案釋文云炤本或作灼考炤晢卽昭晢灼字非也

不以兩明赫赫之文　閩本明監本毛本上赫作兩案所改是也

周迊之義　閩本明監本毛本迊誤匝下同○按迊匝皆俗字

摯國任姓之中女也　閩本明監本毛本同小字本相臺本之作仲案之字是也正義云仲者中也故言之中女釋文以之中作音是正義釋文本皆作之段玉裁云此當八字爲一句是也此摠摯仲氏任一句而發傳以中解經之仲以女解經之氏故錯綜而出之也不得其讀者於國字姓字誤斷句乃改中爲仲以附合於經不知傳若專釋仲卽不得在任下也考文古本無中字亦誤

所言居河之湄　閩本明監本毛本同案所當作巧

俔磬也　相臺本同閩本明監本毛本同小字本磬作譬考文古本同案磬字是也釋文俔下云磬也正義標起止云傳俔磬作譬者誤

文云譬磬也　補通志堂本盧本文上並有說字案此十行本所附誤脫也六經正誤云今考說文譬喻也作磬誤釋文校勘云磬是喻非說文譬者諭也則不必累言譬磬也者譬而磬之者稱美也

賢美配聖人【補】案美當作女正義可證

至其光〇毛以爲 閩本明監本毛本〇下有正義曰三字案所補非也

說文云俔諭也 閩本明監本毛本同案諭上浦鏜云脫譬字是也〇按說文言部譬者諭也諭者告也則此俔下云諭也已足作正義者所見乃眞古本不當妄補也

維行大任之德焉 閩本明監本毛本同小字本相臺本維作能考文一本同案能字是也正義云故知能行大任之德也是其證

右音祐【補】釋文校勘記通志堂本盧本祐誤佑案小字本相臺本十行本所附皆作祐不誤六經正誤所載亦是祐字〇按右正佑祐皆俗然祐字說文已有

則我皇姒大姜之姪 閩本明監本毛本同案浦鏜云妣誤姒是也

辰星始見於 閩本明監本毛本同案浦鏜云於字衍是也

此北水木交際 閩本明監本毛本同案浦鏜云東誤此是也

禮記及時作坶野 閩本明監本毛本同案山井鼎云時恐詩誤是也

箋臨視也女女武王也至伐紂必克無有疑心 閩本明監本毛本作箋臨視至疑心案所改是也

大誓曰師乃鼓譟 閩本明監本毛本同案鼓下當有鼓字見鄭大司馬注引

會甲也小字本相臺本同案正義云定本云會甲兵則與會甲子義異九經古義云甲者一也古皆以一爲甲毛公以意說詩故訓會朝爲甲朝又云不崇朝而天下清明崇朝終朝也或以甲爲甲子或爲甲兵皆非毛意考文古本會下有兵字采正義而倒之耳○按詳段玉裁故訓傳三十卷注中

隱精以虞 閩本明監本毛本同案浦鏜云情誤精是也

鄭箴膏肓云 閩本明監本同毛本肓作育案育字是也下同

不足以交鄰國定遠彊也 閩本明監本交誤郊毛本不誤案浦鏜云彊當作疆是也

其言皆可與尙父義同 閩本明監本毛本同案可與二字當倒可尙父者謂傳之可尙可父也

則傳言會甲長讀爲義 閩本明監本毛本讀誤續案浦鏜云下四字疑衍非也長讀民勞正義可證

其合兵以朝且清明之時 閩本明監本毛本同案浦鏜云旦誤且是也

言其昧之而初明晚則塵昏旦則清 閩本明監本毛本同案十行本其至晚剜添者一字當是衍下塵字而上有脫故補之也

易傳曰 閩本明監本毛本同案浦鏜云曰當者字誤是也

○緜

本由大王也唐石經小字本相臺本同案釋文云一本無由字正義云本之於大王也又云本其上世之事又云是本大王又云而又追而本之是其本無由字譜及旱麓正義皆有本由大王者以義言之耳釋文云序舊無注本或有注者非今各本皆無

自土沮漆唐石經小字本相臺本同案此釋文本也釋文云沮七余反漆音七毛云沮漆二水名正義云於漆沮之旁又云豳有漆沮之水又云是周地亦有漆沮也又下章云循西方水厓漆沮之側又云上言漆沮此言循滸明是循此漆沮之側也又下章云周原在漆沮之間以時驗而知之是正義本作漆沮餘亦有作沮漆者後人改之耳六書音均表云從漢書水經注作漆沮

瓜紹也瓞瓝也小字本相臺本同案段玉裁云傳瓜瓞逗瓜紹也句瓞逗瓝也句此傳之難讀由淺人誤刪瓜瓞二字而以瓜逗紹也句耳

封於邰小字本相臺本同案釋文以封邰作音是其本無於字也正義云是稷為帝嚳之冑封於邰也與釋文本不同

古公亶父唐石經小字本相臺本同案釋文云父本亦作甫正義云號為亶父者是正義本與釋文同以下多作甫字者以父甫為古今字易而說之也

狄人之所欲吾土地閩本明監本毛本同小字本相臺本欲下有者字地下有也字考文古本同案有者是也

君子不以其所養人而害人相臺本同閩本明監本毛本同小字本而作者案者字是也

何患無君閩本明監本毛本同小字本相臺本患下有乎字案有者是也

邑乎岐山之下　相臺本同閩本明監本毛本同小字本乎作于案于字是也

稱君曰公　小字本同閩本明監本毛本同相臺本稱下有其字案有者是也

說文作覆　補　釋文校勘記通志堂本同盧本覆作𥤧云舊譌覆今從本書正案所改是也

釋訓云　閩本明監本毛本同案浦鏜云詁誤訓是也

我先生不窋　閩本明監本毛本生作王案所改是也

卽云處豳爲異耳　閩本明監本毛本同案處豳當作古公因讀者記處豳於側因誤改正文也

請免吾乎　閩本明監本毛本同案吾當作居浦鏜云莊子作勉居呂氏春秋作勉處是也免卽勉字

吾不爲社稷乎　閩本明監本毛本同案浦鏜云君誤吾是也

而公○劉大王　閩本明監本毛本不空案所改是也

若顧戀彊宇　補　案彊當作疆毛本不誤

說文云陶瓦器竈也　閩本明監本毛本同案陶當作匋

說文云穴土屋也　閩本明監本毛本同案室誤屋是也

覆地室也　閩本明監本毛本地室誤於地案覆當作𥤧下同

故箋辨之云覆者　閩本明監本毛本同案覆當作復

爲堅三　明監本毛本三誤土閩本不誤案引九章在商功術謂堅率三也山井鼎考文所載誤以三字屬下讀

沮漆水側也　小字本相臺本同案詩經小學云晉紀摠論李善注引鄭曰漆沮側也今考此章正義漆沮字凡三見是正義本自作漆沮也考文古本作漆沮采正義

至胥字〇正義曰　補十行本曰字原作言閩本明監本同毛本言作曰案曰字是也今改正

明其著大姜之賢智也　閩本明監本毛本智誤知案智是正義所易今字也

甘如飴也　閩本明監本毛本同小字本相臺本甘上有皆字考文古本同案有者是也

膴音武韓詩同　補釋文校勘記通志堂本盧本同案段玉裁云韓詩作膴膴此當有誤膴膴引見魏都賦注

菫荁粉榆　閩本明監本荁作直毛本初刻同後改荁案所改是也下同浦鏜云枌誤粉是也

迺疆迺理　唐石經小字本相臺本同閩本同明監本毛本疆誤彊十行本正義中字作彊亦誤餘同此

乃爲之疆場　閩本明監本同毛本疆誤壃下同案場當作埸

豳又有岐山西北　閩本明監本毛本同案浦鏜云在譌有是也

乃召司空　小字本相臺本同唐石經乃作迺考文古本同案迺字是也下乃召司徒同標起止云乃召當是後改又見公劉

其繩則直也 唐石經小字本相臺本同案釋文云繩本或作乘後人誤改經文是也

箋云傳破之乘字 補 釋文校勘記通志堂本同盧本之作爲案爲字誤改也此傳破二字誤倒耳當作破傳陸意謂箋之所云乃破傳之乘字也傳未嘗破經爲乘箋又無此云盧文弨全誤

捄捊也 小字本相臺本同閩本明監本毛本捊誤桴下及正義同考文古本下作捊〇按說文捊引堅也今本堅作取誤〇 補 案十行本分作取土二字尤誤又捄音俱呂沈同沈當作忱

以上有止之文而因設耳 閩本明監本毛本同案浦鏜云設當誤字之誤是也

無曰字也 閩本明監本毛本同案山井鼎云恐有脫誤非也此申上文曰衍字也之意

其行道士衆兌然 小字本相臺本同案釋文脫然通外反本亦作兌正義云行於道路兌然矣是其本作兌此箋意以兌爲脫之假借直於訓釋中改用脫字以顯之其不云讀爲者省文之例每如此也當以釋文本爲長

欲親人善鄰也 閩本明監本毛本同案此不誤浦鏜云人當仁誤非也正義所用傳文自如此

王蒼說棫即柞也 閩本明監本毛本同案王當作三

可爲犢車 閩本明監本毛本同案浦鏜云犢誤櫝是也爾雅疏即取此車下有輻字此脫

上言柞棫之中而逃亡 閩本明監本毛本同案柞棫下盧文弨云脫拔明入作棫是也此因柞棫複出而有誤

盍往質焉 小字本相臺本同案此釋文本也釋文云盍胡臘反正義本是蓋字云家語作盍盍訓何不也此相勸之辭宜爲盍也考蓋盍古同用字耳

斑白不提挈 相臺本同小字本斑作班閩本明監本毛本同案班字是也古多以班爲斑字

予曰有奔奏 唐石經小字本相臺本同案釋文云本音奔本亦作奔注同奏如字本又作走音同注同正義云我念之曰亦由有奔走之臣又云奔走者云云令天下皆奔走而歸趨之故曰奔走也又云書傳說有疏附奔走又云是非奔走與又云疏附奔走是正義本作奔走也依此唐石經以下各本乃上字合正義下字合釋文當卽釋文所云亦作本耳

奏奔禦侮 閩本明監本毛本同小字本相臺本奏奔倒案奔奏是也

蓋往歸焉 閩本明監本毛本同案浦鏜云質誤歸是也

學頌於大公 閩本明監本毛本同案此不誤浦鏜云訟誤頌非也頌讀當爲容卽漢書所云善爲頌者是也字或作訟音同故文王正義引作訟浦意讀訟爲如字誤之甚矣

傳甚未明 閩本明監本毛本同案甚當作意

附釋音毛詩注疏卷第十六（十六之三）

毛詩大雅

鄭氏箋　孔穎達疏

棫樸文王能官人也棫雨逼反樸音卜沈又符卜反芃芃棫樸薪之槱之興也芃芃木盛貌棫白桵也樸枹木也槱積也山木茂盛萬民得而薪之賢人衆多國家得用蕃興箋云白桵相樸屬而生者枝條芃芃然豫斫以爲薪至祭皇天上帝及三辰則聚積以燎之○芃薄紅反槱音酉字亦作𣞀弋九反云積木燒也枹音茅反蕃音煩屬之欲反斮一本作斫燎力召反濟濟辟王左右趣之趣趨也箋云辟君也君王謂文王也文王臨祭祀其容濟濟然敬左右之諸臣皆促疾於事謂相助積薪○辟音壁注及下同趣七喻反【疏】芃芃至趣之○毛以爲芃芃然枝葉茂盛者是彼棫木之樸屬而叢生也我農人得析而薪之又載而積之於家使農人得以濟用興德行俊秀者乃彼賢人之叢集而衆多也我國家得徵而取之又引而置之於朝使國得以蕃興既得賢人置之於位故濟濟然多容儀之君王其舉行政此賢臣皆左右輔助而疾趨之言賢人在官各司其職是其能官人也○鄭以爲芃芃然枝葉茂盛之棫相樸屬而叢生也故使人豫斫而薪之及祭皇天上帝則又聚積而燎之濟濟然其臨祭祀容貌肅敬之君王薪燎以祭之時左右諸臣趨疾而助之言皆助王積薪以供事上帝是其能官人也○傳芃芃至蕃興○正義曰芃芃是棫樸之狀故爲盛貌釋木云樸枹者孫炎曰樸屬叢生謂之枹以此故云樸枹木也伐木析之謂之薪既以爲薪則當積聚槱在薪下故知槱爲積也此詩美其能官人則以木茂喻賢人德盛樸屬喻賢人多薪之似聘取賢人積之似聚置於朝故云山木茂盛萬人得而薪之賢人衆多國家得用蕃興然蕃是在朝之士當以薪濟家用爲喻而文不類是互相足也蕃興者謂蕃殖興盛言國家昌大之意也○箋白桵至燎之○正義曰言樸屬而生者冬官考工記云凡察車之道欲其樸屬而微至注云樸屬

猶附著堅固貌也此言樸者亦謂根枝迫迮相附著之貌故以樸屬言之欲取爲薪故言其枝葉茂盛芃芃然薪必乾乃用之故云豫斫月令季冬乃命。收秩薪柴以供郊廟及百祀之薪燎則一歲所須槱燎炊爨之薪皆於季冬收之以擬明年之用是豫斫也至祭皇天上帝及三辰則聚積燎之解槱之意也知此爲祭天者以下云奉璋峨峨是祭時之事則此亦祭事槱之與大宗伯槱燎文同故知爲祭天也大宗伯以禋祀祀昊天上帝以實柴祀日月星辰以槱燎祀司中司命風師雨師彼槱燎之文唯施用於司中司命此祭皇天上帝亦言槱之者彼云禋祀實柴槱燎三者皆祭天神之禮俱是燎柴升煙但神有尊卑異其文耳故注云禋之言煙周人尚臭煙氣之臭聞者也三祀皆積柴實牲體焉或有玉帛燔燎而升煙所以報陽也是其禮皆同故得爲槱之也皇天上帝月令文彼注以皇天爲北辰耀魄寶上帝爲五帝則此亦宜然宗伯注昊天上帝冬至於圜丘所祀天皇大帝也昊天上帝猶皇天上帝周禮以爲一而月令分之者以周禮文自相顧司服云王祀昊天上帝則服大裘而冕祀五帝亦如之別言五帝則昊天上帝之中無五帝矣故以爲一則月令文無所對宜廣及天帝故分之爲二此亦廣文當同之也春官神仕之職桓二年左傳皆有三辰之文卽宗伯所云日月星辰是也此章言祭天之事祭天則大報天而主日配以月可兼及日月而總言三辰以爲兼及星辰者以其俱在天神皆用柴祭槱文可以兼之故通舉焉此及宗伯在柴燎之限則月爲天神當以煙祭觀禮云祭天燔柴祭地瘞注云燔柴祭天謂祭日也則祭地瘞者謂祭月也日月而云天地靈之也又以月爲地神而從瘞埋之祭者彼注又云月者大陰之精上爲天使然以天使從天以陰精又從地故以祭月有二禮月之從埋唯此會同告神一事而已其餘皆從實柴故宗伯定之以爲天神也文王受命稱王必當祭天其祭天之事唯肇禋與是類見於詩其外又中候合符后云文立稷配注云文王受命祭天立稷以配之諸儒皆以爲郊與圜丘異名而實同鄭以圜丘與郊別文王未定天下不宜己祭圓丘所以言稷配蓋郊也何則周公祭禮始禘嚳而郊稷祖文而宗武若文王已具其禮當使誰配之以此知文王之時未具祭天之禮而分皇天上帝爲二者亦以標文可盡兼天神廣言之耳未必文王已祭天皇大帝也此箋異於傳孫毓云此篇美文王之能官人非稱周地之多賢
才也國事莫大於祀神莫大於天必擇俊士與共其禮故舉祭天之事以明官人之義又薪之標之是燎祭積薪之名非謂萬民皆當標燎箋義爲長○傳趣
趣○正義曰此趣鄉之趣義無所取故轉爲疾趍○箋辟君至積薪○正義曰辟君釋詁文以時紂存嫌不祭天故辨之云君王謂文王也文承上標之之下
故知相助積薪也

濟濟辟王左右奉璋

半圭曰璋箋云璋璋瓚也祭祀之禮王祼以圭瓚諸臣助之亞祼以璋瓚○璋音章瓚在但反字或作贊祼古亂反

奉璋峨峨。髦士攸宜

峨峨盛壯也髦俊也箋云士卿士也奉璋之儀峨峨然故今俊士之所宜○峨本又作俄五歌反髦音毛

【疏】濟濟至攸宜○毛以爲文王能任賢爲官助之行禮濟濟然多容儀之君王其行禮之事則左右之臣奉璋而助行之此臣奉璋之時其容儀峨峨然甚盛壯矣乃是俊士所宜爲臣奉璋是其能官人也○鄭以此章說宗廟之祭賢臣取之言濟濟然其臨祭祀敬美之君王其祭之時親執圭瓚以祼其左右之臣奉璋瓚助之而亞祼奉璋亞祼之時容儀峨峨然甚得其禮此奉璋之事俊士之所宜行也宜以助祭是官得其人也○傳半圭曰璋○正義曰傳唯解璋而不言瓚則不以此爲祭矣斯干傳曰璋臣之職則謂臣之行禮當執璋也王肅云羣臣從王行禮之所奉顧命曰太保秉璋以酢肅以臣之執璋於禮無文故引顧命爲證○箋璋璋至璋瓚○正義曰鄭以臣行禮亦執圭璧無專以璋者禮圭以進君璋以進夫人則圭璋當統名不得言璋論語說孔子執圭是其事也冬官玉人云大璋中璋邊璋皆是璋瓚也以璋言之故知璋是璋瓚王肅云。○本有圭瓚者以圭爲柄謂之圭瓚未有名璋瓚爲璋者王基駮云郊特牲曰灌以圭璋與此云奉璋峨峨皆有明文故知璋爲璋瓚矣祭之用瓚唯祼爲然故云祭祀之禮王祼以圭瓚諸臣助之亞祼以璋瓚卽祭統云君執圭瓚祼尸大宗。伯執璋瓚亞祼是也天官內宰職云大祭祀后祼獻則贊然則亞祼者當是后夫人矣此及祭統言大。宗者彼注云容夫人有故攝焉攝代王后一人而已言諸臣者舉一人之事以見諸臣之美耳又天官小宰云凡祭祀贊祼將之事注云文從太宰助王然則大宰助王祼小宰又助之是助行祼事非獨一人故言諸臣小宰注云唯人道宗廟有祼天地大神至尊不祼莫稱焉則此言祼事祭宗廟也箋直言祭祀之禮不言廟以言祼則廟可知祭義說宗廟之祭云孝子慤而趨賓客則濟濟此言濟濟辟王者以孝子當祭志心念親不事儀飾故言慤而趨見其儀少耳其實祭是大事非無儀也清廟箋云周公之祭清廟其禮儀敬且和是有儀矣○傳峨峨至髦俊○正義曰以峨峨是容儀之貌故言盛壯釋訓云峨峨祭也舍人曰峨峨奉璋之。祭鄭以此璋爲祭合於爾雅毛不爲祭蓋以行禮貌同於祭髦俊釋言文○箋士卿士○○正義曰士者男子之大號以奉璋亞祼是宗伯之卿故言卿士也○

淠。彼涇舟烝徒楫之淠舟行貌楫櫂也箋云烝衆也淠淠然涇水中之舟順流而行者乃衆徒船人以楫櫂之故也興衆臣之賢者行君政令○淠匹世反沈孚計反涇音經烝之承反楫音接徐音集方言云楫謂之橈或謂之櫂郭注云楫橈頭索也所以縣櫂謂之楫說文云楫舟棹也釋名云在傍撥水曰櫂又謂之楫櫂直教反

周王于邁六師及之天子六軍箋云于往邁行及與也周王往行謂出兵征伐也二千五百人爲師今王興師行者殷末之制未有周禮。周。禮五師爲軍軍萬二千五百人○

疏淠彼至及之○正義曰文王既能官人行其政令言淠淠然順流而行者是涇水之舟船此舟船所以得順流而行者乃由衆徒船人以楫櫂之故也以興隨民而化者是文王之政令也此政令所以得隨民而化者乃由諸臣賢者以力行之故也既有賢臣之爲王布政故可以征討有罪周王往行征伐則六師與之而俱進也○傳淠舟行貌楫櫂○正義曰定本及集注皆云行舟行則與鄭不異或云舟止者誤也方言楫或謂之櫂則毛以時事名之○箋烝衆至政令○正義曰烝衆釋詁文淠淠爲動之貌故云順流而行以承上章說賢臣之事故爲衆臣之賢者行君政令○傳天子六軍○正義曰瞻彼洛矣云以作六師常武云整我六師皆謂六軍爲六師明此六師亦六軍也○箋周王至百人○正義曰師之所行必是征

伐，故知周王往行，謂出兵征伐也。二千五百人爲師，夏官序文。禮，天子六軍，諸侯大國三軍。今周王不以軍而興師行者，殷末之制，未有周禮故也。若如周禮夏官序云「五師爲軍，軍萬二千五百人」也。詩爲大雅，莫非王法，造舟爲梁，裸將于京，皆是天子之禮，而此必爲殷末之制者，以詩人之作，或以後事言之，或論當時之實。若是當時實事，文王未必已備六軍，因言師不言軍，故爲此解耳。鄭之此言，未是定說。鄭志趙商問：「此箋引常武『整我六師』，宣王之時，又出征伐之事，不稱六軍而稱六師，不達其意。」答曰：「師者，衆之通名，故人多云焉。欲著其大數，則乃言軍耳。」此正答常武六師，而不申此箋之意，是其自持疑也。又臨碩幷引詩三處六師之文以難周禮，鄭釋之云：「春秋之兵，雖累萬之衆，皆稱師。詩之六師，謂六軍之師。」總言三文六師，皆云六軍，是亦以此爲六軍之意也。又易師卦注云：「多以軍爲名，次以師爲名，少以旅爲名。師者，舉中之言。」然則軍之言師，乃是常稱，不當於此獨設異端。又甘誓云「乃召六卿」，注云：「六卿者，六軍之將。」公劉箋云：「邰，后稷上公之封，大國三軍。」大誓注云：「六軍之兵東行。」皆在周禮之前，鄭自言有六軍三軍之法，何故於此獨言殷末？當是所注者廣，未及改之耳。○

倬彼雲漢，爲章于天。倬，大也。雲漢，天河也。箋云：雲漢之在天，其爲文章，譬猶天子爲法度于天下。○倬，陟角反。**周王壽考，遐不作人。**遐，遠也。遠不作人也。箋云：周王，文王也。文王是時九十餘矣，故云壽考。遠不作人者，其政變化紂之惡俗，近如新作人也。

疏箋周王至作人○正義曰：上已有周王，何嫌非文王，而於此言謂文王者，欲因取文王之名以解壽考，故於此言之也。受命之時已九十矣，六年乃稱王，此雖稱王，後言之不妨述受命時事，故云九十餘矣。作人者，變舊造新之辭，故云變化紂之惡俗，近如新作人也。

追琢其章，金玉其相。追，彫也。金曰彫，玉曰琢。相，質也。箋云：周禮追師掌追衡笄，則追亦治玉也。相，視也，猶觀視也。追琢玉使成文章，喻文王爲政，先以心研精，合於禮義，然後施之，萬民視而觀之，其好而樂之，如觀金玉然。言其政可樂也。○追，對回反，注同。琢，陟角反，注同。彫，都挑反。相，如字，一云鄭息亮反。研，倪延反。好，呼報反。樂，音洛，下同。○**勉勉我王，**

綱紀四方箋云我王謂文王也以罔罟喻爲政張之爲綱理之爲紀○罔罟音古

疏追琢至四方○毛以爲上言文王之表章此又說其有文章之事言治寶物爲器所以可彫琢其體以爲文章者以金玉本有其質性故也以喻文王所以可修飾其道以爲聖教者由本心性有睿聖故也心性有睿聖故修飾以成美言文王之有聖德其文如彫琢其質如金玉以此文章教化天下故歎美之言勉勉然勤行善道不倦之我王以此聖德綱紀我四方之民善其能在民上治理天下鄭以爲申上政教可美之意言工人追琢此玉使其成文章而後用之以興文王研精此政教合於禮義其出民皆貴而愛之好而樂之如金玉之寶其皆視而觀之言其政得其宜民愛之甚餘同○傳追彫至相質○正義曰毛以此經上下相成所追琢者即此金玉故以追爲彫釋器說治器之名云玉謂之琢是玉曰琢也釋器上文云玉謂之彫金謂之鏤刻金不爲彫言金曰彫者以彼對文爲別散可以相通論語曰朽木不可彫木尙稱彫明金亦可爲彫也以此二句相對章是成文則相是本質故相爲質也王肅云以興文王聖德其文如彫琢矣其質如金玉矣○箋周禮至可樂○正義曰周禮追師掌追衡笄天官追師職文彼注追猶治也王后之衡笄皆以玉爲之唯祭服有衡垂于副之兩傍當耳是衡笄俱首服也以玉爲之而職曰追師故知追爲治玉之名彼注亦引此詩交相爲證也相視釋詁文視者以目觀物從目生名觀者見物看之據彼生稱今言萬民之看王政教故又轉爲觀也上言政教之美能變化惡俗故知此述政教可美之事金玉物之貴者故云其好樂之如觀金玉然言政之甚可樂也易傳者以上言作人下言綱紀皆是政教之事則此亦述政教矣○聖人體自生知性與道合不當於此輒譽文王美質故易之○箋我王至爲紀○正義曰以我王之文異於上辟王周王故詳之言謂文王也說文云綱網紘也紀別絲也然則綱者網之大繩故盤庚云若網在綱有條而不紊是其事也以舉綱能張網之目故張之爲綱也紀者別理絲縷故理之爲人以喻爲政有舉大綱赦小過者有理微細窮根源者

棫樸五章章四句

旱麓受祖也周之先祖世脩后稷公劉之業大王王季申以百福干祿焉旱戶但反

麓音鹿本亦作鹿○疏旱麓六章章四句至干祿焉○正義曰作旱麓詩言文王受其祖之功業也又言其祖功業所以有可受者以此周之先祖能世脩后稷公劉之功業謂大王以前先公皆脩此二君之業以至於大王王季重以得天之百福所求之祿焉文王得受其基業增而廣之以王有天下故作此詩歌大王王季得祿之事也受祖者謂受大王王季已前也王季者文王之父而幷言祖者以卑統於尊故繫之大王也不言文王受祖者此祖功業後世亦蒙之不言文王見其流及後世周之先祖總謂文王以前世脩后稷公劉之業者后稷上世賢君功業布於天下公劉能脩后稷之業又是先公之中賢後者故特顯其名公劉之前先公脩后稷之業公劉以后之君幷脩公劉之業故連言之言周之先祖則大王王季在其中矣而別言大王王季以大王王季道德高於先君獲福多於前世故別起其文見其盛於往前且以結受祖之文明受祖者受大王王季也申者重也今大王福祿益多故言重也以大王言重明前已得○周祿是敘者要約之旨也福祿一也而言百福干祿焉福言百明祿亦其數多也祿言干明福亦求得之以經有干祿故因取而互之經六章皆言大王王季脩行善道以求神祐是申以百福干祿之事也緜言文王之興本由大王而經有文王之事此言受祖而經皆說祖之得福其言不及文王者詩者志也各言其志故辭不可同生民周公成王之雅也維清執競時邁思文周公成王之頌也其文皆無周公成王之事以其光揚祖業足爲子孫之美故其辭不復及焉

○瞻彼旱麓榛楛濟濟旱山名也麓山足也濟濟衆多也箋云旱山之足林木茂盛者得山雲雨之潤澤也喻周邦之民獨豐樂者被其君德教○榛側巾反字林云木叢又仕人反楛音戶草木疏云楛木莖似荊而赤其葉如著上黨人篾以爲筥箱又屈以爲釵也樂音洛下同被皮僞反○

豈弟君子干祿豈弟干求也言陰陽和山藪殖故君子得以干祿樂易箋云君子謂大王王季以有樂易之德施於民故其求祿亦得樂易○豈弟本亦作愷又作凱苦亥反弟亦作悌徒禮反一音待豈樂也弟易也後豈弟皆同易以豉反下同○疏瞻彼至豈弟○毛以為視彼周國旱山之麓其上則有榛楛之木濟濟然茂盛而衆多是由陰陽和以致山藪殖也陰陽調和是君之所感木猶尚然明民亦得其性故樂易然之君子謂大王王季以此人物得所而求福祿其心樂易然喜民之得所也○鄭說在箋○傳旱山至衆多○正義曰以旱文連麓麓為山足故知旱為山名知麓是山足者以周禮地官有大林麓中林麓小林麓立林衡之官以掌之與山虞連職若斬木林則受法於山虞長木之處在山知為山足也濟濟文連榛楛為木之貌故為衆多周語韋昭注云榛以栗而大楛木名陸機云楛其形似荊而赤莖似蓍上黨人織以為牛筥箱器又屈以為釵故上黨人調曰問婦人欲買赭不謂竈下自有黃土問買釵不謂山中自有楛○箋旱山名至被其君德教○正義曰以下云豈弟君子明是德能養民故為樂易故以此為喻民得豐樂被君子德教也○傳干求至樂易○正義曰干求釋言文周語引此一章○乃云夫旱麓之榛楛殖故君子得以樂易干祿焉若夫山林匱竭林麓散亡藪澤肆逸民力凋盡田曠荒蕪資用乏匱君子將險哀之不暇而何樂易之有焉毛依此文以為義彼韋昭注云王者之德被及榛楛陰陽調草木盛故君子以求祿其心樂易矣用此傳為說然則此外傳正文而箋易之者以陰陽和山藪殖自然民豐樂矣立君所以牧民美人君之德當以養民為主不應捨民弗言而唯論草木是必以木既茂盛民亦豐樂外傳引其本經遺其興意毛傳理雖不謬於作意未盡故箋申而備之○箋君子至樂易○正義曰以序言受祖祖文未見故辯之云君子謂大王王季也上言民被其德教是有樂易之德施於民也君子行善善亦應之既施樂易於民故求福亦得樂易樂易謂求則得之其心喜樂簡易也○

瑟彼玉瓚黃流在中玉瓚圭瓚也黃金所以飾流鬯也九命然後錫以秬鬯圭瓚箋云瑟絜鮮貌黃流秬鬯也圭瓚之狀以圭為柄黃金

爲勺青金爲外朱中央矣殷王帝乙之時王季爲西伯以功德受此賜○瑟所乙反又作瓚黃金所以流鬯也一本作黃金所以爲飾流鬯也是後人所加秬音巨黑黍也鬯敕亮反以黑黍米擣鬱金草取汁而煑之和釀其酒其氣芬香調暢故謂之秬鬯勺上灼反字或作杓○

豈弟君子福祿攸降

箋云休所降下也○降如字又戶江反注同○疏瑟彼至攸降○毛以爲上言大王王季有德於民此又言有功受賜言王季爲西伯以有功德之故殷王帝乙賜之以瑟然而絜鮮者乃彼圭玉之瓚而以黃金爲之勺令得流而前注其秬鬯之酒爲金所照又色黃而流在於其中也此有樂易之德之君子以有德之故是福祿所以降下而與之天子賜之圭瓚即是福祿下也○鄭以黃流謂鬯酒爲異餘同○傳玉瓚至圭瓚○正義曰瓚者器名以圭爲柄圭以玉爲之指其體謂之玉瓚據成器謂之圭瓚故云玉瓚圭瓚也瓚者盛鬯酒之器以黃金爲勺而有鼻口鬯酒從中流出故云黃金所以流鬯以器是黃金照之酒亦黃故謂之黃流也定本及集注皆云黃金所以飾流鬯也若有飾字於義易曉則俗本無飾字者誤也九命然後賜以秬鬯圭瓚其意以爲王季九命受此賜也孔叢羊容問子思曰古之帝王中分天下而二公治之謂之二伯周自后稷封爲王者之後至大王王季文王此爲諸侯矣奚得爲西伯乎子思曰吾聞諸子夏曰殷王帝乙之時王季以九命作伯於西受圭瓚秬鬯之賜故文王因之得專征伐此諸侯爲伯猶周召分陝亦以周召之君爲伯乎毛意當如孔叢之言以王季爲東西大伯故以九命言之也○箋瑟絜至此賜○正義曰以瑟爲玉之狀故云絜鮮貌說文云瑟者玉英華相帶如瑟絃或當然○江漢曰釐爾圭瓚秬鬯一卣是賜圭瓚必以秬鬯隨之故知黃流即秬鬯也傳以黃流爲黃金流鬯箋直以秬鬯爲黃流者秬黑黍一秠二米者也秬鬯者釀秬爲酒以鬱金之草和之使之芬香條鬯故謂之秬鬯草名鬱金則黃如金色酒在器流動故謂之黃流易傳者以言黃流在中當謂在瓚之中不謂流出之時而瓚中赤而不黃故知非黃金也以此故具言圭瓚之狀以圭爲柄黃金爲勺青金爲外以朱爲中央矣明酒不得黃也知瓚之形如此者以冬官玉人云大璋中璋

九寸邊璋七寸射四寸黃金勺青金外朱中央鼻寸衡四寸注云射琰出者也鼻勺流也凡流皆爲龍口也衡橫字謂勺徑也三璋之勺形如圭瓚故說瓚之狀以璋狀言之知三璋如玉瓚者以彼上文云祼圭尺有二寸有瓚以祀宗廟更不說瓚形明於三璋之制見之故知同也又春官典瑞注引漢禮瓚槃大五升口徑八寸下有槃口徑一尺則瓚如勺爲槃以承之也天子之瓚其柄之圭長尺有二寸其賜諸侯蓋九寸以下此述大王王季之事故云殷王帝乙之時王季爲西伯以功德受此賜鄭不見孔叢之書其言帝乙之時或當別有所據故譜亦然尙書西伯戡黎注云文王爲雍州之伯在西故謂之西伯則以文王爲州牧故楚辭天問云伯昌號衰秉鞭作牧王逸云文王爲雍州牧此王季爲西伯亦當爲雍州牧也大宗伯云八命作牧則王季唯八命不從毛爲九命也八命所以亦得圭瓚之賜者宗伯注云侯伯有功德加命得專征伐於諸侯然則以專征當州之內亦當賜之如上公故王季爲西伯得受圭瓚也鄭駁異義引王制云三公一命衮若有功則加賜衮衣之謂與一曰衣服是也鄭之意以九命之外別加九賜案禮緯含文嘉上列九賜之差下云四方所瞻侯子所望宋均注云九賜者乃四方所共見公侯伯子男所希望由此言之七命皆得賜不在九命者彼謂隨命得賜與九命外頓加九賜別九賜者含文嘉云一曰車馬二曰衣服三曰樂則四曰朱戶五曰納陛六曰虎賁七曰斧鉞八曰弓矢九曰秬鬯宋均注云進退有節行。步有度賜之車馬以代其步言成文章行成法則賜以衣服以表其德動作有禮賜之納陛以安其體長於教訓內懷至仁賜以樂則以化其民居處脩理房內不渫賜以朱戶以明其別勇猛勁疾執義堅彊賜以虎賁以備非常亢揚威武志在宿衞賜以斧鉞使得專殺內懷仁德執義不傾賜以弓矢使得專征孝慈父母賜以秬鬯以祀先祖是其九賜之事也

○鳶飛戾天魚躍于淵言上下察也箋云鳶鴟之類鳥之貪惡者也飛而至天喻惡人遠去不爲民害也魚跳躍于淵中喻民喜得所

○鳶悅宣反鴟尺尸反○豈弟君子遐不作人箋云遐遠也言大王王季之德近於變化使如新作人○疏○鳶飛至作人毛以爲大

王王季德教明察著於上下其上則鳶鳥得飛至於天以遊翔其下則魚皆跳躍於淵中而喜樂是道被飛潛萬物得所化之明察故也能化及上下故歎美之言樂易之君子大王王季其變化惡俗遠此不新作人言其近新作人也○鄭。上。二。句。別。具箋○傳言上下察○正義曰中庸引此二句乃云言上下察故傳依用之言能化及飛潛令上下得所使之明察也○箋鳶鴟至得所○正義曰蒼頡解詁以爲鳶即鴟也名既不同其當小別故云鴟之類也說文云鳶鷙鳥擊小鳥故爲貪殘以貪殘高飛故以喻惡人遠去淵者魚之所處跳躍是得性之事故以喻民喜樂得其所易傳者言鳥之得所當如鸞鶩在梁以不驚爲義不應以高飛爲義且下云遐不作人是人變惡爲善於喻民爲宜禮記引詩斷章不必如本故易之○

清酒既載騂牡既備言年豐畜碩也箋云既載謂已在尊中也祭祀之事先爲清酒其次擇牲故舉二者○騂息營反字林火營反畜香又反

以享以祀以介景福言祀所以得福也箋云介助景大也○享許丈反徐許亮反介音界後同○

疏清酒至景福○毛以爲大王王季既成民事乃以神事有清絜之酒既載而置之於尊中其赤牡之性既擇而養之以充備有此牲酒以獻之於宗廟以祭祀其先祖以得大大之福祿○鄭以介爲助爲異餘同○傳言年豐畜碩○正義曰言酒見其年豐言牲見其畜碩桓六年左傳曰聖王先成於民而後致力於神故奉牲以告曰博碩肥腯謂其畜之碩大蕃滋也奉酒醴以告曰嘉栗旨酒謂其三時不害而民和年豐也此傳取彼意也○箋既載至二者○正義曰既載載之於器故知已在尊中也此既載既備謂將用之時故即云以享以祀也又解祭祀之用羞物多矣獨舉酒牲者祭祀之事先爲清酒其次擇牲故舉是二者也信南山箋解清酒總諸鬱鬯玄酒與五齊三酒此清酒與彼不同者觀經立義所以各別前已具解清酒者冬釀接夏而成其餘不盡然要清酒皆豫作有在三月前者故云先爲清酒也地官充人云掌繫祭祀之牲牷祀五帝則繫於牢芻之三月享先王亦如之又祭義云君召牛納而視之擇其毛而卜之吉而後養之是擇牲在祭前三月次爲酒之後也文十三年公羊傳云周公用白牡

魯公用騂犅羣公不毛然則大王王季爲殷之諸侯其牲亦應不毛而云騂牲者不毛者不定用一毛而已其牲皆用純色故此祭用純騂也祭義云擇其毛是諸侯用純色也或者此是作者於後據周所尙而言之○傳言祀所以得福○正義曰詩文諸云介福者毛皆以介爲大此亦謂之得大我之福

瑟彼柞棫民所燎矣 瑟衆貌箋云柞棫之所以茂盛者乃人熂燎除其旁草養治之使無害也○燎力召反又力弔反說文作尞。一云。此祭天也又云燎放火也字林同尞力召反燎音力小反熂許氣反芟草燒之曰熂何沈虛刈反

豈弟君子神所勞矣 箋云勞勞來猶言佑助○勞力報反注同來力代反本亦作倈同佑音又○

疏瑟彼至勞矣○正義曰上言祭以助福此言得福之事言瑟然衆多而茂盛者是彼柞棫之木也此柞棫所以得茂者正以爲民所熂燎而除其。傍草矣傍無穢草故木得茂盛以與得福者乃彼樂易君子也此君子所以得福者王以爲神所勞來去其患害矣既無患害故多獲福言神之勞來君子猶民之燎柞棫也○

莫莫葛藟施于條枚 莫莫施貌箋云葛也藟也延蔓於木之。枝。本而茂盛喻子孫依緣先人之功而起○藟力軌反字又作虆同施以豉反注同枚芒回反蔓音萬

豈弟君子求福不回 箋云不回者不違先祖之道○

疏莫莫至不回○正義曰上言蒙先祖之福此言脩先祖之德言莫莫然而延蔓者是葛也藟也乃施於木之條枚之上而長也以興依緣者此大王王季也乃依緣己之先祖之功業而起也大王王季既依緣先祖則述脩其業是此樂易之君子其求福祿不違先祖之正道言其脩先祖之正道以致之是謂之申以百福干祿焉○箋葛也而至起○正義曰序言世脩后稷公劉之業此又以葛藟延蔓爲喻故知喻子孫依緣先人之功而起也此經既言依緣。先故知下言不回者是不違先祖之道

旱麓六章章四句

思齊文王所以聖也 言非但天性德有所由成○齊側皆反本作齋齋莊也下同○

疏 思齊四章章六句至以聖○正義曰作思齊詩者言文王所以得聖由其賢母所生文王自天性當聖聖亦由母大賢故歌詠其母言文王之聖有所以而然也經四章首章言大任德行純備故能生此文王是其所以聖也二章以下言文王德當神明施化家國下民變惡爲善小大皆有所成是其聖之事也○箋言非至由成○正義曰論語云天生知之者上也則聖人稟性自天不由於母以大姒之賢亦生管蔡而云德有所由成歸德於母者以其母實賢遂致歌詠見其歎美之深錄之以爲後法耳○思齊

大任文王之母思媚周姜京室之婦 齊莊媚愛也周姜大姜也京室王室也箋云京周地名也常思莊敬者大任也乃爲文王之母又常思愛大姜之配大王之禮故能爲京室之婦言其德行純備故生聖子也大姜言周大任言京見其謙恭自卑小也○媚美記反後同沈音眉行下孟反見賢遍反

大姒嗣徽音則百斯男 大姒文王之妃也大姒十子衆妾則宜百子也箋云徽美也嗣大任之美音謂續行其善教令○徽許韋反○

疏 思齊至斯男○毛以爲常思齊敬之德不惰慢者大任也大任乃以此德爲文王之母言其德堪與文王爲母也此大任又常能思愛周之大姜配大王之禮而勤行之故能爲京師王室之婦大任以有德之故爲大姒所慕而嗣續行其美教之德音思賢不妬進叙衆妾則能生百數之此男得爲周藩屏之衛也言大任能上慕先姑之所行下爲子婦之所續是其德行純備故生聖子是文王所以聖也○鄭唯以京室爲地名爲異餘同○傳齊莊至王室○正義曰齊莊釋言文宣三年左傳曰蘭有國香人服媚之如是言服蘭則人愛之媚是愛義也周姜爲大任思愛則是婦之念姑知是大姜也京者京師故言京室王室王季未爲天子而言京者以其追號爲王故以京師言之○箋京師周至卑小○正義曰以周京相對故知是地名言思愛大姜明是愛慕其德思其所爲故知思其配大王之禮也能爲京室之婦言盡其婦道於京地無愆過也既能爲婦是德行純備故能生聖子以子聖之母賢故知歎美之

周京俱是地名而分配有異故大姜言周大任言京見大任謙恭自卑小以明其本志也春秋僖二十八年冬公會晉侯齊侯於溫天王狩於河陽穀梁傳曰會於溫言小諸侯也以河陽言之大天子也亦此類也○傳大姒至百子○正義曰定六年左傳大姒之子唯周公康叔爲相時也大姒爲周公康叔之母是文王之妃也又解大姒一人而有百男之意以大姒一人有十子不妒忌而進衆妾則宜有百子能有多男爲國之屏翰是婦人之美事故言爲大姒之德也定四年左傳曰武王之母弟八人是通武王與伯邑考爲十子也其名則左傳文云周公爲太宰康叔爲司寇聃季爲司空通武王伯邑考爲五人又曰五叔無官則其餘五者皆字叔又曰曹爲伯甸非尚年也則曹叔振鐸是康叔聃季之兄也又管蔡霍爲三監蔡與衛爭長明其皆母弟也郕於富辰之言在蔡霍之閒五叔者其曹與管蔡郕霍乎史記管蔡世家云武王同母兄弟十人母曰大姒文王正妃也其長子曰伯邑考次曰武王發次曰管叔鮮次曰周公旦次曰蔡叔度次曰曹叔振鐸次曰郕叔武次曰霍叔處次曰康叔封次曰聃叔季載其次不必如此其十子之名當然也皇甫謐云文王取大姒生伯邑考武王發次管叔鮮次蔡叔度次郕叔武次霍叔處次周公旦次曹叔振鐸次康叔封次聃叔季載其名與史記皆同其次則異不知謐何所據而別於馬遷也左傳富辰之言曹在衛聃之下不以長幼爲次則其弟無明文以正之

惠于宗公神罔時怨神罔時恫

宗公宗神也恫痛也箋云惠順也宗公大臣也文王爲政咨於大臣順而行之故能當於神明神明無是怨恚其所行者無是痛傷其將無有凶禍○恫音通𣦸音凶本又作凶○

刑于寡妻至于兄弟以御于家邦

刑法也寡妻適妻也御迎也箋云寡妻寡有之妻言賢也御治也文王以禮法接待其妻至于宗族以此又能爲政治于家邦也書曰乃寡兄勗又曰越乃御事○刑韓詩云刑正也御毛牙嫁反鄭魚據反適丁歷反勗許玉反下同

【疏】惠于至家邦○毛以爲文王以母賢身聖能協和神人言文王之德乃能上順於先祖宗廟羣公以安寧百神故神無有是怨恚文王者神無有是痛傷文王者明文王能敬

事明神蒙其祐助之又能施禮法於寡少之適妻內正人倫以爲化本復行此化至於兄弟親族之內言族親亦化之又以爲法迎治於天下之家國亦令其先正人倫乃和親族其化自內及外偏被天下是文王聖也○鄭以爲文王雖聖能屈己從衆心不自專乃能順於其尊貴之羣公言其諮訪大臣順而行之以此舉事允當於神明故神明無是怨恚其文王所行者神明無是痛傷其文王所爲者言甚蒙神之福無禍災也文王以順從之政而行之先施法於寡有之賢妻言接待其妻以禮法也以此又至於兄弟之宗族亦令接待其妻以爲政教之本以此之故又能爲政治於天下之家邦是其聖之事也○傳宗公至恫痛○正義曰書序云班宗彝中庸云陳其宗器皆謂宗廟爲宗又下頻言神罔則宗公是宗廟先公故云宗神也恫痛釋言文王肅云文王之德能上順祖宗安寧百神無失其道無所怨痛○箋惠順至凶禍○正義曰惠順釋言文宗者尊也尊而爲公故知大臣言順之故知諮於大臣順而行之論語云無使大臣怨乎不以是人君當順大臣也神者聰明正直依人而行人能行善則神明忻悅文王用臣得人任而順之故能當於神明神明無是怨痛則知其後將無凶禍也易傳。曰以左傳稱國將興聽於民將亡聽於神聖王先成於民而後致力於神此言文王之聖不應先以順神爲本又於時宗廟有大王王季若論宗廟當以王統之不當言公且經傳未有以宗廟之神爲宗公者也晉語云文王於是乎用四方之賢良其卽位也詢於八虞度於閎夭而謀於南宮諏於蔡原而訪於辛尹重之以周召畢榮。意寧百神而柔和萬民故詩曰惠于宗公神罔時恫彼正論文王之事先言諮訪後言安神乃引此詩以證之則惠于宗公是順臣可知故易之彼注賈逵唐固皆云八虞周八士皆在虞官辛。男。尹。侯蔡公原公也案論語有八士鄭以爲周公相成王時所生則不得爲文王所詢如鄭意則別有八士賢人在虞官矣○傳刑法至御迎○正義曰刑法釋詁文無夫曰寡妻今有夫施法於之明寡非無夫之稱故以爲少適妻唯一故言寡也釋詁云迓迎也但書傳諸御字亦得爲迓故毛讀爲迓訓之爲迎王肅云以迎治天下之國家○箋寡妻至御事○正義曰以上言大姒之賢今言寡妻當是賢之意故以爲寡有之妻言其賢也鄭讀御爲馭以御者制治之名故爲治也易傳者言迎於家邦則於義不通若如王肅之言則是橫益治字故鄭讀爲馭訓爲治也以禮法接待其妻明化自近始是正己身以及天下之身正己妻以及天下之妻正己之兄弟以及天下之兄弟天下皆然則無所不治從妻而言至於兄弟爲首尾之次焉以此待妻及兄弟之法又能爲政治於家邦使之皆如己也言家者謂天下之衆家邦者盡境界之所極也引書乃寡兄勖康誥文周公戒康叔謂武王爲寡有之兄也越乃御事大誥文時周公將東征誥於治事之臣也引此二事證寡爲少有御宜爲治也

雝雝在宮肅肅在廟雝雝和也肅肅敬也箋云宮謂辟廱宮也羣臣助文王養老則尚和助祭於廟則尚敬言得禮之宜○辟必亦反下同廱於容反○不顯亦臨無射亦保以顯臨之保安無猒也箋云臨視也保猶居也文王之在辟廱也有賢才之質而不明者亦得觀於禮於六藝無射才者亦得居於位言養善使之積小致高大○射毛音亦猒也鄭食夜反射藝猒於豔反下同一本作保安也射猒也非肆戎疾不殄烈假不瑕肆故今也戎大也故今大疾害人者不絕之而自絕也烈業假大也箋云厲假皆病也瑕已也文王於辟廱德如此故大疾害人者不絕之而自絕爲厲假之行者不已之而自已言化之深也○烈毛如字鄭作厲力世反又音賴假古雅反瑕音遐遠也鄭古雅反行下孟反下皆同○疏雝雝至不瑕○毛以爲文王之德行雝雝然甚能和順在於室家之宮其容肅肅然能恭敬在於先祖之廟言文王治家雝雝以和事神以敬其德如是豈爲不顯乎言其顯也亦以此顯德而臨之於民上文王既以顯德臨民美其所爲無有猒其德者亦皆安而行之言民安文王之德無猒倦也由人安之如此故今大爲疾害人之行者豈不止絕乎言其止絕也王之功業廣大豈不長遠乎言長遠也以惡人皆消故王業遠大是其聖也○鄭以爲此與下章連上二句先言在宮在廟卒二句又總結此二事言文王布行善政羣臣化之皆善其羣臣雝雝然尚和順者乃助養老而在辟廱宮也肅肅然尚恭敬者乃助祭在王宗廟也文王之臣養老則和祭祀則

敬是得禮之宜矣又言文王之臣所以助養老而和以文王養進之故也文王之在辟廱其羣臣有賢才之質而不明達者亦得臨而觀其禮有德藝之美而無射才者亦得助而居於位是樂人之善養之使成故助養老者皆尙和也文王之在辟廱其德如此天下樂其德而民自化故今大爲疾害於人者不絕之而自絕爲厲惡病害人之行者不已之而自已言感化之深是文王之聖也○箋宮謂至之宜○正義曰鄭以此章次二句皆有二亦其文如一此二文之下言肆肆訓爲故今是緣上事之辭則此再言亦者行此化之事也而別文陳之是行化有二處矣下言行化有二處則此在宮在廟爲下事之總目廟是祭祀則宮是養老何者祭祀養老是相對之事故樂記云祀乎明堂以教諸侯之孝食三老五更於太學以教諸侯之悌也注云文王之廟爲明堂制是相對之事也樂記云養老於太學王制說太學天子曰辟廱則辟廱是養老之宮矣故宮謂辟廱宮也又以下言所化之事明此有所化之人故知爲羣臣助者不是文王之身也養老申慈愛之意故尙和祭祀展肅敬之心故尙敬所施各稱其事故言得禮之宜也此詩美文王之聖而言及羣臣者以臣下感化上能敬和則文王之身敬和可知故舉輕以明重也○傳以顯至無厭○正義曰言以顯臨之反其言以不顯爲顯則是文王之身以顯道臨民也言安無厭也是民安君德無厭倦也上句言君臨下而下句言民化上自相成也定本云保安射厭也○箋臨視至高大○正義曰臨視釋詁文以自保守者是安居之義故云保猶居也箋以此及下章有二肆之文分爲二事是則然矣而必知此爲在宮下爲在廟者以上文在宮在廟先行禮養老輕於祭祀禮射不中者不得與於祭養老則可容之而此言無射亦保故知在辟廱時也以聖人行禮必擇賢而與之不得有愚劣之人故知不顯是有賢才之質而不明者也人性不同固容多品或內敏而外訥或貌懦志強故有賢才之質而不明者亦得觀於禮於六藝之伎射爲其一人之所有不可皆善於六藝無射才者亦得居於位此人行未周備所以令居位觀禮者文王志在養善使之積小以成高大故也行葦亦養老之詩而曰序賓以賢而以射中多少爲次第此無射才而得居位蓋其位又在

少中者之下也且此美文王之養善或當特通許之不必常法觀禮居位一也因人之別而異其文耳此言養善以成高大下云使人器之不求備者因此是養老之事故云養之使成祭非長養之名故言使之如器皆是捨短而取長遺惡而收善義亦一也積小致高大易升卦象辭○傳肆故至假大○正義曰肆故今戎大烈業假大皆釋詁文言大疾害人者不絕之而自絕則亦反其言也○箋厲假至之深○正義曰鄭讀烈假爲厲瘕故云皆病也說文云厲惡疾也或作癘瘕病也是厲瘕皆爲病之義也定本及集注皆云厲疫病也不訓瘕字義不得通瑕已釋詁文以厲瘕不瑕與肆戎疾不殄相配故知厲瘕亦是病人之事殄既爲絕則瑕當爲已不然則二文不類且傳以烈假不瑕爲業大不遠文辭不次故易之也以文王在辟廱行禮羣臣和睦雖在外遠人亦隨流而化故病害人者不絕之而自絕爲厲瘕之行者不已之而自已言化之深也此謂在野遠人改惡爲善非謂助行禮者改惡行也何則文王之朝豈有病害人者輒得入之而待行禮乃變也○不聞亦式不諫亦入言性與天合也箋云式用也文王之祀於宗廟有仁義之行而不聞達者亦用之助祭有孝悌之行而不能諫爭者亦得入言其使人器之不求備也○弟音悌亦作悌諫爭爭闘之爭也○肆成人有德小子有造造爲也箋云成人謂大夫士也小子其弟子也文王在於宗廟德如此故大夫士皆有德子弟皆有所造成○古之人無斁譽髦斯士古之人無猒於有名譽之俊士箋云古之人謂聖王明君也口無擇言身無擇行以身化其臣下故令此士皆有名譽於天下成其俊乂之美也○斁毛音亦猒也鄭作擇髦俊也一本此下更有古之人無猒於有譽之俊士也此王肅語令力成反又音刈○【疏】不聞至斯士○毛以爲言文王之聖德自生知無假學習不聞人之道說亦自合於法不待臣之諫諍亦自入於道言其動應規矩性與天合以此聖德教化下民故今周國之成人者皆有成德其小子未成人者皆有所造爲言長者道德已成幼者有業學習也此成人小子所以得然者以古昔之聖人有德之君王皆無猒於有名譽髦俊之此士今文王性與古合亦好

之無厭故成人小子皆學爲髦俊也○鄭以爲文王之在宗廟其羣臣有仁義之行而不聞達者亦得用之以助祭有孝悌之行而不能諫諍者亦得使之以入廟是其使人不求備樂成長也文王之祭宗廟取人如此故聞其化者莫不自勵故今已長而成人者謂其大夫士等皆已有成德矣小子未成人者謂大夫之子弟亦皆勸慕而終必有所成矣言成人小子俱得就也所以得然者古昔之人聖君明王身無所擇謂口無擇言身無擇行也以身化其臣下故能令之有名譽而爲髦俊之士此言文王同於古聖以身化人故成人小子皆有成德也○傳言性與天合○正義曰傳言性與天合則是說文王之身式訓爲法性與天合若賢智者則須學習不能無過聞人之諫乃合道也○箋式用至求也王肅云不聞道而自合於法無諫者而自入於道也然則唯聖德乃然故云備○正義曰式用釋言文此不聞而得以助祭明有不聞之短而有所行之長故知有仁義之行而不聞達者亦用之也仁義之行行之美者尙能知其仁義所以得不聞達者仁義行之於心聞達習之於學有人能篤行而學問不長論語子夏說人有四行雖曰未學吾必謂之學矣是有不學而能行仁義也有孝悌之行而不能諫諍者亦孝悌爲長不諫爲短也論語云孝悌而好犯上者鮮矣既不好諫明有不能者矣亦得入廟言使人當如器之各施於一不求備具爲上言賢才之賢此言仁義之行者質是身内之性行則施仁之稱事在外内故質行異文此言文王志在長人以善不責其備言其意通容此人使助行禮耳不謂朝士皆此人也而孫毓云文王選士擇賢但當取不明之人無射人才者及不能諫諍令之居位助祭其意謂文王之朝皆是此輩非其難矣毓謂人行不備不得在朝是欲使文王爲小人使人必求備也○傳造爲○正義曰釋言文有爲者謂所習有業不虛廢也王肅云文王性與道合故周之成人皆有成德小子未成皆有所造爲進於善也○箋成人至造成○正義曰箋以此爲助祭所化則成人者助祭之人故爲大夫士也小子是後生未成之名故以爲子弟謂大夫之家子弟也以其因祭而化故爲皆有厚德子弟有造成言其終有所成不謂此時已成也○傳古之至俊士○正義曰此美文王而言古之人則

皆謂前世聖君非文王也但文王與之同耳故王肅云言文王性與古合〇箋古之至之矣〇正義曰箋言謂聖君則亦謂古昔之人非文王之身也口無擇言身無擇行孝經文也箋不言字誤則此經本有作擇者也故不破之以身無可擇化其臣下亦使之然。臣。下。亦。使。之。然臣下亦能無擇行擇言自然有名譽成俊士矣

思齊四章章六句故言五章章。六句三章章四句

附釋音毛詩注疏卷第十六（十六之三）

毛詩注疏校勘記（十六之三）　阮元撰盧宣旬摘錄

○棫樸

樸枹木也　小字本相臺本同案釋文云枹木必茅反正義云釋木云樸枹者孫炎曰樸屬叢生謂之枹以此故云樸枹木也是正義本作枹釋文本作抱或毛公讀爾雅字從手當以釋文本爲長也於經中爲苞字釋言所謂苞稹○按抱者枹之譌文枹者苞之或體其實當作包言包裹然舊校非

豫斫以爲薪　相臺本同閩本明監本毛本同小字本斫作斬案釋文云斬一本作斫正義云故云豫斫又云是豫斫也是其本作斫

乃命取秩薪柴　補閩本明監本毛本同案取當作收

奉璋峨峨　唐石經小字本相臺本同閩本明監本毛本峨峨作峩峩注及正義中字同案峨峨是也釋文說文爾雅皆可證

王肅云○本有圭瓚者　閩本明監本毛本○誤一案此有缺文耳

大宗伯執璋瓚亞祼是也　閩本明監本毛本同案伯衍字也當在下錯入於此浦鏜云記文無伯字是也

此及祭統言大宗者　閩本明監本毛本宗下有伯字案有者是也十行本錯在上文

舍人曰蛾峨奉璋之祭　閩本明監本毛本祭誤貌

淠彼涇舟　唐石經小字本相臺本同毛本同閩本明監本淠誤渒注及正義中字同

未有周禮周禮五師爲軍 小字本相臺本同考文古本亦同閩本明監本毛本誤不重周禮二字

又出征伐之事 補 毛本出作此

追彫也 閩本明監本毛本同小字本相臺本彫作雕下同案釋文雕都挑反正義標起止云追彫是二本不同也彫雕古同用字

以罔罟喻爲政 小字本相臺本同考文古本同閩本明監本毛本罔誤網

○旱麓

作旱麓詩 閩本明監本毛本同案浦鏜云詩下當脫者字是也

明前已得周祿 閩本明監本毛本同案周字當在明字下

若斬木林 閩本明監本毛本同案浦鏜云材誤林是也

榛以栗而大 閩本明監本毛本同案浦鏜云似誤以大當小字誤以國語注考之是也

織以爲牛宮箱器 閩本明監本同毛本牛作斗按所改是也

箋旱山名 閩本明監本毛本同案名當作之

周語引此一章○乃云 閩本明監本毛本不空案所改非也○當作下

藪澤肆逸民力周盡 閩本明監本毛本同案浦鏜云既誤逸彫誤周考國語浦校是也

黃金所以飾流𨰉也 小字本相臺本同案釋文云黃金所以流𨰉也一本作黃金所以飾流𨰉也是後人所加正義云定本及集注皆云黃金所以飾流𨰉也若有飾字於義易曉則俗本無飾字者誤也段玉裁亦以有者為長

說文云瑟者也 閩本明監本毛本同案此不誤浦鏜云說文作瑟無者字非也考說文引詩止作瑟以證璱字從玉瑟正義所見本不誤故但取其如瑟弦之義而云瑟者者字為下起文殊無取於璱字也釋文瑟下云字又作璱不云說文作璱是矣○按此說甚誤明明引說文玉部璱字下之語安得云瑟者非璱者之誤耶又云說文引詩止作瑟彼亦未見古本有如此者

秬黑黍一稃二米者也 閩本明監本毛本同案此不誤浦鏜云稃誤秠非也此見鄭周禮鬯人注及答張逸生民正義有明文浦失考之

行步有度 閩本明監本毛本同案浦鏜云止誤步是也

鄭上二句別具箋 閩本明監本毛本白箋字案山井鼎云非是也餘同此見前

一云此祭天也 【補】通志堂本盧本此作柴各本所附同案柴字是也釋文校勘山井鼎云一字可刪考今說文及小字本所附正無一字

而除其傍草矣 閩本明監本毛本傍誤旁案傍者正義所易之今字餘多同此

延蔓於木之枝本而茂盛 小字本相臺本枝作枝閩本明監本毛本本誤木案枝本是也枝條也本枝也考文古本本字不誤

此經既言依緣先 閩本明監本毛本先下有祖字案所補是也

○思齊

爲相時也閩本明監本毛本同案山井鼎云時恐睦誤也

無是痛傷也小字本同閩本毛本同相臺本傷下有其所爲者四字案有者是
沿革例云諸本皆無其所爲者四字唯建大字本有之此相臺
本所出也考正義云無是痛傷其文王所爲者與上句正義云無是怨恚其
文王所行者正同是正義本自有此四字諸本於其字複出而脫之耳

其將無有凶禍小字本相臺本同考文古本同閩本毛本凶作⿰歹凶案釋文云
⿰歹凶本又作凶正義標起止云至凶禍十行本不誤是正義本
作凶也毛本改之以合於釋文非

易傳曰閩本毛本同案浦鏜云曰當者字誤是也

意寧百神閩本毛本同案浦鏜云億誤意是也

辛男尹侯閩本毛本同案男當作甲侯當作佚皆形近之譌韋昭云辛辛
甲尹尹佚卽本此賈唐注可證也

宮謂辟廱宮也相臺本同閩本明監本毛本同小字本廱作雝案廱字是也
釋文可證

保安無猒也小字本相臺本猒作厭閩本明監本毛本同案猒字是也釋文
云保安無猒也一本作保安也射猒也非正義云言安無猒也
云云又云定本云保安射猒也是正義本作安無猒也無上保字考此
經無射亦保一句發傳若分訓射保卽不得保在射上當以正義本爲長考
古本作射猒也采正義釋文釋文非字舊脫今補見後考證

箋云厲假皆病也 小字本相臺本同案此正義本也正義云鄭讀烈假爲厲瘕故云皆病也又云定本及集注皆云厲疫病也不訓瘕字義不得通釋文云烈毛如字業也鄭作厲力世反又音癩病也假古雅反大也於假字下不云毛大也鄭病也是釋文本不訓瘕字與定本集注同也考此箋當云烈假皆病也下箋爲厲假之行者當作爲厲瘕之行者上仍用經字以爲訓下則竟改其字以顯烈假是厲瘕之假借如噫嘻既昭假爾之箋上仍用經字云假至也下則竟改其字云格于上下也是其例矣隸釋唐公房碑用作厲蠱錢大昕潛研堂金石文跋尾云蠱假聲相近是也此所謂以破引之○按訓病則字當作癘經書癘字多譌厲不可勝正

行此化之事也 閩本明監本毛本同案行此當作亦所

上能敬和 閩本明監本毛本上作尙案所改是也

言安無猒也 閩本明監本毛本同案此不誤浦鏜云也當者字誤非也以正義上云言以顯臨之例之可見矣

以上文在宮在廟先行禮 閩本明監本毛本同案先下當有言字

說文云癘惡疾也 閩本明監本毛本惡誤疫○按今說文疒部癘惡疾也可知上下文皆當作癘矣

小子其弟子也 小字本相臺本同案正義云謂大夫之子弟以下子弟字凡四見是作弟子者倒也考文古本作謂其子弟采正義而并添謂字非也古句中增多之字往往取於正義此不悉出

古之人無斁 唐石經小字本相臺本同案此箋云口無擇言身無擇行正義云箋不言字誤則此經本有作擇者也故不破之釋文云無斁毛音

亦猒也鄭作擇考此經字自作斁箋以斁爲擇之假借直於訓釋中竟改其字以顯之其例與可以樂飢箋中竟改爲療既匡既勑箋中竟改爲筐之屬同也釋文所說是矣正義不得其例呂氏讀詩記引董氏曰韓詩作擇經義雜記云此竊取鄭箋是也其讀正義有誤見下

古之人無猒於有名譽之俊士　小字本相臺本同案此正義本也正義標起止云傳古之至俊士其以下云云皆解此文也釋文云斁毛音亦猒也髦俊也一本此下更有古之人無猒於有譽之俊士也此王肅語二本不同觀釋文此下更有之語則其本當有斁猒也髦俊也之傳以古之人以下爲王肅申毛如此當有所據也經義雜記不得其理乃以釋文别爲毛作音爲過又以爲正義釋傳亦無此文未詳今本所出皆非也○按髦俊也見上棫樸傳斁猒也即見本篇三章傳未必此又出傳傳例簡嚴複者甚少陸氏用王氏之述毛者爲之訓耳其云此下者謂此經文之下舊校非也

上言賢才之賢　閩本明監本毛本同案下賢字浦鏜云質誤是也

行則施仁之稱　閩本明監本毛本同案仁當作行形近之譌

化其臣下亦使之然臣下亦使之然臣下亦能無擇行擇言　閩本明監本毛本不重臣下亦使之然六字案此十行本複衍

故言五章章六句　閩本明監本毛本同唐石經小字本相臺本章六句上有二章二字考文古本同案有者是也

附釋音毛詩注疏卷第十六〔十六之四〕

〔五二〕

毛詩大雅　鄭氏箋　孔穎達疏

皇矣。美周也。天監代殷莫若周。周世世脩德莫若文王。監視也天視四方可以代殷王天天下者維有周爾世世脩行道德維有文王盛。爾○皇矣一本無矣字天監代殷莫若周絶句周世世脩德一讀莫若周世絶句周世脩德一爲一句一本無下一世字義並通崔集注莫若周也世世脩德王天下往況反下追王當王同

【疏】皇矣八章章十二句至文王○正義曰作皇矣詩者美周也以天監視善惡於下就諸國之內求可以代殷爲天子者莫若於周言周最可以代殷也周所以善者以天下諸國世世脩德莫有若文王者也故作此詩以美之也定本皇下無矣字莫若周又無於字詩之正經未有言美而此云美者以正詩不嫌不美故不言所美之君此則廣言周國故云美周也此實文王之詩而言美周者周雖至文王而德盛但其君積世行善不獨文王以經有大伯王季之事故言周以廣之也經八章上二章言天去惡與善歸就於周是莫若文王也三章四章言大伯王季有德福流子孫是世世脩德也五章以下皆說文王之事首尾皆述文王於中乃言父祖文不次者本意主美文王代殷故先言之欲見世脩其德故上本父祖於下復言文王所以申成上意故不次耳○箋天視至盛耳○正義曰世世脩行道德周自后稷以來莫不脩德祖紺以上公劉最賢公劉以下則不及公劉至大王王季德又益盛今據文王而言世世脩德則近指文王所因不是遠論上世其世世之言唯大王王季耳論語注云周自大王王季文王武王賢聖相承四世是相承不絶唯大王以下大王王季大賢至文王貴聖賢聖相承莫之能及故云唯有文王最盛也湯以孤聖獨興禹則父無令聞文王之德不劣禹湯而以承藉父祖始當天意者但周以積世賢聖乃有成功欲見尊祖之心美其世世脩德不必實由之也若然此序言世世脩德莫若文王則是文王

既聖之後始當天意經云憎其式廓乃眷西顧又是紂惡之後始就文王昔堯受河圖已有昌名在錄譽卜四妃豫知稷有天下則周之代殷兆彰上世而此詩所述唯此文王何也帝王神器實有大期殷之存亡非無定算但興在聖君滅由愚主應使周興故誕茲睿聖應使殷滅故生此愚主斯則受之於自然定之於冥運天非既生之後方始簡擇比校善惡乃欲迴心但詩人抑揚因事發詠假言天意去惡與善歸美文王以為世教耳

皇矣上帝臨下有赫監觀四方求民之莫

皇大莫定也箋云臨視也大矣天之視天下赫然甚明。殷紂之暴亂乃監察天下之衆國求民之定謂所歸就也

維此二國其政不獲維彼四國爰究爰度

二國。殷。夏也彼彼有道也四國四方也究謀度居也箋云二國謂今殷紂及崇侯也正長獲得也四國謂密也阮也徂也共也度亦謀也殷崇之君其行暴亂不得於天心密阮徂共之君於是又助之謀言同於惡也○政如字政教也鄭作正正長也究九又反度待洛反篇內皆同夏戶雅反下文長夏并注同長張丈反篇內皆同共音恭下同行下孟反

上帝耆之憎其式廓乃眷西顧此維與宅

耆。老也廓大也憎其用大位行大政顧顧西土也宅居也箋云耆老也天須假此二國養之至老猶不變改憎其所用為惡者浸大也乃眷然運視西顧見文王之德而與之居言天意常在文正所○耆巨夷反郭苦霍反又如字本又作廓眷本又作睠又作券並音卷同假戶嫁反本又作暇浸子鴆反

疏皇矣至此維與宅○毛以為美大矣此在上之天能照臨於下無幽不燭有赫然而善惡分明也見在下之事知殷紂之虐以民不得定務欲安之乃監視而觀察天下四方之衆國欲擇善而從以求民之所安定也言欲以聖人為主使安定下民維此夏桀殷紂之二國其政不得於民心言使民不得安定也此桀紂二君政雖不得民心身實居天子之位維四方有道之衆國以天命未改之故於是從之謀於是從之居言皆從紂之惡與之謀為非道也以此之故在上之天於是疾惡此桀紂之不得民心也又憎其用大位行大政得肆其淫虐殘害下民乃從殷都眷

然迴首西顧於岐周之地而見文王天意遂歸於此文王維與之居言天常居文王之所使之爲主以定民也此詩之意主於紂耳以紂惡同桀故配而言之○鄭上四句與毛同言天之視下見此殷紂崇侯二國之君其爲下民之長所行暴亂不得於天心維彼密阮徂共之四國於是亦助之謀慮於是亦助之計度言其同惡相黨共行虐政也此殷崇二國政雖不得天心天猶冀其變改故在上之天養而老之二國遂不知變天乃憎其所用爲惡者漸更浸大乃眷然迴首西顧見此文王之德維與之居處也○傳皇大莫定○正義曰釋詁云皇君也君亦大之義故爲大也莫定釋詁文○箋大矣至歸就○正義曰深美其事故云大矣爲美歎之辭監察天下衆國之中選明君以爲天下之主主明則民定觀其能定民者欲歸就之○傳二國至度居○正義曰敘言天監代殷則二國當論紂事一紂而言二國則是取類而言故以二國爲殷紂夏桀也紂既喪殷桀亦亡夏其惡既等故配而言之猶嵩高之美申伯而及甫侯也二國言此四國言彼此既爲惡則彼當爲善故言彼彼有道也桀紂身爲天子明所從者非。法四國故爲四方有道之國也究謀釋詁文以王者度地居民故以度爲居也桀紂身爲天子制天下之命雖是有道之國皆服而從之與之謀爲非道故王肅云彼四方之國乃往從之謀往從之居其。秦。亡家語引此詩乃云紂政失其道而執萬乘之勢四方諸侯固猶從之謀度於非道天所惡焉傳意當然也文王三分天下有其二所以得有四方之國從紂謀居者此說紂之初惡文王未興也下云憎其用大位行大政由其諸侯從之故言政位大耳若天下怨叛之後無復大位大政天意何以憎之以此知毛氏之意從之謀謂未叛時也孫毓云天觀衆國之政求可以代殷之人先察王者之後故言商而及夏夏者夏禹之世時爲二王之後者不得追斥桀也桀亡國六百餘年何求於將代殷而惡之乎或以毓言爲毛義斯不然矣天求代殷之人當觀可代之國一姓不再興亡國不再王先察王者之後欲何爲哉武王伐紂封夏后氏之後於杞則殷之末年夏後絕矣天安得而觀之周封夏後於杞殷後於宋國名異於代號然處殷世夏後不必稱夏若毛意必爲夏後則何所案據而謂之夏也此以桀配紂其言指以惡紂不惡桀何須校計年世責其追惡桀也若年世久遠不得復言則甫侯穆王時人何當言以配申也○箋二國至於惡○正義曰箋以此詩陳事上下相成七章云以伐崇墉不言崇罪則罪狀於此見之卽不獲是也敘云代殷下言伐崇故知二國謂今紂與崇侯虎也正長釋詁文謂二國之君爲民之長也定九年左傳云得用焉曰獲是獲爲得也五章云密人不恭侵阮徂共。也說文王之伐四國謂密阮徂共四國違義見伐則是與紂同謀故知四國謂密阮徂共也度謀釋詁文殷崇之君其行不得於天心四國又助之與謀言其同惡故下章而伐之崇侯乃是人臣而得與紂稱爲二國者紂乃亡國之主可以同之崇侯也何則大誓曰獨夫紂謂紂爲獨夫非復爲天子也書敘云繼公子祿父以祿父爲公子則同紂於國君也平王天命未改黍離列於國風春秋周鄭交質君子謂之二國是紂與崇侯可稱二國也二國四國彼此異文者猶彼有遺秉此有滯穗作者便文无他義也下云密人不恭箋以爲拒義兵而得罪不言與紂同謀此言四國皆助之謀者正以文王舉義密人敢拒亦既拒義不從明其與紂同惡故助之謀焉○傳耆惡至宅居○正義曰耆者老也人皆惡己之老故耆爲惡也王肅云惡桀紂之不德也肅於此仍連桀紂言以桀紂行同自此以上其文皆可兼桀雖文可兼之意不惡桀也廓大釋詁文憎其用大位行大政以四方從之謀居是爲大也以西嚮而顧故知西土謂從殷都而望岐周也天氣清虛本無首目而云西顧者作者假爲與奪之勢託而言之耳宅居釋言文○箋耆老至王所○正義曰以憎己是惡故耆不爲惡禮稱六十曰耆是耆爲老也須待也天以二國雖惡猶待其改悔而閑暇優緩未卽憎惡至老猶不變改上天始憎惡之其所用爲惡者正謂暴虐之政也浸大者其惡漸更益甚也天无形可居假稱意耳故云言天意常在文王所也言須暇者多方云天維五年須夏之子孫注云夏之言暇天覲紂能改故待暇其終至五年欲使復傳子孫五年者文王八年至十三年也彼言須暇謂武王時須暇紂而未殺此則須暇而未惡之其意既同故引以爲說多方及此箋以爲天須暇之我應云作靈臺緩優暇紂以爲文王須暇之者文王知天未喪殷故不伐紂尋人事而爲說亦是文王須暇之也文王之時紂實未滅言其須暇可矣崇侯據即見伐二國並言須暇者赤雀命云崇孽首則爲惡久矣受命六年始滅亦是天須暇之此須暇者亦設教之言因其未滅假以言之耳

作之屏之，其菑其翳；脩之平之，其灌其栵；啓之辟之，其檉其椐；攘之剔之，其檿其柘。木立死曰菑自斃爲翳灌叢生也栵栭也檉河柳。也檿山桑也箋云天既顧文王四方之民則大歸往之岐周之地險隘多樹木乃競刊除而自居處言樂就有德之甚〇屏必領反除也菑本又作甾側吏反又音緇韓詩云反草也翳於計反爾雅云木自斃柛蔽者爲翳郭云相覆蔽韓詩作殪云因也因高塡下也柛音申灌古亂反栵音例又音列辟婢亦反沈必亦反檉勑丁反椐羌居反字林紀庶反又音舉攘如羊反剔他歷反或作鬄又作𣟴同檿烏簟反斃婢世反本或作蔽必世反栭音而舍人注爾雅云江淮之間呼小栗爲栭栗樻去愧反又去軌反何音𠥱草木疏云節中腫。以扶老即今靈壽是也今人以爲馬鞭及杖隘於懈反刊苦干反〇

帝遷明德，串夷載路。徙就文王之德也串習夷常路大也箋云串夷即混夷西戎國名也。路。應也天意去殷之惡就周之德文王則侵伐混夷以應之〇串古患反一本作患或云鄭音患混音昆瘠在昔反詩本皆作瘠孫毓評作應應後之解者僉以瘠爲誤應應對之應下應和同

天立厥配，受命既固。配媲也箋云天既顧文王又爲之生賢妃謂大姒也其受命之道已堅固也〇

疏 作之至既固〇毛以爲天顧文王而與之居於是四方之民大歸往之周地險隘樹木尤多競共刊除以爲田宅其攻作之屏除之者其爲菑木其爲翳木之所也修理之平治之者其爲灌木其爲栵木之處也啓拓之開闢之者其爲檉木其爲椐木之地也攘去之剔翦之者其爲檿木其爲柘木之材也各各刊除材木以自居處是樂就有德之甚也帝者所以徙就文王之明德而顧之者以其世世習於常道則得居是大位也天既顧而就之又爲生賢女立之以爲妃令當佐助之內有賢妃之助其受命之道既堅固也言天助自遠非始於今也此作之屏之四等而爲此八

文者以其險隘多樹故頻舉木名因此用功之事配之使其義得相通以用功作爲殺木屛去故先言作之屛之殺木之處有其坑坎須修理平治故言修之平之平平治其地必開拓使廣故言啓之闢之畔上更有材木須攘除翦剔故言攘之剔之設文雖別意以相通鄭唯串夷載路爲異以天意徙就周之明德是天去惡與善文王以天天之去惡如是其患中國之混夷文王則侵伐之以應天意以天去惡故己亦伐惡以應之餘同○傳木立至山桑○正義曰釋木云立死菑斃者翳李巡曰以當死害生曰菑斃死也郭璞曰翳樹蔭翳覆地者也然則以立死之木妨他木生長爲木之害故曰菑也自斃者生禾自倒枝葉覆地爲蔭翳故曰翳也爾雅直云斃者傳以其非人斃之故曰自斃釋木又云灌木叢木李巡曰木叢生曰灌木是灌叢生栵。而檉河柳椐樻檿山桑皆釋木文郭璞曰栵樹似槲樕而庳小子如細栗今江東呼爲栵栗陸機疏云葉如榆也木理堅韌而赤可爲車轅某氏云河柳謂河傍赤莖小楊也陸機疏云河傍皮正赤如絳一名。雨師枝葉似松孫炎曰樻腫節可以作杖陸機疏云節中腫似扶老今人以爲馬鞭及杖弘農共北山甚有之郭璞曰檿桑柘屬材中爲弓冬官考工記云弓人取幹柘爲上檿桑次之○傳徙就至路大○正義曰毛讀患爲串串習夷常路大皆釋詁文王肅曰天於周家善於治國徙就文王明德以其由世習於常道故得居是大位也○箋串夷至應之○正義曰鄭以詩本爲患故不從毛采薇序曰西有混夷之患是患夷者患中國之夷故患夷則混夷也出車云薄伐西戎是混夷爲西戎國名也書傳作畎夷蓋畎混聲相近後世而作字異耳或作犬夷犬即畎字之省也路之爲應更無正訓鄭以義言之耳正以天就文王明德文王則伐混夷是伐混夷者所以應天意故以路爲應也本或誤作瘠孫毓載箋爲應是本作應也定本亦作應○天既去殷之惡文王亦當去惡故伐混夷以應之順帝之則此之謂也此伐混夷則書傳云四年伐畎夷是也文王之伐多矣獨言混夷者作者意所欲言无他義也○傳配媲○正義曰妃字音亦爲配釋詁云妃媲也某氏曰詩云天立厥妃是毛讀配如妃故爲媲也是爲妻之配夫意與鄭合○箋天既至堅固○正義曰此天立厥配與大爲

明天作之合其文相類故知立其配者爲生賢妃謂大姒也天爲生妃卒得其助妻賢夫聖當於天心則上天之命不復移動故受命之道已堅固也

帝省其山柞棫斯拔松柏斯兌兌易直也箋云省善也天既顧文王乃和其國之風雨使其山樹木茂盛言非徒養其民人而已○省昔井反拔蒲貝反兌徒外反易以豉反下施易同

帝作邦作對自大伯王季對配也從大伯之見王季也箋云作爲也天爲邦謂興周國也作配謂爲生明君也是乃自大伯王季時則然矣大伯讓於王季而文王起○大音泰注大伯皆同

維此王季因心則友則友其兄則篤其慶載錫之光因親也善兄弟曰友慶善光大也箋云篤厚載始也王季之心親親而又善於宗族又尤善於兄大伯乃厚明其功美始使之顯著也大伯以讓爲功美王季乃能厚明之使傳世稱之亦其德也○著珍慮反傳直專反○

受祿無喪奄有四方喪亡奄大也箋云王季以有因心則友之德故世世受福祿至於覆有天下○

疏

帝省至四方○毛以爲言天顧文王之深乃和其國之風雨善其國內之山使山之所生之木柞棫拔然而枝葉茂盛松柏之樹兌然而材榦易直言天之恩澤乃及其草木非徒養其民人而已既人物蒙養天又爲之興作周邦又爲之生明君以作其配是乃自大伯王季之時已則然矣既上本大伯王季因說王季之德維此王季有因親之心則復有善兄弟之友行言其有親親之心復廣及宗族也則以此友兄弟之行尤友善其兄大伯謂善爲周君稱其讓意是善大伯也由其稱兄之故則天厚與其善則。光錫之大位使其子文王王有天下此文王之有天下由王季受此福祿无所喪亡故至其子孫而大有天下之四方也鄭唯下四句爲異言王季尤善於大伯始厚明其大伯之功美始使之讓事顯著言其善於爲君福流後葉令大伯讓功偏得彰顯也以王季有此德之故故能受天福祿无復有喪亡之時至於子孫而覆有天下四方也

○傳兌易直○正義曰易直者謂少節目滑易而調直亦言其茂盛也○箋省善○正義曰釋詁文○傳對配至王季○正義曰傳以言周世世脩德須論王

季而已今幷言大伯故解其意從大伯之見王季謂見其生聖子而讓之故王季得爲君而修德是以本之於大伯也王肅曰大伯見王季之生文王知其天命之必在王季故去而適吳大王沒而不返而後國傳於王季周道大興故本從大伯讓與王季是解見王季之意也釋詁云妃對也則對是相配之義故爲配也○箋作爲至王起○正義曰作爲釋言文與周國謂使之爲天子之邦生明君謂生文王也國當以君治之故言作配此事乃在大伯王季之時已則然矣實至文王乃興而云大伯時者由大伯讓於王季而文王得起是興國生君在大伯之時也○傳因親至光大○正義曰周禮六行其四曰姻注云姻親於外親是因得爲親也善兄弟曰友釋訓文福慶是善事故爲善光是明大故爲大王肅云王季能友稱大伯之讓意則天厚與之善錫文王之大位也○箋篤厚至其德○正義曰篤厚釋詁文又哉始也哉載義同故亦爲始友者善兄弟之名而言善於宗族者以下言則友其兄是友其親兄明上則友之文可以遠及宗族見王季孝友之心廣也言厚明其功美始使之顯著大伯以王季爲賢故讓之若王季不賢則讓功不顯由王季能稱大伯之心見大伯爲知人達命名傳後世由王季德然故言厚明其功美始使之顯著也如箋之言錫爲與義與之即是使與之故云使也大伯以讓爲功美王季能厚明之使傳之後世共稱誦之此亦其王季之德故說王季之美言其能明大伯也論語稱大伯三以天下讓民无得而稱焉注云王讓之美皆蔽隱不著此言傳世稱之者孔子欲深賢大伯恨世人不知非是舉世皆不知也易傳者以上言大伯此言友兄下即言此二句明還是其兄之事故易之○傳奄大○正義曰釋言云荒奄也孫炎曰荒大之奄是荒奄俱爲大義故云奄大也奄亦是覆蓋之義故箋以爲覆有天下○

維此王季帝度其心貊其德音其德克明克明克類克長克君

心能制義曰度貊靜也箋云德正應和曰貊照臨四方曰明類善也勤施无私曰類教誨不倦曰長賞慶刑威曰君○貊本作貊武伯反左傳作莫音同韓詩同云莫定也施始豉反○

王此大邦克順克比

慈和偏服曰順擇善而從曰比

箋云王君也王季稱王追王也〇王如字徐子況反比必里反偏音遍〇

比于文王，其德靡悔。

經緯天地曰文箋云靡无也王季之德比于文王无有所悔也必比于文王者德以聖人爲匹

既受帝祉，施于孫子。

箋云帝天也祉福也施猶易也延也〇祉音恥

【疏】維此至孫子〇毛以爲既言王季明大伯之功故又言王季之德言維此王季之身爲天帝所祐天帝開度其心令之有揆度之惠也又安靜其德教之善音施之於人則皆應和其德又能有監照之明又能有勤施无私之善又能教誨不倦有爲人師長之德又能賞善刑惡有爲人君上之度既有君人之德故爲君王於此周之大邦其施教令能使國人偏服而順之既爲國人順服則功德有成能擇人之善者從而比之言其德可以比上人也以此王季之德比於經緯天地文德之周王其德无爲人所悔恨者言文王之德不爲人恨而王季可以比之王季賢德之大能比聖人以此之故既受天之祉福延於後之子孫福及於後故文王得受之而起〇鄭唯其德靡悔爲異言以王季之德比於文德之王其此王季之德人无有悔以爲不應比之者言王季可與聖人爲匹也餘同此章文次如此者以德皆天之所授先言帝度其心明以下皆蒙帝文也德由心起故先言心能度物心既能度然後能施爲政教故次貊其德音言其政教清靜也爲君所以施政教故先言政能清靜乃論身內之德故後言能明能善其明與善還是德音之事施之於人有照臨之明勤施之善耳心能施而无私可以爲人君長故次克長克君長即師也學記曰能爲師然後能爲長能爲長然後能爲君故先長後君也既言堪爲人君即說爲君之事故言王此大邦也既爲大邦之君能使國民順服故次克順也民順功成可以比方上人故次克比也可以比善即比之文王其德可比文王其澤流及子孫故言帝祉以結之帝祉即此授以九德令誕生聖人是也重言克明者疊之以足句猶下我陵我泉耳〇傳心能至貊靜〇正義曰此傳箋及下傳九言曰者皆昭二十八年左傳文彼引一章然後爲此九言以釋之故傳依用焉毛引不盡箋又取以足之此云維此王季彼言唯此文王者經涉亂離師有異讀後人因即存之不敢追改今王

肅注及韓詩亦作文王是異讀之驗心能制義者服虔云心能制事使得其宜言善揆度事也左傳樂記韓詩貊皆作莫釋詁云貊莫定也郭璞曰皆靜定也義俱爲定聲又相近讀非一師故字異也定是靜義故云貊靜杜預云莫然清靜取此傳爲說也○箋德正至曰君○正義曰德正卽德音政教是音聲號令也服虔云在己爲德施行爲音發號施令天下皆應和之言皆莫然而定无讙譁也照臨四方者服虔云豫見安危也類善釋詁文勤施无私者杜預云施而无私物得其所无失類也教誨不倦者服虔云教誨人以善不。解倦言善長人以道德也賞慶刑威者以賞慶人以刑威物杜預云作福作威君之道也○傳慈和至曰比○正義曰慈和徧服者服虔云上愛下曰慈和中和也爲上而愛下行之以中和天下徧服從而順之擇善而從之者服虔云比方損益古今之宜而從之杜預曰比方善事使相從二說皆不得以解此何者彼唯說文王不言比方他人故服杜觀傳爲說此以王季比文王當謂擇善而從以比方之也

○箋王君至追王○正義曰王君釋詁文王字多矣獨解此者以王季未得稱王其實君其國耳故辨之云王季稱王追王以其追號爲王故作者以王言之

○傳經緯至曰文○正義曰服虔云德能經緯順從天地之道故曰文杜預云經緯相錯故織成文然則言德能順從天地如織者錯經緯以成文故謂之文也左傳說此九事乃云九德不愆作事無悔言其動合衆心不爲人所恨公劉傳曰民無長歎猶文王之無悔也則毛取左傳之意謂文王之德不爲人恨不得與鄭同也○箋王季至爲四○正義曰箋以上陳王季之德而以此於文王卽云其德靡悔明是王季之德堪比文王若以比之時人無所悔者必比王季於文王者美王季言其德以聖人爲匹也○

帝謂文王無然畔援無然歆羨誕先登于岸無是畔道无是援取无是貪羨岸高位也箋云畔援猶。拔扈也誕大登成岸訟也天語文王曰女无如是拔扈者妄出兵也无如是貪羨者侵人土地也欲廣大德美者當先平獄訟正曲直也○援音袁又于願反鄭胡喚反韓詩云畔援武强也歆許金反羨錢面反誕但旦反拔蒲末反下同字或作跋扈音戶

密人不恭敢

距大邦侵阮徂共國有密須氏侵阮遂往侵共箋云阮也徂也共也三國犯居而文王伐之密須之人乃敢距其義兵違正道是不直也〇阮魚宛反共音恭注同毛云徂國名往也共國名鄭云徂共皆國名

王赫斯怒爰整其旅以按徂旅以篤于周祜以對于天下旅師按止也旅地名也對遂也箋云赫怒意斯盡也五百人爲旅對答也文王赫然與其羣臣盡怒曰整其軍旅而出以却止徂國之兵衆以厚周當王之福以答天下鄉周之望〇赫虎格反斯毛如字此也鄭音賜按安旦反本又作遏安葛反此二字俱訓止也祜音戶鄉本又作嚮許亮反下同〇【疏】帝謂至天下〇毛以爲既言文王受福流及子孫故自此以下復說文王之事言天帝告謂文王无是叛道而援取人之國邑无是貪求以羨樂人之土地以是之故能大先天下升於高位因此遂說文王之不妄貪求有密國之人乃不恭其職敢拒逆我大國乃侵我周之阮地遂復往侵於共邑抗拒大國侵其邑境是不恭也密人既不恭如此故文王與其羣臣赫然而盡怒於是整齊其師旅以止此密人往旅地之寇密人侵共復往侵旅故興兵以止其寇也所以必伐密者以厚於周之祜福以遂於天下之心天意福周使興而密人侵之故伐密者所以厚周福也民心皆欲伐密而文王從之是整旅所以遂天下心也言文王上應天意下順民心非爲貪羨妄伐密也〇鄭以爲天告文王曰汝无如是拔扈者妄出兵以征伐汝无如是歆羨者苟貪人之土地汝既不可爲此欲廣大汝之德美者當先平於所欲征者之獄訟獄訟者知彼曲汝直然後伐之文王以此不敢妄出征伐而密須之人乃不恭其職敢拒我大國之徵發其所徵者是侵阮徂共三國之義兵也文王欲侵此三國徵兵於密密人拒而不從是故文王於是赫然與其羣臣怒曰當整其軍旅而出以却止徂國之師旅以此厚於我周家當王之福以此而應答天下鄉周之望因密人不恭怒而出兵先往伐徂尋亦伐密〇傳無是至高位〇正義曰一无然之文而傳分爲二无是者以叛是違道援是引取義異故分之爲二鬼神食氣謂之歆故注讀歆爲貪下論征伐則援取貪羨是國邑土地之事也釋丘云重厓曰岸

岸是高地故以喻高位○箋。叛援至曲直○正義曰以下用兵征伐此則爲下發端當用兵之事不得爲文王之升位也故言叛援猶拔扈拔扈凶橫自恣之貌漢賓帝謂梁冀爲拔扈將軍是古今之通語也誕大登成釋詁文小宛云宜岸宜獄相對是岸爲訟也拔扈是凌人之狀故以妄出兵言之歆羨貪欲之言故以侵土地言之凡征伐者當度己之德慮彼之罪觀彼之曲直猶人爭財賄之獄訟君子不伐有辭故欲廣大其德美者當先平獄訟正曲直知彼實曲然後伐之宣十二年左傳曰師直爲壯曲爲老是師行伐人必正曲直也王肅孫毓皆以帝謂文王者詩人言天謂文王有此德非天教語文王以此事也若天爲此辭誰所傳道然則鄭必以爲天語文王者以下云帝謂文王予懷明德是天之自我也帝謂文王詢爾仇方是教人詢謀也爾我對談之辭故知是天之告語若爲天意謂然則文不類也以文王舉必順天故作者致天之意言天謂文王耳豈須有人傳言之哉若是天謂文王有此德復誰告詩人以天意而得知之也帝謂文王必責誰所傳道則上云監觀四方乃眷西顧豈復有人見其舉目迴首之時毛無別解明與鄭同○傳國有至侵共○正義曰以經直云密人故辨之云國有密須氏定四年左傳曰密須之鼓是也。○毛以徂爲往故云侵阮遂往侵共以阮共爲周地爲密須所侵故王肅云密須氏姞姓之國也乃不恭其職敢興兵。相逆大國侵周地○箋阮也至不直○正義曰箋以上言四國於此宜爲國名下云徂旅則是徂國師衆故以阮徂共三者皆爲國名與密須而四也四國從紂謀度則並非文王之黨而言侵阮徂共不是彼自相侵明爲犯周而文王侵之也拒大邦之下即言侵阮徂共則侵阮徂共即是密須拒周之狀故知文王侵此三國徵兵於密密人拒其義兵也密須紂黨所以文王得徵兵者杜預云密須今安定密縣則在文其統內書傳云文王受命三年伐密須則阮徂共又在伐密之前四年伐混夷仍以天子之命命將率則文王伐此三國之時叛殷之形未著密須在其統內故得徵兵也密須之君雖不達天命亦是民之先覺者也疑周將叛殷故拒其徵發皇甫謐云文王問太公吾用兵孰可太公曰密須氏疑於我我可先伐之管叔曰不可其君天下之明君伐之不義太公曰臣聞先王之伐也伐逆不伐順伐險不伐易文王曰善遂侵阮徂共而伐密須密須之人自縛其君而歸文王謚難採摭舊文傳會爲說要言疑於伐者未爲顯叛文王得徵兵而不從叛始彰耳三國犯周而文王伐之是義兵也密須敢拒義兵違其正道是不直也上言天使文王先平曲直密須不直故文王伐三國而亦伐密須也王肅云無阮徂共三國孔晁云周有阮徂共三國見於何書孫毓云案書傳文王七年五伐有伐密須犬夷黎邘崇未聞有阮徂共三國助紂犯周文王伐之之事皆以爲無此三國故訓徂爲往鄭必以爲皆國名者正以下言徂旅徂有師旅明徂是國故知三國與密須充上四國之文事在此詩即成文也於時書史散亡安可更責所見張融云晁豈能具數此時諸侯而責徂共非國也魯詩之義以阮徂共皆爲國名是則出於舊說非鄭之創造書傳七年年說一事故其言不及阮徂共耳書傳亦無玁狁采薇稱玁狁之難復文王不伐之乎鄭之所言非無深趣皇甫謐勤於考校亦據而用之〇傳旅師至對遂〇正義曰釋詁云旅師俱爲衆也對則爲少多之異散則可以相通故云旅師嫌其止出一旅之人故明之也按止釋詁文彼作按定本及集注俱作按於義是也旅地名則毛意以旅爲周地而言徂者上言侵阮遂往侵共蓋自共復往侵旅以文上不見故於此言之言整師以止密人之往旅地則亦止其往阮共互相見也對遂釋言文王肅云密人之來侵也侵阮遂往侵共遂往侵旅故王赫斯怒於是整其師以止徂旅之寇侵阮徂共文次不便不得復說旅故於此而見焉上曰徂共此曰徂旅又爲周王之所禦其密人亦可知也省煩之義詩人之微意也傳意或然〇箋赫怒至之望〇正義曰斯盡釋言文以軍出稱師爲通名今指言旅則唯用一旅之人故云五百人爲旅下箋云小出兵明以德不以衆是鄭意出一旅之人也以對爲答者以天下心皆嚮己舉兵所以答之謂答天下嚮周之望於理爲切故不從遂也

依其在京侵自阮疆陟我高岡無矢我陵我陵我阿無飲我泉我泉我池京大阜也矢陳也箋云京周地名陟登也矢猶當也大陵曰阿文王但發其依居京地之衆以往侵

阮國之疆登其山脊而望阮之兵兵無敢當其陵及阿者又無敢飲食於其泉
及池水者小出兵而令驚怖如此此以德攻不以衆也陵泉重言者美之也每
言我者據後得而有之而言○疆居良
反注同脊井亦反令力成反重直用反

度其鮮原居岐之陽在渭之將萬邦之方下民之王

小山別大山曰鮮將側也方則也箋云度謀鮮善也方猶鄉也文
王見侵阮而兵不見敵知己德威而威行可以遷居定天下之心
乃始謀居善原廣平之地亦在岐山之南居渭水之側為萬國之
所○鄉作下民之君後竟徙都於豐○鮮息淺反又音仙別彼列反

【疏】依其至之
王○毛以
為上既言興師伐密遂天下之心此又本密人不義來侵周人怨無之意言密
人之來也依止其在我周之京丘大阜之傍其侵自阮地之疆為始乃升我阮
地之高岡周人見其如此莫不怒之曰汝密須之人無得陳兵於我周地之陵
此乃我文王之陵我文王之阿無得飲食我周地之泉此乃我文王之泉我文
王之池言皆非汝之有不得犯之民疾密須如是故文王遂往伐之征密既勝
文王於是謀度其鮮山之傍平泉之地此地居岐山之南在渭水之側背山跨
水營建國都乃為萬邦之所法則下民之所歸往言其怒以天下為心其伐與
百姓同欲別起都邑為萬民之王○鄭以為上言怒而出兵此言征伐之事言
文王之所徵發不用多兵但取依居其在京地之衆為一旅之人以此而往侵
自阮國之疆為始既至阮國乃登我所伐得者阮國之高岡以望之阮國之兵
衆纔始望之未嘗交戰而此國之兵莫不驚走無敢當我陵無敢當我阿者無
敢飲我泉無敢飲我池者因此而往伐徂共密須皆克之矣既兵不見敵者知
己德盛威行可以遷徙都邑安定民心乃始謀居於其善原廣平之地居岐山
之南在渭水之側為萬國之所嚮作下民之君王○傳京大阜矢陳○正義曰
以密人依之而侵周故為大阜也釋地云大陸曰阜大阜曰陵李巡曰土地獨
高大名阜阜最大為陵然則大阜為陵不為京矣言京大阜者釋丘曰絕高為
之京李巡曰丘高大者為京然則京亦土之高者與大阜同密人之來則云依
京周人怒之則云我陵明京陵一物故以大阜言之也矢陳釋詁文王肅云密

人乃依阻其京陵來侵自文王阮邑之疆密人升我高岡周人皆怒曰汝无陳於我陵是乃我文王之陵阿也泉池非汝之有勿敢飲食之○箋京周至而言○正義曰以言依其在京即云侵自阮疆明以依京之人侵阮故知京周地名陟登釋詁文矢實陳義欲言威武之盛敵不敢當以其當侵而陳故言矢猶當也大陵曰阿釋地文周地廣矣獨言依京故知文王但發其依居京地之衆箋以京爲周地小別名則京是周之所都之邑以其兵少故唯發近民也上言徵兵於密須乃似盡國不足今言少發而足所以前徵兵者蓋以密人疑之故徵兵以嘗之非爲密須兵也始侵其境而即登岡故知是望其兵衆始見登高而望即不敢當陵飲泉而驚散走也文王之所伐者混夷歷年始服崇則再駕乃降於此獨得易者敵有强弱故難易不同○傳小山至方則○正義曰釋山云小山別大山鮮孫炎曰別不相連也渭是水也居必在傍故以將爲側論語云且知方也謂知禮法此則亦法也故以方爲則也○箋度謀至於豐○正義曰度謀鮮善皆釋詁文以其已繫岐陽不應復言餘山故以鮮爲善也諸言方者皆謂居在他所人鄉望之故云方猶鄉也必知己德盛威行乃遷居者以威若不行則民情未樂遠方不奏則隨宜而可令威德既行歸從益衆非處廣平之地无以容待四方故知民既復從乃遷居要所也大王初遷已在岐山故言亦在岐山之陽是去舊都不遠也周書稱文王在程作程寤程典皇甫謐云文王徙宅於程蓋謂此也箋嫌此即是豐故云後竟徙都於豐知此非豐者以此居岐之陽豐則岐之東南三百里耳

帝謂文王予懷明德不大聲以色不長夏以革不識不知順帝之則懷歸也不大聲見於色革更也不以長大有所更箋云夏諸夏也天之言云我歸人君有光明之德而不虛廣言語以外作容貌不長諸夏以變更王法者其爲人不識古不知今順天之法而行之者此言天之道尚誠實貴性自然○見賢遍反○

帝謂文王詢爾仇方同爾兄弟以爾鉤援與爾臨衝以伐崇墉仇匹也鉤鉤梯也所以鉤引上城者臨臨車也衝衝車也墉城也箋云詢謀也怨耦

曰仇仇方謂旁國諸侯爲暴亂大惡者女當謀征討之以和協女兄弟之國率與之往親親則。方志齊心。一也當此之時崇侯虎倡紂爲无道罪尤大也○詢音荀鉤古侯反又古侯反援音爰臨如字韓詩作隆衝昌容反說文作幢幢陣車也墉音容梯他兮反○

【疏】天帝謂至崇墉○毛以爲天帝告語此文王曰我當歸於明德以文王有明德故天歸之因說文王明德之事不大其音聲以見於顏色而加人不以年長大以有變革於幼時言其天性自然少長若一不待問而自識不由學而自知其所動作常順天之法則以此故天歸之而使伐崇天帝告語此文王曰其伐崇也當詢謀於女匹己之臣以問其伐人之方和同汝之兄弟君臣既合親戚和同乃以汝鉤援之梯與汝臨衝之車以往伐彼崇城言天意歸就文王故文王於是伐崇也○鄭以爲天帝告語文王曰我之所歸歸於人君而有光明之德而不虛廣其言語之音聲以外作容貌之色又不自以長諸夏之國以變更於王法其爲人不記識古事不學知今事常順天之法而行之如此者我當歸之言文王德實能然爲天所歸崇侯反於此道天使文王伐之天帝告語文王曰當詢謀汝怨。偶之傍國觀其爲暴亂大惡者而征討之其征之也當和同汝兄弟之國相率與之而往餘同○傳不大至所更○正義曰此傳質略孫毓云不大聲色以加人。○毛以言不以長大有所更則以夏爲大王肅云非以幼弱未定長大有所改更言幼而有天性長幼一行也○箋夏諸至自然○正義曰箋以大爲音聲以作色忿人長大淫恣而改其本性此則中人以上皆免之矣不足以美文王下言伐崇討崇之反道則此經當陳人君之正道不得以夏爲大故以夏爲諸夏虛廣言語以外作容貌謂色取。人而行違虛名而不實也不長諸夏以變更王法者謂爲諸侯之長自以身居尊位无所畏憚變亂正法也崇侯與文王俱爲紂之上公是長諸侯也詩。意言。又无此行則崇侯有之矣故天命文王使伐。人。之道貴其識古知今此不識古不知今爲美者言其意在篤誠動順天法不待知今識古比校乃行耳不謂人不須知古今也言天之道尚誠實貴性自然者明此經所陳皆是誠實自然之事也變更王法者若號石父導王爲非崇侯虎倡紂爲无道變亂典刑者也而孫鈂以創業改制爲難非其難也〇傳仇匹至墉城〇正義曰仇匹釋詁文鉤援一物正謂梯也以梯倚城相鉤引而上援即引也箋云鉤鉤梯所以鉤引上城者墨子稱公輸般作雲梯以攻宋蓋此之謂也臨者在上臨下之名衝者從傍衝突之稱故知二車不同兵書有作臨車衝車之法墨子有備衝之篇知臨衝俱是車也說文云城所以盛民也墉城垣也彼細辨其名耳散則墉亦城也〇箋怨偶至尤大〇正義曰怨偶曰仇左傳云方者居一方之辭故爲傍國之諸侯以當伐之故皆爲暴亂大惡者紂黨多矣所以獨伐崇者當此之時崇侯虎導紂爲無道之事其罪惡尤大故伐之倡紂爲無道我應文注云倡導也

臨衝閑閑崇墉言言執訊連連攸馘安安是類是禡是致是附四方以無侮閑閑動搖也言言高大也連連徐也攸所也馘獲也不服者殺而獻其左耳曰馘於內曰類於野曰禡致致其社稷羣臣附附其先祖爲之立後尊其尊而親其親箋云言言猶孽孽將壞貌訊言也執所生得者而言問之及獻所馘皆徐徐以禮爲之不尙促速也類也禡也師祭也無侮者文王伐崇而無復敢侮慢周者〇訊音信字又作訙又作誶並同馘古獲反字又作聝字林截耳則作耳傍獻首則作首傍類如字本或依說文作禷禡馬嫁反搖如字一音羊照反羣神本或作羣臣孽魚列反又五葛反

臨衝茀茀崇墉仡仡是伐是肆是絕是忽四方以無拂茀茀彊盛也仡仡猶言言也肆疾也忽滅也箋云伐謂擊刺之肆犯突也春秋傳曰使勇而無剛者肆之拂猶佹也言無復佹戾文王者〇茀音弗仡魚乙反韓詩云搖也說文作忔肆音四拂符弗反王違也刺七亦反佹九委反戾也復扶又反

【疏】臨衝至無拂〇毛以爲文王之伐崇也兵至則服無所用武其臨衝之車閑閑然動搖而已不用之以攻敵崇城言言然高大如無所毀壞既伐崇服之則執其可言問者連連然舒徐盡其情而不逼迫也所以當馘左耳者安安然不暴疾也文王之於此行非直弔民伐罪又能敬事明神初出兵之時於是爲類祭至所征之地於是爲禡祭既克崇國於是運致其社稷羣神而來更存祭之於是依

附其先祖宗廟於國爲之立後文王伐得其罪行得其法四方服其德畏其威是以無敢侮慢文王者也深美其伐重詳其事言文王臨車衝車茀茀然彊盛崇城仡仡然高大於是用師伐之於是合兵疾往於是殄絕之於是討滅之文王德足撫民威足除惡四方服德畏威無敢違拂文王之志者此天所以用文武伐殷也○鄭唯以臨衝攻城言言仡仡爲將壞之貌伐爲擊刺肆爲犯突爲異餘同○傳閑閑至其親○正義曰以閑閑是臨衝之狀車皆駕之而往故爲動搖言言是城之狀故爲高大傳唯云言言高大不說其高大之意王肅云高大言其無所壞傳意或然若城無所壞則是不戰而得有訊馘者美文王以德服崇不至於破國壞城耳於時非無拒者故得有訊馘獲釋詁文攸所釋言文玉藻云聽鄉任左故不服者殺而獻其左耳耳曰馘罪其不聽命服罪故取其耳以計功也釋天云是類是禡師祭也王制云天子將出類乎上帝禡於所征之地言類乎上帝則類祭祭天也祭天而謂之類者尚書夏侯歐陽說以事類祭之在南方就南郊祭之春官肆師注云類禮依郊祀而爲之是用尚書說爲義也禡之所祭其神不明肆師注云禡師祭也祭造軍法者其神蓋蚩尤或曰黃帝是鄭以無明文故疑之而爲二說也如鄭所說類祭在郊此傳言於內曰類者以禡於所征之地則是國境之外類之雖在郊猶是境內以二祭對文故云於內曰類於外曰禡謂境之外內內非城內也致附承類禡之下則亦是敬神之事故知致者致其社稷羣神附者附其先祖爲之立後社稷是崇國之所尊先祖是崇國之所親今使神有所享不絕其祀是文王爲之尊其尊而親其親也致者運轉之辭附者依倚之義以社稷於人無親故以致言之其先祖則依其子孫故以附言之崇侯有罪當滅其國所以復得致其羣臣爲之立後者蓋以崇侯虎身有罪耳其先祖嘗有大功不當絕祀擇其親賢更爲立後使得奉其宗廟存其社稷也言致則文王致之自近非復舊國當小於舊耳○箋言言至周者○正義曰箋以詩美文王以德服崇若臨衝本所不用則不應言之今詩言衝則是用以攻城故知言言仡仡皆是將壞之貌碩人言庶姜孽孽是舉我之容故猶孽孽也徐徐以禮爲之不尚促速明有餘力不急急爲之也傳

十九年左傳曰文王聞崇亂而伐之軍三旬不降退修教而復伐之因壘而降則似兵合不戰此云壞城執訊者凡所襃美多過其實此言訊馘必當戰矣蓋知戰不敵然後乃降彼左傳子魚欲勸宋公脩德故隱其戰事而言其降耳傳不言類禡是祭故辨之云師祭名也崇是大敵伐即克之故無復敢侮慢周者竟文王之世不復伐國是由無侮故也○傳茀茀至忽滅○正義曰此茀茀亦宜繼上閑閑而云彊盛者以茀茀閑閑文不相類則上言車之動此言車之形故不同也肆與大明肆伐大商文同故以肆為疾既為疾伐亦不得與鄭同也王肅云至疾乃威有罪則肅意謂伐之疾傳亦或然忽滅者言忽然而滅非訓忽為滅也○箋伐謂至文王者○正義曰以是伐之文在崇墉之下故伐謂擊之刺之牧誓曰不愆于四伐五伐乃止齊焉是謂擊刺為伐也肆謂犯突言犯師而衝突之故引春秋傳為證也案左傳隱九年云使勇而無剛者嘗寇而速去之文十二年左傳云若使輕者肆焉其可其言皆不與此同鄭以輕者與勇而無剛義同故引之而遂謬也

皇矣八章章十二句

附釋音毛詩注疏卷第十六（十六之四）

珍倣宋版印

　阮元撰盧宣旬摘錄

○皇矣

皇矣美周也天監代殷莫若周周世世脩德莫若文王 唐石經小字本相臺本同案此釋文本也釋文云皇矣一本無矣字莫若周絕句又云一讀莫若周世絕句周世世脩德爲一句一本無下一世字義並通崔集注莫若周也世世脩德正義云定本皇下無矣字莫若周又無於字是正義本較多一於字

維有文王盛爾 小字本相臺本同閩本明監本毛本亦同案爾當作耳正義標起止云至盛耳是其證上維有周爾當亦同考文古本皆作耳采正義

殷紂之暴亂 閩本明監本毛本同小字本相臺本殷上有以字考文古本同案有者是也

其政不獲 小字本相臺本同唐石經政作正案釋文云其政如字政政教也鄭作正正長也正義云其政不得於民心是其本亦作政考此箋云正長也乃以政爲正之假借直於訓釋中改其字以顯之而不言讀爲也例詳前唐石經依改經文未是經義雜記云唐石經原刻作正依鄭本也後改爲政依肅本也今考石經但小損耳未嘗改爲政又於此經之傳多所刪改皆非也此傳本全與鄭異義非由王肅之難其度居也則已見緜傳矣乃云毛公無此訓亦知者之一失

二國殷夏也 小字本相臺本同閩本明監本毛本亦同案釋文以謂夏作音是其本當作謂夏殷也正義云故以二國爲殷紂夏桀也不與

釋文本同

耆老也廓大也閩本明監本毛本同小字本相臺本老作惡考文古本同案惡字是也釋文正義皆可證涉箋文而譌耳

明所從者非法四國閩本明監本毛本同案法當作徒形近之譌

其秦亡家語引此詩閩本明監本同毛本秦作泰案皆誤也當作其奏云謂王肅奏也正義凡四引此及賓之初筵生民卷阿是也經義雜記云此三字當作衍文者失考耳

也說文王之伐四國閩本明監本毛本同案浦鏜云也當此字之誤屬下讀是也

檉河柳也小字本相臺本閩本明監本毛本皆下有椐樻也十行本無按此脫耳

以扶老〔補〕釋文校勘通志堂本同盧本以作似云舊譌以案似字是也扶老木名可以為杖亦竹名似扶老謂似扶老之木也樻與扶老木又有不同處故言似陸機疏正作似扶老

串夷載路唐石經小字本相臺本同案此釋文本也釋文云串夷古患反毛云習也鄭云串夷混夷也一本作患或云鄭音患正義云毛讀患為串又云鄭以詩本為患故不從毛采薇序曰西有混夷之患是患夷者患中國之夷故患夷則混夷也是正義本經作患字與釋文所云一本者正同也

路應也小字本相臺本同案此正義本也釋文云路瘠在昔反詩本皆作瘠孫毓評作應後之解者僉以瘠為誤正義云路瘠之為應更無正訓鄭以義言之耳又云本或誤作瘠孫毓載箋為應是本作應也定本亦作應今考路露古同字如露寢為路寢華露為華路之類孟子是率天下而路也音

義云丁張並云路與露同凡物之瘠者多露見故箋云路瘠也謂告削混夷使之瘠也下箋文王則侵伐混夷以應之云應者摠說串夷載路之應乎帝遷明德也非以應專釋路字孫毓乃涉之而誤後之解者反僉以瘠爲誤失之矣

天立厥配 唐石經小字本相臺本同案傳云配媲也正義云妃字音亦爲配釋詁云妃媲也某氏曰詩云天立厥妃是毛讀配如妃故爲媲也是爲妻之配夫意與鄭合考正義之說是也箋云又爲之生賢妃謂大姒也此申毛以配是妃之假借字直於訓釋中改其字以顯之也釋文云厥配本亦作妃音同注同其亦作本非也乃依箋字改經耳某氏爾雅注當即所謂以破引之如引其變孔有之比段玉裁云古多用妃少用配妃是正字配是假借字也配者酒色也今人云配合周秦人云妃合嘉耦曰妃非專謂男女也經文本作妃毛以配合解之鄭以后妃解之改妃爲配自是後人所爲○按段說是毛用釋詁妃媲也非讀配爲妃也

栵而檉河柳 閩本明監本毛本同案山井鼎云而恐栭誤是也

一名兩師 閩本明監本毛本同案浦鏜云雨誤兩是也

則光錫之大位 閩本明監本毛本光作兄案皆誤也當作天

維此王季 唐石經小字本相臺本同案正義引昭廿八年左傳而云此云維此王季彼云維此文王者經涉亂離師有異讀後人因即存之不敢追改今王肅注及韓詩亦作文王是異讀之驗又左傳正義同段玉裁云樂記注云言文王之德皆能如此所見詩亦是維此文王然禮注言文王詩箋言王季說自不同詳詩經小學考毛氏詩自是王季王肅申毛作文王者非經義雜記辨之是矣○按鄭注禮記多用韓詩不用毛詩左傳作文王與韓詩合是可以

證三家詩之皆有所受之也

貊靜也箋云 小字本相臺本同案正義云此傳箋及下傳九言曰者皆昭廿八年左傳文彼引一章然後爲此九言以釋之故傳依用焉毛引不盡箋又取以足之段玉裁云此章詁訓本左氏係箋自舛誤今正衍箋云二字

慈和徧服曰順 小字本相臺本同案釋文以徧復作音是其本服作復以左傳考之復字非也

教誨人以善不解倦 閩本明監本毛本解誤懈案此依服注文而引之也正義自爲文用懈字

畔援猶拔扈也 小字本同相臺本拔作跋閩本明監本毛本同下及正義中字同案釋文云拔字或作跋考拔跋古字通用但釋文不云本或作跋則此箋自用拔字十行本正義中皆作拔是也閩本以下乃誤改耳

按止也 小字本相臺本同案正義云按止釋詁文彼作按定本及集注俱作按於義是也如其所言非爲異本當有誤也今無可考意必求之或正義本字作按釋文云以按本又作遏知正義本必不作遏者以釋詁按遏兩有若作遏卽不得云彼作按也

毛以爲旣言文王受福也 閩本明監本毛本同案浦鏜云文王當王季誤是也

箋叛援至曲直 閩本明監本毛本叛作畔案所改是也此標起止仍不易字下故言叛援猶拔扈所改非也

是也〇毛以徂爲往 閩本明監本毛本同案浦鏜云衍〇是也

敢與兵相逆大國 閩本明監本毛本同案浦鏜云相當拒字誤是也

要言疑於伐者 閩本明監本毛本同案浦鏜云我誤伐是也上文可證

有伐密須犬夷黎邘崇 明監本毛本邘誤邦閩本不誤○按作邦作邘皆誤當作邘从邑于聲音況于切今本尚書大傳此字亦誤作邘

爲萬國之所鄉 小字本相臺本同閩本明監本毛本鄉誤嚮案嚮乃正義所易之今字釋文鄉周下云本又作嚮下同當非正義本也考文古本悉改作嚮未是

非爲密須兵也 閩本明監本毛本同案密須當作須密此須者用也非密須之須不知者誤倒之

而驚散走也 閩本明監本毛本同案浦鏜云驚下當脫怖字是也

遠方不奏 閩本明監本同毛本奏作湊案所改是也

我歸人君有光明之德 小字本相臺本同考文古本同閩本明監本毛本歸作謂案我歸者予懷也謂字誤

同爾兄弟 唐石經小字本相臺本同案六書音均表云後漢書伏湛傳作同爾弟兄入韻顧炎武說同考正義云和同汝之兄弟又云當和同汝兄弟之國是其本作兄弟或毛氏詩與伏湛傳所引自不同也

親親則方志齊心一也 毛本同閩本明監本方誤萬小字本相臺本方作多一作壹考文古本同案多字壹字是也

當詢謀汝怨偶之傍國 閩本明監本毛本同案偶當作耦下同

以加人○閩本明監本毛本同案浦鏜云○衍是也

謂色取人而行違閩本明監本毛本人作仁案所改非也正義引論語自如此○按舊校非馬融注可按

詩意言又無此行明監本毛本又作文王二字閩本剜入案所補是也意字當衍

故天命文王使伐人之道貴其識古知今閩本明監本毛本人之二字互易案所改是也

箋云鉤鉤梯閩本明監本毛本同案箋當作故

執訊連連唐石經小字本相臺本同案詩經小學云釋文字又作誶者誤爾雅訊言也說文訊問也正月出車傳采芑及此箋以言辭問訓訊字與誶訓告義別

於野曰禂小字本相臺本同案正義云故云於內曰類於外曰禂謂境之外內內非城內也此正義專釋傳內字耳於外曰禂當仍是於野曰禂考文古本采之以改傳作外非也

致致其社稷羣臣小字本相臺本臣作神閩本明監本毛本同案釋文云本或作羣臣正義本是神字作臣者非也羣神多誤作羣臣如魯語鄭大宗伯注皆然

尊其尊而親其親相臺本同閩本明監本毛本同小字本無而字案有者是也

說文作忔補通志堂本同盧本忔作圪云舊譌忔今改正釋文校勘云案圪字所改未是也圪是隸省字見九經字樣土部陸但如此作小字

本所附作扢扢忔皆形近之譌

此天所以用文武代殷也閩本明監本毛本同案武當作王此詩無武王也

故不服者殺而獻其左耳耳曰馘閩本明監本毛本不重耳字案所改是也故下當補云字

所以復得致其羣臣閩本明監本毛本臣作神案所改是也

碩人言庶姜孽孽是舉我之容閩本明監本毛本同案是上當有缺文因孽孽字有複出者而脫去也舉我當爲壞城之誤

珍倣宋版印

毛詩大雅　　鄭氏箋　　孔穎達疏

靈臺民始附也文王受命而民樂其有靈德以及鳥獸昆蟲焉民者冥也其見仁道遲故於是乃附也天子有靈臺者所以觀祲象察氣之妖祥也文王受命而作邑于豐立靈臺春秋傳曰公既視朔遂登觀臺以望而書雲物爲備故也○靈臺杜預注左傳云靈臺在始平鄠縣今屬京兆府所管昆古門反鄭注禮記云明也蟲直弓反本或作虫非冥亡丁反冥冥無知貌字林云幽也又亡定反祲子鴆反陰陽氣相侵漸成祥觀古亂反下觀臺節觀同

疏靈臺五章章四句至昆蟲焉○正義曰作靈臺詩者言民始附也文王受天之所命而民樂。有。其神靈之德以及鳥獸昆蟲焉以文王德及昆蟲民歸附之故作此詩以歌其事也經說作臺序言始附則是作臺之時民始附也文王嗣爲西伯三分天下而有其二則爲民所從事應久矣而於作臺之時始言民附者三分有二諸侯之君從文王耳其民從君而來其心未見靈德至於作臺之日民心始知故言始附謂心附之也往前則貌附之耳此言作臺而民始附則其附在受命六年而序追言受命者以民心之附事亦有漸初受命已附至作臺而齊心故繫之受命見附之所由也言民始附首章及二章上二句是也樂其有靈德以及鳥獸昆蟲者二章下二句及三章是也臺囿沼皆言靈是明文王有靈德之義麀鹿獸也白鳥鳥也昆蟲者王制注云昆明也明蟲者得陽而生得陰而藏陰陽即寒温也故祭統注云昆蟲温生寒死之蟲然則諸蟄蟲皆是也此經無昆蟲之事而三章言魚魚亦蟲之別名舉潛物以見陸産故言昆蟲以總之經先言獸序先言鳥者作囿主以養獸故先言之序則從其言便故不同也四章卒章言政教得所合樂詳之亦是靈德之事故序略之也○箋民者至備故○正義曰民者冥也孝經援神契文以其冥冥無知其見仁道遲故於是始附解其晚附之意也又解臺之所用天子有靈臺所以觀祲象察氣之妖祥故也四方而高曰臺以天象在上須登臺望之故作臺以觀天也春官臺祲掌十煇之法以觀妖祥辨吉凶一曰祲二曰象三曰鑴四曰監五曰闇六曰瞢七曰彌八曰敘九曰隮十曰想注云妖祥善惡之徵鄭司農云煇謂日光氣也祲陰陽氣相侵也象者如赤鳥也闇日月食也瞢謂日月瞢瞢無光也敘者雲有次敘如山在日上也玄謂鑴謂日旁氣刺日也監冠珥也彌氣貫日也隮虹也想雜氣有似可形想也此十者皆舉天之異氣視祲之官當在靈臺之上視之故箋取以爲說十煇而唯言祲象者舉其初二事餘從可知也馮相氏保章氏亦云觀天下之妖祥則在臺觀之獨引視祲之事者以視祲爲官名則是仰觀之主故特取之其實馮相保章之所觀者亦在靈臺也又解文王作臺之處故言文王受命而作邑於豐立靈臺明此靈臺在豐邑之都也含神務曰作邑於豐起靈臺易乾鑿度亦云伐崇作靈臺是靈臺在豐邑之都文也所引春秋傳曰者僖五年左傳文引之證臺是觀氣所用彼云以望而書禮也凡分至啓閉必書雲物爲備故此略引之故與彼小異此靈臺所處在國之西郊諸儒以無正文故其說多異義公羊說天子三諸侯二天子有靈臺以觀天文有時臺以觀四時施化有囿臺觀爲獸魚鼈諸侯當有時臺囿臺諸侯卑不得觀天文無靈臺皆在國之東南二十五里東南少陽用事萬物著見用二十五里者吉行五十里朝行暮反也韓詩說辟廱者天子之學圓如璧壅之以水示圓言辟取辟有德不言辟水言辟水言辟廱者取其廱和也所以教天下春射秋饗尊事三老五更在南方七里之內立明堂於中五經之文所藏處蓋以茅草取其絜清也左氏說天子靈臺在太廟之中壅之靈沼謂之辟廱諸侯有觀臺亦在廟中皆以望嘉祥也毛詩說靈臺不足以監視靈者精也神之精明稱靈故稱臺曰靈臺稱囿曰靈囿稱沼曰靈沼謹案公羊傳左氏說皆無明文說各有以無以正之玄之聞也禮記王制天子命之教然後爲學小學在公宮之左大學在郊天子曰辟廱諸侯曰泮宮天子將出征受命於祖受成於學出征執有罪反釋奠於學以訊馘告然則太學即辟廱也詩頌泮水云既作泮宮淮夷攸服矯矯虎臣在泮獻馘淑問

如皐陶在泮獻囚此復與辟廱同義之證也大雅靈臺一篇之詩有靈臺有靈囿有靈沼有辟廱其如是也則辟廱及三靈皆同處在郊矣囿也沼也同言靈於臺下爲囿爲沼可知小學在公宮之左大學在西郊王者相變之宜衆家之說各不昭晢雖然於郊差近之耳在廟則遠矣王制與詩其言察察亦足以明之矣如鄭此說靈臺與辟廱同處辟廱卽天子大學也王制言大學在郊乃是殷制其周制則太學在國太學雖在國而辟廱仍在郊何則囿沼魚鳥所萃終不可在國中也辟廱與太學爲一所以得太學移而辟廱不移者以辟廱是學之名耳王制以殷之辟廱與太學爲一故因而說之不必常以太學爲辟廱小學亦可矣周立三代之學虞庠在國之西郊則周以虞庠爲辟廱矣若然魯是周之諸侯於郊不當有學泮宮亦應在國而禮器注云頖宮郊之學也詩所謂泮宮也字或爲郊宮不在國者以其詩言魯侯戾止是行往適之故知在郊蓋魯以周公之故尊之使用殷禮故學在其郊也鄭以靈臺辟廱在西郊則與明堂宗廟皆異處矣案大戴禮盛德篇云明堂者所以明諸侯尊卑也外水名曰辟廱政穆篇云大學明堂之東序也如此文則辟廱明堂同處矣故諸儒多用之盧植禮記注云明堂卽太廟也天子太廟上可以望氣故謂之靈臺中可以序昭穆故謂之太廟圓之以水似辟故謂之辟廱古法皆同一處近世殊異分爲三耳蔡邕月令論云取其宗廟之清貌則曰清廟取其正室之貌則曰太廟取其堂則曰明堂取其四門之學則曰太學取其周水圓如璧則曰辟廱異名而同耳其實一也穎子容春秋釋例云太廟有八名其體一也肅然清靜謂之清廟行禘祫序昭穆謂之太廟告朔行政謂之明堂行饗射養國老謂之辟廱占雲物望氣祥謂之靈臺其四門之學謂之太學其中室謂之太室總謂之宮賈逵服虔注左傳亦云靈臺在太廟之中此等諸儒皆以廟學明堂靈臺爲一鄭必知皆異處者袁準正論云明堂宗廟太學禮之大物也事義不同各有所爲而世之論者合以爲一體取詩書放逸之文經典相似之語而致之不復考之人情驗之道理失之遠矣夫宗廟之中人所致敬幽隱清靜鬼神所居而使衆學處焉饗射其中人鬼慢黷死生交錯因俘截耳瘡痍流血以干犯鬼

神非其理矣且夫茅茨採椽至質之物建日月乘玉輅以處其中象箸玉杯而食於土簋非其類也如禮記先儒之言明堂之制四面東西八丈南北六丈禮天子七廟左昭右穆又有祖宗不在數中以明堂之制言之昭穆安在若又區別非一體也夫宗廟鬼神之居祭天而於人鬼之室非其處也夫明堂法天之宮非鬼神常處故可以祭天而以其祖配之配其父於天位可也事天而就人鬼則非義也自古帝王必立大小之學以教天下有虞氏謂之上庠下庠夏后氏謂之東序西序殷謂之右學左學周謂之東膠虞庠皆以養老乞言明堂位曰瞽宗殷學也周置師保之官居虎門之側然則學宮非一處也文王世子春夏學干戈秋冬學羽籥皆於東序又曰秋學禮冬學書禮在瞽宗書在上庠此周立三代之學也可謂立其學不可謂立其廟然則太學非宗廟也又曰世子齒於學國人觀之宗廟之中非百姓所觀也王制曰周人養國老於東膠不曰辟廱養國老於右學養庶老於左學宗廟之尊不應與小學爲左右也辟廱之制圓之以水圓象天取生長也水潤下取其惠澤也水必有魚鱉取其所以養也是故明堂者大朝諸侯講禮之處宗廟享鬼神歲覲之宮辟廱大射養孤之處大學衆學之居靈臺望氣之觀清廟訓儉之室各有所爲非一體也古有王居明堂之禮月令則其事也天子居其中學士處其內君臣同處死生參並非其義也大射之禮天子張三侯大侯九十步其次七十步其次五十步辟廱處其中今未知辟廱廣狹之數但二九十八加之辟廱則徑三百步也凡有公卿大夫諸侯之賓百官侍從之衆殆非宗廟中所能容也禮天子立五門又非一門之間所能受也明堂以祭鬼神故亦謂之廟明堂太廟者明堂之內太室非宗廟之太廟也於辟廱獻捷者謂鬼神惡之也或謂之學者天下之所學也總謂之宮大同之名也生人不謂之廟此其所以別也先儒曰春秋人君將行告宗廟反獻於廟王制釋奠於學以訊馘告則太學亦廟也其上句曰小學在公宮之左太學在郊明太學非廟非所以爲證也周人養庶老於虞庠虞庠在國之西郊今王制亦小學近而太學遠其言乖錯非以爲正也穎氏云公既視朔遂登觀臺以其言遂故謂之同處夫遂者遂事之名不必同處也馬融云明堂

在南郊就陽位而宗廟在國外非孝子之情也古文稱明堂陰陽者所以法。大道順時政非宗廟之謂也融云告朔行政謂之明堂夫告朔行政上下同也未聞諸侯有明堂之稱也順時行政有國皆然未聞諸侯有居明堂者也齊宣王問孟子人皆謂我毁明堂毁諸已乎孟子曰夫明堂者王者之堂也王欲行王政則勿毁之矣夫宗廟之毁非獨王者也若明堂卽宗廟不得曰夫明堂王者之宗廟也且說諸侯而教毁宗廟爲人君而疑於可毁與否雖復淺丈夫未有是也孟子古之賢大夫而皆子思弟子去聖不遠此其一證也尸子曰昔武王崩成王少周公踐東宮祀明堂假爲天子明堂在左故謂之東宮王者而後有明堂故曰祀明堂假爲天子此又其證也竊以準之此論可以申明鄭意大戴禮遺逸之書文多假託不立學官世無傳者其盛德篇云明堂外水名曰辟廱政穆篇稱太學明堂之東序皆後人所增失於事實故先儒雖立異端亦不據爲說然則明堂非廟而月令云天子居明堂太廟者以明堂是祭神之所故謂之明堂太廟者正謂明堂之太室非宗廟之太廟也明堂位云太廟天子明堂自謂制如明堂非太廟名明堂也廟與明堂不同則靈臺又宜别處故靈臺辟廱皆在郊也

經始靈臺經之營之庶民攻之不日成之神之精明者稱靈四方而高曰臺經度之也攻作也不日有成也箋云文王應天命度始靈臺之基。趾營表其位衆民則築作不設期日而成之也言說文王之德勸其事忘己勞也觀臺而曰靈者文王化行似神之精明故以名焉○度待洛反下同應應對之應說音悅【疏】經始至成之○正義曰言文王有德民心附之既徙於豐乃經理而量度初始爲靈臺之基趾也既度其處乃經理之營表之其位既定於是天下衆庶之民則競攻而築作之不設期日而已成之民悅其德自勸其事是民心附之也○傳神之至成○正義曰靈是神之别名對則有精粗之異故辨之云神之精明者稱靈則靈之爲稱就神中精者而名也四方而高曰臺釋宮文經度之謂經理而量度之攻作謂庶民築作之不日有成謂不設期日已成功言民心樂爲之也○箋文王至以名焉○正義曰非天子不得作靈臺故本之云文王應天命。始。度靈臺之基趾

也營表其位謂以繩度立表以定其位處也傳唯解靈之名不解名臺爲靈之意故申之此實觀氣祥之臺而名曰靈者以文王之化行似神之精明故以名之焉以此言文王之臺故因言文王之化行耳其實天子之臺皆名曰靈臺服虔左傳注云天子曰靈臺諸侯曰觀臺是也若然書傳說武王渡河言觀臺亞者彼謂在臺仰觀之人不得謂其人爲臺故指實言觀也僖十五年左傳云秦伯獲晉侯以歸乃舍諸靈臺秦是諸侯而得有靈臺者杜預云在京兆鄠縣周之故臺也哀二十五年左傳曰衛侯爲靈臺於藉圃言爲則是新造其時僭名之也

經始勿亟庶民子來 箋云亟急也度始靈臺之基趾非有急成之意衆民各以子成父事而來攻之○亟居力反

王在靈囿麀攸伏 囿所以域養禽獸也天子百里諸侯四十里靈囿言靈道行於囿也麀牝也箋云攸所也文王親至靈囿視牝鹿所遊伏之處言愛物也○囿音又徐于目反麀音憂麀牝牝頻刃反處昌慮反

【疏】傳囿所以至於囿○正義曰春秋成十八年築鹿囿昭九年築郎囿則囿者築牆爲界域而禽獸在其中故云囿所以域養禽獸也天子百里諸侯四十里解正禮耳其域文王之囿則七十里故孟子云齊宣王問於孟子曰文王之囿方七十里有諸孟子曰書傳有之曰若是其大乎民猶以爲小也曰寡人之囿方四十里民猶以爲大何也是宣王自以爲諸侯而問故云諸侯四十里以宣王不舉天子而問及文王之七十里則以爲文王非天子之制明天子不止七十里故宜爲百里也又解囿稱靈意言靈道行於囿也鄭駁異義云同言靈者於臺下爲囿沼則似因臺爲名其實亦因相近靈道偏行故皆稱靈也釋獸云鹿牡麚牝麀是爲鹿牝也

麀鹿濯濯白鳥翯翯 濯濯娛遊也翯翯肥澤也箋云鳥獸肥盛喜樂言得其所○濯直角反翯戸角反字林云鳥白肥澤曰翯下沃反樂音洛下文於樂注喜樂皆同

【疏】傳濯濯至肥澤○正義曰娛樂遊戲亦由肥澤故也二者互相足

王在靈沼於牣魚躍 沼池也靈沼言靈道行於沼也牣滿也箋云靈沼之水魚盈滿其中皆跳躍亦言得其所○沼之邵反牣音刃躍羊略反跳徒彫反

虡業維樅賁

鼓維鏞於論鼓鐘於樂辟廱植者曰虡橫者曰栒業大版也樅崇牙也賁大鼓也鏞大鐘也。論思也水旋丘如璧曰辟廱以節觀者箋云論之言倫也虡也栒也所以懸鐘鼓也設大版於上刻畫以為飾文王立靈臺而知民之歸附作靈囿靈沼而知為獸之得其所以為音聲之道與政通故合樂以詳之於得其倫理乎鼓與鐘也於喜樂乎諸在辟廱中者言感於中和之至○虡音巨樅徐七凶反又音衝衝牙也沈又音子容反賁符云反字亦作鼖鏞音容於音烏鄭如字下於樂於論皆同論盧門反一云鄭音倫下同辟音璧注同植特職反栒旬尹反懸音玄

疏虡業至辟廱○毛以為文王既立靈臺而知民心歸附作靈囿而知鳥獸得所以為音聲之道與政通故作樂以詳之觀己之德行審否故使人設植者之虡橫者之栒上加大版而捷業然又有崇牙其飾維樅然於此虡業之上懸賁之大鼓及維鏞之大鐘然後使人擊之觀其和否於是思念鼓鐘使之和諧於是作樂在此辟廱宮中是王之靈道行於人物之驗○鄭唯下二句別義。俱在箋○傳植者至節觀○正義曰釋器云木謂之虡孫炎曰虡栒之植所以懸鐘磬也郭璞曰懸鐘磬之木植者名為虡然則懸鐘磬者兩端有植木其上有橫木謂直立者為虡謂橫牽者為栒栒上加之大版為之飾釋器云大版謂之業孫炎曰業所以飾栒刻板捷業如鋸齒也其懸鐘磬之處又以彩色為大牙其狀隆然謂之崇牙言崇牙之狀樅樅然有瞽曰設業設虡崇牙樹羽此樅亦文承虡業之下故知樅即崇牙之貌樅樅然也賁大也故謂大鼓為賁鼓冬官韗人云鼓長八尺鼓四尺中圍加三之一謂鼖鼓註亦云大鼓謂之鼖是也釋樂云大鐘謂之鏞李巡曰大鐘音聲大鏞大也郭璞曰亦名鑮也水旋丘如璧者璧體圓而內有孔此水亦圓而內有地猶如璧然土之高者曰丘此水內之地未必高於水外正謂水下而地高故以丘言之以水繞丘所以節約觀者令在外而觀也定本及集注鏞大鐘之下云論思也則其義不得同鄭也○箋論之至之至○正義曰以倫理之字宜為倫故曰論之言倫傳唯言栒虡植橫不言所用故申明之言所以懸鐘鼓也以經有鐘鼓故特言之其磬鑮亦有栒虡也又解上言臺沼此言作樂之意

文王知民心歸附爲獸得所以爲音聲之道與政通故大合諸樂以詳之言欲詳審己德觀其實允人物之心以否也此在辟廱合樂必行養老之禮但主言樂之得理不美養老之事故言不及焉治世之音安以樂故在辟廱之內與聞之者莫不喜樂是其和之至也

於論鼓鍾於樂辟廱

鼉鼓逢逢矇瞍奏公鼉魚屬逢逢和也有眸子而无見曰矇無眸子曰瞍公事也箋云凡聲使瞽矇爲之〇鼉徒何反沈又音檀草木疏云形似蜥蜴四足長丈餘甲如鎧皮堅厚宜冒鼓逢薄紅反埤蒼云鼓聲也字作韸徐音豐矇音蒙瞍依字作叜蘇口反亦作瞍說文云無目也字林先么反云目有〇眸無珠子也眸莫侯反

疏傳鼉魚至公事〇正義曰月令季夏命漁師伐蛟取鼉漁師取魚之官故知鼉是魚之類屬也書傳注云鼉如蜥蜴長六七尺陸機疏云鼉形似水蜥蜴四足長丈餘生卵大如鵝卵甲如鎧甲今合藥鼉魚甲是也其皮堅可以冒鼓月令注亦云鼉皮可以冒鼓也美鼓之得理而云逢逢故知爲和也矇瞍皆無目之名就無目之中以爲等級矇者言其矇矇然無所見故知有眸子而無見曰矇即今之青盲者也矇有眸子則瞍當無故云無眸子曰瞍其瞽亦有眸子矇之小別也故春官瞽矇注鄭司農云無目眹謂之瞽有目眹而無見謂之矇有目而無眸子謂之瞍亦與此傳同也此則對而爲名其總則皆謂之瞽尚書謂舜爲瞽子外傳云吾非瞽史周頌有有瞽之篇周禮有瞽矇之職是瞽爲總也周禮瞽矇二字已是爲官名故文不及瞍此言瞍不言瞽各從文之所便外傳稱矇誦〇瞽賦亦此類也周禮上瞽中瞽下瞽以智之高下爲等級不以目爲次第矣公事釋詁文

靈臺五章章四句

下武繼文也武王有聖德復受天命能昭先人之功焉繼文者繼文王之王業而成之昭明也〇復扶又反王業于況反

疏下武六章章四句至功焉〇正義曰經六章皆言武王益有明智配先人之道成其孝思繼嗣祖考之迹皆是繼文能昭先人之功

爲經云三后在天王配於京則武王所繼自大王王季皆是矣而序獨云繼文者作者以周道積基故本之於三后言世有哲王見積德之深遠其實美武王能繼唯在文王也大王王季雖脩德創業爲後世所因而未有天命非開基之主不足使武王聖人繼之又此篇在文王詩後故詩言繼文著其功。也大且見篇之次也文王已受天命故言復受爲亞前之辭武王之受天命白魚入舟是也

下武維周世有哲王

武繼也箋云下猶後也哲知也後人能繼先祖者維有周家最大世世益有明知之王謂大王王季文王稍就盛也○哲張列反本又作悊又作喆皆同知音智下同

【疏】傳武繼○正義曰釋詁文○箋下猶至就盛○正義曰居下世即是在後故云下猶後也哲智釋言文言後人能繼祖者維周家最大謂大王王季文王稍稍就盛者也王季爲西伯文王又受命是稍盛也不通數武王者此言哲王即是下文三后王配之文別在於下故知世有之中不兼武王也

三后在天王配于京

三后大王王季文王也王武王也箋云此三后既沒登。遐精氣在天矣武王又能配行其道於京謂鎬京也○假音遐已也本或作遐

【疏】箋此三后至鎬京○正義曰曲禮下云天子崩告喪曰天王登遐註云登上也遐已也上已者若僊去云耳以三后皆號爲王故以天子之禮言之武王居鎬故知配行其道於京謂鎬京也

王配于京世德作求

箋云作爲求終也武王配行三后之道於鎬京者以其世世積德庶爲終成其大功

【疏】箋作爲至大功○正義曰作爲釋言文求終釋詁文世世積厚德是當王天下文王未及誅紂即是王事未終武王乃終之故云終成其大功

永言配命成王之孚

箋云永長言我也命猶教令也孚信也此爲武王言也今長我之配行三后之教令者欲成我周家王道之信也王德之道成於信論語曰民无信不立○成王如字又于況反此爲如字

【疏】箋命猶至不立○正義曰此承王配于京是配三后不配天故以命爲教令此篇是武王之詩於此獨云此爲武王言者餘文是作者以己之心論武王之事此則稱武王口自所言故辨之也又解欲成王道所爲多矣獨以信爲言者由王德之道成於

信欲使民信王道然後天下順從必伐紂功成然始得耳以民無信不立故引論語以證之成王之孚下土之式式法也箋云王道尚信則天下以爲法勤行之永言孝思孝思維則則其先人也箋云長我孝心之所思所思者其維則三后之所行子孫以順祖考爲孝媚茲一人應侯順德一人天子也應當侯維也箋云媚愛茲此也可愛乎武王能當此順德謂能成其祖考之功也易曰君子以順德積小以高大永言孝思昭哉嗣服箋云服事也明哉武王之嗣行祖考之事謂伐紂定天下疏媚茲至嗣服○正義曰既言武王能法則三后之道故於此歎而美之可愛乎此一人之武王所以可愛者以其能當此維順之德祖考欲定天下武王能順而定之是能當順德又述武王所言而歎美之武王自言長我孝心之所思者此事顯明哉武王實能嗣行祖考之事伐紂定天下是能嗣祖考也○傳一人至侯維○正義曰曲禮下云天子自稱曰予一人言其天下之貴唯一人而已謂天子爲一人應當釋詁文又云維侯也是侯得爲維也○箋可愛至高大○正義曰序言繼文此云順德故知是順其先人之心成其祖考之德所引易者升卦象辭升卦巽下坤上故言木生地中木漸而順長以成樹猶人順德以成功彼謂一人之身漸積以成此則順父祖而成事亦相類故引以爲證定本作愼德準約此詩上下及易宜爲順字又集註亦作順疑定本誤○箋服事至天下○正義曰服事釋詁文禮記大傳曰牧之野武王之大事故知嗣行祖考之事唯謂伐紂定天下也上言永言配命永言孝思其下句云成王之孚孝思維則亦是武王自言此云昭哉嗣服是作者美武王之辭所以亦與孝思相連者上云永言孝思是武王自言此又述武王之言歎而美之弁此孝思之句亦非武王自言得與嗣服相連也昭茲來許繩其祖武許進繩戒武迹也箋云茲此來勤也武王能明此勤行進於善道戒愼其祖考所履踐之迹美其終成之○來王如字鄭音賚下篇來孝同於萬斯年受天之祜箋云祜福也天下樂仰武王之德欲其壽考之言也○祜音戸下同疏昭茲至之祜○正義曰既言武

王能嗣行祖事又美其爲民所樂仰言武王能明此勸行進於善道戒慎其祖考所行之迹而踐行之猶行善不倦故爲天下樂仰皆欲令武王得於萬年之壽且又多受天之福祿言武王行善之故爲民愛之如此○傳許進至武迹○正義曰以禮法既許而後得進故以許爲進繩戒武迹皆釋訓文○箋兹此至成之○正義曰兹此來勤皆釋詁文戒慎祖考踐履之迹謂謹慎奉行故美其終成之○箋祜福至之言○正義曰祜福釋詁文以萬年受福是祝慶之辭故知武王爲天下所樂仰此是欲其得福之言也

受天之祜四方來賀於萬斯年不遐有佐遠夷來佐也箋云武王受此萬年之壽不遠有佐言其輔佐之臣亦宜蒙其餘福也書曰公其以予萬億年亦君臣同福祿也

疏受天至有佐○毛以爲民欲王受福卽實○言其受福之事武王既受得天之祜福故四方諸侯之國皆貢獻慶之又得於此萬年之壽豈不遠有佐助之乎言有遠方夷狄來佐助之也此乘上章之文故先言所受天之祜因則爲遠近之次故先言四方後言遠夷四方謂中國諸侯也○鄭唯以下句爲異言武王得於此萬年之壽不遠其、有輔佐之臣言王親近其臣與之同福○傳遠夷來佐○正義曰言不遠有佐是遠有佐遠人佐天子唯夷狄耳故知遠夷來佐之書敘言武王既勝殷西旅獻獒巢伯來朝魯語曰武王克商遂通道於九夷八蠻肅慎來賀是遠夷來佐之事不遐有佐爲遠夷則四方來賀爲諸夏民勞傳曰四方諸夏是也○箋武王至福祿○正義曰箋以不遐有佐順文自通不當反其言故易之武王既有萬年之壽不遠有輔佐之臣共蒙其福其封爲諸侯則與周升降其仕於王朝則繼世在位是其不與遠之引書曰公其以予萬億年者洛誥。云成王告周公言公與我身皆得萬億之年既引其文乃申其意言彼亦君臣同福祿故知此亦武王君臣同受。福矣

下武六章章四句

文王有聲繼伐也武王能廣文王之聲卒其伐功也繼伐者文王伐崇而武王伐紂疏文王有聲八章

章五句至伐功○正義曰經八章上四章言文王之事下四章言武王繼之是繼伐首章言文王有聲武王則道廣於文王是能廣文王令聞之聲二章言文王伐崇武王則伐紂以定天下是卒其伐功經雖無武王廣聲卒伐之事於理則有故序言亦以轉互相明也上四章言文王有令聞之聲成名之德作豐邑以追孝心同四方而正法度所爲不止於伐崇也下四章言武王君天下服四方定鎬京而成卜兆傳善謀以安後世所爲不止於伐紂唯以繼伐言之者以其所施之事皆伐之功故言繼伐以總之此篇八章其末俱言烝哉而四章言武。王。之謚四章言王后皇王作者變其文見其事有異上四章雖同是文王之事而首章二章言文王令聞成民受命伐罪是文王事之盛者故舉其義謚而稱文王三章言築城大小之事述其所從之言四章言作豐以王四方施化而爲法度比之前事爲不盛故不舉其謚而變言王后下四章雖同是武王之事五章六章言武王伐紂作邑定居四方歸服於武王之事爲不盛故不舉義謚比文王之事則益大故變言皇王七章言考卜而後居鎬京伐紂以成其占八章言重功業以爲大事傳順謀以安孫子除虐去殘詒訓後世是武王之事盛者故文舉其義謚而言武王文王之事則盛者居前不盛次之武王之事則不盛在先者見武王不盛之事盛於文王之盛者作者比其事之大小而爲之章次也

文王有聲遹駿有聲遹求厥寧遹觀厥成箋云遹述駿大求終觀多也文王有令聞之聲者乃述行有令聞之聲之道所致也所述者謂大王王季也又述行終其安民之道又述行多其成民之德言周德之世益盛○遹尹橘反又音述駿音峻觀古亂反註同聞音問本亦作問

文王烝哉烝君也箋云君哉者言其誠得人君之道○烝之丞反韓詩云美也

疏文王至烝哉○正義曰此文王乃有令聞之善聲所以有之者以文王從後仰而述行廣大其大王王季所有令聞之善聲所廣大者謂文王又述行終其大王王季安民之道又述行多其大王王季成民之德以此益盛而大有聲也此文王之德信得人君之道哉○箋遹述至益盛○正義曰遹述釋言文駿大求終觀多釋詁文孔子閒居曰三代之王必先其令聞

言有善事可以聞於外是爲有聲矣故爲有聲是令聞之聲言述行者是述先聞之辭故知謂述大王王季也聲聞則長之使大令爲己有故云遹駿有聲其安民成民則大王王季有此行但其事未終未多今文王則終之多之皆述行其道而增廣之耳○傳烝君○正義曰釋詁文

文王受命有此武功既伐于崇作邑于豐箋云武功謂伐四國及崇之功也作邑者徙都于豐以應天命○應應對之應文王烝哉

疏箋武功至天命○正義曰經別言既伐於崇則武功之言非獨伐崇而已受命之後所伐。邗者密須混夷之屬皆是也故云武功謂伐四國及崇之功也武功之中既兼伐崇而別言既伐於崇者以其功最大其伐最後故特言之爲作邑張本言功成乃作都也言應天命者天既命爲天子當立天子之居故言徙都於豐以應天命或以爲於豐得命故徙豐應之然則武王於盟津得命不可徙都入河乃遷都於鎬非得命之地矣

築城伊淢作豐伊匹匪棘其欲。遹追來孝淢成溝也匹配也箋云方十里曰成淢其溝也廣深各八尺棘急來勤也文王受命而猶不自足築豐邑之城大小適與成偶大於諸侯小於天子之制此非以急成從己之欲欲廣都邑乃述追王季勤孝之行進其業也○淢況域反成閒有淢字又作洫韓詩云洫深池亟居力反下亟同或作棘慾音欲本亦作欲廣古曠反深尸鴆反行下孟反王后烝哉后君也箋云變諡言王后者非其盛事不以義諡

疏築城至烝哉○正義曰上言作邑于豐此述作豐之制言文王與築豐邑之城維如一成之淢淢內之地其方十里文王作此豐邑維與相匹言大小正與成淢相配偶是大於諸侯小於天子之制所以纔得伐崇即作此邑者非以急從己之欲而廣此都邑乃述追王季勤孝之行思進其業故耳此王之爲人后也誠得人君之道哉○傳淢成溝○正義曰冬官匠人云井閒有溝成閒有淢溝是總名故云淢成溝謂十里成閒所有溝淢洫音同○箋方十里至其業○正義曰申傳淢。爲溝之義故云方十里曰成淢其溝也言每方十里之地其外有此溝謂之爲淢此淢廣八尺深八尺匠人云方十里爲成成閒廣八尺深八尺謂之

洫是其事也棘急釋言文禮記引此詩作匪革其猶革亦急也文王既已受命當爲天子其意以紂尚在猶不敢自足故築此豐邑之城大小適與賦法十里之成相匹偶是大於諸侯小於天子之制不以急從己之欲欲得廣此都邑乃述追王季勤孝之行以王季勤孝欲早成周道故已早建都邑以進其功業文王所述述大王以來此止言王季者以大王始有王迹勤行其道大王以前未有王迹不得言大王勤孝欲成父功故所追勤孝唯王季也春官典命云上公九命侯伯七命子男五命其國家宮室皆以命數爲節註云國家之所居謂城方也公之城蓋方九里侯伯之城蓋方七里子男之城蓋方五里坊記註云子男之城方五里此二註皆以公城方九里爲差則天子之城十二里矣故此十里爲小於天子也異義駮云鄭伯之城方五里又以侯伯爲五十里者鄭兩解故書傳云古者百里之國九里之城七十里之國五里之城五十里之國三里之城註云玄或疑焉周禮匠人營國方九里謂天子之城今大國九里則與之同然則大國七里之城次國五里之城小國三里之城爲近耳或者天子實十二里之城諸侯大國九里次國七里小國五里是鄭兩解之事也以匠人典命俱是正文故不敢執定典命註每言蓋匠人註云立王國若邦國者皆爲疑辭以見二塗之意也○傳后君○正義曰釋詁文箋以作文有體章類宜同今半諡半否故知變之有義以相比校無諡之章其事皆劣故言非其盛事不以義諡謂不以義理而言其諡也諡者行之成名總一身之美故事盛者稱之不盛者變名耳

王公伊濯維豐之垣四方攸同王后維翰

濯大翰幹也箋云公事也文王述行大王王季之王業其事益大作邑於豐城之既成又垣之立宮室乃爲天下所同心而歸之王后爲之幹者正其政教定其法度○濯直角反韓詩云美也垣音袁翰戶旦反徐音寒

王后烝哉

【疏正】王公至烝哉○正義曰既言築作豐城。欲又本之前世言此王述先王之業其事維益大矣即言大之狀維在豐城之內更築而垣牆之以立宮室而居焉乃爲天下四方之民所共同心而歸之其王君文王維乃爲之楨幹謂爲施法度以行之是王后誠得人君之道哉○傳濯大翰幹○

正義曰皆釋詁文○箋文王至法度○正義曰言王事伊大則從小至大非文王之事自爲大也上言遹追來孝此承其下故知是述大王王季之業其事益大上言築城作豐此言維豐之垣則是豐城之內別起垣也故云作邑於豐城之既成又垣之立宮室謂立天子之宮室宮室既定萬姓知有所歸故爲天下所同心而歸之幹者築牆所立之木幹與牆爲法故爲之幹者正其政教定其法度

豐水東注維禹之績四方攸同皇王維辟

績業皇大也箋云績功辟君也昔堯時洪水而豐水亦。汎濫爲害禹治之使入渭東注于河禹之功也文王武王今得作邑於其旁地爲天下所同心而歸大王爲之君乃由禹之功故引美之豐邑在豐水之西鎬京在豐水之東○辟音壁註及下皆同又音婢亦反法也氾芳劍反字亦作汎濫力暫反大王此及下言大者並如字

皇王烝哉

箋云變王后言大王者武王之事又益大

疏豐水至烝哉○正義曰上既言文王之事故武王繼之曰今豐水之得東流注渭入河者是禹之功業言禹決治之其傍得成平地也今文王得作邑於傍武王既成鎬京故爲天下四方所共同心歸之文王武王維於是爲之君而施化焉此大王誠得人君之道哉○傳績業○皇大○正義曰績業釋詁文又云皇君君君亦大之義故爲大○箋績功至之東○正義曰績功辟君亦釋詁文也功業大同耳據其力之所成則謂之功言其澤及於後則謂之業昭元年左傳劉定公見雒汭之水曰美哉禹之功也此亦見豐水而思禹故易傳以績爲功堯典曰湯湯洪水是堯時洪水此言豐水東注由禹之功故知豐水亦汎濫爲。之禹治之也汎濫謂汎長濫決平地有水也禹貢曰導渭自鳥鼠同穴東會于豐入于河是豐水入渭東注於河此章武王之事而并言文王作邑於其傍者以二邑皆在豐傍舉豐而言可以。兼及文王。欲連言之帝王世紀云豐鎬皆在長安之西南言豐邑在豐水之西鎬京在豐水之東以時驗而知之○箋變王至益大○正義曰此與下章俱言皇王而下有鎬京之事知此皇王爲武王也同不言謚而王后與皇王異文既人異而辭變故知爲武王之事又益大也此與上章皆言四方攸同而言益大者以文王亦武王故亦以四方言之

其實同歸之者少於武王也鎬京辟廱自西自東自南自北無思不服武王作邑於鎬京箋云自由也武王於鎬京行辟廱之禮自四方來觀者皆感化其德心無不歸服者皇王烝哉疏箋自由至服者○正義曰釋詁云由自也故自得為由也既言辟廱即云四方皆服明由在辟廱行禮見其行禮感其德化故無不歸服也辟廱之禮謂養老以教孝悌也考卜維王宅是鎬京維龜正之武王成之箋云考猶稽也宅居也稽疑之法必契灼龜而卜之武王卜居是鎬京之地龜則正之謂得吉兆武王遂居之脩三后之德以伐紂定天下成龜兆之占功莫大於此○挈苦計反本又作契或苦結反武王烝哉疏考卜至烝哉○正義曰言稽考其疑灼龜而卜之者維武王所疑而卜者其宅居於是鎬京之地維此所契之龜則出其吉兆以正定之言居此必吉故得天下武王則能成之伐紂以定天下成此龜兆之占是功之大美者此武王誠得人君之道哉○箋考猶至於此○正義曰以洪範有稽疑之言故云考猶稽也宅居釋言文以稽疑之法必契灼其龜而卜之正謂得吉兆龜正定其吉云此地可居卜兆言吉居之而得天下是成龜兆之占伐去虐紂身即王位功無大於此者伐紂為成龜兆之吉定本集注皆云功莫大是也義亦得通禮記引此詩彼註云武王築而成之與此異者引詩斷章多異於本此顧上下之文言武王烝哉是武王之盛事不宜直言其築作而已故以伐紂為成之豐水有芑武王豈不仕詒厥孫謀以燕翼子芑草也仕事燕安翼敬也箋云詒猶傳也孫順也豐水猶以其潤澤生草武王豈不以其功業為事乎以之為事故傳其所以順天下之謀以安其敬事之子孫謂使行之也書曰厥考翼其肯曰我有後弗弃基○芑音起詒以之反孫王申毛如字鄭音遜傳直專反下同武王烝哉。上言皇王而變言武王者皇大也始大其業至武王伐紂成之故言武王也疏豐水至烝哉○正義曰言豐水之傍有芑菜豐水是無情之物猶以潤澤而生菜為己事況武王豈不以功業為事乎言實以功業為事思得澤及後人故遺傳其所以順天下之謀以安敬事之子孫言武王能。得順天下功被來世後人敬其事者則得行之乃安是武王之道令得長世武王誠得爲人君之道哉○傳燕安翼敬○正義曰燕禮所以安賓故燕爲安也翼敬釋詁文○箋詒猶至弃基○正義曰詒訓遺即流傳之義故詒猶傳也傳其順天下之謀者謂聖人所謀之事行之則必順天下之心安其敬事之子孫言子孫敬事能遵用其道則得安也必言敬事者若子孫不敬則不能行之不能行則不得安故安敬並言之引書曰者大誥文彼上文以堂屋耕播爲喻言父爲之於前子不循於後其父則嫌責之此假言其父之辭彼注云其父敬職之人其肯曰我有後子孫不廢弃我基業乎引此明後人須因前基故云傳謀以安。彼後證翼爲敬彼言父敬此言子孫明敬事者乃能不弃基故引而反以相明

文王有聲八章章五句

文王之什十篇六十六章四百一十四句

附釋音毛詩注疏卷第十六（十六之五）

珍倣宋版印

毛詩注疏校勘記（十六之五）

阮元撰盧宣旬摘錄

○靈臺

而民樂有其神靈之德 閩本明監本毛本同案有其當倒

故其說多異義公羊說是也 閩本明監本毛本同案義上浦鏜云當脱一異字

取辟有德 閩本明監本毛本同案辟當作璧

不言辟水言辟水言辟廱者也 閩本明監本毛本不重言辟三字案所刪是也此十行本複衍

說各有以無以正之 閩本明監本毛本脫有以二字案說各有以句絶

圜之以水似辟 閩本明監本毛本辟作璧案所改是也

袁準正論云 毛本準誤淮閩本明監本不誤○按舊書準多作准

所以法大道順時政 閩本明監本毛本大作天案所改是也

度始靈臺之基趾 相臺本同閩本明監本毛本同小字本趾作止下同案止字是也止趾古今字正義中字作趾乃易而說之之例不當依以改箋也基止又見抑箋

始度靈臺之基趾也 閩本明監本毛本同案始度當倒

論思也小字本相臺本同案正義云定本及集注鏞大鐘之下云論思也則其義不得同鄭也釋文云論音盧門反思也一云鄭音倫下同是釋文本亦有段玉裁云論者侖之假借字也說文亼部曰侖思也侖部曰侖理也

義俱在箋閩本明監本毛本同案浦鏜云具誤俱是也

目有眸補釋文校勘記通志本同盧本眸作眹云今從浦校案考周禮釋文則浦校是也

月令季夏閩本明監本毛本同案十行本有釋文八字錯入季字下誤今改正

漁師取漁之官閩本同明監本毛本漁作魚案所改是也

今合樂鼉魚甲是也閩本明監本毛本同案樂當作藥頍弁正義引今合藥兔絲子是也可作陸疏有合藥語之證

無目眹謂之瞽明監本眹誤盻閩本毛本不誤下同○按正義朕作联

外傳稱矇誦瞽賦閩本明監本毛本同案浦鏜云瞍誤瞽以周語考之浦校是也

○下武

著其功也大閩本明監本毛本也作之案所改是也

此三后既沒登遐小字本相臺本同考文古本同閩本明監本毛本遐作假案釋文云假音遐本或作遐正義本是遐字故引禮記亦順經文作遐也作假者依釋文改耳

昭茲來許 唐石經小字本相臺本同案九經古義依東觀漢記引許作御疑作許是傳寫之誤詩經小學云廣雅許進也本此傳則毛詩本作許作御者蓋三家詩

戒慎其祖考所履踐之迹 相臺本同閩本明監本毛本同小字本履踐作踐履案踐履是也正義云戒慎祖考踐履之迹可證

洛誥云 閩本明監本毛本同案浦鏜云文誤云是也

同受福矣 閩本明監本毛本無受字福下有祿字案此當作同受福祿矣

○文王有聲

而四章言武王之諡 閩本明監本毛本同案浦鏜云武王當文武誤是也

文王烝哉 小字本相臺本同唐石經初刻文誤武後改正

邘者密須混夷之屬 明監本毛本邘誤邦閩本不誤○案此邗亦邘之誤詳皇矣

匪棘其欲 唐石經小字本相臺本同案釋文云匪亟或作棘正義云棘急釋言文是其本作棘

申傳淢爲溝之義 明監本毛本爲下有成字閩本剜入案所補非也爲當作成字耳

欲又本之前世 閩本明監本毛本同案欲當作故

而豐水亦汎濫爲害 閩本明監本毛本同小字本相臺本汎作氾考文古本同案釋文云氾字亦作汎考說文汎浮貌氾濫也當作

氾者爲是也正義中字作汎與亦作本同

故知豐水亦汎濫爲之　閩本明監本毛本同案浦鏜云害誤之是也

可以兼及文王欲連言之　閩本明監本毛本兼誤幷案欲當作故

謂養老以教孝悌也　閩本明監本毛本悌誤弟案悌是正義所用今字

上言皇王　小字本相臺本同閩本首有傳字明監本毛本首有箋字案此當脫箋云二字也上箋變謚而言王后者變王后而言大王者與此

箋上言皇王而變言武王者相承而下屬之傳者誤也

言武王能得順天下　閩本明監本毛本同案得當作傳

故云傳謀以安彼後　閩本明監本毛本同案彼當作敬

附釋音毛詩注疏卷第十七（十七之一）

生民之什詁訓傳第二十四 陸曰自生民至卷阿八篇成王周公之正大雅

毛詩大雅　　鄭氏箋　　孔穎達疏

生民尊祖也后稷生於姜嫄文武之功起於后稷故推以配天焉○嫄音原姜姓嫄名有邰氏之女帝嚳元妃后稷母也○疏生民八章首章十句二章三章八句四章五章十句六章八句七章十句卒章八句至配天焉○正義曰作生民詩者言尊祖也序又言尊祖之意以后稷生於姜嫄而來其文王受命武王除亂以定天下之功其兆本起由於后稷及周公成王致太平制禮以王功起於后稷故推舉之以配天謂配夏正郊天焉祭天而以祖配祭者天無形象推人道以事之當得人爲之主禮記稱萬物本於天人本於祖俱爲其本可以相配是故王者皆以祖配天是同祖於天故爲尊也祖之定名父之父耳但祖者始也己所從始也自父之父以上皆得稱焉此后稷之於成王乃十七世祖也不言姜嫄生后稷者經稱厥初生民時維姜嫄是據后稷本之姜嫄故序亦順經而爲文也言文武之功起於后稷者周語云后稷勤周十五世而興是后稷勤行功業爲周室開基也中候稷起註云堯受河圖洛書后稷有名錄苗裔當王是后稷子孫當王名見圖書也文既因之武亦因之故并言文武之功起於后稷也經八章上三章言后稷生之所由顯異之事是后稷生於姜嫄也下五章言后稷長而有功見其得以配天之意其言推以配天結上尊祖之言於經無所當也

厥初生民時維姜嫄生民本后稷也姜姓也后稷之母配高辛氏帝焉箋云厥其初始時是也言周之始祖其生之者是姜嫄也姜姓者炎帝之後有女名嫄當堯之時爲高辛氏之世妃本后稷之初生故謂之生民生民如何克禋克祀以弗無子禋敬弗去也去

無子求有子古者必立郊禖焉玄鳥至之日以大牢祠于郊禖天子親往后妃率九嬪御乃禮天子所御帶以弓韣授以弓矢于郊禖之前箋云克能也弗之言祓也姜嫄之生后稷如何乎乃禋祀上帝於郊禖以祓除其無子之疾而得其福也能者言齊肅當神明意也二王之後得用天子之禮○禋音因嬪婢人反韣音獨弓衣祓音拂又音廢下同齊側皆反本亦作齋篇末齊敬同

履帝武敏歆攸介攸止載震載夙載生載育時維后稷

履踐也帝高辛氏之帝也武迹敏疾也從於帝而見于天將事齊敏也歆饗介大也止福祿所止也震動夙早育長也后稷播百穀以利民箋云帝上帝也敏拇也介左右也夙之言肅也祀郊禖之時時則有大神之迹姜嫄履之足不能滿履其拇指之處心體歆歆然其左右所止住如有人道感己者也於是遂有身而肅戒不復御後則生子而養長名之曰弃舜臣堯而舉之是爲后稷○敏密謹反歆許金反介音戒震真慎反見賢遍反齊敏側皆反又如字

【疏】厥初至后稷○毛以爲本其初生此民者誰生之乎是維姜嫄言有女姓姜名嫄生此民也既言姜嫄生民又問民生之狀言姜嫄之生此民如之何以得生之乎乃由姜嫄能禋敬能恭祀於郊禖之神以除去無子之疾故生之也禋祀郊禖之時其夫高辛氏帝率與俱行姜嫄隨帝之後踐履帝迹行事敬而敏疾故爲神歆饗神既饗其祭則愛而祐之於是爲天神所美大爲福祿所依止卽得懷任則震動而有身祭則蒙祐獲福之夙早終人道則生之既生之則長養之及成人有德爲舜所舉用播種百穀以利益下民維爲后稷矣本本其初生故謂之生民民則人所不識后稷是顯見之號故言是維后稷以結之○鄭唯履帝以下三句爲異其首尾則同言當祀郊禖之時有上帝大神之迹姜嫄因祭見之遂履此帝迹拇指之處而足不能滿時卽心體歆歆如有物所在身之左右所止住於身中如有人道精氣之感己者也於是則震動而有身則肅戒不復御餘同○傳生民至帝焉○正義曰此章首言生民卽后稷也后稷而謂之民者本其初生而未有貴位生與民同以民言之故云生民本后稷也晉語云黃帝以姬水成炎帝以姜水成成而異德故黃帝爲姬炎

帝爲姜是姜者炎帝之姓故云姜姓也言后稷之母配高辛氏帝謂爲帝嚳之妃與嚳相配而生此后稷以后稷爲嚳之子也張晏曰高辛所興地名嚳以字爲號上古質故也大戴禮帝繫篇帝嚳卜其四妃之子皆有天下上妃有邰氏之女曰姜嫄而生后稷次妃有娀氏之女曰簡狄而生契次妃陳鋒氏之女曰慶都生帝堯下妃娵訾之女曰常儀生摯以堯與契俱爲嚳子家語世本其文亦然故毛爲此傳及玄鳥之傳司馬遷爲五帝本紀皆依用焉其後劉歆班固賈逵馬融服虔王肅皇甫謐等皆以爲然然則堯爲聖君契爲賢弟在位七十載而不能用必待舜乃舉之者聖人顯仁藏用匿迹隱端雖則自知故不委任待衆舉而後用見取人之大法耳若稷契堯之親弟當生在堯立之前比至堯崩百餘歲矣堯崩之後仍爲舜所勅用者以其並是上智壽或過人不可以凡人促齡而怪彼永命也若稷契即是嚳子則未嘗隔世左傳之說八元云世濟其美者正以能承父業即稱爲世不要歷數世也其緯候之書及春秋命歷序言五帝傳世之事爲毛說者皆所不信○箋厥其至生民○正義曰厥其釋言文初始釋詁文周始祖后稷也周以后稷爲始祖文王爲太祖雍禘太祖謂文王也后稷以初始感生謂之始祖又以祖之尊大亦謂之太祖周語曰我太祖后稷之所經緯是也若文王以受命之大唯得稱太祖不得言始祖也箋必名此經之民爲始祖者以人之爲人皆有始生之時如此詩言初生欲明自此已前未有周家種類周之上元始生於此故言周之始祖解其言厥初之意也以炎帝姓姜故知姜嫄是炎帝之後姓姜而以嫄配之故知有女名嫄婦人不以名行此嫄或當是字但五帝時質未必有名字之別故以名言之鄭信讖緯以命歷序云少昊傳八世顓頊傳九世帝嚳傳十世則堯非嚳子稷年又小於堯則姜嫄不得爲帝嚳之妃故云當堯之時爲高辛氏之世妃謂爲其後世子孫之妃也人世短長無定於是時書又散亡未知其爲幾世故直以世言之其大戴禮史記諸書皆鄭所不信張融云稷契年稚於堯堯不與嚳並處帝位則稷契焉得爲嚳子乎若使稷契必嚳子如史記是堯之兄弟也堯有賢弟七十不用須舜舉之此不然明矣詩之雅頌姜嫄履迹而生爲周始祖有娀以玄鳥生

商而契爲玄王卽如毛傳史記之說嚳爲稷契之父帝嚳聖夫姜嫄正妃配合生子人之常道則詩何故但歎其母不美其父而云赫赫姜嫄其德不回上帝是依是生后稷周魯何殊特立姜嫄之廟乎融之此言蓋得鄭旨但以姜嫄爲世妃則於左傳世濟之文復協故易傳不以爲高辛之妃也○傳禋敬至之前○正義曰釋詁云禋祭也則禋是祭之名又云禋敬也義得相通且祭必致敬故以禋爲敬也大宗伯云禋祀昊天上帝註云禋之言煙周人尙臭煙氣之臭聞者也則鄭以禋者唯祭天之名故書稱禋于六宗鄭皆以爲天神經傳之中亦非祭天而稱禋祀者諸儒遂以禋爲祭之通名王肅云外傳曰精意以享曰禋禋非燔燎之謂也袁準曰禋者煙氣煙熅也天之體遠不可得就聖人思盡其心而不知所由故因煙氣之上以致其誠故外傳曰精意以享禋此之謂也準又稱難者曰禋於文王何也曰夫名有轉相因者周禮云禋祀上帝辨其本言煙熅之禮也書曰禋于文武者取其辨精意以享也先儒云凡絜祀曰禋若絜祀爲禋不宜別六宗與山川也凡祭祀無不絜而不可謂皆精然則精意以享宜施燔燎精誠以假煙氣之升以達其誠故也切以準言爲然鄭於尙書以文武於明堂配五帝故亦以禋稱禋是禋名唯施於祭天也傳於此下卽說郊禖之祀郊必祭天則毛亦以此禋爲祭天其餘書傳言禋者則未知毛意與誰同也弗訓爲去心所不欲卽當去之故以弗去謂去無子以求有子也經言禋祀未知所祀之神故云古者必立郊禖焉言此祀祀郊禖也知者以婦人無外事不因求子之祭無有出國之理又禋祀以求子唯禖爲然故知禋祀是祀禖也旣言所祀之神因言其祭之禮自玄鳥至之日以下皆月令文所異者唯彼郊作高耳玄鳥燕也燕至在春分二月之中燕以此時感陽氣來集人堂宇其來主爲產乳蕃滋故王者重其初至之日用牛羊豕之太牢祀於郊禖之神蓋祭天而以先禖者配之變。禖言禖者神之也其祭之時天子親自身往敬其事故親祭之於時后妃率九嬪從之而往侍御於祭焉天子內官有后也夫人也嬪也世婦也女御也而獨言九嬪者以后是內官之主須后妃率之五等則九嬪居中舉中而言明百二十人皆往也未有孕而往者求其早有孕也內官百二十人周之制也高辛之時未有此數因禮之成文而引之耳於祀之時乃以醴酒禮天子所御謂已被幸有娠者也使太祝酌酒飲之於郊禖之庭以神之惠光顯之也既飲之酒又帶以弓之韣衣授以弓矢使執之於郊禖之前弓矢者男子之事使之帶弓衣執弓矢冀其所生爲男也鄭於月令之註其意則然唯高禖異耳故鄭註云高辛氏之世玄鳥遺卵娀簡狄吞之而生契後王以爲禖官嘉祥而立其祀焉以爲由高辛有嘉祥故稱高禖蔡邕月令章句云高禖祀名高猶尊也禖猶媒也吉事先見之象謂之人先毛於此及玄鳥傳皆依作郊禖則讀高爲郊下傳云從於帝而見於天則此祭爲祭天不祭人先也於郊故謂之郊不由高辛亦不以高爲尊也郊天用特牲而此祭天用太牢者以兼祭先禖之神異於常郊故也鄭於此箋亦云禋祀上帝於郊禖則后稷未生之前已有郊禖之祀矣而月令註以爲簡狄吞鳦卵生契後王以爲嘉祥而立其祀又以契之後王始立此祀二義不同者鄭。記王權有此問焦喬答云先契之時必自有禖氏祓除之祀位在南郊蓋以玄鳥至之日祀之矣然得禋祀乃於上帝也娀簡吞鳦有子之後後王以爲媒官嘉祥祀之以配帝謂之高媒毛傳亦云郊禖者以古自有於郊克禋之義又據禮之成文耳祀天而以先禖配之義如后土祀以爲社此是鄭沖弟子爲說以申鄭義其意言高辛已前祭天於郊亦以先禖配之謂之郊禖至高辛之世以有吞鳦之事以爲禖之嘉祥又以高辛之世禖配此祭故改之而爲高禖故此箋從傳爲郊祀禮解其高義後王以爲媒官嘉祥而立其祀謂立禖以配郊非謂立郊求子始於後王鄭意或當然也如此爲說可得合詩禮二註耳然禮註爲高辛之世者謂高辛之後世子孫猶號高辛其時簡狄吞鳦卵生契如此得與稷同時爲堯臣耳○箋克能至之禮○正義曰克能釋言文釋詁云祓福也孫炎曰祓除之福福周語云祓除其心女巫云祓除釁浴左傳祓社釁鼓檀弓云巫先祓柩皆祓除凶惡義取祓去故云弗之言祓也禋祀上帝於郊禖祓除其無子之疾以得其福雖解弗字爲異與傳去無子之意亦同也非天子不得祭天此姜嫄是爲高辛氏後世之妃則其夫不爲天子所以得祈郊禖祭天神故解之云二王之後得用天子之禮故也王者存先代所以通天三統使得行其正朔用天子之禮故禮運曰杞之郊也禹宋之郊也契是二王之後得祭天也下言后稷功成乃封之於邰則此時必有國矣未知其國之名所在之地耳○傳履踐至利民○正義曰諸書傳言姜嫄履大迹生稷簡狄吞鳦卵生契者皆毛所不信故以帝爲高辛氏帝蓋以二章卒章皆言上帝此獨言帝不言上故以爲高辛氏帝也釋訓云履帝武迹也敏拇也傳既依爾雅以武爲迹而不以敏爲拇者毛意蓋謂爾雅不可盡從故也心識速疾謂之敏故訓敏爲疾又解姜嫄得踐帝之迹所由以高辛之帝親行禋祀姜嫄從於帝而往見於天故行在後而踐帝之迹從帝見天即上傳所云后妃率九嬪御是也踐迹者直謂隨後行耳非必以足躡其踐地之處也將事齊敏者將行也謂行祀天之事齊敬而速疾也鬼神食氣謂之歆故以歆爲饗謂祭而神饗之也介大釋詁文福祿所止謂止於姜嫄使之早有子也震動夙早育長皆釋詁文動謂懷任而身動也昭元年左傳曰邑姜方震大叔哀元年左傳曰后緡方震皆謂有身爲震也早者言其得福之早得福乃有身早文應在震上今在下者見有身而始知得福故先震後夙且以爲韻故姜嫄之配高辛亦應久矣未必生稷之歲始來配之若前已禋祀此年始震則是得福之晚矣而言早者作者因事而言以祈即有子故繼祈爲早耳又解此人其名曰棄所以謂之后稷者以其身爲稷官能種百穀以利民故以后稷稱之周本紀云堯舉棄爲農師天下得其利堯典云帝曰弃黎民阻飢汝后稷播時百穀是其利民之事也○箋帝上帝至后稷○正義曰鄭以此及玄鳥是說稷以迹生契以卵生之經文也河圖曰姜嫄履大人迹生后稷中候稷起云蒼耀稷生感迹昌契握云玄鳥翔水遺卵流娀簡吞之生契封商苗興云契之卵生稷之迹乳史記周本紀云姜嫄出野見巨人迹心忻然悅欲踐之踐之而身動如孕者及朞而生棄殷本紀云簡狄行浴見玄鳥墮其卵簡狄取吞之因孕生契是稷以迹生契以卵生之說也又閟宮云赫赫姜嫄其德不回上帝是依言上帝依姜嫄以生后稷故以帝爲上帝且鄭以姜嫄非高辛之妃自然不得以帝爲高辛帝矣此上帝即蒼帝靈威仰也長發箋云帝黑帝此不言蒼帝者彼以下

有玄王故言黑帝此下有上帝故言上帝各隨經勢而爲文也爾雅引此釋之而以敏爲拇指故依用之云敏拇也孫炎曰拇迹大指處釋詁。文介右也郭璞曰相佑助也孫炎曰介者相助之義如人之左右手故以介爲左右也傳以夙爲早震後言早於事不次故轉之云夙之言肅自肅戒也以緯候及史記諸文故知祀郊禖之時則有大神之迹姜嫄履之也履神之迹直言武足矣而復言拇是先履其跟之迹又移足以就拇既言大迹明不能滿故云足不能滿履其拇指之處履拇之下而卽言歆故知心體歆歆然意動之狀也左右所止住如有人道感己者謂如人夫妻交接之道檀弓曰寡婦不夜哭注云嫌思人道亦謂此也於是遂有身肅戒不復御解載震載夙也大明曰大任有身是。爲震爲有身靜女傳曰生子月辰以金環退之婦人有娠則禮當不御故所以自肅戒也後則生子而長養之解載生載育也周本紀云棄之隘巷寒冰後收養之初欲棄之因名曰棄堯典云帝曰弃是名之曰棄文十八年左傳曰高辛氏有才子八人堯不能舉舜臣堯而舉之使布五教於四方堯典注云舉八元使布五教契在八元中稷亦高辛氏之後自然在八元中矣故知舜臣堯而舉之堯典注又云堯初天官爲稷舜登用之年舉棄爲之故云是爲后稷鄭志趙商問此箋云帝上帝又云當堯之時姜嫄爲高辛氏世妃意以爲非帝嚳之妃史記嚳以姜嫄爲妃是生后稷明文皎然又毛亦云高辛氏帝苟信先籍未覺其偏隱是以敢問易毛之義答曰卽姜嫄誠帝嚳之妃履大人之迹而歆歆然是非眞意矣乃有神氣故意歆歆然天下之事以前驗後其不合者何可悉信是故悉信亦非不信亦非稷稚於堯堯見爲天子高辛與堯並在天子位乎是箋易傳之意也

誕彌厥月先生如達誕大彌終。達生也。姜嫄之子先生者也箋云達羊子也大矣后稷之在其母終人道十月而生生如達之生言易也○彌面支反達他末反註同說文云小羊也沈云毛如字易以豉反下同**不拆不副無菑無害**言易也凡人在母母則病生則拆副菑害其母橫逆人道○拆勑宅反副孚逼反說文云分也字林云判也匹亦反菑音災註同**以赫厥靈上帝不寧不康禋**

祀居然生子赫顯也不寧寧也不康康也箋云康寧皆安也姜嫄以赫然顯著之徵其有神靈審矣此乃天帝之氣也心猶不安之又不安徒以禋祀而無人道居默然自生子懼時人不信也【疏】誕彌至生子○毛以爲上言得福有子此言其生之易言可美大矣○姜嫄之孕后稷終其孕之月而生之婦人之生首子其產多難此后稷雖是最先生者其生之易如達之生然羊子以生之易故比之也其生之時不拆劃不副裂其母故其母無災殃無患害以此故可美大也天既祐令有身又使之生易是天意以此顯明其有神靈也上天之意豈不降福而安之乎言上天誠降福而安之使母之無病苦子得易生是天安之也姜嫄之身豈不見安於禋祀乎言姜嫄實見安於禋祀祈則有子生之又易是爲禋祀所安也由爲禋祀所安故得居處怡然無病而生子也○鄭唯下四句爲異言姜嫄履迹有身其生又易以此赫然顯著之徵其有神靈審也此乃上帝精氣姜嫄心不自安以天人道隔而人生天胤故心不自安也非徒生天之胤心不自安又不安其徒禋祀神明無人道交接居處默然而生此子以無夫而生又懼時人不信當棄而異之使人知其異故下所以棄之也○傳誕大至生者○正義曰誕大釋詁文彌終釋言文達生者言其生易如達羊之生但傳文略耳非訓達爲生也又解言先生之意以人之產子先生者多難此后稷是姜嫄之子最先生者應難而今易故言先生以美之此主言后稷是姜嫄首子而已后稷有同母弟妹以否書亦無文焉○箋達羊至言易○正義曰說文云達小羊也從羊大聲薛琮答韋昭曰羊子初生達小名羔未成羊曰羍大曰羊長幼之異名以羊子初生之易故以比后稷生之易也大戴禮及春秋元命包皆云人十月而生周本紀云姜嫄踐巨人迹身動如孕者及朞而生子則終一年矣此言終月必終人之常月馬遷之言未可信也○傳言易至人道○正義曰經之所言皆說其生之易故云言易也以總解一經又解易生所以爲美者以凡常之人在母腹則病其生則又坼堛災害其母以橫逆人道今后稷之生能無坼堛災害故美之也晉語云文王在母不憂是謂未生爲在母坼堛皆裂也禮記曰爲天子削瓜者堛之是堛爲裂也坼堛災害其母皆謂

當產之時閟宮云無災無害彌月不遲亦謂生時無災害故彼箋引此解之明其同也然則此經止言生易不言在母病傳言凡人在母母則病者因其生之易從在母而本之見凡人之生不如后稷所以爲美耳橫逆人道謂不由人所生之道也史記楚世家云陸終娶於鬼方氏曰女潰孕三年不乳乃剖其左脇獲三人焉剖其右脇獲三人焉帝王世紀云簡狄剖背生契如此之類是橫逆人道也若然契亦大賢剖背而出則坼堛災害不爲惡矣此美其無災害者人之賢愚不由母生之難易要人情皆欲其易不欲其難因見稷之生。由言之以爲美耳晉語曰大任娠文王不變少溲於。家牢而得文王不加病焉亦美文王生易與此同矣此言橫逆人道謂人所生之道上箋云終人道者謂人在母腹之道如有人道感己者謂人交接之人道人道之言雖同三者皆小別耳○傳赫顯至康也○正義曰以赫是明貌故爲顯也天實降福以安后稷美姜嫄實爲因禋祀所安而經乃言不寧不康故皆反其言也王肅云天以是顯著后稷之神靈降福而安之言姜嫄可謂禋祀所安無疾而生子○箋康寧至不信○正義曰康寧皆安釋詁文箋以此章上四。章言后稷之生下章言其弃之此經四句文在既生之後弃之上則是說其弃子之意爲下章張本故易傳也履大迹而有身不由夫而生子是有顯著之徵也既見如此徵驗知其實有神靈故云姜嫄以赫然顯著之徵其有神靈審矣言姜嫄自知此子審是神靈所生也又解上帝不寧之意祀天而見大人迹履之如有感己此感之者乃是天帝之氣人不當共天交接今乃與天生子子雖生訖其心猶不安之也上帝不寧者爲生天之胤故不安不康禋祀者懼時人不信故不安也以此故再言不安徒禋祀而無人道空祀神明而無人道以交接故居位默然而得生子懼時人不信其然或得無疑其犯禮奸淫而有此胤以此又復不安姜嫄既有此事不安欲望衆言。故棄之以顯其異使衆人知之也異義詩齊魯韓春秋公羊說聖人皆無父感天而生左氏說聖人皆有父謹案堯典以親九族卽堯母慶都感赤龍而生堯堯安得九族而親之禮讖云唐五廟知不感天而生玄之聞也諸言感生得無父有父則不感生此皆偏見之說也商頌曰天命玄鳥降而生商謂娀簡吞䲦子生契是聖人感。見於經之明文劉媼是漢太上皇之妻感赤龍而生高祖是非有父感神而生者也且夫蒲盧之氣嫗煦桑蟲成爲己子況乎天氣因人之精就而神之反不使子賢聖乎是則然矣又何多怪如鄭此言天氣因人之精使之賢聖則天氣不獨生人此姜嫄得無人道而生子者言非一端也彼以古今異說言感生則不得有父有父則不得感生偏執一見理未弘通故鄭引蒲盧爲喻以證有父得感生耳。必由父也所引吞䲦生契即是不由父矣又何怪於后稷也稷契等雖感天氣母實有夫則亦爲有父繼父爲親故稱嚳之冑唐堯之親九族立五廟亦猶此也稷契俱是感生。契稷不棄契者人之意異耳或者簡狄雖則吞䲦仍御於夫其心自安故不棄之耳馬融之說此詩則異於是矣故云仍御於夫王肅引馬融曰帝嚳有四妃上妃姜嫄生后稷次妃簡狄生契次妃陳鋒生帝堯次妃娵訾生帝摯摯最長次堯次契下妃三人皆已生子上妃姜嫄未有子故禋祀求子上帝大安其祭祀而與之子任身之月帝嚳崩摯即位而崩帝堯即位帝嚳崩後十月而后稷生蓋遺腹子也雖爲天所安然寡居而生子爲衆所疑不可申說姜嫄知后稷之神奇必不可害故欲棄之以著其神因以自明堯亦知其然故聽姜嫄棄之肅以融言爲然又其奏云稷契之興自以積德累功於民事不以大迹與燕卵也且不夫而育乃載籍之所以爲妖宗周之所喪滅其意不信履大迹之事而又不能申棄之意故以爲遺腹子姜嫄避嫌而棄之王基駮之曰凡人有遺體猶不以爲嫌況於帝嚳聖主姜嫄賢妃反當嫌於遭喪之月便犯禮哉人情不然一也就如融言審是帝嚳之子凡聖主賢妃生子未必皆賢聖能爲神明所祐堯有丹朱舜有商均文王有管蔡姜嫄御於帝嚳而有身何以知其特有神奇而置之於寒冰乎假令鳥不覆翼終疑逾甚則后稷爲無父之子嚳有淫昏之妃姜嫄有汚辱之毁當何以自明哉本欲避嫌嫌又甚焉不然二也又世本云帝嚳卜其四妃之子皆有天下若如融言任身之月而帝嚳崩姜嫄尚未知有身帝嚳焉得知而卜之苟非其理前却縈礙義不得通不然三也不夫而育載籍之所以爲妖宗周之所以喪滅誠如肅言神靈尚能令二龍生妖女以滅幽王天帝反當不能以精氣育聖子以興帝王也此適所以明有感生之事非所以爲難肅信二龍實生褒姒不信天帝能生后稷是謂上帝但能作妖不能爲嘉祥長於爲惡短於爲善肅之乖戾此尤甚焉馬昭曰稷奇見於既棄之後未棄之前用何知焉孫毓云天道徵祥古今有之皆依人道而有靈助劉媼之任高祖著有雲龍之怪褒姒之生由於玄黿之妖巨迹之感何獨不然而謂自履其夫帝嚳之迹何足異而神之乃敢棄隘巷寒冰有覆翼之應乎而王傳云知其神奇不可得害以何爲徵也且匹夫凡民遺腹生子古今有之嚳崩之月而當疑爲奸非夫有識者之所能言也鄭說爲長羣賢以鄭爲長長則信矣所言王短短猶未悉何則馬王之立說自云述毛其言遺腹寡居必謂得毛深旨案下傳曰天生后稷異之於人欲以顯其靈帝不順天是不明也故承天意而異之於天下是言天異后稷於人帝又承天之意所以棄而異之明示天下安有遺腹寡居之事乎即由天異而棄之何須要在寡居若以寡居爲嫌何以必知其異若使無異可棄竟當何以自明又上傳云帝高辛氏下傳云帝不順天則帝亦高辛之帝安得謂之堯也五章傳云堯見天因邰而生后稷。因之曰堯不名。高。辛益知此帝不爲堯也何以堯知其然聽姜嫄棄之且馬王之說姜嫄爲。辛之正妃其於帝堯則君母也比之後世則太后也以太后之尊欲棄己子足以自專不假堯命何云聽棄之也又堯爲人兄聽母棄弟縱其安忍之心殘其聖父之胤不慈不孝亦不是過豈有欽明之后用心若此哉若以堯知其神故爲顯異則堯之知稷之甚矣初生以知其神纔長應授之以位何當七十餘載莫之收采自有聖弟不欲明揚虞舜登庸方始舉任。雖帝難之豈其若此故知王氏之說進退多尤所言遺腹非毛旨矣其解文義傳意或然故采其釋經之辭遺其寡居之說

誕寘之隘巷牛羊腓字之 誕大寘置腓辟字愛也天生后稷異之於人欲以顯其靈也帝不順天是不明也故承天意而異之於天下箋云天異之故姜嫄置后稷於牛羊之徑亦所以異之○寘之豉反下同隘於懈反巷戶降反腓符非反避也

誕寘之平林會伐平林 牛羊而辟人者理也置之平林又爲人所收取之

誕寘之寒冰鳥

覆翼之大鳥來一翼覆之一翼藉之人而收取之又其理也故置之於寒冰○藉在夜反鳥乃去矣后稷呱矣於是知有天異往取之矣后稷呱呱然而泣○呱音孤泣聲也尚書云啓呱呱而泣是也

【疏】誕寘至呱矣○正義曰上言后稷之生此言棄稷之事言可美大矣棄此后稷置之於狹隘巷中牛羊共避而憐愛之嬰兒未有所知當爲牛羊所踐今乃避而愛之之故可美大矣以牛羊避人理之常也又置之平林可美大矣又棄此后稷置之平地林木之中會值有人往伐平林伐木之人見而收取之嬰兒之在林野當爲鳥獸所害乃值人收取是可美大矣又以人之取人乃是常理復置之寒冰可美大矣復棄后稷朝旦於寒冰之上有鳥以翼覆以翼藉之鳥非人類而覆藉人是可美大矣既知有神人往收取鳥乃飛去矣后稷遂呱呱然而泣矣此其有神靈之驗也○傳字愛至天下○正義曰易屯卦云女子貞不字十年乃字是字爲愛之義也知天生后稷異之於人者若其不異不應棄之異之於人謂有奇表異相若孔子之河目海口文王之四乳龍顔之類但書傳不言后稷異狀無得而知之耳言帝嚳若不順天意以顯之則是爲不明則棄之者帝意也以此傳觀之則后稷之生嚳尚存矣不得爲遺腹矣○箋天異至異之○正義曰箋以履迹而得后稷雖與傳禋祀得之不同其於異而顯之意亦一也故乘傳而釋之也天降精氣以生后稷本欲異之故姜嫄置后稷於牛羊之徑亦以異之亦者亦天也○鄭以姜嫄非帝嚳之妃其棄后稷出姜嫄之意故言姜嫄也步道曰徑以經稱隘巷故以徑言之此詩之意欲顯其異而棄之周本紀以爲不祥故棄之謬矣○傳大鳥至藉之○正義曰以翼能覆藉嬰兒故知大鳥也以經翼在覆下則上覆下翼明非一翼耳人體忌寒近冰尤甚既奇而覆之明亦愛而藉之故知一翼覆之一翼藉之經因鳥有二翼互其文以見此意耳姜嫄以玄鳥至月而禋祀在母十月而生稷其生正當冰月故得棄之冰也

實覃實訏厥聲載路誕實匍匐克岐克嶷以就口食覃長訏大路大也岐知意也嶷識也箋云實之言適也覃謂始能坐也訏謂張口嗚呼也是時聲音則已大矣能匍匐則

岐岐然意有所知也其貌嶷嶷然有所識別也以此至于能就衆人口自食謂六七歲時○覃徒南反本或作譚訏況于反匍音蒲又音符本亦作扶匐蒲北反又音服本亦作服岐其宜反嶷魚極反說文作嶷云小兒有知長張丈反或如字別彼列反蓺之荏菽荏菽旆旆禾役穟穟麻麥幪幪瓜瓞唪唪荏菽戎也旆旆然長也役列也穟穟苗好美也幪幪然茂盛也唪唪然多實也箋云蓺樹也戎菽大豆也就口食之時則有種殖之志言天性也○蓺魚世反荏而甚反叔或作菽音同郭璞云今胡豆是旆蒲具反穟音遂幪莫孔反瓞田節反唪布孔反徐又薄孔反長如字又張丈反

【疏】實覃至唪唪○毛以爲上既言收取后稷此說其長養之事言后稷實以漸大言差大於呱呱之時也於是之時其口出音聲則已大矣不復如呱呱時而已又歎之言后稷可美大矣實始匍匐之時已能意有所知岐岐然又能貌有所識嶷嶷然以漸有智慧能就人之口取食而啖之纔始能食卽有種殖之志所種蓺之者是荏菽也此荏菽乃旆旆然長大種禾則使有行列其苗則穟穟然美好所種之麻麥則幪幪然茂盛所種之瓜瓞其實則唪唪然衆多是其本有天性種則美好於後果爲稷官而天下蒙賴於匍匐之上言誕者爲岐嶷發文美大於匍匐之時能岐嶷也○鄭唯實覃實訏爲異言適始能坐而覃然適始張口而訏然餘同○傳覃長至嶷識○正義曰釋言云覃延也延延引是漸長之義故爲長也訏大路大釋詁文以岐嶷言克克是其性智之能故以岐爲有智之意嶷爲有識之貌內有所知乃外能識物故先岐後嶷○箋實之至歲時○正義曰實覃實訏爲厥聲載路而言誕實匍匐爲克岐克嶷而設敗實之爲義不指覃訏匍匐之體故云實之言適也適覃訏而聲已大適匍匐而已能岐嶷爲早慧之勢也定本爲實之言是案集註並爲適又以上言呱矣謂其泣之聲下言匍匐指其小之體覃訏之文在其間則亦指小時之實狀故云覃謂始能坐訏謂張口嗚呼儀禮註云禫之言澹澹然安意也則覃亦安意故爲坐也訏音呼字又從言故爲張口嗚呼是時聲音則已大矣謂大於呱呱之時因言張口嗚呼卽說音聲之大且嬰兒既坐而後弄口破坐而後

匍匐則智識漸生故於匍匐之下言岐嶷皆爲事之次也所知在於心神故云岐岐然意有所智識別發於耳目故云其貌嶷嶷然有所識別見內外之異也岐嶷皆是其貌故重言之此岐嶷在匍匐之時則其生亦未一年矣就口食之時則已稍大故云以至於能就衆人口自食謂六七歲時也言一至於者後此至之彼見其間懸遠之意也后稷以上智之資必當早慧六七歲時不應猶就人食鄭言六七歲者以凡人之事準之耳或以爲就口食者謂爲稷官以成就衆人口食案下箋云就口食之時已有種殖之志言天性也若爲稷官之時始有種殖之志不足言其天性且種殖之志非始官居之日指斥居官不得云口食以此知以就口食正謂就衆人之口自取食矣○傳荏菽至多實○正義曰釋草云戎菽謂之荏菽孫炎曰大豆也此箋亦以爲大豆樊光舍人李巡郭璞皆云今以爲胡豆璞又云春秋齊侯來獻戎捷穀梁傳曰戎菽也管子亦云北伐山戎出冬葱及戎菽布之天下今之胡豆是也案爾雅戎菽皆爲大豆註穀梁者亦以爲大豆也郭璞等以戎胡俱是夷名故以戎菽爲胡豆也后稷種穀不應捨中國之種而種戎國之豆卽如郭言齊桓之伐山戎始布其豆種則后稷之所種者何時絕其種乎而齊桓復布之禮有戎車不可謂之胡車明戎菽正大豆是也此荏菽重言者以蓺之之文爲下總目於荏菽配之爲句又分別說其茂之狀故重言之人供役者在於行列禾無在役之義故知役爲列也言其行相當因禾文單故以役配之其旆旆穟穟幪幪皆言生長茂盛之貌因其文異故以長好茂散而承之其實互相通瓜瓞與五穀異苗以其蔓長故不爲葉茂而以唪唪爲多實也定本唪唪多實之上云瓜瓞瓝也案集註等並無此四字○箋蓺樹至天性○正義曰樹者種木之名可爲種殖通稱故云蓺樹也上言以就口食此經接於其下故此所陳卽是就食時事就口食之時已有此種殖之志言其天性也言其天性善於種殖於後果爲稷官周本紀曰棄爲兒時其遊戲好種殖麻麥美卽此是也又曰及爲成人遂好耕農相地之宜。宜五穀者稼穡之民皆法之堯聞之舉棄爲農師天下宜其利下章是也

誕后稷之穡有相之道相助也箋云大矣后稷之掌稼穡有見助之道

謂若神助之力也○相息亮反註同茀厥豐草種之黃茂實方實苞實種實褎實發實秀實堅實好實穎實栗即有邰家室茀治也黃嘉穀也茂美也方極畝也苞本也種雜種也褎長也發盡發也不榮而實曰秀穎垂穎也栗其實栗栗然邰姜嫄之國也堯見天因邰而生后稷故國后稷於邰命使事天以顯神順天命耳箋云豐苞亦茂也方齊等也種生不雜也褎枝葉長也發發管時也栗成。就也后稷教民除治茂草使種黍稷黍稷生則茂好孰則大成以此成功堯改封於邰就其成國之家室無變更也○茀音拂韓詩作拂拂弗也種支勇反注種雜種種生不雜下嘉種幷注並同褎余秀反穎營幷反穗也尚書云唐叔得禾異畝同穎是也邰他來反后稷所封國也今在京兆武功縣○

疏誕后稷至家室○毛以爲既言后稷爲兒時好種田此後言其爲稷官時事也可矣大矣后稷之教民稼穡若有神明相助之道言種之必好似有神助故可大也又說其若有神助之狀言后稷之教民種殖乃除治而去其茂盛之草既去其草於此地種之以黃色而茂盛者謂黍稷之穀也於是此穀既生實方正而極於壟畝無空缺之地實根本而盡皆均調無稀概之處謂春生之時也其苗實雍種而肥大實褎褎然而生長謂夏末時也稍至秋初禾又出穗實盡發於管實生粒皆秀更復少時其粒實皆堅成實又齊好實穗重而垂穎實成就而栗栗然以此故收入弘多堯善其功而賜之土宇封之於邰就有邰國之家室焉○鄭以方謂苗生齊等苞謂苗之茂盛種謂田種不雜成功而改封於邰非始有國土唯此爲異其文勢則同○箋大矣至之力○正義曰下言有邰家室言功成之時則此章說爲官時事故云后稷之掌稼穡也助人者唯神耳故知有見助之道謂若神助之力○傳茀治至天命○正義曰茀治釋詁文此說后稷教彼而言種黃則黃色是穀也穀之黃色者唯黍稷耳黍稷穀之善者故云黃嘉穀也以黍稷是民食之主故舉以爲言其實諸種之穀皆種之閎宮言穜稑菽麥尚書稱播。殖百穀是所種非獨黃也茂盛則人所美愛故以茂爲美此種之黃茂爲下總目自此以下皆說嘉穀茂盛故先言黃盛以總之方者正方之義謂極盡壟畝無不生地皆方正有苗故以方爲極畝易稱繫于苞桑謂繫之桑本故以苞爲種本莊子說木之肥大云擁腫無用故以種爲擁腫謂苗之肥盛也𤼵者禾長之貌故言長也發者穗生於苗初發苗生也以上言苗之極畝平均則發者非獨一貌莖發耳故言盡發則𤼵亦盡長秀穎好栗皆亦盡然舉一以明上下也釋草云華荂榮也木謂之華草謂之榮不榮而實謂之秀榮而不實謂之英是不榮而實曰秀也李巡曰分別異名以曉人然則彼是英秀對文以英爲不實故以秀爲不榮其實黍稷皆先榮後實出車云黍稷方華是嘉穀之秀必有榮也此傳因彼成文而引之耳說文云穎禾末也禹貢定賦遠近之差二百里納銍三百里納秸註云銍斷去稾也秸又。云穎則穎是禾穗之挺書序云唐叔得禾異畝同穎謂挺上合也美其禾之成就不當言其有穎而已故云穎垂穎言其穗重而穎垂也要是穀穗成就之穎故云其實栗栗然桓六年左傳云奉酒醴以告曰嘉栗旨酒服虔云穀之初熟爲栗是栗爲穀熟貌世本云有部氏女曰姜嫄故知部是姜嫄之國也傳以此言封之於部下言祭天之事故解其意云堯見天因部而生后稷謂使部國之女生后稷也故國后稷於部謂封爲部國之君又特命之使得事天所以顯后稷之神順上天之命故也言國后稷於部猶文王箋云而國於周后稷以前未有國於此始封之也此部爲后稷之母家其國當自有君所以得封后稷者或時君絶滅或遷之他所也○箋豐至變更○正義曰釋詁云苞茂豐也故知豐苞皆爲茂也以經已有茂故言亦也經每實之下皆當字成義直言實本則不知何本且爾雅以苞爲茂故易傳也方是方正故言齊等與傳極畝亦同但齊等據苗均極畝據地滿耳以傳言擁種是肥充之貌禾生雖肥不能至擁種種者繫本初種之稱即大田既種是也故以種爲生不雜謂不稂不莠也傳以𤼵爲長故申之爲枝葉長也傳以發爲盡發不解發意故云發管時苗之將秀心如竹管穗發中而出故言發管也傳言其實栗栗止言栗栗是實貌不言所以得然故言成就以足之案集註云栗成意也定本以意爲急恐非也就其成國之室。家無所變更者謂部國先有宫室后稷就而有之所以美后稷也○鄭以姜嫄之夫先爲二王之後是先有國故言改封其封早晚亦無明文中候握河紀云堯即政七十年受河圖其末云斯封稷契皐陶賜姓號注云或云七十二年斯此封三臣止言封號不道其時即封此言成功蓋治水畢後地平天成之時也稷之功成實在堯世其封於邰必是堯之封矣故此箋及傳皆以爲堯周本紀云。禹封棄於邰號曰后稷以后稷之號亦起舜時其言不可信也杜預云邰始平武功縣所治斄城是也

誕降嘉種維秬維秠維穈維芑天降嘉種秬黑黍也秠一稃二米也穈赤苗也芑白苗也。箋。云天應堯之顯后稷故爲之下嘉種○秬音巨秠孚鄙反亦黑黍也又孚卑反郭芳婢反穈音門爾雅作虋同郭亡偉反赤粱粟也芑音起徐又巨已反郭云白粱粟也稃芳于反字書云䊮糠也應應對之應爲于僞反下天爲已同

恒之秬秠。是穫是畝恒之穈芑是任是負以歸肇。祀恒偏肇始也始歸郊祀也箋云任猶抱也肇郊之神位也后稷以天爲己下此四穀之故則偏種之成熟則穫而畝計之抱負以歸於郊祀天得祀天者二王之後也○恒古鄧反本又作亘穫戶郭反任音壬注同肇音兆偏音遍下同誕降至肇祀○毛以爲上既言后稷功成受國堯又命使事天此言其祭○【疏】天之事可美大矣此后稷能於稼穡上天乃下善穀之種與之使得種以此祭祀天與之穀是可大也其言善種者維是黑黍之秬維是黑黍二米之秠維是赤苗之穈維是白苗之芑后稷既得此善種乃偏種之以秬以秠至熟則於是穫刈之於是畝計之偏種之以穈以芑至熟則於是任抱之於是負檐之以此秬秠穈芑之穀而歸始郊祀於上天也○鄭以后稷先事天以歸郊兆之處而祀天爲異餘同○傳天降至白苗○正義曰降者從上之辭故知降嘉種者是天降嘉種也秬黑黍以下皆釋草文唯彼穈作虋音同耳李巡曰黑黍一名秬郭璞曰秠亦黑黍但中米異耳漢和帝時任城生黑黍或三四實實二米得黍三斛八斗則秬是黑黍之大名秠是黑黍之中有二米者別名之爲秠故此經異其文而爾雅釋之若然秬秠皆黑黍矣而春官鬯人注云釀秬爲酒秬如黑黍一秠二米言如者以黑黍一米者多秬爲正稱二米則秬中之異故

言如以明秬有二等也秬有二等則一米亦可爲酒鬯人之注必言二米者以宗廟之祭唯祼爲重二米嘉異之物鬯酒宜當用之故以二米解鬯其實秬是大名故云釀秬爲酒爾雅云秠一稃二米鬯人注云一秠二米文不同者鄭志答張逸云秠即皮其稃亦皮也爾雅重言以曉人然則秠稃古今語之異故鄭引爾雅得以稃爲秠也赤苗白苗者郭璞曰虋今之赤粱粟芑今之白粱粟皆好穀也○箋天應至嘉種○正義曰如此言則功成受封之後始天與之種唯四穀而已而閟宮云是生后稷降之百穀黍稷重穋稙穉菽麥所降多矣非徒四穀又彼下文乃言奄有下國俾民稼穡則是爲稷官之日已得此種與此二文不同者天降種者美大后稷以稷之必獲歸功於天非天實下之也作者意異故先後不同此言祭之所用故指陳黍稷閟宮廣言民食故穀多於此孔叢云魏王問子愼曰往者中山之地無故有穀乃云天雨反以亡國何也曰自古及今未聞天下穀與人詩美后稷能大教民種穀以利天下若中山之穀妖怪之事非所謂天降祥也以此而言明非實降之也案集注及定本於此並無箋云○傳恒徧至郊祀○正義曰以言種之廣多故以恒爲徧定本作恒集注皆作亘字肇始釋詁文上言封之於邰是初爲諸侯故云始歸郊祀下云上帝居歆知此祀爲郊也○箋任猶至之後○正義曰以任負異文負在背故任爲抱○鄭以后稷二王之後先得祭天非爲始祭故云肇郊之神位言神位之兆肇宜作兆春官小宗伯云兆五帝於四郊是也商頌箋讀肇爲兆此從略之又云得祀天者二王之後申明肇不爲始之意也〔疏〕

誕我祀如何或舂或揄或簸或蹂釋之叟叟烝之浮浮

揄抒臼也或簸糠者或蹂黍者釋淅米也叟叟聲也浮浮氣也箋云蹂之言潤也大矣我后稷之祀天如何乎美而將說其事也舂而抒出之簸之又潤溼之將復舂之趣於鑿也釋之烝之以爲酒及簠簋之實○舂傷容反揄音由又以朱反說文作舀弋紹反簸波我反蹂音柔叟所留反字又作溲濤米聲也爾雅作溞音同郭音騷烝之丞反浮如字爾雅說文並作烰云烝也抒食汝反蒼頡篇云取出也糠音康字亦作康俗米旁作康非淅星歷反說文云汰也汰音太

復扶又反鑿子洛反精米也字林作毇云糲米一斛舂為八斗也子沃反簠音甫簋音軌

載謀載惟取蕭祭脂取羝以軷載燔載烈嘗之日涖卜來歲之芟獮之日涖卜來歲之戒社之日涖卜來歲之稼所以興來而繼往也穀熟而謀陳祭而卜矣取蕭合黍稷臭達牆屋。先奠而後爇蕭合馨香也羝。羊牡羊也軷道祭也傳火曰燔貫之加。于火曰烈箋云惟思也烈之言爛也后稷。既為郊祀之酒及其米則諏謀其日思念其禮至其時取蕭草與祭牲之脂爇之於行神之位馨香既聞取羝羊之體以祭神又燔烈其肉為尸羞焉自此而往郊○羝都禮反字亦作羝軷蒲末反說文云出必告道神為壇而祭為軷字林同父末反燔音煩後皆同涖音利又音類芟所銜反獮息淺反奠徒練反爇如悅反馨呼丁反傳音附貫古亂反諏足須反

以興嗣歲興來歲繼往歲也箋云嗣歲今新歲也以先歲之物齊敬。犯軷而祀天者將求新歲之豐年也孟春之。月令曰乃擇元日祈穀于上帝○

【疏】誕我至嗣歲○毛以為上言得穀祭天此言將祭之事可美大矣我后稷之祀天其禮如何先以所得秬秠穈芑之粟或使人在碓而舂之或使人就臼而抒之或使人簸揚其糠或使人蹂踐其黍言其各有司存並皆敏疾也既蹂舂得米乃浸之於盆淅而釋之其聲溲溲然言趍疾又炊之於甑爨而烝之其氣浮浮然言升盛也既烝熟乃以為酒食又於先穀熟之時則已謀度所謂穀熟而謀則已思惟其所祭之禮謂陳祭而卜以秋物之成賴郊祀之福故穀熟則謀更郊所以豫備酒食也至祭之日乃取蕭之香蒿與祭牲之脂膋而爇燒之於行神之位使其馨香遠聞又取羝羊之。禮以為犯軷之祭其祭軷也取所祭之肉則傅火而燔之則加火而烈之以為尸之羞既祭神道乃自此而往於郊以祭天也所以用先歲之物齊敬犯軷而祀天者欲以興起來歲使之繼嗣往歲而恒得豐年故也○鄭以舂揄簸蹂為事之次蹂之言潤既簸去糠或復以水潤溼之將更舂以趨於鑿載謀載惟謂將祭諏謀其日思念其禮非穀熟已謀以此為。思又以興嗣歲為興起新歲餘同○傳揄抒至浮氣○正義曰以揄文在舂下簸上既舂而未簸故知揄為抒臼謂抒米以出臼也出臼則簸之

故或有簸穅者或蹂黍者謂蹂踐其黍然後舂之然則文當在舂揄之上今在下者以蹂亦爲舂而爲之揄簸俱是舂進令與舂相近且退蹂以爲韻也上有糜芑是穋而獨云蹂黍者以祭用黍以爲主故舉黍以言傳每言或者明各有其人俱趨於事不相兼也釋之既在簸之下烝之上故知爲淅米也說文云淅汰米也孟子曰孔子去齊接淅而行謂洮米未炊漉之而去言其疾也釋訓云溞溞淅也烰烰。氣也樊光引此詩孫炎曰溞溞淅米聲烰烰炊之氣溞。浮與此不同古今字耳傳以洮米則有聲故言溲溲聲烝飯則有氣故言。烰浮氣取爾雅之意爲說也○箋蹂之至之實○正義曰以蹂文在或簸之下不應方言蹂黍以水潤米必當蹂之使溼故云蹂之言潤如何乎者問人之辭故云美而將說其事意欲說之故設辭自問上生民如何亦如此也於此乃注彼從可知舂揄之下始云或蹂故知是既舂而採出之又潤溼之將復舂以趨於鑿也召旻箋云米之率糲十粺九鑿八侍御七九章筭術粟一石爲糲米六斗舂糲一斗爲粺九升又。去爲鑿則八升又舂爲侍御則七升言趨於鑿者此承四穀之後一舂一簸始爲糲米又一溼一舂猶未至於鑿故言趨於爲漸到之意也米之細者乃竊於御止言趨於鑿者以經傳說祭祀之饌無言用御米者桓二年左傳云粢食不鑿昭其儉也則不儉者有用鑿之處郊天尊於宗廟其祭或當用之故。上言於鑿也桓十四年穀梁傳說宗廟之事夫人親舂楚語云天子禘郊之事王后必自舂其粢諸侯宗廟之事夫人必自舂其盛韋昭云粢盛互文也言舂不過如天子躬耕三推而已故傳言或不斥后夫人也楚語又云天子親舂禘之盛韋昭云率后舂之亦天子親舂也酒與食用此米爲之故云釋之烝之以爲酒及簋盛之實孫毓云詩之敘事率以其次既簸穅矣而甫以蹂爲蹂黍當先蹂乃得舂不得先舂而後蹂也既蹂卽釋之烝之是其次箋義爲長集注等皆爲蹂黍定本爲蹂米者誤也○傳嘗之至曰烈○正義曰傳自嘗之日至來歲之稼皆春官肆師職文也言於秋嘗祭宗廟之日則肆師臨卜問其來歲之芟除草木以種田宜之以否於秋獮當獮之日肆師臨卜問其來歲之所戒備得無兵寇以否於祭社之日則肆師臨卜問其來歲之所稼種宜之以否以嘗者嘗新穀古之始耕田者茇草以種穀今得新穀茇草之功故於嘗曰問茇獮主習兵以戒不虞故獮曰問戒社者祭土主稼穡故於社曰問稼鄭於彼注其意爲然茇稼俱是田事而異日異問者以嘗新穀而本穀初初莫先於茇草故問茇稼種善否土地之事故祭土之日而問稼也社文在嘗獮之下謂秋獮祭社也嘗在孟秋獮社俱在仲秋取禽而後祭社故先獮後社也嘗社是祭神之事耳因而問卜獮乃秋獵不接神明亦言卜來歲者卜者自問吉凶於龜不由嘗社所祭之神但因用其日而問之耳獮爲習兵故。因兵事所以引此三文者欲見今秋穀熟之時即謀來年郊祭之事似今秋祭社之日豫卜來歲之稼若然必以今秋豫卜來歲者欲令來歲還似今秋是與來繼往之義不云卜郊而言陳祭而卜者以來年郊祭本爲祈穀今社日卜來歲之稼即是卜郊之義也陳祭而卜謂陳列之嘗社祭之日豫卜來年善否若然此載謀載惟於穀熟已謀則其事在於酒食之前當與上四穀相連不可以他事間之謀惟是思念祭事故下之令與祭事相比也又云蕭合黍稷臭達牆屋既奠而後爇蕭合馨香皆郊特牲文彼唯馨作羶注云羶當作馨字之誤也蓋毛時未誤故讀彼從此彼言臭陽達於牆屋此無陽於二字引之略耳彼言宗廟之祭此是將郊以軷道之祭事不同而引之者證此用蕭之意蕭香蒿也爇燒也言宗廟之祭以香蒿合黍稷欲使臭氣通達於牆屋故記酌於尸已奠之而後燒此香蒿以合其馨香之氣使神歆饗之故此亦用蕭取其馨香也此言祭脂彼不言脂彼言黍稷此不言黍稷皆文不具耳羝羊牡羊者以祭不用牝故知是牡也釋畜云羊牡羒牝牂郭璞曰羒謂吳羊白羝者也是亦以牡爲羝也軷道祭謂祭道神云之祭傳火曰燔謂加火燒之商頌曰如火烈烈則烈是火猛之意不可近燒故云貫之加於火上曰烈即今之炙肉也〇箋惟思至往郊〇正義曰惟思釋詁文又申明遠火爲烈之意說文云烈火猛也爛火熟也俱是火熟之意故云烈之言爛也以酒則豫釀之而成食則臨祭乃作故云后稷既爲郊祀之酒及其米於此仍言其米則上爲烝之釋之正爲酒耳而箋兼言簠簋之實者以彼文有舂簸之事其爲米者非獨爲酒而已故兼言簠簋之實簠簋之實必就郊兆作之故此言其米也禮大夫以上將祭必諏謀其日日定乃卜之特牲禮云不諏日明大夫以上諏之矣故云諏謀其日彼注云諏謀也載謀是謀其日則載惟
是思其禮故云思念其禮正以特牲有諏之文故易傳不以謀爲穀熟而謀取蕭草與祭。祀之脂還是羝之脂也以牲爲軷祭而設羝宜與軷同文脂則配蕭
而用故先言之爇之於行神之位正謂祭軷之位以軷之所祭卽是七祀行神故言行神之位馨香既聞取羝羊之體以祭神者謂取牲體以祭伏於軷上秋
官犬人云凡祭祀供犬牲伏瘞亦如之鄭司農云伏謂伏犬以王車轢之明此用羝亦伏體軷上故言體也犬人伏用犬牲此用羝者蓋天子諸侯異禮彼天
子用犬此諸侯用羊禮相變也又燔烈其肉爲尸羞言又者亦用此羝之肉爲之也以七祀之祭皆有尸明軷祭亦有尸其燔炙者事尸之羞故云爲尸羞也
此后稷爲諸侯得有尸則天子軷祭亦有尸依聘禮卿大夫軷祭用酒脯則無尸矣郊之兆位在國外故云自此而往郊也○傳興來歲繼往歲○正義曰此
一句非祭所用故分而注之以興者是有所起發之意嗣者繼續之言故知爲此祭者欲以追起來歲以繼續往歲使之歲穀恒熟常穫豐年也來歲者據今
祭時以未至爲來已過爲往耳非要別年也何則堯命后稷郊天未。至定用何月要在歲首爲之所言來歲正謂此年之秋耳○箋嗣歲至上帝○正義曰箋
意定以正月爲郊何則正朔三而改自夏而上推之高辛氏當以建寅之月爲正故堯典云三帛注云高辛氏之後用黑繒是也王者之後自行其祖正朔后
稷高辛氏之冑郊必正月既以正月爲郊則嗣歲郊之歲也故云嗣歲今新歲新。歲而謂之嗣者使之繼嗣往年猶嗣子之繼父其意微與毛異大理亦同也
孟春以下皆月令文也定本云孟春之令曰無月字元日謂善日上辛也祈穀卽郊天也引此以證郊祭而云嗣歲之意。內郊天主爲祈穀故也禮器曰祭祀
不祈言祈祈穀者不可私爲己祈而穀者所以養民故言祈也

卬盛于豆于豆于登。其香始升上帝居歆胡臭亶時

卬我也木曰豆瓦曰登豆薦菹醢也登大羹也箋云胡之言何也亶誠也我后稷盛菹醢之屬當。于豆者。于登者其馨香始上行上帝則安而歆。享

之何芳臭之誠得其時乎美之也祀天用瓦豆陶器質也○卬五郎反盛音成注同其香一本作馨亶都但反葅莊居反醢音海上時掌反

后稷肇祀庶無罪悔以迄于今迄至也箋云庶衆也后稷肇祀上帝於郊而天下衆民咸得其所無有罪過也子孫蒙其福以至於今故推以配天焉○迄許乞反

【疏】卬盛至于今○毛以爲上言將往祭天此言正祭之事我后稷葅醢大羹之屬盛之於豆又盛之於登以此而往薦祭此豆登所盛之物其馨香之氣始上行上帝則安居而歆饗之既爲上帝所歆故反言以美之何有芳臭之誠得其時若此者乎言無有若此之最善也帝既饗其祭祀降其福祿又述而美之言后稷受堯之命始爲郊祀其福乃流於天下之衆民令皆得其所無有罪過而令人悔恨者子孫蒙其餘福以至於今而賴之今文王得由之而起今既致太平故推之以配天焉○鄭唯以肇祀爲郊兆之祀爲異餘同○傳卬我至大羹○正義曰卬我釋詁文釋器云木豆謂之豆瓦豆謂之登是木曰豆瓦曰登對文則瓦木異名散則皆名豆故云瓦豆謂之登冬官瓬人掌爲瓦器而云豆中縣鄭云縣繩正豆之柄瓦亦名豆也再言於豆者疊之以足句耳經唯言盛於豆傳辨其所盛之物天官醢人掌四豆之實皆有葅醢是豆爲薦羞葅醢也公食大夫禮云大羹湆不和實於登是登爲大羹湆者肉汁大古之羹也不調以鹽菜以質故以瓦器盛之箋亶誠至器質○正義曰亶誠釋詁文言盛葅醢之屬者以略不言羹故言之屬以包之祀天而用瓦豆者以陶器質故也郊特牲曰掃地而祭於其質也器用陶匏是也定本集注皆云其馨香始上行俗本作上聞者誤也○傳迄至○正義曰釋詁文上傳肇爲始此亦當然○箋庶衆至天焉○正義曰庶衆釋詁文抑云庶無罪悔箋以庶爲幸以彼是警戒之辭故爲冀幸之義此既爲上帝所歆不是始冀無罪故以庶爲衆后稷爲二王之後一國言耳縱使祭天得所不過福及一國而言天下衆民咸得其所無罪者以祭天而得豐年可以廣及天下且以后稷之教田農天下皆得其利故天下言之

生民八章四章章十句四章章八句

附釋音毛詩注疏卷第十七（十七之二）

毛詩注疏校勘記(十七之一)　阮元撰盧宣旬摘錄

○生民

介大也止福祿所止也　小字本相臺本同閩本明監本毛本也作攸案段玉裁云也攸二字皆當有是也

後則生子而養長名之曰棄　閩本明監本毛本同小字本相臺本名之作之名案之名是也讀之字斷句名字下屬正義可證

變禖言禖者　閩本同明監本毛本上禖字作祀案山井鼎云諸本皆非作媒似是是也

吉爭先見之象　閩本明監本毛本同案爭盧文弨改爲事是也

鄭記王權有此問　閩本明監本毛本同案此不誤浦鏜云記疑志字誤非也考鄭記與鄭志非一書鄭記六卷康成弟子撰鄭志十一卷鄭小同撰並見於隋書經籍志浦失考

弃黎民阻飢　閩本明監本毛本弃誤棄下帝曰棄同飢誤饑按引尚書作弃依彼文也○按唐人多以棄中有世字乃悉改爲弃此不畫一者轉寫所致也

釋詁文介右也　閩本明監本毛本同案文當作云

是爲震爲有身　閩本明監本毛本同案山井鼎云上爲恐謂字誤是也

達生也姜嫄之子先生者也小字本相臺本同案釋文云達毛云生也沈云毛如字正義云達生者言其生易如達羊之生但傳云略耳非訓達爲生也又解言先生之意以人之產子先生者多難此后稷是姜嫄之子最先生者應難而今易故言先生以美之段玉裁云蓋是達達生也先生姜嫄之子先生者也達之言沓言重沓而生此與車攻傳鳥達履皆假達爲沓姜嫄之子首生者乃如重沓而生之易然先釋達而後釋先生如白華傳先釋卬烘而後釋桑薪又見詩經小學

不拆不副小字本同閩本明監本毛本同唐石經相臺本拆作坼案坼字是也釋文可證又說文土部坼下引此詩作拆者形近之譌正義中十行本尚閒作坼明監本毛本盡改爲拆誤甚

說文云達小羊也從羊大聲閩本明監本毛本同案達當作羍此引羍而不云字異音義同者省耳不知者乃改之

則又坼堛災害其母閩本明監本毛本同案經注作副正義作堛副堛古今字易而說之也例見前○按舊挍非堛不與副爲古今字此乃蒙上文坼从土而轉寫誤耳

因見稷之生由明監本毛本由誤易閩本不誤上文云謂不由人所生之道也生由謂此

少溲於家牢閩本明監本毛本同案浦鏜云豕誤家是也

此章上四章閩本明監本毛本同案下章字當作句

欲望衆言閩本明監本毛本同案浦鏜云信誤言是也

是聖人感見於經之明文閩本明監本毛本同案浦鏜云感下當脫生字是也

以證有父得感生耳必由父也閩本明監本毛本同案浦鏜云耳疑非字誤是也

契稷不棄契者閩本明監本毛本上契字作棄案所改是也

因之曰堯不名高辛閩本明監本毛本同案此當云目之曰堯不名爲帝皆形近之譌也

姜嫄爲辛之正妃閩本明監本毛本辛上有高字案所改非也爲當作高耳

雖帝難之閩本明監本毛本同案此不誤浦鏜云雖疑惟字誤非也雖字正義自爲耳據尚書者但帝難之三字耳

實之言適也小字本相臺本同案此正義本也正義云故云實之言適也又云定本爲實之言是按集注並爲適考此箋當依定本頍弁正義云釋詁云實是也實寔義同故實亦爲是也又韓奕箋云實當爲寔此楚茨正義所謂注意趨在義通不爲例者也凡餘經實訓是者視諸此

訏謂張口嗚呼也小字本相臺本同案沿革例云諸善本皆作嗚余仁仲本作嗚最爲非是今從疏及諸善本作嗚釋文訏下云鄭張口嗚呼也亦淺人改之耳嗚呼古書多作烏呼說文云烏孝烏也引孔子烏盱呼也取其助气故以爲烏呼

荏菽戎也閩本明監本同小字本相臺本戎下有菽字考文古本同毛本誤剜入事字案有菽字者是也

穟穟苗好美也小字本相臺本同閩本明監本毛本同按正義云其苗則穟穟然美好釋文穟穟下云苗美好也是好美當誤倒

幪幪然茂盛也小字本相臺本同考文古本同閩本明監本毛本茂盛誤倒

敗實之爲義　閩本明監本毛本敗作取案皆誤也當作則形近之譌山井鼎云恐以字誤亦非

訏音呼字又從言　閩本明監本毛本同案音呼二字當旁行細書正義自爲音例如此○按非也

相地之宜宜五穀者　閩本明監本毛本不重宜字案山井鼎云本紀與宋板同

種雜種也　小字本相臺本同案釋文實種下云種雜種正義云莊子說木之肥大云癰腫無用故以種爲癰腫又云傳言癰種是肥充之貌禾生雖肥不能至癰種山井鼎云據疏雜作癰爲是是也釋文涉箋而字譌耳各本依之非也○按釋文本作襍種正義本作癰腫此二本之不同也而陸本爲長襍集也集種者集其善種也猶集義集大成之集舊挍非也

栗成就也　小字本相臺本同案此正義本也正義云故言成就以足之按集注云栗成意也定本以意爲急恐非也考文古本作急采正義

尙書稱播殖百穀　閩本明監本毛本同案浦鏜云時誤殖是也

秸又云穎　閩本明監本毛本同案云當作去形近之譌甫田正義同

就其成國之室家　閩本明監本毛本同案浦鏜云家室字譌倒是也

禹封棄於邰　閩本明監本毛本同案浦鏜云舜誤禹是也

箋云天應堯之顯后稷　小字本相臺本同案此正義本也正義云按集注及定本於此並無箋云考此鄭申毛天降嘉種傳也當以正義本爲長

恒之秬秠 唐石經同小字本相臺本同案釋文云恒本又作亘正義云定本作恒集注皆作亘字考恒亘是一字

以歸肇祀 小字本相臺本同閩本明監本毛本同唐石經肇作肈下同案釋文以肈字作音詩經小學云玉篇攴部云肈俗肇字五經文字戈部云肈作肇訛廣韻有肈無肇說文攴部有肇字唐後人妄增入無疑凡古書肇字皆當改作肈今考六經正誤云作肇誤是舊本從戈毛居正始誤改之耳

於是負檐之 閩本明監本毛本同案此不誤浦鏜云擔誤檐非也檐字見商頌注

降之百穀 閩本明監本毛本同案浦鏜云福誤穀考閟宮浦挍是也

故任爲抱○ 閩本明監本毛本同案○當作也

釋之叟叟 唐石經小字本相臺本同案六經正誤云作釋誤說文釋从米从睪潰米也云云今考其說非也毛鄭詩作釋乃古字假借故釋文不以釋字作音正義亦不解釋字說文釋下亦不引此詩毛居正依旁字部改變經文不可承用也

或蹂黍者 小字本相臺本同案正義云集注等皆爲蹂黍定本爲蹂米者誤也考此傳以米與上糠爲對文當以定本爲長

先奠而後爇蕭 閩本明監本毛本同小字本相臺本先作既考文古本同案既字是也

羝羊牡羊也 小字本相臺本同閩本明監本毛本亦同案上羊字衍文也正義云羝羊牡羊者乃自爲文取以添注者誤

貫之加于火曰烈 閩本明監本毛本同小字本相臺本于作於下注當于豆者于登者相臺本作於案於字是也

后稷既爲郊祀之酒 小字本相臺本同閩本同明監本毛本既誤卽

齊敬犯軷而祀天者小字本同考文古本同相臺本犯作祀閩本明監本毛本同案犯字是也正義中十行本皆作犯不誤

孟春之月令曰小字本相臺本同案正義云定本云孟春之令曰無月字當以無者爲長

又取羝羊之禮閩本明監本毛本同案禮當作體下文不誤

以此爲思閩本明監本毛本同案思當作異

烰烰氣也閩本明監本毛本同案浦鏜云烝誤氣是也

溞浮與此不同閩本明監本毛本同案浮當作烰此與下互易

故言烰浮氣閩本明監本毛本烰作浮案所改是也此與上互易

又去爲鑿閩本明監本毛本同案浦鏜云舂誤去是也

故上言於鑿也閩本明監本毛本同案上當作止

故因兵事閩本明監本毛本同案因當作問形近之譌

取蕭草與祭祀之脂閩本明監本毛本同案山井鼎云箋祀作牲浦鏜云牲誤祀是也

未至定用何月閩本明監本毛本同案浦鏜云至當知字誤是也

故云嗣歲今新歲新歲而謂之嗣者閩本明監本毛本誤不重新歲二字

內郊天主爲祈穀故也閩本明監本毛本同案浦鏜云內當由字誤是也

于豆于登唐石經小字本同閩本明監本毛本同相臺本登作豋案六經正誤云作登誤登升之字从癶豆豋之字从肉从又云云今考豋字此經及爾雅作登儀禮作鐙說文有𢍰字登即鐙𢍰之古字也釋文不以豋字作音正義中字亦皆作登其明證矣𢍰字或作豋甑見集韻皆不載於說文毛鄭詩固未嘗用此字毛居正特臆說耳○按舊校本所引劉台拱說

其香始升唐石經小字本相臺本同案釋文云香一本作馨正義本未有明文今無可考

上帝則安而歆享之小字本相臺本同考文古本同閩本明監本毛本享作饗案饗字是也正義云上帝則安居而歆饗之可證凡歆饗字皆當作饗享祀字皆當作享二字截然有別宋時寫書乃以享爲饗別體字而亂之

不調以鹽采閩本明監本同毛本采作菜案所改是也

抑云庶無罪悔閩本明監本毛本同案浦鏜云大誤罪是也

附釋音毛詩注疏卷第十七（十七之二） 〔五五〕

毛詩大雅　　鄭氏箋　　孔穎達疏

行葦忠厚也周家忠厚仁及草木故能內睦九族外尊事黃耇養老乞言以成其福祿焉九族自己上至高祖下至玄孫之親也黃黃髮也耇凍梨也乞言從求善言可以爲政者。敦史受之○行葦和鬼反行道也葦草也耇音苟爾雅云壽也梨利知反。不利。方反方言云凍梨老也敦如字本又作惇同

【疏】行葦八章章四句至福祿焉○正義曰作行葦詩者言忠誠而篤厚也言周家積世能爲忠誠篤厚之行其仁恩及於草木以草木之微尚加愛惜況在於人愛之必甚以此仁愛之深故能內則親睦九族之親外則尊事其黃髮之耇以禮恭敬養此老人就乞善言所以爲政以成其周之王室之福祿焉此是成王之時則美成王之忠厚矣不言成王者欲見先世皆然非獨成王故卽言周家以廣之九族是王近親黃耇則及他姓故言內外以別之經八章仁及草木首章是也內睦九族二章盡四章是也尊事黃耇五章盡卒章上二句皆是也以成其福祿卒章下二句是也三王養老必就乞言故序因而及之於經無所當也首章言葦唯有草耳舉草則木可知故序言以足句耳○箋九族至受之○正義曰親睦九族非直其父祖子孫而已故言上至高祖下及玄孫之親見同出高祖五服之內皆親之文王世子云族食世降一等則天子所燕及者非獨五服之內此唯言九族者言其親親以及遠舉九族以見同姓皆親之黃耇皆是老名故云黃黃髮耇凍梨釋詁云黃髮耇老壽也舍人曰黃髮老人髮白復黃也孫炎曰黃髮髮落更生耇面凍梨色以浮垢也方言云燕。代北鄙謂耇爲梨郭璞注梨面色似梨也內則云凡養老五帝憲三王又乞言皆有惇史言五帝直養其氣體而法效之三王亦養而法效之又乞善言皆有惇史故知得善言則惇史受之禮有內外小史大史無惇史正以待接老人擇史之惇厚

者掌之惇非官名也故彼注云惇史史之孝厚者也

敦彼行葦牛羊勿踐履方苞方體維葉泥泥敦聚貌行道也葉初生泥泥箋云苞茂也體成形也敦敦然道傍之葦牧牛羊者毋使躐履折傷之草物方茂盛以其終將爲人用故周之先王爲此愛之況於人乎○敦徒端反注同泥乃禮反注同張揖作苨苨云草盛也爲此于僞反注內爲設同

疏敦彼至泥泥○正義曰言周之先王忠厚之至見敦敦然道傍之葦乃禁牧者爾所牧牛羊勿得踐履折傷之何則此葦方欲茂盛方欲成體維其葉泥泥然少而美好以其將爲人用故愛惜之言其葉少美是愛之意周之先王尚愛及草木況於人乎是其忠厚之極也○傳敦聚至泥泥○正義曰周禮以葦好叢生而謂之叢物故言敦聚貌禁其勿踐則生必近路故以行爲道也猶慮牛羊所食故知是葉之初生泥泥然○箋體成至人乎○正義曰成形者謂至秋乃成爲葦此時未成故言方以方爲未至之辭葦之初生其名爲葭稍大爲蘆長成乃名爲葦八月萑葦是其事也此禁牛羊勿踐則是春夏時事而言葦者此先王愛其爲人用人之所用在於成葦作者體其意故。經以成形名之葦之初生正是牛羊所食而禁之者以牛羊之當有牧處且見先王之意愛之耳

戚戚兄弟莫遠具爾或肆之筵或授之几戚戚內相親也肆陳也或陳。言筵者或授几者箋云莫無也具猶俱也爾謂進之也王與族人燕兄弟之親無遠無近俱揖而進之年稚者爲設筵而已老者加之以几○筵以然反席也鋪陳曰筵藉之曰席襌直吏反

疏戚戚至之几○正義曰言先王有仁恩之故能誠心親戚其親戚之兄弟無遠無近王俱。爾而揖進之與之燕樂於時王心實悅鋪設促遽或有陳之筵席者或有授之以几者是王能親其所親也○傳戚戚至几者○正義曰戚戚猶親親然親其所親起於心內故言內相親也相者兩相之辭族人固當親王但若王不親族人則族人亦不親王耳今王能降心則族人必親矣故以相言之肆陳釋詁文○箋莫無至以几○正義曰邇是近義謂揖而進之令自近也燕禮曰公降立於阼階之東南南鄉邇卿。面。南北上邇大夫。北。面少進注云邇近也揖而

移之近之是也經直言莫遠而箋言無遠無近者以作者句有所局不得遠近並言舉遠則近可知矣几者所以安身少不當憑几而經筵几別文故知老者加之以几也

肆筵設席授几有緝御

設席重席也緝御踧踖之容也箋云緝猶續也御侍也兄弟之老者既爲設重席授几又有相續代而侍者謂敦史也○緝七習反重直龍反下同踧子六反踖子亦反

或獻或酢洗爵奠斝

斝爵也夏曰醆殷曰斝周曰爵箋云進酒於客曰獻客答之曰酢主人又洗爵醻客客受而奠之不舉。也用殷爵者尊兄弟也○酢才洛反斝古雅反又音嫁夏戶雅反醆則簡反字或作琖同

疏肆筵至奠斝○毛以爲乘上肆筵授几之文更申其事言王於族人既爲肆之筵上又設重席其授几之人尊敬老者則有致敬踧踖之容既設筵几族人升堂受燕或乃主人進酒而獻之於賓賓既受卒爵或乃酌而酢答主人主人卒飲又洗爵酢以酬賓賓受而奠之此斝不復舉之王與族燕以異姓爲賓使宰夫爲主人行此獻酢之禮也○鄭以上二句特爲老者設文既爲老者肆筵又重設席授之以几復有惇史相續代而侍之餘同○傳設席至之容○正義曰既言肆筵上又設席故知重席也不過下莞上簟而已春官司几筵注云筵亦席也鋪陳曰筵藉之曰席然則言之筵席通矣彼以在下爲鋪陳在上人所蹈藉故在下者稱筵在上者稱席此當與之同也以授之几以供老人故以緝御爲致敬踧踖之容傳以授几之時有踧踖之容則肆筵之文不主於老人當是乘述上文與鄭異耳○箋緝猶至敦史○正義曰緝續者連續之故緝猶續也几御者皆侍其側故御爲侍也上章已云肆筵授几今肆筵之上復設席則是主於老者異於上章少者或單席矣惇史主侍老人故知續代而侍者謂惇史○傳斝爵至曰爵○正義曰禮主人洗以酬賓賓得而奠之所洗所奠猶一物也而云洗爵奠斝似是異器故辨之云斝爵也爵酒器之大名故儀禮飲觶者亦云卒爵是爵爲總稱作者因洗奠之別更變其文耳夏曰醆以下皆明堂位文引之者明斝非周器謂之斝者彼注謂畫禾稼也○箋進酒至兄弟○正義曰此獻酢之法儀禮行事之次爲然知用殷斝爲尊者公羊傳曰周公白牡魯公騂

剛禮運云醆斝及尸君非禮也以大夫用之爲僭明先代之物爲尊也此言先王之事或在制禮之前自當正用殷爵而知必有異意者此詩成王之時作繼使追述先代當以周制言之不當舉殷之爵故知於時實用之也燕禮諸侯燕其臣子宰夫爲主人則天子亦當然文王世子云公與族人燕則異姓爲賓則賓主皆非兄弟言尊兄弟者賓主爲兄弟行禮而有之其器之設主爲兄弟故也

醓醢以薦或燔或炙。嘉殽脾臄或歌或咢以肉曰醓醢醓醢臄函也歌者比於於琴瑟也徒擊鼓曰咢箋云薦之禮韭菹則醓醢也燔用肉炙用肝以脾函爲加故謂之嘉○醓他感反肉醬也鄭注儀禮云醓汁也醓呼改反脾婢支反臄渠略反字或作醵咢五洛反毛云徒歌曰咢爾雅云徒擊鼓謂之咢徒歌謂之謠函胡南反何又戶感反本又作𦡶同說文云函舌也又云口吹肉也通俗文云口上曰臄口下曰函比毗志反炙者夜反

【疏】醓醢至或咢○正義曰言王燕族人於獻酒之時則用醓醢幷韭菹以薦之也又復或燔其肉或炙其肝以爲羞其正饌以外所加善殽則脾之與臄酒殽既備又作樂助歡於是時或比於琴瑟而歌或徒擊鼓而咢以此燕樂族人是王能內睦之也定本集注經皆作嘉箋以脾臄爲加故謂之嘉是爲嘉美之。加也○傳以肉至鼓曰咢○正義曰釋器云肉謂之醓李巡曰以肉作醬曰醓天官醓人注云醓肉汁也蓋用肉爲醓特有多汁故以醓爲名其無汁者自以所用之肉魚鴈之屬爲之名也以臄爲函蓋相傳爲然服虔通俗文又。云口上曰臄口下曰函或當然也經傳諸言歌者皆以絃和之故云歌者比於琴瑟徒擊鼓曰咢釋樂文孫炎曰聲驚咢也王肅述毛作徒擊鼓今定本集注作徒歌者與園有桃傳相涉誤耳○箋薦之至之嘉○正義曰醓所以擩菹禮籩豆偶有醓必有菹故云韭菹則醓醢醢人云朝事之豆韭菹醓醢是也燔炙是正饌以脾函爲加助故謂之。嘉

敦弓既堅四鍭既鈞舍矢既均敦弓畫弓也天子敦弓鍭矢參亭已均中蓺箋云舍之言釋也蓺質也周之先王將養老先與羣臣行射禮以擇其可。與者以爲賓○敦音彫注及下同徐又都雷反鍭音候又音侯矢名鈞規旬反舍音捨注同參七

南反中丁仲反下皆同可與音預下與爲同一本直云可者無與字

序賓以賢

言賓客次第皆賢孔子射於矍相之圃觀者如堵牆射至於司馬使子路執弓矢出延射曰奔軍之將亡國之大夫與爲人後者不入其餘皆入蓋去者半入者半又使公罔之裘序點揚觶而語曰幼壯孝弟耆耋好禮不從流俗脩身以俟死者不在此位蓋去者半處者半序點又揚觶而語曰好學不倦好禮不變耄勤稱道不亂者不在此位也蓋僅有存焉箋云序賓以賢謂以射中多少爲次第○矍俱縛反相息亮反圃布古反又音布觀古亂反又音官堵丁古反奔音奮覆敗也將子匠反點都簟反觶之豉反爵名容三升語魚據反弟音悌耋徒節反好呼報反下皆同者不弗武反下同耄莫報反字或作旄同八十曰耄勤音其百年曰期頤僅其靳反

疏 敦弓至以賢○毛以爲自此以下皆說養老之禮周之先王將欲養老親自射以擇士其天子所射之畫弓既堅勁矣其四鍭之矢既鈞停矣其舍放此既均同而中矣王既射以擇賓莫非賢者賓次序而爲賓客者以此擇之故而皆是賢人也○鄭唯下句爲異謂次序羣臣爲賓以射之賢者爲次言以射中多少爲差等餘同○傳敦弓至中蓺○正義曰敦與彫古今之異彫是畫飾之義故云敦弓畫弓也冬官弓人爲弓唯言用漆不言畫則漆上又畫之彼不言畫文不具耳此述天子擇士宜是天子之弓故言天子敦弓此擇士之射與羣臣共之作者主言天子之弓而已其諸侯公卿宜與射者自當各有其弓不必畫矣其等級無文以明之也定四年公羊傳何休注云天子彫弓諸侯彤弓大夫嬰弓士盧弓事不經見未必然也又解四鍭之義言鍭是矢參亭者也參亭謂三分矢一在前二在後輕重鈞亭四矢皆然故言四鍭既鈞冬官矢人爲鍭矢參分一在前二在後注云三訂之而平者前有鐵重也矢而謂之鍭者釋器云金鏃翦羽謂之鍭孫炎曰金鏑斷羽使前重也方言云關西曰箭江淮謂之鍭則鍭者鐵鏃之矢名也又解舍矢既均之義言已均中蓺謂所射之質四矢皆均中也案周禮司弓矢鍭矢殺矢用諸近射田獵恒矢痺矢用諸散射鄭注云散射謂禮樂之射此養老卽是禮射而用鍭矢者此與賓客私宴不與常射同或云先王用先代法不用周禮○

籑舍之至爲賓〇正義曰舍釋俱是放義故舍之言釋謂既射放矢也傳言中藝故又解之云藝是質即所射之物正鵠之總名但此說大射當謂鵠也以下章言養老之事而此論射則知射爲養老故云周之先王將養老先與羣臣行射禮以擇其可與者以爲賓禮稱將祭而射謂之大射養老與祭相類而亦射以擇賓則亦爲大射何則禮射有三賓射在朝而射以娛賓燕射因燕而射以爲樂皆無擇士之義樂記云祀於明堂以教諸侯之孝食三老五更於太學以教諸侯之悌是祭與養老爲相類之事故知此射必大射也王肅以此爲養老燕射案燕射於燕旅酬之後乃爲之不當設文於會孫維主之上豈先爲燕射而後酌酒也以此知爲。毛射。之意亦爲大射也〇傳言賓至存焉〇正義曰言序賓以賢者謂次序爲賓以此擇之而皆賢也然則非賢不得爲賓故言賓客次序皆賢也自孔子射於矍相之圃以下皆射義文彼於圃下云蓋觀者如。堵此引之略也矍相地名樹菜蔬曰圃於矍相之地有此圃孔子射於中以聖人行禮故觀射者衆如垣堵之牆焉將射先行飲酒之禮其禮立一人爲司正使主飲酒之事至於將射則變司正爲司馬故言射至於司馬立司馬是將射之始也於此之時使子路執弓矢出圃外以延進射者令欲射也子路延射則子路爲司射矣執弓矢者明其爲射之事也告觀者曰若嘗爲奔敗軍衆之將謂與人爲將撫御無方致使己軍喪敗或嘗爲亡國之大夫謂與人爲臣不能匡輔令使其國滅亡及與爲人後謂他人已自有後復往奇而後之則是貪財之人若有此行者不得入其餘無此行者皆入子路言此之後蓋去者半入者半子路所陳三事皆是人之惡行者觀者終不半爲此行但見其言畏其義故去者半耳既已半入於圃又使公罔之裘及序點二人揚觶爵而爲語公罔裘先語於衆曰今射之所取之者唯十年而幼三十而壯於時能行孝悌之行及六十之耆七十之耋尚能好禮不從流失之俗脩飾己身以待其死而不變者可留於此若無此行者不得在此射位此說既訖所入之人於中蓋又去者半而處留者亦半也序點又揚舉此觶以語說於衆曰今射所取唯是好學不厭倦好禮不變慝至八十九十之耄而能勤行稱舉其道不爲亂者若無此行不得在此射位於是皆去蓋僅有存焉鄭於彼注其意爲然傳言此者見在射位如此爲難故先射擇之則賓客皆賢知子路爲司射者以鄉射云司射袒決遂取弓矢於西階乃告請射事今子路執弓矢延射故知爲司射也司射與司馬別而先。自言之明子路延射之節立司馬時也主射一人而已故子路獨出延射語說必須二人故因裘序點相對而言也必揚觶者將以令衆故執爵以自表也二人語意相類而子路之言全與別者子路出圃外延入令衆人皆入就大衆之內簡去惡者故言惡者不入爲威肅之辭其已入圃則是賓客將欲與之同射故使裘點就衆人之中簡取好者是故二人之言皆陳善事前言好禮而已後令好之不變前言者耋好之後言耄亦不亂是先易後難使彌簡彌精故再言之後蓋僅有存焉蓋者謂語之辭也子路言惡事其末當云有此行者不入裘點言善事其末當云無此行者不在此位以意在可知故不設此言是作文之常勢也孔子此射蓋爲大夫時也大夫射禮有五大射賓射燕射鄉射主皮之射此射先行飲酒之禮則孔子用鄉射禮何則大射自擇其臣非外人得入賓射則與賓爲之無詢衆之義燕射與所燕者射不得有外人觀之且燕在於寢不當處矍相之圃主皮之射則求中而已不在於禮而此射行禮又非主皮射明孔子此射用鄉射禮矣射義上又云古者天子諸侯將射必行燕禮。鄉大夫之射必行鄉飲酒之禮其下則說孔子射事明孔子射前飲酒者是鄉飲酒之禮射者卽是鄉射也故地官鄉大夫職云三年則興賢者能者以禮賓之厥明獻賢能之書於王退而以鄉射之禮詢衆庶注引孔子射於矍相之圃使序點揚觶而語衆庶之義引證鄉射明孔子用鄉射之禮也〇箋序賓至次第〇正義曰投壺數筭云某黨賢於某若干純謂中多者爲此射擇之爲賓而云賢明以射中多少爲次故易傳也賢

敦弓既句既挾四鍭天子之弓合九而成規箋云射禮搢三挾一个言已挾四鍭則已徧釋之〇句古豆反說文作彀云張弓曰彀挾子協反又子合反个古賀反亦作介徧音遍

四鍭如樹言皆中也序賓以不侮言其皆有賢才也箋云不侮者敬也其人敬於禮則射多中【疏】敦弓至不侮〇【正】毛以爲又說擇

士為射之事言王之敦畫之弓既挽其弦而句然既挾此四鍭之矢徧釋之矣其四鍭皆中於質如手就樹之然王既為此善射以擇賢者為賓故其次序為賓者以此擇之故皆不有侮慢者也言為賓者皆是恭敬之賢人○鄭唯下句為異言其次序賓以不侮慢多少為次第餘同○傳天子至成規○正義曰皆冬官弓人文也又云往體寡來體多謂之王弓注云王弓合九而成規弧弓亦然則此敦弓即彼王弧也傳言此者明既句是引滿之時也以合九成規此弓體直今言既句明是挽之說文云彀張弓也二京賦曰彫弓既彀彀與句字雖異音義同○箋射禮至釋之○正義曰射禮搢三挾一个大射禮然也搢者插也挾謂手挾之射用四矢故插三於帶間挾一以扣絃而射也射禮每挾一个今言挾四鍭故知已徧釋之也案大射禮搢三挾一个謂卿大夫若其君則使人屬矢不親挾也

曾孫維主酒醴維醹酌以大斗以祈黃耇

曾孫成王也醹厚也大斗長三尺也祈報也箋云祈告也今我成王承先王之法度為主人亦既序賓矣有醇厚之酒醴以大斗酌而嘗之而美故以告黃耇之人徵而養之也飲酒之禮曰告於先生君子可也○醹如主反說文厚酒也字林同音女父反斗字又作枓都口反徐又音主三尺謂大斗之柄也醇音淳【疏】曾孫至黃耇○毛以為賓射既中可以助行養老曾孫成王於是承先王之法度維為主人矣其為主人酒醴維醹厚矣故今酌之以大斗而獻之以報養黃耇之老人○鄭以此章始告酒醴下章乃言其養成王養老為主人酒醴維醹厚酌以大斗而嘗之以告黃耇將養之也○傳曾孫至祈福○正義曰以信南山經序準之知曾孫為成王也醹厚謂酒之醇者說文云醹厚酒也大斗長三尺謂其柄也漢禮器制度注勺五升徑六寸長二尺是也此蓋從大器挹之以樽用此勺耳其在樽中不當用如此之長勺也祈訓為求但從求善言而報養之故以祈為報也○箋祈告至君子○正義曰祈告釋詁文序言周家忠厚則此篇所陳周之先王與今王皆能親親而敬老也四章以上言親睦九族之事故箋於首章言先王五章以下言養老之事故箋又言先王以明周之先王盡能然也至於此章指言曾孫則是主言成王故

云今成王承先王之法度爲主人明先王亦然矣此先王指文王武王以其行天子禮故也若太王王季追王耳未能用天子法上言先王射以擇賓則成王亦然故知卽以文王之事接之云亦既序賓矣酌文在祈黃耇之上未告黃耇故知酌者酌而嘗之也飲酒之禮曰告於先生君子可也是鄉飲酒之禮賓賢能明日之事也彼注云先生大夫之致位者不以筋力爲禮於是可以來君子國中有盛德者可召唯所欲引此者證祈爲告義言養老之禮亦當豫告老人矣

黃耇台背以引以翼台背大老也引長翼敬也箋云台之言鮐也大老則背有鮐文既告老人及其來也以禮引之以禮翼之在前曰引在旁曰翼○台湯來反徐又音臺爾雅云壽也鮐湯來反魚名一音夷

壽考維祺以介景福祺吉也箋云介助也養老人而得吉所以助大福也○祺音其介音戒毛大也後皆放此

疏黃耇至景福○毛以爲成王之養老人也非止一時而已言此黃耇鮐背之老人成王以立長養事之以此常恭敬之由其尊耇老之人故得壽考維有吉慶以受大大之福○鄭以上言告老人此言養之事黃耇鮐背之老人既告之而來成王乃使人以禮在前導引之以禮在傍贊翼之以此故得壽考維吉以助其受大福○傳台背至翼敬○正義曰釋詁云鮐背耇老壽人也舍人曰老人氣衰皮膚消瘠背若鮐魚也爾雅作鮐以其似鮐魚而此經作台故箋申之云台之言鮐也大老則背有鮐文是依爾雅爲說也劉熙釋名云九十曰鮐背背有鮐文或當然也引長翼敬釋詁文○箋在前至曰翼○正義曰引者牽引之義故云在前曰引謂在前相導之翼者如鳥之翼在身之兩傍故云在傍曰翼謂在傍扶持之以此引翼是導引扶持之義則老人於是始求故易傳以上章爲始告此章爲正養○傳祺吉○正義曰釋言文

行葦八章章四句故言七章二章章六句五章章四句

既醉大平也醉酒飽德人有士君子之行焉成王祭宗廟旅酬下徧羣臣至于無筭爵故云醉焉乃見十倫之義

在意。云滿是謂之飽德○大平音泰後大平皆放此行下孟反第四章以下注皆同偏音遍下同見賢遍反

疏既醉八章章。章四句至行焉○正義曰作既醉詩者言太平也謂四方寧靜而無事此則平之大者故謂太平也成王之祭宗廟羣臣助之至於祭末莫不醉足於酒厭飽其德既荷德澤莫不自脩人皆有士君子之行焉能使一朝之臣盡爲君子以此教民大安樂故作此詩以歌其事也士者事也言其才可以理庶事人行之成名公卿以下總稱之濟濟多士文王以寧其文兼公卿也君子者言其德可以君上位子下民雖天子亦稱之易乾卦九三君子終日乾乾謂天子是也公卿以下有德者亦稱之言人有德者謂人人皆有德以顯太平之驗經八章首章上二句是醉酒飽德也四章下二句言相攝以威儀五章言君子有孝行是有士君子之行此二事是太平之實故序特言之但醉酒飽德本因祭蒙神福則遠被子孫故作者因言祭而得福祿澤及後世之事非詩所主意故序者略之本或云告太平者此與維天之命敘文相涉故遂誤耳今定本無告字○箋成王至飽德○正義曰以經言祭事故云成王祭宗廟至於旅酬乃以酒次序相酬不遺微賤下偏於羣臣至於無筭爵爵行無數以此故云醉焉酌酒始於旅酬爵行終於無筭以醉必在祭末故先以無筭結之又從祭初至於祭末乃見十等倫理於是志意充滿如食飽足是以謂之飽德也祭統云夫祭有十倫焉見事鬼神之道焉見君臣之義焉見父子之倫焉見貴賤之等焉見親疏之殺焉見爵賞之施焉見夫婦之別焉見政事之均焉見長幼之序焉見上下之際焉此之謂十倫也彼陳目於上又歷說其事於下文多不可盡載略舉其意以爲筵几依神詔室出於祊爲交神明一也君迎牲而不迎尸爲尸在廟門外疑於臣別嫌而迎是明君臣之義二也孫爲王父尸已北面而事子則爲父尸之故此父子之倫三也尸飲五獻卿尸飲七獻大夫尸飲九獻士與有司是明貴賤四也羣昭羣穆咸在別遠近親疏之序是親疏之殺五也賜爵祿於太廟此施爵賞。於六也君在阼夫人在房不相授受酢必易爵此別夫婦爲七也祭末歸俎貴者不重賤者不虛是政事之均八也賜爵昭穆及有司皆以齒是長幼有字九也有畀煇胞狄閽

寺君在上而惠下是上下之際十也此十義祭必有之唯爵賞之施或有或無舉其有者而爲十耳若然此十義祭則有之獨言成王之時爲太平事者人有士君子之行自由王化之深實非祭末始然但作者因事見義以祭有飽德之事而臣有士君子之行以爲政由於神化從神感是故因祭祀而美其人有德行以示世之太平耳

既醉以酒既飽以德 既者盡其禮終其事箋云禮謂旅醻之屬事謂惠施先後及歸俎之類○施式豉反 君子萬年介爾景福 箋云君子斥成王也介助景大也成王女有萬年之壽天又助女以大福謂五福也

疏 既醉至景福○毛以爲成王之祭宗廟羣臣助之至旅醻而酌酒終無筭爵而皆醉言成王既醉之以酒矣又於祭末見惠施先後歸俎之事差次二者之德志意充滿又是既飽以德矣君子成王德能如此當有萬年之壽天又大與汝大福也○鄭唯以介爲助餘同○傳既有至其事○正義曰春秋日食盡者謂之既故解之云既者盡其禮終其事盡禮終事其義一也以經有二事故分之耳○箋禮謂至之類○正義曰以傳解爲二故亦分而申之傳以禮解酒故云禮旅醻之屬言之屬謂下及無筭爵也傳以事解德故云事謂惠施先後謂尸飲五獻卿尸飲七獻大夫以貴賤爲先後也及歸俎者貴者得貴骨賤者得賤骨貴者先而賤者後言之類見理兼十倫故箋略舉以包通之○箋君子至五福○正義曰何知君子非上醉酒之飽德之人而以爲成王者以與萬年連文六章七章萬年之下以祚胤景命接之故知君子萬年宜斥成王也六章萬年之下云永錫祚胤即乘之云天被爾祿明永錫者是天錫之也此介爾景福亦在萬年之下其文與彼相值明亦大也故云天助汝以大福也此祭宗廟而言天助者以人死魂歸於天雖人鬼所助者皆歸之於天焉少牢嘏辭亦云使汝受祿於天是也福謂五福者洪範云五福一曰壽二曰富三曰康寧四曰攸好德五曰考終命注云康寧人平安也攸好德人皆好有德也考終命考成也終性命謂皆生佼好以至老也此五者皆是善事自天受之故謂之福福者備也備者大順之總名詩言景福多矣以此篇福事數備於五故就此以明之見諸言景福義皆然也此篇言君子萬年是

爲壽也天被爾祿是富也室家之壼是康寧也昭明有融是攸好德也高朗令終景命有僕即考終命也爲下具此五者故箋於是言之明此篇景福之言爲下總目也

既醉以酒爾殽既將將行也箋云爾女也殽謂牲體也成王之爲羣臣俎實以尊卑差次行之**君子萬年介爾昭明**箋云昭光也

疏既醉至昭明○毛以爲成王之祭宗廟羣臣助之終於無筭爵而皆醉言成王既醉之以酒矣爾王之殽羞牲體既差次而行之禮事終備女君子成王當有萬年之壽天又光大汝成王與之以昭明之道謂使之政教常善永作明君也○鄭唯以介爲助餘同○箋殽謂至行之○正義曰歸俎者以牲體實之於俎故又謂俎實以尊卑差次行之者謂貴者得貴骨賤者得賤骨是也

昭明有融高朗令終融長朗明也始於饗燕終於享祀箋云有又令善也天既。其女以光明之道又使之長有高明之譽而以善名終是其長也**令終有俶公尸嘉告**。俶終也公尸天子以卿言諸侯也箋云俶猶厚也既始有善令終又厚之公尸以善言告之謂嘏辭也諸侯有功德者入爲天子卿大夫故云公尸公君也○俶尺叔反嘏古雅反

疏昭明至嘉告○毛以爲天既光大汝成王以昭明之道甚有長也言與之明道未有極已之時以是之故王德高明而有善終禮莫重於祭饗燕是禮之始。祭祀是禮之終言王能善於祭也王之善終又有始言王於饗燕之禮亦善爲之由其終始皆善故於祭之時有諸侯之公與王爲先祖之尸始以善告王使受福也由此祭而使羣臣飽德故因述王之祭祀焉○鄭以爲天既助汝王以光明之道不但一時而已又使之長遠也所以爲長者使王有高明之譽而以善名終是其長也既以善名而終又使之篤厚是故公尸以善言告王也○傳融長至享祀○正義曰融長釋詁文釋言。文明朗也反覆相訓故朗爲明也此言令終下云有俶則是始終相對下云公尸此論祭事祭統曰禮有五經莫重於祭是以祭禮爲重禮終於是故謂之終以事神之禮爲終則與人交接者爲始故以饗燕爲始享祀爲終王者先成民而後致力於神故始於饗燕終於享祀○箋有又至其長○正義曰以說一人之事宜爲相亞故

以有爲又令善釋詁文天既助汝以光明之道令其無有窮已是又使之長也光明之道自在己身行之於人則有名譽此高朗令終還述有融之言故云有高明之譽而以善名終是其長也易傳者此昭明還乘上文而申之未有祭事在其間故易之也○傳俶始至諸侯○正義曰俶始釋詁文天子以卿謂以卿爲尸也卿而謂之公者言此卿之尊比下土諸侯也諸侯稱公故亦謂卿爲公也白虎通引曾子曰王者宗廟以卿爲尸射以公爲耦不以公爲尸避嫌三公尊近天子親稽首拜尸故不以公爲尸然則當時傳記有此說故知宗廟之尸必以卿也卿六命出封則爲侯伯故得以公言之此傳據卿非諸侯者爲說耳若諸侯入爲卿則稱公是常矣○箋俶猶至公君○正義曰箋以此文從介爾昭明以來轉相乘述則是終有俶亦是介爾之事俱爲神祐受之於天非言王之祭燕行事始終故不從俶爲始以令終已是善名故以俶爲厚釋詁文俶作也作事所以厚生故云俶猶厚也言天祐成王既始使以善名終又使厚之見天意殷勤之至也尸告主人唯嘏辭耳故知公尸嘉告謂嘏辭也傳言以卿爲非諸侯者故又言諸侯入爲卿大夫以申足傳說也諸侯有功德者入爲天子之卿大夫謂侯伯爲卿子男爲大夫五等在國臣皆稱之曰公故言公尸也公君釋詁文明國君而稱公非必公爵也此宗廟宜以卿爲尸但因解公而連言大夫耳祭統云夫祭之道孫爲王父尸所使爲尸者於祭者子行也父北面而事之彼說天子諸侯之法則天子諸侯宗廟之祭其尸用同姓也於同姓之中用其適者故祭統注云必取同姓之適知者士虞記云男男尸女女尸必使異姓不使賤者注云異姓婦也尸配尊者必使適也雖虞時男女別尸既祔則夫婦共尸唯此爲異其用適則同也曲禮曰爲人子者不爲尸注云然則尸必卜筮無父者然則尸又用適而無父者也非其宗廟之祭則其尸不必同姓石渠論云周公祭天用太公爲尸是用異姓也白虎通又云周公祭太山用召公爲尸蓋天地山川得用公也

其告維何籩豆靜嘉

恒豆之葅水草之和也其醢陸產之物也加豆陸產也其醢水物也籩豆之薦水土之品也不敢用常褻味而貴多品所以交於神明者言道之偏至也箋云公尸所以

善言告之是何故乎乃用籩豆之物絜清而美政平氣和所致故也○褻息列反清如字又才性反朋友攸攝攝以威儀言相攝佐者以威儀也箋云朋友謂羣臣同志好者也言成王之臣皆有仁孝士君子之行其所以相攝佐威儀之事○好呼報反

疏其告至威儀○正義曰案乘上公尸嘉告又問而說之言其此公尸以善言告者維何所為乎乃由主之所祭籩豆之物絜清而美又其時王之羣臣同志好之朋友皆有士君子之行所以相攝斂而佐助之其所以相攝佐者以威儀之事也由祭饌則絜清而美助者又善於威儀當神之意故公尸以善言告王也○傳恒豆至徧至○正義曰自交於神明以上皆郊特牲文所異者唯彼和下有氣此略之耳既引其文又云言道之徧至以解其間用水土之意豆謂恒常正祭之豆葅用水草之和氣所生者而為之若昌本與麋臡也其醓則用陸地所產之物若麇臡之等也朝事為正故謂之恒其加豆葅用陸產之物若葵葅與豚拍也其醓則別用水物若蠃與魚謂饋食之豆以其亞朝事故謂之加此籩豆之薦用水土所生之品者以不敢用尋常褻美之味而貴其多品數故加相及所以交接於神明者言道之徧而至於水土故也彼注云此謂諸侯也天子朝事之豆有昌本麋臡茆葅麇臡饋食之豆有葵葅蠃醓豚拍魚醓其餘則有雜錯云也記言恒豆加豆鄭引朝事饋食則以朝事為恒饋食為加取其水陸相配與記同者而證之以恒加相亞宜為朝事與饋食故不為饋外之加焉其餘錯雜者於天官醓人云朝事之豆有韭葅青葅非水草也饋食之豆有蜃蚳醓蜃非陸產蚳非水物故言雜錯也此皆言豆而并言籩者籩與豆相配故連言之也此皆天子之禮而引諸侯法者取水土之品是靜加之義故引之其雜錯猶自不同也○箋公尸至致故○正義曰維何者問之辭靜嘉者答之意言政平氣和因解水陸之物得美之意此經意言其告維何由籩豆靜嘉嘉下云其類維何室家之壼其胤維何天被爾祿更自申說類胤之事文勢雖與此異俱問而自說故同言維何也○箋朋友至之事○正義曰言朋友則非一人論祭事而言攸攝則是羣臣相攝以助之友者同志之名故云朋友謂羣臣同志好者攝者收斂之言各自收斂以相

助佐爲威儀之事則祭義所謂濟濟漆漆是也威儀孔時君子有孝子箋云孔甚也言成王之臣威儀甚得其宜皆君子之人有孝子之行孝子不匱永錫爾類匱竭類善也箋云永長也孝子之行非有竭極之時長以與女之族類謂廣之以教道天下也春秋傳曰穎考叔純孝也施及莊公○匱求位反道音導施以豉反

【疏】威儀至爾類○毛以爲成王之臣既相攝佐以威儀故威儀甚得其適時之中皆爲君子之人皆有孝子之行既有孝子之行又不有竭極之時能以孝道轉相教化則天長賜汝王以善道矣○鄭唯長與汝之族類爲異餘同○箋孔甚至其宜○正義曰孔甚釋言文時謂時節前事而量度之使己舉措合宜故云威儀甚得其實之初筵箋以時爲心所尊敬意亦類於此也○傳匱竭類善○正義曰匱竭俱是盡之義故以匱爲竭類善釋詁文○箋永長至莊公○正義曰永長釋詁文祭義云大孝不匱言博施備物當謂天子諸侯行孝不匱也此孝子不匱乘上朋友之文亦謂羣臣行孝與彼異也以言羣臣之孝則知永錫爾類爲長與爾之族類謂轉相教導也各欲其類則可以偏及天下故云謂廣之教導天下近從朝廷而至於天下是其無竭極之時也所引春秋傳者隱元年左傳文彼言穎考叔之孝延及莊公亦使孝以證有孝行者能轉相教導也純孝者杜預云純猶篤也謂孝之篤厚也其類維何室家之壺壺廣也箋云壺之言梱也其與女之族類云何乎室家先以相梱致己乃及於天下○壺苦本反鄭梱致也梱苦本反致直置反君子萬年永錫祚胤胤嗣也箋云永長也成王女有萬年之壽天又長予女福祚至于子孫

【疏】其類至祚胤○毛以爲乘上錫王善道故又問而說之天與王以善道者維是云何乎正謂以此善道施於室家之內以此室家之善廣及於天下此所謂長與之也能使善道之廣如此則君子成王當有萬年之壽天又長與汝之福祚至於胤嗣之子孫言天深祐之使福及後世也○鄭亦乘上問而說之言羣臣以孝行與其族類者維云何乎使至室家之內皆自先相親乃後及於天下使皆室家相親是謂與族類也餘同○傳壺廣○正義曰釋宮云宮中

巷謂之壼以宮中巷路之廣故以壼爲廣王肅云其善道施於室家而廣及天下周語單靖公之老送叔向叔向告其老而美單子引此章乃云壼也者廣裕民人之謂也○王肅據彼文以述毛傳彼言壼者廣裕民人故以壼爲廣也○箋壼之至天下○正義曰箋以言室家之壼則壼即是室家之事若言室家之廣則於文不類故易之云壼之言梱以孝行與族類者室家先以相梱逼而密緻言其相親然後以此相親之道與其族類亦使之室家相親故言乃及於天下也毛據外傳爲說外傳正解此文而箋必易之者箋之此意不違外傳也室家梱緻則可以化天下則是廣裕民人也。孝昭皆取此箋以解外傳是其不違矣但不訓壼爲廣與毛異耳

其胤維何天被爾祿

祿福也箋云天予女福祚至于子孫云何乎天覆被女以祿位使祿臨天下○被皮寄反注同

君子萬年景命有僕

僕附也箋云成王女既有萬年之壽天之大命又附著於女謂使爲政教。也○著直略反下同

疏其胤至有僕○毛以爲乘上祚胤問而說之言其祚及後胤者維是云何乎正謂天覆被汝以福祿使之長保王位錄臨天下言既得福祿如此君子成王常有萬年之壽天之大命有所附著言常歸於汝傳之子孫也○鄭唯以有爲又餘同○傳僕附○正義曰以僕御必附近於人故以僕爲附傳不訓有爲又故知不與鄭同

其僕維何釐爾女士

釐予也箋云天之大命附著於女云何乎予女以女而有士行者謂生淑媛使爲之妃○釐力之反媛于眷反妃音配芳非反

又釐爾女士從以孫子

箋云從隨也天既予女以女而有士行者又使生賢知之子孫以隨之謂傳世也○知音智傳直專反

疏其僕至孫子○正義曰乘上景命有僕問而說之言其大命所附之事維是云何乎乃與汝以女而有士行者使與汝爲配耦既與汝女而有士行者又隨之以生賢智之子孫使之傳世是得天之大命附著也○傳釐予○正義曰釋詁云釐予賜也俱訓爲賜故釐得爲予○箋天之至之妃○正義曰自六章至此其文有次因孝子之臣化族類以固王室故先言永錫祚胤爲遠之辭但乘其句末而轉之故云其胤維何不言其祚耳其實七章所言天被

爾祿景命有僕卽祚也此章云釐爾女子從以孫子是胤也六章擧其目因而分說之○鄭以七章言祚故箋云天覆被汝以祿位天之大命又附著於汝指王之身是解祚也以此章言胤故下箋云使生賢智之子孫以隨之謂傳世指其子孫是解胤也但以理得相因故言其胤維何而以祚答之見其生賢胤乃可以保國祚故其言相起發也下言釐爾女士從以孫子則孫子是此士女所生故知女士謂女而有士行者文母爲十亂之一是女而有士行者也成王之妃書傳無文其子則康王也昭二十六年左傳曰成王靖四方康王息民則康王亦明王也

既醉八章章四句

鳧鷖守成也大平之君子能持盈守成神祇。祖考安樂之也君子斥成王也言君子者大平之時則皆然非獨成王也○鳧音符鷖於雞反蒼頡解詁云鷖鷗也一名水鴞祇祁支反樂音洛篇末注同

【疏】鳧鷖五章章六句至樂之○正義曰作鳧鷖詩者言保守成功不使失墜也致大平之君子成王能執持其盈滿守掌其成功則神祇祖考皆安寧而愛樂之矣故作此詩以歌其事也上篇言太平此篇言守成卽守此太平之成功也太師次篇見有此義敘者述其次意故言太平之君子亦乘上篇而爲勢也王者之馭天下太平是功之所極物極則反或將喪之成之既難守亦不易故所以美其能守之也執而不釋謂之持主而不失謂之守持是手執之守是身護之盈者如器實滿故言持成者如物積聚故言守持守之義亦相通也故易注云持一不惑曰守是守亦持也神祇以人爲主故能守成則神祇祖考安樂之矣神者天神祇者地神祖。者則人神也經五章毛以爲皆祭宗廟則是祖考耳而兼言神祇者以推心事神其致一也能事宗廟則亦能事天地因祖考而廣言神祇明其皆安樂之也安者神意自安卽來燕來寧來宜來處來宗是也樂者謂愛樂主人饗其祭祀降之福祿卽來成來爲來下來崇無有後艱是也其持盈守成言神祇所以得安之意於經無所當也

鄭於神祇祖考經皆有之三章祭天地是神祇也卒章七祀亦神之別也二章四方百物四章社稷山川於周禮皆地祇也首章宗廟即祖考也不言鬼而言祖考復其文以足句經序例者序以天地人爲尊卑之次以統其小者經以鳧至爲次故不同也毛於首章傳曰太平則萬物衆多則不以鳧鷖所在與祭處也二章傳曰厚爲孝子則是於祖考也卒章傳曰不敢多祈則是述孝子之情非尸有尊卑也然則毛以五章皆爲宗廟矣鄭以首章祭宗廟二章祭四方百物三章祭天地四章祭社稷山川卒章祭七祀皆以首章一句言正祭次句以下言燕尸宗廟燕尸以祭之明日其餘皆同日也如此爲章次者以鳧鷖水鳥居水是常故先言在涇既以水爲主然後從下而漸至於高爲不常處或出水傍故次在沙而水中高地鳥亦往焉故次在渚水外高地鳥又時往故次在潨山之絶水鳥往最稀故以爲末因以鳥之所在取其象類爲喻故不依尊卑之次焉

鳧鷖在涇公尸來燕來寧 鳧水鳥也鷖鳧屬太平則萬物衆多箋云涇水名也水鳥而居水中猶人爲公尸之在宗廟也故以喻焉祭祀既畢明日又設禮而與尸燕成王之時尸來燕也其心安不以己實臣之故自謙言此者美成王事尸之禮備

爾酒既清爾殽既馨公尸燕飲福祿來成 馨香之遠聞也箋云爾者女成王者女酒殽清美以與公尸燕樂飲酒之故祖考以福祿來成女○聞音問或如字

【疏】鳧鷖至來成○毛以爲成王之時天下太平萬物衆多莫不得所其鳧鷖之鳥在於涇水之中得其處也既天下太平成王祭宗廟之神以其明日繹而燕尸此時公尸之來與王燕也其來心則安寧不以己實臣之故而不安由王誠心敬之故也其燕之時爾王酒既清絜矣爾王之殽既馨香矣乃用之以公尸燕樂而飲之則爲神所悅以此致福祿而來成汝孝子是爲神所安樂之也○鄭唯上句爲異言鳧鷖在涇水之中以與公尸在宗廟之內餘同○傳鳧水至衆多○正義曰釋鳥鸍沈鳧某氏曰詩云弋鳧與鴈郭璞曰似鴨而小長尾背上有文今江東亦呼爲鸍陸機疏云大小如鴨青色卑脚短喙水鳥之謹愿者也鷖與鳧俱在涇故知鳧屬蒼頡解詁云鷖鷗也一名水鴞太平則取

之以時不妄大殺故萬物衆多萬物多而獨言鳧者舉鳧之得所則餘者皆然可知○箋涇水至禮備○正義曰欲言水鳥居中故云涇水名也以凡喻者皆取其象故以水鳥之居水中猶人爲公尸之在宗廟故以喻焉此謂正祭故云在宗廟若繹祭之禮則郊特牲注云祊當於廟門之外西室繹又於其堂不專在廟門明在廟爲正祭也言公尸來燕則是祭後燕尸非祭時也燕尸之禮大夫謂之賓尸卽用其祭之日今有司徹是其事也天子諸侯則謂之繹以祭之明日春秋宣八年言辛巳有事於太廟壬午猶繹是謂在明日也此公尸來燕是繹祭之事故云祭祀既畢明日又設禮而與公尸燕也其尸以卿大夫爲之於王實爲其臣但孝子以父象事之故其心安不以己實臣之故自嫌由王事之盡敬故不嫌也若人遇己薄則不敢自安今言尸之安明王禮之備也

鳧鷖在沙公尸來燕來宜沙水旁也宜宜其事也箋云水鳥以居水中爲常今出在水旁喻祭四方百物之尸也其來燕也心自以爲宜亦不以己實臣自嫌也爾酒既多爾殽既嘉言酒品齊多而殽備美○齊才細反公尸燕飲福祿來爲厚爲孝子也箋云爲猶助也助成王也○爲于僞反注同協句如字

疏鳧鷖至來爲○毛以爲時既太平鳧鷖之鳥在於水傍之沙而得其所於此之時成王祭其祖考而明日燕尸公尸之來燕也自以其來爲宜其事不以臣故而自嫌言王事尸之禮備也其燕之時爾王之酒既多矣爾王之殽既善矣王用之以與公尸燕樂而飲之故致福祿來而厚爲孝子也○鄭以鳧鷖在沙喻祭四方百物卽以其日燕尸福祿來助成王以此爲異餘同○傳沙水至其事○正義曰上言在涇此云在沙則在涇水之傍沙也故云沙水傍易需卦九二需于沙注云沙接水者亦是水傍矣說文云沙水中散石也水少則沙見故字從水少耳因以爲宜故知宜其事也○箋水鳥至自嫌○正義曰箋以序言神祇祖考其言偏說諸神則經之所陳盡有之矣非獨祭宗廟而已故以每章各爲一祭而詩之取喻皆以爲象廟中之有神猶涇水之有鳥故以在涇爲喻宗廟今鳥出在水傍猶似神居國外國外之祭唯是四方百物之神矣故云水鳥而居水中爲常

今出在水傍喻祭四方百物之尸由四方百物祭在國外故以出水爲喻也大宗伯。疈辜祭四方百物言四方則其祭在國之外者各祭其方也言百物則偏祭百種之神也祭在四方其神百種唯蜡祭耳故注云疈。疈牲胸也辜磔也。疈而磔之謂。桀禳及蜡祭也即引郊特牲曰八蜡以記四方年不順成則八蜡不通以謹民財也又曰蜡之祭也主先嗇而祭司嗇也祭百種以報嗇也是八蜡之祭在四方祭百種也言百種者舉成數耳郊特牲曰蜡也者索也歲十二月令聚萬物而索饗之注云萬物有功加於民者神使爲之故祭以報焉既言百種又言萬物是其偏祭天下羣神也而謂之八蜡者以蜡者主於爲田報祭其八者於田功尤多故以爲主耳其祭非徒八神而已其神雖衆總而祭之郊特牲又曰伊耆氏始爲蜡注又云造者配之蓋諸神共立一尸而以伊耆氏配也曾子問云嘗禘郊社尊無二上注云神雖多猶一一而祭之此得總祭羣。臣者彼據常法故一一祭之蜡之與祫皆有以而然故爲總祭然蜡以先嗇爲主祫以后稷爲主亦尊無二上也郊特牲說蜡之辭曰土反其宅水歸其壑昆蟲無作草木歸其澤注云此蜡祭。祀辭也若辭同則同處可知是諸神總祭之事也郊特牲又曰順成之方其蜡乃通則四方方爲一祭故謂之四方也此箋言祭四方百物之尸謂正祭時也來燕來宜者謂祭末燕尸也上箋宗廟之祭言明日又設禮而與公尸燕此及下章皆不言明日有事祭義曰周人祭日以朝及闇既言終日有事明其即燕尸矣春官神士職曰以冬日至致天神人鬼以夏日至致地祇物魅注云蓋用祭天地之明日既別有事明其不復燕尸故知燕尸即以其祭之日也天地尚以其日明其餘諸神亦以其日也故箋於此及下章皆不言明日也其心自以爲宜爲宜與來寧意同故云亦不以己實臣之故自嫌也○傳言酒至備美○正義曰鄭於周禮差之唯大事於太廟備五齊三酒毛於此義雖爲宗廟之祭其大事與時祭不明但言品齊多耳未必五齊三酒皆。俱也殺稱既嘉可言美而已矣而傳兼言備者見苟可薦者莫不咸在之義箋以此章爲蜡祭則言多者以其神多故也○傳厚爲孝子○正義曰言此福祿之來厚爲孝子而其意亦與箋同以爲助之也。但不以爲宗廟之祭不得

言孝子故變言成王也

鳧鷖在渚，公尸來燕來處。渚沚也處止也箋云水中之有渚猶平地之有丘也喻祭天地之尸也以配至尊之故其來燕似若止得其處○渚之與反沚音止爾酒既湑，爾殽伊脯。公尸燕飲，福祿來下。箋云湑酒之泲者也天地之尸尊事尊不以褻味泲酒脯而已○湑息汝反泲子禮反字又作齊同

【疏】鳧鷖至來下○毛以爲時既大平鳧鷖之鳥來在水中之渚得其常處於此之時成王祭其宗廟而明日燕尸公尸之來燕也其來似若止得其處其燕之時爾王之酒既湑然而泲之爾王之殽維是脯矣王用此酒脯與尸燕樂而飲之爲神所饗福祿來下而與之○鄭以鳧鷖在渚喻祭天地之神於丘郎以其日燕尸爲異餘同○箋水中至其處○正義曰喻取其象水中高地謂之渚渚之高於水猶丘之高於地故云水中之有渚猶平地之有丘喻祭天地之尸也春官大司樂曰冬日至於地上之圜丘奏樂六變則天神皆降夏日至於澤中之方丘奏樂八變則地祇皆出是祭天地之神皆在丘也天地之祭唯二至在丘耳其夏正郊天與迎氣四郊及北郊祭地爲壇而祭不於丘也此以渚爲喻唯喻二至之祭其文不及郊也尸爲神象故公尸配至尊上云來寧來宜此言來處義亦同也上言其來心安心安宜據尸意爲說此云似若止得其處謂外人觀之彼言其心此據其貌爲異耳定本云以若止其處集注云似若止得其處集。處是也○箋湑酒至而已○正義曰箋以上言酒多殽美今酒言湑變殽言脯明其因文立義故知天地之尸尊事尊者不敢以褻美之味直以所泲之酒及乾脯而已因此示義舉酒脯爲言其實天地之祭更有殽饌也

鳧鷖在潨，公尸來燕來宗。潨水會也宗尊也箋云潨水外之高者也有瘞埋之象喻祭社稷山川之尸其來燕也有尊主人之意○潨在公反說文云小水入大水也徐云鄭音在容反水外之高者也瘞於例反埋亡皆反字亦作薶同既燕于宗，福祿攸降。公尸燕飲，福祿來崇。崇重也箋云既盡也宗社宗也羣臣下及民盡有祭社之禮而燕飲焉爲福祿所下也今王祭社又以尸燕福祿之來乃重厚也天

子以下其社神同故云然○降戸江反重直龍反下同

疏 鳧鷖至來崇○毛以爲時既太平鳧鷖之鳥在於潨水之會得其常處於此之時成王祭宗廟明日而與尸燕公尸之來燕也其來有尊敬孝子之心既來與王燕於宗廟則福祿從此尸所而下與王也於時王與公尸燕樂飲酒故致福祿而來重與王也○鄭以爲鳧鷖之鳥在水外之潨喻公尸之居在瘞埋之祭謂祭社稷山川之神至其祭畢而燕尸公尸之來燕也其來有尊主人之意於此天子祭社稷之時羣臣下及衆民盡至而燕飲於其社宗爲福祿所下而與之此時天子用酒殽而與公尸燕樂而飲之故致福祿之來乃重而厚也自天子至於庶人同得社之福祿故言重也○傳潨水會宗尊○正義曰潨音如叢叢則叢是聚義且字從水衆知是水之會聚之處說文云潨小水入於大水也廟以尊重稱宗廟故宗爲尊也王肅云言尊敬孝子也○箋潨水至之意○正義曰箋以水會亦在水中與在涇無異不宜別文其義既別則潨非水矣此詩之次從水而次沙次渚則是漸嚮高地此承渚下則亦是地矣渚既是水中高地潨當是水外之高地潨者地高之貌水外之地潨然而高蓋涯涘之中復有偏高之處以爲瘞埋之象喻祭社稷山川釋天云祭地曰瘞埋李巡曰祭地以玉埋地中曰瘞埋孫炎曰瘞者翳也既祭翳藏地中然則瘞埋牲者其上以土覆之微高於平地故以。潨爲喻也爾雅以祭地爲瘞埋祭法云瘞埋於泰折祭地也春官司巫凡祭事掌守瘞注云瘞謂若祭地祇有埋牲玉者守之然則瘞埋者唯謂祭地耳此以瘞埋爲祭社稷山川者上以渚喻丘其文可以兼天地則此非地之大祇當是地之別神耳大宗伯社稷山川皆在地神之條則其祭亦埋與祭地同也若。無大宗伯云以血祭祭社稷五嶽以埋沈祭山林川澤注云不言祭地此皆地祇祭地可知也陰祀自血起貴氣臭也祭山林曰埋川澤曰沈順其性之含藏如彼之注唯山。用埋。爾社稷與川似不用埋而此言社稷山川皆瘞埋者鄭志張逸問曰以血祭祭五嶽以埋沈祭山川不審五嶽亦當埋否答曰五嶽尊祭之從血腥始何嫌不埋如鄭此言祭五嶽有埋明社稷亦埋矣然則川澤曰沈蓋亦沈而復埋何者釋天云祭山曰庪懸不言埋張逸亦引以問而鄭答曰爾雅之文雜非一家之注不可盡據以難周禮雖不可盡據而於校人玉人之注有庪沈之言是鄭意亦以祭山有庪縣之法鄭雖不解庪縣之義要庪縣似非埋也祭山得庪縣而復埋明祭川亦得沈而復埋故以社稷山川皆言埋也李巡以埋爲埋玉而禮運云瘞繒帛注云埋牲曰瘞則牲玉幣帛皆埋之也孫炎曰既祭埋之鄭於司巫注云守瘞者以祭禮未畢若有事然祭禮畢則去之矣卽是初卽埋之非祭畢始埋也社稷山川其神不卑於四方百物云有尊主人之意者尸以主人盡禮故尊重之而以己卑之故尊主人也毛意正以爲宗廟之祭亦言尊敬孝子○傳崇重○正義曰釋詁文○箋既盡至云然○正義曰以下文云公尸燕飲則此未爲燕訖故以既爲盡上箋云社稷山川則此章所祭非獨社耳。徧以宗爲社宗者以下言公尸燕飲謂王與尸燕則既燕于宗則非王燕尸矣此非王燕而言盡燕者周悉之辭故知既燕于宗謂羣臣下及民庶因祭而燕也此在社稷山川之章則羣臣所祭之神亦此等神耳但諸侯之於山川在其地則祭之非其地則不祭國君尚然則羣臣民庶必不得祭山川矣臣民得與天子同祭者唯社稷耳故知既燕于宗唯指社宗以社是尊神耳故言社宗猶廟稱宗廟也月令仲春命民社祭法云大夫以下成羣立社郊特牲曰唯爲社事單出里是羣臣下及民庶盡有祭社之禮而燕飲焉臣民所祭不必有尸所云燕飲因祭而與共祭之人自燕飲耳郊特牲曰社者神地之道也又曰社祭土而主陰氣天子諸侯下及庶民雖廣狹不等俱土神因言天子祭社其辭遂及於民故文辭重疊異於餘章箋又言天子以下其。神。社同故云然是解詩人置辭被及民庶之意也公尸燕飲文在臣民之下以民得福君又得福故云來重以民之獲福亦君之福也故於君爲重

鳧鷖在亹公尸來止熏熏亹山絕水也熏熏和說也箋云亹之言門也燕七祀之尸於門戶之外故以。喻其來也不敢當王之燕禮故變言來止熏熏坐不安之意○亹音門熏許云反說文作醺云醉也說音悅旨酒欣欣

燔炙芬芬公尸燕飲無有後艱欣欣然樂也芬芬香也無有後艱言不敢多祈也箋云艱難也小神之尸卑用美酒有燔炙可

用褻味也又不能致福祿但令王自。今無有後。艱而已○令力呈反

【疏】鳧鷖至後艱○毛以爲時既大平鳧鷖之鳥在山絕水之亹得其常處於此之時成王祭其宗廟以明日燕尸公尸之來止燕坐熏熏然其又和說而得其宜於是行旨美之酒欣欣然歡樂薦燔炙之羞芬芬然馨香王用之以與公尸燕而飲之致其無復有後日之艱難孝子之意不敢多祈故變文不言福祿以見之○鄭以鳧鷖之鳥在於絕水之亹喻公尸之居在於王宗廟之門謂祭七祀之神燕其尸於廟門之外也公尸之來止處自以神卑之故熏熏然坐而不安於是有旨酒欣欣然美燔炙芬芬然香用之以與公尸燕樂而飲之致其無復有在後之艱厄神卑不敢致福止令無艱而已○傳亹山至和說○正義曰傳以渚者水中地是土當水之流漈者水會之處是土障水令聚令變文言亹非復土也故以爲山絕水謂山當水路令水勢絕也所云石絕水曰梁亦此之類蓋石是小石此則大山爲異耳以宗廟之尸尊者自得故爲熏熏和說也○箋亹之至之意○正義曰箋以上四章隨類取喻己有天地宗廟社稷山川四方百物諸神略欲盡矣其所未見唯七祀耳而上言鳧鷖所在於祭皆有所類唯此山絕水之亹於七祀之祭事無其象則是假取其名以爲其義故云亹之言門燕七祀之尸於門戶之外故取此門名以爲喻焉祭法曰王爲羣姓立七祀曰司命曰中霤曰國門曰國行曰大厲曰戶曰竈是七祀之名也諸侯以下則有降差此言天子之事故云七也案中霤禮唯祭五祀皆先薦於奧祀戶則設主於戶內祀中霤則設主於牖下此二者在戶內也祀門則設主於門左樞在門內也祀竈則設主於陘祀行則設主於軷上竈在廟門外之東行在廟門外之西此二者在門外也尸主當相依附五祀正祭之時戶與中霤在戶之內門在門之內竈行在門之外司命大厲雖無文亦不過廟門之外內也宗廟正祭在奧繹在門況七祀之祭有本在門外者也明其燕尸皆在門之外矣故云於門戶之外也上四章皆以發首一句喻正祭則此鳧鷖在門亦當喻正祭矣各以尸在門故取亹名爲喻則首句經喻燕事與上不類者以七祀之祭祭非一處而正祭有在門者燕尸又皆在於門故言門亦可以見正祭也七祀之神神之卑

者而來止熏熏文異於上故知其來不敢當王之燕禮故變言來止熏熏是坐不安之意○傳欣欣至多祈○幾○正義曰飲美酒而言欣欣故爲樂謂尸之樂也芬芬是香之氣故爲香謂燔炙香也二事不類者以人飲酒而後知味食炙而後知香指體而言雖爲小異自人而發意亦同也無有後艱守成而已非神加之福見孝子之意不敢多祈也禮稱祭祀不祈則皆亦不祈言不敢多者此非孝子口所自祈言神纔令如此見孝子不敢多祈耳不敢更復望福是所謂能持盈也○箋小神至而已○正義曰七祀神之小者故云小神祭法注云小神祭法注云小神居人間伺察小過作譴告者是也月令孟冬臘先祖五祀聚祭之則周之七祀雖四時別祭於臘亦聚祭之義也此詩所云未必七神並祭作者於後總言之耳因其神卑而變其文用美酒有燔炙以其神卑可用褻美之味神又自以爲卑不敢致福主人但令王自今以去無有後艱而已

鳧鷖五章章六句

附釋音毛詩注疏卷第十七(十七之二)

毛詩注疏校勘記(十七之二)

阮元撰盧宣旬摘錄

○行葦

敦史受之 小字本相臺本同案釋文云敦本又作惇同正義本是惇字

不利方反 補 通志堂本盧本不作又方作今案不字方字誤也

燕伐北鄙 閩本明監本毛本同案山井鼎云爾雅疏伐作岱皆非也浦鏜云代誤伐是也

敦敦然道傍之葦 閩本明監本毛本同小字本相臺本傍作旁案旁字是也傍乃正義所易今字

故經以成形名之 閩本明監本毛本同案浦鏜云經疑徑字誤是也

或陳言筵者 閩本明監本毛本同小字本相臺本言作設考文古本同案設字是也

王俱爾而揖進之 閩本明監本毛本同案爾當作邇下文皆作邇可證也經注作爾正義作邇爾邇古今字易而說之也例見前

邇卿面南北上 閩本明監本毛本同案浦鏜云西面誤面南是也

邇大夫北面少進 閩本明監本毛本同案北面當作皆分為二字而誤也山井鼎云儀禮元文作大夫皆少進正義引略大夫者不備耳

客受而奠之不舉也 相臺本同閩本明監本毛本同小字本無也字

嘉殽脾臄 唐石經小字本相臺本同案正義云定本集注經皆作嘉箋以脾臄爲加故謂之嘉是爲嘉美之加也依此是正義經當作加字考此箋之意以嘉殽之文與脾臄相連明爲一事不與他經單言嘉殽者同故用加殽爲說以加訓嘉者詁訓之法也若經字作加則箋無庸云故謂之嘉矣當以定本集注爲長

徒擊鼓曰咢 小字本相臺本同案釋文云毛云徒歌曰咢正義云王肅述毛作徒擊鼓今定本集注作徒歌者與園有桃傳相涉誤耳考歌字當爲鼓之誤王肅有擊字與今爾雅文同或毛讀爾雅無

鄭注儀禮云醓汁也 補 通志堂本同盧本醓汁作醢汁云醢舊作醓考六經正誤云醓海也海字誤潭建本皆作汁與國本作醓案儀禮第八聘禮云其南醓醢屈鄭注云醓醢汁也是解醓乃醢之汁也監本誤合醓汁二字爲海字諸本亦各漏一字故不可曉也今考此當作醓汁也爲是小字本所附亦誤作醓汁

又云口吹肉也 補 通志堂本盧本吹作裏小字本所附同案今注疏所附裏作次吹當次字形近之譌段玉裁云次是說文谷口上阿也从口上象其理然則非口裏可知口次猶口邊也

是爲嘉美之加也 閩本明監本毛本同案加當作嘉與下互換而誤

服虔通俗又云 閩本明監本毛本同案山井鼎云又恐文誤是也

故謂之嘉 閩本明監本毛本同案嘉當作加與上互換

以擇其可與者小字本相臺本同案釋文云一本直云可者無與字正義本有

言賓客次第皆賢閩本明監本毛本同小字本相臺本第作序考文古本同案序字是也

觀者如堵牆小字本相臺本同案此釋文本也正義云皆一射義文彼於圃下云蓋觀者如堵此引之略也是正義本無此一句釋文云觀者古亂反如堵丁古反是釋文本有也此亦合併之未檢照者故經注正義幷互

又使公罔之裘序點揚觶而語曰小字本相臺本同案此傳曰字上當有公罔之裘揚觶而語八字因複出而脫去也正義云又使公罔之裘及序點二人揚觶爵而爲語公罔裘先語於衆曰是其證各本皆誤

耄勤稱道不亂小字本相臺本同案釋文云勤音其正義云而能勤行稱舉其道是正義如字讀考鄭射義注云旄期或爲旄勤此乃本之異者勤字不得讀爲期釋文所音非也

勤音其補釋文校勘記通志堂本盧本同案六經正誤載此云期音其是宋監本勤字作期也今考此傳正義本是勤字如字讀之釋文本亦是勤字但讀勤爲期故云音其也集韻七之其鉗下有勤字郎本於此其實鄭射義注所云旄期或爲旄勤者期勤各如其字讀之此正義長於釋文也宋監本改勤爲期亦由謂勤不得音其耳但非陸意〇按陸本必是本作期音其此與往近王舅本作王迈同

又解四鍭之義閩本明監本毛本鍭誤鏃案山井鼎云下除金鏃鐵鏃外皆同是也

孫炎曰金鏑閩本明監本金作者毛本倒之案山井鼎云兩誤是也

以此知爲毛之意亦爲大射也閩本明監本毛本同案十行本此至之剜删者一字誤也當作以此知爲大射毛意亦爲大射也

蓋觀者如堵閩本明監本毛本同案堵下浦鏜云牆字脫是也

而先自言之閩本明監本毛本同案浦鏜云自疑目字誤是也

鄉大夫之射閩本明監本毛本同案浦鏜云卿誤鄉是也

說文作㱿補通志堂本盧本㱿作彀案彀字是也

二京賦曰彫弓既彀閩本明監本毛本同案浦鏜云斯誤既是也又云二當作東非也李善文選注引楊泉物理論曰平子二京是通稱二京矣

先生大夫之致位者閩本明監本毛本同案浦鏜云仕譌位是也

故得壽耇補案耇當作考形近之譌毛本正作考

以受大夫之福補閩本夫作大案大字是也明監本毛本誤人

釋詁文鮐背耇老壽人也補閩本明監本毛本文作云案云字是也浦鏜云人衍字以爾雅考之浦挍不誤

皮膚涓瘠閩本明監本毛本同案浦鏜云消誤涓是也爾雅疏引郎取此正作消

則老人於是始求 閩本明監本毛本同案求當作來形近之譌

○既醉

大平也 小字本相臺本同唐石經大上有告字案正義云本或云告大平者此與維天之命敘文相涉故遂誤耳今定本無告字釋文以既醉大平作音是正義本釋文本皆無告字考維天之命在頌故序云告謂以其成功告於神明此既醉在雅序本不云告或作本誤譜正義引既醉告大平即出於或作本也

在意云滿 閩本明監本同小字本相臺本在作志云作充毛本同案在字云字誤也

既醉八章章四句 補案當衍一章字毛本不誤

此施爵賞於六也 閩本明監本毛本於作為案所改是也

事謂惠施先後 小字本相臺本同閩本明監本毛本惠施倒案倒者誤也釋文正義皆可證

天既其女以光明之道 小字本相臺本其作助考文古本同閩本明監本毛本其作與案助字是也正義云鄭以為天既助汝王以光明之道可證

俶終也 閩本同小字本相臺本終作始明監本毛本同案始字是也釋文正義皆可證

祭祀是禮之終 閩本明監本毛本同案浦鏜云享誤祭是也

釋言文明朗也補案文當作云毛本不誤

釋詁文俶作也閩本明監本毛本同案浦鏜云文當云字誤是也

恆豆之菹小字本相臺本同考文古本同閩本明監本毛本菹作組十行本初刻作菹後剜作組案剜者誤

乃由主之所祭閩本明監本毛本主作王案所改是也

恆豆謂恆常正祭之豆閩本明監本毛本同案十行本正至豆剜添者一字

若羸與魚閩本明監本毛本同案浦鏜云蠃誤羸下同是也

故加相及所以交接於神明者閩本明監本毛本同案相及當作恆豆

有韭菹青菹閩本明監本毛本同案浦鏜云菁誤青是也

是靜加之義補案加當作嘉毛本不誤

春秋傳曰頴考叔純孝也小字本同閩本同相臺本頴作穎明監本毛本同案穎字是也廣韻云穎又姓左傳有穎考叔頴即穎之別體俗字

各欲其類閩本明監本毛本同案欲當作教

壼之言梱也小字本相臺本同考文古本同閩本明監本毛本梱作捆案梱字是也正義中字十行本皆作梱致同又見擣羽

使至室家之內閩本明監本毛本同案至當作在

孝昭皆取此箋閩本明監本毛本同案浦鏜云韋誤孝是也

使祿臨天下也小字本同相臺本祿作錄閩本明監本毛本臨誤福案錄字是也以錄解祿是爲訓詁孝經援神契云祿者錄也引見繆木正義錄臨者今文尚書所謂大錄考文古本作莅臨不得其解而臆改之耳

謂使爲政教也閩本明監本毛本同小字本相臺本無也字

此章云釐爾女子補案子當士字之譌毛本正作士

○鳧鷖

神祇祖考明監本毛本祇誤祗閩本以上皆不誤

祖者則人神也閩本明監本毛本同案浦鏜云考誤者是也

經序例者閩本明監本毛本同案山井鼎云例恐倒誤是也

涇水名也小字本相臺本同案段玉裁云此篇涇沙渚潨亹一例涇水中也誤作水名也下云水鳥而居水中又云水鳥以居水中爲常承上爲言爾雅直波爲徑釋名作涇涇徑字同謂大水中流徑直孤往之波故云涇水中也詳詩經小學今考正義云欲言水鳥居中故云涇水名也此名字或是後改正義本當未誤

不以己實臣之故自謙 毛本同小字本相臺本謙作嫌閩本明監本同案嫌字是也下箋亦不以己實臣自嫌也不誤

爾者女成王者 閩本明監本毛本同小字本相臺本下者作也考文古本也字同案者字誤

大宗伯畐辜 閩本明監本同毛本畐作疈案所改是也當與下疈而磔之互易見下

故注云疈畐牲胷也 閩本明監本同毛本畐作疈案所改非也畐當作副經作疈古文也注轉為副而說之所以曉人今周禮注盡作疈者不知者所改也此正義所引自不誤但副壞為畐又互易其一處遂不可讀今正之

疈而磔之 閩本明監本毛本同案此疈當與上大宗伯畐辜互易副之壞字也見上

謂桀禳及蜡祭也 閩本明監本毛本同案浦鏜云磔誤桀是也

此得摠祭羣臣者 閩本明監本毛本同案浦鏜云神誤臣是也

此蜡祭祀辭也 閩本明監本毛本同案浦鏜云祝誤祀是也

未必五齊三酒皆俱也 閩本明監本毛本同案俱當作供形近之譌

但不以為宗廟之祭 閩本明監本毛本同案但下當有箋字

集處是也 閩本明監本毛本同案浦鏜云處當注字誤是也

有瘞堙之象 補 案堙當作埋形近之譌釋文可證

故以滌爲喻也閩本明監本毛本滌誤衆下章正義衆者水會之處亦滌之誤也

若無大宗伯云閩本明監本毛本同案浦鏜云無當然字譌是也

唯山用埋爾閩本明監本毛本用誤而案爾當作耳

徧以宗爲社宗者閩本明監本同毛本徧作偏案所改是也

其神社同故云然閩本明監本毛本同案浦鏜云社神字誤倒是也

故以喻閩本明監本毛本同小字本相臺本喻下有焉字考文古本同案有者是也

但令王自今無有後艱而已小字本同閩本同相臺本艱作難明監本毛本今誤安案難字是也正義云但令王自今以去無有後難而已可證

傳欣欣至多祈幾閩本明監本毛本幾作也案所改非也此衍字

祭法注云小神祭法注云小神閩本同明監本毛本無下祭至神六字案所刪是也此複衍

於臘亦聚祭之義也閩本明監本毛本同案浦鏜云義當衍字是也

毛詩大雅　鄭氏箋　孔穎達疏

假樂嘉成王也假音暇 疏 假樂四章章六句○正義曰作假樂詩者所以嘉美成王也經之所云皆是嘉也正詩例不言美以見爲經之正因訓假爲嘉故轉經以見義且乘上篇爲次以其能守成功故於此嘉美之也

假樂君子顯顯令德宜民宜人受祿于天假嘉也宜民宜人宜安民宜官人也箋云顯光也天嘉樂成王有光光之善德安民官人皆得其宜以受福祿於天保右命之自天申之申重也箋云成王之官人也羣臣保右而舉之乃後命用之又用天意申勑之如舜之勑伯禹伯夷之屬○右音又助也注同重直用反 疏 假樂至申之○正義曰言上天嘉美而愛樂此君子成王也以其有光光然明察之善德宜於民而能安之宜於人而能官之以此能受其福祿於天是天嘉樂之也官人之事王政尤重故又更申說之言王所以能官人者待羣臣相保安素相委知乃自佑助而共舉之成王乃後命用之既用之爲官又用天意申重戒勑之此其所以官人得其宜也○傳假嘉至官人○正義曰假嘉釋詁文民人散雖義通對宜有別皐陶謨云能安民能官人安民則惠黎民懷之其文與此相類故知宜民宜安民宜官人也○箋顯光至於天○正義曰顯光釋詁文下言受祿于天則嘉樂者是天嘉樂之故云天嘉樂成王有光光之善德光光雖爲總辭安民官人即亦善德之事也天不能自治下民立君以治民治民得宜則天降之福故云皆得其宜以受福祿於天○傳申重○正義曰釋詁文也○箋成王至之屬○正義曰官人之事王政尤重上文既言宜人故云成王之官人羣臣保佑而舉之保安也佑助也謂能相委知乃相助薦舉成王得其所舉乃命用之又用天意申勑之堯典云舜曰咨四岳有能奮庸熙帝之載使宅百揆僉曰伯禹作司空帝曰俞汝往哉帝曰咨四岳有能典朕三禮僉曰

伯夷帝曰俞咨伯汝作秩宗既命羣官其下總云帝曰咨汝二十有二人欽哉惟時亮天功是舜勑伯禹伯夷之事也僉曰是保佑也俞往是命之也亮天功是用天意申勑之也其事與此相類故云如舜之勑伯禹伯夷之屬彼所命者猶有垂益夔龍之等引之不盡故言之屬以包之干祿百福子孫千億穆穆皇皇宜。君宜。王宜君王天下也箋云干求也十萬曰億天子穆穆諸侯皇皇成王行顯顯之令德求祿得百福其子孫亦勤行而求之得祿千億故或為諸侯或為天子言皆相勗以道○且君且王一本且並作宜字勗香玉反不愆不忘率由舊章箋云愆過率循也成王之令德不過誤不遺失循用舊典之文章謂周公之禮法○愆起連反

疏千祿至舊章○正義曰言成王能行光光之善德宜安民宜人以此求天之祿則得百種之福子孫亦勤行善德以求天祿則得千億言其多無數也子孫以勤行得祿之故所以穆穆然皇皇然宜為諸侯之君宜為天子之王言其相勉以德上天福之常作人主保其邦國也又言成王所以蒙天之德澤及子孫者以其有光光善德勤行之不過誤不遺忘志唯循用舊典之文章言能遵用周公禮法故得福流子孫○傳宜君至天下○正義曰君王別文傳并言之者以其俱有宜文故總而釋之言宜君者宜君王者宜王天下君則諸侯也亦以天下言之者以其與此天下之民為君其國亦在天下之中故同言之○箋干求至以道○正義曰干求釋言文十萬曰億古數然也天子穆穆諸侯皇皇曲禮文也求祿者必行善求之以文承上章故知成王行顯顯令德求祿得百福也知非子孫之數有千億者以此美成王能行善德不美其子孫衆多上言百福是福之衆多故知千億亦福之多數也宜君宜王文承千億之下故箋以勢接之言得祿故或為諸侯或為天子明得為天子諸侯即是千億之祿也又解得祿之由言皆相助勉力行道故福祿降之○箋愆過至禮法○正義曰愆過釋言文率循釋詁文以不愆不忘即是令德之事故本於上章言成王之令德也循用舊典之文章是用之以治天下也上章言宜民宜人則是王已治政而遵用舊章事在制禮之後故知是周公之禮法也以其

一代大典雖則新制永爲舊章也周禮六官所存者五天地夏秋四官皆以正月之吉懸其所掌之法於象魏使萬民觀之哀三年左傳曰魯災季桓子至御公立于象魏之外命藏象魏曰舊章不可忘。是謂周公之制六典之法爲舊章也

威儀抑抑德音秩秩無怨無惡率由羣匹

抑抑美也秩秩有常也箋云抑抑密也秩秩清也成王立朝之威儀致密無所失教令又清明天下皆樂仰之無有怨惡循用羣臣之賢者其行能匹耦己之心○惡烏路反又如字注同朝直遙反緻直致反本或作致行下孟反

受福無疆四方之綱

疆居良反下篇同

疏威儀至之綱○毛以爲言成王立朝之威儀抑抑然而美也其道德教令之音秩秩然而有常也以此之故爲天下愛樂無有咎怨之者無有憎惡之者又能循用羣臣之匹耦己志者謂臣有賢行能與己爲匹則取其謀慮而依用之以此之故受天之福祿無有疆境常爲天下四方之綱言常爲君王統領天下○鄭以爲正立朝之威儀抑抑然密緻無遺失其教令之德音秩秩然清明無所壅滯故爲天下樂仰餘同○傳抑抑至有常○正義曰抑傳亦抑抑爲密則是密審故所以爲美也釋詁文秩常也故以秩秩爲有常○箋抑抑至之心○正義曰抑抑密秩秩清皆釋訓文以此詩美成王之德下云四方之綱則是爲政之事故知謂立朝之威儀也緻密無失謂舉止詳悉事無非禮教令清明謂下民寧靜無幽不燭有儀可愛有德可慕故天下皆樂仰之其行能匹耦己心者謂舉事允當與己志合也

之綱之紀燕及朋友

朋友羣臣也箋云成王能爲天下之綱紀謂立法度以理治之也其燕飲常與羣臣非徒樂族人而已○樂音洛

疏傳朋友羣臣○正義曰此美王能官人又言天子燕及故知朋友是羣臣尚書武王曰我友邦冢君亦是稱臣爲朋友也○箋成王至而已○正義曰綱紀者以結綱喻爲政故知謂立法度以理治之言燕及則時復及之○非常燕也禮有族食族燕則王燕族人爲常臣則有功乃燕是燕臣爲非常今美王恩之隆而云燕及朋友則是以族人之恩及之故云燕飲常與羣臣非徒族人而已

百辟卿士媚于天子不。解于

位民之攸塈塈息也箋云百辟畿內諸侯也卿士卿之有事也媚愛也成王以恩意及羣臣羣臣故皆愛之不解於其職位民之所以休息由此也○辟音壁注同媚眉備反注同解佳賣反注同塈許器反

疏傳塈息○正義曰釋詁云呬息也某氏曰詩云民之攸塈郭璞曰今東齊呼息爲呬則塈與呬古今字也○箋百辟至有事○正義曰烈文云百辟其刑之對四方其訓之則百辟非四方故爲畿內諸侯以此百辟卿士文相對故分之爲二烈文唯有百辟無卿士之文則百辟兼卿士矣故彼箋以卿士解百辟明百辟之中可以兼之也月令仲夏雩祀百辟卿士云百辟卿士古者上公以下若句龍后稷之類亦以其文具足故言以下明古之王朝之臣有功於民者皆可以祀之非獨上公意亦與此同也

假樂四章章六句

公劉召康公戒成王也成王將涖政戒以民事美公劉之厚於民而獻是詩也公劉者后稷之曾孫也夏之始衰見迫逐遷於豳而有居民之道成王始幼少周公居攝政。反歸之成王將涖政召公與周公相成王爲左右召公懼成王尚幼稚不留意於治民之事故作詩美公劉以深戒之也○公劉王云公號劉名也尚書傳云公爵劉名也王基云公劉字也召本亦作邵上照反後皆同涖音利又音類力洎反夏戶雅反下夏人同少時照反相息亮反

疏公劉六章章十句至是詩○正義曰作公劉詩者召康公所作以戒成王武王既崩成王幼弱周公攝政七年而反歸之今成王將欲涖臨其政召公以王年尚幼恐其不能留意於民故戒之以治民之事美往昔公劉之愛厚於民欲王亦如公劉而獻是公劉之詩以戒成王此與泂酌卷阿俱是召公所作而爲此次者厚民之事人君之急務故先作公劉非有道德則不能愛民故又作泂酌言皇天親有德饗有道欲王之脩德行道也君雖有德不能獨治又作卷阿戒王使求賢用士也案卷阿末句云矢詩不多維以遂歌自言作意是總結之辭則三篇次

第元是召公作之先後編者如其意而次之敘亦以其一時之事故於此詳之言成王將涖政而獻是詩明下兩篇亦是將涖政之時俱獻之也獻者卑奏於尊之辭召公臣也故言獻國語曰使公卿至於烈士獻詩是也鴟鴞序云以貽王者周公自達己意欲使遺傳至王非己。情。所獻。見故文與此異也公劉之厚於民經六章皆是也言成王將涖政戒以民事序其作者之意於經無所當○箋公劉至戒之○正義曰周本紀云后稷生不窋不窋生鞠陶鞠陶生公劉是后稷之曾孫也后稷本封於部非有所迫不應去國適豳公劉有道之君天子不應見逐故知以夏之衰始見迫逐而遷於豳也譜云公劉以夏后太康時失其官守竄於此地則夏之始衰謂太康時也去中國而適戎。其則是不爲天子所助下箋以爲夏人迫逐之蓋是王朝之人以時衰政亂疾惡有道故逐之也案譜以公劉當太康之時韋昭之注國語以不窋當太康之時不窋乃公劉之祖不應共當一世夏氏之衰太康爲始太康禹之孫不窋。之子計不窋宜當太康公劉應在其後豳譜欲言遷豳之由遠本失官之世不窋以太康之時失稷官至公劉而竄豳其遷豳之時不必當太康也又外傳稱后稷勤周十五世而興周本紀亦以稷至文王爲十五世計虞及夏殷周有千二百歲每世在位皆八十許年乃可充其數耳命之短長古令一一也而使十五世君在位皆八十許載子必將老始生不近人情之甚以理而推實。據信若使此言必非虛誕則不窋之與公劉彌是不共世太康之後有羿浞之亂比至少康之立幾將百年蓋太康始衰之時不窋失官少康未立之前而公劉見逐也而有居民之道經之所陳皆是也成王始幼少周公居攝政者鄭以金縢之注差約之以爲武王之崩成王年十歲除喪年十三是其幼少也攝政元年成王年十五。及歸之成王年二十一成王將涖政其年二十有二召公與周公相成王爲左右謂作上公爲二伯分陝而治周公。右書序云周公爲師召公爲保召公不悅作君奭與此同時也鄭不辨公劉是名是字王肅云公號也劉名也王基云周人以諱事神王者裕百世召公大賢出自姬姓稱揚先祖盛德之君而舉其名不亦遠於禮乎其意以爲公劉必是字也計虞夏之時世代尚質名字之別難得而知世本史記不應皆沒其名而盡書其字以之爲名未必非矣鄭以姜嫄爲名詩人亦得稱之何獨公劉不可言其名也周人自以諱事神於時未有諱法祫祭之及羣公未能重於先妣何當許姜嫄而怪公劉王基雖述鄭未必然也王肅以公爲號猶可焉何則后稷至於大王十有餘世唯三人稱公何故三君特以公號豈餘君不爲公也若爲名單而以公則古公祖紺者復二名而加公矣

配

篤公劉匪居匪康迺埸迺疆迺積迺倉迺裹餱糧于橐于囊思輯用光篤厚也公劉居於邰而遭夏人亂迫逐公劉公劉乃辟中國之難遂平西戎而遷其民邑於豳焉迺埸迺疆言脩其疆埸也迺積迺倉言民事時和國有積倉也小曰橐大曰囊思輯用光言民相與和睦以顯於時也箋云厚乎公劉之爲君也不以所居爲居不以所安爲安邰國乃有疆埸也乃有積委及倉也安安而能遷積而能散爲夏人迫逐己之故不忍鬭其民乃裹糧食於囊橐之中棄其餘而去思在和其民人用光大其道爲今子孫之基○埸音亦裹音果餱音侯食也字或作糇糧本亦作粮音良糇也橐他洛反囊乃郎反說文云無底曰橐有底曰囊輯音集又七立反難乃旦反積子智反委於僞反爲夏于僞反又如字弓矢斯張干戈戚揚爰方啓行戚斧也揚鉞也張其弓矢秉其干戈戚揚以方開道路去之豳蓋諸侯之從者十有八國焉箋云干盾也戈句矛戟也爰曰也公劉之去邰整其師旅設其兵器告其士卒曰爲女方開道而行明己之遷非爲迫逐之故乃欲全民也○戚七歷反鉞音越從才用反又如字盾字又作楯順允反又音允句音鉤卒尊忽反下餘卒士卒皆同爲于僞反下非爲爲公劉皆爲同

【疏】篤公劉至啓行○毛以爲厚於民事乎此公劉也乃能匪以所居爲居匪以所安爲安言不顧己之安居唯以利民爲意又言其不顧安居之事公劉之在邰國乃有畛埸乃有疆界言其有田疇之業乃有委積乃有囷倉言其有穀食之資有田有食深可安居乃以不忍鬭其民人之故遂棄此疆埸積倉乃裹此糧食於此囊橐之中委其餘而去是其不以安居爲安居也公劉所以必爲此事者思使民人相與輯睦不欲戰鬭以殺傷之用

此以光顯己德於其時故為民而不愛物也其發部國之時弓矢於此張之又秉其干戈戚揚之兵器整其師旅而不出乃告其士卒曰我為汝方開道路而行其民以此之故而從之至豳是其愛厚於民也王今當念此公劉厚民之事而留意治之○鄭唯以用光為光大其道為子孫之基大意亦與毛同()傳篤厚至於時○正義曰篤厚釋詁文后稷封於邰至公劉而始遷故云公劉居於邰也夏人亂迫逐公劉當太康之後少康之前未能定其年世也以其時當夏世而被逐去國明因王政之亂而有人逐之不知逐者是何人也言公劉乃避中國之難遂平西戎而遷其民邑之於豳者言其遷之所由也豳地雖亦與狄鄰而近戎為多故云遂平西戎平之者謂與之交好得自安居耳公劉不忍鬬民而去不與戎戰爭而平之也豳於漢屬右扶風為栒邑縣則是中國之地言西戎者雍之西境與戎接連為夏為戎隨時變易公劉未居之前則為戎大王既來之後復為狄良由地居疆場故一彼一此也乃場乃疆謂民各有地言脩其疆場謂民脩之乃積乃倉謂官之積倉也此倉積所有出於疆場而來故云言民事時和國有積倉謂稅民而得之積也地必民所耕故舉民之疆場欲見公劉不。忕故舉官之積倉官倉出於民田故先言疆場也橐囊俱用裹糧而異其文明有小大之別故云小曰橐大曰囊宣二年左傳稱趙盾見靈輒餓食之又為之簞食與肉寘諸橐以與之。囊唯盛食而已是其小也哀六年公羊傳稱陳乞欲立公子陽生盛之巨囊而內可以容人是其大也釋詁云輯和也是思和其民不鬬其民即是相與和睦民能和睦則時人顯知君德故云於時也○箋厚乎至之基○正義曰此篇言篤猶生民之言誕以公劉君厚愛其民歎其能厚故每章言篤以冠公劉之上箋云厚乎公劉之為君總釋諸章皆云篤公劉之意也居之與安所以為異者居謂田宅是人之所處止即疆場是也安謂資財是人所利用積倉是也正言部國乃有委積及倉者美其已聚之物而能散之故其言不及疆場也安安而能遷積而能散曲禮文也言安此之安以愛民故而能遷往他所。以自有積聚散而棄之以其意與彼同故引以為說又申說遷散之意正為夏人迫逐己之故不忍鬬其民愛重民命故棄其安居也既有積倉褁糧食故知棄其餘而去也以召公追而美之以戒成王不述他姓之人唯陳己之父祖以此知應輯用光之言意在感今追昔故易傳以爲光大其道爲今子孫之基○傳戚斧至八國焉○正義曰廣雅云鉞戚斧也則戚揚皆斧鉞之别名傳以戚爲斧以揚爲鉞鉞大而斧小太公六韜云大阿斧重八斤一名天鉞是鉞大於斧也牧誓云武王左杖黃鉞孔安國云黃鉞以黃金飾斧也以其特言黃鉞故云以金飾然則不言黃者未必皆金飾也以弓矢言張是人張之故知干戈戚揚爲人秉之也夏人迫逐則是有兵圍繞爲之阻難故云方開道路而去之豳也蓋諸侯之從者十有八國當是亦爲夏人政亂爲鄰國所侵以公劉賢君爲可師長故與之俱遷也毛自言蓋爲疑辭不知出何文也○箋爰曰至全民○正義曰爰曰釋詁文言爲汝開道而行示其無所畏難明己之遷非爲迫逐之故力不能拒乃欲保全其民無令損害故也告之以此使民知遷意也

篤公劉于胥斯原既庶既繁既順廼宣而無永歎。胥相宣徧也民無長歎猶文王之無悔也箋云于於也廣平曰原厚乎公劉之於相此原地以居民民既衆矣既多矣既順其事矣又乃使之時耕民皆安今之居而無長歎思其舊時也○歎他安反字或作嘆徧音遍相息亮反下相此皆同

陟則在巘。復降在原何以舟之維玉及瑤鞞琫容刀巘小山別於大山也舟帶也瑤言有美德也下曰鞞上曰琫言德有度數也容刀言有武事也箋云陟升降下也公劉之相此原地也由原而升巘復下在原言反覆之重居民也民亦愛公劉之如是故進玉瑤容刀之佩○甗本又作巘魚輦反又音言又音魚偃反又音彥毛云小山別於大山也與爾雅異復降音服又扶又反注復下同瑤音遙鞞必頂反琫必孔反別彼列反反復本亦作覆同方福反

疏篤公劉至容刀○正義曰公劉既至豳國先相地居民厚乎公劉之爲君也於是相此原地以居其民既衆矣既多矣既順其事矣又乃使之偏而時耕其田於是民皆樂業安今之居而無悔恨長歎思其舊時者也又覆說相原之事公劉升則在巘山之上觀其形勢復下而在原察其處所用心反覆重民若是以

此之故亦爲民愛其時之民皆云我今有何物而可與公劉帶之維有美玉及瑤弁有鞞琫容飾之刀可以爲之佩耳言。居民相愛其情若此故能保全家國澤及子孫王豈得不念之而留意治民乎○傳胥相至無悔○正義曰胥相釋詁文宣徧釋言文乃宣之文在既順之下順謂順事則宣謂徧耕意亦與鄭同王肅云徧謂廬井毛意未必然也民無長歎是喜其來還不恨公劉故云猶文王之無悔言文王之德不爲人恨與此同以此傳知彼不與鄭同○箋于於至舊時○正義曰于於釋詁文廣平曰原釋地文李巡曰廣平謂土地寬博而平正也衆多一也丁寧言之耳順其事矣謂順爲生之事築室之類皆是也乃宣之文與緜乃宣乃畝同故亦以爲時耕也○傳巘小至武事○正義曰小山別於大山者釋山云重甗隒郭璞曰謂山形如累兩甗甗甑山狀似之上大下小因以爲名西京賦曰陵重甗是也與皇矣小山曰鮮義別彼謂大山之傍別有小山也言何以舟之卽說玉瑤容刀刀玉是所佩之物故知舟是帶也傳解下之所以進上多矣。雖言玉瑤容刀者君子所以比德今進之瑤言公劉有美德也。瑤是玉之別名舉瑤可以兼玉故不言玉也鞞者刀鞘之名琫者鞘之上飾下不言其飾指鞞之體故云下曰鞞上則有飾可名故云上曰琫桓二年左傳曰袞冕黻珽帶裳幅舄昭其度也藻率鞞琫鞶厲游纓昭其數也夫德儉而有度度登降有數此鞞琫在昭數之中以表人之有數故云言有度數意取左傳故弁度言之刀所以斷割故云言有武事

篤公劉逝彼百泉瞻彼溥原迺陟南岡乃。覯于京溥大覯見也箋云逝往瞻視溥廣也山脊曰岡絕高爲之京厚乎公劉之相此原地也往之彼百泉之間視其廣原可居之處乃升其南山之脊乃見其可居者於京謂可營立都邑之處京師之野于時處處于時廬旅于時言言于時語語是京乃大衆所宜居之也廬寄也直言曰言。論難曰語箋云于於時是也京地乃衆民所宜居之野也於是處其所當處者廬舍其賓旅言其所當言語其所當語謂安民館。客施教令也○廬力居反論難魯困反下乃旦反館客一本作館舍

疏篤公劉至語語○正義曰

上既相地居民此又說相立都邑言厚乎公劉之爲君也乃往之彼百泉之間就下地而仰望彼廣大之原觀見可居之處也乃又升彼南山岡脊之上乃見其可居而爲都邑者於京之地也此京地乃是大衆所宜居之野故於是處其所當處者於是又爲館舍以寄其賓旅既立都邑乃宣布號令公劉於是言其所當言語其所當語謂施政教於民也公劉厚民如此王亦當留意治民也○傳溥大覯見○正義曰皆釋詁文王肅云往之彼百泉之地乃視彼大原乃見是京而居之可以避水禦亂也○箋逝往至之處○正義曰逝往瞻視皆釋詁文以原是廣平之地故以溥爲廣其義亦與傳大同也山脊曰岡釋山文絕高爲之京釋丘文彼下即云非人爲之丘京與丘相對且言爲之。丘則是人爲之矣孫炎郭璞皆云人力所作而此詩說公劉依京築宮王肅言可以禦亂則京是大丘非人爲矣李巡曰丘之高大者曰京是京有二等若戰勝取尸築爲京觀者則人爲之此言京者則是丘之高大非人爲也相原地而往之百泉之間者上已升巘觀之是登高以臨下此往百泉之間自下而望高且慮下溼故往之泉處前既升巘今復陟岡反覆審觀之下言于京斯依故知京是可營立都邑之處○傳是京至曰語○正義曰春秋言京師者謂天子所居公劉非天子不得謂所居爲京師此文連上乃覯于京則此京還是上京也師者衆也故云是京乃大衆所宜居之野以衆必大故言大衆非是京之訓也地官遺人治國野之道以待賓客云十里有廬廬有飲食則廬是居舍之名賓客寄舍其中故云廬寄也衞戴公廬於曹亦謂寄在曹地也直言曰言謂一人自言答難曰語謂二人相對對文故別耳散則言語通也定本集註皆云論難曰語

篤公劉于京斯依蹌蹌濟濟俾筵俾几箋云蹌蹌濟濟士大天之威儀也俾使也厚乎公劉之居於此京依而築宮室其既成也與羣臣士大夫飲酒以。樂之羣臣則相使爲公劉設几筵使之升坐○蹌七羊反

既登乃依乃造其曹執豕于牢酌之用匏。賓已登席坐矣乃依几矣曹羣也執豕于牢新國則殺禮也酌之用匏儉以質也箋云公劉既登堂負。扆而立羣。臣適其牧羣搏豕於牢中以爲飲

酒之殽酌酒以匏爲爵言忠敬也○依毛如字鄭於豈反箋云或扆字造七報反匏步交反殺所戒反摶音博沈又音付食之飲之君之宗之爲之君爲之大宗也箋云宗尊也公劉雖去部國來遷羣臣從而君之尊之猶在部也【疏】篤公劉至宗之○毛以爲上既言處止於京此又言宮室既就饗燕羣臣焉厚乎公劉之爲君也既爲邑於京地於此依之而築宮室宮室既成則饗燕羣臣其威儀蹌蹌之士及濟濟之大夫將來君所公劉則使人爲之設筵使人爲之設几賓來就燕既登席矣乃依几矣公劉乃使人造適其羣牧執其豕於牢中以爲飲酒之殽其飲此酒酌之用匏匏以酌之言其新爲邦國儉而禮合也又說公劉其於羣臣設饌以食之設酒以飲之己身與之爲君與之爲大宗也言公劉之厚於羣臣如此欲成王之法效之○鄭上二句與毛同言公劉築室既成與羣臣飲食以樂之其爲如此蹌蹌濟濟之威儀者謂公劉之朝士大夫者則相使爲公劉設筵相使爲公劉設几欲使公劉升扆而坐也公劉既登堂矣乃負扆而立其羣臣乃造其羣牧執豕於牢以爲飲酒之殽得殽乃飲遂酌之用匏以進於公劉於此之時羣臣之於公劉也獻酒以飲之進食以食之從而君敬之從而尊重之言雖去舊國見尊如本國由愛厚其民之故下不失敬欲成王之厚於民以見敬○箋蹌蹌至升坐○正義曰曲禮下云凡行容大夫濟濟士蹌蹌是蹌蹌濟濟大夫士之威儀也俾使釋詁文上京師之野于時處處謂衆民處處此言于京斯依則是公家之事故云公劉之居此京依而築宮室以宮室新成則有落之之禮下執豕用匏是飲酒之事故知既成與羣臣士大夫飲酒以落之也落室之禮則是公家所爲筵几酒豕當是公家之物而云羣臣相使爲公劉設几筵使之升坐者爲禮之物實出於公但使掌供辦羣臣之職若使心不愛君則苟從而已雖有所掌不必促遽今言羣臣相使見其愛君之意耳○傳賓已至以賓○正義曰以上言筵几此言登依則是登筵依几故云賓已登席矣乃依几矣以傳此言則知上筵几者毛意以公劉爲羣臣設之饗燕之禮立一人爲賓對主以行禮總而言之則非主者皆曰賓此賓即上蹌蹌濟濟之人宜爲總矣左傳之說饗禮云設几而不倚此言

依几者此文總言於臣之禮不辨饗燕之異下云飲之食之或亦兼食燕矣故得依几也行葦說燕宗族之禮箋云老者加之以几則羣臣之中當有無几者據有者言之耳周語曰民所曹好漢書每云吾曹曹者輩類之言故爲羣也饗禮當享大牢以飲賓此唯用豕者秋官掌客曰凡禮賓客國新殺禮公劉新至豳地殺禮也匏是自然之物故云儉且質也定本云儉以質也燕禮羹定乃納賓此賓升乃執豕者其賓執豕在登席之前欲使賓事與殺酒各自相近故也○箋公劉至忠敬○正義曰釋宮云牖戶之閒謂之扆明堂位云天子負斧依南鄉而立此云既登乃依事與彼同故知是公劉既登堂負扆而立也明堂位注云負之言背也斧依爲斧文屏風於戶牖之閒然則斧者是屏風之名扆則戶牖之閒地耳郭璞云扆窗東戶西也禮有斧扆形如屏風畫爲斧文置於扆地因名爲斧扆是也言天子負斧扆則諸侯之扆有斧以否無明文也此公劉負扆而立謂在朝之時其飲則坐於席故上箋云使之升坐謂設几筵擬飲時非負扆時也適其羣牧謂牧豕之羣處也晉語曰大任溲於豕牢卽牢是養豕之處故云搏豕於牢中言忠敬者總解執豕用匏之事備其殺酒酌以進君道公劉之臣忠而且敬也○傳爲之君爲之大宗○正義曰傳以君之宗之其意爲一也板傳曰王者天下之大宗然則此以諸侯爲一國之所尊故云爲之大宗也○箋公劉至在部○正義曰夷險易情人之恒事國君不能得其社稷乃逃竄遠夷於此之時臣多解體而能見尊如此所以可尚易傳者孫毓云此篇主稱公劉之厚於民列其始遷於豳此章言羣臣之愛敬上下之有禮無饗燕尊賓之事且饗之禮設几而不倚何有賓已登席依几之義又國君不統宗故有大宗小宗安得爲之君復爲之大宗乎箋說爲長

篤公劉既溥既長既景迺岡相其陰陽觀其流泉既景乃岡考於日景參之高岡箋云厚乎公劉之居豳也既廣其地之東西又長其南北既以日景定其經界於山之脊觀相其陰陽寒煖所宜流泉浸潤所及皆爲利民富國○相息亮反注同煖況袁反又乃管反浸子鳩反

其軍三單度其隰原徹田爲糧三單相襲也徹治也箋云部后

稷上公之封大國之制三軍以其餘卒爲羨今公劉遷於豳民始從之丁夫適滿三軍之數單者無羨卒也度其隰與原田之多少徹之使出稅以爲國用什一而稅謂之徹魯哀公曰二吾猶不足如之何其徹也〇單音丹度待洛反注及下同羨音賤又音衍下同

度其夕陽豳居允荒山西曰夕陽荒大也箋云允信也夕陽者豳之所處也度其廣輪豳之所處信寬大也〇廣古曠反

【疏】篤公劉至允荒〇毛以爲厚乎公劉之爲君初至於豳既廣其土地之東西既長其境界之南北既以日影定其經界乃復登彼山脊之岡而視其陰陽寒煖所宜又觀其流泉浸潤所及知天氣宜其禾黍地利足以生物乃居處其民焉又其從部往豳未得安定之時其爲軍也分老弱婦女爲三等之陳而單營之初來未有宅舍且居其隰原之地治其豳國之田以爲久住之糧然後始得營室安居乃居其山西夕陽之地此豳國之居信寬大矣美其居民得所闢境廣大欲王法效之也〇鄭唯下五句爲異言公劉初至於豳丁夫寡少其軍有三唯單而已無羨卒也量度其陽與原田之多小徹稅其田之所收以爲國之糧庶其豳之所處夕陽之地觀其廣輪則豳之所居信寬大矣〇傳既景至高岡〇正義曰以此句同事別故特解之考於日影即上既溥既長以日影考之也參之高岡即下相其觀其是登岡視之先影後岡故稱及也定本影皆爲景字〇箋既廣至富國〇正義曰既廣既長謂正定疆界故以土地言之公劉自部往遷豳之時尺土皆非己物故美公劉能廣長之也夏殷之世大國百里雖云廣長亦不是過也日影定其經界者民居田畝或南或東皆須正其方面故以日影定之居山之脊觀其陰陽則觀其山之南北也大名則山南爲陽山北爲陰但廣谷大川有寒有暖寒暖不同所宜則異故相之也流泉所以溉灌故知觀其浸潤所及相寒暖視浸潤欲民擇所宜而種之逐浸潤而耕之皆所以利民富國故公劉殷勤審之也〇傳三單相襲徹治〇正義曰重衣謂之襲三單相襲者謂三行皆單而相重爲軍也此謂發部在道及初至之時以未得安居慮有寇鈔故三重爲軍使強壯在外所以備禦之也嵩高及此傳皆云徹治則訓徹爲治非稅法之通名也言治田爲糧謂既至豳地以

爲久住之糧非在道之糧也何則發部之日尚委棄積倉不假言治田爲道路之糧矣王肅云三單相襲止居則婦女在內老弱次之强壯在外言自有備也徹治也居其民衆於襲與原治其田疇以爲糧是也○箋邰后至其徹○正義曰知后稷上公之封者公羊傳曰王者之後稱公后稷本是二王之後以有大功而改封於邰明爲大國公爵公劉是其曾孫耳故知仍爲大國當作三軍地官小司徒云凡起徒役無過家一人以其餘爲羨羨謂家之副丁也今言其軍三單則是單而無副故知公劉遷豳民始從之其衆未多丁夫適滿三軍之數無復羨卒故稱單也以周禮言之三軍三萬七千五百人然則從公劉之遷其家不滿此數故通取羨卒始滿三軍也言度其隰原是度量土地使民耕之也下卽云徹田爲糧明是徹取此隰原所收之粟以爲軍國之糧也且徹與孟子百畝而徹文同故知徹之使出稅以爲國用孟子說三代稅法其實皆什一故云什一而稅謂之徹引論語曰明徹是稅法其證爲什一也如孟子之言夏曰貢周曰徹徹乃周之稅法公劉夏時諸侯而言徹者召公以周之世上論公劉遂以周法言之以其俱是什一其名可以相通故也大國三軍亦是周制而謂公劉之時已作三軍者以三代損益事多相因甘誓云大戰于甘乃召六卿王曰嗟六事之人是夏時天子六軍之將亦命卿其法與周同也於時大國亦立三卿則知亦作三軍而周制因之耳夏殷大國百里周則大國五百里大小懸絶而軍數得同者周之軍賦皆出於鄉家出一人故鄉爲一軍諸侯三軍出其三卿而已其餘公邑采地不以爲軍若夏殷之世則通計一國之人以爲軍數故此言丁夫適滿三軍是通一國之人總計之大國百里爲一方一里者萬爲田九萬夫田有不易一易再易通率二而當一半之得四萬五千家以三萬七千五百家爲三軍尚餘七千五百舉大數故得爲三軍也次國七十里爲方一里者四千九百爲田四萬四千一百夫半之得二萬二千五十家二軍當用二萬五百人少二千九百五十人以羨卒充之舉大數亦得爲二軍也以小國五十里爲方一里者二千五百爲田二萬二千五百夫半之得一萬一千二百五十家以萬二千五百人爲軍少一千二百五十人不滿一軍舉大數亦得爲一軍

也如此計之夏殷國地雖狹亦得爲三軍矣易傳者此詩主美公劉之遷首章言去邰二章已言至豳無宜此文方說在道去夏入戎則戎地無寇至豳之日無所用兵三軍相襲復何禦哉且上言棄其積倉裹糧而行至豳無糧必須稅斂徹是稅名糧從田出徹田爲糧稅事明矣故知三單是三軍之無副徹田是徹民而取糧所以不從傳也○傳山西至荒大○正義曰山西曰夕陽釋山文孫炎曰夕乃見日然則陽即日也夕始得陽故名夕陽釋言云荒奄也孫炎曰荒大之奄也則荒奄俱是大義故爲大也皇矣傳以度爲居此章二度傳意皆應爲居王肅云居其夕陽之地豳國之居信廣大也○箋夕陽至寬大○正義曰夕陽者總言豳人一國之所處也其界在山之西不知是何山也譜云豳在岐山之北書傳說大王去豳踰梁山注云梁山在岐山東北然則豳國之東有大山者其唯梁山乎大司徒注云輪從也馬融云東西爲廣南北爲輪量度其東西南北之所處信寬大矣豳譜所云原隰之野謂此○篤公劉于

豳斯館涉渭爲亂取厲。取鍛。館舍也正絶流曰亂鍛。石也箋云鍛石所以爲鍛質也厚乎公劉於豳地作此宮室乃使人渡渭水爲舟絶流而南取鍛厲斧斤之石可以利器用伐取。材木給築事也○厲本又作礪鍛本又作碫丁亂反說文云碫厲石字林大喚反材木一本作。林。木○止基迺理爰衆爰有夾其皇澗遡其過澗皇澗名也遡鄉也過澗名也箋云爰曰也止基作宮室之功止而後疆理其田野。校其夫家人數日益多矣器物有足矣皆布居澗水之旁○夾古洽反又古協反澗古晏反遡音素過古禾反注同鄉本又作嚮許亮反文○與卷阿篇注同校音教○止旅乃密芮鞫之卽密安也芮水厓也鞫究也箋云芮之言內也水之內曰隩水之外曰鞫公劉居豳既安軍旅之役止士卒乃安亦就澗水之內外而居脩田事也○芮本又作汭如銳反鞫居六反涯五佳反亦作厓澳於六反又於報反字或作奧○疏篤公劉至之卽○正義曰上言量度國境此言安置民居厚乎公劉之爲君也於此豳地令民作此館舍將作之時先使人涉渡於渭乘舟絶水爲亂而過取其礪石取其鍛具所

以鍛礪斧斤利其器用伐取材木乃爲宮室言其勸導有法豫事省功也宮室
既備民得居處公劉止此宮室之基乃疆理民之田畝言其先營民居次理民
田又校數夫家人數見其人物衆多公劉乃言曰人民衆多矣器物有足矣又
徧觀民宅見其有夾其皇澗而處者謂在澗兩邊也見有遡其過澗而處者謂
開門嚮澗也公劉見其布在水傍各服田畝又止其軍旅之役乃安息其士卒
令此士卒於彼芮鞫之就也芮水内也鞫水外也謂止其在官之役使就水營
田也言公劉之愛民如是王豈得不法效之乎○傳館舍至鍛石○正義曰禮
有公館私館館者宮室之名爲館所以止舍其中故云館舍也正絶流曰亂釋水
文孫炎曰直横渡也然則水以流爲順横度則絶其流故爲亂俱是渡謂取礪
礪既是石則知鍛亦石也○箋鍛石至築事○正義曰鍛者治鐵之名非石也
傳言鍛石嫌鍛是石名故明之云鍛石所以爲鍛質者質椹也言鍛金之時須
山石爲椹質故取之也礪者磨刀劍之名亦非石名也言取礪者亦取其爲礪
之石耳公劉之君民豳地作宮室謂作民宮室非公宮也公宮則上云于京斯
依者是也鍛礪所由施於斧斤故知取鍛礪斧斤之石所以利器用也材木由
器而取築作用所故云取材木給築事也○傳皇澗至澗名○正義曰以皇過
與澗共文故知皆澗名也夾者在其兩傍故知遡者嚮也謂開門嚮之大率民
民以南門爲正此蓋皇澗縱在兩傍而夾之過澗横故在北而嚮之王肅云或
夾或嚮所以利民也○箋爰曰至之傍○正義曰爰曰者公劉之言也公劉疆
理田疇巡行廬井見民多器足而發此言故云曰也作宮室之功止謂民之宮
也上云既順乃宣謂初至先及時耕田既耕乃營宮室也上既言耕則民已得宮
地於此復疆之者前來急於趨時未皆部分且有後來之衆皆須得田故止宮
室之功乃疆理之之亦既疆理其田自然須校人數周禮稱夫家者謂男女也校
比其國内男女之數而授之田公劉數其衆故曰益多矣有之爲言與多不類
上言礪鍛是民之器物故知有者器物有足矣經陳二澗故云皆布於澗水之
傍○傳密安至鞫究○正義曰釋詁文密康静也康安也轉以相訓是密得爲
安芮是水厓之内故云水厓也釋言云鞫究窮也俱訓爲窮故轉鞫爲究此鞫

是水厓之名言其曲水窮盡之處也故傳解其名鞫之意〇箋芮之至田事〇正義曰芮鞫皆言是水厓之名鞫是其外則芮是其內故云芮之言內謂厓內隩隈之處故即引爾雅以釋之釋丘云隩隈也厓內爲隩外爲鞫李巡曰厓內近水爲隩其外爲鞫孫炎曰內曲裏也外曲表也是水之內曰隩水之外曰鞫也經言芮不言隈則經爲互也內則芮以明鞫爲外外有鞫名則內亦有。汭名以此見其芮爲隩也公劉初至之時居處未安須有防衛今言止旅則是宮室已安可以自固乃止之故云公劉居豳既安軍旅之役止士卒乃安上言夾。澗。鄉此芮鞫爲水之內外故知就澗水之內外。在居民居主於治田故云脩田事也此以水內爲芮則是厓名非水名也夏官職方氏雍州其川涇內注云汭在豳地詩大雅公劉曰芮鞫之即以此芮爲水名者蓋注禮之時未詳詩義故。爲。別解。

公劉六章章十句

泂酌召康公戒成王也言皇天親有德饗有道也泂音迥【疏】泂酌三章章五句至有道〇正義曰尊者莫過上天猶以道德降靈親饗是王不可以無德故戒王使脩行之天言皇天者以尊稱名之重其事也道德相對則在身爲德施行爲道故中候云皇道帝德爲內外優劣散則通也親饗者謂親愛其人饗其祭祀亦爲相接成也經三章皆上三句言薄物可以薦神是親饗之也下。三句言與民爲父母是有道德也

泂酌彼行潦挹彼注茲可以餴饎泂遠也行潦流潦也餴餾也饎酒食也箋云流潦水之薄者也遠酌取之投大器之中又挹之注之於此小器而可以沃酒食之餴者以有忠信之德齊絜之誠以薦之故也春秋傳曰人不易物惟德繄物〇潦音老挹音揖又音邑餴甫云反又作饙字書云一蒸米也饎尺志反字林充之反餾力又反又音留爾雅饙餾飪也孫炎云蒸之曰餴均之曰餾郭云餴熟爲餾齊側皆反本又作齋繄於兮

反豈弟君子民之父母。樂以強教之易以說安之民皆有父之尊有母之親○樂音洛易羊豉反說音悅疏泂酌至父母○正義
曰言使人遠往酌取彼道上流潦之水置之於大器而來待其清澄又可挹彼
大器之水注之此小器之中以灌沃米餴以爲饎之酒食以此祭祀則天饗之
此薄陋之物皇天所以饗之者以此設祭者是樂易之君子能有道德爲民之
父母上天愛其誠信故歆饗之然則爲人君者安可以不行道德而作民父母
故言此以戒王○傳泂遠至酒食○正義曰泂遠釋詁文行者道也潦者雨水
也行道上雨水流聚故云流潦也釋言云饙餾稔也孫炎曰烝之曰饙均之曰
餾郭璞曰今呼餐音脩飯爲饙饙均熟爲餾說文云饙一蒸米也餾飯氣流也
然則蒸米謂之饙饙必餾而熟之故言饙餾非訓饙爲餾饎酒食釋訓文○箋
流潦至絜物○正義曰隱三年左傳曰潢汙行潦之水可薦於鬼神可羞於王
公雅有行葦泂酌昭忠信也其意以行潦爲薄物由忠信之故而可以祭神箋
之取彼意爲說故言流潦水之薄者也言投之大器者以言挹彼注茲是從器挹
之而注於此器故知遠酌取置之大器挹來乃注於小器蓋以潦水泥濁置之
大器以澄之挹小器而用之所以轉經二器也沃酒食之饙謂爲饙之時以此
水沃潤之也引春秋傳者僖五年左傳文也服虔注云緊發聲也言黍稷牲玉
不易無德薦之則不見饗有德則言饗言物爲有德用也○傳樂以至之親○
正義曰皆孔子閒居之文也彼引此詩以爲此言以釋之故傳依用焉樂者人
之所愛當自彊以教之易謂性之和悅當以安民故云悅安之一人之云父母故云有父之尊有母之親泂酌彼行潦挹彼注茲可
以濯罍濯滌也罍祭器罍音雷滌徒歷反○豈弟君子民之攸歸疏傳濯滌罍祭器○正義曰說文云滌洗也濯浣也則濯滌
俱是洗浣之名故云濯滌也特牲注云濯溉也則溉亦是洗名下傳云溉清也
謂洗之使清潔皆是洗器之名也春官司尊彝云四時之祭皆有罍是罍爲祭
器也卷耳云我姑酌彼金罍則饗燕亦有罍以此論祭事故言祭耳泂酌彼行潦挹彼注茲可以濯溉溉清也○溉古愛反

清才性反又如字豈弟君子民之攸塈箋云塈息也

泂酌三章章五句

附釋音毛詩注疏卷第十七(十七之三)

毛詩注疏校勘記（十七之三）

阮元撰盧宣旬摘錄

○假樂

宜君宜王　唐石經小字本相臺本同案釋文云且君且王一本且作宜字正義云君王別文傳幷言之者以其俱有宜文故總而釋之言宜君者宜君天下宜王者宜王天下是正義本作宜字與一本同段玉裁云作宜爲俗本也詳詩經小學

曰舊章不可忘　閩本明監本毛本同案浦鏜云亡誤忘是也

不解于位　唐石經小字本相臺本同案釋文以匪解作音或其本不作匪今通志堂仍作不誤後考證正義本未有明文今無可考考文古本作匪當是依公劉箋中不字經中匪字而爲之耳

詩云民之攸塈　閩本明監本毛本同案塈當作呬見詩經小學○按此古假借字

○公劉

反歸之　閩本明監本毛本同小字本相臺本反作及案反字是也正義云而反歸之可證

以深戒之也　閩本明監本毛本同小字本相臺本無也字

作公劉詩者　閩本明監本毛本同案浦鏜云作字當衍是也

欲使遺傳至王非己情所獻見　閩本明監本毛本同案十行本遺至王剜添者一字此情所當作所奏句末衍見字

下衍上脫補而未去者也

去中國而適戎其閩本明監本毛本同案浦鏜云其當狄字誤是也

不窋之子閩本明監本毛本不上有公劉二字案此誤補也當云不窋稷子稷字誤作之耳

以理而推實據信閩本明監本毛本實下有難字案所補是也

及歸之成王年二十一閩本明監本毛本同案浦鏜云反誤及是也

分陝而治周公右閩本明監本毛本右誤古案此用樂記文也當作周公左召公右因公字複出而脫去三字

迺場迺疆小字本相臺本同閩本明監本同唐石經場作場毛本同案唐石經誤也釋文云場音亦可證注及正義中字十行本盡作場亦誤

戈句矛戟也小字本同閩本明監本毛本同相臺本矛作孑考文古本孑字亦同案矛字誤也釋文以句孑作音可證鄭考工記注廣雅皆作孑方言作釨孑釨字一耳

欲見公劉不忲閩本明監本毛本同案浦鏜云愮誤忲是也

囊唯盛食而已閩本明監本毛本同案浦鏜云橐誤囊是也

以自有積聚散而棄之以其意與彼同閩本明監本毛本同案十行本而至其剜添者一字當衍自上以字也

以此知應輯用光之言 閩本明監本毛本同案應當作思

而無永嘆 唐石經小字本相臺本同案釋文云歎字或作嘆正義中字皆作歎是其本與釋文同考文古本作歎采正義釋文

猶文王之無悔也 相臺本同小字本悔作侮案正義云故云猶文王之無悔言文王之德不爲人恨與此同是其本作悔字段玉裁云謂皇矣末章四方以無侮也譌作無悔非是且其德靡悔毛詩言王季非言文王見詩經小學

陟則在巘 唐石經小字本相臺本同案釋文云甗本又作巘毛云小山別於大山也與爾雅異正義云小山別於大山者釋山云重甗隒郭璞曰謂山形如累兩甗甗甑山狀似之上大下小因以爲名西京賦曰陵重甗是也與皇矣小山曰鮮義別彼謂大山之傍別有小山也依此是正義本亦作甗字與釋文本同故引重甗以釋之也今正義中巘字及標起止云傳巘小當是合并以後改之釋文云與爾雅異者謂爾雅作鮮爲異不以此當重甗隒也其實鮮獻字異義同經中用字例不畫一如逝噬遐𨒅墳汾詵尤鄭之屬是其比矣唐石經以下作巘出於又作本

言居民相愛 閩本明監本毛本愛誤土案浦鏜云居疑君之誤是也

雖言玉瑤容刀者 閩本明監本毛本雖誤惟案此當作唯

瑤言公劉有美德也 閩本明監本毛本同案也下脫者字

乃覯于京 小字本相臺本同唐石經乃作迺案此經迺場迺疆迺積迺倉迺裹迺宣迺陟乃覯乃依乃造迺岡迺理乃密凡十三見十行本四字作乃九字作迺小字本相臺本乃密作迺爲異餘同唐石經盡作迺考釋文以迺場迺裹迺覯乃依乃造作音凡五見而三迺二乃則二文錯亂久矣傳中亦迺

乃互有箋有乃無迺當是經本作迺傳箋轉爲乃而說之故正義中亦悉用乃字也或遂以注改經耳當從唐石經也山井鼎云古本迺乃二字參差不同是因其錯亂又從而互易之

論難曰語　小字本相臺本同案正義云答難曰語又云定本集注皆云論難曰語釋文云論難魯困反下乃旦反是其本作論字

謂安民館客　小字本相臺本同案釋文云館客一本作館舍正義本未有明文今無可考

且言爲之丘　閩本明監本毛本同案浦鏜云京誤丘是也

飲酒以樂之　閩本明監本毛本同小字本相臺本樂作落考文古本同案正義云則有落之之禮又云落室之禮是其本作落字釋文不爲樂字作音其本或與正義本同合併時所取經注本字作樂與斯干注同不合於此正義也

儉以質也　小字本相臺本同案此定本也正義云故云儉且質也定本云儉以質也是其本作且字

公劉既登堂負扆而立　小字本相臺本同案此箋易傳以依爲扆字之假借不云讀爲直於訓釋中改其字以顯之也釋文云鄭於豈反箋云或扆字者言箋意耳非載箋文也○按徑云箋云或扆字似陸所據有此語

羣臣適其牧羣　閩本明監本毛本同小字本相臺本臣下有乃字考文古本乃字同案有者是也

飲食以樂之　閩本明監本毛本樂作落案所改是也食當作酒

但使掌供辦羣臣之職　閩本明監本毛本辨作辦案所改是也然古辨辦無二字俗人分別耳

天子負斧衣南鄉而立也明監本毛本同閩本鄉誤嚮案浦鏜云依誤衣是

適其羣牧閩本明監本毛本同案浦鏜云牧羣二字誤倒是也

故云摶豕於牢中閩本明監本毛本同案摶當作捕以七月無羊例之當釋文本作摶正義本作捕也

國君不能得其社稷閩本明監本毛本同案得當作保形近之譌

旣景乃岡考於日景小字本相臺本同案此定本也正義云定本影皆爲景字是其本二字皆作影考影爲景之俗字論詳顏氏家訓傳不應用之當以定本爲長

量度其陽與原田之多少閩本同明監本毛本陽作隰案所改是也

其證爲什一也閩本明監本毛本同案其當作且形近之譌

出其三卿而已閩本明監本毛本卿作鄉案所改是也

當用二萬五百人明監本毛本同閩本人作千案百當作千閩本誤改下字餘文多不誤浦鏜所改皆非

取厲取鍛小字本同閩本同唐石經鍛作鍛相臺本毛本同案鍛字是也釋文云鍛本云作碫丁亂反說文云碫厲石也字林大喚反詩經小學云今本說文誤作碫乎加反此誤與彼同也又說文云厲本又作礪正義本是礪字考文古本作取礪取碫采正義釋文

鍛石也小字本相臺本同案釋文鍛下云鍛石也段玉裁云傳鍛鍛石也鄭申之云鍛石所以爲鍛質也今本傳中脫鍛字考正義云則知鍛亦

石也又云傳言鍛石嫌鍛是石名是其本已無下鍛字

伐取材木　相臺本同閩本明監本毛本同小字本材作林考文古本同案材字是也正義可證釋文云一本作材末

材木一本作林末　〔補〕通志本林末作材末盧本作林木云舊譌材末今改正足利本作林木案所改是也此十行本所附作林末末乃木字之譌小字本所附作林木一本作材木順正文而易之耳山井鼎所云古本材作林者采諸此

校其夫家人數　小字本相臺本同案校當作挍釋文云挍其音教詳青衿

俱是渡謂取礪　閩本明監本毛本同案浦鏜云渭誤謂取礪疑而取之誤是也

公劉之君民豳地作宮室　閩本明監本毛本同案君當作居衍民字作下脫此字

築作用所　閩本明監本毛本同案浦鏜云用所字當誤倒是也

大率民民以南門爲正　閩本明監本毛本不重民字案所删非也下民字當作居耳

則內亦有汭名　閩本明監本汭作內案此當作芮

上言夾澗鄉　閩本明監本毛本同案澗鄉二字當倒

故知就澗水之內外在居　閩本明監本毛本同案在當作布形近之譌此正義自爲文注作而

未詳詩義故爲別解　閩本明監本毛本爲別解三字誤作也字

○泂酌

下三句 閩本明監本毛本同案浦鏜云二誤三是也

樂以強教之 小字本同閩本明監本毛本同相臺本強作彊案彊字是也當讀平聲正義云當自彊以教之是其證也表記釋文云強其良反徐其兩反依上一音字亦當作彊徐音字乃作強與正義本此傳不同也

民皆有父之尊有母之親 小字本同相臺本母上有有字閩本明監本毛本同十行本初刻無剜改有案無者是也此傳本禮記而略去下有字者以意自足也正義仍依禮記文而說之耳相臺本有乃沿革例所謂以取疏中字徵足其義者也當從小字本及十行本初刻也

今呼餐(音脩)飯爲饋 閩本明監本毛本音誤者案山井鼎云宋板音脩二字白書是也此正義自爲音不入正文也○按此則文義難讀必須分別者

饋均熟爲餾 閩本明監本毛本同案山井鼎云均字衍文非也今爾雅注脫耳

以爲此言以釋之 閩本明監本毛本同案上以字當作而

毛詩大雅　　鄭氏箋　　孔穎達疏

卷阿召康公戒成王也言求賢用吉士也吉猶善也○卷音權曲也篇內同阿大陵曰阿疏卷阿十章上六章章五句下四章章六句至吉士○正義曰說文云賢堅也以其人能堅正然後可以爲人臣故字從臣吉者善也吉士亦是賢人但序者別其文以足句亦因經有吉士之文故也經十章皆言求賢用吉士之事○有卷者阿飄風自南興也卷曲也飄風迴風也惡人被德化而消猶飄風之入曲阿也箋云大陵曰阿有大陵卷然而曲迴風從長養之方來入之興者喻王當屈體以待賢者賢者則猥來就之如飄風之入曲阿然其來也爲長養民○票避遙反本亦作飄被皮寄反長張丈反下同猥烏罪反爲于僞反豈弟君子來游來歌以矢其音矢陳也箋云王能待賢者如是則樂易之君子來就王游而歌以陳出其聲音言其將以樂王也感王之善心也○樂易音洛下樂王同易音以豉反後樂易皆放此○疏有卷至其音○毛以爲有卷然而曲者是大陵之阿也此阿以曲之故使迴旋之飄風從南而入之無不消散以興有美者是大德之化此化以美之故使凶悖之惡人隨政而順之皆得其息止也惡人既消則賢者樂進故此樂易之君子於是來而就王游來而就王歌以陳出其音聲言其將以樂王感王之善○鄭以爲有卷然而曲者之阿則飄風從南長養之方來入之以興王有降屈之意則賢者懷其撫養之德來就之阿以岸曲而來風猶王以體屈而致賢也下三句與毛同○傳卷曲至曲阿○正義曰檀弓稱原壤歌曰執女手之卷然則卷是曲貌也釋天云迴風爲飄李巡曰迴風旋風也風必有道然後得去阿之曲者風無去路故入阿則消善政消惡亦復如此○箋大陵至養民○正義曰大陵曰阿釋地文以此詩勸王求賢求之必當降意下言君子之來此當言王待之狀且舜舉

皐陶不仁者遠矣是得賢然後消惡非惡消然後賢來故易傳以曲阿喻王之體屈也屈體者謂降尊就卑接以恩意使賢者感恩而樂來也以飄者風之狀故言猥來以對之猥者多而疾來之意飄風之來非有定所而以自南言之明其取南爲義故知以南是長養之方喻賢者有長養之德故云其來爲長養民也檜風云匪風飄兮何人斯篇云其爲飄風彼皆不言自南故以爲惡此言從長養之方故爲喻善與取一象不得皆同此言賢人疾來故以疾風爲喻○傳矢陳○正義曰釋詁文○箋王能至善心○正義曰以言歌復言音則音爲歌之音聲故云陳出其聲音言其將以樂王也王能爲賢。有所樂是感王之善心也以此知上經喻王之屈體矣若其不然止致賢人之來何能使之歌樂乎

伴奐爾游矣優游爾休矣

伴奐廣大有文章也箋云伴奐自。縱。弛之意也賢者既來王以才官秩之各任其職女則得伴奐而。優自休息也孔子曰無爲而治者其舜也與恭己正南面而已言任賢故逸也○伴音判徐音畔奐音喚徐音換施本又作弛同書氏反任音壬或如鴆反治直吏反下爲治同與音餘共音恭本亦作恭○

豈弟君子俾爾彌爾性似先公酋矣

彌終也似嗣也酋終也箋云俾使也樂易之君子來在位乃使女終女之性命無困病之憂嗣先君之功而終成之○酋在由反又子由反又在幽反

【疏】伴奐至酋矣○毛以爲言王若能用周道伴然而德廣大奐然而有文章可使賢者於汝王所來游矣則此賢人皆來就王優游然於汝王所休息矣王欲廣大有文章以來致賢人又言賢人益王之意此樂易之君子者若得來在爵位以輔佐王則使汝王得終汝王之性命無困病之憂又嗣其先君之功汝王能終之矣言得賢人則可以保全己之性命又終成先君之功戒王不可不求之也○鄭以上二句言勸王求賢之意若得賢爲官任之以事則伴奐然汝王得自游縱矣又優游矣汝王得休息矣是任賢則逸不可不求餘同○傳伴奐爲廣大有文章○正義曰傳以伴奐爲廣大文章則是勸王使爲此也來游者謂王能如此則賢人來游故王肅云周道廣大而有文章故君子得以樂易而來游優游而休息傳之此言以二字分而爲義

蓋伴爲廣大奐爲文章故孔晁引孔子曰奐乎其有文章伴乎其無涯際○是分之也則毛當讀爲伴奐不得如徐音徐音自爲鄭讀也○箋伴奐至故逸○正義曰伴奐之言與優游相類故爲自縱弛之意人情莫不惡勞而好逸迫於不得已耳任賢可以優游故以此辭勸之求逸在於能官能官在於任職則君得優游故云賢者既來王以才官秩之各任其職汝則伴奐而優游自休息也才官秩之謂論才然後官之居官然後秩之也引孔子之言又解其意言任賢故逸以明召公言此之意亦勸王欲使如舜也王肅奏云周公著書名曰無逸而云自縱弛也不亦違理哉孫毓云忠臣戒君而發章令自縱弛非直方之義斯皆未達勸戒之要旨也何則周公之言無逸者心也召公之言優游者事也心常戰兢無時可逸事若無爲自然逸矣子之燕居申申如也是縱弛之狀無爲而治其舜也與是自逸之事書傳稱成湯之間刑措不用雖欲不逸何所爲乎召公教其求逸勸使任賢此則達者之格言萬世所不易何以爲違理之談非直方之義也周公之戒成王云君子所其無逸即云知稼穡之艱難乃逸亦是教王使求自逸其爲勸戒與此正同孔晁又云一人戒無逸一人勸使縱弛事相反戾乃天之與地何其疏實而妄爭訟也○傳彌終似嗣酋終○正義曰彌終釋言文似先公是繼嗣先君故似爲嗣遒終釋詁文彼遒作酋酋音義同也○箋樂易至成之○正義曰禮運云政也者君之所以藏身之固也然則賢人在位即行善政可以保全性命無他患禍故云使汝終汝之性命無困病之憂也若使臣無可任每事勞心則是傷年夭命不得終矣成王之所繼嗣者先王也而云先公公是君之別名故云嗣先君之功而得終成之謂守其王位成就先君之功也

爾土宇昄章亦孔之厚矣

昄大也箋云土宇謂居民以土地屋宅也孔甚也女得賢者與之爲治使居宅民大得其法則王恩惠亦甚厚矣勸之使然○昄徐符版反孫炎郭璞方滿反字林方但反又方旦反

豈弟君子俾爾彌爾性百神爾主矣

箋云使女爲百神主謂羣神受饗而佐之【疏】爾土至主矣○正義曰勸王若得賢者與之爲治使之教民則汝之土地居宅之民大得其禮法文章矣

下民蒙其德澤皆荷王者之恩則爲王之恩惠亦甚之厚矣王何以不求之乎此樂易之君子既來在王位以德助汝使汝得終汝之性命百神皆以汝爲主矣言其愛而饗祐之○傳昄大○正義曰釋詁文○箋土宇至使然○正義曰賢者所以養民故以土宇謂居民土地屋宅也以教之故民有所法則王而下得其恩故云王恩惠亦甚厚言甚者王恩已厚臣又益之○箋使女至佐之○正義曰祭法云有天下者祭百神則爲天子者固自爲百神主矣今言百神爾主謂神意以之爲主不欲使他人主之故謂之羣神受饗而祐助之

爾受命長矣茀祿爾康矣茀小也箋云茀福康安也女得賢者與之承順天地則受久長之命福祿又安女○茀沈云毛音弗徐云鄭音廢一云毛方味反鄭芳沸反○

豈弟君子俾爾彌爾性純嘏爾常矣嘏大也箋云純大也予福曰嘏使女大受神之福以爲常

【疏】爾受至常矣○毛以爲王得賢者與之承順天地則所受天之性命得久長矣非徒大福佑助王身其細小之福祿亦於汝而安之矣此樂易之君子既來在王位以德助汝終汝之性命德大天之福於汝汝爲常矣言能任賢者則福常助之○鄭唯以茀爲福嘏爲嘏辭爲異餘同○傳茀小○正義曰福之大者莫過永年命長已是大福則茀福宜爲小福故以茀爲小福故以茀爲小言小尚安之則大者可知○箋茀福至安女○正義曰茀之爲福爲小皆無正訓以其與祿共文宜爲福爾上言百神爲主命則天地所授天無悔怒壽命則長故云得賢者與之承順天地則受久長之命既得長命又爲福祿所安謂使之四方無虞常主天下也○傳嘏大○正義曰釋詁文○箋純大至爲常○正義曰純大釋詁文詩之有嘏字者皆是祭祀之事少牢特牲之禮尸嘏主人皆予之以福故云予福曰嘏受福以爲常言其終常得之未嘗闕失也

有馮有翼有孝有德以引以翼有馮有翼道可馮依以爲輔翼也引長翼敬也箋云馮馮几也翼助也有孝斥成王也有德謂羣臣也王之祭祀擇賢者以爲尸尊之豫撰几擇佐食廟中有孝子有羣臣尸之入也使祝贊道之扶翼之尸至設几佐合入助之尸者神象故事之如祖考○馮符冰反注

同本又作憑饌士戀反又士轉反○具也本亦作撰道徒報反本亦作導○豈弟君子四方爲則箋云則法也王之臣有是樂易之君子則天下莫不放傚以爲法○放方往反【疏】有馮至爲則○毛以爲上章勸王求賢以自益此則指賢人之行以戒王○言有善行可以爲憑依者有藝能可以爲輔翼者有至孝可以爲感化者有大德可以爲軌訓者王當以此長尊之以此恒敬之若王得此四等是樂易之君子若來在王位可與四方爲法則矣以此故不可不求之○鄭以爲王所得爲百神之主受大嘏之福者由敬神所致故祭祀則宜擇賢爲尸而尊事之當有豫設所憑之几有豫擇佐食之人而宿戒之也其在廟中當有孝子之主人有德行之羣臣共行祭祀及尸之來至而以禮使祝導引之以禮使祝扶翼之既至神坐共尊而事之以致神福故不可不求賢也餘同○傳有馮至翼敬○正義曰傳以此求賢不言祭故皆以爲賢人之德憑翼是施用之名孝德是成行之稱總而爲名皆是道也以憑翼義隱故特釋之言道可依憑以爲輔翼則孝之與德亦爲道也憑者可以委杖翼者可以輔助憑重於翼故先憑後翼孝者德之本故亦先孝後德俱是賢人之行分之異名耳引長翼。輔皆釋詁文○箋馮馮几至祖考○正義曰顧命云成王憑玉几又曰皇后憑玉几道揚末命是憑施於几故以憑爲憑几臯陶謨曰庶明勵翼又曰予欲左右有民汝翼是翼謂佐助故以翼爲助曲禮下曰內事曰孝王某主人稱孝故知有孝斥成王有孝既是主人則有德宜謂助祭故以有德謂羣臣不解以引以翼從行薹而略之上言百神爾主純嘏爾常皆言神福主人神福由不祭祀而來此詩爲求賢而作故知此章說王之祭祀擇賢者以爲尸以尊之故豫撰几擇佐食撰几解有憑擇佐食解有翼以下句乃言以引以翼謂來至導引之則有憑有翼末是尸之來至故爲豫也撰謂供置之與擇相類但几則取而置之故言撰佐食則衆中簡之故言擇耳此本或云豫饌食者誤耳孫毓載箋唯言撰几擇佐食是也定本亦作譔字非也少牢尸未入之前云司宮筵于奧祝設几于筵上特牲尸未入之前云祝筵几於室中東面是豫撰几也少牢云佐食升牢佐食遷。昕俎特。特牲云宗人遣佐食盥出皆其下始言迎尸是擇佐食亦在尸未至之前故俱言豫也知翼爲佐食者以翼者助也祭禮之有助名者唯佐食耳特牲注云佐食賓佐尸食者佐助也故知翼爲佐食言廟中有孝子有羣臣謂祭時也然則凡與佐食亦在廟中用之別言廟中有孝子者凡與佐食祭時自在廟中其撰擇之時則在廟外以孝子不迎尸故以廟中爲主設孝德之文於引翼之上見尸未入之前已有祭事故也言尸之入使祝贊導之扶翼之者行葦箋云在前曰引在傍曰翼此與彼同故以引爲贊導也少牢云祝出迎尸于廟門之外主人降立于阼階東西面祝先入門右尸入門左是祝在前導之也導謂在前則贊謂在後少牢又云祝延尸尸升自西階入祝從注云由後詔相之曰延延進也特牲亦云至於階祝延尸尸入升祝先主人從是在後贊之也故此兼言贊焉特牲少牢亦無在尸傍之時而言扶翼之者已有在其前後亦當或在其傍特牲注引禮器詔侑無方是前後左右無常也又言尸至設几佐食助之明上豫設至此用之又解所以令王尊尸如此者尸神象故當事之如祖考

顒顒卬卬如圭如璋令聞令望也

顒顒温貌卬卬盛貌箋云令善也王有賢臣與之以禮義相切瑳體貌則顒顒然敬順志氣則卬卬然高朗如玉之圭璋也人聞之則有善聲譽人望之則有善威儀德行相副○顒魚恭反卬五剛反聞音問本亦作問望如字叶韻音亡磋七何反或作瑳論魯困反行下孟反

豈弟君子四方爲綱

箋云綱者能張衆目

疏 顒顒至爲綱○正義曰上既勸王敬賢又言敬賢之盡意言王者若得賢人與之以禮義相切瑳則能令王體貌顒顒然温和而敬順其志氣卬卬然充滿而高朗以玉之成器如圭然如璋然有善聲譽爲人所聞知有善威儀爲人所觀望非徒有益於王此樂易之君子能與天下四方爲綱紀王何得不求之乎○傳顒顒至盛貌○正義曰傳亦以顒顒爲體貌故爲温卬卬爲志氣故爲盛其意與箋同○箋令善至相副○正義曰令善釋詁文以圭璋是玉之成器切瑳是治玉之名故云王有賢臣與之以禮義相切瑳也顒顒是觀其形狀故以爲體貌敬順敬順卽温和也卬卬是見其遒逸故以爲志氣高朗高朗卽盛壯也既體貌敬順志氣高朗則可以

比玉故如玉之圭璋高朗則行聞於遠故有善聲譽敬順則貌無惰容故有善威儀貌善名彰是德行相副也釋詁云顒顒卬卬君之德也孫炎曰顒顒體貌溫順也卬卬志氣高遠也取此箋傳爲說

鳳皇于飛翽翽其羽亦集爰止

鳳皇靈鳥仁瑞也雄曰鳳雌曰皇翽翽衆多也箋云翽翽羽聲也亦與衆鳥也爰于也鳳皇往飛翽翽然亦與衆鳥集於所止衆鳥慕鳳皇而來喻賢者所在羣士皆慕而往仕也因時鳳皇至因以喻焉〇翽呼會反說文云羽聲也字林云飛聲也口外反瑞垂僞反

藹藹王多吉士維君子使媚于天子

藹藹猶濟濟也箋云媚愛也王之朝多善士藹藹然君子在上位者率化之使之親愛天子奉職盡力〇藹於害反爾雅云臣盡力也說文作藹藹云臣盡力之美也朝直遙反

【疏】鳳皇至天子〇毛以爲成王之時有鳳皇之瑞召公以爲用賢所致故陳之以戒王言鳳皇之往飛翽翽然者是其羽翼之聲亦集止於其所宜止之處今所以致此瑞者以其藹藹然王朝之上多善士也此善士等維君子大賢之所命使率化之使媚愛於天子矣令皆奉職盡力〇鄭以爲鳳皇往飛之時翽翽其羽爲聲亦與衆鳥集於所止鳳皇所在衆鳥慕而從之故鳳皇亦與之同止於興賢者來仕之時亦與衆羣士集於君朝賢者所在羣士慕而就之故賢者亦與之同朝得大賢而致羣士猶鳳皇飛而來衆鳥王安得不求之乎其餘同毛〇傳鳳皇至衆多〇正義曰禮運云麟鳳龜龍謂之四靈鳳皇亦鳳類故俱云靈鳥言此鳥有神靈也言仁瑞者五行傳及左氏說皆云貌恭體仁則鳳皇翔言行仁德而致此瑞毛此意用臣之仁以致南方鳳昭二十九年左傳云水官廢矣故龍不生彼言臣脩水職致東方龍則毛意與左丘氏說同以用臣所致者皆脩母致子應也釋鳥云鶠鳳其雌皇是雄曰鳳雌曰皇也說文云鳳神鳥也天老曰鳳象麟前鹿後蛇頸魚尾龍文龜背燕頷雞喙五色備舉出於東方君子之國翺翔四海之外過崑崙飲砥柱濯羽弱水暮宿風穴見則天下大安寧字從鳥凡聲鳳飛則羣鳥從以萬數故鳳古作朋字山海經曰丹穴之山有鳥焉其狀如鶴五采而文名曰鳳首文曰德翼文曰順背文曰義膺文曰仁腹文曰

信是鳥也飲食自歌自舞見則天下大安寧京房易傳曰鳳皇高丈二漢時鳳皇數至漢書云高五六尺郭璞云小之形未詳翽翽與其羽連文則是羽聲也言衆多者以鳳鳥多故羽聲大皐陶謨云鳳皇來儀注云儀匹言其相乘匹中候握河紀云鳳皇巢阿閣讙樹言讙讙在樹是鳳必羣飛白虎通云黄帝之時鳳皇蔽日而至是來必衆多也毛意不言衆鳥則唯是鳳事而言亦者以鳳事自相亦也故王肅云鳳皇雖亦高飛傳天而亦集於所宜止故集止以亦傳天亦集止今能致靈鳥之瑞者以多士也欲其常以求賢用吉士爲務也○箋翽翽至喻焉○正義曰以傳言衆多解爲聲之意故又明之云翽翽羽聲也以此興求賢求賢當此鳳而言亦集則意取於亦故云亦集衆鳥也鳳與衆鳥俱集所止猶賢與羣士俱在王朝衆鳥慕鳳以羣士慕賢故以爲喻明王之朝無人不賢而云慕者以賢有等級言小善之慕大善耳君奭云耇造德不降我則鳴鳥不聞又太平必致四靈故知因時鳳皇至故以喻焉○傳藹藹猶濟濟○正義曰釋訓云藹藹濟濟止也俱爲容止故猶之釋訓又云藹藹萋萋臣盡力也則此爲美容又盡力矣○箋王之至盡力○正義曰以左傳言維命者皆謂受其節度聽其進止此經既云多吉士卽云維君子使則吉士受此君子之命使也媚于天子文承其下明是君子使此吉士愛天子矣故云君子在上位者率化之謂若公卿之率化大夫士也臣之愛君唯當盡心力奉職事故云奉職盡力意取爾雅爲說也

鳳皇于飛翽翽其羽亦傅于天箋云傅猶戾也○傅音附藹藹王多吉人維君子命媚于庶人箋云命猶使也善士親愛庶人謂無擾之令不失職○令力呈反下欲令同

【疏】箋親愛至失職○正義曰撫擾皆安養之義耕墾原隰以種禾黍治其絲麻以爲布帛皆民之職也愛庶人者清靜爲政不亂在下安養之使不失此職耳

鳳皇鳴矣于彼高岡梧桐生矣于彼朝陽梧桐柔木也山東曰朝陽梧桐不生山岡太平而後生朝陽箋云鳳皇鳴于山脊之上者居高視下觀可集止喻賢者待禮乃行翔而後集梧桐生者猶明君出也生於朝陽者被温仁之氣亦君

德也鳳皇之性非梧桐不棲非竹實不食○梧音吾被皮寄反棲音西

菶菶萋萋雝雝喈喈

梧桐盛也鳳皇鳴也臣竭其力則地極其化天下和洽則鳳皇樂德箋云菶菶萋萋喻君德盛也雝雝喈喈喻民臣和協○菶布孔反又薄孔反又薄公反萋七西反喈音皆鳳皇鳴也

【疏】鳳皇至喈喈○毛以為上既言鳳皇由吉人所致此又總而結之以告戒於王言今鳳皇鳴矣於彼高岡之上又梧桐生矣於彼朝陽之地其梧桐之生則菶菶萋萋而茂盛其鳳皇之鳴則雝雝喈喈而和協是太平之實驗矣○鄭以為鳳皇之將出則先鳴矣於高山之脊居高視下觀可集止見其梧桐生矣於彼山東之朝陽乃往集之以興賢者之將仕也則相時待禮擇可歸就見其明君出矣於彼仁聖之治世乃往仕之梧桐之生則菶菶萋萋而茂盛以興明君亦德盛也鳳皇之鳴也則雝雝喈喈然音聲和協以興民臣亦和協也○傳梧桐至朝陽○正義曰梧桐可以為琴瑟是柔韌之木故曰柔木釋木云櫬梧郭璞曰今梧桐又曰榮桐木郭璞云則梧桐也然則梧桐一木耳山東曰朝陽釋山文孫炎曰朝先見日也言梧桐不生山岡太平而後生朝陽者山岡與朝陽一也以經有岡故以山言之但梧桐柔脆之木若時未太平地不極化則不生山岡朝陽之地若太平則生山岡之朝陽山頂之東皆早朝見日但是山東之岡脊總曰朝陽不云鳳鳴處所者以時不太平鳳全不見故不須言鳴之處所○箋鳳皇至不食○正義曰箋以上二章興求賢人故此亦以鳳皇興賢者梧桐自是鳳皇之所栖不必太平乃有不得為太平之事因鳳所集故以興明君焉以鳳鳴而言在岡故知居高視下觀可集止言賢者待禮者明君能以禮召人故以喻焉梧桐可使鳳皇集之則大樹非始生矣而言梧桐生者喻明君出也既以梧桐比君不言生於他處而云生於朝陽者以其早見日陽被溫仁之氣溫仁者亦君之德也故以朝陽之梧桐喻之非梧桐不栖非竹實不食莊子文也然莊子所說乃言鵷鶵鵷鶵亦鳳皇之別白虎通云黃帝之時鳳皇蔽日而至止於東園食常竹實栖常梧桐終身不去且諸書傳之論鳳事皆云食竹栖梧箋言此者解經既言鳳皇即言梧桐之意也○傳梧桐至樂德○正義曰言梧桐盛解菶

菶菶萋萋鳳皇鳴解雝雝喈喈臣竭其力以下更覆解此鳳鳴木盛之意由臣能竭其力以助於君故使地亦極盡其化生之德生此梧桐使之菶菶萋萋也由臣竭其力故使天下和洽故使鳳皇樂德而來其鳴雝雝喈喈也知臣竭其力爲二事之總者以此言太平由臣之力明天下和洽亦臣竭力矣萬物草木天之所生言地極其化者以梧桐生在地是地能化之釋訓云藹藹萋萋臣盡力也舍人曰藹藹賢士之貌萋萋梧桐之貌孫炎曰言衆臣竭力則地極其化梧桐盛也是用此傳爲說釋訓又云噰噰喈喈民協服也不爲鳳皇鳴此傳與爾雅異者毛意以爲由萬民。物服故鳳聲雝和亦得合爾雅也○箋菶菶至和協○正義曰菶菶萋萋梧桐之貌也箋於上經以梧桐喻明君故以梧桐盛喻君德爾雅言臣盡力與此箋不同者以君有盛德則能使臣盡其心力亦與爾雅合也雝雝喈喈鳳皇之聲上以鳳皇比賢者其鳴似賢者之政教故以鳳皇聲聞於人人聞之而知其雝和以喻政教加被於民民應之而相與和協以爾雅言民協服者彼言所喻之意也○

君子之車既庶且多君子之馬既閑且馳上能錫以車馬行中節馳中法也箋云庶衆閑習也今賢者在位王錫其車衆多矣其馬又閑習於威儀能馳矣大夫有乘馬有貳車○中丁仲反下同乘承證反矢詩不多維以遂歌不多多也明王使公卿獻詩以陳其志遂爲工師之歌焉箋云矢陳也我作此詩不復多也欲。今遂爲樂歌王日聽之則不損今之成功也○復扶又反

○疏君子至遂歌○毛以爲成王實能用吉士已致大平但召公欲令守其成功故自言作詩之意言今君子賢者來在王位王賜之車馬其所賜君子之車既衆且又能多矣所賜君子之馬既閑習於威儀且又能馳矣是王能用賢不須規戒今我陳作此詩豈不多乎言其實煩多也正以中心不已恐王惰慢故作此詩遂爲樂人之歌冀常求賢士永爲鑒戒不損今日成功也○鄭唯以不多爲作此詩不復多爲異餘同○傳上能至中法○正義曰言上能賜以車馬謂成王於時已能賜之行中節解既閑也馳中法解且馳也言閑馳者美其中節度合禮法○箋庶衆至貳車○正義曰以經言既是王賜之故云今賢

者在此位王賜其車衆多矣庶多一也丁寧以足句耳馳者是馬走之名馬既能走今言且馳明是馳合於法故云其馬又閑習於威儀能馳矣車不獨賜駕必以馬車言衆多則馬亦多矣但馬有御之威儀故別言閑馳以美之馬既別文故衆多者唯言車耳言大夫有乘馬有貳車者解其言多之意以車則人有副貳所賜又非一人故言多也言大夫者自大夫以上皆有此不必專指大夫也禮士無貳車又止得兩馬本或有士者衍字定本云大夫士有乘車貳車非也○傳不多至歌焉○正義曰傳反其言以不多爲多者王既能用賢不復須戒故以作詩爲煩多也又解召公獻詩及言遂歌之意以明王使公卿獻詩以陳其所作之人志意遂爲工師之歌故也國語亦云使公卿至於列士獻詩與此同也春秋之師職掌九德六詩之歌工者樂師之總名卽大師是也○箋矢陳至成功○正義曰箋以忠臣諫王其言雖多猶恨心之不盡不當自謂已言已爲多也且順文自通不宜反之故易傳以爲作此詩不復多言其意猶以爲少也樂人之歌常在君側故云王日聽之則不損今之成功○

卷阿十章六章章五句四章章六句

民勞召穆公刺厲王也厲王成王七世孫也時賦斂重數繇役煩多人民勞苦輕爲姦宄彊陵弱衆暴寡作寇害故穆公以刺之○民勞如字從此至桑柔五篇是厲王變大雅斂力豔反數音朔繇本亦作傜音遙宄音軌本亦作軌

【疏】民勞五章章十句○正義曰經五章上四句言民勞之須安次四句言寇虐之當止下二句言王當行善政以安民皆是刺王之事○箋厲王至刺之○正義曰世本及周本紀皆云成王生康王康王生昭王昭王生穆王穆王生恭王恭王生懿王懿王及孝王孝王生夷王夷王生厲王凡九王從成王言之不數成王又不數孝王故七世也左傳服虔注云穆公召康公十六世孫然康公與成王同時穆王與厲王並世而世數不同者生子有早晚壽命有長短故也注述詳略不必有例而商頌列祖箋云中宗殷王大戊也湯之

玄孫玄鳥箋云高宗殷王武丁也中宗玄孫之孫是則以詩相繼因而明之此以厲王之詩承成王詩後故本之於成王也其文武成及厲宣幽若王風之平桓莊皆父子相繼中間無隔故不假言之小雅之序無成王之文故六月不以宣王繼成王十月之交推之而知是厲王耳而序文不爲厲字故就此以明世數也郊特牲云天子失禮自夷王以下注云夷王周康王玄孫之子繫之康王者以記文事雜上無所據文武成康俱爲明王失禮是初衰之始故繫於明王之最末者言之此以天子事皆因有所隔而詳其世數國風雖有隔絕皆不明言之詳天子而略諸侯亦尊卑之義也序略言刺王箋明其刺意賦斂重數傜役煩多使民勞苦卽五章皆上四句是也輕爲姦宄以彊陵弱以衆暴寡作爲寇害五章皆次四句是也故穆王以此刺之也五章下二句皆教王爲善政以安止之非勞虐之實事故箋略之

民亦勞止汔可小康惠此中國以綏四方 汔危也中國京師也箋云汔幾也康綏皆安也惠愛也今周民罷勞矣王幾可以小安之乎愛京師之人以安天下京師者諸夏之根本○汔許一反說文巨乞反夏戶雅反下同幾音祈下同罷音皮

無縱詭隨以謹無良式遏寇虐憯不畏明 詭隨詭人之善隨人之惡者以謹無良愼小以懲大也憯曾也箋云謹猶愼也良善式用遏止也王爲政無聽於詭人之善不肯行而隨人之惡者以此敕愼無善之人又用此止爲寇虐曾不畏敬明白之刑罪者疾時有之○詭俱毀反遏於葛反憯七感反本亦作僭

柔遠能邇以定我王 柔安也箋云能猶伽也邇近也安遠方之國順伽其近者當以此定我王○國家爲王之功言我者同姓親也○揉音柔本亦作柔能徐云毛如字鄭奴代反伽檢字書未見所出廣雅云如若也均也義音相似而字則異舊音如庶反義亡難見鄭注尚書云能恣也與此不同

疏 民亦至我王○毛以爲穆王諫王言今周民亦皆疲勞止而又危耳近於喪亡王可以小省賦役而安息之愛此中國京師之人以安天下四方諸夏之國若安此勞民當糾察有罪無得聽縱其詭人之善隨人之惡者以此無阿縱之法故以敕愼其爲

無善之人亦用此法以止其爲寇虐之行曾不畏敬明白之刑罰者以王當用正法刑罰而禁止之令民得無勞也所以令王先愛京師以及四方者以王之政欲安遠方之國當先順伽其近王當行之以此定我周家爲王之功恐其不能安定而喪失之○鄭唯以汔爲幾云此民亦皆已勞止王幾可以小安之爲異餘同○傳汔危至諸夏○正義曰以汔之下卽云小康明是由危須安故以汔爲危也中國之文與四方相對故知中國謂京師四方謂諸夏若以中國對四夷則諸夏亦爲中國言各有對故不同也○箋汔幾至根本○正義曰傳以汔之爲危既無正訓又小康者安此勞民直以勞民須安不當更云危也釋詁云譏汔也孫炎曰汔近也郭璞曰謂相摩近反覆相訓是汔得爲幾也昭二十年左傳引此詩杜預云汔期也然則期字雖別皆是近義言其近當如此史記稱漢高祖欲廢太子周昌曰臣口不能言然臣期知其不可陛下雖欲廢太子臣期不奉詔言期者意亦與此同也康綏皆安惠愛皆釋詁文又云雖愛京師得安四方之意由京師者諸夏之根本根既安枝葉亦安京師王之所專王若安之則四方諸侯亦皆效王安之○傳詭隨至憯曾○正義曰詭戾人之。○善隨從人之惡以其故爲此惡情不可原是故不得聽縱之也此詭隨無良寇虐俱是惡行但惡有大小詭隨小惡無良其次寇虐則大惡也詭隨未爲人害故直云不得縱之無良則爲小惡已著故謹勑之寇虐則害加於民故遏止之然則三者各自爲罪而云無縱詭隨以謹無良以爲相須之意故傳解之云謹愼其小以徼創其大以無良之惡大於詭隨詭隨者尚無所縱則無良者謹愼矣至於寇虐則不可以謹故別云式遏謂加之大罪也憯曾釋言文爾雅本或作。憯曾音義同○箋謹猶至有之○正義曰謹愼俱是勑戒之言故言謹猶愼以傳言愼小故申足之式用釋言文遏止釋詁文此無縱之文爲下總目無良寇虐蒙之故云又用此止爲寇虐曾不畏敬明白之刑罰者言又用者亦用此無縱之事不畏明白之刑卽以與寇虐爲一故長讀之穆公諫王無縱明實有其人故云疾時有之○傳柔安○正義曰釋詁文○箋能猶至姓親○正義曰尚書。無逸。云柔遠能邇注以能爲恣則此云伽者與恣同謂順適其意也邇近釋詁文安遠方之國當先順御其近者卽論語所謂悅近來遠是也此與上文相成能邇謂惠中國柔遠卽綏四方也厲王身爲王矣而云以定我王故知以定我周家。爲之功若廣論天下之事雖則異姓可以稱我今指王身而文稱我是共王有周家之辭故云我者同姓親也

民亦勞止汔可小休惠此中國以爲民逑休定也逑合也箋云休止息也合聚也○逑音求○無縱。詭隨以謹惛。怓式遏寇虐無俾民憂惛怓大亂也箋云惛怓。猶讙。譁也謂好。爭者也俾使也○惛音昏說文作。惽云怓也。釋。文。惽。亦不憭也怓女交反鄭云猶讙譊也說文云怓亂也讙音歡又許元反譊女交反本又作譁音花好呼報反爭爭鬬之爭○無棄爾勞以爲王休休美也箋云勞猶功也無廢女始時勤政事之功以爲女王之美述其始時者誘掖之也○休許虯反掖音亦

【疏】民亦至王休○毛以爲今周民亦皆疲勞止而又危耳近於死亡王可以小安定止息矣當愛此中畿之國以爲諸夏之民使得會聚王若施善。救當糾察有罪無得縱此詭人之善隨人之惡者以此勑愼其讙譁爲大惡者又用此無縱之事止其寇虐之。善無使有遭此寇虐之憂又誘王言其始時有善勸今終之無棄爾王始時之政事之功以爲王政之美○鄭唯汔幾爲異餘同○傳休定逑合○正義曰釋詁云休息也定止也息亦定之義故以休爲定逑合。詁文箋云休之爲定於義雖通而未是正訓故以休爲止息合爲合聚所以申足毛義○傳惛怓大亂○正義曰惛怓者其人好鄙爭惛惛怓怓然故箋以爲猶讙譁謂好爭訟者是其言語。爲大聒亂人故云大亂非是爲大禍亂也○傳休美○正義曰釋詁文○箋勞猶至掖之○正義曰勞力然後有功故云勞猶功也知汝勞爲汝始時勤政事之功者以云無棄明其先有而不棄也厲王暴虐初則然矣而述其始有功者誘掖之耳誘掖之言出衡門之序謂誘導而扶掖之以小人貪功聞己先有善或將勉力故誘之

民亦勞止汔可小息惠此京師以綏四國息止也○無縱詭隨以謹罔極式遏寇虐無俾作慝慝惡也箋云罔

無極中也無中所行得中正〇慝吐得反〇不敬慎威儀以近有德求近德也〇近附近之近注同

民亦勞止汔可小愒惠此中國俾民憂泄愒息泄去也箋云泄猶出也發也〇愒起例反徐丘麗反泄以世反又息列反無縱詭隨以謹醜厲式遏寇虐無俾正敗醜衆厲危也箋云厲惡也春秋傳曰其父爲厲〇厲壞也無使先王之正道壞戎雖小子而式弘大戎大也箋云戎猶女也式用也弘猶廣也今王女雖小子自遇而女用事於天下甚廣大也易曰君子出其言善則千里之外應之況其邇者乎出其言不善則千里之外違之況其邇者乎是以此戒之〇應應對之應〇

【疏】民亦至弘大〇毛以爲民亦疲勞止又危耳可以止息之先愛。止中國之京師便諸夏之民其憂寫泄而去又當無縱詭隨之人以此勑慎衆爲危殆之行者又用此止其寇虐之害無使王之正道敗壞也所以須然者在王之大位者雖小子而用事甚大大不可不慎故須息勞民而止寇虐也〇鄭以汔爲幾厲爲惡戎汝弘廣爲異餘同〇傳愒息泄去〇正義曰愒息釋詁文云泄漏也然則泄者閉物漏去之名故以爲去箋以爲憂泄者是憂氣在腹而發出故云出也發也其意亦與毛同月令是謂泄天地之氣是發出之義也〇傳醜衆厲危〇正義曰醜衆釋詁文易之言厲者皆危之義乾九三夕惕若厲之類皆是危也故以爲危醜厲謂衆爲惡行以。爲人者也〇箋厲惡至道壞〇正義曰箋以言人之惡當指其惡狀危非惡之名故以厲爲惡秋官司厲注云犯政爲惡曰厲是也所引春秋傳曰襄十七年左傳云衛孫蒯田于曹隧飲馬于重丘毀其瓶重丘人閉門而詢之曰親逐而君爾父爲厲是之不憂而何以田爲以厲爲罵辭明是惡矣故引之以證厲爲惡釋詁云壞毀也敗亦毀損之名故以爲壞言正敗是正者敗故云無使先王之正道壞言寇虐之人能壞先王正道也〇傳戎大〇正義曰釋詁文王肅云在王者之大位雖小子其用事甚大也〇箋戎猶至戎之〇正義曰以下已有大故訓戎爲汝弘復爲大則大文太重故弘猶廣廣亦大之義耳小子無知之稱故抑曰於乎小子未知臧否言雖小子故知自遇如小子居天子之位故用事廣大引易曰盡邇者乎皆上繫辭也出言善否千里之外違之應之是其用事廣大出言不易是以穆公以此言戒之必易傳以戎爲汝者孫毓云戎之爲汝詩人通訓言大雖小子於文不便箋義爲長

民亦勞止汔可小安惠此中國國無有殘賊義曰殘箋云王愛此京師之人則天下邦國之君不爲殘酷無縱詭隨以謹繾綣式遏寇虐無俾正反繾綣反覆也○繾綣上音遣下起阮反字或作卷覆芳服反○王欲玉女是用大諫箋云玉者君子比德焉王乎我欲令女如玉然故作是詩用大諫正女此穆公至忠之言○令力呈反

疏傳賊義曰殘○正義曰孟子云賊仁曰賊賊義曰殘言是賊敗仁義之事○傳繾綣反覆○正義曰昭二十五年左傳繾綣從公無通外內則繾綣者牢固相著之意非善惡之辭但施於善則善施於惡則惡耳此云以謹繾綣是人行反覆爲惡固。義不捨常爲惡行也

民勞五章章十句

板凡伯刺厲王也凡伯周同姓周公之胤也入爲王卿士○板音版○疏板八章章八句○箋凡伯至卿士○正義曰僖二十四年左傳曰凡蔣邢茅胙祭周公之胤也知爲王卿士者以經云我雖異事及爾同寮是爲王官也以其伯爵故宜爲卿士瞻仰凡伯之刺幽王春秋隱七年天王使凡伯來聘世在王朝蓋畿內之國杜預云汲郡共縣東南有凡城共縣於漢屬河內郡蓋在周東都之畿內也

上帝板板下民卒癉出話不然爲猶不遠板板反也上帝以稱王者也癉病也話善言也猶道也箋云猶謀也王爲政反先王與天之道天下之民盡病其出善言而不行之也此爲謀不能遠圖不知禍之將至○卒子恤反俾本又作癉當但反沈本作𤺺出如字徐尺遂反話戶快反說文云會合善言也靡聖管

管不實於亶。管管無所依。繫亶誠也箋云王無聖人之法度管管然以心自恣不能用實於誠信之言言行相違也○亶丁旦反行下孟反猶之未遠是用大諫猶圖也箋云王之謀不能圖遠用是故我大諫王也【疏】上帝至大諫○毛以爲尊比上帝之王者其爲政教反又反也既反於先王又反於天道以此之故天下之民蒙其惡政盡皆困病矣假使王出嘉善話言則不肯是而用行之如此則王之所爲之道不能長遠唯趨於淺近不知禍之將至也又王之所爲惡無重聖人之法管管然以心自恣無所依據不能用實於誠信之言既不依聖人之法不實誠信之言以此圖事不能至遠我以王所圖之事未能及遠恐王將有禍難以是之故用大諫正王○鄭唯以猶皆爲謀爲異餘同○傳板板至猶道○正義曰釋訓云板板僻也邪僻即反戾之義故爲反也上帝以稱王者謂假上帝之尊稱之以比王者若實指上天則天無所反故知以斥王也癉病話善言猶道皆釋詁文彼猶作繇義同也○箋猶謀至將至○正義曰猶謀釋詁文以言不遠則。無不能深知遠事故易傳以猶爲謀以重言反反則反有二事故云王爲政反先王與天道王者爲政當違用先王上承天意故知所反有二事反先王與天也以其先違舊章乃失天意故後言天也其出善言不行之謂王自出而不行也小人之言雖不盡善亦知愛其善時復言之但言之易行之難不能行之耳知非他人爲王説善言王不能行者他人之言則是諫諍經不得言不出也不用他言則是不從箋不得言不行也以此知是王自出言不能行之人必深謀遠慮乃能預防患禍王之爲謀不行能遠圖是不知禍之將至也○傳管管至亶誠○正義曰以管管與亶聖同文既無聖法故知無所依繫亶誠釋詁文○箋王無至相違○正義曰以無聖而言管管是違法任情故知以心自恣不能用實於誠信之言謂意欲爲善終不能行是於言爲虛故云不能用實於誠信之言有言不行是言行相違也此不實於亶還是上出話不然也下言猶之未遠還是上爲猶不遠也作者反覆重言耳○傳猶圖○正義曰釋言文圖即謀也箋言王之謀者申傳意耳言大諫謂其諫之深自此以。下是大。遠也

天之方難，無然憲

憲天之方蹶無然泄泄

憲憲猶欣欣也蹶動也泄泄猶沓沓也箋云天斥王也王方欲艱難天下之民又方變更先王之道臣乎女無憲憲然無沓沓然為之制法度達其意以成其惡○憲許建反蹶俱衛反泄徐以世反爾雅云憲憲泄泄制法則也說文作呭云多言也為于偽反

辭之輯矣民之洽矣辭之懌矣民之莫矣

輯和洽合懌說莫定也箋云辭辭氣謂政教也王者政教和說順於民則民心合定此戒語時之大臣○輯音集又七入反○繹音亦本亦作懌說音悅下同語魚庶反○

疏天之至莫矣○正義曰王之為惡侵亂下民則有謟佞之臣助為惡政此又責以王之尊。此於上天故謂王為天言王之方行暴虐之政以艱難天下之民汝臣等無得如是欣欣然喜樂而勸之王之方欲動變先王之道而行邪僻之政汝臣等無得如是沓沓。正隨從而助之戒之使無得為王制作法度以通達其意使王成惡故又言己之意所以不欲令臣制作法度者以國之安危在於出令王者若出教令其辭氣之和順矣則下民之心相與合聚矣其辭氣之悅美矣則下民之心皆得安定矣言民合定在於王教故汝臣等不得為王制虐政以亂下民也○傳憲憲至沓沓○正義曰釋訓云憲憲泄泄制法則也李巡曰皆惡黨為制法則也孫炎曰厲王方虐謟臣並為制作法令此直解詩人言此之意而不解其狀故傳解憲憲泄泄之義憲憲猶欣欣喜樂貌也謂見王將為惡政而喜樂之泄泄猶沓沓競進之意也謂見王將為惡政競隨從而為之制法也蹶動釋詁文○箋天斥至其惡○正義曰戒臣不令助之故天斥王非斥上天也方者未至之辭故言方欲謂將為教令之時也難是困苦之事故知艱難天下之民動為變改之事故知變更先王之道以下云及爾同寮故知是責臣之辭達其意者謂君意始發往通達其心與之合和為作法以成其惡也定本集注皆作達其意俗為逢者誤也○傳輯和至莫定○正義曰輯和洽合莫定釋詁文又云懌悅樂也俱訓為樂故以懌為悅○箋辭辭至大臣○正義曰論語云出辭氣故以此辭為辭氣也此辭加于下民故知謂政教也知此大臣者以凡伯卿士而云與己同寮且非大臣不得與王制法故知是戒

語時之大臣也

我雖異事及爾同寮。我即爾謀聽我囂囂

寮官也囂囂猶謷謷也箋云及與即就也我雖與爾職事異者乃與女同官俱為卿士我就女而謀。反忠告以善道女反聽我言謷謷然不肯受○僚字又作寮力彫反囂五刀反謷五報反道音導下牖道道民皆同

我言維服勿以為笑先民有言詢于芻蕘

芻蕘薪采者箋云服事也我所言乃今之急事女無笑之古之賢者有言有疑事當與薪采者謀之匹夫匹婦或知及之況於我乎○芻初俱反蕘如謠反說文云蕘草薪也知音智又如字

疏我雖至芻蕘○正義曰上言戒語大臣而大臣不受此又責之言我雖與汝異其所職之事要乃與汝同其官寮以同官之類當相用其言語我今就汝謀慮告。此以善道而汝聽我言反囂囂然不肯受用何也我所言維是當今急事汝勿以為非而笑之先世上古之民賢者有善言云我有疑事當詢謀於芻蕘薪采者以樵采之賤者猶當與之謀況我與汝之同寮。得棄其言也○傳寮官至謷謷○正義曰寮官釋詁文言同寮者謂同為王官文七年左傳荀林父謂先蔑曰同官為寮吾嘗同寮敢不盡心乎是寮為同官也囂囂者是不聽之狀釋訓云囂囂傲也謂傲慢其言而不聽之故言猶謷謷○箋及與至肯受○正義曰及與釋詁文我即爾謀謂往與之謀故知即為就周禮六官各有所掌故異職而同官也論語說朋友之交云忠告而善道之故知就與之謀是其忠誠之心告之以善道即上章所云勿為王制法度是也○傳芻蕘薪采者○正義曰言詢于芻蕘謂謀於取芻取蕘之人非謀於草木故云芻蕘薪采者是賤人也說文云薪蕘也蕘即薪也然則芻者飼馬牛之草蕘者供燃火之草蕘是薪耳以薪者亦是采取故連言之○箋服事至我乎○正義曰服事釋詁文知所言是急事者凡伯責其不聽明是事之急切以其惡急故責汝無笑之先民者是古昔之民耳但以其言傳於後世為人所傚習故知是古之賢者親取薪采則是賤者故云匹夫匹婦或知及之況於我乎中庸云夫婦之愚可以與知焉彼言夫婦即此箋所謂匹夫匹婦也庶人無妾媵唯夫婦相匹故稱匹也

天之方虐無然謔謔

老夫灌灌小子蹻蹻謔謔然喜樂灌灌猶款款也蹻蹻驕貌箋云今王方爲酷虐之政女無謔謔然以讒慝助之老夫諫女款款然自謂也女反蹻蹻然如小子不聽我言○謔虐虐反灌古亂反蹻其略反樂音洛○匪我言耄爾用憂謔多將熇熇不可救藥八十曰耄熇熇然熾盛也箋云將行也今我言非老耄有失誤乃告女用可憂之事而女反如戲謔多行熇熇慘毒之惡誰能止其禍○耄莫報反熇徐許酷反沈又許各反說文云火熱也【疏】天之至救藥○正義曰又責大臣言比天之王者方爲酷虐之政將害於民汝等大臣無得如是謔謔然喜其所爲而以讒慝助之我老夫教諫汝其意乃款款然情至意盡何爲汝等而未知幼弱之小子反蹻蹻然自驕恣而不聽用我之言乎汝不用我言豈不以我爲老也非我之言爲老耄有所失誤乃告汝可憂之事汝何爲反用可憂之事以爲戲謔而慢我汝既不用我言反助王爲惡多行慘毒之惡熇熇然使惡加于民不可救止而藥治之言王之爲惡皆大臣之由故責之○傳謔謔至驕貌○正義曰此言謔謔猶上憲憲見王爲惡如喜樂之故爲喜樂也釋訓云灌灌憂無告也解其言灌灌之意耳非解灌灌之義故云猶款款言。己至誠款實而告之但彼不受用即是無所告耳釋訓又云蹻蹻驕也孫炎曰謂驕慢之貌○箋今王至我言○正義曰謔謔直是喜樂之貌而云以讒慝助之者釋訓云謔謔謞謞崇讒慝也舍人曰謔謔謞謞皆盛烈貌孫炎曰厲王暴虐大臣謔謔然喜謞謞然盛以興讒。惡也是以讒惡助之事也下云匪我言耄則凡伯老矣故云老夫諫汝款款然者是凡伯自謂也小子是幼弱無知之稱以其不可教誨故謂之小子言汝反蹻蹻然如小子不聽我言也○○傳八十至熾盛○○正義曰八十曰耄曲禮。云熇熇是氣熱之氣故爲熾盛也○○箋今我至其禍○○正義曰老耄老人言多惛忘故云非我言耄有其失誤此爾用憂三字皆言耄之下與謔字共文則是凡伯自言我告汝可憂之事而汝反用此可憂之事而好爲戲謔故箋分之以見此意熇熇是熾盛之貌而言不可救止故知是多行慘酷毒害之惡誰能止其禍如人病甚不可救以藥○天之方懠無爲夸毗威儀卒迷善人載尸懠怒也夸毗體柔人也箋云王方行酷虐之威怒女無夸毗以形體順從之君臣之威儀盡迷亂賢人君子則如尸矣不復言語時厲王虐而弭謗○懠才細反疾怒也夸苦花反復扶又反弭彌耳反止也

民之方殿屎則莫我敢葵喪亂蔑資曾莫惠我師殿屎呻吟也蔑無資財也箋云葵揆也民方愁苦而呻吟則忽。然有揆度知其然者其遭喪禍又。素以賦斂空虛無財貨以共其事窮困如此又曾不肯惠施以賙贍衆民言無恩也○殿都練反郭音坫說文作唸屎許伊反郭音香惟反說文作吚呻音申吟如字本又作唫同度待洛反斂力豔反共音恭本亦作恭施式豉反賙音周贍市豔反○

【疏】天之至我師○正義曰此又責羣臣言比天之王者方欲威怒行酷虐之害汝等無得爲此夸毗足恭前卻以體從之君既爲惡臣又從之則上下威儀盡迷亂矣其善人君子則如尸然不復言語矣故今天下之民方欲愁苦而呻吟矣汝君臣忽然則莫有察我民敢能揆度知其情者此民又遭虐政之喪禍重斂之危亂其室空虛無有資財而汝等君臣亦曾莫有肯惠施我之衆人欲賙贍之者言愁貧並至民困之甚而上無恩恤故以刺之○傳懠怒至柔人○正義曰懠怒釋言文舍人曰懠怒聲也釋訓去夸毗體柔也李巡曰屈己卑身求得於人曰體柔然則夸毗者便僻其足前卻爲恭以形體順從於人故云以體柔人○箋君臣至弭謗○正義曰尸謂祭時之尸以爲神象故終祭而不言賢人君子則如尸不復言語畏政故也時厲王虐而弭謗事見周語弭止也止人之謗己者○傳殿屎呻吟○正義曰釋訓文孫炎曰人愁苦呻吟之聲也○箋葵揆至無息○正義曰葵揆釋言文民愁苦而呻吟是無所告訴也無有揆度知其然謂君臣並不察民也君行既惡則致天災故民有遭喪禍者政亂則稅民無藝故又責以賦斂也內供喪費外充稅斂故空虛無資財以供其事用也定本集注責以賦斂責字皆作素俗本爲責誤矣素者先也謂先重賦斂故困窮也○

天之牖民如壎如篪如璋如圭如取如攜牖道也如壎如篪言相和也如璋如圭言相合也如取如攜言必從也箋

云王之道民以禮義則民和合而從之如此○壎許元反篪音池攜下圭反和如字又胡臥反

攜無曰益，牖民孔易。民之多辟。

無自立辟。

辟法也箋云易易也女攜掣民東與西與民皆從女所為無曰是何益為道民在己甚易也民之行多為邪辟者乃女君臣之過無自謂所建為法也○孔易鄭音亦注易易也上字同又以豉反多辟匹亦反邪也注同立辟婢亦反注同易也以豉反下同。摩本又作掣尺製反與並音餘行下孟反邪似嗟反○【疏】天之至立辟○正義曰自此以上言政惡民困此言可反之使善言天王之導民也如壎然如篪然言民必應君命如壎篪之相和也如璋如圭然言民必同君心如圭璋之相合也又如往取物如手攜物言其必從君化如攜取之隨人。君也若然民之從己如手攜之汝王無曰是何益與勿謂如手攜無益王者之導民甚易言上為善政民必為善是甚易也汝當行善以化之今民之所行皆多邪僻乃汝君臣之過汝無自謂所建立者為法當更改行以化民無得行此惡政也○傳牖道至必從○正義曰牖與誘古字通用故以為導也壎篪俱是樂器其聲相和以喻民之應君故云相和也半圭為璋合二璋則成圭以喻民合君心故云言相合也取謂物在他處行往取之攜謂物在地上手舉攜之人所攜取必從手而來故云言必從也壎篪圭璋相類之物故言相也取攜謂人攜取物而物名不見與上不類故變言必從而不言相也○傳辟法○正義曰釋詁文○箋易易至為法○正義曰以韻當為改易之易故轉之為難易之易也上有六如獨言攜者以攜者。取處。末故乘而反之以比攜民之東西

价人維藩，大師維垣，大邦維屏，大宗維翰。

价善也藩屏也垣牆也王者天下之大宗翰幹也箋云价甲也被甲之人謂卿士掌軍事者大師三公也大邦成國諸侯也大宗王之同姓。之適子也王當用公卿諸侯及宗室之貴者為藩屏垣幹為輔弼無疏遠之○价音界說文同鄭作介藩方元反大師音泰注大師同垣音袁翰胡旦反徐音寒被皮寄反適丁歷反下同遠于萬反

懷德維寧，宗子維城。無俾城壞，無獨斯畏。

懷和也箋云斯離也和女德無

行酷虐之政以安女國以是爲宗子之城使免於難遂行酷虐則禍及宗子是謂城壞之城壞則乖離而女獨居而子畏矣宗子謂王之適子○難乃旦反

疏价人至斯畏○毛以爲上既令王施法此言立法之事言王當用善人爲官維以爲藩鄣又用大師之大臣維以爲垣牆又用大邦諸侯維以爲屏蔽王又身維爲大宗維當施政爲之楨幹又和安汝德以施於民無行酷虐之政維安汝之國矣不但安汝之國亦與汝之宗子維以爲城言其可以蔽身又得蔽子王必常行此德無使宗子之城壞又無得疏遠藩屏之人令王獨居此則王有所畏矣○鄭以爲當用此被甲卿士之人維爲其藩鄣太師三公之大臣維爲垣牆大邦成國之諸侯維爲藩蔽大宗同姓之宗適維爲楨幹皆近而任之令爲王用無得疏遠之下四句同唯訓斯爲離○傳价善至翰幹○正義曰价善釋詁文藩者園圃之籬可以屏蔽行者故以藩爲屏也垣者小牆之名故云垣牆亦是屏蔽之義也以太師是三公之官大邦是諸侯之國大宗文在其下則是天子之身故云王者天下之大宗以禮有大宗小宗爲其族人所尊故稱宗子天子則天下所尊故謂之大宗也傳以藩垣屏皆防衛之名幹是施法之稱言以善人及三公諸侯鄣蔽寇難天子居內設法而撫安之价人總言用善則百官皆是故文在大師之上諸侯非王朝之人故退大邦之文於下翰幹釋詁文○箋价甲至遠之○正義曰箋以詩戒王使親其官人不勸王擇人爲官故不從以价爲善也价者甲之別名故以价爲甲以其身被甲故稱甲人。君言宗人宰人也被甲之人謂卿士掌軍事者於周禮司馬之卿也以兵甲之事國之所重且舉司馬以明六卿猶言太師以顯三公也尚書周官曰立太師太傅太保茲惟三公是太師爲三公也以言大邦則不兼小國故知爲成國諸侯也太宗伯云五。姓賜則注云則未成國之名又云七命賜國則伯以上爲成國也襄十四年左傳成國不過半天子之軍周爲六軍諸侯之大者三軍可也明堂位注成國之賦千乘則侯地四百里以上始爲成國其伯未成國也此言大邦成國當亦侯以上也以天子諸侯皆絕其宗名且以上文類之不得爲王之身大者衆多之辭宗者與王同族故知大宗王之同姓世適子也此价人大師大邦大宗皆王宜親愛故總之云王當用公卿諸侯及宗室之貴者爲藩屏垣幹爲輔弼無疏遠之也文次如此者卿雖卑於公而親掌職事又兵。用事重故先公言之大邦非在王朝太宗未爲官職尊卑次之也箋以公親於卿故便文而先言公耳○傳懷和○正義曰懷之爲訓思也來也止也思止亦和之義故爲和也○箋斯離至適子○正義曰斯離釋言文以上章刺王酷虐故知懷德維寧謂和汝德無行酷虐之政以安汝國也懷德之下即言宗子維城明以此懷德爲宗子之城宗子王之適子也有天下者皆欲福及長世恐子孫之不安故言以德爲城使免於患難城可以禦寇難故以城喻焉又解城壞之意若其不和汝德遂行酷虐之政則民不堪命禍及宗子是謂城壞宗子之城既壞則羣臣乖離而汝王獨居而有所畏懼矣以是欲王之親輔弼之臣使不乖離固宗子之城使不傾壞則令己無獨畏之憂也以上言大宗謂同姓之適此言宗子嫌與上同故辨之云宗子謂王之適子也周語曰彘之亂宣王在召公之宮國人圍之召公以其子代宣王是禍及宗子也爾無正曰正大夫離居莫知我勩是君臣乖離也昭二十六年左傳曰至於厲王王心戾虐萬民弗忍居王於彘是獨居而畏也是賢人之言皆有徵矣

敬天之怒無敢戲豫敬天之渝無敢馳驅

戲豫逸豫也馳驅自恣也箋云渝變也○渝用朱反

昊天曰明及爾出王昊天曰旦及爾游衍。

王往旦明游行衍溢也箋云及與也昊天在上人仰之皆謂之明常與女出入往來游溢相從視女所行善惡可不慎乎○昊胡老反曰音越下同羨餘戰反溢也一音延善反本或作衍【疏】敬天至游衍○正義曰上既勸王和德以安國故又言當畏敬上天當敬天之威怒以自肅戒無敢忽慢之而戲謔逸豫又當敬天之災變以常戰慄無敢忽之而馳驅自恣也天之變怒所以須敬者以此昊天在上人仰之皆謂之明常與汝出入往來游溢相從終常相隨見人善惡既曰若此不可不敬慎也○傳戲豫至自恣○正義曰戲豫謂戲而逸豫馳驅謂馳騁自恣皆謂非禮而動反道違天如此者則上天罰之故戒王使敬天也孔子迅雷風。列必變注云敬天之怒者謂暴風

疾雷也周禮大怪異災則去樂徹膳則天之變者謂大怪異災也言上天之道有此變怒之時故常須敬戒非謂當此變怒之時獨禁逸豫自恣也○箋渝變○正義曰釋言文○傳王相至衍溢○正義曰以王與出共文故爲往也既有出往則亦有入來故箋言出入往來此出王游衍還是上戲豫馳驅之事故云游行衍溢亦自恣之意也

板八章章八句

生民之什十篇六十五章四百三十三句

附釋音毛詩注疏卷第十七（十七之四）

珍倣宋版印

毛詩注疏校勘記（十七之四）　阮元撰盧宣旬摘錄

○卷阿

王能爲賢有所樂　閩本明監本毛本同案有當作者形近之譌

自縱㢮之意也　閩本明監本毛本同小字本相臺本㢮作弛案㢮卽弛字也釋文云從本又作縱施本又作弛同正義本是縱㢮字

而優自休息也　閩本明監本毛本同小字本相臺本優下有游字考文古本同案有者是也

似先公酋矣　唐石經小字本相臺本同案此釋文本也釋文云酋在由反云云是其證正義云遒終釋詁文彼遒作酋音義同也是其本作遒字標起止云酋終合併以後依經注本所改也郭璞爾雅注引嗣先公爾酋矣或出於三家毛鄭詩非有爾字也箋云嗣先君之功而終成之此無爾字之明證正義云又嗣其先君之功汝王能終之矣乃自爲文耳如何人斯之五章經中三爾字而正義有六汝字板之三章經中二爾字而正義亦六汝字可以知其例矣凡他書引用不可以爲典要者如此○按正義當本作酋終釋詁文彼酋作遒寫者亂之耳舊校非也

書傳稱成湯之閱　閩本明監本毛本同案浦鏜云湯當康字誤是也

謂居民土地屋宅也以教之故民有所法則王　閩本明監本毛本同案土上浦鏜云脫以字是也王字當衍

德大天之福　閩本明監本毛本福誤性案山井鼎云作得大大之福似是者是也大大正義常語屢見於楚茨以下及賓之初筵旱麓

行葦潛等篇

故以𦶜爲小福故以𦶜爲小　閩本明監本毛本同案浦鏜云故以𦶜爲小福六字當衍是也

豫撰几擇佐食　小字本相臺本同案此正義本也正義云此本或云豫饌食者誤耳孫毓載箋唯言撰几擇佐食是也定本亦作饌字非也釋文云饌几士戀反又士轉反具也本亦作撰是釋文與定本同也正義以或本饌下有食字者爲非則固然矣其以定本字作饌爲非則誤古用饌食字爲撰具字是爲假借撰字不見於說文當以定本釋文本爲長

佐合入助之　閩本明監本毛本合作食小字本相臺本合入作食案此十行本分食爲二字之誤也仍衍入字者非

引長翼輔皆釋詁文　閩本明監本毛本翼輔誤倒案山井鼎云傳作翼敬無輔訓也其說是也爾雅亦有翼敬無翼輔輔當爲敬涉傳上文而誤

佐食遷肵俎特特牲云　閩本明監本毛本不重特字案所刪是也浦鏜云肵誤昕是也

然則凡與佐食　閩本明監本毛本同案浦鏜云几誤凡下同是也

少牢又云祝筵尸　閩本明監本同毛本初刻同後改筵作延下祝筵尸同案所改是也

尸入升祝先主人從　閩本明監本主誤生毛本不誤案山井鼎云入升恐升入之誤以特牲考之其說是也

如圭如璋　閩本明監本毛本同唐石經圭作珪小字本相臺本同注同案唐石經是也餘經作圭乃用字不畫一之例此經及正義中字皆作圭當

是後人用他經所改考文古本因此每改他經字作珪者亦非○按珪者圭之古文也毛詩不當用古舊校非

以禮義相切瑳閩本同小字本相臺本瑳作磋明監本毛本同案釋文云磋或作瑳已見淇奧谷風瑳字是也正義當用磋字十行本皆作瑳乃依注改也

人聞之則有善聲譽小字本相臺本同案此正義本也正義云有善聲譽爲人所聞知又云故有善聲譽是其證釋文云聲論魯困反與正義本不同也山井鼎云譽恐論誤是以釋文本改正義本也殊爲失之

鳳皇于飛唐石經小字本相臺本同閩本明監本毛本皇作凰下同案凰俗字不當用於經典

鳳皇靈鳥仁瑞也小字本相臺本同案正義云言此鳥有神靈也又云說文云鳳神鳥也段玉裁云此傳及說文皆當作禮鳥也麟之趾傳言麟信而應禮騶虞傳言騶虞義獸也有至信之德則應之此傳意謂禮而應仁言禮鳥而應仁德之瑞也所謂詩毛說者如此與左氏春秋說同正義本誤○按召南傳當云麟信獸而應禮各本奪獸字

亦與衆鳥也閩本明監本毛本同小字本相臺本與作亦考文古本同案與字誤也

因時鳳皇至因以喻焉小字本同閩本明監本毛本同相臺本下因字作故考文古本同案故字是也

故鳳皇亦與之同止於閩本明監本毛本同案止於當作於止此說經之爰止也

故龍不生閩本明監本毛本同案生下浦鏜云得字脫是也

燕頷喙五色備舉閩本明監本同毛本喙作雞案此欲補雞字而誤改喙字耳二字皆當有爾雅疏即取此正有可證

字從鳥几聲閩本明監本同案浦鏜云凡誤几是也

飲食自歌自舞閩本明監本毛本同案盧文弨云飲食下有自然二字見南山經是也此複出自字而脫

郭璞云小之形未詳閩本明監本毛本同案浦鏜云小上疑脫大字是也

故集止以亦傳天亦集止閩本明監本毛本同案浦鏜云傳天下當脫傳天以三字是也

故云亦集衆鳥也閩本明監本毛本同案集當作亦

以羣士慕賢閩本明監本毛本同案浦鏜云以當似字誤是也

此經既云多言吉士閩本明監本毛本同案浦鏜云王多誤多言是也

謂無擾之閩本明監本毛本同小字本相臺本無作撫考文古本同案撫字是也

出東曰朝陽閩本明監本毛本同小字本相臺本出作山考文古本同案出字誤也

由萬民物服補案物當作協形近之譌毛本正作協

欲今遂爲樂歌閩本明監本毛本同小字本相臺本今作令考文古本同案令字是也

以車則人有副貳也閩本明監本毛本同案此不誤山井鼎云則恐賜誤非也

春秋之師職掌九德六詩之歌闔本明監本同毛本秋之作官大案所改是也浦鏜云六誤九是也

○民勞

輕爲姧宄闔本同小字本相臺本姧作姦明監本毛本同案姧爲僞字釋文以姧宄作音正義中十行本亦作姧

本亦作徭[補]釋文校勘通志堂本同盧本作傜案集韻四宵云傜使也通作繇可見傜乃後來俗譌字耳

穆王與厲王並世[補]案上王字當作公篇內同毛本不誤

憯不畏明唐石經小字本相臺本同案釋文云慘不七感反本亦作憯曾也正義云慘曾釋言文爾雅本或作憯曾音義同是其本亦作慘字標起止云至憯曾當是後改詩經小學云說文朁曾也從曰兓聲詩曰朁不畏明節南山十月之交云雲漢及此憯字皆同音假借是也考釋文十月之交亦作慘以憯作慘猶以訊作誶之誤耳考文古本作摻采釋文而又誤

曾不畏敬明白之刑罪者小字本相臺本同闔本明監本毛本亦同案正義云曾不畏敬明白之刑罰者又云故云又用此止爲寇虐曾不畏敬明白之刑罰者是罪當作罰

當以此定我國家爲王之功小字本相臺本同闔本明監本毛本亦同案正義云以此定我周家爲王之功又云故知以定我周家又云是共王有周家之辭是國當作周考文古本作周采正義

傳以汔之爲危闔本明監本毛本同案傳以當作以傳

正義曰詭戾人之〇善 閩本明監本毛本無〇案所刪是也

爾雅本或作僭曾 閩本明監本毛本僭作云案山井鼎云僭恐憯誤是也

尚書無逸云 閩本明監本毛本同案浦鏜云舜典誤無逸是也

故知以定我周家爲之功 閩本明監本毛本同案山井鼎云爲下當有王字是也

無縱詭隨 明監本毛本縱誤蹤以上本皆不誤

憯怓猶讙譁也 小字本相臺本同考文古本同閩本明監本毛本脫猶字案此正義本也正義云以此勑慎其讙譁爲大惡者又云故箋以爲猶讙譁是其證也釋文云譊本又作譁此亦取聲音爲訓詁當以釋文本爲長

謂好爭者也 閩本明監本毛本同小字本相臺本爭下有訟字考文古本同案有者是也

說文作憯 補 釋文校勘通志堂本憯作昬盧本作惛云今校改案惛字是也小字本所附正作惛字

釋文憯亦不憭也 補 釋文校勘通志堂本同盧本釋文憯亦四字作又釋憯云案所改非也當作又云憯不憭也與旱麓憭下又云憭放火也同倒釋衍字又誤文云誤亦倒在憯下遂不可讀今特訂正

王若施善救 補 案救當作政形近之譌毛本正作政

止其寇虐之善 閩本明監本毛本同案山井鼎云善恐害字是也

述合詁文明監本毛本詁上有釋字閩本剜入案所補是也

是其言語無大聒亂人補毛本無作爲案爲字是也

春秋傳曰閩本明監本毛本同小字本相臺本傳作左氏二字案正義云所引春秋傳曰是其本作傳字

厲壞也閩本明監本毛本同小字本相臺本厲作敗考文古本同案厲字誤也

先愛止中國之京師閩本明監本毛本同案山井鼎云止恐此字是也物觀補遺所載云宋板止作此必誤用他章文當之耳

云泄漏也閩本明監本毛本同案浦鏜云一上當有脫字是也

以爲人者也閩本明監本毛本同案山井鼎云爲恐厲誤是也

犯改爲惡曰厲閩本明監本毛本同案浦鏜云政誤改是也

重丘人閉門而訽之毛本同閩本明監本訽作詢案訽字是也

固義不捨閩本明監本毛本同案義當作著形近之譌

○板

不實於亶小字本相臺本同閩本明監本毛本同唐石經於作于案唐石經是也正義云此不實於亶當是易爲今字耳

管管無所依繫閩本明監本毛本同小字本相臺本繫作也考文古本同案也字是也正義云無所依據又云故知無所依繫皆自爲文

不當依以改傳○按廣韻作憲憲

則無不能深知遠事 閩本明監本毛本同案浦鏜云無當爲字誤是也

自此以下是大遠也 閩本明監本下誤不毛本不誤案山井鼎云遠恐諫誤是也

辭之懌矣 唐石經小字本相臺本同案釋文云繹本亦作懌正義本是懌字頍弁釋文云懌本又作繹繹懌同字也考文古本作繹采釋文○按古無懌字以繹爲之釋文是也

此於上天 補 毛本此作比案比字是也

汝臣等無得如是沓沓正隨從而助之也 閩本明監本毛本正作兢案皆誤當作然

及爾同寮 唐石經小字本相臺本同閩本明監本毛本寮作僚案釋文云僚字又作寮正義本是寮字閩本以下依釋文改耳

反忠告以善道 閩本明監本毛本反作及小字本相臺本作欲案欲字是也

告此以善道 閩本明監本毛本同案此當作之下文可證

得棄其言也 閩本明監本毛本得上有不字案所補是也

言曰至誠款實而告之 補 閩本明監本毛本同案日當已字之譌

以與讒惡也 閩本明監本毛本惡作慝案所改是也

八十曰耄曲禮云 閩本明監本毛本同案浦鏜云云當文字誤是也

夸毗體柔人也 閩本明監本毛本同小字本相臺本體上有以字考文古本同案釋訓云夸毗體柔也無以字

則忽然有揆度知其然者 小字本相臺本同閩本明監本毛本亦同案正義云汝君臣忽然莫有察我民敢能揆度知其情者又云無有揆度知其然是忽然下當有無字考文古本有采正義

又素以賦斂 小字本相臺本同案正義云定本集注責以賦斂責字皆作素俗本爲責誤矣素者先也是正義本作責字

民之多辟 唐石經小字本相臺本同案釋文云多僻匹亦反邪也注同考七月序正義云古避辟譬僻皆同作辟字而借聲爲義是正義本作辟字其正義云皆多邪僻者易爲今字而說之也蕩釋文云辟匹亦反邪也本又作僻注同而於此經獨以僻爲正者以下立辟文連故別之其實毛氏詩經但作辟與下經立辟同字傳云辟法也不更指其何辟猶昔育恐育鞫傳之育長不指言何育也後漢書玉篇文選注引作僻乃以破引之當以正義本爲長考文古本作僻依釋文

廖 補 釋文校勘記通志堂本盧本同案段玉裁云瘳誤廖是也小字本所附正是瘳字乃出於善本此釋文當本作瘳轉譌從广耳小毖篇同

如攜取之隨人君也 閩本明監本毛本同案君當作者形近之譌

以攜者取處末 閩本明監本取作處毛本末作未案山井鼎云此疏恐有誤字是也者取當作文最

大宗王之同姓之適子也 閩本明監本毛本同小字本相臺本下之字作世案世字是也

維爲藩蔽閩本明監本毛本同案浦鏜云藩當屏字誤是也

君言宗人宰人也閩本明監本毛本同案浦鏜云君疑若字誤是也

五姓賜則閩本明監本毛本同案浦鏜云命誤姓

又兵用事重閩本明監本毛本同案用當作甲形近之譌

及爾游衍唐石經小字本相臺本同案釋文云游羨餘戰反溢也一音延善反本或作衍正義本是衍字

孔子迅雷風列閩本明監本毛本列作烈案所改是也

蕩之什詁訓傳第二十五

毛詩大雅　鄭氏箋　孔穎達疏

蕩召穆公傷周室大壞也厲王無道天下蕩蕩無綱紀文章故作是詩也○蕩蕩唐黨反召時照反本又作邵卷內召公召作皆同【疏】蕩八章章八句至是詩○正義曰蕩詩者召穆公所作以傷周室之大壞也以厲王無人君之道行其惡政反亂先王之政致使天下蕩蕩然法度廢滅無復有綱紀文章是周之王室大壞敗也故穆公作是蕩詩以傷之傷者刺外之有餘哀也其恨深於刺也瞻仰召旻皆云刺幽王大壞此不言刺厲王而云傷周室者幽王承宣王之後父善子惡指刺其身此則厲王以前周道未缺一代大法至此壞之故言傷周室大壞此經八章皆是大壞之事首句言蕩蕩為下之總目故序亦述首句以為一篇之義言天下蕩蕩無綱紀文章綱紀文章謂治國法度聖人有作莫不皆是此經所傷傷其盡廢之也

蕩蕩上帝下民之辟上帝以託君王也辟君也箋云蕩蕩法度廢壞之貌厲王乃以此居人上為天下之君言其無可則象之甚○之辟必亦反注同沈云毛音婢益反疾威上帝其命多辟疾病人矣威罪人矣箋云疾病人者重賦斂也威罪人者○峻刑法也其政教又多邪○辟不由舊章○辟匹亦反本又作僻注同斂力豔反駿荀閏反本亦作峻邪似嗟反天生烝民其命匪諶靡不有初鮮克有終諶誠也箋云烝衆鮮寡克能也天之生此衆民其教道之非當以誠信使之忠厚乎今則不然民始皆庶幾於善道後更化於惡俗○烝之承反諶市林反鮮息淺反注同道音導本亦作導【疏】蕩蕩至有終○正義曰穆公傷厲王無道壞滅法度言今蕩蕩然廢壞法度者

上帝之君王乃以此無法度而爲下民之君也又言王無法度之事重賦斂以疾病人峻刑法以威罪人如此者是上帝之君王又其下政教之命甚多邪僻言其無法度不由舊章也元本天之生此衆民其使人君爲政化之命以教導之非欲使之誠信乎言天欲使之誠信今王以邪僻教之故民皆無復誠信無不有其初心欲庶幾慕善道少能有其終行今皆化從惡俗是違天生民立教之意故所以傷之也〇傳上帝至辟君〇正義曰上帝者天之別名天無所壞不得與蕩蕩共文故知上帝以託君王言其不敢斥王故託之上帝也板傳曰上帝以稱王者桑柔傳曰昊天斥王然則王稱天稱帝詩之通義而言託者以下章不敢斥言乃假文王咨商明知此亦不斥故變言託耳其實稱帝亦斥王此下諸章皆言文王曰咨此獨不然者欲以蕩蕩之言爲下章總目且見實非殷商之事故於章首不言文王以起發其意也辟君釋詁文〇箋蕩蕩至之甚〇正義曰蕩蕩是廣平之名非善惡之稱若論語云蕩蕩乎民無能名焉洪範云王道蕩蕩言其無復惡事善事廣平是蕩蕩爲善也此序言蕩蕩無綱紀文章言其除去善事知此蕩蕩是法度廢壞之貌釋訓云蕩蕩僻也孫炎曰蕩蕩法度廢壞之僻取此箋爲說也〇箋疾病至舊章〇正義曰此申說傳意也人以財貨而生財盡則人困病故知疾病人者重賦斂也君以刑法威人法峻則人得罪故知威罪人者峻刑法也君之於人唯此而已故知是此二事也峻者高險之名謂重其科禁不可登陟如山之陵阪然其政教又多邪僻不由舊章不依周公所制典禮先王所行舊法也〇傳諶誠〇正義曰釋詁文〇箋烝衆至惡俗〇正義曰烝衆鮮寡皆釋詁文克能釋言文言天意欲使人君發命教民當以誠信忠厚既本天意又傷今政言當今之民皆有始無終是由人君不施忠厚之命而下邪僻之教故民化於惡俗教之使然以王政不順天故反覆言之民始皆庶幾於善道言民生自有此性後更化於惡俗謂君政令之變改言靡不爲盡然之辭鮮克爲少有之稱文不同者容有君子不改其操故言鮮以見之

文王曰咨咨女殷商曾是彊禦曾是掊克曾是在位曾是在服咨嗟也彊禦彊梁禦

善也掊克自伐而好勝人也服服政事也箋云厲王弭謗穆公朝廷之臣不敢斥言王之惡故上陳文王咨嗟殷紂以切刺之女曾任用是惡人使之處位執職事也○禦魚呂反掊蒲侯反聚斂也徐又甫垢反好呼報反朝直遙反下朝廷同

天降滔德女興是力天君滔慢也箋云厲王施倨慢之化女羣臣又相與而力爲之言競於惡○滔他刀反漫也漫亡諫反本亦作慢又作嫚下同一音亡半反倨居庶反

疏文王至是力○正義曰穆公傷王之惡又不敢斥言昔文王以紂政亂數嗟嘆之故穆公假爲之辭以責厲王言文王恨紂始言曰咨咨嗟乎汝殷商之君汝爲人君當任用賢者何曾以是彊梁禦善之人何曾以是矜掊好勝之人曾任用二者惡人使之在位執職事乎既責其君任非其人又責此臣助君爲惡言此天之王者此倨慢之德化已自惡矣汝等何爲起是氣力而佐助之以其同惡相成故至於大壞所以傷之也○傳咨嗟至政事○正義曰咨是歎辭故言嗟以類之非訓爲嗟也彊梁者任威使氣之貌禦善者見善事而抗禦之是心不嚮善不從教化之人也自伐解掊好勝解克定本倍作掊掊即倍也倍者不自量度謂己兼倍於人而自矜伐論語云願無伐善是也克者勝也己實不能恥於受屈意在陵物必勝而已如此者謂之克也釋詁云服事也且在服與在位對文故知服政事謂非徒備官又委任之也○箋厲王至職事○正義曰民勞亦穆公所作皆斥王惡此篇獨畏弭謗不斥言者民勞之詩汎論王惡欲王惠中國以綏四方其惡非深不須假託蕩則陳王凶暴將至滅亡號呼沈湎俾晝作夜其言既切故假文王至如家父作誦自著己名凡伯芮伯直言不諱者其人既異所作有殊二章箋獨言厲王者以假託文王咨嗟殷紂不得不言厲王六章以下言殷紂者以小大近喪顛覆滅亡之事故指言殷紂又經之設文須有足句四言曾是其義爲一故箋幷言之汝曾任用是惡人使之處位執職事也言曾者謂何曾如此今人之語猶然○傳天君滔慢○正義曰天君釋詁文以言汝興是力責臣明是人君非上天也虐君所下明是慢人之德故以滔爲慢也○箋厲王至於惡○正義曰此箋言厲王自下單言王省文也在身爲德施行爲化内外之異耳相與

而力爲之定本作相與而力爲之文王曰咨咨女殷商而秉義類彊禦多懟流言以對寇攘式
內對遂也箋云義之言宜也類善式用也女執事之臣宜用善人反任彊禦衆懟爲惡者皆流言謗毀賢者王若問之則又以對寇盜攘竊爲姦宄者而王
信之使用事於內○懟直類反攘如羊反宄音軌侯作侯祝靡屆靡究作祝詛也屆極究窮也箋云侯維也王與羣臣乖爭而相疑。日
祝詛求其凶咎無極已○作側慮反注同本或作詛祝周救反疏文王至靡究○毛以爲文王曰咨咨嗟汝殷商汝秉執政事之臣宜用善人何爲不用善
人反更信任彊禦衆懟爲惡之人爲流言以遂成其惡事者又寇盜攘竊爲姦宄之人王信任之使用事於內小人用事數相謗毀遂令君臣乖爭以致相疑
維爲是詛維爲是祝求告鬼神令加凶咎無有終極窮已之時置小人於朝以祝詛求。言是綱紀廢滅可傷之甚○鄭唯流言以對爲異言此彊禦衆懟爲惡
之人作此流言謗毀賢者若王問賢人則以此謗毀而對使王不得用之餘同○傳對遂○正義曰釋言文○箋義之至於內○正義曰凡言義者允於事宜
故云義之言宜以義爲宜則而爲汝矣類善釋詁文式用釋言文衆懟爲惡者懟謂。很戾戾非一人故言衆也此彊禦衆懟之人不但很戾而已又皆流言語
以謗毀賢者王若問之則又以對謂就此衆懟之人問賢人之行則又以謗毀之言對王令王不用之使賢者黜退也既退賢者乃進其黨類故寇盜攘竊爲
姦宄者進在王朝而信之使用事於內也上言執事下言用事於內則執事者亦在內矣但執事者舊在王朝用事者後來之人以小人後至而自外入內故
云式內以充之言寇攘者費誓注云寇劫取也因其亡失曰攘盜竊則總名故箋以盜竊配之○傳作祝至究窮○正義曰作即古詛字詛與祝別故各自言
侯傳辨作爲詛故言作祝詛也屆極究窮皆釋言文○箋侯維至極已○正義曰釋詁云維侯也故侯得爲維上言用惡人在官此言詛祝明是王與羣臣乖
爭相疑而祝詛也靡居靡究言其無窮已之時故知日日爲之也詛者盟之細事用豕犬雞三物告神而要之祝無用牲之文蓋口告而祝詛之也皆是情不

相信聽以明神若有犯約使加之凶禍故云求其凶咎無極已文王曰咨咨女殷商女炰烋于中國斂怨以爲德炰烋猶彭亨也箋云炰烋自矜氣健之貌斂聚羣不逞作怨之人謂之有德而任用之○炰白交反烋火交反亨許庚反逞勑領反不明爾德時無背無側背無臣側無人也箋云無臣無人謂賢者不用爾德不明以無陪無卿無陪貳也無卿士也○陪本又作培蒲回反疏文王至無卿○正義曰言文王曰咨咨汝殷商汝既官不得人徒彭亨然自矜莊以爲氣健在於中國斂聚此志意不逞好作怨之人以爲有德而任用之由其任用惡人以爲德故不光明汝王之德也正由背後無良臣傍側無賢人也故又言汝王之德所以不光明者以其無陪貳大德之公無幹事明哲之卿故也王何故聚此小人使之用事○箋炰烋至用之○正義曰炰烋是人之形狀故言自矜莊氣健之貌與傳彭亨一也上章言用惡人在官下章言傍無賢人故知斂怨以爲德謂聚羣不逞作怨之人謂之爲有德而任用之羣不逞襄十年左傳文逞快也謂志意不快好作怨禍者也○傳無陪至卿士○正義曰陪貳謂副貳王者則三公也卿士謂六卿也昭三十二年左傳曰物有陪貳天生季氏以貳魯侯諸侯以上卿爲貳則知天子陪貳唯三公也冢宰雖亦貳王治事當從卿士之列也文王曰咨咨女殷商天不湎爾以酒不義從式義宜也箋云式法也天不同女顏色以酒有沈湎於酒者是乃過也不宜從而法行之○湎酒面善反徐莫顯反飲酒齊色曰湎韓詩云飲酒閉門不出客曰湎既愆爾止靡明靡晦式號式呼俾晝作夜使晝爲夜也箋云愆過也女既過沈湎矣又不爲明晦無有止息也醉則號呼相傚用晝日作夜不視政事○愆本又作䇓起連反號戶刀反注同呼火胡反又火故反注同崔本作謼或一本作或號或呼卑必爾反使也本亦作俾後皆同耽本或作湛都南反不爲于僞反疏文王至作夜○正義曰上言任非其人此言其共從行非度文王曰咨咨嗟汝殷商汝君臣何爲耽荒如是天不湎然同汝顏色以酒汝

乃自耽此酒使色同耳此乃過誤之事不宜從而法行之汝沈湎如是既已愆過於汝之容止又無明無晦而飲酒不息及其醉也用是叫號用是讙呼使晝日作夜不嘗視事此所以大壞○箋天不至行之○正義曰酒誥注云飲酒齊色曰湎然則湎者顏色湎然齊一之辭故云天不同汝顏色亦謂湎爲同色也湎者人之所爲非天生之物聖人用酒所以祭祀養賢周公作戒使德將無醉是湎然而醉者人自爲之非天爲之也

文王曰咨咨女殷商如蜩如螗如沸如羹蜩蟬也螗蝘也箋云飲酒號呼之聲如蜩螗之鳴其笑語沓沓又如湯之沸羹之方熟○蜩音條螗音唐沸方味反蟬市延反字林云蟪蛄蝘音偃蟬屬也草木疏云一名蛁蟟青徐謂之螇螰楚人名之蟪蛄秦燕謂之蛥蚗或名之蜓蚞郭云俗呼爲胡蟬江南謂之螗蛦沓徒答反

小大近喪人尚乎由行言居人上欲用行是道也箋云殷紂之時君臣失道如此且喪亡矣時人化之甚尚欲從而行之不知其非○近喪附近之近又如字注同

内奰于中國覃及鬼方奰怒也不醉而怒曰奰鬼方遠方也箋云此言時人忕於惡雖有不醉猶好怒也○奰皮器反舊音備覃徒南反忕市制反又時設反說文云習也好呼報反

疏 文王至鬼方○毛以爲文王曰咨咨嗟汝殷商汝君臣飲酒其號呼如蜩之聲如螗之鳴言其讙譁之無次也其笑語如湯之沸如羹之熟言其嘈沓無節也王者所行無小無大莫不皆近喪亡以此行居人之上於是猶欲下民用行此道也由君欲民行故天下化之惡及四遠王初奰然不醉而怒在於中國但人皆倣之此奰然惡行乃延及中國之外至於鬼方之遠鄉言其惡化之廣也○鄭唯小大近喪謂君臣失道近於喪亡時人化之甚猶尚於是欲從而行之言舉世皆不知其惡也○傳蜩蟬螗蝘○正義曰釋蟲云蜩蜋蜩。螗蜩舍人曰皆蟬也方語不同三輔以西爲蜩梁宋以東謂蜩爲蝘楚地謂之蟪蛄楚辭云蟪蛄鳴兮啾啾是也陸機疏云螗一名蝘蛁蟟字林蛁或作蟟也青徐人謂之螇螰然則螗蝘亦蟬之別名耳○箋飲酒至方熟○正義曰文承號呼之下蜩螗多聲之蟲故知號呼之聲如蜩螗也沸無食名故知唯是沸湯羹熟則停故知其欲熟以羹湯○非蟬之類故以比笑語禮有燕笑語今但不得沓沓無節耳○傳言居至是道○正義曰如傳此言則以尚爲上由爲用言居人上欲用行此道謂欲使天下民從己之行○箋殷紂至其非○正義曰以言近喪紂實喪亡鬼方殷之諸侯則其言施於紂世故云殷紂之時以覃及鬼方是化流於遠故易傳以爲時人化之甚尚欲從而行之不知其非由人做其非欲從而行之不知其非故惡及遠也爲文之次也○傳奰怒至遠方○正義曰西京賦云巨靈奰屭以流河曲則奰者怒而自作氣之貌故爲怒也怒不由醉而云不醉而怒者以其承上醉事嫌是醉時之怒故辨之焉此雖怒時不醉乃是醉醒而怒亦由酒醉所致故既言飲酒無節即又責其奰怒也中國是九州覃及是及遠故知鬼方遠方未知何方也易既濟九三高宗伐鬼方三年乃克象曰憊也言疲憊而後克之以高宗之賢用師三年憊而乃克明鬼方是遠國也

文王曰咨咨女殷商匪上帝不時殷不用舊箋云此言紂之亂非其生不得其時乃不用先王之故法之所致雖無老成人尚有典刑箋云老成人謂若伊尹伊陟臣扈之屬雖無此臣猶有常事故法可案用也○此扈音戶曾是莫聽大命以傾箋云莫無也朝廷君臣皆任喜怒曾無用典刑治事者以至誅滅

疏文王至以傾○正義曰文王曰咨咨嗟汝殷商汝所以將至滅亡者非爲上帝生之使不得其時乃由汝殷紂自不用先王舊故之法所致耳又言其不用舊故之事今時雖無年老成德之人若伊陟之類猶尚有先王常事故法可案而用之汝今君臣皆任喜怒以自事恣曾於是常事故法莫肯聽受用之由此汝之大命以致傾覆而誅滅今王何不以紂爲戒自改悔乎○箋老成至案用○正義曰以殷不用舊章即以殷臣言之故云老成人謂若伊尹伊陟臣扈之屬於厲王則周召毛畢之倫也君奭曰在昔成湯既受命時則有若伊尹在太甲時則有若保衡在太戊時則有若伊陟臣扈巫咸在祖乙時則有若巫賢在武丁時則有若甘盤注云伊尹名摯湯以爲阿衡以尹天下故曰伊尹至太甲改曰保衡則伊尹保衡一人也伊陟伊尹之子據君奭之文

從上言之盡臣扈三人以下猶有巫咸巫賢甘盤故言之屬以包之○箋朝廷至誅滅○正義曰以莫爲總辭故知朝廷君臣也不用典刑則是自制威福故云皆任喜怒雲漢云大命近止謂民之性命此言大命以傾亦謂君臣性命故云以至誅滅

文王曰咨咨女殷商人亦有言

顛沛之揭枝葉未有害本實先撥顛。仆沛。拔也。揭。見。根貌箋云揭蹶貌撥猶絶也言大木揭然將蹶枝葉未有折傷其根本實先絶乃相隨俱顛拔喻紂之官職雖俱存紂誅亦皆死○顛都田反沛音貝揭紀竭反撥蒲末反仆蒲北反又音赴拔皮八反又半末反見賢遍反謂樹根露見王如字言可見蹶其厥反沈居衛反一音厥

殷鑒不遠在夏后之世箋云此言殷之明鏡不遠也近在夏后之世謂湯誅桀也後武王誅紂今之王者何以不用爲戒○夏戶雅反注同

【疏】文王至之世○正義曰文王曰咨咨嗟汝殷商古之賢哲之人亦有遺言云樹木將欲顛仆傾拔之時其根揭然而見此時枝葉未有折傷之害而根本實先斷絶但根本既絶枝葉亦從而絶以喻王位將欲傾覆喪亡之時而其勢微弱而危此時羣臣未有死亡之害而王身實先誅滅王身既滅羣臣亦隨之而滅汝若不信則殷之所鑒鏡者非遠耳止近在往前夏后之世言桀爲成湯所誅紂惡亦當爲周人所殺汝何以君臣同惡不用典刑也此意欲令厲王以紂爲鑒改脩德教故也○傳顛仆至根貌○正義曰顛是倒頓之名仆是偃僵之義故以顛爲仆謂樹倒也沛者忽遽離本之言此論木事故知爲拔謂樹枝也揭者蹶倒之意故以爲見根貌此顛沛之揭正謂樹將倒拔而已見其根但未絶耳○箋揭蹶至皆死○正義曰傳言見根不辨根之所見故以揭爲蹶貌蹶謂倒也樹倒故根見與傳同撥者撥去之去其餘根故云猶絶也揭實已倒故云蹶貌但倒不至地根猶未盡故枝葉未有折傷本實先絶枝葉乃與根相隨俱拔喻紂未滅之前官職雖俱存紂誅則與之皆死也稱人亦有言者牧誓文亦如此注云以古賢之言爲驗是苦其不信故引古以爲證也

蕩八章章八句

抑衞武公刺厲王亦以自警也自警者如彼泉流無淪胥以亡○抑於力反抑密也警居領反【疏】抑十二章上三章章八句下九章章十句至自警○正義曰抑詩者衞武公所所作以刺厲王也雖志在刺王亦所以自警戒己身以王之爲惡將致滅亡羣臣隨之已亦淪陷故箋指而言之○箋自警至以亡○正義曰言無如泉水相率俱亡是則己亦恐亡自警之意故以此句當之楚語云昔衞武公年九十有五矣猶箴儆於國曰自卿以下至於師長苟在朝者無謂我耄而捨我於是乎作懿以自儆韋昭云昭謂懿詩大雅抑之篇也抑讀曰懿毛詩序曰抑衞武公刺厲王亦以自警如昭之言武公年耄始作抑詩案史記衞世家武公者僖侯之子共伯之弟以宣王三十六年即位則厲王之世武公時爲諸侯之庶子耳未爲國君未有職事善惡無豫於物不應作詩刺王必是後世乃作追刺之耳正經美詩有後王時作以追美前王者則刺詩何獨不可後王時作而追刺前王也詩之作者欲以規諫前代之惡其人已往雖欲盡忠無所裨益後世追刺欲何爲哉詩者人之詠歌情之發憤見善欲論其功覩惡思言其失獻之可以諷諫詠之可以寫情本願申己之心非是必施於諫往者之失誠不可追將來之君庶或能改雖刺前世之惡冀爲未然之鑒不必虐君見在始得出辭其人已逝即當杜口雨無正之篇鄭爲流彘後事既出居政不由己雖欲箴規亦無所及此篇彼意於義亦同以此知韋氏之言爲得其實若然自警者羣臣爲惡恐禍及己若前人已死則非禍所及而箋所以責厲王之臣爲武公自警者以人之得失在於朋儕武公雖非厲王之臣亦是朝廷之士淪胥以敗無世不然冀望遠彼惡人免其患禍雖文刺前朝實意在當代故誦習此言以自肅警侯包亦云衞武公刺王室亦以自戒行年九十有五猶使臣日誦是詩而不離於其側其意亦取楚語爲說與韋昭小異

抑抑威儀維德之隅人亦有言靡哲不愚抑抑密也隅廉也靡哲不愚國有道則知國無道則愚箋

云人密審於威儀抑抑然是其德必嚴正也古之賢者道行心平可外占而知內如宮室之制內有繩直則外有廉隅今王政暴虐賢者皆佯愚不爲容貌如不肖然○喆本又作哲亦作悊陟列反智也下同則知音智

庶人之愚，亦職維疾。哲人之愚，亦維斯戾。

職主戾罪也箋云庶衆也衆人性無知以愚爲主言是其常也賢者而爲愚畏懼於罪也

【疏】抑抑至斯戾○正義曰此時厲王弭謗賢者佯愚言人有此抑抑然密審之威儀維爲德之廉隅矣言內有其德則外有威儀與德之爲廉隅也若外無威儀則內無德行是爲愚人矣古之賢人有言曰無道之世無有一哲人而不爲愚者言當時賢哲皆故毀威儀而佯爲愚人也若衆庶凡人之爲此愚亦主由維有疾病故耳今哲人之爲此愚亦維乃畏懼於時之罪戾非性然也由王酷虐濫罰無罪故賢哲之人皆佯爲愚病言王虐之甚也○傳抑抑至則愚○正義曰抑抑密釋訓文舍人曰威儀靜密也隅者角也廉者稜也角必有稜故云廉隅集注定本廉下皆無隅字其義是也哲者智也愚者癡也上智下愚不移之定分而云靡哲不愚故解之云國有道則智國無道則愚論語說甯武子之行爲然也○箋人密至不肖然○正義曰此以屋之外角喻人之外貌由內方而外正故觀外而知內故人能密審於威儀抑抑然是其德必嚴正也綿曰其繩則直是內有繩直也斯干曰如矢斯棘。○毛以棘爲稜廉是外有廉隅也宮室可入內而觀之人則不可忖度而知之故言古之賢者可以外占而知內○傳職主戾罪○正義曰皆釋詁文

無競維人，四方其訓之。有覺德行，四國順之。

無競競也訓教覺直也箋云競彊也人君爲政無彊於得賢人得賢人則天下教化於其俗有大德行則天下順從其政言在上所以倡道○行下孟反注同倡昌亮反道徒報反本亦作導下教道同

訏謨定命，遠猶辰告。

訏大謨謀猶道辰時也箋云猶圖也大謀定命謂正月始和布政于邦國都鄙也爲天下遠圖庶事而以歲時告施之○訏況于反謨莫蒲反沈云本亦作漢音莫爲于僞反篇末今我爲王同

敬慎威儀，維民之則。

箋云則法也

【疏】無競

至之則○毛以爲上言賢人不用毀儀佯愚此言宜用賢者使之愼儀言人君爲國無彊乎維在得其賢人若得賢人則國家彊矣所以得賢則彊者以此賢人有德四方之俗有不善者其可使此賢人教訓之此賢人可以教訓者此賢者有正直大德行四方之民得其教化其皆慕仰而順從之四方皆順是爲彊也又言施教之法當豫大計謀定其教命爲長遠之道而以時節告民施之王之朝廷又當敬愼其舉動威儀維與下民之爲法則也言王當如此不得棄賢不用使民無所法也○鄭唯以猶爲圖爲異餘同○傳無競至覺直○正義曰以得賢則彊而云無競故知反其言也訓教誨之别名故爲教也釋詁云梏較直也與覺字異音同○箋競彊○正義曰釋言文○傳訏大至辰時○正義曰訏大謨謀猶道皆釋詁文唯彼猶作繇耳釋訓云不辰不時也是辰爲時○箋猶圖至施之○正義曰以命既是道故以猶爲圖既云謀定而别云時告則謀定時未告也太宰職曰正月之吉始和布治於邦國都鄙乃縣治象之法於象魏使萬民觀治象挾日而斂之小宰職曰正歲帥治官之屬而觀治象之法周禮言正歲者皆謂夏之正月太宰言正月小宰言正歲觀之則是再縣之也故彼注云正月周之正月也吉謂朔日也太宰以正月朔日布王治之事於天下至正歲又書而縣於象魏使萬民觀焉周禮六官其存者五惟春官無此事其餘皆有之唯所主異耳然春官主禮周公所制永爲定法更不改張故不須再縣王之教命不過六典和之告之二時不同與謀定時告相合故以大謀定命謂正月始布政教于邦國都鄙是也爲天下遠圖庶事而以歲時告施之卽正歲縣之象魏是也邦國謂畿外諸侯都鄙謂畿內采邑

其在于今與迷亂于政顛覆厥德荒湛于酒箋云于今謂今厲王也興猶尊尚也王尊尚小人迷亂於政事者以傾敗其功德荒廢其政事又湛樂於酒言愛小人之甚○覆苦服反下覆謂覆用弁注同湛都南反注及下同樂音洛下文及注同

女雖湛樂從弗念厥紹罔敷求先王克共明刑紹繼共執刑法也箋云罔無也女君臣雖好樂嗜酒而相從不當念繼女之後人將傚女所爲無廣索先

王之道與能執法度之人乎切責之也○共九勇反注同好呼報反嗜市志反傚戶教反索所白反【疏】其在至明刑○正義曰上言用賢可使四方順從此言今之不能也其在於今之厲王不能用賢之故而尊尚其小人使迷亂於政教以傾敗其功德荒廢其政事又耽樂於酒是愛小人之甚也汝雖好耽樂嗜酒而相從縱令不懈於今時何故弗念其繼汝之人不慮子孫將效之也汝何故無心欲廣索先王之道及能執守明白法度之賢人而用之乎責其不用賢者而與小人荒耽○箋與猶至之甚○正義曰與謂舉而用之故為尊尚以覆為傾敗故云傾敗其功德○傳紹繼至刑法○正義曰皆釋詁文唯彼共作拱耳

肆皇天弗尚如彼泉流無淪胥以亡

淪率也箋云肆故今也胥皆也王為政如是故今皇天不高尚之所謂仍下災異也王自絕於天如泉水之流稍就虛竭無見率引為惡皆與之以亡戒羣臣不中行者將并誅之○淪音倫

夙興夜寐洒掃庭內維民之章

洒灑章表也箋云章文章法度也厲王之時不恤政事故戒羣臣掌事者以此也○洒色解反注同又所寄反掃素報反廷音庭灑色蟹反

脩爾車馬弓矢戎兵用戒戎作用逷蠻方

逷遠也箋云逷當作剔剔治也蠻方蠻畿之外也此時中國微弱故復戒將率之臣以治軍實女當用此備兵事之起用此治九州之外不服者○逷他歷反沈上益反復扶又反將子匠反帥所類反本或作率【疏】肆皇至蠻方○毛以為上言王之耽亂此又乘而責之言由王耽亂如此故今皇天不高尚王之所為而下此災異王將自絕於天如彼泉水之流稍稍以就虛竭言今王漸漸將致滅亡也又告語羣臣以自警戒王既為惡汝當行善無相牽率為惡皆以滅亡既不聽為惡即教之行善當侵早而起晚夜而寐洒掃室庭之內勤行政事維與民之為表憲文章又戒將帥之臣當脩治汝征伐之車馬及弓矢與戎兵之器用以此戒備戎兵動作之處當征伐之又用此以驅遠蠻方之來內侵者當逐令遠去使不得來侵○鄭唯用此以治蠻方之外不服者為異餘同○傳淪率○正義曰釋言文○箋肆故至誅之○正義曰肆故今也胥皆也皆

釋詁文天道遠人道邇言皇天不高尚王當有其狀故知謂仍下災異也天之爲災所以譴告王者冀其改悟若欲養成其惡則不復以災告之今仍有災異是天未絕於王但王自絕於天如彼泉水之流稍稍就於虛竭也泉之大者則流行無窮小者有時而虛竭故以比王將至於滅亡王既有惡而臣亦同之是相率爲惡武公惜其亡而戒之故知戒羣臣不中行者恐將并誅之也及厲王之出周召共和是不與同惡則不誅○傳洒灑章表○正義曰洒埽者以水灑地而埽之故爲灑謂洒水溼地也章者在人之上爲之表憲故云表也○箋章文至以此○正義曰申傳爲表之義以有文章法度故得爲民之表也戒之使爲民之表章則是戒朝廷大臣非戒洒埽之人令埽地也直以厲王之時不恤政事王綱不振戒之使勤於職事但職事在庭治之故假庭內不埽以見職事不理耳故云戒羣臣掌事者掌事謂六卿也○傳逷遠○正義曰釋詁文○箋當至不服者○正義曰以用戒戎作謂兵戎備之則用逷蠻方謂遠方不服則剔治之故知逷當作剔剔謂治毛髮故爲治也周禮九服六服之內爲中國七服以外爲夷狄而第六者大行人謂之要服職方氏謂之蠻服大司馬謂之蠻畿此經有二義用戒戎作爲中國則用剔蠻方爲夷狄且蠻方與彼蠻畿同故知蠻方是蠻畿之外也用兵是將帥之事故知戒將帥之臣以治軍實也掌主兵事唯司馬耳其出師也則六卿皆爲軍將此戒將帥總戒將兵之人不必獨戒司馬也軍實者卽車馬弓矢戎兵是也弓矢卽戎兵而又言戎兵容戈盾矛戟之類軍之所用皆是隱五年左傳曰歸而飲至以數軍實楚語曰。射不過講軍實焉皆謂兵器也言汝當用備兵事之起謂備之於國隨其所須中國起者卽用之也用此治九州之外不服一者謂治夷鎭蕃三服大行人既列其服朝見之數乃云九州之外世一見是蠻畿以外爲九州之外也

質爾人。民。謹爾侯度用戒不虞質成也不虞非度也箋云侯君也此時萬民失職亦不肯趨公事故又戒鄉邑之大夫及邦國之君平女萬民之事慎女爲君之法度用備不億度而至之事○非度待洛反下不億度同

慎爾出話敬爾威儀無不柔嘉話善言也箋云言謂

教令也柔安嘉善也○話戶快反

白圭之玷尚可磨也斯言之玷不可爲也玷缺也箋云斯此也玉之缺尚可磨鑢而平人君政教一失誰能反覆之○玷丁簟反沈丁念反說文作刮鑢音慮同復音服又豐服反本亦作覆

【疏】質爾至可爲○正義曰此又戒鄉邑大夫及邦國之君言汝等當平治汝民人之政事勑汝爲君之法度用此以戒備將來不億度之事謂非常驚急當豫防之既戒臣事畢又復諫王當謹慎爾王所出之教令又當恭敬爾在朝之威儀使教令威儀無不安審美善言使之皆安善也又言教令尤須謹慎白玉爲圭圭有損缺猶尚可更磨鑢而平若此政教言語之有缺失則遂往而不可改爲王者安危在於出令故特宜慎之○傳質成至非度○正義曰釋詁云質平成也則質者平治成就之義故傳以爲成箋以爲平其意同也釋言云虞度也不度者非意所億度之事也○箋侯君至之事○正義曰侯君釋詁文詩之所戒隨失而言故知此時萬民失職故令質爾民人也不肯趨公事故令謹爾侯度也鄉邑之大夫謂六鄉與公邑亦可以兼六遂與采地也以所戒者廣故知亦及邦國之君也平汝萬民之事即教令是也慎爾爲君之法度即威儀是也治民即是爲君故文兼鄉邑大夫亦稱君焉不億度而至之事謂非常寇盜君子安不忘危故常豫戒○箋言謂至嘉善○正義曰以此言人君爲政之事故知是教令之言此文雖承戒鄉邑邦國之下而與下章無易由言相接以下皆是言王事則此慎話敬威儀是使王身敬慎非戒臣之辭柔安嘉善皆釋詁文○箋王之至覆之○正義曰政教一失誰能反覆謂已往者不可更反論語所謂駟不及舌是也其言改過者謂改將來過耳此經申上慎爾出話之事上文亦言威儀不重述者以言失爲重故特殷勤之孝經重述法言亦此類也

無易由言無曰苟矣莫捫朕舌言不可逝矣莫無捫持也箋云由於逝往也女無輕易於教令無曰苟且如是今人無持我舌者而自聽恣也教令一往行於下其過誤可得而已之乎○易以豉反注同捫音門

○無言不讎無德不報惠于朋友庶民小子讎用也箋云惠順也

教令之出如賣物物善則其。售賈貴物惡則其。售賈賤德加於民民則以義報之王又當施順道於諸侯下及庶民之子弟○讎市由反徐云鄭市又反售市又反一本作讎此音則與毛同賈加霸反下同

子孫繩繩萬民靡。不承

箋云繩繩戒也王之子孫敬戒行王之教令天下之民不承順之乎言承順也○靡一本作是

【疏】無易至不承○毛以爲出言爲重又復戒之言王無得輕易於此言語之教令無得言曰我出言苟且如是矣假有不善人無執持我舌而不聽我言者實無人能執王之舌要王苟且出言不可使之往行於天下往則不可復改故特須慎之必須慎者王之所出無有一言而不爲人用善惡人皆承而用之無有恩德而下不報答之言王有善德人必報王故王當施行順道於朋友謂諸侯及卿大夫等下及庶民之子弟小子王皆須以順道教之王若教以順道則民皆行之若王之子孫能繩繩然敬戒而行王之教令則天下之衆民無有不承順而奉行之言皆承順而奉行之勸王使慎教令爲下民之法施順道爲子孫之基也○鄭唯以讎字爲異餘同○傳捫持○正義曰字書以捫爲摸摸索其舌是手持之也○箋由於至已之乎○正義曰由於逝往皆釋詁文唯彼由作繇音義同釋詁云朕我也自周以前朕爲通言故皋陶曰朕言惠屈原曰朕皇考是也秦始皇既平六國制天子之法號爲皇帝自稱曰朕後代遂遵用之宣十二年公羊傳何休注云天子自稱曰朕以漢法言之也言不可往明爲往不可故云教令一往行於天下其過誤不可得而改也定本無天字又言過誤可得而已之乎定本是也○傳讎用○正義曰相對謂之讎讎者相與用言語故以讎爲用○箋教令至子弟○正義曰箋以用非讎之正訓且與報德連文故以爲讎報物價釋詁云讎匹也是匹敵相報故應對物價謂之讎其意言王出教令民則從其善惡以答王也武王謂諸侯云我友邦冢君是朋友謂諸侯亦可以兼羣臣公卿也小子幼稚之稱故爲庶民子弟庶民猶令及之則以上無不及矣○箋繩繩戒○正義曰釋訓文

視爾友君子輯柔爾顏不遐有愆

輯和也箋云柔安遐遠也今視。女諸侯及卿大夫皆。脅肩。諂笑以和安女顏色是於正道不遠

有罪過乎言其。近也○輯徐音集又七入反胎本又作脇香及反又虛劫反沈又於闔反諂勑檢反趙岐注孟子云脇肩竦體也諂笑強笑也近之附近之近

一本無之字近則依字讀**相在爾室尚不愧。于屋漏無曰不顯莫予云覯**西北隅謂之屋漏覯見也箋云相助

顯明也諸侯卿大夫助祭在女宗廟之室尚無肅敬之心不慚媿於屋漏有神見人之爲也女無謂是幽昧不明無見我者神見女矣屋小帳也漏隱也禮祭

於奧既畢改設饌於西北隅而。扉隱之處此祭之末也○相息亮反注同媿俱位反屋如字或云鄭於角反漏魯豆反覯古豆反奧烏報反西北隅謂之奧饌

仕眷反。扉扶味反隱也沈云許慎几非反**神之格思不可度思矧可射思**格至也箋云矧況射厭也神之來至去止不可度知

況可於祭末而有厭倦乎○度待洛反注度知同矧由忍反射音亦【疏】視爾至射思○正義曰上勸王惠於朋友此言王朋友不。思我今視汝王之所友諸

侯及卿大夫之君子皆不忠正但脅肩諂笑以和安爾王之顏色以求王愛無能一匡諫王者是於正道不遠其有罪過言其近有罪過矣此臣非但諂佞於

王又惰慢於事其助祭於汝王宗廟之室尚無肅敬之心不慚媿於屋漏祭當盡敬尚無媿心其於諸事怠惰明矣因即責此不媿之人汝無得言曰此屋漏

幽闇不明之處無有於我云能見之者謂神不見遂爲此慢以神之明必見汝矣何則神之初來至思不可度而知思況於祭之所末可得厭倦之思言若能

知其去來則可神去乃倦既不見來亦不知其去何得祭末疑去即厭之也○箋今視至其近○正義曰此皆以王爲文故爾友爲王之友爾顏爲王之顏也○

脅肩諂笑口柔之貌也孟子曰脅肩諂笑病于夏畦趙岐云脅肩竦體也諂笑強笑也病極也言其意苦勞極甚於仲夏之月治畦灌園之勤是其事也此正

是罪過而言其近者爲文之勢耳○傳西北隅謂之屋漏○正義曰釋宮文覯見釋詁文○箋相助至之末○正義曰釋詁云相助。慮也俱訓爲。慮是爲助也

又云顯光也是顯得爲明也上言友君子有過下句責其厭倦則非王之身故知是諸侯及卿大夫助祭之時無肅敬之心也責令勿道神不我見故知其意

言神見汝矣天官幕人職掌帷幕幄帟注云幕以布幄帟以繒爲之雜記云諸侯行而死於道緇布裳帷素錦以爲幄而行皆先言帷幕而後言幄則幄在帷幕之內帷幕是大帳則幄爲小帳也漏隱釋言文禮之有帷幕皆於野張之以代宮室其宮內不張幕也幄則室內亦有之屋漏者室內處所之名可以施小帳而漏隱之處正謂西北隅也言不媿屋漏則屋漏之處有神居之矣故言此時於屋漏有事之節禮祭於奥中既畢尸去乃改設饌食西北隅厞隱之處此祭祭末之時事也特牲禮尸謖之後云佐食徹尸薦俎敦設于西北隅几在南厞用筵納一尊佐食闔牖戶降注云厞隱也不知神之所在或者遠人乎尸謖而改饌爲幽闇庶其饗之是其事也若然當闔戶牖則室中無人而云在室不媿屋漏者此羣臣雖惰非祭初卽倦當有事屋漏之時乃始倦耳因當時屋漏有神而責其不媿非謂助祭之人在屋漏之處言在室者正謂在宗廟中耳爾雅孫炎解屋漏云當室之白日光所漏入非鄭義也案禮記曾子問云殤不備祭何謂陰厭陽厭鄭注云祭成人始設奠於奥是謂陰厭尸既謖之後改饌於西北隅是謂陽厭若宗子爲殤唯有陰厭若庶子適殤宗子適殤唯有陽厭案特牲士禮有陰厭陽厭又此詩不媿于屋漏則天子亦有陽厭以上下言之諸侯亦同唯上大夫無陽厭故儀禮少牢祭末不徹饌於西北隅鄭注云無陽厭者爲大夫當日賓尸故也○傳格至○正義曰釋詁文○箋矧況至倦乎○正義曰矧況釋言文射厭釋詁文凡言況者皆以輕況重此經直言至於尸謖謂神賓去矣於此之時乃有惰慢故詩人之意言神來不知其來則尸去神未必去屋漏之處仍有祭事則神猶在矣祭初神實未來尚不敢慢況今祭末神或未去而可有厭倦乎以此故言矧可射思箋申其意故來至去止並言之不然經止有來不須言去也

辟爾爲德俾臧俾嘉淑愼爾止不愆于儀不僭不賊鮮不爲則。女爲善則民爲善矣止至也爲人君止於仁爲人臣止於敬爲人子止於孝爲人父止於慈與國人交止於信僭差也箋云辟法也止容止也當審法度女之施德使之爲民臣所善所美又當善愼女之容止不可過差於威儀女所行不信不殘賊

者少矣其不爲人所法○譖本亦作僭子念反注及下我譖同鮮息淺反少也投我以桃報之以李箋云此言善往則善來人無行而不則
得其報也投猶擲也○擲直赤反彼童而角。實虹小子童羊之無角者也而角自用也虹潰也箋云童羊譬。皇后也而角者喻與政事
有所害也此人實。實亂小子之政禮天子未除喪稱小子○虹戶公反鄭戶江反潰戶對反疏辟爾至小子○毛以爲王當法度汝之所爲施行之德則
使民善之使臣美之又當善慎汝心之所止使常止仁信不過於汝之威儀令不差貳不殘賊王能如此少矣而不爲人所法則言多爲人所法則人有投擲
我以桃者我必報之以李善往則善來無物不報王若以善道施民民必以善事報王也王之所以不善者彼童羊實無角而爲有角自用妄爲觝觸人以喻
王后本實無德而爲有德自用橫干政事此人實潰亂我王小子之政使爲不善王何以不遠之乎○鄭唯止爲容止爲異餘同○傳女爲至僭差○正義曰
傳解辟爾爲德所以能俾臧俾嘉之意由君爲善則民善之辟爾爲德是汝爲善也俾臧俾嘉是則民善也止者所居之名故爲至至是所至之處也爲人君
止於仁至止於信皆大學文也彼既爲此言乃引此詩以證之故傳依用爲此說君事唯當言止於仁耳因彼成文而盡引之譖毁人者是差貳之事故云僭
差箋言不信義亦同也○箋止容止○正義曰以經言淑慎爾止不愆于儀卽是慎其容止得威儀不過耳故易傳以止爲容止○箋此言至其報○正義曰
以經之文是爲善來則善往而箋反之者逐便而言耳○傳童羊至虹潰○正義曰言童知是羊者童者未冠之名猶畜之無角其文卽云而角明此物之類
有有角者有無角者畜之如此者唯羊耳言童而角是無角而爲有角自用也虹潰釋言文○箋童羊至小子○正義曰上文說政事此言而角以潰小子小
子是王之稱此人特能潰之則是專恣之人能亂朝政者也人臣則不堪如此此唯王后乃能然故知童羊譬王后也言而角則是用角矣用角觝觸則於物
有所害故。以。喻於政事有所害此人實亂小子之政也定本集注於政事有所害於字皆作喻與其理是也禮天子未除喪稱小子下曲禮文引之以證稱王

爲小子之意在喪之稱小子以其未理政事爲無知之辭下言亦事既耄則厲王非復在喪但欲見王之無知故假在喪之稱以名之民勞云戎雖小子者言王意以小子自遇非臣之稱君故箋不引禮記

荏染柔木言緡之絲溫溫恭人維德之基緡被也溫溫寬柔也箋云柔忍之木荏染然人則被之弦以爲弓寬柔之人溫溫然則能爲德之基止言內有其性乃可以有爲德也○荏而甚反染而漸反荏染柔意緡亡巾反共音恭本亦作恭被皮寄反下同忍音刃本亦作○

其維哲人告之話言順德之行其維愚人覆謂我僭民各有心話言古之善言也箋云覆猶反也僭不信也語賢智之人以善言則順行之告愚人反謂我不信民各有心二者意不同○話戶快反說文作詁云詁故言也語魚慮反下音語之同知音智

疏荏染至有心○正義曰上既教王行德此言王不可教有荏染然柔忍之木是維可以爲弓之榦我乃緡被之以絲則有弦而成弓可以爲弓明矣亦猶溫溫然寬柔之人是維可以爲德之基我乃教訓之以學則有能而成德可以爲法矣但人性不同有可教以否若其維賢哲之人告之以善言則順其道德之行而行之若其維愚蔽之人告之以善言則反謂我言不信而拒之是爲民之賢愚各自其有本心言王無本性不可教也○傳緡被至寬柔○正義曰釋言云緡綸也綸則繩之別名言緡之絲正謂以絲爲繩被之於木故云緡被不訓緡爲被釋訓云溫溫柔也故爲寬柔○箋柔忍至爲德○正義曰以荏染猶溫溫柔木猶恭人則言緡之絲與維德之基互相足維德之基猶維弓之幹言緡之絲猶言訓之以學二者資於本性故云內有其性乃可以爲德

於乎小子未知臧否匪手攜之言示之事匪面命之言提其耳箋云臧善也於乎傷王不知善否我非但以手攜掣之親示以其事之是非我非但對面語之親提撕其耳此言以教道之孰不可啓覺○於乎上音烏下音呼凡此二字相連皆放此臧否音鄙注同臧善也否惡也提音啼掣尺世反拽也撕音西

借曰未知亦既抱子借假也箋云假令人

云王尙幼少未有所知亦。以抱子長大矣不幼。小也○借子夜反注
及下同知如字沈音智下夙知亦同令力呈反少時照反長丁丈反

民之靡盈誰夙知而莫成

莫晚也箋云萬民之意皆持不滿於王誰早有所知而反晚成與言王之無成本無知故也○莫音慕本亦作慕與音餘

【疏】於乎至莫成○正義曰此又言王不可教於乎此小子之厲王其心未能識知於善否我非但以手攜掣之我乃親示以其事之是非庶其覩之而悟也我又非但對面命語之我又親提撕其耳庶其志而不忘言己教導之孰而不可啓悟假令有人言曰王尙幼少未有所知亦既抱子矣已爲人父非復幼少也今萬民之意皆持。不滿於王謂才智褊小不能滿足其意望王更益才智晚有所成故解其意誰復早有所知而晚成者也明早知則早成晚知則晚成今王晚亦無知是終無所成也○箋萬民至知故○正義曰王爲天下之主德度當滿民心今王無所知則民意不滿故言萬民之意皆持不滿於王嫌王才度之淺近也上言借曰未知冀其長大有。失此言人意不滿亦望在後更益是冀王有晚成之意即又解之誰早有所知而晚有成乎

昊天孔昭我生靡樂視爾夢夢我心慘慘

夢夢亂也慘慘憂不樂也箋云孔甚昭明也昊天乎乃甚明察我生無可樂也視王之意夢夢然我心之憂悶慘慘然愬其自恣不用忠臣○樂音洛注同夢莫空反沈莫登反注同慘七感反愬音素後皆同

【疏】傳夢夢至不樂○正義曰夢夢亂也釋訓文孫炎曰夢夢昏昏之亂也然則夢夢者言王政昏亂之意也釋訓又云慘慘愠也李巡曰慘慘憂怒之愠然則慘慘者憂愠憔悴之貌故爲憂不樂也○箋孔甚至忠臣○正義曰孔甚釋言文釋詁云昭光也故爲明言昊天明察者以其明察庶知己情故以我生訴之也上言其不可教誨下言誨而不入故知訴其自恣不用忠臣

誨爾諄諄聽我藐藐匪用爲教覆用爲虐

藐藐然不入也箋云我教告王口語諄諄然王聽聆之藐藐然忽略不用我所言爲政令反謂之有妨害於事不受忠言○諄字又作訰之純反又之閏反說文埤蒼竝云告曉之熟藐美角反爾雅云悶也聆音零

疏 傳藐藐然不入○正義曰藐藐者王不聽受之貌是諫者之言不入王心故言其不入也釋訓云藐藐悶也舍人曰憂悶也謂王不受之言者憂悶也

借曰未知亦聿既耄耄老也○耄莫報反 疏 傳耄老○正義曰曲禮云八十九十曰耄是耄爲老也箋傳皆不解聿之義爾雅之訓聿爲述也亦爲自也緜箋以聿爲自以此宜從自借曰未知者冀王更有長進詩人解其意言王亦將從此既昏耄矣無有所知昭元年左傳曰所謂老將知而耄及之是耄則無智也

於乎小子告爾舊止聽用我謀庶無大悔箋云舊久也止辭也庶幸悔恨也天方艱難曰喪厥國箋云天以王爲惡如是故出艱難之事謂下災異生兵寇將以滅亡○曰喪上音越下息浪反韓詩作聿喪取譬不遠昊天不忒回遹其德俾民大棘箋云今我爲王取譬喻不及遠也維近耳王當如昊天之德有常不差忒也王反爲無常維邪其行爲貪暴使民之財匱盡而大困急○忒他得反遹于橘反邪似嗟反行下孟反匱求位反 疏 於乎至大棘○正義曰自上以來諫王之情已極於此自言諫意以結之於乎可歎傷者小子無知之我王告汝以久故往昔之道止言己所陳皆先世舊章也汝若聽用我之計謀幸望無大罪責而恨者王何故不用之乎天以王爲惡之故方下艱難之事於王謂使之有災異生兵寇其意言曰當欲喪滅其國我憂王將滅故爲王謀而取譬不爲深遠而難知唯淺近耳王之爲政當如昊天之德寒暑有常不爲差忒王何以不效昊天有常反爲無常而邪僻其德貪暴稅斂而使下民資財皆盡甚大困急我以是故而諫王也○箋天以至滅亡○正義曰以言曰喪厥國是稱天之意故知艱難謂下災異生兵寇也此曰爲辭故韓詩作聿

抑十二章三章章八句九章章十句

附釋音毛詩注疏卷第十八（十八之二）

毛詩注疏校勘記（十八之一）

阮元撰盧宣旬摘錄

○蕩

峻刑法也　小字本相臺本同案此正義本也釋文云駿本亦作峻正義云峻者高險之名是其本作峻字

其政教又多邪辟　小字本相臺本同閩本明監本毛本辟誤僻案僻者正義所易之今字耳

曾是掊克　唐石經小字本相臺本同案釋文云掊克蒲侯反聚斂也又自伐而好勝人也徐又甫垢反正義云自伐解倍好勝解克定本倍作掊掊卽倍也考自伐而好勝人乃傳義正義所論自矣釋文作掊與定本同以爲聚斂則非

自伐解掊　閩本明監本毛本同案掊當作倍

四言曾是　明監本毛本同案閩本自此曾是起至下以言汝與是力是字止幷三行爲二行初刻脫一行而剜添也凡閩本初刻誤而剜添是者依十行本所挍補明監本毛本卽不誤矣今多不悉出

日祝詛求其凶咎無極已　小字本相臺本同考文古本同閩本明監本日作且毛本同又已誤也案日字是也正義云故知日日爲之也是其證

以祝詛求言　閩本明監本毛本言作信案所改是也

懟讀很戾　閩本明監本毛本很作狠案浦鏜云當很字誤是也

咨女殷商　閩本明監本毛本同案咨字下浦鏜云脫嗟是也

飲酒閉門不出客曰湎　補通志堂本盧本盧文弨攷證云客宋本作容當從文選注引韓詩亦作容或有作客者譌也按盧校非是釋文校勘云閉門不出客者如陳遵投轄井中是也初學記引韓詩曰齊顏色均衆寡謂之沈閉門不出謂之湎下句奪客字魏都賦沈湎千日李善引薛君韓詩章句與初學記同而譌奪不可讀賦文沈字誤爲流注客字誤爲容

式號式呼　唐石經小字本相臺本同案釋文云或一本作或號或呼考正義云用是叫號用是讙呼是正義本作式字

女既過沈湎矣　小字本相臺本同案釋文云耽湎本或作湛都南反正義云汝君臣何爲耽荒如是又云汝乃自耽此酒是正義本亦作耽下文云汝沈湎如是當是後改也上箋云有沈湎於酒者是乃過也釋文不爲作音或其本但作有湎○按漢人浮沈字作湛今本箋作沈乃淺人所改耳經文載沈載浮亦決非古本

釋蟲云蜩蜋蜩螗　閩本明監本毛本同案螗下浦鏜云脫蜩字是也

顛仆沛拔也　小字本相臺本同案釋文以仆也作音是其本有也字考文古本有閩本明監本拔誤按毛本不誤

揭見根貌　小字本相臺本同案此正義本也釋文揭下云根見貌又云見貌賢遍反謂樹根露見王如字言可見正義云揭者蹶倒之意故以爲見根貌此顛沛之揭正謂樹將倒拔而已見其根又云傳言見根不辨根之所見標起止云至根貌是正義讀見如字又見在根上與釋文本不同也

○抑

以宣王三十六年卽位 閩本明監本毛本同案浦鏜云三衍字是也

如矢斯棘○ 閩本明監本毛本同案浦鏜云衍○是也

女雖湛樂從 小字本相臺本同唐石經樂下旁添克字案添者誤

洒埽庭內 小字本相臺本庭作廷唐石經初刻庭後改廷案釋文云廷音庭唐石經改依釋文也正義中字皆作庭或其本作庭但未有明文今無可考餘經如著斯干小旻有瞽等皆作庭

故復戒將率之臣 小字本相臺本同閩本同明監本毛本率作帥案釋文云帥本或作率明監本毛本依之改也考箋每用率字正義每用爲帥字而說之當以或作本爲長

沈上盆反 補 通志堂本盧本同盧文弨考證云宋本作土盆當是也案小字本所附亦作土不誤

楚語曰射不過講軍實焉 閩本明監本射誤財毛本不誤案浦鏜云榭誤射非也劉逵注吳都賦引亦作射是其證射古之榭字九經古義論之詳矣

質爾人民 唐石經小字本相臺本同案正義云汝等當平治汝民人之政事又云故令質爾民人也是其本人民作民人郭璞注爾雅引詩質爾民人與正義本正合說苑引告爾民人鹽鐵論引誥爾民人皆卽此經也當是唐石經誤倒如有狐序之比也

鑢音慮同 補 通志堂本盧本無同字案此誤衍也

謂非常驚急 閩本明監本毛本同案浦鏜云驚當警字誤是也

教令一往行於下其過誤可得而已之乎 小字本相臺本同案此定本也正義云教令一往行於天下其過誤不可得而改也定本無天字又言過誤可得而已之乎定本是也考文古本已作改采正義

物善則其售賈貴 小字本相臺本同下同案釋文云則售市又反一本作讎謂讎物價也正義云故以爲讎報物價與一本同考讎卽售也古今字耳釋文正義以爲有分別者非考文古本作讎采釋文正義

萬民靡不承 唐石經小字本相臺本同案釋文云一本靡作是正義云無有不承順而奉行之是其本作靡字段玉裁云依釋文一本與箋合

今視女諸侯及卿大夫 閩本明監本毛本同小字本相臺本女下有之字案有者是也

皆脇肩詔笑 相臺本同小字本詔作諂閩本明監本毛本同案詔字誤也餘同此釋文云脅本又作脇正義本是脇字

言其近也 小字本相臺本同案釋文云近之也附近之近一本無之字近則依字讀正義云此正是罪過而言其近者標起止云至其近是其本與一本同

尚不愧于屋漏 小字本相臺本同明監本毛本同唐石經愧作媿案媿字是也釋文云媿俱位反正義中字皆作媿是其證箋不慚媿於屋漏有神唯毛本譌作愧耳何人斯經用愧字此不畫一之例

而扉隱之處 小字本相臺本同案扉當作厞說文五經文字皆在厂部爾雅不誤此釋文亦誤爲扉詳後考證正義中厞字十行本皆未誤

厞扶味反［補］釋文挍勘記通志堂本同盧本厞作𢇁案所改是也字書此字皆從厂釋文當本如此作寫者轉譌耳

此言王朋友不思［補］案思當忠字之譌毛本正作忠

相助慮也俱訓爲慮閩本明監本毛本同案山井鼎云慮當作勴是也清廟及雍二正義引皆作勴可證

不僭不賊唐石經小字本相臺本同案釋文云不譖本亦作僭子念反差也注及下我譖同正義云譖毀人者是差貳之事故云僭差箋言不信義亦同也是正義本亦作譖字今標起止及其餘僭字皆合併後依經注本所改也考譖僭古通用字此借譖爲僭耳不必如正義所說也巧言云僭始既涵瞻仰云譖始竟背桑柔云朋友已譖及此不譖我譖箋皆云不信也毛巧言傳云僭數也乃以僭爲譖之假借瞻仰無傳者同彼爲數也桑柔無傳者同此爲差也又那傳云不僭不濫者賞不僭刑不濫也意亦同此爲差鄭不異毛合而觀之可得其證矣桑柔釋文譖本亦作僭瞻仰釋文同

女所行不信不殘賊者小字本相臺本同考文古本同閩本明監本毛本信誤僭案不字當重僭不信也不不信不僭也脫去一不字遂又誤改信字耳

彼童而角毛本角誤覺明監本以上皆不誤

童羊譬皇后也閩本明監本毛本同小字本相臺本皇作王考文古本同案王字是也正義可證

此人實賓亂小子之政［補］案賓當作濆正義可證

故以喻於政事有所害閩本明監本毛本同案十行本故至於剜添者一字當是云字誤剜作以喻也

忍音刃本亦作○ 補 通志堂本盧本○作刃案刃字是也

告之話言 唐石經小字本相臺本同案段玉裁云當作告之詁話詳下

話言古之善言也 小字本相臺本同案釋文告之話言下云話言古之善言也前慎爾出話傳云話善言也此云詁話古之善言也一篇之內依字分訓而相蒙如此釋文云說文作詁蓋說文稱毛詩告之詁話陸氏所據說文詁字未誤而話字亦已誤爲言矣

語賢智之人 閩本明監本毛本同小字本相臺本智作知案知字是也

於呼小子 唐石經小字本相臺本呼作乎閩本明監本毛本同案呼字誤也

此言以教道之孰 小字本相臺本同閩本明監本毛本孰誤熟正義中字同山井鼎云似屬下句讀者誤

亦以抱子長大矣 小字本相臺本同考文古本同閩本明監本毛本以作已案所改是也

不幼小也 閩本明監本毛本同小字本相臺本小作少案少字是也

皆持不滿於王 閩本明監本毛本不作無誤

冀其長大有失 補 案失當識字之譌毛本作識

我心慘慘 唐石經小字本相臺本同案釋文云慘慘七感反正義云釋訓云慘慘愠也是釋文本正義本皆作慘慘與唐石經同也此以韻求之當

作慄慄見白華

匪用爲教唐石經小字本相臺本同閩本明監本毛本用爲誤倒

毛詩大雅　鄭氏箋　孔穎達疏

桑柔芮伯刺厲王也芮伯畿內諸侯王卿士也字良夫○芮如銳反國名【疏】桑柔十六章上八章章八句下八章章六句○箋芮伯至良夫○正義曰書序云巢伯來朝芮伯作旅巢命武王時也顧命同召六卿芮伯在焉成王時也桓九年王使虢仲芮伯伐曲沃桓王時也此又厲王之時世在王朝常爲卿士故知是畿內諸侯爲王卿士也書敘注云芮伯周同姓國在畿內則芮伯姬姓也杜預云芮國在馮翊臨晉縣則在西都之畿內也顧命注芮伯入爲宗伯畿內而言入者入有二義若對畿內則畿外爲入衛武公入相於周是也若對在朝無封爵者則有國者亦爲入畢國亦在畿內顧命注亦云畢公入爲司馬是也文元年左傳引此云周芮良夫之詩曰大風有隧且周書有芮良夫之篇知字良夫也

菀彼桑柔其下侯旬捋采其劉瘼此下民興也菀茂貌旬言陰均也劉爆爍而希也瘼病也箋云桑之柔濡其葉菀然茂盛謂蠶始生時也人庇陰其下者均得其所及已捋采之則葉爆爍而疏人息其下則病於爆爍興者喻民當被王之恩惠羣臣恣放損王之德○菀音鬱注同又於阮反旬如字又音荀捋力活反注同瘼音莫陰於鴆反本亦作蔭下同爆本又作爆同音剝下同爍本又作爍或作落同音洛郭盧角反濡而轉反庇必寐反又音祕本亦作芘同被皮寄反

不殄心憂倉兄塡兮倉喪也兄滋也塡久也箋云殄絕也民心之憂無絕已喪亡之道滋久長○倉初亮反注同兄音況注同本亦作況塡音塵

倬彼昊天寧不我矜昊天斥王者也箋云倬明大貌昊天乃倬然明大而不矜哀下民怨愬之言○倬陟角反【疏】菀彼至我矜○毛以爲菀然而茂者彼桑也其葉稚而柔濡故菀然茂盛於此之時人息其下維均得蔭皆無暑熱之患及其捋而采之其枝之葉劉然爆爍而稀疏人不

復能蔽廕炎日則病此其下所息之民矣以與王有明德天下之民均得其恩若有羣臣放恣損王之德則困苦天下之民矣今厲王之臣皆以放恣損王。之害下民故使天下之民不能絕已其心中之憂民所以不絕者以民之喪亡之道滋益久長令言上行虐政不已是民之亡道益長所以心憂不復絕又告王而怨之倬然而尊大譬彼昊天之王者汝居民上爲民之父母寧不於我而矜哀之何爲忍之而行此喪亡之政乎○鄭唯倬彼昊天爲怨之上天爲異餘同

○傳旬言至瘼病○正義曰釋言云旬均也某氏引此詩李巡曰洵徧之均也則旬是均之義故云○言廕均也釋詁云毗劉爆爍也舍人曰毗劉爆爍之意也木枝葉稀疏不均爲爆爍郭璞曰謂樹木葉缺落廕疎爆爍也劉者葉之稀疎爆爍之意故云爆爍而稀也瘼病釋詁文○箋桑之至之德○正義曰箋以菀彼捋采爲異時之事故以柔濡謂蠶始生時爆爍謂過蠶之後均得其所謂俱蒙廕覆病於爆爍謂苦於炎熱也捋采是其人采之非廕先薄故以喻羣臣恣損王非一王本惡也然厲王之惡實出本心非必臣能損之初時亦無所害作者以君臣一體助君爲惡故歸咎於臣以刺君耳○傳倉喪至填久○正義曰倉之爲喪其義未聞況訓賜也賜人之物則益滋多故況爲滋也釋言云烝塵也孫炎曰烝物久之塵則塵爲久義古者塵填字同故填得爲久○箋殄絕至久長○正義曰殄絕釋詁文民心之憂憂此喪亡之道有時而遇則民憂可與絕已之期今。茲益久長故憂不絕已此喪亡之道正謂君之虐政虐政方行不止是喪亡之道滋益久長也○傳昊天斥王者○正義曰傳以蕩蕩上帝皆斥君王故以此亦斥王者○箋倬明至之言○正義曰箋以倬爲明大之貌此厲王暗亂不得稱倬然彼昊天故易傳以天爲上天此是下民怨訴上天之言

四牡騤騤旟旐有翩亂生不夷靡國不泯騤騤不息也鳥隼曰旟龜蛇曰旐翩翩在路不息也夷平泯滅也箋云軍旅久出征伐而亂日生不平無國而不見殘滅也言王之用兵不得其所適長寇虐○騤求龜反旟音輿旐音兆偏音篇本亦作翩泯面忍反又名賓反徐又音民隼荀允反適長上丁歷反下丁丈反

民靡有黎具禍以燼

黎齊也箋云黎不齊也具猶俱也災餘曰燼言時民無有不齊被兵寇之害者俱遇此禍以爲燼者言害所及廣○黎力奚反盡才刃反本亦作燼同

於乎有哀國步斯頻

步行頻急也箋云頻猶比也哀哉國家之政行此禍害比比然○比毗志反又如字下同廣雅云頻比也

疏四牡至斯頻○毛以爲上文以喪亂憂心此言可憂之事厲王無道妄行征伐乘四牡之馬騤騤然建旟旐之旐有翩翩然在於道路常不息止王本用兵欲以除亂但伐不得罪而亂日生不復能平之王既不能平之諸侯自相攻伐無有一國而不見殘滅民悉被兵今民或死或生無有能齊一平安者假有存者俱是遭禍災以爲餘燼耳言其時民衆死多於生以此故歎而傷之於乎有是可哀痛哉國家行此困急於民之道是可哀痛也○鄭唯以黎爲不齊言其時之民無有不齊被兵寇者又以頻爲比言國家行此禍害比比然言其行之不已也餘同○傳騤騤至泯滅○正義曰騤騤馬行之貌言其常行則是不息也爲俾曰旟龜蛇曰旐春官司常文翩是旌旂行而舒張之貌故重言翩翩也旌旂止則納之弢中言其行而翩翩是在路不息以旂馬事異故再言不息曲禮云在醜夷不爭夷是齊等之言故爲平也釋詁云泯滅盡也俱訓爲盡故泯得爲滅○箋軍旅至寇虐○正義曰四牡旟旐是軍行之物亂生國滅是加兵之辭故知此言軍旅久出征伐也王既不能平亂則偏殘諸國諸侯彊弱相陵小者滅亡大者殘破無國而不見殘滅也言王之用兵不得其所適所以益長寇虐也○傳黎齊○正義曰黎衆也衆民皆然是齊一之義○箋黎不齊至及廣○正義曰箋以黎爲不齊但義勢當然言無有不齊被兵寇加者耳燼是燋燭既然之餘以比兵寇災害民之餘故云災餘曰燼言其時之民得存性命者皆死亡之餘天下之民齊皆如此言其害之所及者廣也○傳步行頻急○正義曰步者人舉足故爲行也事有頻頻而爲者皆急速故爲急也○箋頻猶至比比然○正義曰頻頻正是次比之義故云猶比上言喪亡之道滋益久長此斯頻副成上文故爲行此禍害比比然○傳疑定○正義曰疑音凝凝者安靖之義故爲定也

國步滅資天不我將靡所止疑云徂

何往疑定也箋云蔑猶輕也將猶養也徂行也國家爲政行此輕蔑民之資用是天不養我也我從兵役無有止息時今復云行當何之往也○蔑音滅疑魚陟反復扶又反下不復考愼同君子實維秉心無競誰生厲階至今爲梗競彊厲惡梗病也箋云君子謂諸侯及卿大夫也其執心不彊於善而好以力爭誰始生此禍者乃至今日相梗不止○梗古杏反好呼報反爭爭鬭之爭下同【疏】傳梗病○正義曰言其誰生厲階明是病於此惡故以梗爲病箋云相梗不止亦謂爲病不已耳

憂心慇。慇。念我土宇我生不辰逢天僤怒自西徂東靡所定處宇居僤厚也箋云辰時也此士卒從軍久勞苦自傷之言○慇於巾反樊光於謹反爾雅云慇憂也僤都但反本亦作亶同卒尊忽反多我覯痻孔棘我圉圉垂也箋云痻病也圉當作禦多矣我之遇困病甚急矣我之禦寇之事○痻武巾反一音昏注同圉魚呂反【疏】憂心至我圉○毛以爲上言不知所往此言在役而憂我既不得還歸故皆懷憂其心殷殷然顧念我之鄉土居宅也既不得歸故自傷我之生也不得時節正逢天之厚怒使我從西而往於東無所安定而居處是逢天怒時故遭此勞役也又自歎傷多矣我之所遇之病言遇貧困之病多也甚急矣我之在於邊垂言己守邊之勞甚也○鄭唯圉爲禦寇爲異餘同○傳宇居僤厚○正義曰屋宇所以居人故宇爲居僤亶音相近義亦同釋詁云亶厚也某氏曰詩云俾爾亶厚是僤亶同也○箋此士至之言○正義曰既是士卒自傷則念土宇者自念己之鄉土居宅也王肅云乃念天下居土之不安其意以爲詩人廣念天下傳既無說箋意不然○傳圉垂○正義曰釋詁文舍人曰圉拒邊垂也孫炎曰圉國之四垂也此是行役所傷自傷在邊垂也○箋痻病至之事○正義曰痻字從。病而以昏爲聲是昏忽之病箋讀圉爲禦者若守邊垂不得爲無所定處且云我垂於文不足故以爲禦寇之事

爲謀爲毖亂況。斯削毖愼也箋云女爲軍旅之謀爲重愼兵事也而亂滋甚於此日見侵削言其所任非賢○毖音祕削相略反告爾憂恤誨

爾序爵誰能執熱逝不以濯濯所以救熱也禮亦所以救亂也箋云恤亦憂也逝猶去也我語女以憂天下之憂教女以次序賢能之爵其爲之當如手持熱物之用濯謂治國之道當用賢者○濯直角反語魚據反

其何能淑載胥及溺箋云淑善胥相及與也女若云此於政事何能善乎則女君臣皆相與陷溺於禍難○難乃旦反下患難同

疏爲謀至及溺○正義曰此以王無賢輔欲教之用賢言勸汝王爲軍旅之謀爲重慎兵事雖心欲重慎而謀慮不長更使亂亡滋甚於此日見侵削皆由所任非賢行之失理故也故今告汝以憂天下之憂誨汝次序賢能之爵但能用賢人則無憂可矣所以然者誰能執火熱之物而去之不以水濯手者乎言以水濯手則可以止熱以與誰能處危亂之國而治之不用賢人行禮者乎以禮任賢則可以止亂汝若謂我此言其於政事何能善乎則汝君臣皆相與陷溺於禍難矣以其拒諫無謀故當至於滅亡○傳毖慎○正義曰釋詁文○箋女爲至非賢○正義曰以承上軍旅之事故知謀爲軍旅之謀慎爲重慎兵事也厲王謀則失機師出多敗爲人所陵故爲亂滋甚日見侵削言其所任非賢也○傳濯所至救亂○正義曰襄三十一年左傳引此詩乃云禮之於政如熱之有濯也濯以救熱何患之有是以濯救熱喻以禮救亂也必賢人乃能行禮故箋云治國之道當用賢以申足傳意也○箋女若至禍難○正義曰王肅以爲如今之政其何能善但君臣相與陷溺而已如此理亦可通○箋不然者以此文承上告教之言宜爲不受之勢故以爲假設拒己之辭示之不可之狀以相者非一人之言故以爲君臣俱陷於禍難

如彼遡風亦孔之僾民有肅心荓云不逮好是稼穡力民代食遡鄉僾唈荓使也力民代食代無功者食天祿也箋云肅進逮及也今王之爲政見之使人唈然如鄉疾風不能息也王爲政民有進於善道之心當任用之反却退之使不及門但好任用是居家吝嗇於聚斂作力之人令代賢者處位食祿明王之法能治人者食於人不能治人者食於人禮記曰與其有聚斂之臣寧有盜臣聚斂之臣害民盜臣害財○遡音素僾音愛荓字

又作迸音普耕反徐補耕反本或作拼同逮音代一音大計反好呼報反注但好同家王申毛音駕謂耕稼也鄭作家謂居家也下句家穡惟寶同穡本亦作嗇音色王申毛謂收穡也鄭云。吝嗇也尋鄭家嗇二字本皆無禾者下稼穡卒痒始從禾鄉本又作嚮同許亮反下同唈爲合反令力呈反食不能治人者食於人音嗣

稼穡維寶代食維好箋云此言王不尚賢但貴吝嗇之人與愛代食者而已

疏如彼至維好○毛以爲王不任賢政教暴虐此傷而戒之言王之爲政使人見之如彼嚮於疾風之時亦甚可爲之唈然使人傷氣而不能息吝王政之虐逆於人心之甚也此由王不任賢故又陳而戒之民有進於善道之心王當任用反却退之使去不得及門而維任小人甚可傷也又教王用人之法當愛好是知稼穡艱難之人有功於民者使之代無功者食天祿如此則王政善矣民心樂之所以然者此知稼穡之事者維爲國之寶也使能者代不能者食祿維使政之好也王何不擇任之乎○鄭唯下四句爲異王既退賢者使不及門但好任是居家吝嗇及聚斂作力之人令代賢者處位食祿又言王愛小人之甚王見此居家吝嗇之人維以爲寶使此作力之人代賢者食祿維以爲好以此故使政亂而民憂○傳僾唈至天祿○正義曰僾唈釋言文孫炎曰心唈也郭璞曰嗚唈短氣也莽使釋詁文夏官司勳云治功曰力則力民謂善人有力功加於民者也故知力民代食謂使代無功者食天祿也祿是君之所授而謂之天者以上天不自治人立官以治之居官乃得食祿是祿亦天之所與故謂之天祿矣力民代食傳既如此則好是稼穡亦異於鄭當謂好是知稼穡艱難之人也論語曰禹稷躬稼而有天下無逸云稼穡先知稼穡之艱難乃逸是君上之美事故勸王好之也王肅云當好知稼穡之艱難有功力於民代無功者食天祿是也○箋肅進至害財○正義曰肅進逮及皆釋詁文唈者風唈人氣故云使人不能息息謂喘息論語云屏氣似不息者是也民有肅心是民之善者責王不能用善故知莽云不逮者是使之不得及門也以仕進者得入君門故謂不居位者爲不得及門論語云從我於陳蔡皆不及門者是其事也鄭以文勢莽云不逮是退賢則好是家嗇爲進惡故以家

嗇爲居家吝嗇箋不言稼當爲家則所授之本先作家字也孔子曰如有周公之才之美使驕且吝其餘不足觀也已居家吝嗇爲人之惡行不宜好之也聚斂作力之人而用心作力也直言力民不言作力之事而知於聚斂之事作力者論語曰季氏富於周公而求也爲之聚斂而附益之非吾徒也小子鳴鼓而攻之可也是孔子大疾聚斂之臣也禮記云與其有聚斂之臣寧有盜臣是聚斂之臣臣之惡行者也以厲王貪而重賦斂故知所愛力民其爲己作力於民爲君作力於人唯聚斂耳故知力民代食是使聚斂作力之人代賢者食祿也明王之法能治人者食於人謂居官受祿取食於人也不能治人者。出於人謂出其賦稅養食賢人也此文孟子有其事言此者解惡人不宜代賢人食祿之意也所引禮記者大學文也盜者避忌主人有時而竊聚斂則恃公作威徵責不已故與其有聚斂之臣寧有盜臣何者聚斂之臣則害民盜臣則止害財財輕於民斂甚於盜然則聚斂之臣王政之大害而樂記云君子聽笙竽簫管之聲則思畜聚之臣復思得之者彼謂在官主掌畜積受納輸稅若載師倉人之類非冉求之輩橫斂下民且樂記云畜聚不言聚斂與此異也○箋此言至人而已○正義曰重舉此文明是責王之。貪好之也傳於上文既異於鄭則此亦不同矣王肅云能知稼穡之事唯國寶也使能者代不能者食祿則政唯好傳意當然

天降喪亂，滅我立王。降此蟊賊，稼穡卒痒。箋云滅盡也蟲食苗根曰蟊食節曰賊耕種曰稼收斂曰穡卒盡痒病也天下喪亂國家之災以窮盡我王所立者謂蟲孽爲害五穀盡病之○蟊莫侯反說文作。蟊痒音羊孽魚列反說文作蠥云衣服謌謠草木之怪謂之妖禽獸蟲蝗之怪謂之蠥

哀恫中國，具贅卒荒。靡有旅力，以念穹蒼。贅屬荒虛也穹蒼蒼天箋云恫痛也哀痛乎中國之人皆見係屬於兵役家家空虛朝。廷曾無有同力諫諍念天所爲下此災○同。音通本又作恫贅之芮反又拙稅反穹起弓反朝直遙反下皆同與音餘下所行者惡與同

【疏】天降至穹蒼○正義曰言天以王貪酷之政故下此死喪亂國之災以滅盡我所恃立以爲王者之物謂災害五穀也又說災害之

事降此蟊賊殘食苗稼之蟲食民所斂種之稼穡莫不盡被病害是滅我立王也既天災如此以致兵亂可哀痛哉今中國之人俱見繫屬於兵役家家盡皆空虛是深可哀矣何謂汝之朝廷羣臣無有欲衆力一心共諫爭王以念止此穹蒼上天所下之災者乎○箋滅盡至盡病○正義曰滅盡釋詁云蟲食根曰蟊食節曰賊釋蟲文卒盡痒病亦釋詁文以此經文勢相接於滅我立王之下即言蟲災病穀則知滅我立王者是滅穀也故箋辨之窮盡我王所恃而立者正謂蟲災爲害五穀盡病以言盡故知總五穀也○傳贅屬至蒼天○正義曰贅猶綴也謂繫綴而屬之長發云爲下國綴旒襄十六年公羊傳曰君若綴旒然是贅綴同也孟子曰太王屬其耆老書傳云贅其耆老是贅爲屬漢書謂男子在婦家爲贅壻亦此義也穹蒼蒼天釋天。云李巡曰古時人質仰視天形穹隆而高色蒼蒼然故曰穹蒼是也○箋恫痛至此災○正義曰恫痛釋言文以贅是繫屬。故民所繫屬唯兵耳故知繫於兵役家家盡空虛矣言悉從行也旅訓衆也故知靡有旅力責朝廷曾無衆同力諫爭念天所爲下此災也衆力則非一人所能故總之而云靡有者責其無有發此心者○

維此惠君民人所瞻秉心宣猶考慎其相

相質也箋云惠順宣偏猶謀慎。戒相助也維至德順民之君爲百姓所瞻仰者乃執正心舉事偏謀於衆又考誠其輔相之行然後用之言擇賢之審○相毛如字鄭息亮反偏音遍下同行下孟反下荼毒之行悖逆之行民之行皆同

維彼不順自獨俾臧自有肺腸俾民卒狂

箋云臧善也彼不施順道之君自多足獨謂賢言其所。任之臣皆善人也不復考慎自有肺腸行其心中之所欲乃使民盡迷惑。也彼是又不宣猶○肺本又作胇芳廢反

疏維此至卒狂○毛以爲上責王不任賢此言不能任意維此至德順民之君爲百姓民人之所瞻仰者乃執正其心偏謀於衆又稽考誠信用其賢明之有美質者以爲臣維彼不施順道於民之君自獨用己心謂己所任使之臣皆爲善人不復詳考善惡更求賢人自以己有肺腸行心所欲不謀於衆人

任用惡人乃使下民化之盡皆迷惑如狂人是不謀於衆無可瞻仰也○鄭唯考誠其輔相之行爲異餘同○傳相質○正義曰傳讀相如金玉其相故以爲質謂大賢之人有美質者其考慎之義亦當與箋同○箋惠順至之審○正義曰惠順宣徧釋言文慎誠釋詁文以相爲相導之相故爲助也秉訓爲執猶訓爲謀君之用臣必謀之朝廷故云執正心舉事必謀於衆假使衆雖同舉或言非誠信又當考察誠信其輔相之行知其實善然後用之言其擇賢之審謂順民之君能如此也○箋臧善至宣猶○正義曰臧善釋詁文此經之順猶上惠也上言惠君知此不順者不施順道之君也獨者自以己身獨有才智謂衆人之所不及故云自多足獨謂賢言此人自多其事以己爲足無所假人獨自謂己賢若皇父孔聖是也身實不賢專己自任則迷於是非不知善惡所使實非善人信其諂諛之語卽言所任使之人皆爲善人不如惠君考慎也肺腸五臟之物言之以表其心故云自有肺腸行其心之所欲但所欲不得於道以之行化使之迷惑如狂是又不如惠君宣猶之也言又者對不考慎爲文也上先宣猶而後考慎此反上文而倒者以此二者經文大小不類上云民人所瞻此當有民人不瞻之意此云俾民卒狂上應有使民得理之意文既不同故互相先後臣實不善而謂之爲善是不考慎自行所欲不謀於衆是不宣猶故箋隨文所反而引以譬之故與上文倒也

瞻彼中林甡甡其鹿朋友已譖不胥以穀

甡甡衆多也箋云譖不信也胥相也以猶與也穀善也視彼林中其鹿相輩耦行甡甡然衆多今朝廷羣臣皆相欺皆不相與以善道言其鹿之不如○甡所巾反聲類云聚貌譖子念反本亦作僭相輩一本作相配背音佩卒章同

人亦有言進退維谷

谷窮也箋云前無明君却迫罪役故窮也○罪役一本作罷役罷音皮

疏瞻彼至維谷○正義曰此責臣不相信令百姓困窮言視彼中林之處乃見甡甡然衆多者是其羣鹿鹿乃走獸猶以其類相善輩偶而行以喻朝廷羣臣亦當以善相與共處官位何爲今汝羣臣朋友皆以此僭差情不相信不肯相告以善道者是乃鹿之不如也既政惡如此上下有害古之賢人亦有言曰無道

之世其民前無明君却迫罪役其進與退維皆困窮此即今時是也○傳甡甡衆多○正義曰甡即詵字詵詵羣聚之貌故爲衆多也○箋譖不至不如○正義曰譛。僭是僞妄之言故爲不信也胥相釋詁文以猶與者解以穀之義也穀善亦釋詁文事有相對勢有相反言朋友不信不相與善道則鹿之甡甡者爲相親善矣故言鹿相輩類偶匹爲相親善之意羣臣皆相欺背不相與善是則不能甡甡故言鹿之不如○傳谷窮○正義曰谷謂山谷墜谷是窮困之義故云谷窮○箋前無至故窮○正義曰人君是施政之本民心所向故以爲前罪役是既施之後民心所畏故以爲却以此故進退有窮也王肅云進不遇明君退不遇良臣維以窮箋不然者以臣之佐君共成其惡不宜分之爲二故以施政本末爲進退

維此聖人瞻言百里維彼愚人覆狂以喜

瞻言百里遠慮也箋云聖人所視而言者百里言見事遠而王不用有愚闇之人爲王言其事淺且近耳王反迷惑信用之而喜○王覆芳服反下及注除覆陰字皆同狂王居況反鄭求方反爲于僞反

匪言不能胡斯畏忌

箋云胡之言何也賢者見此事之是非非不能分別皐白言之於王也然不言之何也此畏懼犯顏得罪罰○別彼列反皐在早反【疏】維此至畏忌○正義曰此又言王親愚遠聖而賢者不敢言之維此聖而通知之人其所觀視而言者乃遠知於百里之事而王不寵用之維彼愚而蔽闇之人其所觀視而言者乃遠不過知於分寸之理今王反迷惑以歡喜用之賢者見王如是實能辯其善惡非是言之不能其實能辯言之而不肯言之者何乎此乃畏懼犯顏得罪故不敢言之刺王寵愛愚人虐而拒諫

維此良人弗求弗迪維彼忍心是顧是復

迪進也箋云良善也國有善人王不求索不進用之有忍爲惡之心者王反顧念而重復之言其忽賢者而愛小人○迪徐徒歷反索音色【疏】傳迪進○正義曰釋詁文○箋國有至小人○正義曰王不求索者謂不肯求訪搜索而覓之假得又不肯進用之故分爲二也顧念謂初即見顧眷而念愛之既用爲官又復重而昇進之故亦分爲二維顧小人不求進賢者言其忽賢者而愛小人

民之貪亂，寧爲荼毒。箋云：貪猶欲也。天下之民苦王之政，欲其亂亡，故安爲苦毒之行，相侵暴慍恚使之然。○荼音徒，慍紆運反。

疏箋貪猶至之然○正義曰：貪欲皆是意之所思，故云貪猶欲也。民性本好安寧，今所以貪欲亂亡者，以疾苦王者之政，欲使天下之亂，得喪滅此王也。荼，苦。葉毒者，螫蟲。荼毒皆惡物，故此惡行。天下之民苦王之政，民欲其亂亡，故安然而爲此惡行，以相侵暴，謂强陵弱、衆暴寡也。此非民之本性，乃由慍恚王者使之然也。

大風有隧，有空大谷。隧，道也。箋云：西風謂之大風。大風之行，有所從而來，必從大空谷之中。喻賢愚之所行，各由其性。○大，毛如字，鄭音泰。隧音遂。

維此良人，作爲式穀。維彼不順，征以中垢。中垢，言闇冥也。箋云：作，起。式，用。征，行也。賢者在朝，則用其善道；不順之人，則行闇冥。受性於天，不可變也。○垢，古口反。

疏大風至中垢○正義曰：上言王用惡人，此又云惡有本性，不可變改。言大風所從之來，自有其道，乃從彼有空大谷而來也。以喻賢愚所爲之行，亦自有其本，乃由彼有稟天性而然。由善惡自有本性，所行各依其本。維此善德順道之人，其所起爲之事，皆用其善道，行昭明之德；維彼反道不順之人，其所行作之事，皆不以其善，用闇冥之行。是各受天性，不可改移。刺王用此不移之惡，使行政亂民。○傳隧道○正義曰：隧者，道之別名。襄二十五年左傳曰「當陳隧者，井堙木刊」，謂當陳道也。○箋西風至其性○正義曰：西風謂之大風，釋天文。彼大作泰。孫炎曰：西風成物，物豐泰也。以下文說良人與不順之人性行，故知喻賢愚各由其性。○傳中垢言暗冥○正義曰：垢者，土處。中而有垢。土，故以中垢言暗冥也。

大風有隧，貪人敗類。聽言則對，誦言如醉。類，善也。箋云：類，等夷也。對，答也。貪惡之人，見道聽之言則應答之，見誦詩書之言則。冥臥如醉。居上位而行此，人或效之。○敗，伯邁反，注同。應，應對之應。

匪用其良，覆俾我悖。覆，反也。箋云：居上位而不用善，反使我爲悖逆之行，是形其敗類之驗。○悖，蒲對反。

疏大風至我悖○毛以爲大風之來也有道，以喻貪人之所爲也有性。貪人有此惡行，敗於善道。又言其敗善之事見彼道聽之言則應答之見誦詩書之言則眠臥如醉居上而爲此行令使下民效之非能聽用其言反使我下民效之爲悖逆之行是以惡行敗善也○鄭唯類爲等夷爲異餘同○傳類善也○正義曰釋詁文○箋類等至傚之○正義曰箋以貪者惡行自然反善不宜言敗善也類者比類故爲等夷謂尊卑齊平朝廷之人禮記注引四皓曰陛下之等夷亦謂尊卑等也聽言與誦言相對誦言是誦習詩書之言則聽言非典法之言故以爲道聽之言卽論語所謂道聽塗說者也貪人之識不能鑒遠聞淺近之言合其志意則應答之見誦詩書之言非心所解則眠臥如醉樂記魏文侯自言端冕而聽古樂唯恐臥史記稱商鞅說秦孝公以帝道孝公睡而弗應皆是心所不悟如醉然也民之所爲皆效君上故云居上位而行此人或效之言或者容其不必盡然○箋居上至之驗○正義曰居上位而不用善卽上誦言如醉是也由其不能用善並皆用惡此惡行以教下民令民效之是使我爲悖逆之行詩人。善此事者是以形見其敗類之驗也敗類者謂敗其朝廷等類此使民爲惡行則非其等類而以此爲敗類驗者以善人與惡人爲類善人欲教人爲善今惡行人教人爲惡是善者敗也故爲敗驗

嗟爾朋友予豈不知而作如彼飛蟲時亦弋獲箋云嗟爾朋友者親而切。嗟之也而猶女也我豈不知女所行者惡與直知之女所行如是猶鳥飛行自恣東西南北時亦爲弋射者所得言放縱久無所拘制則將遇伺女之間者得誅女也○間如字又音閑

既之陰女反予來赫赫。炙也箋云之往也口距人謂之。赫我恐女見弋獲既往覆陰女謂啓告之以患難也女反赫我出言悖怒不受忠告○陰鄭音蔭覆蔭也王如字謂陰知之赫毛許白反。光也與王赫斯怒同義本亦作嚇鄭許稼反莊子云以梁國嚇我是也難乃旦反

疏嗟爾至來赫○正義曰上既言貪人敗善故又責此貪人嗟乎汝朋友謂朝廷臣等我豈不知汝之所行者爲惡與言已知其惡也爲惡不已如彼飄飛之蟲特其羽翮之力自恣東西南北有時亦爲弋者所獲言貪人恃此詐僞之智自恣侵害良善有時亦將爲所誅恐汝見誅之故既以善言往覆陰汝謂告之患難使之改

行汝何爲反於我來赫然而拒我也言其不受忠告必將誅滅○箋嗟爾至誅女○正義曰此言朋友還是上之貪人貪人非詩人所親而謂之朋友者意欲親而切瑳之故以朋友言之經言飛蟲箋言飛鳥者爲弋所獲明是飛鳥蟲是鳥之大名故羽蟲三百六十鳳皇爲之長是鳥之稱蟲者也放縱久無所拘制謂侵害善人作惡不已則將有人伺汝之閒。暇誅汝謂知其閒隙發揚其罪告王使誅之也○傳赫炙○正義曰來赫者言其拒己之意故轉爲赫與王赫斯怒義同是張口瞋怒之貌故箋以爲口拒人謂之赫定本集注毛傳云赫炙也王肅云我陰知汝行矣乃反來赫炙我欲有以退止我言者也傳意或然俗本誤也

民之罔極職涼善背 涼薄也箋云職主。諒信也民之行失其中者主由爲政者信用小人。互相欺違○涼毛音良鄭音亮下同

爲民不利如云不克 箋云克勝也爲政者害民如恐不得其勝言至酷也○酷口毒反

民之回遹職競用力 箋云競逐也言民之行維邪者主由爲政者。遂用彊力相尚故也言民愁困用生多端○邪似嗟反

【疏】民之至用力○毛以爲上既爲不善政使民俗亦敗言下民之爲此無中和之行主爲偷薄之俗唯善於相欺背之事是由上行惡政故使之然在上行政爲民所不利者如云恐長不勝其人者然言其盡力爲酷唯恐不勝也上以虐政臨下下則姦巧避責今下民之行皆邪僻矣主爲競逐用力言民皆以力相陵由上化然也○鄭以爲民之無中正者主由在上信用小人之工善於相欺背者下二句言民之所以邪僻主由爲政競逐用力唯以強力相尚務勝其民故下民愁苦皆爲邪僻也餘同○傳涼薄○正義曰涼者薄之別名莊三十二年左傳曰虢多涼德謂虢君薄德是涼爲薄也王肅云民之無中和主爲薄俗善相欺背傳意當然此傳以涼爲薄職謂民所主爲則下云職競職盜皆是民之所主不得與鄭同○箋職主至欺違○正義曰職主諒信皆釋詁文箋以民之爲惡由政不善則所言職者皆主由君政不宜爲民意所主故易傳以諒爲信由爲政者信用小人之工相欺違者以此故下民皆無中正學相欺違也善其事曰工故以工解善○箋競逐至多端○正義曰釋言云競逐

强也俱訓爲强故競得爲逐逐用强力相尙者謂有强力能威服下民者則尊尙之以此相尙則在位者皆競爲强故下民愁困用此之故各生多端多端卽邪僻是也○毛以職競用力爲民所主爲則是民主相與競用力爲邪僻也故王肅云今民之爲邪僻乃主相與競用力爲之是也

民之未戾職盜爲寇戾定也箋云爲政者主作盜賊爲寇害令民心動搖不安定也○令力呈反

涼曰不可覆背善詈箋云善猶大也我諫止之以信言女所行者不可反背我而大詈言○距己諫之甚○詈力智反

雖曰匪予既作爾歌箋云予我也女雖觝距己言此政非我所爲我已作女所行之歌女當受之而改悔○觝距都禮反距或作拒

【疏】民之至爾歌○毛以爲由上非理化民故下民之心未能安定矣今民心皆主作盜賊相爲寇害是未得安定矣以民之不定故我以信言諫王曰汝所行者於理不可望王受而用之反背我而大罵詈拒己作此惡事云非己所爲汝雖言曰此惡政非我所爲我知汝實爲之已作汝所爲之歌歌汝之過汝當受而改之○鄭唯上一句爲異餘同○傳戾定○正義曰釋詁云戾定止也俱訓爲止是戾得爲定○毛以職盜爲寇爲民所主行則是民自作盜賊相寇害也

桑柔十六章八章章八句八章章六句

雲漢仍叔美宣王也宣王承厲王之烈內有撥亂之志遇烖而懼側身脩行欲銷去之天下喜於王化復行百姓見憂故作是詩也仍叔周大夫也春秋魯桓公五年夏天王使仍叔之子來聘烈餘也○雲漢天河也自此至常武六篇宣王之變大雅仍而升反撥半末反行下孟反銷音蕭去起呂反復扶又反下注復重幷篇末注同見憂並如字徐於救反 憂

【疏】雲漢八章章十句至是詩○正義曰雲漢詩者周大夫仍叔所作以美宣王也以宣王承其父厲王衰亂之餘政內有治亂之志遇

此旱災而益憂懼側己身以脩德行欲以善政而銷去之天下之民見其如此喜於王者之化復得施行百姓見王所憂矜故仍叔述民之情作是雲漢之詩以美之也必本之於厲王之烈者爲撥亂張本明宣王悼父之非自力爲善已有撥亂之心志遇災而益憂懼見其憂民之情深也撥亂者以前有衰亂欲治理之哀十四年公羊傳曰撥亂世反諸正莫近於春秋何休云撥猶治也其意言春秋撥亂而作欲治此亂世使反諸正道是撥亂爲治亂也遇災謂旱災卽經旱既太甚是也側者不正之言謂反側也憂不自安故處身反側欲行善政以消去此災也喜於王化復行者厲王之亂王化不行宣王施布王化故喜其復行經稱憂其旱災爲之祈禱卽是王化行也王之憂旱正爲百姓是天下百姓見被憂矜非百官也宣王遭旱旱晚及旱年多少經傳無文皇甫謐以爲宣王元年不籍千畝虢文公諫而不聽天下大旱二年不雨至六年乃雨以爲二年始旱旱積五年謐之此言無所憑據不可依信經八章皆言王之憂旱百姓喜之之事○箋仍叔至烈餘○正義曰仍氏叔字春秋之例天子公卿稱爵大夫則稱字此言仍叔故知大夫也桓五年夏天王使仍叔之子來聘則春秋經也引之者證此仍叔是天子大夫也以史記考之桓之五年上距宣王之崩七十六年至其初則百餘年也未審此詩何時而作爲別人可也何則春秋之世晉之知氏世稱伯趙氏世稱孟仍氏或亦世稱字叔爲別人可也烈餘釋詁文

倬彼雲漢昭回于天 回轉也箋云雲漢謂天河也昭光也倬然天河水氣也精光轉運於天時旱渴雨故宣王夜仰視天河望其候焉○倬陟角反王云著也說文云著大也愒苦蓋反貪也本又作渴苦葛反篇末同

王曰於乎何辜今之人天降喪亂饑饉薦臻 薦重臻至也箋云辜罪也王憂旱而嗟歎云何罪與今時天下之人天仍下旱災亡亂之道饑饉之害復重至也○饑音飢又音機饉其靳反薦在見反臻側巾反重直用反下同與音餘下所困與精誠與殺我與同

靡神不舉靡愛斯牲圭璧既卒寧莫我聽 箋云靡莫皆無也言王爲旱之故求於羣神無不祭也無所愛於三牲禮神之圭璧

又已盡矣曾無聽聆我之精誠而與雲雨○聽依義吐定反協句吐丁反爲于僞反下爲旱同聆音零

疏

倬彼至我聽○正義曰於時旱災已甚王憂念下民夜仰視天瞻望雨候見倬然而明大者彼天之雲漢其水氣精光轉運於天未有雨徵王乃言曰於乎可嗟歎我何罪乎我今時之人何罪而爲天所罰乃使上天下此喪亂之災使饑饉之害頻頻重至也。何罪故以訴之又言己爲旱之故祈禱明神無有神不求而舉祭之者言其偏祭羣神又無愛於此三牲言其不。悋牲物又禮神圭璧既已盡矣言己牲玉不愛精誠又甚何爲諸神曾無於我而見聽聆欲加祐助者而使其旱災若此也○箋雲漢至候焉○正義曰此雲漢與大東天漢爲一故云天河也昭光釋詁文河圖括地象云河精上爲天漢是天河河水光之精氣也望其候者謂望天之星辰及風雲之氣冀見雨之徵候也惟言望雲漢者以天河水氣與雨爲類覩天之水氣傷地之無雨宣王意在天河故作者特言焉○傳薦重臻至○正義曰釋言云荐再也僖十三年左傳曰晉荐饑釋天云仍飢爲荐此薦與荐字異義同故爲重也臻至釋詁文○箋辜罪至重至○正義曰辜罪釋詁文天仍下旱災亂亡之道正謂旱是亂亡之道理也定本集注仍字皆作乃字宣王遭旱非止一年故皇甫謐以爲旱積五年五年之言未知信否要言飢饉薦臻必是連年不熟故云飢饉之害復重至也○箋言王至雲雨○正義曰求於羣神無所不祭卽下經所陳上天下地從郊至宮之類也大司徒以荒政十有二聚萬民其。有。一曰索鬼神注云荒凶年也鄭司農云索鬼神者求廢祀而脩之雲漢之詩所謂靡神不舉靡愛斯牲是也下傳亦云國有凶荒則索鬼神而祭之是遭遇天災必當廣祭羣神神皆用牲祭之故言靡愛斯牲偏祈羣神所祭者廣天地五帝當用特牲其餘諸神或用太牢或用少牢三牲皆用故言無所愛於三牲也祭神又用玉器春官大宗伯以玉作六器以禮天地四方以蒼璧禮天以黃琮禮地以青圭禮東方以赤璋禮南方以白琥禮西方以玄璜禮北方典瑞云四圭有邸以祀天兩圭有邸以祀地祼圭有瓚以祀先王圭璧以祀日月星辰璋邸射以祀山川皆是祭神所用故云禮神之圭璧已盡矣禮神之圭器自有多名言圭璧爲其總稱以三牲用不可盡故言無愛圭璧少而易竭故言既盡莊二十五年左傳曰凡天災有幣無牲而此云靡愛斯牲者設文之意各有所主彼因日食大水而發此言天之見異所以譴告人君只欲令改過脩善非爲求人飲食而降此災異於時魯不罪己脩政謂天求飲食而用牲祭之望天不爲咎故傳據正禮諸侯當用幣於社以告請上公伐鼓於朝退以自責不宜用牲於社與之飲食故云有幣無牲謂救止天災告社之法不當用牲也至於水旱荐至禱祀羣神以祈福祥遏止災沴者則不得不用牲也何則司徒荒政索鬼神謂祭祀之也若不以牲祭索之何也祭法曰。埋少牢於泰昭祭時也禳祈於坎壇祭寒暑也王宮祭日也夜明祭月也幽禜祭星也雩禜祭水旱也注云凡此以下皆祭用少牢寒暑不時或禳之或祈之是說祈禱之祭用牲也又春官太祝掌六祈以同鬼神示類造禬禜。攻說注云造類禬禜皆有牲攻說用幣而已是天災祈禱有用牲也歲或水旱皆是上天之爲假祭羣神未必能已聖王制此禮者何哉將以災旱不熟必至於死人君爲之父母不可忍觀窮厄固當責躬罪己求天禱神罄忠誠之心爲百姓請命聖人緣人之情而作爲此禮非言祈禱必能止災也徒以民情可矜不得不爲之禱禱而無雨不得不訴於神耳

旱既大甚蘊。隆蟲蟲蘊蘊而暑隆隆而雷蟲蟲而熱箋云隆隆而雷非雨雷也。雷。聲尚殷殷然○大音泰徐他佐反下大甚並同蘊紆粉反本又作煴紆文反韓詩作鬱同蟲直忠反徐徒冬反爾雅作。爞云熏也郭又徒冬反韓詩作烔音徒東反殷於謹反或如字然一本作雨雷之聲當殷殷然

不殄禋祀自郊徂宮上下奠瘞靡神不宗上祭天下祭地奠其禮瘞其物宗尊也國有凶荒則索鬼神而祭之箋云宮宗廟也爲旱故絜祀不絕從郊而至宗廟奠瘞天地之神無不齊肅而尊敬之言偏至也○奠徒薦反瘞於例反埋也索色白反齊側皆反本亦作齋偏音遍

后稷不克上帝不臨耗。斁下土寧丁我躬丁當也箋云克當作刻刻識也斁敗也奠瘞羣。臣而不得雨是我先祖后稷不識知我之所困與天不視我之精誠與猶以旱耗敗天下爲害曾使當我之身

有此乎先后稷後上帝亦從宮之郊○耗呼報反韓詩云惡也斁丁故反說文字林皆作殬【疏】旱既至我躬○毛以爲皆述宣王之辭言天雨不降旱勢已太甚矣其暑氣蘊蘊然雷聲隆隆然熱氣爞爞然酷熱如此無復雨意故我勤於請禱不絕其絜敬之祭既祀天於郊又從郊而往至宗廟之宮以次而祭未嘗絕已其祭之禮則上祭天下祭地而天則奠其禮地則瘞其物從此以至於百靈無神而不齋肅尊敬之者言皆尊敬之我精誠如此雨澤不降是先祖后稷不能福祐我也皇天上帝不能臨饗我也若稷能祐我天意臨我則應助我以福何故以此旱災耗敗天下王地之國曾使正當我身有此旱乎○鄭唯不克不臨爲異餘同○傳蘊蘊至而熱○正義曰蘊蘊暑氣附人之氣故云而暑溫字定本作蘊隆隆是雷聲不絕之狀故云而雷爞蟲是熱氣蒸人之貌故云而熱以蘊隆貌狀宜重言故復言之也暑熱夫同蘊平常之熱蟲蟲又甚熱故暑熱異其文釋訓云爞爞薰也郭璞曰旱熱薰炙人也○箋隆隆至殷殷然○正義曰以雷雨相將嫌旱不得有雷故辨之云非雨雷取殷其靁以證之明雷同而事別也○傳上祭至祭之○正義曰以郊爲祭天即此上也上既爲天下與之對故知是地也奠謂置之於地瘞謂埋之於土禮與物皆謂爲禮事神之物酒食牲玉之屬也天言奠其禮見燔其物地言瘞其物亦奠其禮也天地各舉其一互以相通國有凶荒則索鬼神而祭之即司徒荒政索鬼神是也言此者解靡神不宗之意○箋宮宗至偏至○正義曰以言祭事而云宮故知宮爲宗廟也祭郊祭廟不以同日爲之而云自郊徂宮爲相因之勢者明其不絕之意也靡神不宗與奠瘞別句則所宗者天地之外其餘百神而箋連其文云奠瘞天地之神無不齊肅而尊敬之以奠瘞即是尊敬之事明其餘羣臣亦奠瘞之無不者廣及之辭言其祭祀偏至也○傳丁當○正義曰釋詁文毛無破字之理必不與鄭同蓋以克爲能王肅云后稷不能福祐我邪上帝不能臨饗我邪天下耗敗當我身邪傳意或然則能與臨異文者以后稷是己之先祖心必助之但苦其不能耳天則非己之親故云不臨○箋克當至之郊○正義曰以上帝之不臨者上帝不視下則后稷不克者當謂后稷不知己故轉克爲刻刻

削所以記識故云刻識也洪範云彝倫攸斁斁是毀敗之義故爲敗也不知困苦不視精誠其意亦同正以困苦欲其知精誠欲其見故分屬之耳上云不絕禋祀即云從郊往宮此先言后稷後言上帝與上郊至宮文倒明又見從宮至郊爲不絕之義也

旱既太甚，則不可推。兢兢業業，如霆如雷。周餘黎民，靡有孑遺。推去也兢兢恐也業業危也●孑然遺失也箋云黎衆也旱既不可移去天下困於飢饉皆心動意懼兢兢然業業然狀。有。如雷霆近發於上周之衆民多有死亡者矣今其餘無有孑遺者言又餓病也○推吐雷反注同兢本又作矜居陵反業如字郭五咎反霆音庭又音挺一音徒佞反孑居熱反去起呂反下同恐丘勇反下同

昊天上帝，則不我遺。胡不相畏？先祖于摧。摧至也箋云摧當作嗺嗺嗟也天將遂旱餓殺我與先祖何不助我恐懼使天雨也先祖之神于嗟乎告困之辭○相毛如字鄭息亮反摧在雷反又子雷反鄭作嗺子雷反

【疏】旱既至于摧○毛以爲宣王言旱熱已太甚矣不可令之移去矣天下困於饑饉心動意懼皆兢兢然而恐怖業業然而憂危其危恐也如有霆之鼓於天如有雷之發於上言其恐怖之甚也。疑此故周之民多死亡矣其餘不死之衆民無有孑然得遺漏而不餓病者言死亡之餘又皆飢困也昊天上帝如此酷旱則不於我民使有遺留其意將欲盡殺我民也先祖之神見天如此何不助我畏此旱災使天雨也天若不雨民將餓死先祖之神於何所歸而至乎言民盡餓死則神無所歸欲令先祖助己憂也此胡不相畏責先祖不助己則先祖之文宜在胡不之上但下之與于摧共句耳○鄭唯以于摧爲嗟嘆告困之辭爲異餘同○傳推去至遺失○正義曰推是遠離之辭故爲去也釋訓云兢兢戒也以恐怖而後戒懼故爲戒也業業危釋訓云孑然孤獨之貌言靡有孑遺謂無有孑然得遺漏定本及集注皆云孑然遺失也俗本有無字者誤也○箋黎衆至餓病○正義曰黎衆釋詁文以旱災殺人而言周餘衆民故知餘是死亡之餘既言有餘則是有民存矣而復言靡有孑遺無有孑遺乃是悉盡之言故知無無有孑遺謂餓病也其意言死者已死在

者又餓無有孑然不餓病者非謂盡死無孑然也○傳摧至○正義曰釋詁文孫毓云我今死亡先祖之神於何所至言將無所歸也今以孫爲毛說○箋摧當至之辭○正義曰箋以先祖于至於辭不安故轉摧爲嗺嗺者咨嗟告困之辭以上言死亡者已死遺餘者復病是天意遂欲餓殺我也解則不我遺之意相訓助也畏是懼也故言何爲不助我恐懼使天雨也責其不助己者責先祖也先言所責之意乃呼之既呼即吁嗟告困故先祖與于嗺共句爲文勢然

旱既太甚則不可沮赫赫炎炎云我無所大命近止靡瞻靡顧沮止也赫赫旱氣也炎炎熱氣也大命近止民近死亡也箋云旱既不可却止熱氣大盛人皆不堪言我無所庇。陰處衆民之命近將死亡天曾無所視無所顧於此國中而哀閔之○沮在呂反炎于廉反本或作惔音同近附近之近庇音祕又必二反本亦作庇蔭於鳩反本亦作廕

羣公先正則不我助父母先祖胡寧忍予先正百辟卿士也先祖文武爲民父母也箋云百辟卿士雩祀所及者今曾無肯助我憂旱先祖文武又何爲施忍於我不使天雨○辟音璧下同雩音于祭名

【疏】旱既至忍予○正義曰宣王。立旱勢既已太甚則不可止却之矣故使旱之爲勢赫赫然氣盛炎炎然薰熱其時之人不能堪之皆云我欲避之無庇陰處所是旱熱之甚以此之故令多大衆民之命近將死亡言其去死不遠上天何曾無肯瞻察無肯顧念而哀閔之也既言怨天不顧念又復廣訴明神古者有德之羣公及先世之長官百辟卿士之等何曾不於我民助憂此旱令天降雨也其爲民之父母者先祖文王武王如此聖德應能動天何曾施忍於我不使天雨是欲不爲民之父母棄此民故訴之○傳沮止至死亡○正義曰沮者止壞謀慮之言故爲止也赫赫燥熱之狀故爲旱氣釋訓云炎炎薰也郭璞曰旱熱薰炙人是炎炎爲熱氣也命者人所稟受之度死則謂之命盡今言大命近止言期不遠將澌故爲民近死亡大者多衆之辭故箋以爲衆民之命○傳先正至父母○正義曰正者長也先世爲官之長又與羣公相配故知是百辟卿士也凡在民上皆欲爲民父母但他人稱之唯謂

受命安民者也於民則爲父母於周則爲先祖故言先祖文武以其爲民父母
故稱父母欲見先祖父母爲一故先解先祖必知先祖唯文武者以此詩所訴
皆所祭之神周立七廟親廟四非受命立功不足偏訴上章已言后稷明此唯
文武耳○箋百辟至天雨○正義曰解其訴先正不助之意由雩祀所及故也
月令仲夏乃命百官雩祀百辟卿士有益於民者注云百辟卿士古之上公以
下若句龍后稷之類彼以經無羣公之文故鄭注百辟之文兼羣公矣此則羣
公與先正別文故以先正爲卿士以下凡有采地皆稱曰君舉衆言之故謂之
百辟鄭唯言百辟卿士雩祀所及不言羣公羣公亦是雩祀所及卽月令注云
上公是也但乘傳而說又據月令成文故不言羣公耳百辟卿士訴其
不助我憂旱先祖文武言施忍於我不使天雨二文不同互以相足

旱既太甚滌滌山川旱魃爲虐如惔如焚我心憚暑憂心如薰。滌滌旱氣也山無木川無水魃旱神也惔燎之
也憚勞熏灼也箋云憚猶畏也旱既害於山川矣其氣生魃而害益甚草木燋
枯如見焚燎然王心又畏難此熱氣如灼爛於火言熱氣至極○滌徒歷反魃
蒲末反惔音談說文云炎燎也徐音炎焚本又作燓。同扶云反憚毛丁佐反韓
詩云苦也鄭徒旦反熏本又作燻許云反燎力皎反又力照反燋子消反難乃
旦反

羣公先正則不我聞昊天上帝寧俾我遯箋云不我聞者忽然不聽我之所
言也天曾將使我心遯遯慚愧於
天下以無德也○遯
本亦作遂徒困反

疏旱既至我遯○毛以爲宣王言旱勢已太甚矣其旱氣積
乃滌滌然害及於山川使山無木川無水也又熱氣積
聚生此旱魃之神爲此虐害旱更益甚也今草木燋枯如炎之惔燒如火之焚
燎然也我王之心又勞於暑熱之氣憂在於心如爲火所熏灼於己以旱熱之
極又告訴明神羣公先正曾不於我有所聞察而告知其精誠邪而不使天雨
昊天上帝何曾使我心遯遯慚愧於天下也以無德不能致雨故王心所以慚
愧○鄭唯以憚暑爲畏懼此暑爲異餘同○傳滌滌至熏灼○正義曰此皆爲
旱而言故知滌滌是旱氣也旱氣之害於山川者故爲山無木川無水蓋以少

而不茂非全無也魃字從鬼連旱言之故知旱神神異經曰南方有人長二三尺袒身而目在頂上走行如風名曰魃所見之國大旱赤地千里一名旱母遇者得之投溷中即死旱災消此言旱神蓋是鬼魅之物不必生於南方可以爲人所執獲也焚燎皆火燒之名下有如焚故以惔爲燎也定本經中作如惔如焚憚勞釋詁文毛讀爲憚丁佐反故爲勞也熏灼俱焚炙之義故爲灼也○箋憚猶至至極○正義曰箋以暑熱人之所畏故讀爲憚徒旦反憚猶畏也此與上章同言旱事而先輕後重使稍稍益甚故至於此章言害及山川又生魃鬼爲加增於前故箋言而害益甚上言而害益甚上言云我無所直是民無所庇此言王心畏憚似見其甚於前也以天子之尊寒暑有備尚云畏難此言熱氣至極也

旱既太甚黽勉畏去胡寧瘨我以旱憯不知其故

箋云瘨病也黽勉急禱請也欲使所尤畏者去所尤畏者魃也天何曾病我以旱曾不知爲政所失而致此害○黽彌忍反又音泯瘨都田反沈又都薦反韓詩作疹耻吝反云重也憯七感反曾也禱丁老反或都報反

祈年孔夙方社不莫昊天上帝則不我虞敬恭明神宜無悔怒

悔恨也箋云虞度也我祈豐年甚早祭四方與社又不晚天曾不度知我心肅事明神如是明神宜不恨怒於我我何由當遭此旱也○莫音暮本亦作暮明祀本或作明神怒協韻乃路反度待洛反下同【疏】箋瘨病至此害○正義曰以瘨字從病類故爲病也黽勉者勉力事神是急於禱請承上章旱魃之下故知所尤畏者魃也水旱之災多由政失故言曾不知爲政所失而致此害○箋我祈至不晚○正義曰月令孟春祈穀于上帝孟冬祈來年於天宗是也祭四方與社卽以社以方是也

旱既太甚散無友紀鞫哉庶正疚哉冢宰趣馬師氏膳夫左右

歲凶年穀不登則趣馬不秣師氏弛其兵馳道不除祭事不縣膳夫徹膳左右布而不脩大夫不食粱士飲酒不樂箋云人君以羣臣爲友散無其紀者凶年祿餼不足人無賞賜也鞫窮也疚病也窮哉病哉者念此諸臣勤於事而困於食

以此言勞倦也○鞫居六反疚音救本或作宊又作究同趣七口反趣馬官名秣音末穀馬也說文作䬴施式氏反本又作弛同縣音玄餼許氣反長丁丈反

下之長同勞力報反靡人不周無不能止周救也無不能止言無止不能也箋云周當作賙王以諸臣困於食人人賙給之權救其急後

日乏無不能豫止○賙音周瞻卬昊天云如何里箋云里憂也王愁悶於不雨但仰天曰當如我之憂何○卬音仰本亦作仰下同里

如字憂也本亦作瘇爾雅作悝並同王曰瘇病也疏旱既至何里○毛以為上言訴不得雨此言殺禮救厄宣王言今旱既太甚矣歲凶如此汝羣臣宜

且離散無復羣臣朋友之綱紀王者班爵賜祿所以綱紀羣臣今祿餼不足是無綱紀也祿既不足故設之辭閔之窮困哉汝衆官之長飢病哉汝冢宰及趣馬

師氏膳夫左右之官所以令汝窮困。哉汝等諸臣無有一人而不賙救其百姓困急者謂諸臣之中無有自言不能賙救而止不為者以此分貧恤寡之故使

汝等益困也王見羣臣之困如此乃瞻望而仰視昊天訴之云如之何使我如此憂也欲令天知其憂愁得釋○鄭唯靡人不周言我王於汝衆臣無人不且

賙給之以權救其急難雖後日乏無不能豫止而不賙給言王竭其所有欲與羣臣俱困不自留以為餘糧也餘同○傳歲凶至不樂○正義曰釋天云夏曰

歲周曰年孫炎曰四時一終曰歲取歲星行一次也年取穀一熟也然則歲之與年異名而實同歲凶謂此歲凶也年穀不登登成也謂此年之穀不成熟也

此即凶年之實故言歲凶為之目於此之時則趣馬之官不以粟秣養其馬師氏之官弛廢其兵而不用所驅馳之大道不使人除治之祭祀之事不懸其樂

膳夫之官減徹王之膳食左右之官布列於位不令有所脩造大夫不得食穀米士飲酒之時不得作樂此當先有成文故傳引之以明凶年之禮雖經無其

事以類言之其歲凶年穀不登馳道不除祭事不縣大夫不食粱士飲酒不樂下曲禮有其事其餘不知所出也曲禮又有君膳。衣祭肺馬不食穀與此徹膳

不秣意同而文異耳左右君之左右總謂諸臣不脩者無所脩作穀梁傳曰百官布而不制是也歲凶者總辭而其凶有大小故穀梁傳又曰一穀不升謂之

嗛二穀不升謂之飢三穀不升謂之饉四穀不升謂之康五穀不升謂之大侵皆是歲凶也趣馬主馬故言不秣師氏掌使其屬率四夷之隸各以其兵服守王之門外且蹕朝在野外則守列是掌其近王之兵故令弛其兵也大司徒荒政其十有二曰除盜賊注云除之者飢饉則盜賊多不可令不除則當用兵此言弛之者弛謂舍力不役之耳其除盜賊之兵不得廢也故春秋僖二十一年旱左傳稱臧文仲慮無道之國因凶加兵勸僖公使脩城郭明凶年盜賊益預防之彼以春秋之世強弱相陵文仲度時而言勸脩城郭不是凶荒之年必須脩城也馳道不除者曲禮注云爲妨民取蔬食故也穀梁傳大侵之禮亦云道不除四穀不升以上道或仍除之地官均人注云人食二釜之歲猶云旬用一日是小凶之年猶有道渠之役也言祭事不懸則有事但不懸樂耳穀梁傳又曰大侵之禮禱而不祀然則此云不祭者正謂祈禱之祭不用樂也司徒荒政九曰蕃樂杜子春云蕃謂藏樂器而不作是凶年吉事皆無樂也徹膳者天子日食太牢今減損之也曲禮云不祭肺注云不祭肺則不殺以人君之於凶年爲令不殺矣而穀梁大侵之禮又云君食不兼味白虎通云五穀不熟故王者之不盡味大戴禮云不備牲言不兼之不盡不備是猶有牲肉但不備之耳然則鄭云則不殺者謂不如常法曰日殺之耳非是常不殺也其非大侵者之大戴禮白虎通皆云一穀不升徹鶉鷃二穀不升去鳧鴈三穀不升去兔四穀不升去囿獸是凶有大小所徹不等也大夫不食粱士飲酒不樂亦明皆飲酒而不樂也○箋人君至勞倦○正義曰尚書武王稱我友邦冢君抑云視爾友君子是人君謂羣臣爲友也君臣之義不可廢而云散無綱紀者由祿餼不足又無賞賜皆困於飢不能如常相紀領故謂之散非即分散去朝也衆官之長者周官三百六十每官各有其長疚病釋詁文經言鞫哉庶正是總言羣臣又言疚病哉乃歷數其人疚哉之文通及於下冢宰以下亦是庶正故箋總之云窮哉病哉念此諸臣勤於事而困於食故以此言勞倦之以旱則無食乃病故先窮後病重言爲深閔之辭○傳周故至不能○正義曰以救而念之周備故周爲救也無不能止者無爲不能救人而自止故解其意言朝廷之臣悉皆救人無止

而不能者王肅云靡人而不周其急也無不能而止者其發倉廩散積聚有分無多分寡無敢有不能而止者言上下同也○箋周止當至其豫止○正義曰以周救於人其字當從貝故轉爲賙以上言王之於臣祿餼不足則此言當謂王救羣臣不宜爲羣臣救人故易傳以爲王雖不得如常豐年依法祿賜以諸臣困於食故人人亦賙給之權時救其人急若言王盡恩於臣也○箋里憂○正義曰釋詁文彼里作悝音義同

瞻卬昊天有嘒其星大夫君子昭假無贏大命近止無棄爾成嘒衆星貌假至也箋云假升也王仰天見衆星順天而行嘒嘒然意感故謂其卿大夫曰天之光耀升行不休無自贏緩之時今衆民之命近將死亡勉之助我無棄女之成功者若其在職復無幾何以勸之也○嘒呼惠反假音格沈云鄭古雅反贏音盈幾居豈反

何求爲我以戾庶正戾定也箋云使女無棄成功者何但求爲我身乎乃欲以安定衆官之長憂其職事○爲于僞反注同

瞻卬昊天曷惠其寧箋云曷何也王仰天曰當何時順我之求令我心安乎渴雨之至也得雨則心安○令力呈反

疏瞻卬至其寧○毛以爲上閔羣臣同恤此又勸以終之宜王以旱之故遂瞻望仰視於昊天唯見有嘒然光明之衆星以天星炳耀未有雨徵遂感而言曰汝卿大夫之君子所同恤者當昭見其至誠於天下無敢有私贏而不散所以然者多大衆人之命皆近於死亡止汝當救以全之無得贏而不救以棄汝之成功言能救而全之則功成也又云令汝必救之者何止求爲我欲存於民困乎乃以安定汝之所居爲此衆官之長以其爲官之長則與君同憂故勸使救民以自安定王既勸羣臣仍憂民困又瞻望仰視昊天訴之云昊天何時當順我所求其令我心得安寧言求而得雨則心安也○昊鄭以爲王既賙救羣臣又勸其勉力助己王瞻仰昊天見有嘒嘒然其星順天而行無時止息因而意感謂羣臣卿大夫之君子此天之光耀升行至極無自贏緩之時今衆民之命近將死亡汝等亦當去天無贏助我求雨無得解怠棄汝成功言天不應盡殺衆民雨將不久若其得雨即是功成故勸令勉力餘同○傳嘒衆至假至○

正義曰以嘒文連星故爲星貌假至釋詁文王肅云大夫君子公卿大夫也昭其至誠於天下無敢有私贏之而不斁散大夫君子所以無私贏者以民近死亡當賑救之以全汝之成功傳意或然觀此文勢上章或亦不同。今以毛無別訓遂作同解○箋假升至勸之○正義曰假升釋詁文以承天星之下宜爲天星光耀升行故易傳也仰天見星即戒大夫君子故知見衆星順天而行意感也以天星升行不休謂人亦當然因此而勸之言無棄爾爲戒勸之辭故知令勉之助我也又解助己求雨所以得爲成功者以天之生民終無盡殺之理今民命近死若其民當存生復無幾何時必應得雨故以此言勸之○箋使女至職事○正義曰此衆官之長爵位已高體國情深助王憂雨於己職事不能安定今勸令助己亦所以安定其身故云何但求爲我身乎乃欲安定汝衆官之長憂其職事

雲漢。八章章十句

附釋音毛詩注疏卷第八十(十八之二)

毛詩注疏校勘記（十八之二）

阮元撰盧宣旬摘錄

○桑柔

桑之柔需 補 小字本相臺本需作濡釋文云濡而轉反釋文校勘云通志堂本盧本同案段玉裁云當是本作偄也今考集韻二十八獮云輭亦作需濡通作耎濡字本此凡從耎之字多轉而從需故此釋文以而轉反音濡字也○按耎需之音分別詳段玉裁說文注

箋云桑之柔需 補 小字本相臺本需作濡釋文云濡而轉反段玉裁云當是本作偄也

人庇陰其下者 小字本相臺本同案釋文云庇本亦作芘同考芘字是也采薇箋云腓當作芘雲漢箋云言我無所芘蔭而處是鄭自用芘字也

之害下民 補 閩本明監本毛本同案之當作侵

釋言云旬均也 閩本明監本毛本同案旬當作洵下文引李巡注不誤

今茲益久長 補 案茲當作滋

頻猶比也 小字本相臺本同考文古本同閩本明監本毛本比作止十行本初刻比剜改止案止字誤也

以比兵窮災害民之餘 補 閩本明監本毛本同案窮當作寇

比比然○傳疑定 閩本同明監本毛本移傳疑定以下至故爲定也二十字於下章中是也

憂心慇慇 唐石經小字本相臺本同案釋文以慇慇作音是其本如此正義云其心殷殷然是其本字作殷考北門經作殷正月經作慇北門釋文云本又作慇同

正義曰瘠字從病 閩本明監本毛本同案浦鏜云病當疒字誤也

亂況斯削 唐石經小字本相臺本同案此況字當作兄上經云倉兄填兮傳兄滋也箋云喪亡之道滋久長此無傳箋云而亂滋甚皆承上也倉兄釋文云本亦作況亦與下互爲詳略耳唐石經上作兄下作況非也

禮亦所以救亂也 閩本明監本毛本同相臺本救誤⿱此心小字本無亦字案無者是也

如彼遡風 小字本相臺本同唐石經初刻作愬後改作遡案初刻非也李善注月賦引作愬當是三家異字石經誤用之耳亦所云字體乖師法也

亦孔之僾 毛本孔誤恐明監本以上不誤

好是稼穡 唐石經小字本相臺本同案釋文云家王申毛音駕謂耕稼也鄭作家謂居家也下句家穡惟寶同穡本亦作嗇音色王申毛謂收穡也鄭云吝嗇也尋鄭家穡二字本皆無禾者下稼穡卒痒始從禾正義云箋不言稼當爲家則所授之本先作家字也依此是毛鄭詩本作家嗇王申毛乃爲稼穡耳正義每取王爲傳說故其本作稼穡而唐石經以下從之段玉裁云改稼穡者非也見下亦見經義雜記

力民代食代無功者食天祿也 小字本相臺本同案詩經小學云傳云力民代食無功者食天祿也鄭申其意而王肅所見之本誤衍一代字因曲爲之說曰有功力於民代無功者食天祿且改家嗇字從禾而不知代無功食天祿語最無理

不能治人者食於人閩本同小字本相臺本無於字毛本同明監本初刻有後剜去案無者是也釋文可證

鄭云吝穡也補通志堂本吝誤名盧本作吝嗇按嗇字是也

不能治人者出於人也閩本出作食明監本同剜去於字毛本無案食人是十行本出於人剜添者一字

明是責王之貢好之也補毛本貢作貴案貴字是也

滅我立王小字本相臺本同唐石經初刻威後改滅案初刻誤也

朝廷曾無有同力諫諍小字本相臺本同案釋文朝廷下以者與作音是其本此箋有二字也但其何屬未可考

說文作蝨補通志堂本盧本蝨作蚤盧文弨考證云古本蝨作蝨是也說文乃作蝨今正文作蝨遂妄改說文案釋文校勘記云其說誤甚說文蚰部蝨是蠿蝨字非蝨賊字不得云說文乃作蝨也蚤字雖不見說文蟲部蠹字下云蟲食艸根者从蟲象其形其字作蠹轉寫失其形作蝨蚤皆非是

同音通本又作恫補案同當作侗釋文校勘云通志堂本盧本侗作恫恫作痌案所改未是當是釋文本此經字作侗與唐石經以下各本不同耳小字本所附上恫下侗乃順正文改易耳

滅盡釋詁云補案云當作文

穹蒼蒼天釋天云補案云當作文

故民所繫屬唯兵耳閩本明監本毛本同案浦鏜云故疑衍字是也

愼戒相助也閩本毛本同小字本相臺本戒作誠考文古本同案山井鼎云據下文考誠之語古本似是是也正義云愼誠釋詁文亦可證明監本誤作病

言其所任之臣小字本同閩本明監本毛本同相臺本任下有使字案有者非也正義云謂己所任使之臣乃自文耳非其本有使字考文古本有亦采正義之誤也

乃使民盡迷惑也彼是又不宣猶小字本相臺本也彼作如狂閩本明監本毛本同案如狂是也

不復詳考善惡更施順道於民之君自獨用己心謂己所任使之臣皆爲善人不復詳考善惡更求賢人閩本明監本毛本不重施順至惡更三十字案所刪是也此十行本複衍

却迫罪役小字本相臺本同案釋文云一本作罷役正義本是罪字

讒僭是僞妄之言閩本明監本毛本同案僭當作譖抑正義可證

荼苦葉閩本毛本同明監本葉作菜案浦鏜云菜字誤是也

故此惡行補毛本此作比案比字是也

垢者土處中而有垢土明監本毛本同案此當云垢者土處地中而有垢錯誤耳

則瞑臥如醉 小字本相臺本同閩本明監本毛本亦同案正義云則眠臥如醉是其本作瞑瞑眠古今字易而說之也考文古本作瞑采正義而爲之

箋類等至傚之 明監本毛本傚誤效閩本不誤案正義上下文皆作效者易字也今各本箋皆作效亦誤

詩人善此事者 閩本明監本毛本同案浦鏜云善疑言字誤是也

親而切瑳之也 閩本同小字本相臺本瑳作磋明監本毛本同案瑳字是也見淇奧十行本正義中字亦作瑳依經注改耳

反予來赫 唐石經小字本相臺本同案釋文云赫本亦作嚇考此但當作赫加口傍者依注義以改字耳

赫炙也 小字本相臺本同案釋文赫下云毛許白反炙也正義云故轉爲嚇又云定本集注毛傳云赫炙也又云俗本誤也是其本與俗本同作赫赫也標起止云傳赫炙乃後改今考此傳當作赫赫也毛意謂此赫威字即拒赫字也○按此卽北風虛虛也葛屨要要也之例

口距人謂之赫 小字本相臺本同案釋文赫下云鄭許嫁反口距人也莊子云以梁國嚇我是也正義云故箋以爲口拒人謂之嚇是其本作嚇考此是申傳赫也之意非箋經中赫字也正義本經作赫傳作赫嚇也箋作謂之嚇可以知其讀矣但其字當本皆作赫

赫毛許白反光也 補通志堂本盧本光作炙小字本相臺本所附亦作光釋文校勘云考此傳正義本作赫嚇也引定本集注作赫炙也今經注各本皆作炙之所自出也釋文本當是赫光也與定本集注正義本又各不同諸本所附得陸氏之舊其作炙字者經後人以經注本字改之耳

則將有人伺汝之閒暇誅汝閩本明監本毛本同案暇當作得正義讀閒爲閒隙不爲閒暇

諒信也閩本明監本毛本同小字本相臺本諒作涼案涼字是也鄭但易毛訓耳意以爲涼卽諒之假借也未嘗改其字正義云諒信又云以諒爲信乃易字而說之之例依以改箋者非

互相欺違小字本同閩本明監本毛本同相臺本互作工考文古本同案工字是也正義可證

遂用彊力相尚故也閩本明監本毛本同小字本相臺本遂作逐考文古本同案逐字是也

是也○毛以職競用力閩本明監本毛本同案○當衍下章正義○毛以職盜爲寇同明監本毛本不誤

涼曰不可小字本相臺本同唐石經涼作諒案唐石經非也釋文云職涼毛音艮薄也鄭音亮信也下同詩經小學云所云下同者卽此涼曰之涼是也正義因此涼字無傳遂取鄭爲毛說而云故我以信言諫王曰云云不知此涼字毛自與上傳同訓爲薄不訓爲信也然其本亦未必竟改經作諒字唐石經乃始上作涼此作諒失之甚矣當依釋文正之

言詎己諫之甚小字本相臺本同考文古本同閩本明監本毛本距作拒案拒字誤也乃正義所易之今字耳

○雲漢

遇烖而懼唐石經小字本相臺本同閩本同考文古本同明監本毛本烖誤災案正義作灾者易而說之也

烈餘也閩本明監本毛本此下有注小字本相臺本無考文古本同案山井鼎云此十六字釋文混入於注是也

時旱渴雨小字本相臺本同案釋文云愒苦蓋反貪也本又作渇苦葛反篇末同正義本未有明文今無可考

薦重臻至也小字本相臺本同案釋文以重也作音是其本有也字考文古本有

何罪故以訴之閩本明監本毛本同案何當作無

言其不怯牲物【補】毛本怯作恡

其有一曰索鬼神閩本明監本毛本有一倒案倒者誤也其下當有十字

堙少牢於泰昭【補】毛本堙作埋

類造禬禜攻說閩本明監本毛本攻誤政案山井鼎云下政說用幣宋板同誤亦當作攻是也

蘊隆蟲蟲唐石經小字本相臺本同案正義云温字定本作蘊以小宛正義考之當云蘊字定本作温正義屢云蘊蘊是其本作蘊之證也釋文云

蘊紆粉反本又作煴紆文反依紆文反是讀同烟烟煴煴之煴與作温又不同

雷聲尚殷殷然小字本相臺本同案釋文云一本作雨雷之聲尚殷殷然正義本未有明文今無可考殷其靁正義引與一本正同或其本當爾

爾雅作爞【補】通志堂本同盧本作爞云舊譌從蟲今改正釋文校勘云小字本所附亦作爞不誤

秏斁下土小字本相臺本同閩本明監本毛本同唐石經秏作耗案秏字是也詳詩小學

奠瘞羣臣而不得雨 小字本同考文古本同相臺本臣作神閩本明監本毛本同案神字是也十行本正義中誤同

例見前

熱氣爞爞然 明監本毛本爞爞誤蟲蟲閩本不誤案以下同唯一處誤爲蟲蟲耳經作蟲蟲正義作爞爞者蟲爞古今字易而說之也

秏敗天下王地之國 補 案王當土字之譌毛本正作土

暑熱夫同 閩本明監本毛本作不同案夫當作大形近之譌

爞蟲是熱氣蒸人之貌 補 案蟲當作爞

蘊平常之熱蟲蟲又甚熱 閩本明監本毛本蟲蟲上衍而字案蟲蟲當作爞爞十行本上句剜去者一字當是因有衍而下句甚下脫於字刪而未補也輒添而字者非

瘞謂堙之於土 補 毛本堙作埋

兢兢業業 唐石經小字本相臺本同案釋文云兢兢本又作矜正義云釋訓云兢兢戒也是其本作兢字考文古本作矜采釋文

靡有孑遺 小字本相臺本同唐石經初刻誤子後改孑

孑然遺失也 小字本相臺本同案正義云定本及集注皆云孑然遺失也俗本有無字者誤也考此傳本云無孑然遺失也六字一句讀乃總說靡有孑遺也定本集注非是考文古本采正義有無字而加於遺字上誤甚

狀有如雷霆閩本明監本毛本同小字本相臺本有如作如有考文古本同案如有是也

疑此故周之民多死亡矣閩本明監本毛本同案浦鏜云疑當以字誤是也山井鼎云宋板疑作以其實不然當是剜也

無有孑然得遺滌閩本明監本毛本同案滌當作漏下文謂無有孑然得遺漏是其證山井鼎云宋板滌作漏當是剜也

故爲戒也閩本明監本毛本同案浦鏜云恐誤戒是也

業業危釋訓云閩本明監本毛本同案浦鏜云文誤云是也

言我無所庇陰處閩本明監本毛本同小字本相臺本庇陰作芘蔭蔭下有而字考文古本有案有者是也釋文云芘本亦作庇蔭本亦作蔭考桑柔箋當作陰正義當作蔭今正義亦作陰依注改耳

正義曰宣王立補毛本立作言

如惔如焚唐石經小字本相臺本同案釋文云如惔音談燎也說文云炎燎也徐音炎正義云定本經中作如惔如焚是正義本經中作如惔如焚也詩經小學云章懷注章帝記引韓詩如炎如焚作炎爲售說文炎燎也傳云惔燎之也蓋毛亦作炎也上文赫赫炎炎本或作惔是其明證

憂心如薰唐石經小字本相臺本薰作熏閩本明監本毛本同案十行本注及正義中仍作熏釋文以如熏作音薰字非也考文古本作薰依上正義中引爾雅薰也而爲之耳

焚本又作樊補通志堂本同盧本樊作燓云舊譌樊案說文燓燒田也據改正釋文校勘云燓字是也小字本所附是燓字

毛讀爲憚丁佐反閩本明監本毛本同案丁佐反三字當旁行細書正義自爲音例如此也

故讀爲憚徒旦反閩本明監本毛本同案徒旦反三字當旁行細書

故箋言而害益甚上言而害益甚上言云我無所閩本明監本毛本上而字誤爲案此言而害益甚上六字不當重十行本複衍耳閩本以下改而作爲以遷就之者誤

似見其甚於前也閩本明監本毛本同案浦鏜云似當以字誤是也

敬恭明神唐石經小字本相臺本同案釋文云明祀本或作明神正義本未有明文今無可考箋云天曾不度知我心肅事明神如是明神宜不恨怒於我則作明神者是也

師氏弛其兵小字本相臺本弛作弛閩本明監本毛本同正義中同案釋文云施本又作弛同考文古本作施采釋文

人無賞賜也小字本相臺本同閩本明監本毛本同案正義云又無賞賜是人當作又乃形近之譌又者又上祿餼不足也考文古本作又采正義其云宋板同者必山井鼎誤

所以令汝窮困哉閩本明監本毛本同案哉當作者

曲禮又有君膳衣祭肺補毛本衣作不案不字是也

謂之兼補閩本明監本毛本兼作歉非也案兼當嗛字之譌

天子日食太牢 闔本明監本毛本同案此不誤浦鏜云少誤太非也周禮是太牢與玉藻不同鄭志有此問在鶉鴽正義中浦失考

三穀不升去兔 闔本明監本毛本同案去下浦鏜云脫雉字是也

權時救其人急若 明監本毛本人誤太闔本不誤案若當作苦形近之譌

令我心安乎 小字本相臺本同案釋文以令心作音是其本無我字正義云其令我心得安或自爲文也今無可考

因而意咸 毛本同闔本明監本意誤感案咸當作感此欲改咸字而誤改意字也

汝等亦當去天無贏 闔本明監本毛本去誤法按所改是也

傳嘒衆至假至〇正義曰 闔本重假至以下至星貌十四字明監本毛本初刻有後剜去案山井鼎云校宋板文當相接非有闕誤是也

令以毛無別 補 毛本令作今

雲漢八章章十句 各本同案此誤脫今補栞

毛詩大雅　　鄭氏箋　　孔穎達疏

崧高尹吉甫美宣王也天下復平能建國親諸侯褒賞申伯焉尹吉甫申伯皆周之卿士也尹官氏申國名○崧胥忠反釋名云崧竦也甫本又作父音同後人名字放此復音服又扶又反褒保毛反【疏】崧高八章章八句至伯焉○正義曰崧高詩者周之卿士尹吉甫所作以美宣王也以厲王之亂天下不安今宣王興起先王之功使天下復得平定能建立邦國親愛諸侯而褒崇賞賜申國之伯焉以其褒賞得宜故尹吉甫作此崧高之詩以美之也易比封象曰先王建萬國親諸侯桓二年左傳云天子建國祭法曰天下有王分地建國建國皆謂天子分割土地造立邦國以封人為諸侯也唯周禮惟王建國鄭以為建立王國與此異耳此與易皆親建相對封立謂之建賞勞謂之親建謂立其國親謂親其身也褒賞者錫賚之名車馬衣服是褒賞之物也何休云有土加之曰褒無土建國曰封中侯考河命曰褒賜羣臣賞爵有分稷契皐陶益土地然則益之無土地褒也此申伯舊國已絕今改而大之據其新往謝邑是為初建論其舊有國土亦為褒褒崇也天下復平能建國親諸侯雖為申伯發文要是總言宣王之美其褒賞申伯乃敘此篇之意經八章皆是褒賞申伯之事其南國是式式是南邦錫爾介圭路車乘馬是褒賞之實也○箋尹吉至國名○正義曰六月言宣王北伐吉甫為將禮軍將皆命卿也此美申伯云維周之翰明亦身為王官故言周之卿士也知非三公必兼六卿故舉卿士言之伊摯尹天下謂之伊尹洪範曰師尹惟日立政云三亳阪尹楚官多以尹為號左傳稱官有世功則有官族今尹吉甫以尹為氏明其先嘗為尹官而因氏焉故云尹官氏外傳有申呂王風云戍申故知申為國名

崧高維嶽駿極于天維嶽降神生甫及申崧高貌山大而高曰崧嶽四嶽也東嶽岱南嶽

衡西嶽華北嶽恆堯之時姜氏爲四伯掌四嶽之祀述諸侯之職於周則有甫有申有齊有許也駿大極至也嶽降神靈和氣以生申甫之大功箋云降下也四嶽卿士之官掌四時者也因主方嶽巡守之事在堯時姜姓爲之德當嶽神之意而福興其子孫歷虞夏商世有國土周之甫也申也齊也許也皆其苗胄○嶽字亦作嶽魚角反白虎通云嶽者何桷功德也駿音峻守音狩本亦作狩夏戶雅反下同

維申及甫維周之翰四國于蕃四方于宣翰榦也箋云申申伯也甫甫侯也皆以賢知入爲周之楨榦之臣四國有難則往扞禦之爲之蕃屏四方恩澤不至則往宣暢之甫侯相穆王訓夏贖刑美此俱出四嶽故連言之○翰戶旦反又音寒蕃方元反知音智本或作哲楨音貞難乃旦反扞戶旦反相息亮反贖音樹一音常欲反

疏崧高至于宣○正義曰此方美申伯之見賞本其先祖所由之興言有崧然而高者維是四嶽之山其山高大上至于天維此至天之大嶽降其神靈和氣以福祐伯夷之後生此甫國之侯及申國之伯以伯夷常掌其神祀故祐助其後使其國則歷代常存子孫則多有賢智維此申伯及此甫侯維爲周之卿士楨榦之臣若四表之國有所患難則往捍禦之爲之蕃屏四方之處恩澤不至則往宣暢之使霑王化是由神所祐故有此賢智也○傳崧高至大功○正義曰崧者山形竦然故爲高貌劉熙釋名云崧竦也亦高稱也山大而高曰崧釋山文李巡曰高大曰崧郭璞曰今中岳崧高山蓋依此名是也白虎通云岳者何桷也桷功德也風俗通云嶽桷考功德黜陟也然則以四方方有一山天子巡狩至其下桷考諸侯功德而黜陟之故謂之岳也傳言岳四岳謂四方之岳也又解此岳降神生申甫之意當堯之時有姜氏者爲四方王官之伯掌此四岳之祭祀述其岳下諸侯之職德當岳神之意故此岳降神助其子孫使之歷代有國於周之世則有甫有申有齊有許此四國皆姜氏之苗裔也駿大極至釋詁文又解四國而獨言申甫者岳降神靈和氣以生申伯甫侯二人有德能成大功是岳神生申甫之大功故特言申甫也經典羣書多云五岳此傳唯言四岳者以堯之建官而立四伯主四時四方之岳而已不主中岳故堯典每云咨

四岳而不言五也周語說伯夷佐禹云共工之從孫四岳佐之又曰祚四岳國命爲侯伯皆謂伯夷爲四岳此將言伯夷之事故指言四岳也其云五岳者卽此四與崧高而五也孝經鉤命決云五岳東岳岱南岳衡西岳華北岳恆中岳崧高是五岳又數崧高之文也故王肅之注尚書服虔之注左傳鄭於大宗伯注皆然春官大司樂云五岳四鎮山崩令去樂注云四鎮山之重大者謂揚州之會稽青州之沂山幽州之醫無閭山冀州之霍山五岳岱在兗州衡在荆州華在豫州岳在雍州恆在幷州司樂宗伯同是周禮而司樂之注不數崧高者蓋鄭有所案據更見異意也釋山發首云河南華河西岳河東岱河北恆江南衡陳此五山之名不復更言餘山雖不謂此五山爲五岳明有爲岳之理鄭緣此旨以司樂之文連言四鎮五岳幷之正九當九州各取一山以充之而夏官職方氏九州皆云其山鎮曰某山每州曰其大者而其文有岳山無崧高爾雅河西岳在五山之例取岳山與岱衡恆華爲五岳之數以其餘四者爲四鎮令司樂職方自相配足見一州之內最大山者其或崩圮王者當。謂之變容岳山得從五岳之祀故傳會爾雅職方之文以見此意非謂五岳定名取岳山也其正名五岳必取崧高宗伯之注是定解也或以爲雜問志有云周都豐鎬故以吳岳爲西岳周家定以岳山爲西岳不數崧高知不然者以宗伯亦是周禮而以華爲西岳安得至於司樂卽云華非西岳也若必據己所都以定方岳則五岳之名無代不改何則軒居上谷處恆山之西舜居蒲坂在華陰之北豈當據己所在改岳祀乎五岳之名隨時變改則都之所在本無方岳尚書之注何云周處五岳之外乎雜問之志首尾無次此言或有或無不可信也且釋山又云泰山爲東岳華山爲西岳霍山爲南岳恆山爲北岳崧高爲中岳若五岳之山每代一改爾雅何當定此五者永爲岳名乎若然何知此言崧高非中岳而以崧爲高貌廣擧四岳者此詩之意言。北岳降神祐助姜氏姜氏不主崧高故知崧高維岳謂四岳也傳言四岳之名東岳岱南岳衡爾雅及諸經傳多云泰山爲東岳霍山爲南岳者皆山有二名也風俗通云泰山山之尊一曰岱宗岱始也宗長也萬物之始陰陽交代故爲五岳長王者受命恆封禪之衡山一名霍言萬物霍然大也華變也萬物成變由於西方也恆常也萬物伏北方有常也崧高也言高大也是解衡之與霍泰之與岱皆一山而有二名也若然爾雅云江南衡地理志云衡山在長沙湘南縣張揖廣雅云天柱謂之霍山地理志云天柱在廬江潛縣則在江北矣而云衡霍一山二名者本衡山一名霍山漢武帝移岳神於天柱又名天柱亦爲霍故漢魏以來衡霍别耳郭璞爾雅注云霍山今在廬江潛縣西南别名天柱山漢武帝以衡山遼曠移其神於此今其土俗人皆呼之爲南岳南岳本自以兩山爲名非從近也而學者多以霍山不得爲南岳又言從漢武帝始乃名之如此言爲武帝在爾雅前乎斯不然矣竊以璞言爲然何則孫炎以霍山爲誤當作衡山案書傳虞夏傳及白虎通風俗通廣雅並云霍山爲南岳豈諸文皆誤明是衡山一名霍也周語說堯使禹治水四岳佐之帝嘉禹德賜姓曰姒氏曰有夏祚四岳國爲侯伯氏曰有呂此一王四伯韋昭云一王謂禹也四伯謂四岳也爲四岳伯故稱四伯是當堯之時姜氏爲四伯也周語唯云四岳不言名字其名則鄭語所云伯夷能禮於神以佐堯者也言禮於神是掌禮之官舜命羣官使伯夷典禮則伯夷於堯之時已掌禮也掌禮之官舜時爲秩宗於周則宗伯也宗伯掌天神人鬼地祇之禮總主諸神故掌四岳之祀堯典注云堯之末年庶績多闕羲和之子則死矣於時分四岳置八伯四岳四時之官主方嶽之事然則堯時四岳內典王朝之職如周之六卿外掌諸侯之事如周之牧伯故又述諸侯之職然述職者述其所主之方耳其掌四岳之祀者則四岳皆掌之由掌四岳故獨得四岳之名伯夷所掌一掌四岳則此詩所言維嶽降神亦總謂四岳故傳廣以四岳解之明不偏指一山言岳降神靈和氣以生申甫者正謂德當神意山神祐之使有賢子孫耳非言山氣憑人以生之也何則神氣之所憑依不由先祖掌祀與乙卯大跡不相類也〇箋降下至苗胄〇正義曰降下釋言文傳唯言掌四岳之祀而不辯官之尊卑故云四岳卿士之官又解其名爲四岳之意掌四時因主方岳巡守之事故稱岳也立四伯既主四時又主方岳蓋因其時而主其方春官主東夏官主南也身在王朝外治岳事及掌天子巡守之事在堯時姜姓爲之謂於四岳

之中而爲其一爲四岳之一而獨得四岳之名者雖同爲岳官而又特主岳祀故外傳史記特稱伯夷爲四岳由主岳祀故也傳言姜氏箋言姜姓者姜實是姓對則氏姓有異散則以姓配氏春秋稱夫人姜氏是其事也以伯夷主岳而降生申甫故知德當岳神之意而福興其子孫故稱使之世有賢才也周語稱大姜之姪逢伯陵爲殷之諸侯史記齊世家云太公望其先祖嘗爲四岳佐禹有功虞夏之際封於呂或封於申是歷虞夏商而世有國土也周語云齊許申呂由大姜言此四國是大姜之宗故知皆是苗胄說文云胄胤也禮謂適子爲胄子言此四國皆四岳之後或是其枝苗或是其適胄也○箋申申伯至言之○正義曰以下章乘此維申文轉之以爲申伯則知申甫並指其人不指其國故云申申伯甫甫侯入爲周之楨榦之臣謂爲卿士也蕃者障蔽冠難故云有難則往捍禦之宣者播揚王澤故知恩澤不至則往宣暢之難則自彼所有從我往屏之恩由王而出就彼宣布之有彼此之異也又解此詩主美褒賞申伯而言及甫侯之意由甫侯佐相穆王以王年老耄荒恐其重行刑罰故教訓王行夏時贖罰之刑功加百姓爲前世賢臣美此甫侯與申伯上世俱出於四岳故連言之甫侯訓夏贖刑即今尚書呂刑之篇是也訓王不以周刑而用夏者以王者用刑世輕世重而周刑重於夏欲矯穆王之太重故舉夏之輕刑以訓之所謂匡救其惡也尚書作呂刑此作甫侯者孔安國云呂侯後爲甫侯詩及禮記作甫尚書與外傳作呂蓋因燔詩書字遂改易後人各從其學不敢定之故也此箋定以甫爲甫侯而孔子閒居引此詩注以甫爲仲山甫者案外傳稱樊仲山甫則是樊國之君必不得與申伯同爲岳神所生注禮之時未詳詩意故耳

亹亹申伯王纘之事于邑于謝南國是式謝周之南國也箋云亹亹勉也纘繼于往于於法式也亹亹然勉於德不倦之臣有申伯以賢入爲王之卿士佐王有功王又欲使繼其故諸侯之事往作邑於謝南方之國皆統理施其法度時改大其邑使爲侯伯故云然○亹亡匪反纘祖管反韓詩作踐踐任也

王命召伯定申伯之宅登是南邦世執其功召伯召公也登成也功事

也箋云之往也申伯忠臣不欲離王室故王使召公定其意令往居謝成法度於南邦世世持其政事傳子孫也○離力智反下欲離同令力呈反下皆同傳直傳反

疏亹亹至其功○正義曰言亹亹然勉力於德行之不倦者申伯也以其行德不倦王使之繼其故諸侯之事令往作邑於謝之地以統理南方之國於是施其法度以治之又以申伯忠臣不欲離背王室當先營彼國以安定其心故王乃命召伯先營謝邑以定申伯往居之處得使申伯居之以成是法度於南方之邦國世世恆執持其政教之事傳之子孫○傳謝周之南國○正義曰經言南國者謂謝傍諸國解其居謝邑而得南國法之故云謝是周之南國杜預云申國在南陽宛縣是在洛邑之南也○箋亹亹至于云然○正義曰亹亹勉也纘繼釋詁文以文勢宜爲往邑於謝故上于爲往下于爲於以申伯之賢當使南國法之故以式爲法言申伯以賢入爲王之卿士則申伯先封於申來仕王朝又言王欲使繼其故諸侯之事往作邑於謝者蓋申伯本國近謝今命爲州牧故改邑於謝取其便宜若申伯不先爲諸侯不得云入爲卿士下言我圖爾居莫如南土者言餘處不如汝舊居之南方故還封之於南方言申伯當是伯爵出封於謝當自理其國而已而云南國是式則爲一州之牧故知改大其邑不同舊時又解詩人言南國是式之意以其使爲侯伯故云然僖元年左傳曰凡侯伯救患分災又二十八年左傳曰王命王子虎策命晉侯爲侯伯其策文云王曰叔父用州牧之禮是謂州牧爲侯伯此言侯伯亦謂爲州牧也旄丘箋云侯爲牧此申伯伯爵而得爲牧者侯伯七命伯亦得爲牧故太宗伯云八命作牧注云謂侯伯有功德者加命得專征伐於諸侯是侯之與伯俱得爲牧也且申伯雖舊是伯爵今改封之後或進爵爲侯史記周本紀云申侯與西戎共攻幽王彼申侯者不過是此申伯子之與孫耳明此時得進爲侯箋言改大其邑或亦褒進其爵矣○傳召伯至功事○正義曰以常武之序知召伯是召穆公也登成釋詁文又云續功也轉以相訓是功。德爲事○箋之往至子孫○正義曰之往釋詁文封諸侯者當即使其人自定居處不必天子爲築城邑然後遣之此宣王獨先命召公定申伯往居之宅故解其言定之意王以申伯忠臣不欲遠離王室使召伯先繕治其居欲以定申伯之意故言定也定其意者以營築城郭其事既了知已不得不去則嚮國之意定也必使召公往營之者王肅云召公爲司空主繕治案黍苗序云卿士不能行召伯之職然則營築城郭召伯所主其事或如肅言

王命申伯式是南邦

因是謝人以作爾庸

庸城也箋云庸功也召公既定申伯之居王乃親命之使爲法度於南邦今因是故謝邑之人而爲國以起女之功勞言尤章顯也

王命召伯徹申伯土田

徹治也箋云治者正其井牧定其賦稅○牧手又反又如字後放此

王命傅御遷其私人

御治事之官也私人家臣也箋云傳御者。二王治事謂家宰也

【疏】王命至私人○毛以爲王既命召伯令定申伯之居又告申伯以將封之意王乃命諸申伯云我欲使汝爲法度於是南方之國今因是故謝邑之人以改作汝之國城也召公於時猶尚未發王又命召伯云汝往謝邑非徒營立申伯之居宅而已又當治理申伯國內土田使之正其井牧定其賦稅也王於是又命傅御於王者治事之臣謂家宰也令使家宰遷徙其申伯之私人謂申伯私家之臣在京師者遷之使從申伯共歸其國也○鄭唯以作爾庸爲異餘同○傳庸城○正義曰傳以下云有俶其城故以庸爲城○箋庸勞至章顯○正義曰庸勞釋詁文以王命申伯當意在顯其功勞不宜直言爲其作城而已故易傳也召公既定申伯之居謂王既命之使定耳其居未是定也下言寢廟既成乃爲定耳王親命之亦謂告語申伯以爲作國之意未是命遣之也下言我圖爾居乃是命遣之辭王朝之臣有大功德乃出封爲國君則封之大國可以起發其功故云以起汝之功勞言尤欲使之彰顯也○箋治者至賦斂○正義曰公劉之箋以徹爲稅名此從傳爲治者以召伯先往治之未即徵稅故爲治也地官小司徒職曰乃經土地而井牧其田野而令貢賦凡稅斂之事是爲國之法當先正井牧定賦稅故知治其土田指謂此也襄二十五年左傳曰井衍沃牧隰皋舊說以衍沃之地九夫爲井隰皋之地九夫爲牧二牧而當一井鄭於小司徒之注取以爲說云授民田有不易有一易有再易通率二而當一是

之謂井牧然則正其井牧者觀其地之肥墝爲等級以授民也定其賦稅者豫制其所出之多少也此時召伯未發但王先命召伯使定申伯之宅即告申伯使知其意然後以此言更命召伯故再言王命召伯也〇傳御治至家臣〇正義曰王之所命明是官人訓御爲治故云御治事之官私人者對王朝之臣爲公人家臣爲私屬也有司徹云主人降獻私人注云大夫言私人明不純臣此申伯雖是王之卿士亦是不得純臣故稱私人也王命使遷其私人告令其人使之裝載耳其遷猶與申伯同行也〇箋傳御至家宰〇正義曰三公有大傅知此非者以王之所命當有職事三公無職故知非也僖二十八年左傳曰鄭伯傅王是謂輔相王事者爲傅也副貳於王以治國事者唯家宰爲然故知謂家宰也

申伯之功召伯是營有俶其城寢廟既成俶作也箋云申伯居謝之事召公營其位而作城郭及寢廟定其人神所處〇俶本又作俶。尺叔反既成藐藐王錫申伯四牡蹻蹻鉤膺濯濯藐藐美貌蹻蹻壯貌鉤膺樊纓也濯濯光明也箋云召公營位築之已成以形貌告於王王乃賜申伯爲將遣之〇藐亡角反蹻渠略反濯直角反沈士學反樊步丹反爲于僞反

【疏】申伯至濯濯〇正義曰此說往營謝邑訖而告王言申伯居謝之事乃召伯於是營其位處於營之處有所作者其是謝邑之城郭也既作其城又作寢廟寢廟既已成矣此既成之形貌藐藐然而美也王知其美將遣申伯乃賜申伯以四牡之馬蹻蹻然而强壯又賜以在首之金鉤在膺之樊纓濯濯然而光明將欲遣之故賜以此物也〇傳俶作〇正義曰釋詁文〇箋申伯至所處〇正義曰亦訓功爲事故言居謝之事是營之下乃云有俶是先營而後作之故云營其位而作城郭此有俶之文下通寢廟其既成之文上兼其城明其皆作成也牆垣廄庫無所不爲而獨言寢廟者主言定其人神所處故也寢人所處。廟神亦有寢但此宜總據人神不應獨言廟事故以爲人寢也廟先作而文在寢下不說作之次第從便言也〇傳藐藐至光明〇正義曰鉤者馬婁頷之鉤是器物之名膺者直是馬之膺前非是器物以鉤類之明言膺者謂膺上有飾故取春官巾車

之文以足之謂膺有樊纓也案巾車金路鉤樊纓九就同姓以封申伯異姓而得此賜者以其命爲侯伯故得車如上公王遣申伯路車乘馬我圖爾居莫如南土乘馬四馬也箋云王以正禮遣申伯之國故復有車馬之賜因告之曰我謀女之所處無如南土之最善○乘繩證反注同復扶又反下同錫爾介圭以作爾寶寶瑞也箋云圭長尺二寸謂之介非諸侯之圭故以爲寶諸侯之瑞圭自九寸而下○介音界往近王舅南土是保近己也申伯宣王之舅也箋云近辭也聲如彼記之子之記保守也安也○近音記

【疏】王遣至是保○毛以爲王於是發遣申伯令使之國故贈送之以大路之車及乘駟之馬因告之曰我謀度汝之所居無如謝邑之最善汝宜往居之又特賜汝以大圭謂桓圭九寸者也以爲汝之執瑞既賜其物又歎而送之往去己此王之舅也當於南方之土於是安居之矣皆命遣之辭○又鄭唯介圭謂長尺二寸之圭以作國之珍寶爲異餘同○箋王以至最善○正義曰王者之封諸侯必以車服賜之是禮之正也故云以正禮遣申伯之國故復有車馬上既賜以四牡鉤膺是王之私恩此又以正禮賜之故言復也言無如南土之最善示己厚之意○傳寶瑞○正義曰春官典瑞掌玉瑞玉器注云人執以見曰瑞禮神曰器瑞符信也則瑞謂所執之玉堯典云輯五瑞卽五等諸侯之圭璧也此賜介圭賜申伯令執之言介者大於常圭故王肅云寶瑞也桓圭九寸諸侯圭之大者所以朝天子是也○箋圭長至而下○正義曰釋器云珪大尺二寸謂之介長大一也引之而變其文也長尺二寸則非諸侯所當執又寶者居守之辭非瑞信之語故云非諸侯之圭故以爲寶又言諸侯之瑞圭自九寸明其無尺二寸不得稱介示己所以易傳之意孫毓云特言賜之以作。爾明非五等之玉且申伯受侯伯之封當信圭七寸又不得受上公之制九寸桓圭而謂之介箋義爲長○傳近己至之舅○正義曰以命往之國不復得與之相近故轉爲己以爲辭也近得爲己其聲相近故箋申之云如彼己之己也下云王之元舅此則宣王命之故知宣王之舅如鄭意厲王之后曰豔妻而得申伯爲王舅者蓋豔妻無子姜氏

生宣王

申伯信邁王餞于郿郿地名箋云邁行也申伯之意不欲離王室王告語之復重於是意解而信行餞送行飲酒也時王蓋省岐周故于郿云○餞賤淺反沈祖見反一音賤字林子扇反云送去食也郿亡悲反又亡冀反地名屬扶風今爲縣語魚據反重直用反解音蟹申伯

還南謝于誠歸箋云還南者北就王命于岐周而還反也謝于誠歸誠歸于謝王命召伯徹申伯土疆以峙其粻式遄其行箋云粻糧式用遄速也王使召公治申伯土界之所至峙其糧者令廬市有止宿之委積用是速申伯之行○疆居良反時如字本又作峙直紀反兩通粻音張遄市專反委於僞反積子賜反

疏申伯至其行○正義曰申伯初意不欲離王王告語復重心開意解申伯於是信實欲行王乃以酒餞之於郿申伯乃旋反而南行此南方謝國申伯於是誠實歸之矣言其不得顧戀也又言先者申伯未發之時王豫命召伯令治申伯之國土界所至之疆境又以峙具其糧食謂自京至國在道所須令皆預備委積用是以速其申伯之行由在道無所闕乏故得疾至至言王厚申伯也俗本峙作時用者誤也○傳郿地名○正義曰於漢屬右扶風在鎬京之西也○箋邁行至郿云○正義曰邁行釋言文此言信行則往前心未欲行於時乃信故解其意言王告語復重於是意解而信行也上言以作爾庸我圖爾居往近王舅是復重也申在鎬京之東南自鎬適申塗不經郿解其得餞郿之意時宣王蓋省視岐周申伯從王至岐自岐遣之故餞之於郿也江漢箋云岐周周之所起爲其先祖之靈以有先祖之靈故時省之言省者王自須省視非爲申伯故往江漢言于周受命是爲召公故往是以經云于周與此異也○箋還南至于謝○正義曰以言還者迴反之辭故云北就王命於岐周而還反也蓋王先在岐得召公之報知營謝已訖召申伯於鎬至岐周而命之也申伯既受命王餞還歸於謝而後適申故云北就還南也言謝于誠歸正是誠心歸於謝國古人之語多倒故申明之誠歸者決意不疑之辭○箋粻糧至之行○正義曰粻糧式用釋言文遄速釋詁文治申伯土界之所至者謂治理申國之四境豫定封疆令申伯至

國之時不與四鄰爭訟也峙其糧者謂自京至謝所在道路以具其糧食使申
伯所舍所宿須則有之不乏絶也令廬市有止宿之委積者地官遺人云掌道
路之委積凡國野之道十里有廬廬有飲食三十里有宿宿有路室路室有委
五十里有市市有候館候館有積注云廬若今野候徒有房也宿可止宿若今
亭有室矣候樓可以觀望者也一市之閒有三廬一宿是也此復云王命召伯
者召伯營謝既成遣使報王王知城郭既了又復命以此事蓋遣使命之不必
召伯親來而復往也欲速申伯之行唯峙其糧一事耳徹申伯土疆非是速申
伯之事於此言之者前命召伯唯使定其居宅治其土田未命之使正其疆界
故於是乃命之既命正定其疆界因令具糧以待申伯耳

申伯番番既入于謝徒御嘽嘽 番番勇武貌諸侯有大功則賜虎賁徒御嘽嘽徒行者御車者嘽嘽喜樂也箋云申伯之貌有威武番番然其入謝國車徒之行嘽嘽安舒言得禮也禮入國不馳○番音波嘽吐丹反賁音奔樂音洛

周邦咸喜戎有良翰 箋云周徧也戎猶女也翰幹也申伯入謝徧邦內皆喜曰女乎有善君也相慶之言○翰協句音塞偏音遍下同

不顯申伯王之元舅文武是憲 不顯申伯顯矣申伯也文武是憲言有文有武也箋云憲表也言爲文武之表式

疏申伯至是憲○毛以爲此言申伯至國之事言申伯有勇武之貌番番然謂在路之時有此威貌也既已入於謝邑其徒行者御車者皆嘽嘽然安舒得宜不安馳驅謝人觀其儀貌知是賢君徧邦之內悉皆喜悅而相慶曰今有大良幹事之君申伯既受封而爲民所悅如是豈不光顯申伯乎言實光顯矣又歎美申伯此王之長舅文人武人皆於是以爲表憲而法則之也言申伯有文有武可爲人之表式也○鄭唯戎爲汝爲異餘同○傳番番至喜樂○正義曰以番番之文在入謝之上則是在道之容故爲勇武貌箋云威武義亦同也又以申伯爲天子大臣出封下國美國君之貌不應言身之有勇故辨之云諸侯有大功則天子賜之虎賁之士爲之武備故道路觀之則番番然總言其行從之勇非其身也申伯有女功受州牧之禮故得虎賁之賜徒行御車謂申伯之從

也嘽嘽安舒之狀行則安舒貌則喜樂與箋相接成也箋云入國不馳曲禮文
○箋徧至之言○正義曰周匝是徧之義故爲徧也翰幹釋詁文汝者相於之
辭故知是相慶之言以申伯新爲之君故遞相慶賀也毛於戎字皆訓爲大知
此亦與鄭不同○傳不顯至有武○正義曰文武是憲謂文人武人以申伯爲
表式故解其意言由申伯有文有武故得與文武之人爲表式箋以其略故申成之

申伯之德柔惠且直揉此萬邦聞于四國

箋云揉順也四國猶言四方也○揉本亦作柔汝又反又如字一音柔注同聞音問

吉甫作誦其詩孔碩其風肆好以贈申伯

吉甫尹吉甫也作是工師之誦也肆長也贈增也箋云碩大也吉甫爲此誦也言其詩之意甚美大風切申伯又使之長行善道以此贈申伯者送之令以爲樂○風福鳳反注同王如字云音也贈詩之本皆爾鄭王申毛並同崔集注本作贈增也崔云增益申伯之美

疏申伯至申伯○正義
曰此章以申伯歸謝事終總歎其美且言作詩之意言申伯之德安順而且正
直以此順直之德揉服此萬邦不順之國使之皆順其善聲譽皆聞達於彼四
方之國是申伯之德實大美矣今吉甫作是工師之誦其詩之意甚美大矣其
風切申伯又使之長行善道故以此詩增長申伯之美言使申伯歌誦此詩見
人言己之美更復自强不息以增德行也鄭唯贈送一字別○箋揉順○正義
曰易稱揉木爲耒謂屈橈之也有不如意揉之使善是爲順之義言揉萬邦使
順善也周無萬國因古有萬國舉大數耳○傳吉甫至贈增○正義曰吉甫尹
吉甫毛不注序故於此詳之詩者工師樂人誦之以爲樂曲故云作是工師之
誦欲使申伯之樂人常誦習此詩也肆者陳設之言是進長之義故以肆爲長
凡贈遺者所以增長前人贈之財使富增於本贈之言使行增於善故云贈增
也○箋碩大至爲樂○正義曰碩大釋詁文言風切申伯使之長行善道者言
其善事使之自强也其詩之意甚美大者述其善事令更增長是美大也君子
之道貴在謙虛而言吉甫作詩自述云甚美者欲使前人聽受其言故美大以
入之令以爲樂者令使申伯常歌樂此詩以自規戒也如此言則此詩之作主

美申伯而已申伯有德王能建之美申伯亦所以美宣王故爲宣王詩也

崧高八章章八句

烝民尹吉甫美宣王也任賢使能周室中興焉[疏]○烝民八章章八句至中興焉○正義曰烝民詩者尹吉甫所作以美宣王也以宣王能親任賢德用使能人賢能在官職事修理周室既衰中道復興故美之也任賢使能者任謂委仗之使謂作用之雖大意爲同而細理小別有德謂之賢有伎謂之能故太宰八統三曰進賢四曰使能注云賢有善行者也能多才藝者也是賢能相對爲小別散則皆相通也經八章皆言仲山甫有美德王能任用之是任賢使能也褒賞申伯指斥其人此不言任用山甫者見王所使任非獨一人而已故言賢能以廣之韓奕之序不言錫命韓侯義亦然崧高之序已有建國親諸侯爲之廣大故指言申伯焉由其任賢使能故得周室中興中興之事於經無所當也

天生烝民有物有則民之秉彝好是懿德烝衆物事則法彝常懿美也箋云秉執也天之生衆民其性有物象謂五行仁義禮智信也其情有所法謂喜怒哀樂好惡也然而民所執持有常道莫不好有美德之人○彝音夷好呼報反注皆同知音智樂音洛惡烏路反

天監有周昭假于下保茲天子生仲山甫仲山甫樊侯也箋云監視假至也天視周王之政教其光明乃至于下謂及衆民也天安愛此天子宣王故生樊侯仲山甫使佐之言天亦好是懿德也書曰天聰明自我民聰明○假音格注同[疏]天生至山甫○正義曰言天生其衆民使之心性有事物之象情志有去就之法既稟此靈氣而有所依憑故民之所執持者有常道莫不愛好是美德之人以爲君也民之所好如是天亦從民所好故天乃監視有周之王政教善惡見此周王其政教之光明乃行而施至於下民矣即王有懿德天亦愛之天乃安愛此天子之宣王乃爲之生樊侯仲山甫大賢之人使佐以興之○

傳烝衆至懿美○正義曰烝衆則法○夷常懿美皆釋詁文凡言萬物則萬事也故以物爲事○箋○秉執至之人○正義曰秉執釋詁文以言好是懿德所好出於情性然上言有物有則即是情性之事物者身外之物有象於己則者己之所有法象外物其實是一從內外而異言之耳因經物則異文故箋分性情爲二性爲五性情爲六情以充之五性本於五行六情本於六氣洪範五行水火金木土禮運曰人者天地之心五行之端是人性法五行也昭元年左傳曰六氣陰陽風雨晦明也昭二十五年左傳民有好惡喜怒哀樂生于六氣是六情法六氣也孝經援神契曰性者生之質命者人所稟受也情者陰之數精內附著生流通也又曰性生於陽以理執情生於陰以繫念是性陽而情陰五行謂仁義禮智信者鄭於禮記之說以爲木行則仁金行則義火行則禮水行則智土行則信是也六情有所法者服虔左傳之注以爲好生於陽惡生於陰喜生於風怒生於雨哀生於晦樂生於明是也此數情以有六經傳亦多言六情唯禮運云何謂人情喜怒哀懼愛惡欲七者弗學而能獨言七者。云是其正彼依附而異文耳愛即好也欲即樂也懼蓋怒中之別出己情爲怒聞彼怒而懼是怒之與懼外內相依以爲彼此之異故分之爲七大意猶與此同也人之情性共稟於天天不差忒則人亦有常故民所執持有常道莫不好此美德之人下句言天見民意好此美德故天亦愛此天子之事此言好美德之人謂好之以爲君也若然物以同聲相應人以同志相親聖明之君乃愛賢臣無道之世惡人得寵古先帝代莫不盡然君既如此則民亦如之惡人當愛惡君矣而云同好美德之人者人之本意皆欲愛善雖則逐臭之夫當時不以爲惡但識鑒不同謂爲善耳未有故知是其惡而愛之者也且民之愛君爲被其政教雖則愚民亦知愛善君矣○傳仲山甫樊侯○正義曰言仲山甫是樊國之君爵爲侯而字仲山甫也周語稱樊仲山甫諫宣王是山甫爲樊國之君也韋昭云食采於樊僖二十五年左傳說晉文公納定襄王王賜之樊邑則樊在東都之畿內也杜預云經傳不見畿內之國稱侯男者天子不以此爵賜畿內也如預之言畿內本無侯爵傳言樊侯不知何所案據○箋監視至聽明○正義曰監視假至釋詁文上句言民好有德之君故以此明至於下爲周之政教光明至於天下正謂宣王政教明也但天子之文見於下句故直言有周耳上言民好有德此言天愛宣王爲生賢佐言天亦好是懿德亦猶民也引書曰者泰誓文也彼注云天之所謂聰明有德者由民也言天所善惡與民同引之者證天從民意也案序云任賢使能周室中興是由有賢臣佐王政始得光明此文乃言由王政教光明天乃爲生賢佐先後不同者宣王之明與山甫之賢皆是上天爲之山甫之年未必不長於宣王非是宣王旣明始生山甫但作者見明君而有賢臣爲天愛王之勢非實事也

仲山甫之德柔嘉維則令儀令色小心翼翼箋云嘉美令善也善威儀善顏色容貌翼翼然恭敬古訓是式威儀是力天子是若明命使賦古故訓道若順賦布也箋云故訓先王之遺典也式法也力猶勤也勤威儀者恪居官次不解于位也是順從行其所爲也顯明王之政教使羣臣施布之○道音導解佳賣反本又作懈下文匪解同

疏仲山甫至使賦○正義曰上言天生山甫此言生而有德言此仲山甫之德如何乎柔和而美善維可以爲法則又能善其動止之威儀善其容貌之顏色又能愼小其心翼翼然恭敬既性行如是至於爲臣則以古昔先王之訓典於是遵法而行之在朝所爲爲之威儀於是勤力而勉之以此人隨天子之所行於是從行而順之既天子所爲善山甫順之故能顯明王之教命使羣臣施布行之羣臣奉行王命由於山甫故得爲此明君中興周室○傳古故至賦布○正義曰古是舊故之義故以古爲故也訓道釋詁文若順釋言文賦與人物是布散之義故以賦爲布也力○箋故訓至布之○正義曰古訓者故舊之道故爲先王之遺典也是力者勤力爲之故云勤威儀者恪居官次謂恆常恭敬居於官之次舍不解怠於其職位也恪居官次襄二十三年左傳。云不解于位假樂篇也是順謂從其所爲言君須爲善從君之意以成善事也顯明王之政教使羣臣施布之身爲大臣故得使在下者布行王政也

王命仲山甫式是百辟纘戎祖考王躬是保戎大也箋云戎猶女也躬身也王曰

女施行法度於是百君繼女先祖先父始見命者之功德王身是安使盡心力於王室○辟音璧

出納王命王之喉舌賦政于外四方爰發

喉舌冢宰也箋云出王命者王口所自言承而施之也納王命者時之所宜復於王也其行之也皆奉順其意如王口喉舌親所言也以布政於畿外天下諸侯於是莫不發應○出納並如字納亦作內音同喉音侯應應對之應

疏王命至爰發○毛以爲王命此仲山甫曰汝可以爲長官施其法度於是天下之百君當繼而光大爾之祖考又奉承汝王之身於是而安寧之仲山甫既受命爲官乃施行職事於是出納王之教命王有所言出而宣之下有所爲納而白之作王之咽喉口舌布其政教於畿外之國政教明美所爲合度四方諸侯被其政令於是皆發舉而應之美其出言而善人皆應和也○鄭唯戎字爲異餘同○箋戎猶至王室○正義曰戎之爲大雖是正訓於理不愜故易以爲汝汝施法度於是百君謂百辟卿士通畿外諸侯下云賦政于外明百辟之言兼畿外矣言繼汝先祖明其先有功先祖有功必是始封之君故云始見命者之功德也言盡心力於王室者發舉由心施行在力令盡心力使爲至忠也○傳喉舌冢宰○正義曰上句云式是百辟與百君爲法則王朝上卿故爲冢宰舜命龍作納言云出納朕命彼特立納言之官以典王命出入卽今之納言也與此出納王命者異○箋出王至發應○正義曰以出從於王故爲王口所自言納自外來故爲時之所宜復於王復白也太宰職曰王視治朝則贊聽治注云治朝在路門外羣臣治事之朝王視之則助王平斷焉是出王命也又曰歲終則令百官府各正其治受其會聽其。政事而詔王廢置注云平其事來至者之功狀而奏白王是納王命也宰夫掌諸臣之復注云復之言報也反也反報於王謂朝廷奏事是謂奏事爲復也天下諸侯於是莫不發應卽易所謂出其言善千里之外應之是也

肅肅王命仲山甫將之邦國若否仲山甫明之

將行也箋云肅肅敬也言王之政教甚嚴敬也仲山甫則能奉行之若順也順否猶臧否謂善惡也○否音鄙惡也注同舊方九反王同云不也

既明且哲

以保其身夙夜匪解以事一人箋云夙早夜莫匪非也一人斥天子○莫音暮疏肅肅至一人○正義曰肅肅然甚可尊嚴而畏敬者是王之教命嚴敬而難行者仲山甫則能奉行之畿外邦國之有善惡順否在遠而難知者仲山甫則能顯明之能內奉王命外治諸侯是其賢之大也既能明曉善惡且又是非辨知以此明哲擇安去危而保全其身不有禍敗又能早起夜臥非有懈倦之時以常尊事此一人之宣王也

人亦有言柔則茹之剛則吐之箋云柔猶濡毳也剛堅强也剛柔之在口或茹之或吐之喻人之於敵彊弱○茹音汝又如庶反廣雅云食也濡如朱反一音如宛反毳昌銳反本又作脆七歲反彊其良反下同或其丈反維仲山甫柔亦不茹剛亦不吐不侮矜寡不畏彊禦矜古頑反疏人亦至彊禦○正義曰上既言明哲勤事此又言其發舉得中人亦有俗諺之常言說人之恆性莫不柔濡者則茹食之堅剛者則吐出之喻見前敵寡弱者則侵侮之彊盛者則避畏之言凡人之性莫不皆爾維有仲山甫則不然雖柔亦不茹雖剛亦不吐不欺侮於鰥寡孤獨之人不畏懼於彊梁禦善之不侮不畏卽是不茹不吐既言其喻又言其實以充之茹者。敢食之名故取菜之入口名爲茹禮稱茹毛亦其事也

人亦有言德輶如毛民鮮克舉之我儀圖之。儀宜也箋云輶輕儀匹也人之言云德甚輕然而衆人寡能獨舉之以行者言政事易耳而人不能行者無其志也我與倫匹圖之而未能爲也我吉甫自我也○輶餘久反又音由鮮息淺反我義毛如字宜也鄭作儀儀匹也易以豉反維仲山甫舉之愛莫助之愛隱也箋云愛惜也仲山甫能獨舉此德而行之惜乎莫能助之者多仲山甫之德歸功言耳袞職有闕維仲山甫補之有袞冕者君之上服也仲山甫補之善補過也箋云袞職者不敢斥王之言也王之職有闕輒能補之者仲山甫也○袞古本反冕服名疏人亦至補之○毛以爲人亦有俗諺之常言德之在人此於無德之時非復益重其輕如毛然其輕如毛行之甚易要民無其

志寡能舉行之者我以人之此言實得其宜乃圖謀之觀誰能行德維仲山甫獨能舉此德而行之其德義深遠而隱莫有能助行之者山甫既無人助獨行之耳故服袞冕之人職事有所廢闕維仲山甫能補益之以此故可任用以致中興○鄭唯儀爲匹愛爲惜爲異餘同○箋輶輕至自我○正義曰輶輕釋言文儀匹釋詁文然則鄭讀爲儀故以爲匹以言圖之當與前人共謀故易傳也表記稱仁之爲器也重其爲道也遠舉者莫能勝也行者莫能致也則德當重矣而云輕如毛者若論德所施行實爲重大若言在人身體則於人不重故爲輕也言如毛者舉輕物以喻其輕之甚耳其實輕於毛也故中庸引此云毛猶有倫是怪其所比爲重也舉者提持之言既以重輕爲喻故以舉言之舉謂施行之故云舉之以行既引人言乃云我圖故知我吉甫自我也○傳愛隱○正義曰釋言文○箋愛惜至言耳○正義曰愛者惜之言故爲惜也惜其無助則爲嘆傷之深故易傳也宣王之臣賢哲多矣而云莫能助之辭爲太甚故云多山甫之德歸功言之也○傳有袞至補過○正義曰傳以天子之服其名多矣而獨言袞職之意以衣服之中有袞冕者是人君之上服故舉袞以表君也若然天子以大裘之冕爲尊故覲禮謂袞冕爲裨冕而言上服者以大裘之冕無旒事天乃服以示質耳非與人君行禮之正衣故以袞爲上也善補過者易繫辭文言善補袞職之人過也宣二年左傳引此乃云能補過也○箋袞職至山甫○正義曰袞職實王職也不言王而言袞不敢指斥而言猶律謂天子爲乘輿也王之職有缺輒能補之謂有所不可則諫爭之

仲山甫出祖四牡業業征夫捷捷每懷靡及言述職也業業言高大也捷捷言樂事也箋云祖者將行犯軷之祭也懷私爲每懷仲山甫犯軷而將行車馬業業然動衆行夫捷捷然至仲山甫則戒之曰既受君命當速行每人懷其私而相稽留將無所及於事○捷在接反軷步葛反道祭也

四牡彭彭八鸞鏘鏘王命仲山甫城彼東方東方齊也古者諸侯之居逼隘則王者遷其邑而定其居蓋去薄姑而遷於臨菑也箋云彭彭行貌鏘鏘鳴聲以此車馬命仲山甫使行言其盛也

○將七羊反本亦作鏘同遍本亦作偪彼側反險於懈反菑側其反臨菑地名

【疏】仲山甫至東方○正義曰既言在內佐王又說外行述職言仲山甫既受王命將欲適齊出於國門而爲祖道之祭。正陳車騎而人觀之見其所乘之駟牡業業然動而高大所從衆人之行夫捷捷然敏而樂事於其祖而既餞仲山甫則戒其從人曰爾等既受君命當須速行若每人懷其私而相稽留將無所及於事也既戒乃乘其駟牡之馬彭彭然而行八鸞之聲又鏘鏘然而鳴所以爲此行者王命仲山甫以此車馬令乘之而行往築城於彼東方之國謂使之城齊也○傳言述至樂事○正義曰仲山甫爲王之卿士職當眺省諸侯言此出行者述其卿士之職也業業動之貌言高大者見其高大而動故業業然捷捷者舉動敏疾之貌行者或苦於役則舉動遲緩故言捷捷以見其勸樂於事也○箋祖者至於事○正義曰以行者既祖乃即於路故云將行犯軷而祭也每懷○靡及在征夫之下而與皇皇者華文同故亦依彼取外傳而經破之云懷私爲每懷此征夫是山甫從人故知山甫戒之恐其無及於事也皇皇者華傳以懷爲和箋破和爲私以申傳意其義不異於傳故知此箋之意亦與傳同也但毛傳省略彼王肅爲之作說亦云已與毛同未知誰得毛旨此亦當然王肅云仲山甫雖有柔和明知之德猶自謂無及傳意未必不然也○傳東方至臨菑○正義曰下言徂齊故知東方齊也又解王命城齊之意由古者諸侯之居逼隘則王者遷其邑而定其居時齊居逼隘故王使仲山甫往城而定之也既言所定不知定在何處故云蓋去薄姑而遷於臨菑也毛時書籍猶多去聖未遠雖言蓋爲疑辭其當有所依約而言也史記齊世家云獻公元年徙薄姑都治臨菑計獻公當夷王之時與此傳不合遷之言未必實也○箋彭彭至其盛○正義曰承上出祖之後則是在道之事故以彭彭爲行貌馬動則鸞鳴故言鏘鏘爲鳴聲也既言車馬乃云王命明王以此車馬命山甫使行以王命所賜而作者言其貌狀。如是言其車馬之盛◎

四牡騤騤八鸞喈喈仲山甫徂齊式遄其歸騤騤猶彭彭也喈喈猶鏘鏘也遄疾也言周之望仲山甫也箋云望之故欲其用是疾歸○騤求龜反喈

音皆

吉甫作誦穆如清風仲山甫永懷以慰其心。清微之風化養萬物者也箋云穆和也吉甫作此工歌之誦其調和人之性如清風之養萬物然仲山甫述職多所思而勞故述其美以慰安其心【疏】四牡至其心〇正義曰此言周人欲山甫之速歸幷說己作詩之意言仲山甫乘王命之四牡騤騤然壯健八鸞之聲喈喈然而鳴仲山甫乘此車馬以往於齊周人欲山甫用此壯健車馬疾其在路而早歸也山甫既行役如此故我吉甫作是工師之誦其調和人之情性如清微之風化養萬物使之日有長益也以仲山甫述職日月長久而多所思故述其美以慰安其心欲使之自忘勞也〇傳騤騤至山甫〇正義曰此所陳者還是上之車馬故猶之也釋詁云遄速也疾也欲使之速歸者言山甫有德周人愛之不用使久在於外故云式遄其歸言周人思望仲山甫也〇傳清微至萬物〇正義曰解詩而比風之意以清微之風化養萬物故以比清美之詩可以感益於人也清微者言其不暴疾也化養萬物謂谷風凱風也〇箋穆和至其心〇正義曰穆是美之貌故爲和也穆下卽云如清風是穆爲清之用故和爲調和人之性也

烝民八章章八句

附釋音毛詩注疏卷第十八（十八之三）

毛詩注疏校勘記(十八之三)

阮元撰盧宣旬摘錄

○崧高

知非三公必兼六卿 閩本明監本毛本同案浦鏜云三公下疑脫者以三公四字是也

皆以賢知 小字本相臺本同案釋文云知音智本或作哲正義本是知字故
易爲智字而說之

維是四岳之山 閩本明監本毛本同案岳當作嶽此寫者以岳爲嶽之別
體而改之耳下同

王者當謂之變 閩本明監本毛本謂作爲案所改是也

言北岳降神 閩本明監本毛本同案浦鏜云北當山字誤是也

張揖廣推云 閩本明監本毛本同案浦鏜云雅誤推是也

明不偏指一山 閩本明監本毛本同案山井鼎云徧恐偏誤是也

是功德爲事 閩本明監本毛本同案浦鏜云德當得字誤是也

箋云庸功也 小字本相臺本同案此釋文本也釋文庸下云鄭云功也可證
正義云庸勞釋詁文標起止云箋庸勞是其本作勞也

牧手又反又如字 補通志堂本盧本同釋文校勘云按牧字不得有手又反
之音蓋大字作井收與正義本作井牧絕異也後人用正

義改大字耳井收謂井田所收也

二王治事 小字本相臺本二作貳閩本明監本毛本同案此寫者以二爲貳之別體而譌也

箋治者至賦斂 閩本明監本毛本治者誤徹治斂作稅案稅字是也

倣本又作佾 釋文校勘記通志堂本同盧本佾作𠈁云𠈁舊譌佾案所改是也山井鼎云佾恐𠈁字

寢人所處廟神亦有寢 閩本明監本毛本同案廟下浦鏜云脫神所處三字是也

往近王舅 唐石經小字本相臺本同案此正義本也正義標起止云傳近已下云以命往之國不復得與之相近故轉爲已唐石經之所本也釋文云近音記六經正誤云說文作䢋今作辺音記字訛作近不敢改其說是也釋文當本作辺今亦作近者後人改之耳近不得音記段玉裁云此借辺爲已詳詩經小學正義本唐石經皆誤也

箋云近辭也 小字本相臺本同案此釋文本也釋文近下云毛已也鄭辭也是其證正義本未有明文今無可考段玉裁云此傳謂辺者已之假借箋申之曰已辭也讀如彼記之子之記見王風鄭風箋蓋已記忌辺其五字同已仍作近誤

特言賜之以作爾 閩本明監本毛本爾下有寶字案所補是也

以峙其粻 小字本相臺本同唐石經損案此正義本也正義云俗本峙作時者誤也釋文云以時如字本又作峙直紀反兩通時即時字之譌正義之意以爲峙具字不從田故曰誤

贈增也　小字本相臺本同案此正義本也正義云凡贈遺者所以增長前人贈之財使富增於本贈之言使行增於善故云贈增也釋文云贈送也詩之本皆爾鄭王申毛並同崔集注本作贈增也崔云增益申伯之美考渭陽傳云贈送也此傳亦然故箋云送之也女曰雞鳴韓奕箋皆云贈送也集注本非當以釋文本爲長○按舊校未確

○烝民

夷常懿美皆釋詁文　閩本明監本毛本夷作彝案所改非也依此當是正義本經是夷字與孟子所引同潛夫論亦引作夷故又破爾雅彝爲夷也釋文唐石經皆作彝與正義本不同耳閩本以下改去此夷遂不復有知正義本作夷者矣

云是其正　閩本明監本毛本同案浦鏜云云當六字誤是也

襄二十三年左傳云　閩本明監本毛本同案山井鼎云云恐文誤是也

聽其政事而詔王廢置也　閩本明監本毛本同案山井鼎云政作致爲是是

不畏懼於彊梁禦善之　閩本明監本毛本之下有人字案所補是也

茹者敢食之名　閩本明監本毛本同案山井鼎云敢恐噉誤是也

我儀圖之　唐石經小字本相臺本同案釋文云我義毛如字宜也鄭作儀儀匹也正義云儀匹釋詁文然則鄭讀爲儀故以爲匹考此知釋文正義二本字皆作義鄭以義爲儀之假借耳未嘗改爲儀也唐石經乃竟作儀字誤

正陳車騎而人觀之閩本明監本毛本同案浦鏜云正疑止字誤是也泉水正義作止

而經破之云閩本明監本毛本同案山井鼎云經恐徑誤是也

如是言其車馬之盛閩本明監本毛本同案浦鏜云如當知字誤是也

以慰其心唐石經小字本同閩本明監本毛本同相臺本其誤我

附釋音毛詩注疏卷第十八（十八之四）

毛詩大雅　　鄭氏箋　　孔穎達疏

韓奕尹吉甫美宣王也能錫命諸侯梁山於韓國之山最高大爲國之鎮。所望祀焉故美大其貌奕奕然謂之韓奕也梁山今左馮翊夏陽西北韓姬姓之國也後爲晉所滅故大夫韓氏以爲邑名焉幽王九年王室始騷鄭桓公問於史伯曰周衰其孰興乎對曰武實昭文之功文之祚盡武其嗣乎武王之子應韓不在其晉乎○奕音亦韓姬姓國也梁山奕奕然爲韓國之鎮故曰韓奕翊音翼騷素刀反動也祚徂路反

疏韓奕六章章十二句至諸侯○正義曰韓奕詩者尹吉甫所作以美宣王也美其能錫命諸侯謂賞賜韓侯命爲侯伯也不言韓侯者欲見宣王之所錫命非獨一國而已故變言諸侯以廣之錫謂。與之以物二章是也命謂授之以政首章是也經序倒者經先言受命以顯其美序先言賜者欲見命亦是賜春秋有來錫公命是命爲賜也三章言。公侯得賜而歸四章說其娶妻之事五章言其得妻之由卒章言。欲得命歸國施行政事既美其人言汎及之主爲錫命而作故序言錫命以總之○箋梁山至晉乎○正義曰此經雖有韓有奕而文非共句故解其名篇之意也知梁山於韓國之山最高大者以韓後屬晉釋山云梁山晉望也孫炎曰晉國所望祭也晉爲大國尚以爲望明於韓地最高大也夏官職方氏每州皆云其山鎮曰某山是其大者謂之爲鎮故知梁山爲韓國之重鎮也禮諸侯之於山川在其地祭以祈福山必望而祀之故云祈望祀焉經云奕奕梁山是美其貌奕奕然以其韓國之奕故謂其篇爲韓奕也又辨其處云今在左馮翊郡夏陽縣之西北也漢於長安畿內立三郡謂之三輔京兆在中馮翊在東扶風在西外郡之長謂之太守此三輔者謂之京兆尹左馮翊右扶風左右猶外郡之名太守也計此止須言馮翊耳不須言左但漢書稱馮翊扶風之人皆幷言左右故鄭亦連言左范曄後漢書始於馮翊扶風之人不言左右

耳以前皆幷言左右服虔左傳解贊云右扶風賈君是也又辨韓國興滅之由襄二十九年左傳說晉滅諸國云霍揚韓魏皆姬姓也以此知韓是姬姓之國後爲晉所滅也此韓是武王之子以卒章之傳已言韓侯之先祖武王之子故直辨其姬姓也故大夫韓氏以爲邑名焉謂食邑於韓以韓爲氏也桓三年左傳云曲沃武公伐翼韓萬御戎服虔云韓萬晉大夫曲沃桓叔之子莊伯之弟晉爲大夫以韓爲氏也襄昭之閒有韓宣子六國之韓王是此韓。爲之後也晉之滅韓未知何君之世宣王之時韓爲侯伯武公之世萬已受之蓋晉文侯輔平王爲方伯之時滅之也故韋昭云近宣王時命韓侯爲侯伯其後爲晉所滅以爲邑以賜桓叔之子萬是爲韓萬則其亡在平王時也幽王九年以下皆鄭語文韋昭云騷謂適庶交爭也武武王也文王子孫魯衛是也祚盡謂衰也嗣繼也武王子孫當繼之而興不在者言不在應韓當在晉也引此者證幽王之時韓仍在也彼先言桓公之問史伯之對下言九年王室始騷此引之而與彼文倒者彼文先說史伯之言於後歷陳事驗故始騷之文列之於後此則略取其意辨其問答之年故進之於上

奕奕梁山維禹甸之有倬其道韓侯受命奕奕大也甸治也禹治梁山除水災宣王平大亂命諸侯有倬其道有倬然之道者也受命受命爲侯伯也箋云梁山之野堯時俱遭洪水禹甸之者決除其災使成平田。定貢賦於天子周有厲王之亂天下失職今有倬然者明復禹之功者韓侯受王命爲侯伯〇甸毛徒遍反鄭繩證反或云鄭亦徒遍反倬陟角反明貌韓詩作晫音義皆同

王親命之纘戎祖考無廢朕命夙夜匪解虔共爾位戎大虔固共執也箋云戎猶女也朕我也古之恭字或作共〇解音懈共毛九勇反鄭音恭云古恭字朕命不易榦不庭方以佐戎辟庭直也箋云我之所命者勿改易不行當爲不直違失法度之方作楨榦而正之以佐助女君女君王自謂也〇榦古旦反辟音壁君也爲于僞反楨音貞

【疏】奕奕至戎辟〇毛以爲此奕奕然高大之梁山其傍之野本遭洪水之災維爲禹所治之謂決除其災使成平田而貢賦

於天子也今居其地復禹之功有倬然著明其道德者韓侯也韓侯以此明德受天子之命爲侯伯也王身親自命之云汝當紹繼光大其祖考之舊職復爲侯伯以繼先祖無得弃我之教命而不用之其在職也當早起夜臥非有解怠用心堅固執持汝此侯伯之職位我之所命汝者不得改易而不行以此爲楨榦有違道不直之方以此佐助汝大君之天子此是王命辭之略也○鄭以甸爲丘甸之甸戎爲汝共爲恭敬言繼汝祖考之舊職恭於汝職以助汝君爲異餘同○傳奕奕至侯伯○正義曰以其言山之形而云奕奕故知大也甸者田也治爲平田故云甸治大禹之功功在治水故知治梁山除水災謂治山傍之地有水之處使成平田也又本韓侯受命之意宣王平大亂謂平定厲王之亂政而命諸侯謂擇諸侯賢者而命之故有倬然之道者韓侯受命爲侯伯也以其命之使榦不庭方又言因以其伯故知爲侯伯謂爲州牧也以其言奄受北國知非東西大伯也言宣王平大亂者本其命諸侯所由耳不以平亂比治水也○箋梁山至侯伯○正義曰以言其甸之施於平地之辭故言之野言梁山者表韓國所在亦猶信彼南山其意在於原隰也言俱遭洪水者堯時洪水非獨梁山之傍梁山與天下俱遭之耳見禹之所治不獨梁山上言禹治梁山下言韓侯受命則維禹甸之言亦爲韓侯而發信南山維禹甸之下云曾孫田之美成王能復禹之功然則此維禹甸之之下又云有倬其道亦美韓侯復禹之功也禹與成王俱爲天子養民之情既同其功可以相復今韓侯非禹之類而亦言復禹功則所復之事有異於成王故箋辨之禹能決除其災使成平田定其貢賦於天子今韓侯居禹所治之地修理其田供其貢賦於天子禹定其制韓侯奉行以此爲復禹之功也周有厲王之亂天下失職謂諸侯不修臣職不貢賦也今有倬然著明之道復禹之功謂韓侯修臣職奉貢賦也下云介圭入覲即是著明之事韓侯以此著明故得受命爲侯伯有倬然受命皆是韓侯之事韓侯之文處其中使得上下俱兼也以信南山之箋甸爲丘甸之知此使成平田定貢賦亦是丘甸之也定本集注貢賦上皆無定字○○傳戎大虔固共執○正義曰皆釋詁文彼唯共作拱耳傳讀爲拱故爲執也○○箋朕我至作共○

正義曰朕我釋詁文言古之恭字或作共則爲恭敬之義以爲恭字義強故易傳也○傳庭直○正義曰釋詁文。之

四牡奕奕孔脩且張韓侯入覲以其介圭入覲于王

脩長張大覲見也箋云諸侯秋見天子曰覲韓侯乘長大之四牡奕奕然以時覲於宣王覲於宣王而奉享禮貢國所出之寶善其尊宣王以常職來也書曰黑水西河其貢璆琳琅玕此覲乃受命先言受命者顯其美也○見賢遍反下同黑水西河一本黑上有書曰二字璆其樛反又其休反琳字又作玪音林孔安國云璆玪美玉也鄭注尚書云璆美玉玪美石琅音郎玕音干琅玕珠也

王錫韓侯淑旂綏章簟茀錯衡玄袞赤舄鉤膺鏤錫。鞹鞃淺幭。鞗革金厄

淑善也交龍爲旂綏大綏也錯衡文衡也鏤錫有金鏤其錫也鞹革也鞃軾中也淺虎皮淺毛也幭覆式也厄烏。蠋也箋云王爲韓侯以常職來朝享之故故多錫以厚之善旂旂之善色者。也綏所引以登車有采章也簟茀漆簟以爲車蔽今之藩也鉤膺樊纓也眉上曰錫刻金飾之今當盧也鞗革謂轡也以金爲小環往往纏搤之○綏本亦作緌毛如誰反鄭音雖簟徒點反茀音弗錯七各反雜也沇采故反舄音昔鏤音漏錫音羊鞹苦郭反皮去毛曰鞹鞃苦弘反沇又音泓亦作軌胡肱反又弦。三同幭莫歷反一音蔑本又作幭同鞗音條鞗革謂轡也厄於革反蠋音蜀爾雅作蠋蠋桑蟲也韓子云大如指似蠶沇音書字爲于僞反朝直遙反藩方袁反本作蕃同樊步丹反搤於革反一本作厄

【疏】四牡至金厄○毛以爲上言王命韓侯乃由朝而得命故又本其來朝幷言所賜之物言四牡之馬奕奕然其形甚長而且高大韓侯在道乘之將以入而朝覲也既行到京師乃以其所執之大圭入行覲禮而見於王言其朝覲之得禮也王於是錫賚韓侯以美善所畫交龍之旂而建旂之竿其上又有大綏以爲表章以方文漆簟爲車之蔽錯置文采爲車之衡又賜身之所服以玄爲衣而畫以袞龍足之所履配以赤色之舄馬則有金鉤之飾其膺亦有美飾謂樊纓也又以鏤金加於馬面之錫又以皮革鞹於軾中虎皮淺毛幭覆其軾鞗皮爲轡首之革此革之末以金

飾之如厄蟲言韓侯有德見命而受此厚賜也○鄭以爲四牡高大者韓侯乘之以入京師行朝覲之禮既畢乃以其國所有寶玉大圭復入而享觀於王言以常職來朝依禮貢獻也又以綏章爲車上所引之綏有采章金厄爲小環纏搤之以此爲異餘同○傳脩長至觀見○正義曰禮稱廣脩皆謂長爲脩故脩爲長也物之小者張之使大若左傳稱張公室謂使公室强大是張爲大之義也諸侯秋見天子曰覲是覲爲見也毛於崧高以介圭爲所執之瑞則此言介圭亦爲瑞也以其介圭入覲於王謂正行覲禮則上句言韓侯入覲其在路之時言其將欲入覲非正覲時也執圭入覲禮之常也而詩人言此者美韓侯之德能稱此命圭至京師而即得見王○箋諸侯至其美○正義曰諸侯秋見天子曰覲大宗伯有其事以朝者四時通名覲則唯是秋禮以非通名故特解之駁異義云朝通名也秋之言覲據時所用禮是鄭意以韓侯秋來見王時行覲禮也下云奄受北國則韓侯是北方諸侯而得秋覲王者諸侯之朝天子四方時節其文不明說周禮者賈逵以爲一方四分之或朝春或覲秋或宗夏或遇冬藩屏之臣不可虛方俱行故分趣四時助祭也馬融以爲在東方者朝春在南方者宗夏在西方者覲秋在北方者遇冬是由經無正文故先儒爲此二說鄭於大宗伯注云六服之內四方以時分來或朝春或宗夏或覲秋或遇冬名殊禮異更遞而偏秋官大行人注云六服以其朝歲四時分來更遞而偏二注並言分來則是從賈之說一方而分爲四時也韓侯雖是北方諸侯其在北方爲西偏蓋於時分之使當秋覲也若然明堂位注云魯在東方朝必以春似東方諸侯皆朝春者正以彼記魯之祭禮云夏礿秋嘗冬烝獨無春祀明爲朝王闕之故云朝必以春魯在東方尤爲東偏蓋亦分之使春朝故嘗闕春祭也箋以經之再云入覲故分之爲二韓侯入覲爲行覲禮入覲于王爲行享禮行享而云介圭則圭是爲享之物大行人陳諸侯見王之禮云廟中將幣三享注云享皆束帛加璧庭實惟國所有朝士儀曰奉國地所出重物明臣職也是朝覲之禮既以朝禮見又以享禮見王故再云入覲也言三享者初享以馬若皮其餘以國地所有之物分之爲二以備三享享者獻也貢獻己國所出之寶是諸侯

事天子之常禮故又云善其尊宣王以常職來朝解其備言觀享之意也引書曰者禹貢文彼注云球美玉也琳美石也琅玕珠也引此者以西河之地法當貢玉韓在西河之西故以介圭入覲介圭當是奇異之大玉可以爲圭璧也以所寶善圭故以圭爲衆寶之稱不必獨獻一圭也案禹貢黑水西河之下云惟雍州注云州界自黑水而東至於西河然則箋本云雍州貢球琳琅玕是矣不言雍州而云黑水西河者以諸貢大界略言所至地形不可如圖境界互相侵入且堯與周世州境不同命韓侯言奄受北國則是北方之國非雍州也夏官職方氏正北曰幷州韓屬幷州矣以韓國實在西河而非雍州故唯得言西河不得言雍州也箋又怪其文倒故解之云此覲乃受命先言受命顯其美以受命爲美事故先言以顯之也〇傳淑善至爲蠲〇正義曰淑善釋詁文交龍爲旂司常文綏大綏者即王制所謂天子殺下大綏者是也天官夏采注云徐州貢夏翟之羽有虞氏以爲綏後世或無染鳥羽象而用之或以旄牛尾爲之綴於幢上所謂注旄於竿首者然則綏者即交龍旂竿所建與旂共一竿爲貴賤之表章故云綏章王肅云章所以爲表章是也說文云鞹革也獸皮治去其毛曰革是鞹者去毛之皮也軾者兩較之間有橫木可憑者也鞃爲軾中蓋相傳爲然言鞹鞃者蓋以去毛之皮施於軾之中央持車使牢固也幭字禮記作幦周禮作㡓字異而義同玉藻言羔幦鹿幦春官巾車言犬㡓豻㡓皆以有毛之皮爲幦此云淺幭則以淺毛之皮爲幭也獸之淺毛者唯虎耳故知淺是虎皮淺毛者月令其蟲倮注云虎豹之屬恆淺毛是虎爲獸中之最淺毛者也此幭與天官冪人之字異其義亦同彼冪人之官掌以巾布覆器是冪爲覆蓋之名少儀說御車之法云負良綏申之面拖諸幦前授綏而云拖諸幦明在軾上故知覆軾也禮注謂之覆軨軨即軾傍之立木此幭亦覆之故彼此各言其一也厄烏蠋釋蟲文郭璞曰大蟲如指似蠶韓子云蠶似蠋毛以厄爲厄蟲則金厄者以金接轡之端如厄蟲然也〇箋王爲至搤之〇正義曰旂雖同畫交龍而爲之有惡有善故曰善旂旂之善者以此經所陳其事各別若綏是大綏則共旂一物淑旂可以兼之不應重出其文故易傳以綏爲所引登車者即少儀所

謂執君之乘車僕者負良綏注云良綏君綏是也此綏是升車之索當以采絲爲之故云綏章謂有采章也茀者車之蔽簟者席之名言簟茀正是用席爲蔽而知漆簟以爲車蔽者以巾車云王之喪車五乘皆有蔽其一曰木車蒲蔽末有采飾其五曰漆車藩蔽既以漆爲車名明藩亦漆之故注云漆席以爲之此車禫所乘也禫將即吉尚以漆席爲茀明吉車之等漆之也鉤膺樊纓者以膺文連鉤與巾車金路鉤樊纓同故知膺者見膺上有飾即樊纓是也巾車注云鉤婁頷之鉤樊讀如鞶帶之鞶謂今馬大帶纓今馬鞅鉤以金爲之樊及纓皆以五采罽飾之案釋言云氂罽也郭璞云氂音貍舍人曰氂謂毛也罽胡人續羊毛而作然則罽者織毛爲之若今之毛氍毹以衣馬之帶鞅也知五采色者以之爲飾明雜色也風有子之清揚抑若揚兮是揚者人面眉上之名故云眉上曰錫人既如此則馬之鏤錫施鏤於揚之上矣釋器云金謂之鏤故知刻金爲飾若今之當盧巾車注亦云錫馬面當盧刻金爲之所謂鏤錫當盧者當馬之額盧在眉眼之上所謂鏤錫指此文也案巾車玉路錫樊纓金路鉤樊纓注云金路無錫有鉤計玉路非賜臣之物此言鉤膺必金路矣而得有鏤錫者蓋特賜之使得施於金路也釋器云轡首謂之革故知鞗革謂轡也此不言如厄則非比諸外物不得爲蟲故易傳以金爲小環往往纏搤之往往者言其非一二處也

韓侯出祖出宿于屠顯父餞之清酒百壺屠地名也顯父有顯德者也箋云祖將去而犯軷也既覲而反國必祖者尊其所往去則如始行焉祖於國外畢乃出宿示行不留於是也顯父周之公卿也餞送之故有酒〇屠音徒父音甫本亦作甫注同

其殽維何炰鼈鮮魚其蔌維何維筍及蒲其贈維何乘馬路車蔌菜殽也筍竹也蒲蒲蒻也箋云炰鼈以火熟之也鮮魚中膾者也筍竹萌也蒲深蒲也贈送也王既使顯父餞之又使送以車馬所以贈厚意也人君之車曰路車所駕之馬曰乘馬〇肴戶交反本亦作殽同炰鄭薄交反徐甫九反鼈卑滅反蔌音速筍字或作笋恤尹反乘繩證反注同下百乘亦同蒻音弱膾古外反

籩豆有且侯氏燕

胥箋云且多貌胥皆也諸侯在京師未去者於顯父餞之時皆來相與燕

其籩豆且且然榮其多也○且子餘反又七。敘反胥思徐反又思呂反疏韓侯

至燕胥○正義曰此言韓侯既受賜而將歸在道餞送之事也言韓侯出京師

之門爲祖道之祭爲祖若訖將欲出宿于屠地於祖之時王使卿士之顯父以

酒餞送之其清美之酒乃多至於百壺言愛韓侯而送酒多也於此餞飲之時

其殽饌之物維有何乎乃有以炰之鱉與可膾鮮魚也其蔌菜之物維有何乎

維有竹萌之筍及在水深蒲也不但以酒送之王又以物贈之其贈之物維有

何乎乃有所乘之四馬與所駕之路車言王以厚意送之也其時所盛脯醢之

籩豆有且然而多其在京師未去之諸侯於是飲燕而皆在言其愛樂韓侯俱

來餞送之也○傳屠地至德者○正義曰以屠可止宿故知地名又解於時餞

者當衆而獨言顯父者以顯父有顯德者故特言之父者丈夫之稱以有顯德

故稱顯父廣言有美德者非止一人也○箋祖將至有酒○正義曰始行而爲

祖祭者爲尊其往也反則自歸其國非復所尊而亦作祖祭故解之云尊其所

往故去則如始行焉言其來爲尊王歸亦謹慎故反國亦爲祖祭也祖與所宿

不是一處故云祖於國外畢乃出宿餞訖然後出宿今出宿之文在餞之上者

示行不留於是也故於祖之下即言出宿也諸侯反國爲王臣所送者唯卿

士耳故知顯父周之卿士也送行飲酒曰餞故云餞送之故有酒解其酒多之

意也○傳蔌菜至蒲蒻○正義曰蔌者菜茹之總名釋器云菜謂之蔌故云蔌

菜殽對肉殽故云菜殽謂爲葅也若平常蔌亦兼肉故周易鼎卦云鼎折足覆

公蔌鄭注以蔌爲八珍所用是也天官醢人加豆之實有深蒲筍葅是葅有筍

有蒲也言筍竹蒲蒻亦謂竹萌深蒲但傳文略耳○箋炰鱉至曰乘馬○正義

曰案字書炰毛燒肉也無烝也服虔通俗文曰燖煑曰無然則炰與無別而此

及六月云炰鱉者音皆作無然則炰與無以火熟之謂烝煑之也新殺謂之鮮

魚餒則不任爲膾故云鮮魚中膾者六月云膾鯉此云鮮魚欲取魚字爲韻因

言鮮以見新殺也筍竹萌釋草。云孫炎曰竹初萌生謂之筍蒲深蒲謂蒲蒻入

水深醢人注云深蒲蒲始生水中是也陸機疏云筍竹萌也皆四月生唯巴竹

筍八月九月生始出地長數寸。鬻以苦酒豉汁浸之可以就酒及食蒲始生取其中心入地蒻大如匕柄正白生噉之甘脆。鬻而以苦酒浸之如食筍法是說
筍蒲菹之法也贈者以物送人之名故云贈送也於酒殽之下始言其贈維何則是王使人至餞飲之處贈之故曰既使顯父餞之又使送以車馬所以贈厚
意也采菽及此言乘馬路車皆以賜諸侯故知人君之車曰路車所駕之馬曰乘馬又巾車五路止云以封諸侯不以賜人臣其卿大夫以下則謂之服車是
人君謂之路車也箴膏肓引采薇彼路斯何君子之車言大夫亦得爲路車者以路名本施人君因其散文卿大夫亦得稱路耳於卿大夫亦未有乘馬路車
弁言之者故知唯於人君言此者以贈在餞之下文與其殽其蔌相類嫌是顯父所贈卿大夫無乘馬路車之名則非顯父贈之言此以明車馬是王贈之意
○箋。箋且多至其多○正義曰以配百壺故知且爲多貌胥皆釋詁文言侯而不言韓侯且韓侯一人不足稱皆故知侯氏燕胥諸侯在京師未去者於是之
時皆來相與燕也其籩豆且然榮其多言作者以多爲榮故言有且也

韓侯取妻汾王之甥蹶父之子汾大也蹶父卿士也

箋云汾王厲王也厲王流于彘彘在汾水之上故時人因以號之猶言莒郊公黎比公也姊妹之子爲甥王之甥卿士之子言尊貴也○取七喻反本亦作娶下注同汾符云反蹶居衛反彘直例反梨音離又力令反又作黎比音毗梨比莒君號也

韓侯迎止于蹶之里百兩彭彭八鸞鏘鏘不顯其光里邑也箋云于蹶之里蹶父之里百兩百乘不顯顯也光猶榮也氣有榮光也○將七羊反本亦作鏘

諸娣從之祁祁如雲韓侯顧之爛其盈門祁祁徐靚也如雲言衆多也諸侯一取九女二國媵之諸娣衆妾也顧之。曲顧道義也箋云媵者必娣姪從之獨言娣者舉其貴者爛爛粲然鮮明且衆多之貌○娣大計反妻之女弟爲娣從才用反注同又如字祁巨移反靚音靜又才性反媵音孕又繩證反曲顧一本作回顧道如字又音導

【疏】韓侯至盈門○毛以爲既言韓侯能受王之賜命因言韓侯有可美之事言韓侯之娶妻也乃娶得尊大

天王之外甥是卿士蹶父之子女韓侯親自迎之於彼蹶父之邑里其迎之時則有百兩之車彭彭然而行每車皆有八鸞之聲鏘鏘然而鳴也車馬之盛禮備如此可謂不顯其禮之有光榮乎言顯其有光榮也其妻出於蹶父之門諸娣隨而從之其行徐靚祁祁然如雲之衆多也韓侯於是迴顧而視之見其鮮明粲爛然而其盈滿於蹶父之門也此韓侯娶妻未必受命之後始取但作者先言受命乃次及之耳○鄭唯以汾王爲居汾水之王爲異餘同○傳汾大至卿士○正義曰釋詁云墳大也傳音以墳汾音同故亦爲大也王肅云大王王之尊稱也知蹶父卿士者以韓侯娶妻必於貴家蹶氏父字不書國爵則非諸侯下言靡國不到則是爲王聘使之人故知卿士也○箋汾王至尊貴○正義曰箋。口汾作汾水之汾是不得訓之爲大且作者當舉其實不宜漫言大王故以爲厲王在汾因號厲王爲汾王也左傳稱王流于彘於漢則河東永安縣也永安西臨汾水故云在汾水之上以其久在汾地時人因以號之猶言莒郊公黎比公亦以所居之地而號之也左傳於昭公之世有莒郊公襄公之世有黎比公箋先言郊公者以其文單令與莒相配使黎比蒙莒文也莒在東夷不爲君謚每世皆以地號公此外猶有玆丕公著丘公之等以二者足以明義不復徧引之也姊妹之子爲甥釋親文王肅雖申毛。傳以汾王爲大王其意亦爲厲王之甥此無其文正以經稱汾王是指他王也若是宣王之甥當如上篇言王之元舅不宜別言王號故知非宣王之甥宣王之前唯厲王耳故箋傳之意皆以爲厲王○傳祁祁至道義○正義曰既言從之則祁祁如雲是行動之貌故以爲徐靚也莊十九年公羊傳曰媵者何諸侯娶一國則二國往媵之以姪娣從姪者何兄之子娣者何女弟也諸侯一娶九女是一娶九女二國媵之之事也衆妾之名有姪有娣有媵媵又自有姪娣其名不盡爲娣而言諸娣衆妾者箋云獨言娣者舉其貴以衆妾之中娣爲最貴故舉娣以言衆妾明諸言可以兼姪娣也以君子不妄顧視而言韓侯。顯之則於禮當顧故云曲顧道義謂既受女揖以出門及升車授。綏之時當曲顧以道引其妻之禮義於蹶父孔武靡國是之時則有曲顧也本或曲爲回者誤也定本集注皆爲曲字不到爲韓姞相攸莫如韓樂姞蹶父姓也箋云相視攸所也蹶父甚武健爲王使於天下國國皆至爲其女韓侯夫人姞氏視其所居韓國最樂○爲韓于僞反注同姞其一反又其乙反又音佶相息亮反注同樂音洛注及下文注同使所吏反疏傳姞蹶父姓○正義曰以婦人稱姓今以姓配夫之國謂之韓姞故知姞是蹶父之姓也○箋相視至最樂○正義曰相視釋詁文攸所釋言文蹶父爲王卿士人臣不得外交故知無國不到是爲王使也昏禮男先求女而蹶父爲女擇夫者禮陽倡陰和固當男行女隨但男女長幼賢愚當。最。敵。取匹女家意相許可然後遣媒故女家亦擇男也天下之國多矣非一人所能盡到不必韓國之樂實能特勝他邦作者爲與奪之勢見深美之言耳

孔樂韓土川澤訏訏魴鱮甫甫麀鹿噳噳。有熊有羆有貓有虎訏訏大也甫甫然大也噳噳然衆也貓似虎淺毛者也箋云甚樂矣韓之國土也川澤寬大衆魚禽獸備有言饒富也○訏況甫反魴音房鱮音序麀音憂噳愚甫反本亦作麌同熊音雄羆彼皮反貓如字又武交反本又作苗音同爾雅云虎竊毛曰虦貓虦音仕版反

慶既令居韓姞燕譽箋云慶善也蹶父既善韓之國土使韓姞嫁焉而居之韓姞則安之盡其婦道有顯譽○令力呈反使也又力政反命也王力政反善也燕於遍反又於顯反安也譽協句音餘

溥彼韓城燕師所完師衆也箋云溥大燕安也大矣彼韓國之城乃古平安時衆民之所築完○溥音普燕於見反注同徐云鄭於顯反王肅孫毓並烏賢反云北燕國完音桓

以先祖受命因時百蠻王錫韓侯其追其貊奄受北國因以其伯韓侯之先祖武王之子也因時百蠻長是蠻服之百國也追貊戎狄國也奄撫也箋云韓侯先祖有功德者受先王之命封爲韓侯居韓城爲侯伯其州界外接蠻服因見使時節百蠻貢獻之往來後君微弱用失其業今王以韓侯先祖之事如是而韓侯賢故於入覲使復其先祖之舊職賜之蠻服追貊之戎狄令撫柔其所受王畿北面之國因以其先祖侯伯之事盡予之皆

美其爲人子孫能興復先祖之功其後追也貊也爲。玁。狁所逼稍稍東遷○追如字又都回反貊武伯反說文作貉云北方人也長張丈反令力呈反檢本亦作玁音險允如字本亦作狁

實墉實壑實畝實籍。

實墉實壑言高其城深其壑也箋云實當作寔趙魏之東實寔同聲寔是也籍稅也韓侯之先祖微弱所受之國多滅絶今復舊職興滅國繼絶世故築治是城濬脩是壑井牧是田畝收斂是賦稅使如故常○實毛如字鄭作寔市力反下同壑火各反城池也濬音峻深也

獻其貔皮赤豹黃羆

○貔猛獸也追貊之國來貢而侯伯總領之○貔本亦作豼音毗卽白狐也一名執夷草木疏云似虎或曰似熊遼東人謂之白羆

【疏】溥彼至黃羆○正義曰此言韓侯既受賜歸國行政之事也可美大矣彼韓國所居之城乃於古昔平安之時天下衆民之所築完言其城有之已久矣宣王以此韓侯之先祖嘗受王命爲一州侯伯既治州內之國因又使之時節百蠻之國其有貢獻往來爲之節度也以韓侯先祖如此故今王賜韓侯北方有其追貊之夷狄亦令時節之也使之撫安其所受王畿北面之國因以其先祖爲侯伯之事而盡與之言韓侯之賢能復先祖舊職也既爲侯伯以時節百蠻韓侯於是令其州內所有絶滅之國高築是城濬深是壑正是田畝定是稅籍皆使之復於故常又。今百蠻追貊獻其貔獸之皮及赤豹黃羆之皮韓侯依舊法而總領之美韓侯之賢而王命得人也○箋溥大至築完○正義曰溥大釋詁文燕禮所以安賓故燕爲安也此言溥猶生民之言誕故云大矣爲歎美之辭韓城之言爲下而發則韓侯先祖亦居此城故知燕師所完是古昔平安之時衆民共築而完之據於時尚不毀壞故言完也本於古上或有太衍字也定本亦無太字○傳韓侯至奄撫○正義曰僖二十四年左傳曰邘。晉應韓武之穆也是韓侯之先祖武王之子也以言先祖受命故本之始封之君言初爲韓君者受此侯伯之命也言因時百蠻者本立侯伯主治州內因主外夷故云因也因時百蠻者與百蠻爲時節是爲之宗長以總領之故云長此蠻服之百國也四夷之名南蠻北狄散則可以相通故北狄亦稱蠻也周禮要服一曰蠻服謂第六服也言蠻服謂蠻夷

之在服中於周禮則夷服鎮服非周禮之蠻服也何則周禮蠻服猶在九州之内自當州牧主之非復時節而已且不得言因此言因時則非州內故知於周禮爲夷鎮之服卽大行人所云九州之外謂之蕃國是也臯陶謨云外薄四海咸建五長下曲禮云其在東夷北狄西戎南蠻雖大曰子注云謂九州之外長也天子亦選其賢者以爲之子子猶牧也然則蠻夷之内自有長牧以領之而此又言中國之侯伯長之者夷中雖自有長而國在九州之外來則由於中國其時節早晚執贄多少之宜皆請於所近州牧由之而後至京以非專屬故云因時以其統之故稱長也知追貊戎狄之國者以貊者四夷之名論語云蠻貊之邦魯頌云淮夷蠻貊是貊爲夷名而追與之連文故知亦是戎狄此追貊是二種之大名耳其種非止一貊一國亦是百蠻之大總也奄者撫有之言故以爲撫謂撫柔之也○箋韓侯至東還○正義曰以韓侯先祖嘗爲侯伯以是之故命韓侯亦由韓侯有德能復祖舊業此一經皆言得王命復舊職之事爲下四句施政張本於先祖言因時百蠻則今命韓侯。亦時百蠻也其追其貊。貊卽是百蠻之國百蠻言因時明追貊亦因時也於韓侯言奄受北國則追先祖亦受北國以文見於下故上空其文也末言因以其伯謂因以先祖伯事與之是今之韓侯盡復舊矣韓是武王之子其封當在成王之時其命爲侯伯或成或康未知定何時也因見使之時節百蠻明州界外接蠻服也時節百蠻貢獻往來謂來則使人致之於王往則使人送之返國制其貢獻之數而爲其來去之節也今王復命韓侯明是往前失職故云後君微弱用失其業謂不得爲侯伯也不知何世失之故漫言後君耳若使韓侯之先不爲侯伯今王未必命此韓侯若使此韓侯不賢自然王不賜命此則今古相須故云今王以韓侯先祖之事如是而韓侯賢故於入覲使復其先祖之舊職也上言百蠻下言追貊則知追貊卽百蠻故云賜之蠻服追貊之戎狄夏官職方氏正北曰幷州言受王畿北面之國當是幷州牧也以其先祖侯伯之事盡與之正謂撫北國時百蠻是侯伯之事盡得之也皆美其爲人子孫能興復先祖之功總解一經之意也言其後追也貊也爲玁夷所逼稍稍東遷者以經傳說貊多是東夷故職方掌四夷九貊鄭志答趙商云九貊卽九夷也又秋官貊隸注云征東北夷所獲是貊者東夷之種而分居於北故於此時貊爲韓侯所統魯頌云淮夷蠻貊莫不率從是於魯僖之時貊近魯也至於漢氏之初其種皆在東北於幷州之北無復貊種故辨之。獫。狁之最强故知爲獫夷所逼定本集注皆作獫狁字○傳實墉至其壑○正義曰墉者城也故云高其城壑卽城下之溝釋言云隍壑也舍人曰隍城池也壑溝也李巡曰隍城池壑也易泰卦上六城復于隍注亦云隍壑也○箋實當至故常○正義曰凡言實者已有其事可後實之今此方說所爲不宜爲實故轉爲寔訓之爲是也趙魏之東實寔同聲鄭以時事驗之也春秋桓六年州公寔來而左傳作實來是由聲同故字有變異也宣十五年公羊傳曰什一而籍是籍爲稅之義也上論韓城既完則實墉實壑非韓之城壑自然是所部諸國之城壑也今言脩之明是往前絕滅今韓侯既復舊職而與繼之也厲王之時斬伐四國韓之所。獫又近於。北夷明有絕滅者也故美韓侯能築城脩壑治田收斂使如故常也若然州牧擇州中賢者爲之不必繼世爲牧韓之先祖自微他國當自爲之而得使諸侯絕滅者以夷厲之時天子不明亦無賢伯公羊傳所謂上無明天子下無賢方伯是也○傳貔猛至領之○正義曰釋獸云貔白狐其子。豰郭璞曰一名執夷虎豹之屬陸機疏云貔似虎或曰似熊一名執夷一名白狐遼東人謂之白羆赤豹毛赤而文黑謂之赤豹毛白而文黑謂之白豹羆有黃羆有赤羆大於熊其脂如熊白而麤理不如熊白美也貔皮之上言獻其則豹羆亦獻之貔言皮則豹羆亦獻皮也禹貢梁州貢熊羆狐狸是中國之常貢此則北夷自以所有而獻之所謂各以貴寶也

韓奕六章章十二句

江漢尹吉甫美宣王也能興衰撥亂命召公平淮夷召公召穆公也名虎○江漢二水名【疏】江漢六章章八句至淮夷○正義曰江漢詩者尹吉甫所作以美宣王也以宣王承厲王衰亂之後能興起此衰撥治此亂於時淮水之上有夷不服王命其臣召公爲

將使將兵而往平定淮夷故美之也淮夷不服是衰亂之事而命將平定是興撥之事也此實平定淮夷耳而言興衰撥亂者見宣王之所興撥非獨淮夷而已故言興撥以廣之經六章皆是命召公平淮夷之事○箋召公召至名虎○正義曰經言召公皆召康公也嫌此亦爲康公故辨之經云王命召虎是名虎也於世本穆公是康公之十六世孫

江漢浮浮武夫滔滔匪安匪遊淮夷來求

浮浮衆強貌滔滔廣大貌淮夷東國在淮浦而夷行也箋云匪非也江漢之水合而東流浮浮然宣王於是水上命將率遣士衆使循流而下滔滔然其順王命而行非敢斯須自安也非敢斯須遊止也主爲來求淮夷所處據至其境故言來○滔吐刀反浦音普夷行下孟反將子匠反帥所類反或作率循流如字本亦作順流爲于僞反下主爲同竟竟境本亦作境同

既出我車既設我旟匪安匪舒淮夷來鋪

鋪病也箋云車戎車也鳥隼曰旟兵至竟而期戰地其曰出戎車建旟又不自安不舒行者主爲來伐討淮夷也據至戰地故又言來○鋪普吳反徐音孚

【疏】江漢至來鋪○正義曰宣王之時淮夷皆叛王於是至江漢之水浮浮然合流衆強之處親自命其將帥勇武之夫滔滔然多而廣大者令之順此東流以行征伐武夫既受王命急趨其事行也非敢斯須自安非敢斯須遊止所以不敢安遊者以己本爲淮夷來求討伐之故也既至淮夷之境克期將戰至於期日此武夫既已自陳出我征伐之戎車既已張設我將帥之旟旟以往對陣戰又非敢自安非敢寬舒所以不敢安舒者以己主爲淮夷而來當討而病之故也言其肅將王命所以克勝也○傳浮浮至夷行○正義曰浮浮實江漢之貌而言衆強者以其合而東流是水之衆而強大也下云武夫洸洸與此滔滔相類傳以洸洸爲武貌則此言滔滔廣大者亦謂武夫之多大故侯苞云衆至大也禹貢導淮自桐柏東入于海其傍之民不盡爲夷故辨之云淮夷東國在淮之匡浦而爲東夷之行者也知在東國者禹貢徐州淮夷蠙珠則淮夷在徐州也春秋時淮夷病杞齊桓公東會於淮以謀之左傳謂之東略是淮夷在東國昭四年楚子會諸侯于申而淮夷爲國號其君之

名姓則書傳無文○箋江漢至言來○正義曰禹貢嶓冢導漾水東流爲漢又東爲滄浪之水過三澨至于大別南入于江是至大別之南漢與江合而東流也漢書地理志大別在廬江安豐縣界則江漢合處在揚州之境也下云江漢之滸王命召虎故知宣王於是水上命將帥也并云違士卒者明武夫之文兼有將帥也宣王不於京師命之而於江漢之上命者蓋別有巡省或親送至彼也言順水流而下者以水東流兵亦東下故云順流而下非乘舟浮水而下也滔滔武夫之貌非水之貌也何則士衆陸行不在於水故言非安非遊不得云水之滔滔也淮在江北相去絕遠夷在淮上兵當適淮而云順流下者命將在江漢之上蓋今廬江左右江自廬江亦東北流故順之而行將至淮夷乃北行嚮之也如此則召公伐淮夷當在淮水之南魯僖所伐淮夷應在淮水之北當淮之南北皆有夷也淮夷來求正是來求淮夷古人之語多倒故箋言來求淮夷所處倒其言以曉人也凡言來據自彼至此之辭今命將始往而言來求故解之據至淮夷之境故言來敘武夫之情言已來也○傳鋪病○正義曰釋詁文彼鋪作痡音義同○箋車戎至言來○正義曰鳥隼曰旟春官司常文也上言來求已至淮夷之境此承其下云出車設旟明至境之後出之設之是爲戰而言故云兵至境而期戰地至期日而出車建旟也兵法止則有壘謂從營壘而出陳之也旂旐無事則納之於發故將戰乃建之也

江漢湯湯武夫洸洸經營四方告成于王洸洸武貌箋云召公既受命伐淮夷服之復經營四方之叛國從而伐之克勝則使傳遽告功於王○湯書羊反洸音光又音汪復扶又反傳張戀反以車曰傳遽其據反以馬曰遽鄭注玉藻云以車馬給使

四方既平王國庶定時靡有爭王心載寧箋云庶幸時是也載之言則也召公忠臣順於王命此述其志也○爭爭鬬之爭

疏江漢至載寧○正義曰上章既言臨戰此又本其命己而言戰勝之事言王初於江漢之水湯湯然流盛之處命此勇武將帥之夫洸洸然武壯者使之征伐今既伐淮夷而克之又以戰勝之威經營於四方之國有不服者則從而伐之每有所克則使傳遽之驛

告其成功於宣王也召公既遣人告又自言其事今四方既已平服王國之內幸應安定時既無有叛戻乖爭者我王之心於是則安寧矣言王以四方不服故遣己出伐今王國既定冀王心永安是召公盡忠之言述其志也○箋召公至於王○正義曰上言來至戰地此言經營四方明是既戰而勝乃經營四方之叛國也下云王命召虎式辟四方是王本命之使既克淮夷更討不服也言告成于王是有成而告故知伐之克勝使傳遽告王也玉藻云士曰傳遽之臣注云傳遽以車馬給使者也謂若今時乘驛遞傳而遽疾故謂之傳遽也知非召公親告王者以下章方云于疆于理則是召公未還且王國庶定是未見王之辭也故知使人告也

江漢之滸王命召虎式辟四方徹我疆土匪疚匪棘王國來極

召虎召穆公也箋云滸水涯也式法疚病棘急極中也王於江漢之水上命召公使以王法征伐開辟四方治我疆界於天下非可以兵病害之也非可以兵。急。躁。切之也使來於王國受政教之中正而已齊桓公經陳鄭之閒及伐北戎則違此言者○滸音虎沈又音許疆居良反注及下同疚音救王命行伐一本作王法征伐兵操操音七刀反一本無兵字又一本兵操操作急躁躁音早報反

于疆于理至于南海

箋云于往也。于。於。也召公於有叛戻之國則往正其境界脩其分理周行四方至於南海而功大成事終也○分符問反

【疏】江漢至南海○正義曰既言淮夷平定此又本其命辭言王在江漢之水厓王親命召虎云汝當以王法開闢四方之國言有叛戻者皆征之使服又當治我疆界之土令之脩理土田使徧達四境其爲之也當優寬以禮所經之處非可以兵病害之所與戰者非可以兵急躁。切之但以正道伐之使於我王國來復從受其政教之中正而已召公既受此命已定淮夷復平叛戻之國往正其疆界往脩其分理周行四方至於南海言其功成事終稱王之命也○箋滸水至此言者○正義曰滸水厓釋水文疚病釋詁文棘急釋言文彼棘作。悈音義同以王法行征伐謂以王者之正法不妄殺以爲功不譎詐以求勝也治我疆界於天下謂盡其土境正定其疆界也上言式辟四方則所爲者廣匪疚匪

棘其事非一故以爲二。事可以兵病害之謂所過之處不得厚斂資財使民困病也非可以兵急躁之謂所與對戰不得多所殺傷殘害民命也以病害急躁其言不同明此爲二事矣故引齊桓二事以反之經陳鄭之間取左氏之說是病害之也及伐北戎取公羊之說是急躁之也宣王使行王法齊桓則用霸道霸道劣於王法故違此言僖四年左傳稱桓公率諸侯伐楚楚既與齊盟齊將還師陳轅濤塗謂鄭申侯曰師出於陳鄭之間國必甚病若出於東方觀兵於東夷循海而歸其可也申侯曰善濤塗以告齊侯許之後知其詐而執之其意以齊侯所經之處多有徵發陳鄭二國當其軍道去既過之來又過之則民將困病故欲詐之使出於東方是齊桓之兵病害人也莊三十年齊人伐山戎公羊傳曰齊侯也其稱人何貶曷爲貶子司馬子曰蓋以躁之爲已蹙矣何休云躁迫也已甚也蹙痛也蓋戰迫之而甚痛其意言齊桓殺傷過多甚可痛蹙是齊桓之兵急躁之也鄭言急躁意出於彼本或作慘感之者誤也定本云非可急躁切之公羊爲躁字則慘非也如彼年世之次先伐山戎後經陳鄭此倒其事者依此疚棘爲次耳○箋于往至事終○正義曰以召公承王命而往治之故以于爲往凡言至于明有從往之辭上言經營四方故知周行四方乃至於南海九州之外謂之四海至於南海則盡天子之境是其功大成由此成功故下章而賜之本或往下有于於二字衍也定本集注皆。有于於二字。有。者。是。非。衍。也

王命召虎來旬來宣文武受命召公維翰旬徧也召公召康公也箋云來勤也旬當作營宣徧也召康公名奭召虎之始祖也王命召虎女勤勞於經營四方勤勞於徧疆理衆國昔文王武王受命召康公爲之楨榦之臣以正天下爲虎之勤勞故述其祖之功以勸之○來毛如字鄭音賚下同旬毛音巡又音荀鄭作營翰戶旦反又音寒徧音遍下同顛音釋爲于爲反下爲虎爲其同

無曰予小子召公是似肇敏戎公用錫爾祉似嗣肇謀敏疾戎大公事也箋云戎猶女也女無自減損曰我小子耳女之所爲乃嗣女先祖召康公之功今謀女之事乃有敏德我用是故將賜女福慶也王爲虎之志大謙故進之

云爾○肇音兆韓詩云長也祉音恥福也大謙音泰疏王命至爾祉○毛以爲王以召公功成將欲賞之此陳其命之之言王乃命召虎曰汝勤勞於偏服之
四方勤勞於宣揚王命言其功實大己悉知之因又勸之云昔我先王文王武王受命之時汝之先君召康公維爲楨榦之臣以匡正於天下汝亦當繼康公
之業不可憚勞也而召虎謙退不敢自同先君王又進之云汝無得言曰我小子耳汝之所爲者乃召公之功是嗣言其堪繼康公也今我謀汝敏德大事足
繼先君我用是之故當賜汝之福慶也○鄭唯以旬爲營宣爲偏戎爲汝爲異餘同○傳旬偏至康公○正義曰旬偏釋言文彼旬作徇音義同爲既以旬爲
偏則宣不復爲偏當謂宣布王命也召公召康公嫌是召虎故辨之○箋來勤至勤之○正義曰來勤釋詁文宣偏釋言文上章云經營四方告成於王又言
于疆于理至於南海則召虎大功在此二事而已今王命召虎稱其功勞則來旬來宣當指此二事且宣訓爲偏旬不宜亦訓爲偏旬之與營字相類故知當
爲營來旬謂勤勞於經營四方來宣謂勤勞於偏理衆國以統上二文也○傳肇謀至公事○正義曰肇謀戎大公事皆釋詁文孔安國論語注云敏行之疾
也地官師氏三德有敏德是敏爲識解之疾也釐爾圭瓚秬鬯一卣告于文人釐賜也秬黑黍也鬯香草也築煮合而鬱之曰
鬯卣器也九命錫圭瓚秬鬯文人文德之人也箋云秬鬯黑黍酒也謂之鬯者芬香條鬯也王賜召虎以鬯酒一罇使以祭其宗廟告其先祖諸有德美見記
者○釐力之反沈又音賚瓚才旱反秬音巨鬯勑亮反卣音酉又音由中尊也本或作攸錫山土田于周受命自召祖命諸侯
有大功德賜之名山土田附庸箋云周岐周也自用也宣王欲尊顯召虎故如岐周使虎受山川土田之賜命用其祖召康公受封之禮岐周周之所起爲其
先祖之靈故就之○錫本或作鍚之山川土田附庸者是因魯頌之文妄加也虎拜稽首天子萬年箋云拜稽首者受王命策書也臣受
恩無可以報謝者稱言使君壽考而已疏釐爾至萬年○正義曰上言用錫爾祉此言賜之之事言王命召虎云今賜汝以圭柄之玉瓚又副以秬米之

酒芬香條暢者一卣尊汝當受之以告祭於汝先祖有文德之人王命辭如此於此之時又賜之以山川使得專爲其有又加益以土田令之大於故時也召虎於時往于岐周之地受王此命王乃用召虎之祖康公受命之禮以命之也虎既受命即拜而稽首稱言使天子得萬年之壽臣蒙君恩無以報答故願君長壽而已○傳釐賜至之人○正義曰釐賜釋詁文秬黑黍釋草文禮有鬱鬯者築鬱金之草而煑之以和秬黍之酒使之芬香條鬯故謂之鬱鬯鬯非草名而此傳言鬯草者蓋亦謂鬱爲鬯草何者禮緯有秬鬯之草中候有鬯草生郊皆謂鬱金之草也以其可和秬鬯故謂之鬯草毛言鬯草蓋亦然也言築煑合而鬱之謂築此鬱草又煑之乃與秬鬯之酒合和而鬱積之使氣味相入乃名曰鬯言合而鬱積之非草名如毛此意言秬鬯者必和鬱乃名鬯未和不爲鬯與鄭異也釋器云卣中尊故云卣器也案春官鬱人掌和鬱鬯以實彝而陳之則鬯當在彝而此及尚書左傳皆云秬鬯一卣者當祭之時乃在彝未祭則在卣賜時未祭故卣盛之王制云三公一命衮若有加則賜三公八命復加一命乃始得賜是圭瓚之賜九命乃有故云九命然後賜圭瓚秬鬯也文人謂先祖有文德者故云文德之人○箋秬鬯至見記○正義曰以毛解秬鬯其言不明似必和鬱乃名爲鬯故辨之明黑黍之酒自名爲鬯不待和鬱也春官鬯人注云秬鬯不和鬱者是黑黍之酒即名鬯也。和者以鬯人掌秬鬯鬱人掌和鬱鬯明鬯人所掌未和鬱也故孫毓云鬱是草名今之鬱金煑以和酒者也鬯是酒名以黑黍。和一秠二米作之芬香條鬯故名曰鬯鬯非草名古今書傳香草無稱鬯者箋說爲長賜之鬯酒令之祭祀是使徧祭宗廟特云告于文人故知告諸有德美見記者○傳諸侯至土田○正義曰禮名山大川不以封諸侯有大功德乃得賜之故云諸侯有大功德則賜之名山土田附庸案召本岐山之陽采地之名且爲畿內之國書傳無召穆出封之文則益之土田大於故耳未成爲大國也此經無附庸傳云附庸者以土田即是附庸定本集注毛傳皆有附庸二字○箋周岐至就之○正義曰時實周世而特言于周受命明非京師以召祖之故地在岐周故知周爲岐周也又解其命不在京師而向岐周之意由宣王欲尊顯召虎故如岐周如往也以虎祖康公在岐周事文武有功而受采地今虎嗣其業功與之等故往岐周命之明其復祖之業所以尊顯之也還用其祖召康公受封之禮明虎之功與康公同也祭統云賜爵祿必於太廟以岐是周之所起爲其有先王之靈謂有別廟在焉故就之也禮宗子去國則以廟從此周既從都仍得有廟存者宗子去國則所居之處非復己有故以廟從文武雖則去岐岐仍天子之地故因留其廟爲別廟焉

虎拜稽首對揚王休作召公考天子萬壽明明天子令聞不已矢其文德洽此四國對遂考成矢。施也箋云對荅休美作爲也虎既拜而荅王策命之時稱揚王之德美君臣之言宜相成也王命召虎用召祖命故虎對王亦爲召康公受王命之時。對成王命之辭謂如其所言也如其所言者天子萬壽以下是也○休許虯反聞音問施如字爾雅作施式氏反

【疏】虎拜至四國○毛以爲上既受賜今復謝之言虎拜而稽首遂稱揚王之德美乃作其先祖召康公對王命成事之辭曰使天子得萬年之壽又令此明明顯盛之天子其善聲聞長見稱誦不復有已止之時又施布其經緯天地之文德以和洽此天下四方之國使皆蒙德本召公之答天子其辭如此今宣王以康公受命之法命召虎故虎亦以康公答王之辭答宣王也○鄭唯對爲答爲異餘同○傳對遂至矢。弛○正義曰傳以對爲遂者以爲因事之辭言君既命之臣遂稱之矢施也謂施陳文德定本爲弛字非也○箋對答至下是○正義曰箋以君臣共語宜爲應答故以對爲答休美釋詁文作爲釋言文以王命召虎用召祖命故虎亦爲召康公受命之時對成王命之辭謂對王命舊事成辭因而用之謂如其召康公所言天子萬壽以下是也定本集注皆云對成王命之辭

江漢六章章八句

附釋音毛詩注疏卷第十八（十八之四）

阮元撰盧宣旬摘錄

〇韓奕

所筌祀焉 閩本明監本毛本同小字本相臺本所作祈考文古本同案所字誤也

錫謂興之以物 閩本明監本毛本興作與案所改是也山井鼎云宋板與作賜其實不然當是剜也

三章言公侯得賜而歸 閩本明監本毛本公作諸案皆誤也當作韓

卒章言欲得命歸國 閩本明監本毛本同案山井鼎云宋板欲作其當是剜也其字是

是此韓爲之後也 閩本明監本毛本同案山井鼎云宋板爲作萬當是剜也萬字是

定貢賦於天子 小字本相臺本同案此正義本也正義云定本集注貢賦上皆無定字此箋意謂貢其賦不謂定其貢賦也當以無者爲長

傳庭直〇正義曰釋詁文之 補案之字衍也閩本明監本毛本文下衍也字

琳字又作玪 補通志堂本盧本玪作玲案玲字非也說文玲玉聲從玉令聲玪玪塾石之次玉者從玉今聲二字顯然分別陸氏引鄭注尙書云美石正與說文玪字義合

鉤膺鏤錫 唐石經小字本相臺本同閩本同明監本毛本錫誤鍚餘同此

鞹鞃淺幭小字本相臺本同唐石經初刻幭後改幭案五經文字集韻二十三錫皆作幭此釋文云幭本又作篾曲禮素篾釋文云本又作幭二幭字當本作幭爲張參丁度所據也○按正字當作幦假借幭字爲之幭从巾蔑聲五經文字體譌舊挍非也

厄烏蠋也小字本相臺本同案此正義本也正義云厄烏蠋釋文金厄下云毛云烏蠋也下云烏蠋音蜀爾雅作蠋又云沈音晝段玉裁云烏蠋軶也小爾雅釋名謂之烏啄古噣啄通用沈重音晝是也正義牽合釋蟲如風馬牛之不相及陸氏雖誤引爾雅蠋尚未譌爲蠋鄭士喪禮注云今文軶爲厄此可見軶爲正字厄爲假借詳見詩經小學

又弦三同補釋文挍勘記通志堂本同盧本作又作弦王同云舊脫作字王誤三今從毛居正改案六經正誤云又作弦王同欠作字王同謂王肅本與此同作三同誤興國本作王同其說最誤此陸說字之或體與王肅如風馬牛之不相及何得謬加附會興國本乃誤字耳上云亦作軏軏此云又弦合而言之故曰三同小字本所附亦作三不誤

善旂旂之善色者也相臺本同閩本明監本毛本同小字本無也字

又以綏章爲車上所引之綏有采章閩本明監本毛本同案浦鏜云車上疑倒是也

說文云鞟革也閩本明監本毛本同案鞟當作鞹上下文可證載驅正義引作鞹

顯父周之公卿也小字本相臺本同案正義云王使卿士之顯父又云送者唯卿士耳故知顯父周之卿士也是公卿當作卿士

又七救反補釋文挍勘記通志堂本盧本同案相臺本所附救作敘敘字救也有客且七序反是其證小字本所附仍誤救山井鼎云初疑是

字敘誤及挍元文亦然者謂通志堂本

筍竹萌釋草云 補 毛本云作文案所改是也

鬻以苦酒 閩本明監本毛本同案浦鏜云鬵誤鬻下同是

籩籩且多至其多 補 案籩籩當衍一字

黎比公也 小字本相臺本同案釋文云梨音離又力兮反又作黎正義本是黎字案此見左襄十六年傳今杜預注本作犂釋文云徐力私反一音力兮反犂黎梨皆通用字也

顧之曲顧道義也 小字本相臺本同案正義云本或曲爲回者誤也定本集注皆爲曲字釋文云一本作回顧段玉裁云曲顧見白虎通列女傳淮南子注是也六經正誤云顧之猶顧蓋曲誤爲由由又轉爲猶當改作曲以諸本皆誤未有善本可證姑仍其舊依此是宋時監潭撫閩蜀本皆譌作猶字今之宋本因毛居正據正義釋文論之而改正也又云道義者謂引導新婦之儀如此也

韓侯於是迴顧而視之 閩本明監本毛本同案迴當作曲正義下文可證

傳音以墳汾音同 閩本明監本毛本同案上音字當作意形近之譌

正義曰箋口汾 補 毛本口作以案以字是也

專以汾王爲大王 閩本明監本毛本專誤傳

而言韓侯顯之 補 案顯當作顧形近之譌毛本正作顧

及升車授綏之時 閩本明監本毛本同案山井鼎云綏恐綏誤是也

當最敵取匹 閩本明監本毛本同案此當作當取其敵匹錯誤也

麀鹿噳噳 唐石經小字本相臺本同案此釋文本也釋文云噳噳本亦作麌同吉日釋文云麌麌說文作噳唐石經彼經作麌此經作噳本諸釋文也正義本此經亦是麌字與吉日經同卽亦作本也彼正義云麌麌衆多與韓奕同則傳本作麌字又云此麌不破字則鄭本亦作麌也是其誤考吉日傳麌麌衆多箋易之云麌牡曰麌而此傳不復易者以其文同從可知而省也毛詩字本用噳麌牡曰麌亦當假借此字故說文鹿部無麌是其實二經皆當作噳

爲玁狁所逼 小字本相臺本同案正義云爲獫夷所逼又云故知爲獫夷所逼定本集注皆作獫狁字釋文云允如字本亦作狁與正義本不同

實畝實藉 唐石經小字本同相臺本藉作籍閩本明監本毛本同案正義云定是稅籍又云公羊傳曰什一而籍是籍爲稅之義也是正義本作籍字詳載芟序

所受之國多滅絕 閩本明監本毛本同小字本相臺本受作伯考文古本同案伯字是也

又今百蠻追貊 補 毛本今作令

邘晉應韓 補 明監本毛本邘誤邢案邘當作邗形近之譌

亦時百蠻也其追其貊貊 閩本明監本毛本同案亦下當脫因字重貊字衍

玁狁之最彊 閩本明監本毛本同案此當作玁夷夷之最彊脫誤也

韓之所玁又近於北夷 閩本明監本毛本同案此當作韓之所部又近於玁夷錯誤也

其子穀 閩本明監本毛本同案浦鏜云穀誤穀是也

○江漢

使循流而下 小字本相臺本同案釋文云循流如字本亦作順流正義本是順字

據至其境 小字本同閩本明監本毛本同相臺本境作竟案竟字是也境是正義所易今字

竟竟境 補通志堂本盧本作竟音境案音字是也

其曰出戎車建旟 小字本同毛本同相臺本曰作日閩本明監本同考文古本同案日字是也

而淮夷爲國號 閩本明監本毛本同案淮夷下當有與會是淮夷五字因複出而脫也

非可以兵急躁切之也 小字本相臺本同案正義云是齊桓之兵急躁之也鄭言急躁意出於彼本或作慘感之者誤也定本云非可急躁切之公羊爲躁字則慘非也釋文云非可以兵操切之也操音七刀反一本無兵字又一本兵操作急躁躁音早報反考此箋躁切卽王風箋之躁感急字乃兵字之誤不當二字並有正義本無切字讀急躁之連文者非

于於也小字本相臺本同案正義云本或往下有于於二字衍也依此各本有者皆誤

非可以兵急躁切之閩本明監本毛本同案此切字衍也下文急躁之凡三見此合併以後人用經注本添耳

彼棘作械音義同閩本明監本毛本同案浦鏜云惐誤械是也

故以爲二事可以兵病害之閩本明監本毛本同案事當作非讀下屬上於二字斷句

定本集注皆有于於二字有者是非衍也閩本明監本毛本同案浦鏜云有者是非衍也六字疑誤衍是也皆有當作皆無○按六字係校書者語

爲既以旬爲徧閩本明監本毛本上爲字作毛案所改是也

錫山土田小字本相臺本同唐石經錫下旁添之字山下旁添川字土田下旁添附庸字案釋文云錫山土田本或作錫之山川土田附庸者是因魯頌之文妄加也又正義云此經無附庸傳云附庸者以土田即是附庸定本集注毛傳皆有附庸二字依此是傳亦有本無附庸者釋文或本當如此故不云因傳加

和者以鬯人掌秬鬯閩本明監本毛本同案浦鏜云知誤和是也

以黑黍和一秠二米作之閩本明監本毛本同案山井鼎云和恐秬誤是也

矢施也相臺本同閩本明監本毛本同小字本施作弛案釋文云施如字爾雅作弛式氏反正義云矢施也謂施陳文德定本爲弛字非也依此

是釋文正義二本皆作施唯定本乃作弛耳孔子閒居引此經皇本作施載釋文其實施弛古今字見周禮小宰等注泮水觩弛貌釋文云施貌式氏反本又作弛同正義中作弛亦可證也

對成王命之辭小字本相臺本同案正義云定本集注皆云對成王命之辭如其所言非爲異本當有誤也正義本未有明文今無可考

傳對遂至矢弛閩本明監本毛本弛作施案所改是也

毛詩大雅　鄭氏箋　孔穎達疏

常武召穆公美宣王也有常德以立武事因以爲戒然。戒者王舒保作匪紹匪遊徐方繹騷〇繹音亦騷素刀反徐音蕭　疏　常武六章章八句至爲戒然〇正義曰常武詩者召穆公所作以美宣王也經無常武之字故又解之云美其有常德之故以立此武功征伐之事故名爲常武非直美之又因以爲戒戒之使常然定本集注皆有然字經六章三章上五句以上言命遣將帥脩戎兵戒無所暴掠民得就業此事可常以爲法是有常德也三句以下言征伐徐國使之來庭克翦放命服王威武此事武功成立是立武事也其因以爲戒則如箋之所言就常德之中戒使常行之也宣王末年德衰此云有常德者是謂常時所行之德可以爲常非言宣王終始有常故因以爲戒戒王使之有常也此章王肅述毛以爲工不親行王基述鄭爲此章王自親行王既親行仍須命元帥以統領六軍故左傳鄢陵之戰楚王雖自親行仍命子反將中軍是也〇箋戒者至繹騷〇正義曰三事就緒以上命將帥之辭震驚徐方以下是往伐徐國之事唯赫赫業業五句說王之軍行云舒緩而無懈怠自然前敵恐動是用兵之道不假暴疾雖美其實事亦戒使常然故以此言當之

赫赫明明王命卿士南仲大祖大師皇父整我六師以修我戎赫赫然盛也明明然察也王命南仲於大祖皇甫爲大師箋云南仲文王時武臣也顯著乎昭察乎宣王之命卿士爲大將也乃用其以南仲爲大祖者今大師皇父是也使之整齊六軍之衆治其兵甲之事命將必本其祖者因有世功於是尤顯大師者公兼官也〇赫火百反字又作爀大祖音泰下及注大師大祖皆同將子匠反第一章注同

既敬既戒惠此南國箋云敬之言警也警戒六軍之衆以惠淮浦之旁國謂勑以無暴掠爲之害也

每軍各有將中軍之將尊也○警音景掠音亮

【疏】赫赫至南國○毛以爲今有赫赫然顯盛明明然昭察者宣王也所以爲盛察者以王今命卿士南仲者於王太祖之廟使之爲元帥親兵又命爲太師之公者皇父使之監撫軍衆既使此二人爲將爲監乃告之云當整齊我六軍之衆以治我甲兵之事今師嚴器備既已嚴備當恭敬臨之既已恭敬又當戒懼而處之施仁愛之心於此南方淮浦之傍國勿得暴掠爲民之害此是王之顯察也鄭以南仲爲皇父遠祖止命皇父一人而已言王命卿士以南仲爲大祖者太師三公皇父也此人爲將以整齊六師又以敬爲警言既以警肅之既已戒勑之以此爲異餘同○傳赫赫至太師○正義曰釋訓云赫赫迅也孫炎曰赫赫顯著之迅郭璞曰盛疾之貌是赫赫爲盛之意也明明察釋訓文舍人曰明明言其明甚孫炎曰明明性理之察也言王命南仲於太祖謂於太祖之廟命南仲也皇父爲太師謂命此皇父爲太師毛蓋見其文煩故以爲二人南仲卿士文在太祖之上是先爲卿士今命以爲大將太師皇父在太祖之下則於太祖之廟始命以爲太師其實皆在太祖之廟並命之故太祖之文處其中也南仲爲卿士未知於六官何卿也皇父新爲太師未知於舊何官也正以二文不同知皇父新命之耳下章王謂尹氏命程伯休父則此二人亦當尹氏命之矣此言太祖下言尹氏互相足也太師三公之官則是尊於卿士先言王命南仲者以南仲爲上將皇父爲監以皇父不親兵故特言命南仲王肅云皇父以三公而撫軍也殊南仲於王命親兵也○箋南仲至兼官○正義曰箋以王命卿士以爲大將止當命一人爲元帥不應並命二人故以爲止命皇父而已以出軍之篇言之知南仲文王時武臣是今所命者皇父之太祖故本言之命皇父爲將必遠本其祖者因其有積世之功尤欲使之彰顯故也上言王命卿士則皇父爲卿士矣太師三公之名復言太師皇父一人是公兼官謂三公而兼卿士之官必易傳者孫毓云宣王之大將復字南仲傳無聞焉且古之命將皆於禰廟未有於后稷太祖之廟者又經言南仲太祖明以南仲爲太祖非命於太祖之文也昔陳勝舉兵稱項燕命將本祖古今有之箋義爲長陳勝舉兵者史記漢書皆有其事十月之

交皇父擅恣若爲厲王則在此之先若爲幽王則在此之後皆相接連與此皇父得爲一人或皇氏父字傳世稱之亦未可知也○箋敬之至尊○正義曰箋以戒爲戒勑則敬非戒類不宜相配而言故知敬之言警承上六師之下故云警戒六軍之士衆軍之所行多苦暴掠故知施惠南國是使無暴掠爲之害也又以天子六軍軍各有將今獨命皇父使整六師惠南國不命餘將故解之雖每軍各有將中軍之將尊故特命之使總攝諸軍也左傳稱晉作諸軍常以中軍之將爲元帥元帥是其尊也諸侯三軍分爲左右可得有中軍焉天子六軍而得有中軍者亦當分之爲三中與左右各二軍也春秋桓五年蔡人衛人陳人從王伐鄭左傳曰王爲中軍虢公林父將右軍周公黑肩將左軍是天子之軍分爲左右之事也鄭轉敬言警而毛不爲傳則毛不變敬字當以敬爲恭敬戒爲戒懼使此二將恭敬以臨之戒懼而處之不得與鄭同也

王謂尹氏命程伯休父左右陳行戒我師旅率彼淮浦省此徐土尹氏掌命卿士程伯休父始命爲大司馬浦涯也箋云尹氏天子世大夫也率循也王使大夫尹氏策命程伯休父於軍將行治兵之時使其士衆左右陳列而勑戒之使循彼淮浦之旁省視徐國之土地叛逆者軍禮司馬掌其誓戒○陳如字徐直覲反行戶剛反列也浦音普涯也說文云水濱也

不留不處三事就緒誅其君弔其民爲之立三有事之臣箋云緒業也王又使軍將豫告淮浦徐土之民云不久處於是也女三農之事皆就其業爲其驚怖先以言安之○爲之于僞反下爲其同將子匠反下同

疏王謂至就緒○毛以爲上命將元帥此命司馬王謂其內史大夫尹氏汝當爲策書命此程國之伯字休父者謂命之爲大司馬之卿也即言所命之意今軍出之時使此司馬令其士衆左右陳力而爲行稱王之之命戒勑我六軍之師旅往循行淮之浦厓省視此徐之國土有叛逆者從而討之又當預告徐土之人我兵之來也不久留不停處直誅爾叛逆之君爲汝立三有事之臣使就其事業當即還師勿驚怖也○鄭唯三事就緒謂三農之事皆就業爲異餘同○傳尹氏至浦厓○正義曰以王謂之而使命人故知尹

氏掌命卿士卽內史也其職曰凡命諸侯及孤卿大夫則策命之是也特云命之知往前未為此官始命之也知為大司馬者以大司馬職云若大師則掌其戒令此言戒我師旅是司馬之事又楚語云重黎氏世敘天地其在周程伯休父其後也當宣王失其官守而為司馬氏韋昭云程國伯爵休父名也失官謂失天地之官而以諸侯為大司馬也案父宜是字而昭以為名未能審之孫炎曰厓水邊也說文云浦水瀕也則浦厓一物故云浦也○箋尹氏至誓戒○正義曰此時尹氏當是尹吉甫也下至春秋之世天子大夫每有尹氏見於經傳以此知天子世大夫也吉甫卿士也而云大夫者以吉甫身為卿士其繼世者不必常得為卿而大夫是其總號且命臣者內史之事周禮內史中大夫故以大夫言之吉甫卿士而掌命臣者蓋為卿而兼內史也於六軍將行治兵之時者軍禮出曰治兵此行治兵之禮然後乃出故行禮之時勑戒師旅也禮軍行司馬掌其誓戒者卽其職所云大司掌其戒令是也此經云徐土下云徐方徐國其義一也言其居在一方而有國土耳此徐當謂徐州之地未必卽是春秋之世徐子之國何則春秋之世徐國甚小宣王之時非能背叛而使王親征之六軍並出則是強敵者也明非春秋徐國但不知於時之君何姓名耳○傳誅其至之臣○正義曰告之以不留不處是安慰民情之辭故解其意誅其君弔其民由弔慰其民故不久留處而擾亂之立三有事之臣與十月之交擇三有事文同彼傳云三有事者國之三卿卽此亦為之立三卿也止言立卿不言立君舉其立臣明亦為之立君或擇此君之宗賢者而立之或別封他人無文可以明之就緒者王肅云就其事業亦當謂民得就業○箋緒至安之○正義曰釋詁云業緒也反覆相訓故緒為業連上命將之事而王實未行故知又使軍將豫告之也以誅君弔民使之就業民之就業唯農事耳故知三事謂三農之事太宰九職一曰三農生九穀注云三農原隰及平地則三農謂此也十月之交云擇三有事是有事者三而擇立之兩無正云三事大夫文連大夫故得以為公卿至於此者言民就農事不宜以為三卿故易傳也

赫赫業業有嚴天子王舒保作匪紹匪遊徐方繹

騷赫赫然盛也業業然動也嚴然而威舒徐也保安也匪紹匪遊不敢繼以敖遊也繹陳騷動也箋云作行也紹緩也繹當作驛王之軍行其貌赫赫業業然有尊嚴於天子之威謂聞見者莫不憚之王舒安謂軍行三十里亦非解緩也亦非敖遊也徐國傳遽之驛見之知王兵必克馳走以相恐動○嚴毛魚檢反鄭如字紹如字繼也徐云鄭人遙反繹音亦鄭作驛音同謂傳驛也騷如字徐音蕭舒序也一本作舒徐也憚徒旦反解音懈傳張戀反恐丘勇反下同

震驚徐方如雷如霆徐方震驚箋云震動也驛馳走相恐懼以驚動徐國如雷霆之恐怖人然徐國則驚動而將服罪○霆音

庭

【疏】赫赫至震驚○毛以爲上言戒敕將帥此言王軍往行言赫赫然而盛業業然而動有儼然威武而爲天子之容者此宣王之軍也以此而往征伐徐國之君乃舒徐而安行不爲急疾言其依於軍法日行三十里耳雖於禮舒行又非敢繼之以敖遊言其不始而安行末以敖遊繼之謂終常敬戒不惰慢也故徐土之方斥候之使見其如此乃陳說王之此威往告以恐動之其動驚此徐方之國如雷之發聲如霆之奮擊以恐怖人然故使徐方之國聞之則皆動驚而將服罪此事可常以爲法故美王能行之○鄭以爲王之軍行其儀貌赫赫然有尊嚴於天子之威王既其貌如此出則舒○而安行亦非解緩亦非敖遊由此徐方之國傳遽之驛見之知王兵必克馳走以相恐動餘同○傳赫赫至騷動○正義曰赫赫威貌業業動狀軍行而又見其狀故以業業爲動也儼然而有威謂其軍儼然有可畏之貌舒徐也定本云舒序非也釋詁云紹繼也以紹遊共爲一句皆是不敢爲之故云不敢繼以敖遊以凡人之心莫不初勤後惰況今以安舒爲始或當以敖遊繼之而宣王能終始如一故美其不敢繼以敖遊繹陳騷動皆釋詁文○箋作行至恐動○正義曰此說一軍已動發故以爲行匪紹匪遊各自言匪每者一義不得言繼以敖遊也故讀之爲紹訓之爲緩言繹騷則騷由此驛故知繹當作傳驛之驛言有嚴天子爲他人所尊嚴故易傳言有嚴天子之威謂聞見者莫不憚之王舒安行嫌其解緩故云亦非敖遊也左傳稱兵交使在其間王將伐徐必使候故云徐國傳遽之驛見之知王

兵必克歸以報其國馳走以相恐動王奮厥武如震如怒進厥虎臣闞如虓虎鋪敦淮濆仍執醜虜虎之自怒虓然濆涯仍就虜服也箋云進前也敦當作屯醜衆也王奮揚其威武而震雷其聲而勃怒其色前其虎臣之將闞然如虎之怒陳屯其兵於淮水大防之上以臨敵就執其衆之降服者也○如震如怒一本此爾如字皆作而闞呼減反徐火斬反又火敢反一音噉虓火交反虎怒貌鋪普吳反徐音孚陳也韓詩作敷云大也敦王申毛如字厚也韓詩云迫鄭作屯徒門反淮濆符云反鄭大防也仍如字本或作扔音同勃步忽反降戶江反截彼淮浦王師之所截治也箋云治淮之旁國有罪者就王師而斷之○截才結反斷端亂反〔疏〕王奮至之所○毛以爲既到淮浦臨陣將戰王乃奮揚其威武其狀如天之震雷其聲如人之勃怒其色言嚴威之可懼也即進而前其虎臣之將闞然如虓怒之虎令布陳敦厚之陣於淮水濆厓之上就而執其衆所降服之虜既敗其根本又窮其枝葉因復使人治彼淮浦之傍有罪之國皆執而送之來就王師之所而聽誓言盡得其支黨也○鄭唯以敦爲屯爲異餘同○傳虎之至虜服○正義曰此論武將之威言如虓虎故知虎之自怒虓然釋丘云墳大防李巡曰墳謂厓岸狀如墳墓是墳爲厓也釋詁云仍因也因是就之義也虜者因係之名爲人虜獲是屈服也○進前至服者○正義曰以其臨陣當進而前之故以進爲前也敦訓爲厚於義不協故破之爲屯毛無破字之理必以爲厚宜爲布陳敦厚之陣也醜衆釋詁文言虎臣之將者以虎臣稱臣爲王所特進非虜言士卒故知是將也就執其降服者此篇上下不言其戰則是見敵卽服故就執之王旅嘽嘽如飛如翰如江如漢如山之苞如川之流嘽嘽然盛也疾如飛摯如翰苞本也箋云嘽嘽閑暇有餘力之貌其行疾自發舉如鳥之飛也翰其中豪俊也江漢以喻盛大也山本以喻不可驚動也川流以喻不可禦也○嘽吐丹反摯音至閑音閑緜緜翼翼不測不克濯征徐國緜緜靚也翼翼敬也濯大也箋云王兵安靚且皆敬其勢不可測度

不可攻勝既服淮浦矣今又以大征徐國言必勝也○緜如字韓詩作民民同度待洛反【疏】王旅至徐國○正義曰上既克定淮浦之國此又進而伐徐言王之師旅雖經淮夷其師之威嘽嘽然閑暇而有餘力也其行動之疾也如鳥之飛其赴敵之速也如摯之翰其軍之衆多也如江之廣如漢之大也其固守則不可驚動如山之基本其往戰則不可禦止如川之流逝其行之時緜緜然安靜不可行暴掠翼翼然恭敬各司其事其形勢不可測度不可克勝以此嚴威武力將大往而征此徐國言其威不可當往必克敵也○傳嘽嘽至苞本○正義曰嘽嘽閑暇之貌由軍威所以嘽嘽然故云盛也疾如飛如鳥飛也摯如翰者摯摯也翰是飛之疾者言其摯物尤疾如鳥之疾飛者翰飛戾天飛翰爲一此別言如故爲二事也○箋嘽嘽至可禦○正義曰此皆以傳大略故申述之鳥飛已是迅疾翰又疾於飛故云翰其中豪俊者若鷹鸇之類摯擊衆鳥者也故傳以爲摯如翰謂其擊戰之時也江漢以比盛大即漢之廣矣江之永矣軍師之衆其廣長似之也兵法有動有靜靜則不可驚動故以山喻動則不可禦止故以川喻如川之流取流爲喻如江如漢則不取其流取其盛大耳○傳緜緜至濯大○正義曰緜緜舒緩之意故爲靜也釋訓云翼翼恭也故爲敬濯大釋詁文○箋王兵至必勝○正義曰以上文說其勇猛而勇猛失於殘害故言安靜且敬以解之兵法應敵出奇故美其不可測度不可攻勝正謂他人不能勝己也上已言截彼淮浦此言濯征徐國是既服淮浦之國今又伐徐也此篇與上篇事別非召穆平淮夷之事然則淮浦之國非淮夷也未知何國以彊弱相懸而云大征故知言必勝也

王猶允塞徐方既來猶謀也箋云猶尚允信也王重兵兵雖臨之尚守信自實滿兵未陳而徐國已來告服所謂善戰者不陳○陳直刃反下同徐方既同天子之功四方既平徐方來庭來王庭也徐方不回王曰還歸箋云回猶違也還歸振旅也【疏】王猶至還歸○毛以爲王師既盛如此又王之謀慮信而誠實用兵有常伐得其罪故兵未陳而徐方既已自來告服其罪因此歸功於王徐方來與他國同服於王者是天子之

功使之然也又四方既已平定徐方又來在王庭便是天下宴安不須用武徐方先嘗叛者已不敢違命則無復有事王乃告之曰可以還歸矣是武事既立故述而美之○鄭唯以猶爲尚爲異○傳猶謀○正義曰釋詁文○箋猶尚至不陳○正義曰箋以徐方畏威望軍而服不由計謀所致故易傳以猶爲尚兵法臨敵設權王尚守信自實所以爲美也不言對戰執虜故知兵未陳徐國已來告服善戰者不陳莊八年穀梁傳文○傳來王庭○正義曰言來王庭謂既降服後朝京師而至王庭不必在王軍之庭也

常武六章章八句

瞻卬凡伯刺幽王大壞也凡伯天子大夫也春秋魯隱公七年冬天王使凡伯來。聘○卬音仰此及召旻二篇幽王之變大雅也

【疏】瞻卬七章上二章與卒章章十句次三章盡六章章八句至大壞○正義曰幽王承父宣王中興之後以行惡政之故而令周道廢壞故刺之也經七章所陳皆刺大壞之事○箋凡伯至來聘○正義曰凡國伯爵禮侯伯之入王朝則爲卿故板箋以凡伯爲卿士此言大夫者大夫卿之總稱也所引春秋者隱七年經也引之者證天子之臣有凡伯也凡國伯爵。稱世稱之不謂與此必爲一人矣

瞻卬昊天則不我惠孔填不寧降此大厲昊天斥王也填久厲惡也箋云惠愛也仰視幽王爲政則不愛我下民甚久矣天下不安王乃下此大惡以敗亂之○昊戶老反填音塵下篇同

邦靡有定士民其瘵蟊賊蟊疾靡有夷屆罪罟不收靡有夷瘳瘵病夷常也罪罟設罪以爲罟瘳愈也箋云居極也天下騷擾邦國無有安定者士卒與民皆勞病其爲殘酷痛。病於民如蟊賊之害禾稼然爲之無常亦無止息時施刑罪以羅。網天下而不收斂爲之亦無常無止息時此。自王所下大惡○瘵側界反字林側例反蛑本又作蟊音牟屆音界罟音古瘳勑留反卒尊忽反【疏】瞻卬至夷瘳○

正義曰言己瞻望而仰視此昊天王者之爲政曾不於我百姓而施恩愛也若愛百姓當以善政安之今甚久矣天下不安言不安以來已久也王又乃下此大惡之政以敗亂之又說所下大惡之狀王爲虐政天下騷擾邦國無有定安者士卒與民其盡勞病矣其殘酷於民如蟊賊之蟲病害於禾稼然爲此殘酷無有常又無有已止時也其殺害於民則施刑罪以網羅天下一徑施行不復收斂爲此殺害無有常又無瘳愈時也言王降大惡如此故下民所以不安○傳昊天至塡久○正義曰以則不我惠謂王不愛民故知昊天斥王卒章昊天與無不克鞏文連固於天位是王之事故知卒章昊天亦斥王也作者既假昊天以斥王其言天事則單言天耳天何以刺天之降網實論天事嫌亦斥王故不言昊以異其文釋詁云塵久也古書塡與塵同故以爲久○箋惠愛至亂之愛○正義曰惠愛釋詁文也言幽王爲政不惠愛我下民正謂降此大厲卽是不愛之驗先言不愛爲目乃覆說不愛之狀甚久矣天下不安來久鄭語稱幽王九年王室始騷此言不安已久蓋九年已後也王下此惡以敗亂之言其不安之意也○傳瘵病至瘳愈○正義曰瘵病夷常釋詁文彼夷作彝音義同罟非罪名而云罪罟故知設罪以爲罟謂多立科條使人易犯若設網以待爲獸是以謂之罟云瘳謂病愈愈亦止也○箋居極至大惡○正義曰居極釋言文極者窮盡之義故又轉爲已已止也邦國是畿外之辭故云天下騷擾謂王以虐政擾動之也以士民連文故云士卒與民士卒卽從軍者也言爲殘酷與施刑罪者殘酷謂加害於民施刑謂布陳科禁雖害民是一所從言之異故重設其文也蟊賊者害禾稼之蟲蟊疾是害禾稼之狀言王之害民如蟲之害稼故比之也箋以蟊賊是損害之實故以殘酷痛疾言之罪罟是張設之言故以施刑罪言之之不收者以田設網罟有收斂之期王施刑禁則不復收斂故責其不收也言目王所下大惡者謂條目王惡定本作目俗本爲自誤也

人有土田女反有之人有民人女覆奪之

箋云此言王削黜諸侯及卿大夫無罪者覆猶反也○覆芳服反服也注及下同

此宜無罪女反收之彼宜有罪女覆說之

收拘收也說赦也○說音稅注同一音他活反哲夫成城哲婦傾城哲知也箋云哲謂多謀慮也城猶國也丈夫陽也陽動故多謀慮則
成國婦人陰也陰靜故多謀慮乃亂國○知音智王申毛如字喆音哲本亦作哲疏人有至傾○正義曰上八句言王之為惡皆由婦人下二句謂婦人
之言不可聽用若謂智多謀慮之丈夫則興成人之城國若為智多謀慮之婦人則傾敗人之城國婦言是用國必滅亡王何故用婦人之言為此大惡故疾
之也○傳哲知○箋哲謂至亂國○正義曰哲智釋言文智者役心以謀慮故云哲謂多謀慮也國之所在必築城居之作者以城表國箋以其有城居之嫌
故云城猶國也箋以丈夫陽陽動故多謀慮則成國婦人陰陰靜故多謀慮則亂國由陰陽不等動靜事異故俱多謀慮而成傾有殊也若然謀慮苟當則婦
人亦成國任姒是也謀慮理乖雖丈夫亦傾城宰嚭无極是也然則成敗在於是人非得失不由動靜而云陰陽不同者於時褒姒用事干預朝政其意言褒姒
有智唯欲身求代后子圖奪宗非有益國之謀勸王不使聽用非言婦人有智皆將亂邦也懿厥哲婦為梟為鴟箋云懿有所痛傷之
聲也厥其也其幽王也梟鴟聲之鳥喻褒姒之言無善○懿於其反注同沈又如字梟古堯反姒音似婦有長舌維厲之階亂匪
降自天生自婦人匪教匪誨時維婦寺寺近也箋云長舌喻多言語是王降大厲之階階所由上下也今王之有此亂
政非從天而下但從婦人出耳又非有人教王為亂語王為惡者是惟近愛婦人用其言故也○寺徐音侍亦如字近附近之近下近愛近川同上時掌反語
魚據反疏箋懿有至無善○正義曰懿與噫字雖異音義同金縢云噫公命我勿敢言與此同也噫者心有不平而為聲故云有所痛傷之聲痛傷褒姒
亂國政也厥其釋言文此刺幽王而褒姒是其婦故知其幽王也○傳寺近○正義曰寺即侍也侍御者必近其傍故以寺為近○箋長舌至言故○正義曰
以舌動而為言故謂多言為長舌論語云駟不及舌亦謂言為舌也鞫人忮忒譖始竟背豈曰不極伊胡為慝忮害

忒變也箋云鞫窮也譖不信也竟猶終也胡何慝惡也婦人之長舌者多謀慮好窮屈人之語忮害轉化其言無常始於不信終於背違人豈謂其是不得中乎反云維我言何用爲惡不信也○鞫居六反忮之豉反忒他得反譖本又作僭子念反背音佩注同慝他得反好呼報反

如賈三倍，君子是識。婦無公事，休其蠶織。

休息也婦人無與外政雖王后猶以蠶織爲事古者天子爲藉千畝冕而朱紘躬秉耒諸侯爲藉百畝冕而青紘躬秉耒以事天地山川社稷先古敬之至也天子諸侯必有公桑蠶室近川而爲之築宮仞有三尺棘牆而外閉之及大昕之朝君皮弁素積卜三宮之夫人世婦之吉者使入蠶于蠶室奉種浴于川桑于公桑風戾以食之歲既單矣世婦卒蠶奉繭以示于君遂獻繭于夫人夫人曰此所以爲君服與遂副褘而受之少牢以禮之及良日后夫人繅三盆手遂布于三宮夫人世婦之吉者使繅遂朱綠之玄黃之以爲黼黻文章服既成矣君服之以祀先王先公敬之至也箋云識知也賈物而有三倍之利者小人所宜知也君子及知之非其宜也今婦人休其蠶桑織紝之職而與朝廷之事其爲非宜亦猶是也孔子曰君子喻於義小人喻於利○賈音古注同爾雅云市也倍蒲罪反無與音預紘獲耕反耒力對反昕音欣奉芳勇反下同種章勇反戾力計反燥也食音嗣單音丹繭古顯反君服與音餘褘音輝副首飾褘是褘衣少詩照反繅素刀反本亦作縿同盆蒲門反紝女金反而與音預朝直遙反下朝廷同

疏鞫人至蠶織○正義曰上言長舌之惡更說爲惡之狀此婦人之長舌多謀慮者乃好窮屈人之言語出言則爲人患害且又變化無常所言以不信爲始終竟於後背而違之豈肯自曰我之此言不中正乎反云維我此言何用爲惡惡而不知其非故爲可痛傷也既云出言不善又責其干亂朝政如商賈之求利三倍乃君子之人於是識知之非其宜也汝今婦人之不宜與朝廷公事而休止養蠶織紝干預男子之政亦非宜也○傳忮害忒變○正義曰忮者以心忮格前人爲之患害故以忮爲害也釋言云爽忒也孫炎曰忒變雜不一是忒爲變之義也○箋鞫窮至不信○正義曰鞫窮釋言文譖者皆不信之言故以譖爲不信

也竟者卒盡之義故云竟猶終也胡何慝惡皆詩之通訓佞人似智奸人亂德皆自以爲善此刺褒姒自以爲賢豈謂是不得中乎反云維我言何用爲惡不信自謂所行皆得中疾時人謂之惡不自嫌其不信所以至亡而不改也○傳休息至之至○正義曰休息釋詁文傳解婦人无與外事雖王后之貴猶以蠶織爲事故引禮記以證之自古者天子以下皆祭義文也謂之藉田者天官甸師注云藉之言借也王一耕之而使庶人芸芓終之月令注云借民力所治之然也天子千畝諸侯百畝以事神有多少因而爲之等差也冕者祭服之冠紘謂冕之下而仰屬者止言服冕而冕有等級未知服何冕也夫人受繭服副禕則人君耕藉或亦用祭服蓋天子以衮冕也諸侯自祭其廟用玄冕耕藉之服不過用玄冕也其紘天子以朱諸侯以青者以朱南方太陽之色故天子用之青東方少陽之色故諸侯用之所以下天子天子藉田在南郊諸侯藉田在東郊亦此意也躬秉耒耜謂親耕之月令孟春天子親載耒耜躬耕帝藉是其事也此文兼有天子諸侯故云以事天地山川社稷先古總舉諸神以爲言也祭義作先古注云先古先祖定本作先公涉下先公而誤耳既言人君親耕又言王后親蠶見祭祀之禮必夫婦致敬也蠶室必近川者夏官馬質注引蠶書云蠶爲龍精然則以龍是水物故近川爲之取其氣勢也築宮謂築蠶宮之院牆也七尺曰仞言仞有三尺則蠶宮之牆高一丈矣尚書夏傳文與此略同云築宮有三尺者其文誤也故彼注云官當爲宮雉長三丈高一丈度長以長度高以高則蠶宮高一丈禮志曰仞有三尺七尺曰仞彼文直云宮有三尺宮下當脫仞字也雉者城牆之度故鄭計雉之數以推之又引禮記以證之復言七尺曰仞是仞有三尺乃充一雉之度明其宮不得高丈三矣彼注或云蠶宮高一丈三尺者衍三三尺二字也棘牆謂牆上布棘以禁人之踰越不以禦寇故外閉之大昕之朝者彼注云季春朔日之朝也知者以既卜之下即言養蠶之事季春始蠶故知是季春也昕者朝旦之名言大昕明是朔日之朝也皮弁素積者士冠禮注云皮弁者白鹿皮爲冠象上古也積猶辟也以素爲裳辟蹙其腰中皮弁之衣用布十五升其色象焉是也卜三宮之夫人世婦之吉者謂天子則卜

三夫人諸侯則卜世婦也月令注留養蠶者所卜夫人與世婦是天子之夫人親蠶事也周禮王后六宮言三宮者亦據諸侯言之也故彼注云諸侯夫人三宮半王后也言三宮據諸侯夫人有三宮言三宮之夫人亦容天子三夫人人各居一宮也以文兼天子諸侯故雜互陳之奉種浴於川文承大昕之下則以三月浴之矣天官內宰云仲春詔后率外內命婦始蠶于北郊馬質注云月直大火則浴其種以仲春浴之者蓋二月浴之至將生又浴之故不同也風戾以食之者彼注云葉及早涼脆采之風戾之使露氣燥乃可食蠶蠶性惡濕也歲既單矣單盡故彼注云歲單謂三月月盡之後也言歲者蠶歲之大功事畢於此也世婦卒蠶獻繭於夫人據諸侯為說若天子則夫人卒蠶獻於后夏傳注云此諸侯之禮天子則獻繭於后是也於君言示於夫人言獻以繭是夫人之事主獻夫人故夫人受之夫人而云副褘者彼注云副褘王后之服而云夫人記者容二王之後與以記意或然故言與為疑之辭雖王后受繭其服尊不過亦副褘也少牢以禮之者設少牢之饌以禮遇世婦也彼注云禮之者禮奉繭之世婦也繅三盆手者彼注云三盆手者三淹也凡繅每淹大總而手振之以出緒也夏傳注云手猶親也言后夫人親以手總之也言君服之以祀先王先公敬之至也以文兼天子諸侯故先王先公互言之○箋識知至於利○正義曰利之多少其數無常必以三倍為言者以三是三三才之數數數之小成故舉以言焉

天何以刺何神不富舍爾介狄維予胥忌

刺責富福狄遠忌怨也箋云介甲也王之為政既無過惡天何以責王見變異乎神何以不福王而有災害也王不念此而改脩德乃舍女被甲夷狄來侵犯中國者反與我相怨謂其疾怨羣臣叛違也○舍音捨注同介音界狄毛他歷反鄭如字謂夷狄見賢遍反被皮寄反

不弔不祥威儀不類人之云亡邦國殄瘁

類善殄盡瘁病也箋云弔至也王之為政德不至於天矣不能致徵祥於神矣威儀又不善於朝廷矣賢人皆言奔亡則天下邦國將盡困窮○弔如字又音的瘁似醉反

【疏】天何至殄瘁○鄭唯以介狄別解餘皆同○傳刺責至忌怨○正義曰刺譏者

皆責之辭故刺爲責也言何神不富則富是神之所加故以富爲福也毛讀狄爲怨爲遜故爲遠也則介當訓爲大不得與箋同也忌者相憎怨之言故以忌爲怨也王肅云舍爾大道遠慮反與我賢者怨乎○箋介甲至叛違○正義曰以辭有與奪意爲彼此言維予胥忌是不當怨而怨則舍爾介狄者是當怨而舍之也且幽王荒淫惑亂將至滅亡兵在其頸尚不知悟安能復知大道遠慮又大道遠慮非幽王之所有何云舍汝乎何以者問之辭故云王之政無過惡天何以責王也既問天之刺責又問神不福助亟前爲勢故何在神上天者羣臣之精言天則神可知去天以外而別言神則謂人鬼地祇山川社稷之類也天之所責唯有妖變而已故云見變異若日食星殞山崩川竭之屬也神所不福則是己有禍罰故云有災害謂水旱蟲螟霜雹疫癘之等也於時已有此等事故責王不改脩德教也不應舍而舍則是已來犯王故知被甲夷狄來侵犯中國者臣若阿諛順旨必不爲王所怨故知反與我相怨謂其疾怨羣臣叛違也以正直不肯從邪故爲王所怨○傳類善殄盡瘁病○正義曰皆釋詁文○箋弔至至困病○正義曰弔至釋詁文此經與上義相配成天刺神不福皆由政惡所致以王之爲政德不至於天故天以刺之不能致徵祥於神故神不福之威儀有不善於朝廷故相與怨忌

天之降罔維其優矣人之云亡心之憂矣

優渥也箋云優寬也天下羅罔以取有罪亦甚寬謂但以災異譴告之不指加罰於其身疾王爲惡之甚賢者奔亡則人心無不憂○渥於角反譴棄戰反

天之降罔維其幾矣人之云亡心之悲矣

幾危也箋云幾近也言災異譴告離人身近愚者不能覺○離力智反

【疏】天之至悲矣毛以爲上既言天刺責王賢人將去此又言其可憂之狀天之所下此災異之羅網維其饒渥而多矣賢人之言皆云已欲亡去我天下之人其心爲之憂愁矣又丁寧言之天之所下災異之羅網維其危險而甚矣賢人之言皆云欲亡去我天下之人其心爲之悲哀矣○鄭唯以優爲寬幾爲近爲異餘同○傳優渥○正義曰以優爲優饒之義故爲渥也信南山云既優既渥是優渥爲豐多之意也○箋優寬至不

憂○正義曰以天之降罔是羅網寬廣優饒者寬容之義故易傳以優爲寬天下羅網以取有罪正謂欲取王也不指害其身而微加譴告是其寬也○傳幾危○正義曰釋詁文上言優者謂自天降而多也此言幾者謂至人身而危二者相接成也○箋幾近○正義曰釋詁文上寬者謂微加譴告告而不改則禍及其身故離人近二者亦相接成但以忠臣諫君宜稱禍近爲切故易傳也

觱沸檻泉維其深矣心之憂矣寧自今矣不自我先不自我後箋云檻泉正出涌出也觱沸。其貌涌泉之源所由者深喻己憂所從來久也惡政不先己不後己怪何故正當之○觱音必沸音弗觱沸泉出貌檻胡覽反徐音下斬反

藐藐昊天無不克鞏藐藐大貌鞏固也箋云藐藐美也王者有美德藐藐然無不能自堅固於其位者微箴之也○藐亡角反鞏九勇反箴之林反

無忝皇祖式救爾後箋云式用也後謂子孫也

疏觱沸至爾後○正義曰言觱沸然而涌出者檻泉也此泉瀆涌而出言其所從來維其深遠矣喻天下之人心之憂悲亦所由來久遠寧從今日矣我之所憂憂此惡政怨恨何故不從我之先何故不從我之後而正當我之身也既言王政之惡故以箴王言人君有美大之德藐藐然可以比於昊天則無不能堅固於其位者是守位者必由美德也王當美德固之无使辱汝君祖之先王用此美德以救汝後世之子孫使之保守王位无喪邦國也○箋檻泉正出涌出○正義曰釋水文也李巡曰水泉從下上出曰涌泉○傳藐藐至鞏固○正義曰釋詁云藐藐美也言大貌者爲美大之貌也鞏固釋詁文○箋王者至箴之○正義曰下云無忝皇祖則知能固者謂能固其王位也不直言無德則不能民而云有美德者無不能固反言以見意而文不指斥是微箴之也

瞻卬七章三章章十句四章章八句

召旻凡伯刺幽王大壞也旻閔也閔天下無如召公之臣也旻病也○召旻上時照反下密巾反

下同疏召旻七章上四章章五句下三章章七句至之臣○正義曰召旻詩者周卿士凡國之伯所作以刺幽王大壞也又解名篇之義是閔傷當時天下無如文武之世召康公之臣以時無賢臣深可痛傷故以召旻名篇其敘大壞之意經七章皆大壞之事也首章曰旻天疾威卒章云有如召公雖有召旻之字而其文不次作者錯綜以名篇故敘特解經之旻天自由天之閔下以旻爲天名此敘轉爲閔箋訓爲病則與旻天之義其意小乖是借名以見意作者指言旻天爲此故也先王佐命之臣能闢土地者蓋多矣而獨言召公者作者意所欲言無他義也

旻天疾威天篤降喪瘨我饑饉民卒流亡箋云天斥王也疾猶急也瘨病也病乎幽王之爲政也急行暴虐之法厚下喪亂之教謂重賦稅也病中國以饑饉令民盡流移○瘨都田反沈又音殄又音田令力呈反一本作令故民

我居圉卒荒圉垂也箋云荒虛也國中至邊竟以此故盡空虛○圉魚呂反竟音境本亦作境

疏旻天至卒荒○正義曰言比旻天之王王者其爲政教乃急疾而行此威虐之法比天之王者又厚下與民喪亂之教而病害我國中以饑饉令國中之民盡流移而散亡以此故令我所居中國至於四境邊陲民皆逃散而盡空虛是王暴虐所致之○箋以此天斥至流移○正義曰箋以此詩刺王大壞而承以饑饉流亡明是王使之然於文勢非言上天故以天爲斥王旻天亦斥王也故箋即言幽王之爲政急行暴虐之法厚下喪亂之教以幽王文總二事是經之二天皆斥王也小旻云旻天疾威文與此同彼箋云旻天之德疾王者以刑罰威恐萬民則以天爲上天疾爲疾惡而此不然者以此下云天降罪罟承以蟊賊內訌內訌是人自潰亂非上天降之文與下相類故知疾威降喪亦是王自行之非天疾王非天降之也小旻之文連敷於下土布政下土是王之所爲明天以是故疾惡於王觀文而說故與此異蕩之疾威與此不同義亦然也急行暴虐之法厚下喪亂之教所以爲異者以二句相連疾與篤爲類則威爲酷刑罰喪爲亂亡賦稅則急者行之必速之辭厚者爲之加重之稱則二者俱急而且重也但以言疾則爲行之理已著言篤直是厚而近爲行之理未彰故

又言降以見之因此故下單言天降以配而成句也其實天與旻天俱斥王耳箋又總解暴虐喪亂之事正謂重賦斂病中國以饑饉令盡流移也○傳圉垂
○正義曰釋詁文○箋荒虛至空虛○正義曰荒虛釋詁文某氏曰周禮云野荒民散則削之唯某氏之本有荒字耳其諸家爾雅則無之要周禮野荒必是
虛之義也居謂城中所居之處圉謂邊境以此故盡空虛以謂虐政故也天降罪罟蟊賊內訌訌潰也箋云訌爭訟相陷入之言也王施
刑罪以羅罔天下衆爲殘酷之人雖外以害人又自內爭相讒惡○訌戶工反徐云鄭音工爭爭鬬之爭下同惡烏路反昏椓靡共潰潰回
遹實靖夷我邦椓天椓也潰潰亂也靖謀夷平也箋云昏椓皆奄人也昏其官名也椓椓毀陰者也王遠賢者而近任刑奄之人無肯共其職
事者皆潰潰然維邪是行皆謀夷滅王之國○椓丁角反共音恭注皆同潰戶對反遹音聿一音述奄如字本又作閹遠于萬反近附近之近邪似嗟反【疏】
天降至我邦○正義曰上言王以暴亂病民此又言所病之事今此天之王者下此刑罰羅網之法於天下詔佞之臣又助爲此刑罰殘酷其害於人如蟊賊
之害禾稼然又內自潰亂相陷以罪人也又王所親任是刑餘之人此昏奄椓毀之害小人無供其職事者皆潰潰然昏亂其行邪僻實謀滅我王之邦國王何
故信任之○傳訌潰○正義曰釋言文○箋訌爭至讒惡○正義曰傳訌潰之義以訌字從言故知訌者是爭訟相陷入之言由爭訟相陷故至潰敗故爾雅
以訌爲潰訌言內則蟊賊爲外故云衆爲殘酷之人雖外以害人又內相讒惡言惡人所在爲害又自不相親也天降罪罟是王所下之知蟊賊內訌是臣之
衆殘酷之人爲之者以訌是相惡之言若亦王所下之不得言其相惡故知臣之佞者助王以殘酷害人又內自相讒惡也○傳椓夭至夷平○正義曰傳意
亦以椓爲去陰但以正月云夭夭是椓天謂夭殺椓謂椓破夭椓文連故幷舉其類以曉人潰潰昏亂之意故爲亂也靖謀釋詁文夷平易也俱訓爲易是夷
得爲平言平殄而滅之○傳昏椓至王之國○正義曰解名此人爲昏椓之意故云皆奄人也天官閽人注云閽人司昏晨以啓閉者是昏其官名也椓椓毀

陰者爲犯淫罪而刑之也書傳曰男女不以禮交者其刑宮秋官司刑注云宮者丈夫則割其勢女子閉於宮中此椓毀其陰即割勢是也謂之奄者天官酒人注云奄精氣閉藏者引月令其器閎以奄是由割去其勢精氣閉藏故謂之奄人也若然秋官掌戮云墨者使守門閽人之注引掌戮之文則閽人乃是墨者非奄人矣而此箋以昏爲奄者案周禮序官閽人上有內小臣下有寺人內小臣之與寺人皆是奄人爲之閽人與之爲類官居其閒則亦奄人也閽人云王宮每門四人囿遊亦如之注云囿禁院也遊離宮也然則王宮之與囿遊所守門者其官皆曰閽人是閽之用人非獨奄也掌戮墨者使守門宮者使守內刖者使守囿則墨刖皆亦爲閽非獨宮刑者矣但內門則用奄以守之其外門則用墨耳閽人職曰掌守王宮之中門之禁注云中門於外內爲中天子五門雉門爲中門是雉門以內用奄庫門以外用墨其囿則用刖也官與寺人爲類主以奄者爲名月令仲冬命奄尹審門閭謹房室是門房之守皆奄爲之故知閽是奄人之官名也奄者防守門閣親近人主凡庸之君闇於善惡以其少小慣習朝夕給使顧訪無猜憚之心恩狎有可悅之色且其人久處宮掖頗曉舊章常近牀第探知主意或乃色和貌厚挾術懷姦或乃捷對敏才飾巧亂實於是邪正並行情貌相越遂能迷罔視聽因惑愚主謂其智足匡時忠能輔國信而使之親而任之國之滅亡多由此作故詩人責王遠賢者而近刑奄之人也原其本心不欲滅國但所謀不當滅國之道也故謂之謀滅王國也皐皐訿訿曾不知其玷皐皐頑不知道也訿訿窳不供事也箋云玷缺也王政已大壞小人在位曾不知大道之缺○皐音羔爾雅云刺素食也訿音紫爾雅云莫供職也玷丁簟反窳音庾裴駰云病也說文云嬾也一本又作寙兢兢業業孔填不寧我位孔貶貶隊也箋云兢兢戒也業業危也天下之人戒懼危怖甚久矣其不安也我王之位又甚隊矣言見侵侮政教不行後犬戎伐之而周與諸侯無異○業如字一音五答反貶彼檢反隊直類反又作墜【疏】皐皐至孔貶○正義曰上言小人爲謀將滅王國此言其致滅之狀小人在位皐皐然志識頑鈍而不知治道訿訿然在

公廞惰而不供職事心頑力惰自以爲宜王政已壞曾不知其大道之玷缺也臣既如此害及天下故今時之人皆兢兢而戒懼業業然而危怖甚久矣天下不安言不安已久矣民既不安其我王之位又甚貶退言其卑微與諸侯無異也○傳皐皐至共事○正義曰釋訓云皐皐琯琯刺素食也舍人曰皐皐不治之貌某氏曰無德而空食祿也無德不治而空食祿是頑不知其道也釋訓又云翕翕訿訿莫供職也是訿訿爲廞不供其職也說文云廞嬾也草木皆自暨立唯瓜瓠之屬臥而不起似若嬾人常臥室故字從。字。音。眠

如彼歲旱草不潰茂如彼棲苴潰遂也苴水中浮草也箋云潰茂之潰當作彙彙茂貌王無恩惠於天下天下之人如旱歲之草皆枯槁無潤澤如樹上之棲苴○潰毛戶對反鄭作彙音謂棲音西謂棲息也苴士如反槁口老反

我相此邦無不潰止箋云潰亂也無不亂者言皆亂也春秋傳曰國亂曰潰邑亂曰叛○相息亮反

疏 如彼至潰止○毛以爲言王無恩於民致使下民如彼歲之大旱其草不得申遂而盛茂致使此草如彼水上棲止逐流之浮苴也旱歲之草如水上之苴言其枯槁無潤下民不得王恩亦如是也民不見德禍亂將起詩人閔之言我視此王之邦國無有不亂止言其必將亂也後犬戎殺王是此言之信○鄭唯以潰爲彙棲苴謂樹上爲異餘同○傳潰遂至浮草○正義曰草之生當遂其生長之性今。言。以草不潰。故以潰爲遂苴是草之枯槁逐水流者故云苴水中之浮草如是則棲爲浮義謂棲息於水上也○箋潰茂至棲苴○正義曰潰茂連文以潰爲遂於義不安故易傳言潰當作彙如易泰卦拔茅以彙之字彙是茂盛之貌也箋不直言潰當作彙而云潰茂之潰當作彙者以下有無不潰止嫌亦爲彙故連茂言之又以棲者居在木上之名謂水上爲棲理亦不愜故以爲如樹上之棲苴苴是草木之枯槁者故在樹未落及已落爲水漂皆稱苴也此經再云如者言民如旱草草又如苴見其枯槁之極喻王無恩之甚也○箋春秋至曰叛○正義曰僖四年公羊傳文也引之者證邦潰爲國亂之意也

維昔之富不如時往者富仁賢今也富讒佞箋云富福也時今時也維今之

疚不如茲今則病賢也箋云茲此也此者此古昔明王〇疚音救病也字或作𤶈

彼疏斯粺胡不自替職兄斯引彼宜食疏今反食精粺替廢。況茲也引長也箋云疏麤也謂糲米也職主也彼賢者祿薄食麤而此昏椓之黨反食精粺女小人耳何不自廢退使賢者得進乃。茲復主長此為亂之事乎責之也米之率糲十粺九鑿八侍御七〇粺皮賣反兄音況下同糲蘭末反沈音賴又音厲復扶又反下同長如字又張丈反率字又作䊪音類又音律又所律反鑿子洛反又音昨字林云糲米一斛舂為八斗音子沃反

疏維昔至斯引〇毛以為邦國之亂由遠賢者而任小人故舉明王之政以並之言維昔明王之所富者不如今之時言昔時富賢人今時富讒佞也又言今時所以異於昔者維今世之所病者不如此明王言明王富賢人今世則病賢人是其異於昔也由病其賢者故小人得進故又責之言彼宜食疏今乃反食精粺之小人由汝當路以病賢者何不早自廢退使賢者得進乃復主為滋益此亂之事使更長也〇言小人用事益使亂長故責之〇鄭唯彼疏斯粺為異餘同〇傳彼宜至引長〇正義曰以小人為彼故云彼宜食疏今食精粺言其富小人也替廢釋言文爾雅之訓況為賜也賜小人之物使之益多故以況為滋滋又為益引長釋詁文〇箋疏麤至御七〇正義曰以疏封粺則麤於粺也麤於粺者唯糲米耳故知謂糲米也職主釋詁文以疏粺文稱彼此則有相形之勢上文責王病賢者富小人則此亦相對不得為一人故易傳以賢者食麤昏椓之黨食精也職況斯引職訓之為主茲此引長言主為益此使亂之長故便而倒之云乃茲復主長此為亂之事責之也言米之率糲十粺九鑿八侍御七者其術在九章粟米之法彼云粟率五十糲米三十粺二十七鑿二十四御二十一言粟五升為糲米三升以下則米漸細故數益少四種之米皆以三約之得此數也言此明糲麤於粺故為疏也

池之竭矣不云自頻頻厓也箋云頻當作濱厓猶外也自由也池水之。溢由外灌焉今池竭人不言由外無益者與言由之也喻王猶池也政之亂由外無賢臣益之〇頻舊云毛如字鄭作濱音賓俱云厓也案張揖字詁云瀕今濱則瀕

是古濱字者與音餘**泉之竭矣，不云自中**。泉水從中以益者也。箋云：泉者中水生則益深，水不生則竭。喻王猶泉也，政之亂又由內無賢妃益之。**溥斯害矣，職兄斯弘，不烖我躬**。箋云：溥猶徧也。今時徧有此內外之害矣，乃茲復主大此爲亂之事，是不烖王之身乎？責王也。烖謂見誅伐。〇溥音普。烖音災。徧音遍，下同。

【疏】池之至我躬〇正義曰：既言小人在朝，又傷王無輔助。言人見池水之竭盡矣，豈不言云由其外之濱匪無水以益之故也？以喻人見王政之喪亂矣，豈不言曰由其外之羣臣無賢以佐之故也？人見泉水之枯竭矣，豈不言由其內之地中無水以生之故也？以喻人見王政危亂矣，豈不言曰由其內之妃后無德以助之故也？今王內無賢后，外無賢臣，溥徧有此內外無賢之害矣，而在故小人乃復主益此亂，使之更大，亂漸益大，於久豈得不災害我身乎？言其必將害之。〇箋頻當至益之〇正義曰：以水匪之濱，其字不應作頻，故破之也。傳作頻者，蓋以古多假借或通用故也。池者穿地引水。家語曰：池水之大，魚鼈生焉，萑葦長焉，誰知其非泉也？是池池由自外引水而爲之，故云池水之益由外灌焉。上章刺王遠賢，故知以池竭喻外無賢臣益之也。既以池竭外無益以喻外無賢臣，故知下經以泉竭內無益以喻無賢妃也。

昔先王受命，有如召公，日辟國百里。今也日蹙國百里。辟，開。蹙，促也。箋云：先王受命，謂文王、武王時也。召公，召康公也。言有如者，時賢臣多，非獨召公也。今，今幽王臣。〇辟音闢。蹙，子六反。**於乎哀哉！維今之人，不尚有舊**。箋云：哀哉，哀其不高尚賢者，尊任有舊德之臣，將以喪亡其國。〇喪，息浪反。

【疏】昔先王至有舊〇正義曰：言日闢日蹙，甚言之耳，不得一日之閒便有百里之校。於蹙國之上不言無賢臣者，以不尚有舊事見於下，故空其文，以下句互而知之。

召旻七章，四章章五句，三章章七句。

蕩之什十一篇九十二章七百六十九句

附釋音毛詩注疏卷第十八（十八之五）

毛詩注疏校勘記（十八之五）　　阮元撰盧宣旬摘錄

○常武

因以爲戒然　唐石經小字本相臺本同案正義云定本集注皆有然字是正義本無標起止云至爲戒然當是後添也

既已戒勑之　閩本明監本毛本已誤以案上文既以警肅之以亦當作已

於軍將行治兵之時　小字本相臺本同案考文古本軍上有六字山井鼎云疏疊出此注作於六軍將有六字者似是其說非也此軍將二字連文將子匠反下箋云王又使軍將云云又者又此箋也行治兵者謂行治兵之禮正義有明文三字連文也釋文於上章大將下云子匠反第二章注同亦其證古本所采正義乃誤字耳見下

傳尹氏至浦厓　明監本毛本厓誤涯閩本不誤下同案厓字經注本多從水釋文亦然正義中多作厓當是其本不從水也考厓爲正字涯爲俗字依經注本改正義者非○按正義之例多以今字易古字此等轉寫有譌亂耳

於六軍將行治兵之時者　閩本明監本毛本同案於六當作云於錯誤耳

大司掌其戒令是也　閩本明監本毛本司下有馬字案所補是也

舒徐也　小字本相臺本同案此正義本也正義云舒徐也定本云舒序也一本作舒徐也考舒徐也與野有死麕傳同定本釋文依爾雅耳當以正義本爲長

以驚動徐國　小字本相臺本同考文古本同閩本明監本毛本驚誤震案正義云其動驚此徐方之國又云則皆動驚而將服罪是此箋當作動驚下箋云徐國則驚動而將服罪亦動驚之誤也

如震如怒　唐石經小字本相臺本同案釋文云一本此兩如字皆作而正義云其狀如天之震雷其聲如人之勃怒其色是其本經中字亦作如也考箋云而震雷其聲而勃怒其色鄭意以爲震怒自是實事不假外象轉經如字作而以說之毛氏詩如而互通鄭但於都人士箋云而亦如也餘多不言者省文耳一本乃依鄭竟改經作而似是實非

緜緜靚也　小字本相臺本同案考文古本靚作靜考靜字與韓奕傳同釋文緜緜下云靚也正義緜緜然安靜者易靚爲靜而說之耳考文古本誤采正義所易之字也韓奕正義字仍作靚不易當是後人改耳○按毛傳於楚茨閟宮皆曰清靜於韓奕常武曰徐靚曰靚毛意靚與靜有別靚有清麗之意上林賦注曰靚糚粉白黛黑也是也

○瞻卬

天王使凡伯來騁　閩本明監本毛本同小字本相臺本騁作聘案騁字誤也正義標起止十行本閩本皆不誤明監本毛本亦誤作騁

稱世稱之　閩本明監本毛本同案上稱字浦鏜云當傳之誤是也常武正義云或皇氏父字傳世稱之可證

其爲殘酷痛病於民　小字本同閩本明監本毛本同相臺本病作疾考文古本同案正義云箋以蟊賊是損害之實故以殘酷痛疾言之相臺本考文古本皆依此所改也正義上文云其殘酷於民如蟊賊之蟲病害於禾稼乃用病字則下疾乃誤字耳依之改者非

施刑罪以羅網天下小字本同閩本明監本毛本同相臺本網作罔案罔字是也下箋天下羅罔不誤網乃正義所易今字

此自王所下大惡小字本同閩本同相臺本自作目明監本毛本同案目字是也考文古本作因誤甚

梟鴟聲之鳥小字本相臺本聲上有惡字閩本剜入明監本毛本同案十行本脫也

借民力所治之然也閩本明監本毛本然作田案所改是也

夏官馬質注引蠶云明監本毛本云上有書字閩本剜入案所補是也

則天下邦國將盡困窮閩本明監本毛本同小字本相臺本窮作病考文古本同案病字是也十行本閩本正義中標起止云至困病不誤明監本毛本亦誤改爲窮

天者羣臣之精閩本同明監本毛本臣作神案所改是也

觱沸其貌小字本相臺本同考文古本同閩本明監本毛本其誤出案釋文觱沸下云泉出貌乃檃栝箋意耳不知者取其改箋誤也

瞻卬七章小字本相臺本同唐石經初刻仰後改卬案雲漢釋文云卬本亦作仰卬仰古今字也考文古本經序皆作仰亦非

〇召旻

亡賦稅則急者行之必速之辭閩本明監本毛本則作也案所改非也此亡當作云耳

而近爲行之理未彰閩本明監本毛本同案近字當衍

窳不供事也小字本相臺本同案釋文云窳音庾裴駰云病也說文云嬾也一本作窊正義云說文云窳嬾也草木皆自豎立唯瓜瓠之屬臥而不起似若嬾人常臥室故字從宀依此是釋文正義二本皆作窳唐人此字從宀也所引說文今無其文正義所據往往非今十五篇說文如第字之類是也窳字出楊承慶字統草木皆自豎立以下即取彼文以爲說耳毛傳當本用窳字

故字從字音眠閩本明監本毛本字作穴案皆誤也當作宀下音眠二字當旁行細書正義自爲音例如此

今言以草不潰故以潰爲遂閩本明監本毛本同案故上浦鏜云脫茂字又云上以字當衍皆是也

況茲也小字本相臺本同閩本明監本毛本同案況當作兄正義中作況乃易字耳考文古本經作況亦非也

乃茲復主長此爲亂之事乎小字本相臺本同案考文古本茲作滋下章箋同考此及常棣桑柔經傳箋皆當兄茲二字正義中作況滋者皆易字也今常棣唐石經已誤況桑柔傳箋各本皆誤滋此箋考文古本又誤采正義字改爲滋也又按此等茲字皆當上从艸下从絲省聲艸木多益也滋字从水从艸部之茲益也今人所寫茲滋皆譌字

池水之溢由外灌焉閩本明監本毛本同小字本相臺本溢作益考文古本益字亦同案益字是也正義中益字各本不誤

而在故小人閩本明監本毛本故作位案所改非也在故當作任政形近之譌

於久豈得不災害我身乎閩本明監本毛本同案山井鼎云久恐舊誤其說非也於久二字當衍我下當脫王之二字上衍而下脫耳

昔先王受命有如召公　唐石經小字本相臺本同案此正義本也序下正義云卒章云有如召公是其證也關雎正義云六字者昔者

先王受命有如召公之臣是也所引不與此同如出其東門引白華英英而本篇乃作央央下泉大東皆引二之日栗冽而本篇仍作烈是其比矣良由撰者既非一人六朝義疏本有各家或復存舊致此歧互耳經義雜記欲依彼正義改此文未爲當也

言曰闢曰蹙　閩本明監本毛本闢誤辟案闢是正義所易之今字皇矣江漢正義皆可證

珍倣宋版印

附釋音毛詩注疏卷第十九〔十九之一〕

〔六二三〕

清廟之什詁訓傳第二十六

毛詩周頌　鄭氏箋　孔穎達疏

周頌譜○周頌者周室成功致太平德洽之詩其作在周公攝政成王即位之初

正義曰言致太平德洽即成功之事據天下言之爲太平德洽據王室言之爲功成治定王功既成德流兆庶下民歌其德澤即是頌聲作矣然周自文王受命武王伐紂雖屢有豐年未爲德洽及成王嗣位周公攝政脩文武之德定武王之烈干戈既息嘉瑞畢臻然後爲太平德洽也書敘既黜殷命之後云唐叔得禾異畝同穎王命唐叔歸周公於東周公旅天子之命作嘉禾是攝政之初嘉禾生也書傳曰三年踐奄多方曰惟五月丁亥王來自奄自此之後無復征伐易注云行誅之後致太平自三年數也故四年之封康叔因欲營洛以觀民心康誥曰周公初基作新大邑於東國洛四方民大和會是德洽及民之事也故書傳曰周公將作禮樂優游之三年不能作君子恥其言而不見從恥其行而不見隨將大作恐天下莫我知將小作恐不能揚父祖功烈德澤然後營洛以觀天下之心於是四方諸侯率其羣黨各攻位於其庭周公曰示之以力役且猶至況導之以禮樂乎然後敢作禮樂書曰作新大邑於東國洛四方民大和會此之謂也如書傳此言則周公以三年太平即應作禮樂但爲優游之故至六年乃作其禮樂自優游未作頌聲乃人志所爲制禮之前頌已作矣故周禮太師教六詩六曰頌樂師帥學士歌徹謂歌雍也制禮之時得取頌詩爲樂是制禮之前有頌也制禮之後民俗益和明頌聲乃作可知故總云其作之時在周公攝政成王即位之初也史傳羣書稱成康之間四十餘年刑措不用則成王終世太平正言即位之初者以即位之初禮樂新定其詠父祖之功業述時世之和樂宏勳盛事已盡之矣以後無以過此採者不爲復錄且檢

周頌事迹皆不過成王之初故斷之以爲限耳不謂其後不得作頌也故曰成康沒而頌聲寢不廢康王之時乃有其頌但今詩所無耳雅不言周頌言周者以別商魯也周蓋孔子所加也何則孔子以前六詩並列故太師教六詩是六詩皆別題也書敘列虞夏商周書各爲一科當代異其第則詩本亦當代爲別商頌不與周頌相雜爲次第也周詩雖六義並列要先風雅而後頌也見事相因漸爲商頌不得在周頌之上間廁之也商頌自以配樂當如樂貴者用前賤者用後不可以先代之頌在後代之下必是獨行爲一代之法國語曰有正考甫者校商之名頌十二篇於周之太師以那爲首若在周詩之中則天下所共不須獨校於周之太師也明不與周詩同處矣商既不雜於周不須有所分別則知孔子以前未題周也孔子論詩雅頌乃次魯商於下以示三代之法故魯譜云孔子錄其詩之頌同之王者後商譜云孔子錄詩列之以備三頌是商頌者孔子列之於詩末也既有商魯須題周以別之故知孔子加周也三頌之言容天子之德光被四表格于上下無不覆燾無不持載此之謂容於是和樂興焉頌聲乃作○正義曰此解名之爲頌之意頌之言容歌成功之容狀也光被四表格于上下堯典文也左傳季札見舞韶箾曰德至矣哉大矣哉如天之無不燾如地之無不載是所據之文也尚書說堯之德也左傳說舜之德也帝王之德當爲優劣此引堯舜之事以言周者聖人示迹不同所遇異時故號有帝王爲優劣之稱若乃至誠盡物前聖後聖其歸一也故中庸說孔子之德亦云無不覆燾無不持載明聖人之道同也噫嘻成王既昭假爾書傳說越常之譯曰久矣天之無烈風淫雨中候擿雒戒云曰若稽古周公旦欽惟皇天順踐祚即攝七年鸞鳳見蓂莢生青龍銜甲玄龜背書是周德光被四表格于上下之事也言頌聲者詩各有聲故公羊傳曰什一而稅頌聲作是也此頌聲由其時之君德洽於民而作則頌聲係於所興之君不係於所歌之主故周頌三十一篇左方中皆以爲周公成王之頌也以其雖詠往事顯祖業昭文德述武功皆令歌頌述之以美今時不爲祖父之頌矣但祖父之功由此以顯顯其父祖之功所以頌子孫也故時邁之等盡爲武王之事要歸頌聲於周公成王也若然清

廟祀文王執競祀武王非文武之頌而那祀成湯烈祖祀中宗玄鳥祀高宗郎爲所祀之王頌者頌既治平而與文武雖有盛德時未太平不可爲頌成王致太平乃有頌雖祀文王武王皆歌當時成功告其父祖之神明故周頌祀文王武王者皆非文武之頌也若殷之三王既中興受命本皆太平明生時自有頌聲但商書殘。缺無以言焉今死而作頌故係於所歌之王因此而談不廢成王崩後亦有追頌或本不錄今詩無耳祖父未太平而子孫太平頌聲之興係於子孫周頌是也祖父未太平而子孫未太平則所頌之詩係其父祖商頌是也若父祖子孫俱太平作頌於子孫之時論父祖之事者則所係之主由作者本意無定準也頌者述盛德之容至美之名因此復有借其美名因以指所頌者騶頌僖公是也止頌德政之容無復告神之事以位在諸侯不敢輒作雖非告神又非風體故曰季孫行父請命於周而史克作是頌也然魯頌之文尤類小雅比於商頌體制又異明三頌之名雖同其體各别也此周頌所頌之事多在成王即位之前今檢其作之早晚前後亦參差不同案賚序云大封於廟也箋云大封武王伐紂時封諸臣有功者宣十二年左傳昔武王克商而作頌載戢干戈載櫜弓矢又作武其三曰鋪時繹思我徂惟求定其六曰綏萬邦屢豐年其文在時邁與般。敘武。賚桓也而桓説武王伐紂之事時邁與般序言巡守案康王之誥云王若曰庶邦侯甸男衞注云獨舉侯甸男衞四服者周公居攝六年制禮班度量至此積三。十。年再巡守餘六年侯甸男要服正朝要服國遠既事遣之衞服前冬來以王有疾留之如鄭此言以攝政六年而六服咸在以爲年端則成王即位後十年乃巡守是爲攝政至成王之初無巡守也明時邁與般武王時也此四篇皆武王時事也閔予小子訪落敬之三篇序云嗣王經稱小子是成王除。喪嗣位未改喪中之稱攝政之前事也有客微子來見祖廟箋云成王既黜殷命殺武庚命微子代殷後既受命來朝而見。命尙書敘微子之命在誅管蔡之前則微子來見攝政二年之事也凡此八篇事皆在太平之前也雝禘太祖以魯禮言之武王以成王年十歲十二月崩則成王年十三祫於武王之廟年十四禘於羣廟乃年十七攝政三年而祫至五年而禘雝於周禮徹而歌之則事在攝政六年之前而攝政五年及成王十四時俱有禘檢其篇中二者無以可明而雝箋云得天下之懽心似五年之事也維天之命太平告文王箋云告太平者居攝五年之末則亦五年之事也明堂位曰昔周公朝諸侯於明堂之位謂在洛邑也孝經曰昔者周公郊祀后稷以配天宗祀文王於明堂以配上帝然則朝諸侯郊祀皆攝政六年所爲而清廟周公既成洛邑朝諸侯率以祀文王焉我將祀文王於明堂思文后稷配天皆六年時事也昊天有成命郊祀天地不指年月而郊祀周公所定思文頌所配之人昊天有成命言感生之帝祐及後世以事相況蓋與思文同時也振鷺二王之後來助祭箋云二王夏殷也其後杞也宋也微子攝政二年始爲殷後獨來見於祖廟杞本先封不當與宋俱至今二王之後並來助祭則在有客之後也杞宋異服不應○並朝蓋亦周公朝諸侯於明堂之時與天下俱至則振鷺亦六年也或者杞宋一國亦得云二王之後如是則其時不可知也酌告成大武亦六年之事故箋云其始成告之而已是也既告當作之以觀其和否有瞽始作樂而合於太祖云始作明既告之之後合而觀之卽告○也合各有禮於廟以樂初成所以合而作之故曰既備乃奏肅雝和鳴亦爲六年時事也朝明堂之時諸侯及二王之後皆未去故云我客戾止永觀厥成以此考之事相符合也周公攝政六年制禮作樂則大武之樂當奏之矣而酌箋云歸政成王乃後祭於宗廟而奏之者以周公之作禮樂主爲成王故據成王而言之不言攝政之時已奏大武則武詩之作其時未可明也載見箋云諸侯始見君王謂見成王也小毖曰予其懲而箋云我其創艾於往時矣皆成王卽位之初也烈文成王卽政檢成王除武王之喪周公未攝之時與周公致政之後二者皆爲卽政若除喪之時事宜與閔予同時而閔予三篇與羣臣謀事稱未堪家多難有求賢自退之志今烈文之篇申勑諸侯卿士以賞罰爲己任亦宜爲歸政之後成王卽位之初也故服虔注左傳亦云烈文成王初卽洛邑諸侯助祭之樂歌是也其維清敘皆得爲武王之事但敘云奏者容周公成王時所奏述其事而爲頌故不可必定也噫嘻曰既昭假爾臣工曰迄用康年豐年曰多黍多稌載芟曰萬億及秭良耜曰其

崇如墉潛曰潛有多魚言豐年物多以告神明是論太平後事但不知攝政三年之後定指何年耳天作祀先王先公事與天保于公先王文同以禴祠烝嘗類之是為時祭執競祀武王說武王生時之功絲衣繹賓尸說繹祭得禮之宜推檢無以知其早晚以祭乃繹是告神之作亦宜其太平之年事也所檢止知其事之早晚而作者當時不必皆為有事而作先後有事後而先作者不可以事定其作之時也此云頌聲乃作則頌自民之歌謠而外傳引思文時邁皆言周文公之頌所以周公之時還得自頌者以周公攝政歸功成王歌其先人之功事由不涉於己故得自為風雅。此篇既有義理頌亦當宥也。武王之事不為頌首不以事之先後。必為次矣雖作於制禮之前而在烈文清廟之後又不以作之先後為次矣禮記每云升歌清廟然則祭宗廟之盛歌文王之德莫重於清廟故為周頌之首文王受命為王者之端武王即因其業且俱為聖人令父先於子故頌以文王為首其事盛者在先所以先清廟也次以維天之命者言文王德與天同溢於後世周公收其道以制法告其廟以太平盛之次也文王既道可為法政致清明故武王象其伐事以制歌樂故又次維清也道既可法諸侯當法而行之故次烈文也道為諸侯所法可以祭祀先祖故次天作也人本於祖推以配天既祀於廟又當郊天柴望故次昊天有成命我將時邁也。雖告祭之歌說武王能持彊道為神降福故次執競也武王之持強道致牟麥之瑞由后稷之功故次思文也由稷以致牟麥牟麥為豐年之祥故次臣工也年之所康者因祈穀而致福故次噫嘻也以祈穀大事必有助祭故次振鷺也助祭得禮以致年豐當以報祭故次豐年也既獲年豐天下和樂故合諸樂奏而聽之故次有瞽也既和樂年豐萬物得所信及潛逃故次潛也既樂作魚多可以告神祭祖故次雝也說諸侯助祭之事而諸侯之來朝有禮故次載見也既朝祭得禮則主所愛敬故次有客也以諸侯之來見奏樂以示之使知一代之功德故次武也武武王之大事周之最盛者也但周推文德以先文王則武王為子道故武詩不在周頌之初故禮記每云升歌清廟下管象象謂武也子道而在堂下示上下之義武詩主歌武王之功而未致太平王崩子幼朝廟謀事羣臣進戒故次閔予小子訪。樂敬之也先朝廟而後諮謀君訪問而臣進戒事之次也臣既進謀君又求助故次小毖也既謀事求助致敬民神春祈秋報故次載芟良耜也社稷雖國之貴神卑於郊宗告祭故次時邁之後以所歌皆民事非先王之盛德故也既年豐民安所以祭祀祭則有明日之繹以致胡考故次絲衣也天下所以年豐壽考本以文王得用師之道武王克定厥家封功臣陟四岳祀河海故次酌桓賚般以爲和樂之終焉周頌皆太平之歌所論多告神之事篇多而事相類所次意不似風雅觀其大歸清廟之什陳文武盛德郊宗柴望。配禮之大者臣工之什言助祭祈報合樂朝見事劣於清廟閔予之什傷家道之未成創往時之禍難又陳繹告之末祭類禍之小禮比臣工又差劣焉大率周頌之次雖其中有曲而要以盛者爲先般與時邁同爲巡守般非告祭之文無明昭震疊之威故同時而不次也且社稷以祈報。此篇嗣王緣事義相類郊宗由大禮類聚繹禍爲末祭羣分觀此則次有義矣可以輒論難以精悉也禮運曰政也者君之所以藏身也○正義曰以頌者告神之歌由於政平神悅所致故說政從神下歌以報神所以爲頌之意引禮記以證之言藏身者鄭云藏謂輝光於外而形體不見若日月星辰之神言日月星辰有光輝形藏於中而不可見猶人君施政教不身藏於中而不可害猶日月星辰然○是故夫政必本於天殽以降命○正義曰既言藏身由政又本政所由出言是故乘上文爲勢也以天爲神之尊者故先之本之者即殽以降命也殽之言效鄭云效天之氣以下教令天有運移之期陰陽之節也若賞以春夏刑以秋冬皆效天也○命降於社之謂殽地○正義曰鄭云謂教令由社下者也社者土地之主土會之法有五地之物生此則教令本下於社是謂效地之宜以下者也教令由社而云效地者以社五土之總神爲土地主也大司徒職曰以土會之法辨五地之物生一曰山林宜。皁物二曰川澤宜膏物三曰丘陵宜核物四曰墳衍宜莢物五曰原隰宜叢物是地有山川高下物生各有所宜人君當效之亦順合所宜而任之山者不使居川渚者不使居中原之類所效亦多矣以上文因政者君之所以藏身即云政必本於天既云本天遂從天向下而言故云殽以降命則云降命者自人君降之於民也故鄭云效天之氣以下教令是君下之於民也社廟以下因前文亦政之所本據令教令本之由於社廟則所云降者皆從社廟降於人君也故鄭云教令由社下者由社廟下於人君也隨文勢而互言之皆神降於人君君又降之於民。也降於祖廟之謂仁義○正義曰鄭云謂教令由祖下者大傳曰自禰率而上之至於祖遠者輕之下仁也自祖率而下之至於禰高者重義也是祖廟有仁義降於人君人君法之下於民○降於山川之謂興作○正義曰鄭云謂教令由山川下者山川有草木禽獸可作器物供國事也言山川有材用可以興作器物有此法以降人君人君所效降興作之教令於民也○降於五祀之謂制度○正義曰鄭云謂教令由五祀下者五祀有中霤門戶竈行之神中霤謂室也室及門戶竈行人之動作所由爲皆有制度是五祀有制度以降人君人君所以下於民爲之制度也上棟下宇起自黃帝有室則有門戶矣行是人道塗人所由竈有爨烹之用則五祀乃人之所爲而云降制度於人君者以五祀雖人所爲要理自當有聖人有以見天下之賾而創爲之既爲其器卽立其神神有制度故可法象猶社祀句龍廟祭先祖亦人立之而效之降命與此同○又曰祭帝於郊所以定天位祀社於國所以列地利祖廟所以本仁山川所以儐鬼神五祀所以本事○正義曰以上教令皆降於郊社祖廟山川五祀而此又祭之見其爲取法象焉故云所以本仁所以本事也祭帝於郊謂祭感生之帝容五帝之兆也天之法象多不可指其所本因其天象在上而祭有處所故云定天位也祀社土地之主土地生物人所利用祭之而見有此利於民故云列地利也物雖資天所生其見在地所以將地言之地之爲利也博故言其利不言所本也自祖廟以下不言祭蒙上祭文祖廟有仁有義其仁可以總之其五祀本爲制度而制度與舉卽是事也故云本事山川亦有所本因山川爲神不明故云儐鬼神言賓敬山川鬼神而祭之與本仁本事互見敬鬼神而本之○又曰禮行於郊而百神受職焉禮行於社而百貨可極焉禮行於祖廟而孝慈服焉禮行於五祀而正法則焉○正義曰上既言祭羣臣此言祭得所之驗也故鄭云信得其禮則神物與人皆應之百神列宿也百貨金玉之屬如此爲聖王既法象羣神人君誠心事之禮行於神則百神應而受職百貨出而可盡人服於孝慈俗正其法則矣知百神爲列宿者以繫天言之爲天之諸神分宿所主各守所職使不僭濫寒暑節風雨時令萬物茂百穀成也百貨金玉者舉金玉言之祭地得所地不愛寶山出器車地生醴泉銀甕丹甑金玉百貨可盡爲人用焉又祖廟得所則民化上知孝於祖禰慈愛子孫而服於君之政教矣五祀得所則制度可法是正法則矣不言山川者上既言儐鬼神則已爲禮行矣故略之○故自郊社祖廟山川五祀義之脩禮之藏也○正義曰以此五者聖王教令所法象祭而事之則神得而事治義理由此以脩飾禮法從之而出見是義興於此禮藏其中故鄭云脩猶飾也藏若其城郭然此言聖王之政法象天地羣神之爲而爲之政政成而神得其所神得其所則事順人和而德洽於神舉。矣功大如此可不美報乎故人君必絜其牛羊馨其黍稷齊明而薦之歌之舞之所以顯神明昭至德也○正義曰案今周頌郊社祖廟山川之祭自以歲時之常非爲太平而報而鄭云功大如此可不美報者人君是羣神之主故曰有天下者祭百神其祭不待於太平也但太平之時人民和樂謳歌吟詠而作頌者皆人君德政之所致也以人君法神以行政歸功於羣神明太平有所由是故因人君祭其羣神則詩人頌其功德故謂太平之祭爲報功也時邁般桓之祭於時雖未太平以其太平乃歌亦爲報也歌之舞之謂祭神之後詩人歌之非謂當祭之時即歌舞也故清廟經曰肅雝顯相濟濟多士駿奔在廟皆是既祭之後述祭時之事明非祭時即歌也但既作之後常用之故書傳說清廟云周公升歌文王之功烈德澤尊在廟中嘗見文王者愀然如復見文王是作後每祭嘗歌之也頌之作也主爲顯神明多由祭祀而爲故頌敘稱祀告澤及朝廟於廟之事亦多矣唯敬之小毖不言廟祀而承謀廟之下亦當於廟進戒廟中求助者然頌雖告神爲主但天下太平歌頌君德亦有非祭祀者臣工有客烈文振鷺及閔予小子小毖之等皆不論神明之事是頌體不一要是和樂之歌而已不必皆是顯神明也今頌昊天有成命我將思文噫嘻載芟良耜及桓是郊社之歌也其清廟維天之命維清天作執競雝武酌賚之等爲祖廟之祭也其烈文臣工振鷺豐年潛有瞽載見有客閔予小子訪落絲衣之等雖有祖廟之事其頌德又與上異也時邁與般有望祭河岳之事是山川之祭也唯五祀之祭頌無其歌耳頌爲四始之主歌其盛德者也五祀爲制度常事非其盛故無之羣神之中亦有圓丘之天神方澤之地祇五方之帝六宗之祀今頌皆無者以其頌者感今德澤上述祖父郊以祖配故其言及之至於圓丘方澤所配非周之祖不可歌之以美周德五方之帝與六宗同於天神所配之人不異於思文與我將詩人不爲之頌所以今皆無也毛氏之義傳訓不具王肅準鴟鴞之傳而爲之說則周公攝政成王之事年毛意或如王肅言也維天之命傳曰成王能厚行之爲成王即政之後事也成王年十四周公攝政爲元年攝政三年春朝廟閔予小子之篇是也有客亦周公東征三年之後來而始封宜攝政四年之事以王來自奄非攝政時與鄭異不可約之爲三年中也三年除喪明年禘於羣廟則雝爲四年事其餘則錯互不可盡檢或與鄭同

清廟祀文王也周公既成洛邑朝諸侯率以祀文王焉。清廟者祭有清明之德者之宮也謂祭文王也天德清明文王象焉故祭之而歌此詩也廟之言貌也死者精神不可得而見但以生時之居立宮室象貌爲之耳成洛邑居攝五年時○廟本又作庿古今字也苗笑反杜預云肅然清淨之稱也雒音洛本亦作洛水名字從水後漢都洛陽以火德爲水剋火故改爲各傍佳朝直遙反

疏清廟八句至王焉○正義曰清廟詩者祀文王之樂歌也序又申說祀之時節周公攝王之政營邑於洛既已成此洛邑於是大朝諸侯既受其朝又率之而至於清廟以祀此文王焉以其祀之得禮詩人歌詠其事而作此清廟之詩後乃用之於樂以爲常歌也周禮四時之祭其祭者春曰祀因春是四時之首故以祀爲通名楚茨經云烝嘗序稱祭祀是秋冬之祭亦以祀目之此祀文王自當在春餘序之稱祀不必皆春祀也以王制之法及鄭志所云殷禮春礿夏禘四時皆無祀名而商

頌之序亦稱祀者子夏生於周世因以周法言之那與烈祖皆云烝嘗而序稱爲祀是祀爲通名也案召誥經序營洛邑者乃是召公所爲而云周公既成洛邑者以周公攝行王事君統臣功故以周公爲主既成洛邑在居攝五年其朝諸侯則在六年明堂位所云周公踐天子之位以治天下六年朝諸侯於明堂卽此時也成洛邑後年始朝諸侯而此繫之成洛邑者以洛邑既成之後朝事莫此之先故繫之也此朝諸侯在明堂之上於時之位五等四夷莫不咸在言率之以祀文王則朝者悉皆助祭序雖文。王諸侯其實亦有四夷但四夷世乃一見之助祭非常故略而不言之耳諸侯之朝當依服數而至明堂之位得夷夏弁在者以其禮樂初成將頌度量故特使俱至異於常朝也顧命諸侯見王之禮召公率西方諸侯畢公率東方諸侯則率諸侯者皆二伯爲之此言率者謂周公使二伯率之以從周公祀文王也文王之廟雖四時常祀而禮特異於常諸侯皆在祭事最盛詩人述此祭而爲此詩故序備言其事此經所陳皆是祀文王之事其言成洛邑朝諸侯自明祀之時節於經無所當也○箋清廟至年時○正義曰此解文王神之所居稱爲清廟之意以其所祭乃祭有清明之德者之宮故謂之清廟也此所祭者止祭文王之神所以有清。廟之德者天德清明文王象焉謂以文王能象天清明故謂其廟爲清廟樂記曰是故清明象天是天德清明也孔子閒居曰清明在躬注云謂聖人之德亦清明也易稱聖人與天地合其德是文王能象天也賈逵左傳注云肅然清靜謂之清廟鄭不然者以書傳說清廟之義云於穆清廟周公升歌文王之功烈德澤尊在廟中嘗見文王者愀然如復見文王說清廟而言功德則清是功德之名非清靜之義也廟者人所不居雖非文王孰不清靜何獨文王之廟顯清靜之名以此故不從賈氏之說也言祭之而歌此詩者謂。公之時詩人述之而作此清廟之詩墓門云歌以訊之箋云歌謂作此詩是也既作之後其祭皆升堂歌之以爲常曲故禮記每云升歌清廟是其事也立宮室象貌而爲之者言死者之宗廟象生時之宮室容貌故冬官匠人所論宗廟及路寢皆制如明堂是死之宗廟猶生之路寢故云象貌爲之由此而言自天子至於卿士得立廟者其制皆如生居之宮矣案鄭志說顧命成王崩於鎬因先王之宮故有左右房爲諸侯制也是文武之世路寢未如明堂樂記注云文王之廟爲明堂制則文王之廟不類生宮而云象貌爲之者文王以紂尚在武王初定天下其宮室制度未暇爲天子制耳若爲天子之制其寢必與廟同亦是象王生宮也若然祭法注云宗廟者先祖之尊貌也孝經注云宗尊也廟貌也親雖亡沒事之若生爲立宮室四時祭之若見鬼神之容貌如此二注象先祖身之形貌者以廟類生人之室祭則想見其容故彼注通言其意耳作廟者爲室不爲形必不得象先祖之面貌矣知成洛邑攝五年時者書序云成王在豐欲宅洛邑使召公先相宅作召誥召公既相宅周公往營成周使來告卜作洛誥如是則作洛邑與成周同年營之矣書傳說周公攝政五年營成周故知洛邑亦以五年成之也言此者以成洛邑在五年則朝諸侯在六年明此朝諸侯與明堂位所朝爲一事也

於穆清廟肅雝顯相於歎辭也穆美肅敬雝和相助也箋云顯光也見也於乎美哉周公之祭清廟也其禮儀敬且和又諸侯有光明著見之德者來助祭○於於音烏注同後發句皆放此以意求之相息亮反注同見賢遍反下著見同

疏於穆清廟○毛以爲於乎美哉周公之祭清廟也其祭之禮義既內敬於心且外和於色又諸侯有明著之德來助祭也其祭之時又有濟濟然美容儀之衆士亦來助祭於此衆士等皆能執持文王之德無所失墜文王精神已在於天此衆士之行皆能配於在天言其行同文王與之相合也此明著諸侯與威儀衆士長奔走而來在文王之廟後世常然供承不絕則文王之德豈不顯於天豈不承於人所以得然者以文王之德爲人所樂無見厭倦於人斯由人樂之不厭故皆奔走承之○鄭唯以駿奔走二句爲異言諸侯之與多士大奔走而來在文王之廟豈不光明文王之德與言其光明之豈不承順文王之意與言其承順之餘同○傳於歎至相助○正義曰於乎於戲皆古之嗚呼之字故爲歎辭穆美釋詁文書傳云穆者敬之言穆爲敬之美也樂記引詩云肅雝和鳴夫肅肅敬也雝雝和也夫敬與和何事而不行是肅爲敬雝爲和也釋詁云相助勴也俱訓爲勴是相得爲助○箋顯光至助祭○正義曰顯

光釋詁文定本集注皆云顯光也見也於義爲是以此祀文王之歌美其祀不美其廟故云周公之祭清廟也其禮儀敬且和者謂周公祭祀能敬和也以肅雝承清廟之下宜爲祭祀之事而顯相之文又在其下明是相者肅雝故屬於周公唯顯相爲諸侯耳知顯相是諸侯者序言朝諸侯率以祀文王於此經當有諸侯之事而下文別言多士多士非諸侯則顯相是諸侯可知於諸侯言相名多士亦爲相矣此箋以肅雝屬周公而書傳云肅雝顯相注云四海敬和明德來助祭以敬和爲諸侯者義得兩通也

濟濟多士秉文之德對越在天

執文德之人也箋云對配越於也濟濟之衆士皆執行文王之德文王精神已在天矣猶配順其素如存生存

疏 傳執文德之人○正義曰經云秉文之德謂多士執文王之德故傳申其意言此多士皆是執文德之人也亦與鄭同○箋對配至生存○正義曰釋詁云妃合會對也是對爲配之義越於釋詁文濟濟之衆士謂朝廷之臣也執行文王之德謂被文王之化執而行之不使失墜也言在天則是有物在天而非天此祀文王之事故知在天謂文王精神已在天也文王在天而云多士能配者正謂順其素先之行如其生存之時焉文王既有是德多士今猶行之是與之相配也序言朝諸侯率以祀文王止率諸侯耳多士亦助祭序不言率之者王朝之臣助祭爲常非所當率故不須言也以朝廷之臣親受文王之化故言秉文之德則外臣疏遠言其自有光明亦所以互相通也

駿奔走在廟不顯不承無射於人斯

駿長也顯於天矣見承於人矣不見厭於矣箋云駿大也諸侯與衆士於周公祭文王俱奔走而來在廟中助祭是不光明文王之德與言其光明之也是不承順文王志意與言其承順之也此文王之德人無厭之○駿音峻下篇同射音亦厭也見厭於豔反下同與音餘下同

疏 傳駿長至於人矣○正義曰駿長釋詁文言長者此奔走在廟非唯一時之事乃百世長然故言長也以文王精神已在於天光顯文王是顯於天也此奔走助祭是承事文王故見承於人也不見厭於人者由文王德美不爲人厭所以諸侯多士奔走助之結上助祭之意也見承於人上或有不字衍字與不見厭

相涉爲誤定本集注並無不字○箋駿大至厭之○正義曰駿大釋詁文也以詩人所歌據其見事非是逆探後世不宜以駿爲長此承諸侯多士之下總言奔走則文兼上事故云諸侯與衆士於周公祭文王俱奔走而來在廟中助祭以其俱來故訓駿爲大大者多而疾來之意禮記大傳亦云駿奔走注駿疾也疾奔走言勸事也其意與此相接成也又以上言在天者見文王其身雖死其道猶存既言人能配行故指在天爲義此言奔走在廟主述祭時之事無取於在天故以爲光明文王之德承順文王之意光明文王之德雖亦得爲顯之於天但於文勢直言人所昭見不當遠指上天故易傳也此文王之德人無厭之卽是不見厭於人與傳同也

清廟一章八句

維天之命大平告文王也 告大平者居攝五年之末也文王受命不卒而崩今天下大平故承其意而告之明六年制禮作樂○維韓詩云維念也大音泰後大平皆放此

【疏】維天之命八句○正義曰維天之命詩者大平告文王之樂歌也以文王受命造立周邦未及大平而崩不得制禮作樂今周公攝政繼父之業致得大平將欲作樂制禮其所制作皆是文王之意故以大平之時告於文王謂設祭以告文王之廟言今已大平已將制作詩人述其事而爲此歌焉經陳文王德有餘衍○周公收以制禮順文王之意使後世行之是所告之事也○箋告大平至作樂○正義曰樂記云王者功成作樂治定制禮功成治定卽大平之事此經所云我其收之駿惠我文王是制作之意明其將欲制作有此告耳制禮作樂在六年之初故知此告大平五年之末也又解所以必告文王者文王受命不卒而崩卒者終也聖人之受天命必致天下大平制作一代大法乃可謂之終耳文王未終此事而身已崩是其心有遺恨今既天下大平成就文王之志故承其素意而告之冀使文王知之不復懷恨故也文王之不作禮樂者非謂智謀不能制作正以時未大平故不

爲耳今於五年之末以大平告之明已欲以六年成就之言六年者爲制作成就之時其始草創當先於此矣明堂位云六年制禮作樂頒度量而天下大服明是制作已就故度量可頒其禮亦應頒之未即施用洛誥說七年事周公猶戒成王使肇稱殷禮祀于新邑則是成王即政始用周禮也武王亦不卒而崩惟告文王者當時亦應並告但以文王是創基之主紂尚未滅遺恨爲深周公之作周禮稱爲文王之意故作者主於文王辭不及武王序亦順經之意指言告文王焉

維天之命於穆不已孟仲子曰大哉天命之無極而美周之禮也箋云命猶道也天之道於乎美哉動而不。止行而不。已

【疏】維天之命〇毛以爲言維此天所爲之教命於乎美哉動行而不已言天道轉運無極止時也天德之美如此而文王能當於天心又歎文王於乎豈不顯乎此文王之德之大言文王美德之大實光顯也文王德既顯大而亦行之不已與天同功又以此嘉美之道以戒愼我子孫言欲使子孫謹愼行其道文王意既如此我周公其當斂聚之以制典法大順我文王之本意作之若成〇當使曾孫成王厚行之以爲天下之法周公以此意告文王故作者述而歌之〇鄭以純爲純美謚爲盈曾孫通謂後世之王唯此爲異其大意則同〇傳孟仲至之禮〇正義曰文當如此孟子云齊王以孟子辭病使人問醫來孟仲子對趙岐云孟仲子孟子之從昆弟學於孟子者也譜云孟仲子者子思弟子蓋與孟軻共事子思後學於孟軻著書論詩毛氏取以爲說言此詩之意稱天命以述制禮之事者歎大哉天命之無極而嘉美周世之禮也美天道行而不已是歎大天命之極文王能順天而行周禮順文王之意是周之禮法效天爲之故此言文王是美周之禮也定本作美周之禮或作周公之禮者誤也譜云子思論詩於穆不已仲子曰於穆不似此傳雖引仲子之言而文無不似之義蓋取其所說而不從其讀故王肅述毛亦爲不已與鄭同也〇箋命猶至不已〇正義曰天之教命即是天道故云命猶道也中庸引此詩乃云蓋曰天之所以爲天也是不已爲天之事故云動而不已行而不止易繫辭云日往則月來暑往則寒來乾卦象曰天行建君子以自強不息是天道不已止之事也

於乎

不顯文王之德之純假以溢我我其收之駿惠我文王純大假嘉溢。慎收聚也箋云純亦不已也溢盈溢之言也於乎不光明與文王之施德教之無倦已美其與天同功也以嘉美之道饒衍與我我其聚斂之以制法度以大順我文王之意謂爲周禮六官之職也書曰考朕昭子刑乃單文祖德○假音暇溢音逸徐云毛音謚慎市震反本或作順案爾雅云毖神溢慎也不作順字王肅及崔申毛並作順解也明與音餘單音丹

曾孫篤之成王能厚。行之也箋云曾猶重也自孫之子而下事先祖皆稱曾孫是言曾孫欲使後王皆厚行之非維今也○厚之也一本作能厚行之也今或作能厚成之也重直龍反

【疏】傳純大至收聚○正義曰純大假嘉溢慎皆釋詁文舍人曰溢行之慎某氏曰詩云假以溢我慎也收者斂聚之義故爲聚也○箋純亦至祖德○正義曰中庸引此云於乎不顯文王之德之純蓋曰文王之所以爲文也純亦不已指說此文故箋依用之箋意言純亦不已則不訓爲大當謂德之純美無玷缺而行之不止息也孝經云滿而不溢是溢爲盈溢之言也易傳者以下句卽云我其收之不溢是流散收爲收聚上下相成於理爲密故易之也文王既行不倦已與天同功是其道有饒衍至於滿溢故言以嘉美之道饒衍與我我其聚斂之以制法度謂收聚文王流散之德以制之也其實周公自是聖人作法出於己意但以歸功文王故言收文王之德而爲之耳文王本意欲得制作但以時未可爲是以意有所恨今既太平作之是大順我文王之本意也欲指言所作以曉人故言謂爲周禮六官之職卽今之周禮是也禮經三百威儀三千皆是周公所作以儀禮威儀行事禮之末節樂又崩亡無可指據指以周禮統之於心是禮之根本故舉以言焉引書曰者洛誥文也書之意言周公告成王云今所。承我明子成王所用六典之法者乃盡是配文祖明堂之人文王之德我制之以授子是用文王之德制作之事故引以證此彼注云成我所用明子之法度者乃盡明堂之德明堂者祀五帝太皞之屬爲用其法度也周公制禮六典就其法度而損益用之如彼注直以文祖爲明堂不爲文王者彼上文注云文祖者周曰明堂以稱文王是

文王德稱文祖也彼法更自觀經爲說與此引意不同義得兩通故也○傳成王能厚行之○正義曰傳以周公制禮成王行之乃是爲成王而作故以信南山經序準之以曾孫爲成王也厚行之者用意專而隆厚卽假樂所云不愆不忘率由舊章是也○箋曾猶至維今○正義曰箋以告之時禮猶未成不宜偏指一人使之施用一代法當通之後王故知曾孫之王非獨成王也曾猶重也孫之子爲曾孫也孫是其正稱自曾孫已下皆得稱孫哀二年左傳云曾孫蒯聵敢告皇祖文王烈祖康叔是雖歷多世亦稱曾孫也小雅曾孫孫唯斥成王文各有施不得同也

維天之命一章八句

維清奏象舞也象舞象用兵時刺伐之舞武王制焉○刺七亦反【疏】維清五句正義曰維清詩者奏象舞之歌樂也謂文王時有擊刺之法武王作樂象而爲舞號其樂曰象舞至周公成王之時用而奏之於廟詩人以今大平由彼五伐覩其奏而思其本故述之而爲此歌焉時邁般桓之等皆武王時事成王之世乃頌之此象舞武王所制以爲成王之時奏之成王之時頌之理亦可矣但武王既制此樂其法遂傳於後春秋之世季札見觀樂見舞象是於成王之世猶尚奏之可知頌必大平乃爲明是覩之而作又此詩所述述其作樂所象不言初成新奏以此知奏在成王之世作者見而歌之也經言文王之法可用以成功是制象舞之意○箋象舞至制焉○正義曰此詩經言文王序稱象舞則此樂象文王之事以象武爲名故解其名此之意牧誓曰今日之事不愆于六伐七伐乃止齊焉注云一擊一刺曰一伐是用兵之時有刺有伐此樂象於用兵之時刺伐之事而爲之舞故謂之象武也知者以其言象則是有所法象樂記說文武之樂象武王之伐明此象武象文王之伐知武王制焉者以爲人子者貴其成父之事文王既有大功武王無容不述中庸曰武王周公其達孝矣乎孝者善繼人之志善述人之事明武王有所述矣於周公之時已象伐紂之功作大武之樂不言復象文王之伐制爲別樂故知象舞武

王制焉武王未及太平而作此樂一代大典須待大平此象文王之功非爲易代大法故雖未制禮亦得爲之周公大作故別爲武樂耳春官大司樂六代之樂唯舞大武以享先祖此象舞不列於六樂蓋大合諸樂乃爲此舞或祈告所用周禮無之。伐二十九年曾爲季札舞之。明其有用明矣案彼傳云見舞象箾南籥者服虔曰象文王之樂舞象也箾舞曲名言天下樂削去無道杜預曰箾舞者所執南籥以。籥也其言箾爲所執未審何器以箾爲舞曲不知所出要知箾與南籥必是此樂所有也傳直云舞象象下更無舞字則此樂名象而已以其象事爲舞故此文稱。象象舞也象舞之樂象文王之事其大武之樂象武王之事二者俱是爲象但序者於此云奏象舞於武之篇不可復言奏象故指其樂名言奏大武耳其實大武之樂亦爲象也故禮記文王世子明堂位祭統皆云升歌清廟下管象象與清廟相對卽俱是詩篇故明堂位注象謂周頌武也謂武詩爲象明大武之樂亦爲象矣但記文於管之下別云舞大武謂武詩則籥管以吹之武樂則干戚以舞之所以並設其文故鄭幷武解其意於文王世子注云象周武王伐紂之樂也以管播其聲又爲之舞於祭統注云管象吹管而舞武象之樂也皆武詩武樂並解之也必知彼象非此篇者以彼三文皆云升歌清廟下管象若是此篇則與清廟俱是文王之事不容一升一下今清廟則升歌象則下管明有父子尊卑之異文王世子於升歌下管之後覆述其意云正君臣之位貴賤之等而上下之義行焉言君臣上下之義明象非文王之事故知下管象者謂武詩但序者避此象名不言象耳

維清緝熙文王之典典法也箋云緝熙光明也天下之所以無敗亂之政而清明者乃文王有征伐之法故也文王受命七年五伐也○緝七入反熙許其反

疏維清緝熙○正義曰詩人既覩太平見奏象舞乃述其所象之事而歸功於文王言今日所以維皆清靜光明無敗亂之政者乃由在前文王有征伐之法故也其伐早晚爲之乃本受命始爲禋祀昊天之時以行此法而伐紂之枝黨言其祭天乃伐其法重而可遵故至今武王用之伐紂而有成功致得天下清明是此征伐之法維爲周家得天下之吉祥矣故武王述其事而制此舞詩

人見其奏而歌之爲此維清緝熙是當時之事作者先言時事然後上本文王又據文王說之而下故其言不次○傳典法○正義曰釋詁云典法常也俱訓爲常是典得爲法○箋緝熙至五伐○正義曰釋詁緝熙皆爲光也但光亦明也故連言之無敗亂之政而清明者雖伐紂之後亦得爲此言要大爲清明必是太平之世此當是周公成王之時見其清明乃上本文王也文王七年五伐即尚書傳所云二年伐邘三年伐密須四年伐犬夷五年伐耆六年伐崇是也

肇禋

肇始禋祀也箋云文王受命始祭天而。枝伐也周禮以禋祀祀昊天上帝○肇音召禋音因徐又音烟

疏 傳肇始禋祀○正義曰肇始釋詁文又云禋祀祭也是禋祭爲祀○箋文王至上帝○正義曰禋者祭天之名故云文王受命始祭天而枝伐中候我應云枝伐弱勢注云先伐紂之枝黨以弱其勢若崇侯之屬是枝之文也文王祭天必在受命之後未知以何年初祭皇矣說伐崇之事云是類是禡類即祭天也伐崇之後乃稱王應伐崇之時始祭天耳五伐容有未祭天而已伐者但所伐唯崇爲強言祭天而伐據崇爲說也我應云玄湯伐亂崇孽首王曰於戲斯在伐崇謝告注云斯此也天命此在伐崇侯虎譏百姓且告天是祭天而伐主爲崇也引周禮者大宗伯文引之以證禋爲祭天也文王之時禘郊未備所祭不過感生之帝而已引昊天上帝者取禋祀之成文彼又云祀五帝亦如之雖祭感生帝亦用禋也

迄用有成維周之禎。

迄至禎祥也箋云文王造此征伐之法至今用之而有成功謂伐紂克勝也征伐之法乃周家得天下之吉祥○迄許乞反祺音其爾雅云同徐云本又作禎音貞與崔本同

疏 傳迄至禎祥○正義曰迄至釋詁文祺祥釋言文舍人曰祺福之祥。厶氏曰詩云維周之祺定本集注祺字作禎○箋文王至吉祥○正義曰此詩之作在周公成王之時以文王爲古故謂武王爲今自是辭相對耳非言作詩之時爲武王也祥者是徵兆之先見者也文王始造伐法武王用以成功是文王之法爲伐紂徵兆故爲周家得天下之吉祥

維清一章五句

烈文成王卽政諸侯助祭也新王卽政必以朝享之禮祭於祖考告嗣位也○朝直遥反

疏烈文十三句○正義曰烈文詩者成王卽政諸侯助祭之樂歌也謂周公居攝七年致政成王成王乃以明年歲首卽此為君之政於是用朝享之禮祭於祖者有諸侯助王之祭既祭因而戒之詩人述其戒辭而為此歌焉經之所陳皆戒辭也武王崩之明年周公歸政明年俱得為成王卽政但此篇勑戒諸侯用賞不以為己任非復喪中之辭故知是致政之後年之事也臣工序云遣於廟此不言遣者彼勑之使在國有事來咨於王又令及時教民農業是將遣而戒故言遣以戒之此則戒以為君之法其辭不為將遣故不言遣箋意於經亦有卿士序不言者以諸侯為重故舉諸侯以總之○箋新王至嗣位○正義曰解卽政所以有祭得為諸侯所助之意以新王卽政必以朝享之禮祭於祖考廟告己今繼嗣其位有此祭故諸侯助之也必知用朝享之禮者以此告事而已不得用時祭之禮而周禮四時之閒祀有追享朝享者追享者追祭遷廟之主以事有所禱請非卽政所當用朝享者朝廟受政而因祭先祖以月朔為之卽春秋文六年閏月不告朔猶朝於廟祭法天子親廟與太祖皆月祭之是其事也人君卽政必以月正元日此日於法自當行朝享之禮故知成王卽政用此禮以祭而有諸侯助之也新王卽政以歲首朔日則是周正月矣臣工箋周之季春於夏為孟春諸侯之朝在周之季春此於周之孟春得有諸侯在京助王祭者以新王卽政故特命使朝或去冬朝者留得歲初也鄭於顧命之注以居攝六年為年端則此一年未必六服盡來蓋近者至也案洛誥說周公致政之事云烝至歲文王騂牛一武王騂牛一王命作冊逸祝冊惟告周公其後注云歲成王元年正月朔日也用二特牛祫祭文王武王於文王廟使史逸讀所冊祝之書告神以周公其宜為後謂封伯禽也彼言正月朔日與此祭祖告嗣同日事也此言以朝享之禮彼言祫祭文武者此言卽政助祭是王自祭廟告己嗣位彼祭文武謂告封周公此二禮必不得同也何則身未受位不可先以封人明是二者各自設祭當是先以朝享之禮偏祭羣廟以告己嗣位於祭之末卽勑戒諸侯事訖乃更以禮合

祭文武於文王之廟以告封周公也必知彼與此非一祭者此即政用朝享之禮當各就其廟彼封周公唯祭文武而已故知不同也彼注知合祭文武於文王廟者以彼經云文王騂牛一武王騂牛一鄭云王命作册是并告二神一處爲祭卑當就尊故知在文王廟也此祭祖者則徧告羣廟而箋唯言祖考者一祖考總辭可以兼諸廟也

烈文辟公錫兹祉福惠我無疆子孫保之

烈光也文王錫之箋云惠愛也光文百辟卿士及天下諸侯者天錫之以此祉福也又長愛之無有期竟子孫得傳世安而居之謂文王武王以純德受命定天位○辟音壁注下皆同祉音恥疆居良反竟也傳直專反

【疏】烈文辟公○毛以爲成王於祭之末呼諸侯而戒之曰汝等有是光明文章者君人之辟公我先君文王賜汝以此祉福也言文王造始周國此等作周藩屏得爲諸侯之福乃是文王賜之文王既賜以此福又愛我此等諸侯無有竟已之時令其子孫得常安之言文王終常愛之使得傳世不絶也既言文王如此又說武王亦然我武王伐紂之後以舊國皆應削滅而我武王觀汝舊爲君者誠無大累於汝國維我武王其就封立之言武王亦愛諸侯不復貶退也我文王武王愛汝先人如此汝當念此先人之大功繼續父祖餘胤序其美之欲使之循行美政以繼其先祖也又爲之陳武王之德無。疆乎維是得賢人若得其賢則國家强矣四方有不率服者其可訓導之不顯乎維是有德若能有德此賢人則身必顯矣百辟有無所法者其可師此顯德而法象之言武王有顯德任賢人能以訓四方刑百辟是武王之道至美矣於乎我之前王則此武王其道不可忘也示之以武王之道欲使法而行之○鄭以爲助祭者有卿士與諸侯公辟兼戒之成王於祭之末呼之曰汝有光明文章者百辟卿士與羣公諸侯等上天賜我文王以此王天下之祉福又愛我文王武王其愛之多無有疆畔使其子孫常得安而居之故我今得嗣守其位制賞罰之柄汝諸侯等若無大罪惡累及於汝國維我王家其必寵而益厚之謂增其爵命加之土地也汝卿大夫等若能念此居官大功勤事不廢我則使汝繼世在位得其次序有殊勳異績其出於外而。居之汝等當勤力爲善也又教之爲善之法汝辟公等無疆乎維是得賢人若得賢人則國家强矣四方鄰國知汝任賢其皆順從之汝卿士等不明乎維是勤其德若能勤德則身明顯矣百辟卿士知汝有德其皆法則之此任賢勤德之事事之美者於乎我之前王文王武王能勤行此道之故人稱誦之不忘汝等宜法效前王亦勤行之○傳烈光至錫之○正義曰烈光釋詁文以辟公之下卽言賜福是賜之以福使得爲此辟公也文王是周之創業之主文王造此周國此等得在周統內列爲諸侯乃是文王之所錫故言文王錫之其實武王封建亦是武王賜之矣傳以錫兹祉福爲文王之所賜諸侯則惠我無疆亦是文王愛諸侯子孫保之謂諸侯得繼世也其文皆無卿士則辟公謂君人之公非百辟卿士矣○箋惠愛至天位○正義曰惠愛釋詁文也以月令云百辟是卿士之總稱下有爾邦百辟與此相承則辟當下百辟公當下爾邦故分辟公爲二卽辟公謂卿士及天下諸侯也此既分辟公爲二故下兩經亦分爲二皆上戒諸侯下戒百辟與此勢相成也又以下云爾邦謂諸侯爲爾則此經云我是成王自我非我諸侯也故易傳以爲天賜祉福謂賜文王武王以王天下之福也愛之無有期竟謂卜世三十卜年七百是長遠無。期也先解經文後指其事故云謂文王武王以純德受命定天位也純德者純美之德卽上篇所云之德之純是也以文武俱受天命故連言之

無封靡于爾邦維王其崇之念兹戎功繼序其皇之封大也靡累也崇立也戎大皇美也箋云崇厚也皇君也無大累於女國。謂侯治國無罪惡也王其厚之增其爵土也念此大功勤事不廢謂卿大夫能守其職得繼世在位以其次序其君之者謂有大功王則出而封之○累劣僞反下同疏傳封大至皇美○正義曰定四年左傳云吳爲封豕長蛇封與長爲類則封豕爲大豕故封爲大也靡謂侈靡奢侈淫靡是罪累之事故靡爲累也釋詁云崇高也高是立之義故以崇爲立也戎大皇美皆釋詁文傳於此篇不言卿士則此經所陳皆戒諸侯之事上已言文王賜之此又言維王立之封立諸侯始。至於武王則維王立之謂武王也既陳文武之愛諸侯乃云念此戎功則是戒諸侯使念父祖之大功也諸侯各爲一國之

君不得有次序之義釋詁云敘緒也則繼父祖之胤緒也故王肅云武王得天下因殷諸侯無大累於其國者就立之序繼也思繼續先人之大功而美之○箋崇厚至封之○正義曰以崇訓高也高是厚義故爲厚也皇君釋詁文無大累於汝國爲王者勸誘之辭耳其實小累亦不可也若無罪累則是有功王者之於諸侯有功則賞之故知厚之謂增其爵土也念此大功勤事不廢謂人臣守職當念立所職之功奉行不倦也言大功者爲之總目於大功之中又爲等級功小者猶得繼世在位得其次序謂卿之子爲卿大夫之子爲大夫守其祿位不失舊業也功尤大者則其君之謂出封爲諸侯也春官典命云王之三公八命其卿六命其大夫四命其出封加一等是有大功者王則出而封之

無競維人四方其訓之不顯維德百辟其刑之於乎前王不忘競彊訓道也前王武王也箋云無彊乎維得賢人也得賢人則國家彊矣故天下諸侯順其所爲也不勤明其德乎勤明之也故卿大夫法其所爲也於乎先王文王武王其於此道人稱頌之不忘○道音導

疏傳競彊至武王○正義曰競彊釋言文也教訓者所以導誘人故訓爲道也成王之前唯武王耳故知前王武王傳以此篇皆戒諸侯之辭此經所言陳武王之事使諸侯慕之也○箋無彊至不忘○正義曰得賢國強則四鄰畏威慕德故天下諸侯順其所爲言諸侯得賢人則其餘諸侯順之不顯維德與上無競維人相當箋云不明乎維勤其德勤其德則身明矣欲明其德必勤行之故箋從省文通以爲句耳其意亦與上同也人雖同在寮位有德則尊故卿大夫能勤明其德者其餘卿大夫則法其所爲也文王武王勤行此道謂行此求賢勤德之事故人稱誦之不忘也定本有文王武王俗本唯有武王誤也

烈文一章十三句

天作祀先王先公也先王謂大王已下先公諸盩至不窋○大音泰大王大祖皆同盩直留反又音儔窋陟律反

疏天作七句○正

義曰天作詩者祀先王先公之樂歌也謂周公成王之時祭祀先王先公詩人以今太平是先祖之力故因此祭述其事而作歌焉祀先王先公謂四時之祭祠礿嘗烝但祀是總名未知在何時也時祭所及唯親廟與大祖於成王之世爲時祭當自大王以下上及后稷一人而已言先公者唯斥后稷耳於王既總稱先王故亦謂后稷爲先公令使其文相類經之所陳唯有先王之事而序幷言先公者以詩人因於祭祀而作此歌近舉王跡所起其辭不及於后稷序以祭時實祭后稷故其言及之昊天有成命經無地而序言地般經無海而序言海亦此類也○箋先王至不窋○正義曰周公之追王自大王以下此序並云王公故辨之也諸盩至不窋於時並爲毀廟唯祫乃及之此言祀者乃是時祭其祭不及此等先公而箋言之者因以先公之言廣解先公之義不謂時祭皆及也時祭先公唯后稷耳若直言先公謂后稷嫌此等不爲先公欲明此皆爲先公非獨后稷故除去后稷而指此先公也或緣鄭此言謂此篇本爲祫祭案玄鳥箋云祀當爲祫若鄭以爲祫亦當破此祀字今不破祀字明非祫也天保云禴祠烝嘗于公先王彼舉時祭之名亦兼言公王此亦時祭何故不可兼言公王也彼祭亦不盡及先公而箋廣解先公此何故不可廣解先公也且此詩若是祫祭作序者言祫於太祖則辭要理當何須煩文言先王先公也以此知所言祀者正是時祭

天作高山大王荒之

作生荒大也天生萬物於高山大王行道能安天之所作也箋云高山謂岐山也書曰道岍及岐至于荊山天生此高山使興雲雨以利萬物大王自豳遷焉則能尊大之廣其德澤居之一年成邑二年成都三年五倍其初○岐其宜反導音道岍口田反又口見反豳彼貧反

【疏】天作高山毛以爲天之生此萬物在於高山之上大王居岐之脩其道德使與雲雨長大此天所生者卽陰陽和是其能長大之下四句又說文王之德彼萬民居岐邦築作宮室者文王則能安之彼萬民又後往者由此岐邦之君有佼易之。德故也下一句云由父祖之。德若此令子孫得保天位前往者文王安之後往者亦能安之後往者以岐邦之君有佼易之德前往者亦然爲互文也○鄭上二句別具在箋餘同○傳作生至所作○正義曰作者造立之言故爲生也荒者寬廣之義故爲大也○箋高山至其初○正義曰以文王未從豐之前與大王皆在岐故知高山謂岐山也以云天生高山不言天萬物故易毛也引書曰導岍及岐至于荆山禹貢文彼言禹所開導從岍山及岐山山至於荆山皆舉大山以言而岐山在其中引之以證岐山爲高山也祭法稱山林川谷能出風雨僖三十一年公羊傳云觸石而出膚寸而合不崇朝而雨天下者其唯泰山乎是高山能興雲雨而利萬物也大王能尊大之廣其德澤者謂德及草木使之茂殖若旱麓云榛楛濟濟是廣山之德澤也山之德澤既廣則山之爲神益尊是尊大之也韋昭云大王秩祀之而尊大焉指謂祭之爲大未必然也大王能廣山德澤明其愛民甚矣故民皆從之居之一年成邑二年成都三年五倍其初是由王之有德故致然也自一年成邑以下中候稷起之注亦與此同當有成文不知事何所出周禮四井爲邑四邑爲丘四丘爲甸四甸爲縣四縣爲都左傳曰邑有先君之宗廟曰都無曰邑邑各自相對爲文耳此都邑不與彼同也邑是居處之名都是衆聚之稱都必大於邑故一年卽成邑二年乃成都也書傳說大王遷岐周民束脩奔而從之者三千乘止而成三千戶之邑謂初遷時也此云一年當謂年終之時其邑當不啻三千但不知其定數耳○鄭注禹貢以爲堯之時土廣五千里禹弼成五服土廣萬里王肅難鄭云禹之時土廣三倍於堯計萬里爲方五千里者四而肅謂三倍則除本而三此云五倍蓋亦除本而五并本爲六也

彼作矣文王康之彼徂矣岐有夷之行 夷易也箋云彼彼萬民也徂往行道也彼萬民居岐邦者皆築作宮室以爲常居文王則能安之後之往者又以岐邦之君有佼易之道故也易曰乾以易知坤以簡能易則易知簡則易從易知則有親易從則有功有親則可久有功則可大可久則賢人之德可大則賢人之業以此訂大王文王之道卓爾與天地合其德○行如字王徐並下孟反夷易羊豉反下○徐易曰皆同佼古卯反乾其連反巛苦魂反字亦作坤訂待頂反沈又直丁反說文云評議也譜云參訂時驗謂平比之也字詁云云訂平也

子孫保之 疏傳夷易○正義曰釋詁文○箋彼彼

至其德○正義曰彼徂爲民往則彼作爲民作徂作皆是民事故知彼彼萬民也徂往釋詁文以道者人所行故行爲道也徂謂新往者則作爲前至者此作矣卽緜詩所謂曰止曰時築室於茲故云皆築作宮室以爲常居言常者見其心樂此居不復移轉也後之往者以岐邦之君有佼易之道者謂此君其性佼健和易愛民之情深故歸之也引易曰盡賢人之業皆繫辭文也言乾以佼易故爲知坤以凝簡故爲能人能佼易則其情易知凝簡則其行易從情易知則人親之故易知則有親行易從則功可就故易從則有功人以物不我親不能以久故有親則可久由舉事無功不能以大故有功則可大爲物所親事可長久是爲德有所成故可久則賢人之德舉事有功道可廣大是爲業有所就故可大則賢人之業生人能事德業而已易簡爲之無往不究故彼又云易簡而天下之理得是天地之德易簡而已岐邦之君亦有易簡之行是與天地同功訂者比並之言卓然高遠之稱以此乾坤之義比並大王文王之道則此二王之德卓爾高遠與天地合其德矣若然易簡之義窮天下之精則聖人乃能而云賢人之德賢人之業者王弼云不曰聖人者聖人體無不可以人名而名故易簡之主皆以賢人名之然則以賢是聖之次故寄賢以爲名窮易簡之理盡乾坤之奧必聖人乃能耳文王可以當之大王則未能而並云與天地合德者以大王是亞聖大賢可以比於文王褒美其事故連言之其實大王未能盡此妙也譜云參訂時驗是訂爲比並之言也論語云如有所立卓爾是卓爾爲高遠之稱

天作一章七句

附釋音毛詩注疏卷第十九（十九之二）

毛詩注疏校勘記(十九之二)　阮元撰盧宣旬摘録

周頌譜

脩文武之德　閩本明監本毛本同案浦鏜云武當王誤是也

當代異其第　閩本明監本毛本第作第案所改是也餘同此

德至矣哉大矣哉　閩本明監本毛本同案浦鏜云下哉字衍是也

但商書殘鈌　明監本毛本鈌誤闕閩本作缺案鈌卽缺之别體俗字耳

其文在時邁與般敘武賚桓也　閩本明監本毛本同案此不誤浦鏜云敘武賚三字疑衍文非也敘卽序般序在下文

至此積三十年　閩本明監本毛本同案此不誤浦鏜云當作十三年誤倒非也此依鄭以顧命在致政後廿八年見尚書正義是上距攝政六年制禮時積三十年也十二年一巡狩故下云再巡守餘六年也浦不考之甚

是成王除沒嗣位　閩本明監本同毛本沒作喪案所改是也

來朝而見命　閩本明監本毛本同案浦鏜云也誤命以彼箋考之是也

或者杞宋一國　毛本一誤二閩本明監本不誤案浦鏜云監本誤非也杞宋一國者或杞或宋一國也

明旣告之後合而觀之卽告也合各有禮於廟閩本明監本毛本同案也字當在觀之下錯誤耳卽正義每用爲則告合二字連文告謂酌合謂有嘗故云各

而作者當時不必皆爲有事而作先後閩本明監本毛本同案讀當作時字爲字斷句下文云故得自爲又云多由祭祀而爲可證也下當云有事先而後作誤錯先後二字在下耳

風雅此篇旣有義理閩本明監本毛本同案山井鼎云此篇恐誤是也此當作比形近之譌

武王之事不爲頌首不以事之先後必爲次矣閩本明監本毛本同案武字當重上武詩也下武謚也正義下文云武武王之大事可證也必字衍

雝祭告之歌閩本明監本毛本同案此不誤山井鼎云雝恐唯誤非也執競旣祭告之歌卽當與雝相次而今乃次思文上故曰雝耳浦鏜所改則更誤

訪樂敬之也閩本明監本毛本同案浦鏜云落誤樂是也

郊宗柴望配禮之大者閩本明監本毛本同案此不誤浦鏜云配當祀字誤非也配謂思文

且社稷以祈報此篇閩本明監本毛本同案此當作比

山林宜皇物閩本明監本同毛本皇作皁案所改是也

君又降之於民也閩本明監本同毛本也下剜入○案所補是也

而德洽於神舉矣閩本明監本同毛本矣下剜入○案所補是也

○清廟

周公既成洛邑唐石經小字本相臺本同案釋文雒音洛本亦作洛水名字從水後漢都洛陽以火德爲水尅火故改爲各旁隹正義中字作洛是其本與亦作同唐石經所本也段玉裁云豫州之水自古作雒周禮逸周書職方淮南地形訓之屬皆有其證後漢改之魚豢錄魏詔云爾則魏文帝之失也詳見尚書撰異中當以釋文本爲長考文古本作雒采釋文

雖文王諸侯閩本明監本毛本同案浦鏜云主誤王是也

所以有清廟之德者閩本明監本毛本廟作明案所改是也

謂公之時閩本明監本同毛本公上剜添周字案所補是也

顯光也見也小字本相臺本同案釋文云見也賢遍反正義云顯光釋詁文定本集注皆云顯光也見也於義爲是當是正義無見也二字

於穆清廟○閩本明監本毛本同案此一乃每下篇之總正義也合併經注正義乃以隸於首節有注之下爲割裂而失其次經注正義宜各單行於此可見以後盡同

其祭之禮義閩本明監本毛本同案盧文弨云義當作儀是也

鄭唯以駿奔走二句爲異閩本明監本毛本同案浦鏜云三誤二是也

名多士亦爲相矣閩本明監本毛本同案名當作明

如存生存小字本同閩本上存作在明監本同毛本如誤知相臺本無上存字考文古本無亦同案無者是也

皆是執文德之人也毛本也上有謂是能執行文王之德之人十一字閩本明監本無案此誤補也

不見厭於矣小字本相臺本於下有人字閩本明監本毛本同案此十行本誤脫

○維天之命

動而不止行而不已小字本相臺本同案正義云故云動而不已行而不止又云是天道不已止之事也是其本上已下止今各本互誤

溢慎小字本相臺本同案釋文云溢慎也市震反或本作順案爾雅毖神溢慎也不作順字王肅及崔申毛皆作順解也正義本是慎字

成王能厚行之也小字本相臺本同案此正義本也釋文云成王能厚之也一本作能厚行之也今或作能厚成之也正義本與一本同今考此傳但云能厚之箋始云能厚行之一本有行字者涉箋而衍耳當以釋文本爲長

今所承我明子成王閩本明監本毛本同案浦鏜云成誤承是也此成爲考作訓

彼法更自觀經爲說閩本明監本毛本同案浦鏜云法當注字誤是也

一代法當通之後王閩本明監本毛本同案此當作一代之法當通後王錯之字在下耳

○維清

季札見觀樂見舞象是於成王之世閩本明監本毛本同案上見字衍是下當有後字

故謂之象武也閩本明監本毛本武作舞案所改是也上云以象武爲名下云明此象武二武字亦當作舞

樂記說文武之樂閩本明監本毛本同案浦鏜云文當大誤是也

伐二十九年閩本明監本毛本伐作成案皆誤也山井鼎云當作襄是也

明其有用明矣毛本同閩本明監本上明作名案所改非也此明字當作則

南籥以籥也閩本明監本同毛本籥下衍入舞字案所補是也

故此文稱象象舞也閩本明監本毛本同案浦鏜云當衍一象字是也

而枝伐也閩本明監本毛本同小字本相臺本枝作征考文古本同案箋上下言征伐此言枝伐正義於此引中候以說枝伐之義不容弁此亦改爲征伐也小字本相臺本自是誤字

維周之禎小字本相臺本同唐石經初刻楨後改禎案釋文云祺音其祥也爾雅同徐云本又作禎音貞與崔本同正義云定本集注祺字作禎考此傳云祺祥也箋云乃周家得天下之吉祥皆用爾雅祺祥祺吉之文釋文正義二本皆作祺是也其作禎字者非也詩經小學云恐是改易取韻亦見經義

雜記唐石經初刻又誤作楨乃涉大雅耳

厶氏曰閩本明監本毛本厶誤某案厶字出穀梁桓二年傳注正義中惟此一字作厶或舊用此字餘皆作某者爲後改也

○烈文

祭於祖者諸本者作考是也

用賞不以爲己任閩本明監本毛本同案不當作罰譜正義可證

無疆乎唯是得賢人閩本明監本毛本同案浦鏜云彊誤疆下同是也

其出於外而居之閩本明監本毛本同案浦鏜云君誤居是也

是長遠無期也閩本明監本毛本同案浦鏜云期下當脫竟字是也

謂侯治國無罪惡也閩本明監本毛本同小字本相臺本謂下有諸字考文古本同案有者是也

始至於武王閩本明監本毛本同案至當作立形近之譌

人稱頌之不忘小字本相臺本同案正義云故人稱誦之不忘也是其本頌作誦字

○天作

能安天之所作也小字本相臺本同案段玉裁云當作能大天之所作也晉語叔詹曰周頌曰天作高山大王荒之荒大之也大天所

作可謂親有天矣箋云大王能尊大之今本云能安天之所作誤今考正義云長大此天所生者又云是其能長大之是正義本此傳作能大天之所作不誤

下徐易曰皆同【補】通志堂本同盧本徐作除云舊譌徐從山井鼎校改釋文校勘云所改是也

彼萬民居岐邦築作宮室者　閩本明監本毛本同案浦鏜云彼誤被是也

有佼易之德故也　閩本明監本毛本同案德當作道下同

但不知其定數耳○　閩本明監本毛本脱定字案浦鏜云衍○是也

毛詩周頌　鄭氏箋　孔穎達疏

昊天有成命郊祀天地也 疏 昊天有成命七句○正義曰昊天有成命詩者郊祀天地之樂歌也謂於南郊祀所感之天神於北郊祭神州之地祇也天地神祇佑助周室文武受其靈命王有天下詩人見其郊祀思此二王能受天之命勤行道德故述之而爲此歌焉經之所陳皆言文武施行道德撫民不倦之事也所感天神者周人木德感蒼帝靈威仰而生祭之於南郊神州之神則祭之於北郊此二者雖南北有異祭俱在郊故總言郊祀也案禮祭祀天地非止一事此言郊祀天地不言所祀之神但祭之於郊而天地相對唯有此二神耳何者春官大司樂職曰冬日至於地上之圜丘奏樂六變則天神皆降夏日至於澤中之方丘奏樂八變則地祇皆出注云天神則主北極地祇則主崑崙彼以二至之日祭之於丘不在於郊此言郊祀必非彼也大司樂又曰舞雲門以祀天神舞咸池以祭地祇注云天神謂言五帝王者又各以夏正月祀其所受命之帝於南郊地祇所祭於北郊謂神州之神也地官牧人云陽祀用騂牲毛之陰祀用黝牲毛之注云陽祀祭天於南郊陰祀祭地於北郊此二祀文恆相對此郊祀天地俱言在郊而天地相對故知是所感之帝神州之神也其祀天南郊鄭云夏之正月其祭神州之月則無文此序同言郊祀蓋與郊天同亦夏正月也此經不言地序云地者作者因祭天地而爲此歌王者之有天下乃是天地同助言天可以兼地故辭不及地序知其因此二祭而作故具言之

昊天有成命二后受之成王不敢康夙夜基命宥密 二后文武也基始命信宥寬密寧也箋云昊天天大號也有成命者言周自后稷之生而已有王命也文王武王受其業施行道德成此王功不敢自安逸早夜始順天命不敢解倦行寬仁安靜之政以定天下寬仁所以止苛刻也安靜所以息暴亂也○成王王如字

徐于況反其音基本亦作基宥音又王功于況反解音懈下同苛音河刻音克

疏昊天有成命〇正義曰此篇毛傳皆依國語唯廣固二字鄭不為別訓而破以同己則是不異於毛但意不必有感生之帝與鄭小異今既無迹可據皆同之鄭為言昊天蒼帝有此成就之命謂降生后稷為將王之兆而經歷多世至於文武二君乃應而受之二君既受此業施行道德以成此王功而不敢暫自安逸常早起夜臥始於信順天命不敢懈倦行其寬仁安靜之政以定天下二君既能如此於乎可歎美也此二君成王之德既光明矣又能篤厚其心而為之不倦故於其功業終能和而安之以此之故得至於太平是乃昊天之德故因其祭而歌之〇傳二后至密寧〇正義曰此以太平之歌作在周公成王之世成王之前有成其王功者唯文武耳故知二后文王武王也以二王俱受天命共成周道故連言之自基始以下及下傳皆周語文也周語稱叔向聘於周單靖公與之語說昊天有成命叔向告單子之老曰昊天有成命頌之盛德也卽全引此篇乃云是道成王之德也成王能明文昭定武烈者。天道成命者而稱昊天翼其上也二后受之讓於德也成王不敢康敬百姓也夙夜恭也基始也命信也宥寬也密寧也緝明也熙廣也亶厚也肆固也靖和也其始也翼上德讓而敬百姓其中也恭儉信寬帥歸於寧其終也廣厚其心固和之始於德讓中於信寬終於固和故曰成。王是全釋此篇之義也古人說詩者因其節文比義起象理頗溢於經意不必全與本同但檢其大旨不為乖異故傳采而用焉此詩作在成王之初非是崩後不得稱成王之謚所言成王有涉成王之嫌韋昭云謂文武脩己自勤成其王功非謂周成王身也鄭賈唐說皆然是時人有疑是成王身者故辨之也〇箋昊天至暴亂〇正義曰以此郊天之歌言其所感蒼帝蒼帝非。太帝而云昊天昊天與帝名同故解昊天是天之大號故蒼帝亦得稱之也后稷以大迹而生是天之精氣中。苗與稱堯受圖書已有稷名在錄言其苗裔當王是周自后稷之生已有王命言其有將王之兆也傳訓命為信既有所信必將順之故言早夜。始順天命經中之命已訓為信其言天命鄭自解義之辭故非經之命也正以言信必所信有。信上言天有成命故知所信順者始信順天命也言始者王肅云言其脩德常如始易曰日新之謂盛德義當然也傳以密爲寧寧又訓爲安也故云行寬仁安靖之政以定天下又解二后行寬安之意寬者體度弘廣性有仁恩已上行既如此則其下效之不復爲苛虐急刻安者緩於御物爲政清靖王上行既如此其下效之不復爲殘暴擾亂此寬仁所以止苛刻安靜所以息暴亂故二后勤行之

於緝熙單厥心肆其靖之 緝明熙廣單厚肆固靖和也箋云廣當爲光固當爲故字之誤也於美乎此成王之德也既光明矣又能厚其心矣爲之不解倦故於其功終能和安之謂夙夜自勤至於天下太平○單都但反注同

疏箋廣當至之誤也○正義曰箋以外傳之訓與爾雅皆同而釋詁云熙光也肆故也則是聲相涉而字因誤故破之

昊天有成命一章七句

我將祀文王於明堂也

疏我將十句○正義曰我將詩者祀文王於明堂之樂歌也謂祭五帝之於明堂以文王配而祀之以今之大平由此明堂所配之文王故詩人因其配祭述其事而爲此歌焉經陳周公成王法文王之道爲神祐而保之皆是述文王之事也此言祀文王於明堂卽孝經所謂宗祀文王於明堂以配上帝是也文王之配明堂其祀非一此言祀文王於明堂謂大享五帝於明堂也曲禮曰大饗不問卜注云大饗五帝於明堂莫適卜是月令季秋是月也大享帝注云言大享者徧祭五帝曲禮曰大饗不問卜謂此也是於明堂有總祭五帝之禮但鄭以月令爲秦世之書秦法自季秋周法不必然矣故雜問志云不審周以何月於月令則季秋正可不審祭月必有大享之禮明堂是祀天之處知大享當在明堂又以孝經言之明堂之祀必以文王爲配故知祀文王於明堂是大享五帝之時也其餘明堂之祀則法小於此矣玉藻注云凡聽朔必以特牲告其帝及神配以文王武王論語注云諸侯告朔以羊則天子特牛焉是告朔之在明堂其祭止用特牛此經言維牛維羊非徒特牲而已故知非告朔之祭也雜問志云四時迎氣於四郊祭帝還

於明堂亦如之則四時迎氣亦祀明堂但迎氣於郊已有祭事還至明堂不可不爲禮耳其威乃在於郊明堂之祭不過與告朔同也何則堯典說巡守之禮云歸格于藝祖用特鄭以藝祖爲文祖猶周之明堂巡守之歸其告止用特牲則迎氣之還其祭亦不是過也明亦用特牲矣此之維牛維羊則是祭之大禮故知此祀明堂是大享五帝非迎氣告朔也此經雖有維牛之文不言其牛之色大宗伯云以玉作六器以禮天地四方以蒼璧禮天以黃琮禮地以青圭禮東方以赤璋禮南方以白琥禮西方以玄璜禮北方皆有牲幣各放其器之色注云禮東方以立春謂蒼精之帝禮南方以立夏謂赤精之帝禮西方以立秋謂白精之帝禮北方以立冬謂黑精之帝然則彼稱禮四方者謂四時迎氣牲如其器之色則五帝之牲當用五色矣然則大享五帝雖是施設一祭必周五穜之牲國語云禘郊之事則有全烝既總享五帝明不用一全烝而已論語云敢用玄牡敢昭告于皇皇后帝者彼謂告天之祭故用天色之玄與此別祭法云祖文王而宗武王注云祭五帝之神於明堂曰祖宗則明堂之祀武王亦配之矣此唯言祀文王者詩人。雖同祀明堂而作其辭主說文王故序達其意唯言文王耳郊天之祭祭天而以后稷配也昊天有成命指說天之命周辭不及稷思文唯言后稷有德不述天功皆作者之心有異序亦順經爲辭此之類也

我將我享維羊。維牛。維天其右之將大享獻也箋云將猶奉也我奉養我享祭之羊牛皆充盛肥腯有天氣之力助言神饗其德而右助之○將如字享許丈反徐許亮反右音又注及下同本亦作佑肥腯徒忽反說文云羊曰肥豕曰腯【疏】我將我享○毛以爲周公成王之時祀於明堂言我所美大我所獻薦者維是肥羊維是肥牛也以此牛羊所以得肥者維爲上天其佑助之故得無傷病也我周公成王善用法此文王之常道以日日用之以謀四方之政維天乃大文王之德既佑助文王於我周公成王之祭又歆饗之也善法文王之常道而得爲天所佑我周公成王而今而後其常早起夜臥畏敬天之威怒於是安之言安行文王之道以爲常法也○鄭上三句唯一將字別次四句云我周公成王則法象行此文王之常道以日日施於

天下以治此四方之民維我得受此嘏福於文王此文王既佑助我而歆饗之故所以與我嘏福也餘同○傳將大享獻○正義曰皆釋詁文○箋將猶至助之○正義曰以將與享相類當謂致之於神不宜爲大將者送致之義故云猶奉養謂以此牛羊奉養明神也牛羊充盛肥腯有天氣之助有其爲天佑助故無病傷桓六年左傳云奉牲以告曰博碩肥腯謂其民力之普存也謂其畜之碩大蕃滋也謂其不疾瘯蠡也謂其備腯咸有也彼傳言善於治民不忘勞役民之畜產無疾故祭祀之牲得肥明牛羊肥而無疾是天之力助天之助人唯德是與故云神饗其德而佑助之維天佑之當是佑助於人而已爲佑助牛羊者以下句乃云既佑饗之則此未是佑人文連牛羊知是佑助牛羊亦是饗人之德故助之也此祀文王於明堂則是祭天矣禮稱郊用特牲祭法云燔柴於泰壇祭天用騂犢則明堂祭天亦當用特牛矣而得有羊者祭天以物莫稱焉貴誠用犢其配之人無莫稱之義自當用太牢也郊特牲云帝牛不吉以爲稷牛是配者與天異饌明其當用太牢此祀有文武爲配於禮得其有羊也夏官羊人云釁積共羊牲注云積積柴以祭天有羊牲者彼釁在積上明所云積柴非祭天當謂禋燎祀司中司命之等有羊也

儀式刑文王之典日靖四方伊嘏文王既右饗之儀善刑法典常靖謀也箋云靖治也受福曰嘏我儀則式象法行文王之常道以日施政于天下維受福於文王文王既右而饗之言受而福之○嘏古雅反毛大也

【疏】傳儀善至靖謀○正義曰皆釋詁文也刑既爲法則式不復爲法當訓爲用毛於嘏字皆訓爲大此嘏亦爲大也王肅云善用法文王之常道日謀四方維天乃大文王之德既佑助而歆饗之○箋靖治至而福之○正義曰靖治釋詁文特牲少牢皆祝以神辭嘏主人與之以福是受福曰嘏儀者威儀式者法式故以儀式爲則象謂則象法行文王之常道也以此能治四方所以蒙佑不宜爲謀之故以靖爲治謂施於天下也既佑助饗之是釋其所以致福之意故云言受而福之謂神受其德故降與之福也

我其夙夜畏天之威于時保之箋云于於時是也早夜敬天於是得安文王之

道

我將一章十句

時邁巡守告祭柴望也巡守告祭者天子巡行邦國至于方岳之下而封禪也書曰歲二月東巡守至于岱宗柴望秩于山川徧于羣神。遠。行。也○巡音旬守手又反本或作狩注同柴士佳反說文字林作柴行下孟反下出行同禪市戰反徧音遍【疏】時邁十五句○正義曰時邁詩者巡守告祭柴望之樂歌也謂武王既定天下而巡行其守土諸侯至于方岳之下乃作告至之祭為柴望之禮柴祭昊天望祭山川巡守而安祀百神乃是王者盛事周公既致太平追念武王之業故述其事而為此歌焉宣十二年左傳云昔武王克商作頌曰載戢干戈明此篇武王事也國語稱周公之頌曰載戢干戈明此詩周公作也治天下而使之太平者乃是周公為之得自作頌者於時和樂既與頌聲咸作周公採民之意以追述先王非是自頌其身故得親為之序不言周公作者頌見天下同心歌詠例皆不言姓名經之所陳皆述巡守告祭之事指文而言時邁其邦是巡守之辭也懷柔百神及河喬嶽是告祭之事柴望祭天經不言天百神以天為宗其文可以兼之矣○箋巡守至羣神○正義曰此解巡守之名及告祭之意天子封建諸侯以為邦國令之為王者守土天子以時往行其邦國至於其方岳之下為此告祭而又為封禪禮焉以此故有柴望之事也書曰以下堯典文彼說舜受堯禪即位之後巡守之事其言柴望與此同故引以證之明此告祭柴望是至方岳而祭也所以為此巡守之禮者以諸侯為王者守土專制一國告從令行而王者垂帷端拱深居高視一日二日庶事萬機耳目不達於遠方神明不照於幽僻或將強以陵弱恃衆以侵寡擁遏王命寃不上聞而使遠道細民受枉聖世聖王知其如是故制為此禮時自巡之大司馬職曰及師大合軍以行禁令以救無辜伐有罪注云師謂巡守若會同是巡守之禮有伐罪正民之事也堯典說巡守之禮云協時月正日同律度量衡王制說巡守之禮云命太師陳詩以觀民風命市納賈以觀民之所好惡不敬者君削以地不孝者君黜以爵革制度衣服者爲叛叛者君討有功德於民者加地進律是其事也王者代天理民今既爲天遠行所至不可不告五岳地之貴神今既來至其傍又亦不可無禮是故燔柴以告天望祭山川白虎通云巡守爲祭天何本巡守爲天所告至也王制注亦云柴祭天告至也云望秩者山川之神望其所在以尊卑次秩祭之堯典注云徧以尊卑次秩祭之是也言至於方岳之下者每至其方之岳皆爲告祭之禮非獨東岳而已告祭則四岳皆然其封禪者唯岱宗而已餘岳不封禪也聚土曰封除地曰禪變墠言禪神之也封禪必因巡守而巡守不必封禪何則雖未太平王者觀民風俗而可以巡守其封禪必太平功成乃告成於天非太平不可也又封禪者每一代唯一封而已其巡守則唐虞五載一巡守周則十二年一巡守以爲常非直一巡而已此其所以異也封禪之見於經者唯大宗伯云王大封則先告后土以外更無封文也禮器云因名山升中于天而鳳皇降龜龍假雖不言封亦是封禪之事故注云升上也中猶成也謂巡守至於方岳而燔柴祭天告以諸侯之成功而太平陰陽和而致象物是則功成瑞至然後可以升中明未太平必不可也白虎通云王者易姓而起必升封太山何告之義也始受命之時改制應天天下太平功成封禪以告太平也所以必於太山何萬物交代之處也必於其上何因高告高順其類也故升封者增高也下禪梁甫之山基廣厚也天以高爲尊地以厚爲德增太山之高以報天附梁甫之基以報地明天之所命功成事就有益於天地若高者加高厚者加厚矣是說封禪之義若然巡守不必封禪封禪必待太平則武王之時未封禪矣此詩述武王之事而箋云至方岳之下而封禪者廣解巡守所爲之事言封禪者亦因巡守爲之非言武王得封禪也史記封禪書云齊桓公欲封禪管仲曰古者封泰山禪梁甫者七十三家而夷吾所記者十有二焉乃數十二於周唯言成王封泰山禪社首是武必不封禪其巡守則武王爲之以左傳之文參之此詩是武王巡守矣白虎通曰何以知太平乃巡守以武王不巡守至成王乃巡守其言違詩反傳所說非

也偏於羣神一句於堯典乃在上文正月上日受終於文祖之時云類于上帝禋於六宗望於山川偏於羣神於二月巡守之下唯有柴望秩於山川而已不言偏於羣神此一句衍字也定本集注皆有此一句案王制說巡守之禮亦云柴而望祀不言偏羣神也堯典注云羣神丘陵墳衍之屬般序止云四岳河海經唯言墮山喬岳不言墳衍丘陵是必不偏羣神也其以堯典之文上下相校正月所祭之神多於祭岱之時而至岱不禋六宗何知當偏羣神也是由二文相涉後人遂增之耳

時邁其邦昊天其子之實右序有周薄言震之莫不震疊懷柔百神及河喬嶽允王維后邁行震動疊懼懷來柔安喬高也高。岳岱宗也箋云薄猶甫也甫始也允信也武王既定天下時出行其邦國謂巡守也天其子愛之右助次序其事謂多生賢知使為之臣也其兵所征伐甫動之以威則莫不動懼而服者言其威武又見畏也王行巡守其至方岳之下來安羣神望于山川皆以尊卑祭之信哉武王之宜為君美之也○右音又注同助也疊徒協反柔如字本亦作濡兩通俱訓安也喬音橋嶽本亦作岳同音岳知音智

【疏】時邁其邦○正義曰周公以時既太平追述武王之事言武王既定天下以時行其邦國其出也天行雲轉六軍皆從羣臣賢智各司其職於是乃見昊天其於武王子愛之矣實佑助而次序我有周之事謂生賢智之臣使得以為用是子愛之也其所往之處始欲我武王以軍威動之莫不動懼而服是威又可畏不假用兵也至於方岳之下其來乃為安寧百神及河與高岳皆次秩祭之武王巡行邦國而使人神得所信乎武王之德如是維宜為天下之君也於此行也明見天之愛我有周使俊乂之臣用次序在位多生賢哲令之在官是其子愛之效於此明見之也動之以威莫敢不服武王於是則聚其干戈而納之則韜其弓矢而藏之是由往則震懼故不用之也我武王能如此求有美德之士而任用之其功其大美矣故陳其功狀於是大樂而歌之信哉我武王之德能長安之言能安此大樂之美故歌之也○傳邁行至岱宗○正義曰邁行懷來釋言文震動疊懼喬高釋詁文彼疊作慴音義同釋詁云柔安

也某氏引詩云懷柔百神定本作柔集注作濡柔是也言高岳岱宗者以巡守之禮必始於東方故以岱宗言之其實理兼四岳般祀四岳是也謂之岱宗者應劭風俗通云岱始也宗長也萬物之始陰陽交代故爲五岳長白虎通云岱者言萬物相代於東方也○箋薄猶至美之○正義曰茉苢傳云薄辭箋云薄言我薄其云薄欲如此亦是初始之義故轉之爲甫訓甫爲始也允信釋詁文序言巡守故知出行其邦國謂巡守也佑序之文承昊天之下故知亦是昊天助之次序其事下云式序在位故知謂多生賢智使爲之臣也時雖無敵可伐但兵行主伐有罪故云其兵所征伐甫動之以威則莫不動懼而服言其威武又見畏謂不但爲天所愛復爲人所畏故言又也樂記說武王克定天下其兵包以虎皮示不復用則伐紂之後天下即服至於巡守始言莫不服者以王者之爲巡守慮有不服之處故美其無不服耳非謂時有叛者見兵乃服也又解巡守之行得有動威之意以王行巡守以軍從故也知者以大司馬云及師大合軍以行禁令以救無辜伐有罪又曰若大師則掌其戒令涖釁主及軍器上云及師下云若大師則二者之師不同也大師言釁主及軍器是征伐實事則上云及師非征伐也明大師爲征伐及師爲巡守故及師之下注云師謂王巡守若會同司馬起師合軍以從所以威天下行其政也不言大者未有敵不尙武是巡守之禮當師從也言大合軍猶大司樂言大合樂大合樂者徧作六代之樂則知大合軍者亦六軍皆行也而雜問志云天子巡守禮無六軍之文者鄭意以巡守必有六軍但禮無正文故云無六軍之文耳天子海內之主安不忘危且云救無辜伐有罪安得無六軍也百神者謂天與山川之神神以王爲主祭之則安故云來安羣神謂望於山川堯典云望秩於山川秩者次秩故云皆以尊卑祭之此解百神止云山川而已益明序下之箋無偏於羣神也允王維后懟上事而歎之故云信哉武王之德宜爲君美之也

明昭有周式序在位

明矣知未然也昭然不疑也箋云昭見也王巡守而明見天之子有周家也以其有俊乂用次第處位言此者著天其子愛之右序之效也

疏傳明矣至不疑○正義曰明之與昭俱是見義但以達見遠事謂之

為明其昭者大明之狀故云明矣知未然也昭然不疑言因此巡守知天而今而後常愛周家其事昭然不復為疑與鄭明見之義同但分而言之耳○箋明見至之效○正義曰昭見釋詁文也以毛意微申使易曉故云王巡守而明見天之子有。周正以俊乂之人用次第處位故也此經二句覆上佑序有周故云言此者著天其子愛佑序之效驗也

載戢干戈載櫜弓矢 戢聚櫜韜也箋云載之言則也王巡守而天下咸服兵不復用此又著震疊之效也○戢側立反櫜音羔韜吐刀反復扶又反 疏 傳戢聚櫜韜○正義曰戢聚釋詁文櫜者弓衣一名韜故內弓於衣謂之韜弓

我求懿德肆于時夏 夏大也箋云懿美肆陳也我武王求有美德之士而任用之故陳其功於是夏而歌之樂歌大者稱夏○肆音四夏戶雅反下注同

允王保之 箋云允信也信哉武王之德能長保此時夏之美 疏 傳夏大○正義曰釋詁文○箋懿美至稱夏○正義曰懿美釋詁文肆者張設之言故為陳也言求是自此求彼之辭故知求美德之士而用之謂式序在位是武王求而得之也以言陳之於夏故知夏為樂名又解名為夏之意以夏者大也樂歌之大者稱夏也思文箋云夏之屬有九與此意相足言由周禮有九夏知此夏為樂歌也春官鍾師凡樂事以鍾鼓奏九夏王夏肆夏昭夏納夏章夏齊夏族夏陔夏驁夏注云夏大也樂之大歌有九是九夏之名也彼注引呂叔玉云肆夏繁遏渠皆周頌也肆夏時邁也繁遏執競也渠思文也玄謂以文王鹿鳴言之則九夏皆詩篇名頌之族類也此歌之大者載在樂章樂崩亦從而亡是以頌不能具然則鄭以九夏別有樂歌之篇非頌也但以歌之大者皆稱夏耳

時邁一章十五句

執競祀武王也。執競其敬反執持也韓詩云執服也 疏 執競十四句○正義曰執競詩者祀武王之樂歌也謂周公成王之時既致太平祀於武王之廟時人以今得太平由武王所致故因其祀述其功而為此歌焉經之所陳皆述武王生時之功也

執競武王無競維烈不

顯成康上帝是皇無競競也烈業也不顯乎其成大功而安之也顯光也皇美也箋云競彊也能持彊道者維有武王耳不彊乎其克商之功業言其彊也不顯乎其成安祖考之道言其又顯也天以是故美之予之福祿○大功本或作天功

疏執競武王○正義曰言有能持彊盛之道者維武王耳此武王豈爲無彊乎維克商之功業實爲彊也豈不顯乎其成安祖考之道實爲顯也由其既彊且顯上天以是之故嘉美之以大福又重述武王彊顯得福之事武王用彼成安祖考之道故得受命伐紂同有天下四方之民而斤斤然其爲周家一代明察之君是其顯而得福也又武王之祭宗廟也作鐘鼓之樂其聲和樂喤喤然奏磬管之音其聲合集鏘鏘然合於禮度當於神明故神下與之福衆多而穰穰然下與福豐大而簡簡然於時助祭之人又威儀順習反反然其祭之末此羣臣等既醉於酒矣既飽於德矣於祭之事終始無違故致福祿復來與之言武王受此多福故今得太平是以述而歌之○傳無競至皇美○正義曰無競反其言故爲競也烈業顯光皇美皆釋詁文又曰康安故云成大功而安之大功謂伐紂也安之謂安祖考也武王祖考其心冀成王業未就心皆不安武王既伐紂是成大功安祖考故云成大功而安之其意與鄭同○箋競彊至福祿○正義曰競彊釋言文時是釋詁文武王大業在於伐紂故知維烈是克商之功業也下武云三后在天王配於京永言孝思應侯順德故知成安是成安祖考之道也既彊顯之下乃言天美之與之福祿謂使之胤嗣長遠享國不絕也

自彼成康奄有四方斤斤其明自彼成康用彼成安之道也奄同也斤斤明察也箋云四方謂天下也武王用成安祖考之道故受命伐紂定天下爲周明察之君斤斤如也○斤紀覲反

疏傳自彼至明察○正義曰訓自爲用故云用彼成安之道奄同釋言文又云奄蓋也鄭於閟宮玄鳥箋皆以奄爲覆覆蓋四方同爲己有與傳不異也釋訓文明明斤斤察也此連其明故云明察

鐘鼓喤喤磬筦將將降福穰穰降福簡簡威儀反反既醉既飽福祿來反喤喤和也將將集也穰穰衆也簡簡

大也反反難也反復也箋云反反順習之貌武王既定天下祭祖考之廟奏樂而八音克諧神與之福又衆大謂如嘏辭也君臣醉飽禮無違者以重得福祿也○喤華彭反徐音皇又音宏注同筦音管本亦作管同將七羊反注同說文作鏘鏘行貌穰如羊反反反如字沈符板反又音販復扶又反重也又音服重直用反

疏傳喤喤至反復○正義曰喤喤將將俱是聲也故言和與集謂與諸聲相和與諸樂合集也釋訓云喤喤樂也穰穰福也舍人曰喤喤鍾鼓之聲樂也穰穰衆多之貌也某氏引此詩明穰穰是福豐之貌也簡簡大釋訓文李巡曰簡簡降福之大也箋以反反為順習之貌傳言反反難者謂順禮閑習自重難也釋言云復反也是反得為復定本作覆○箋武王至福祿○正義曰箋以文承奄有之下降福是祭祀之事故知是武王既定天下祭祖考之廟也少牢大夫嘏辭尚云受祿于天宜稼于田天子嘏辭致福固宜衆且大矣故云謂如嘏辭也祭義說祭祀之禮主人慤而趨賓客則濟濟漆漆然則威儀反反是即祭者之容也既醉既飽文在反反之下故知謂羣神醉飽也祭末旅酬下及羣臣故有醉飽之義即既醉所云醉酒飽德是也此時祭之末節人多倦而違禮故美其禮無違者以重得福祿即經之來反也此陳祭之事止應一降福耳但作者於樂音和集之下以言降福於羣臣既醉之下復言福祿每於一事得禮一言獲福欲見善不虛作福必報之為節文之勢故言福祿復來也祭祀宗廟當有酒食之饌此不言黍稷牲牢唯云聲樂者詩人意之所言無義例也

執競一章十四句

思文后稷配天也疏思文八句○正義曰思文詩者后稷配天之樂歌也周公既已制禮推后稷以配所感之帝祭於南郊既已祀之因述后稷之德可以配天之意而為此歌焉經皆陳后稷有德可以配天之事國語云周文公之為頌曰思文后稷克配彼天是此篇周公所自歌與時邁同也后稷之配南郊與文王之配明堂其義一也而此與我將序不同者我將主言文王饗其祭祀不說文王可以配上帝故云祀文王於明堂此篇主說后稷有

德可以配天不說后稷饗其祭祀故言后稷配天由經文有異故爲序不同也

思文后稷克配彼天立我烝民莫匪爾極

極中也箋云克能也立當作粒烝衆也周公思先祖有文德者后稷之功能配天昔堯遭洪水黎民阻飢后稷播殖百穀烝民乃粒萬邦作乂天下之人無不於女時得其中者言反其性○烝之丞反粒音立阻莊呂反難也馬融注尚書作祖云始也艾音刈鄭注尚書五蓋反本或作反音同

〔疏〕思文后稷○毛以爲周公自言我思先祖之有文德者后稷也此后稷有大功德堪能配彼上天昔堯遭洪水后稷播殖百穀存立我天下衆民之命使衆民無不於爾后稷得其中正言民賴后稷復其常性是后稷有大功矣由后稷有穀養民之故天乃遺我武王以所來之牟麥正以牟麥遺我者帝意所命用此后稷養天下之物表記后稷之功欲廣其子孫之國使無疆境於汝今之經界言於此今之經界其內不立封疆是命大有天下之牢籠九服也以是之故陳其久常之功於是夏樂而歌之言后稷功爲常久永在歌樂故所以配天共食也○鄭唯以立爲粒率爲循其文義大同○傳極中○正義曰北極以居天之中故謂之極是爲中之義也傳不解立但毛無破字之理必其不與鄭同宜爲存立衆民也○箋克能至其性○正義曰克能釋言文此立我烝民與尚書烝民乃粒事義正同故破立從粒烝衆釋詁文孝經云昔者周公郊祀后稷以配天是后稷配天周公爲之此詩周公所作故云周公思先祖有文德者后稷有此文德故周公思之非謂徧思先祖后稷獨有文德也堯典云帝曰咨四岳湯湯洪水方割是堯遭洪水也又舜典云帝曰弃黎民。俎飢汝后稷播時百穀注云。俎讀曰。阻阻厄也時讀曰蒔始者洪水時衆民厄於飢汝居稷官種蒔百穀以救活之是黎民阻飢后稷播殖百穀也益稷云禹曰予暨稷播奏庶艱食鮮食烝民乃粒萬邦作乂注云禹復與稷教民種澤物菜蔬難厄之食授以水之衆鱻食謂魚鼈也粒米也乂養也衆民乃復粒食萬國作相養之禮是烝民乃粒萬邦作乂也

貽我來牟帝命率育無此疆爾界。陳常于時夏

牟麥率用也箋云貽遺率循育養也武王渡孟津白魚躍

入。于舟出涘以燎後五日火流爲烏五至以穀俱來此謂遺我來牟天命以是循存后稷養天下之功而廣大其子孫之國無此封竟於女今之經界乃大有天下也用是故陳其久常之功於是夏而歌之夏之屬有九書說爲以穀俱來云穀紀后稷之德○貽音夷字又作詒同牟並如字字書作麰音同牟字或作麰孟子云麰大麥也廣雅云麳小麥麰大麥也彊居良反竟也介音界大也後放此夏尸雅反注同遺唯季反下同涘音仕燎力召反竟音境本或作境

傳牟麥率用○正義曰孟子云麰麥播種而耰之趙岐注云麰麥大麥也說文云。麰周受來牟也一麥二夆象其芒刺之形天所來也釋詁云率由自也由自俱訓爲用故率爲用也○箋貽遺至之德○正義曰貽遺釋言文率循育養釋詁文武王渡孟津至以穀俱來皆尚書文大誓云惟四月太子發上祭於畢下至於孟津之上注云孟津地名又云太子發升舟中流白魚入於王舟王跪取出涘以燎之注云白魚入舟天之瑞也魚無手足象紂無助白者殷正也天意若曰以殷予武王當待無助今尚仁人在位未可伐也得白魚之瑞即變稱王應天命定號也涘涯也王出於岸上燔魚以祭變禮也又云至於五日有火自上復於下至於王屋流之爲鵰其色赤其聲魄五至以穀俱來注云五日燎後日數王屋所在之舍上流猶變也鵰當爲鴉鴉爲烏也燎後五日而有火爲烏天報武王以此瑞書說曰烏有孝名武王卒父業故烏瑞臻赤周之正穀記后稷之德又禮說曰武王赤烏穀芒應周尚赤用兵王命曰爲牟天意若曰須暇紂五年乃可誅之武王即位此時已三年矣穀蓋牟麥也詩云貽我來牟是鄭所據之文也周自后稷以來得穀瑞者唯彼云以穀俱來此言來牟彼云穀至彼此交相證明其事同也太誓止云白魚不言魚之大小中候合符后云魚長三尺赤文有字題之目下授右注云右助也天告以伐紂之意是其助然則目下有此授右之字也而彼授右之下猶有一百二十餘字乃云王維退寫成以二十字魚文消蓋其鱗甲之上有此字非目下所能容直言出涘以燎不言迴舟蓋在此岸燎也太誓之注不解五至而合符后注云五至猶五來不知爲一日五來爲當異日也言五至以穀則第五至時乃有穀耳彼穀此牟理當爲一故

云此謂遺我來牟也又解帝命率育之義天命武王正以是牟麥者循而存記此后稷養天下之功言后稷以穀養天下故命武王以穀存記之也是欲廣大其子孫之國也無此封境於汝今之經界者謂當時經界已廣大萬里於汝此之內使無封疆是乃大有天下之辭也言無此疆爾。界者周公自據當時故云此稱天之意故云爾自汝當時之土境也此與時邁皆周公所作俱云時夏則以此二者爲大功故於樂爲大歌也夏之屬有九卽鍾師九夏是也書說爲以穀具來云穀以記后稷之德者尙書旋機鈐及合符后皆有此文注云稷好農稼今爲銜穀故云記之也

思文一章八句

清廟之什十篇十章九十五句

臣工之什詁訓傳第二十七

臣工諸侯助祭遣於廟也 疏 臣工十五句○正義曰臣工詩者諸侯助祭遣於廟之樂歌也謂周公成王之時諸侯以禮春朝因助天子之祭事畢將歸天子戒勑而遣之於廟詩人述其事而作此歌焉此諸侯來朝行朝享之禮已終天子饗食燕賜之事又畢唯待祭訖而去故於祭之末因在廟中遣之經陳戒諸侯之臣使助其公事又戒車右令及時勸農天子賓敬諸侯不勑其身戒其臣亦所以戒諸侯是其遣之事也此諸侯助祭是下土諸侯自外來也振鷺有客序皆云來此與烈文不言來者振鷺有客經言有客戾止主陳其來之意故序言來助來見此與烈文王告戒之以事不說其來但因助祭而戒之當言其助而已不須言來也載見述其始見故序亦指言始見不言其來

嗟嗟臣工敬爾在公王釐爾成來咨來茹 嗟嗟勑之也工官也公君也箋云臣謂諸侯也釐理咨謀茹度也諸侯來朝天子有不純臣之義於其將歸故於廟中正君臣之禮勑其

諸官卿大夫云敬女在君之事王乃平理女之成功女有事當來謀之來度之於王之。朝無自專○釐力之反茹如預反徐音如度待洛反下同朝直遙反下皆同

【疏】嗟嗟臣工○正義曰此周公成王於祭之末將遣諸侯不直戒其身爲其太斥故戒其卿大夫及車右以警切之將戒先嗟而又嗟重歎以呼之曰我臣之下諸官謂諸侯之卿大夫也汝等皆當敬慎於汝在君之職事汝能如此則我王家當平理汝之成功知其勤惰亦不忘汝勞汝若有大事賞罰當來咨謀計度於我王之廟無得自專欲使諸侯聞之亦敬其事而不自專也又勑其車右以農事亦嗟而又嗟重歎而呼之曰爾從君之保介謂車右衣甲之人也今已是維暮之春矣汝若歸國亦有何所求施於民乎維汝如何於民之新田畬田言汝當。祭此民之新田畬田何欲其勸民耕之也所以令汝勸民耕田者何於乎美哉本赤烏所與俱來之牟麥以瑞我周家大受其光明謂得此牟麥之瑞而爲天下所休慶也此光明之事乃見於上帝言爲上帝所聞知也至今用以此瑞之故常有樂歲遂時和年豐耕則必。獲是田不可舍汝可命我衆民令之以具汝所用錢鎛之田器勤力以事農畝於。久必多銍刈宜以此告勸下民使勤於田事○傳嗟嗟至公君○正義曰嗟嗟歎聲將勑而嗟歎故云嗟嗟勑之非訓爲勑也皐陶謨曰百工惟時天工人其代之皆謂官也故以工爲官公君釋詁文○箋臣至自專○正義曰此遣諸侯之歌勑臣之工使敬君事故知臣謂諸侯堯典云允釐爲理之義故爲理也咨謀釋詁文茹度釋言文又解所以謂諸侯爲臣者諸侯來朝天子有不純臣之義於其歸故於廟正其爲臣之禮明天子以主人之義不純臣於諸侯其諸侯之心則當純臣於天子恐彼不知以不純爲常故於廟中稱之爲臣以正臣之禮既正臣禮而君臣分定因以示義見事當上逸下勞故勑其下諸官而警切之使之敬其君事有大事來謀於王雖呼其臣而戒之實亦戒諸侯之身也言諸侯朝天子有不純臣之義者以秋官大行人掌大賓之禮與大客之儀注云大賓要服以內諸侯大客謂其孤卿然則天子之於諸侯謂之爲賓賓者敵主之辭是不純臣之義也異義公羊說諸侯不純臣左氏說諸侯者天子蕃衛純臣謹案禮王者所不純臣者

謂彼人爲臣皆非己德所及易曰利建侯侯者王所親建純臣也玄之聞也賓者敵主人之稱而禮諸侯見天子稱之曰賓不純臣諸侯之明文矣唯鄭據大行人之文以爲不純之證也以賓客之文明不純臣之義則謂天子與諸侯對爲賓主行禮是爲不純臣君與朝廷之臣行禮饗燕則使人爲主諸侯燕其臣使宰夫爲獻主不與臣對行禮是純臣之也大行人又云九州之外謂之蕃國世一見注云謂其君爲小賓臣爲小客小行人云凡四方之使大客則擯小客則受其幣聽其辭見於夷狄君臣亦稱賓客則四夷諸侯亦不純臣也此則天子於諸侯之義耳若諸侯於天子皆純臣矣北山云率土之濱莫非王臣皋陶謨云萬邦黎獻共惟帝臣是彼於王者皆純臣也書傳周公謂越。常氏之譯曰德澤不加焉則君子不享其質政令不施焉則君子不臣明政令之所及盡爲純臣故此所以正臣之禮也何知不是臣之與工君臣並勑而以爲獨勑其卿大夫者以下勑保介其文不與臣連是獨勑保介則知此亦獨勑其臣不勑其君也且君臣禮絶尊卑不同天子之戒諸侯當正尊卑之禮不可使人臣與君並受其命以此知勑臣之工不勑臣也諸侯之朝天子必有卿與大夫隨之爲介故云勑其諸官卿大夫也秋官司儀云諸公相爲賓及將幣每門止一相及廟唯上相入則諸侯朝天子亦應唯上相入廟耳此得卿大夫及車右俱在廟中受勑者彼謂將幣饗食行禮之時唯上相入耳此諸侯將歸遣之於廟是召入而戒之非致幣之類也敬汝在君之事王乃平理汝之成功謂有大功則賜之車服以寵章之若左傳宣十六年晉侯請於王以黻冕命士會將中軍襄十九年鄭公孫蠆卒范宣子言諸晉侯以其善於伐秦晉侯請於王王追賜之大路以行禮是有功王平理之事也言來謀之度之於王之廟者以其在廟勑之而言來故知來謀於王之廟也且古者大事謀於廟中訪落序云嗣王謀於廟國語云謀之廊廟失之中原是大事必謀於廟也定本集注。廟字作廟於義爲是

嗟嗟保介維莫之春亦又何求如何新畬

田二歲曰新三歲曰畬箋云保介車右也月令孟春天子親載耒耜措之於參保介之御間莫晚也周之季春於夏爲孟春諸侯朝周之春故晚春

遣之勑其車右以時事女歸當何求於民將如新田畬田何急其教農趨時也介甲也車右勇力之士被甲執兵也○莫音暮本或作暮注同畬音餘耒力對反耜音似措七故反夏戸雅反被皮寄反【疏】箋保介至執兵○正義曰此所以勑人也以月令準之知保介爲車右故即引月令以證之盡保介之御間皆月令文彼說天子耕籍田之禮天子親載耒耜措之於參乘之人保介之與御者二人間君之車上止有御者與車右二人而已今言保介與御明保介即車右也引之者證保介爲車右也又明以農事勑車右之意以諸侯耕籍勸農則此人與之同車而置田器於其間常見勸農之事故勑之也不勑御人偏勑車右者以御人本主於御車不主輔君故專勑車右明其衞君車也言保介之御間者以人君在載御在中央明其遠君措之故繫於車右因御字單言之以便文耒耜不近君而置御右之間者彼注云明己勸人非農人故也暮晚者古暮字作莫說文云日在茻中爲莫是晚之義也時有三月季爲其晚故以周之季春爲晚春也知非夏之季春者以月令季冬命民修耒耜具田器農書稱孟春耕者急發不得於建辰之月方始勸農故知是夏之孟春也且此諸侯來朝而遣之若是夏之季春非復朝王之月故云諸侯朝周之春以明此爲夏之正月也知諸侯之朝必以夏之正月者明堂位云季夏六月以禘禮。記周公於太廟雜記云七月而禘獻子爲之以六月爲正譏用七月則祭用夏之孟月矣故王制注云祭以首時薦以仲月諸侯時祭用夏之正月王制云諸侯礿則不禘禘則不嘗嘗則不烝烝則不礿注云虞夏之制諸侯歲朝廢一時祭明是朝祭同月故廢之也明堂位云夏礿秋嘗冬烝天子之禮獨不言春祀得不爲朝王而闕之故彼注云魯在東方朝必以春或闕之以此而言明諸侯之朝皆用孟月可知由孟春耕期既逼故勑其車右以其時事即耕田是也汝歸當何求於民言無所可求於民唯求其勤力於農耳如新田畬田何如猶奈何也當奈此田何王意急其教農以趨時恐時之晚過也更解謂車右。與保介之義介甲也車右勇力之士被甲執兵故謂之保介也月令注云保猶衣也勇力之士衣甲執兵此云被彼云衣皆保之義

於皇來牟將受厥明

明昭上帝迄用康年康樂也箋云將大迄至也於美乎赤烏以牟麥俱來故我周家大受其光明謂為珍瑞天下所休慶也此瑞乃明見於天至今用之有樂歲五穀豐熟○於音烏注同迄許乞反樂音洛下同見賢遍反

【疏】傳康樂○正義曰釋詁文○箋將大至豐熟○正義曰將大迄至釋詁文於者歎辭皇訓為美於美乎歎其受麥瑞而得豐年也大受其光明謂為天下所休慶者由受天瑞而人歸之是其為所美慶也此瑞乃明見於上天言既為人知又為天知美其瑞之著也人知謂天下歸之天知謂今之豐熟此瑞本自天來而云見於天者見天人相因以為人見天瑞而歸之天見人歸而降福美此周德賜之豐年至今用之常有樂歲正謂五穀豐熟五穀者五行之穀月令春食麥夏食菽季夏食稷秋食麻冬食黍天官疾醫以五穀養其病注云五穀麻黍稷麥豆。是。也鄭以五行之穀為五穀也夏官職方氏豫州其穀宜五種注云五種黍稷菽麥稻不以五行之穀為五種者以職方辨九州土地生殖之所宜每州不同非五行。當穀豫州之界東接青州宜稻麥西接雍州宜黍稷明豫州宜黍稷稻麥也菽則土地多生人所常種明通菽為五也職方又云幽州宜三種注云黍稷稻兖州宜四種注云黍稷稻麥皆準約所與連接者言之也

命我衆人庤乃錢鎛奄觀銍艾庤具錢銚鎛。鎒銍穫也箋云奄久觀多也教我庶民具女田器終久必多銍艾勸之也○庤持耻反錢子踐反鎛音博奄鄭音淹王徐並如字觀古玩反又如字注同銍珍栗反艾音刈銚七遙反何士堯反沈音遙世本云垂作銚鎒乃豆反或作耨呂氏春秋云耨柄尺此其度也其耨六寸以間稼也高誘注云耨芸。田也六寸所以入苗間也字詁云頭長六寸柄長一尺鎒古字也今作耨同穫戶郭反本或作鑊音同釋名云銍。穫也說文云銍穫禾短鎌也此則銍器可以穫禾故云銍穫也小爾雅云截穎謂之。挃截穎即穫也

【疏】傳庤具至銍穫○正義曰庤具釋詁文說文云錢銚古田器世本云垂作銚宋仲子注云銚刈也然則銚刈物之器也說文云鎛田器也釋名云鎛鋤類也鎛迫。也去草。也本云垂作耨釋器云斪斸謂之定李巡曰鋤也郭璞曰鋤屬廣雅云定謂之耨呂氏春秋云

耨柄尺此其度也其耨六寸所以閒稼也高誘注云耨芸苗也六寸所以入苗閒此云鎛耨當是一器但諸文或以爲耨卽鋤或云鋤類古器變易未能審之釋名云銍穫禾鐵也說文曰銍穫禾短鎌也然則銍器可以穫禾故云銍穫也管子云一農之事必有一銍一耨一銚然後成農是三者皆田器○箋奄久觀多○正義曰釋詁文彼奄作淹蓋鄭讀爾雅以淹爲奄故也王肅云奄同也毛於執競之傳以奄爲同言同多銍刈但無傳可據故同之鄭焉

臣工一章十五句

噫。嘻春夏祈穀于上帝也祈猶禱也求也月令孟春祈穀于上帝夏則龍見而雩是與○意噫意又作噫同於其反嘻音禧禱丁老反又丁報反見賢遍反雩音于與音餘

疏

噫嘻八句○正義曰噫嘻詩者春夏祈穀於上帝之樂歌也謂周公成王之時春郊夏雩以禱求膏雨而成其穀實爲此祭於上帝詩人述其事而作此歌焉經陳播種耕田之事是重穀爲之祈禱戒民使勤農業故作者因其禱祭而述其農事○箋祈猶至是與○正義曰春官太祝掌六祈之辭以祈福祥求永貞知祈爲禱求謂禱請求天降雨以成穀也月令孟春祈穀於上帝及左傳夏則龍星見而雩此二者是此春夏祈穀於上帝之事與以孟春祈穀文與此同以雩者又是爲穀求雨之祭故以二者爲此祭也龍星見而雩桓五年左傳有其事此引之不言左傳者以月令事在孟春其時月分明故顯言月令左傳之言龍見則時月不明引取其意言夏則非彼成文故不云左傳也言是與者爲若不審之辭亦所以足句也必知雩祭亦是祈穀者月令仲夏大雩帝以祈穀實是雩爲祈穀之明文但雩以龍見爲之當在孟夏之。日爲月令者錯至於仲夏失正雩之月故不引之左傳稱凡祀啓蟄而郊龍見而雩郊雩文連事正當此不并引左傳者又以傳無祈穀之文。故月令左傳各取其一也郊特牲云郊之祭也。夫報天而主日書傳曰祀上帝於南郊所以報天德然則郊以報天而云祈穀者以人非神之福不生爲郊祀以報其已往又祈其將來故祈報兩言也天者至尊之物善惡莫不由之

故於此一祭可以為報天可以為祈穀襄七年左傳曰夫郊祀后稷以祈農事故啓蟄而郊郊而後。祈是郊為祈穀之事也孝經云郊祀后稷以配天宗祀文王於明堂以配上帝止言配天不言祈穀者鄭箴膏肓云孝經主說周公孝以必配天之義本不為郊祈之禮出是以其言不備月令孟春元日祈穀於上帝是郊天也後乃擇元辰天子親載耒耜躬耕帝藉是郊而後耕二者之禮獻子之言合是郊天之與祈穀為一祭也案禮記大傳注云王者之先祖皆感太微五帝之精以生蒼則靈威仰皆用正歲之正月郊祭之蓋特尊焉孝經曰郊祀后稷以配天配靈威仰也然則夏正郊天祭所感一帝而已月令注云雩祀五精之帝則雩祭總祀五帝矣郊雩所祭其神不同此序幷云祈穀于上帝者以其所郊之帝亦五帝之一同有五帝之名故一名上帝可以兼之也月令孟春祈穀於上帝之下注云上帝大微五帝者亦謂祈穀所祭也是大微之一不言祈穀總祀五帝也春官典瑞云四圭有邸以祀天旅上帝注云祀天夏正郊天也上帝五帝所郊亦五帝殊言天者尊異之此不殊之者非周禮相對之例序者省以便文也

噫嘻成王既昭假爾率時農夫播厥百穀。

意歎也嘻和也成王成是王事也箋云噫嘻有所多大之聲也假至也播猶種也噫嘻乎能成周王之功其德已著至矣謂光被四表格于上下也又能率是主田之吏農夫使民耕田而種百穀也○成王如字又于況反注同假鄭王並音格沈云毛如字被皮寄反

疏噫嘻成王○毛以為噫嘻然嗟歎而有所戒勑者成是王事之王謂周公成王也此王既已致政教光明至於天下德既光明顯著如此猶能敬重農事率是典田之官令之教民耕田而種百穀典田之官既受率約即告民云成欲得大發汝之私田終於三十里欲使各極其望無不墾耕汝等須大事汝所耕及時趁農十千人維為配耦恐其失時欲令萬夫俱作天下既已太平尚能重民如此為之祈神殷勤戒勑故美而歌之○鄭唯噫嘻二字與駿字別又三十里為一部一吏主之實有十千之數具說在箋○傳噫歎至王事○正義曰孔子見顏淵死曰噫天喪予成湯見四面羅者曰嘻盡之矣則噫嘻皆是歎聲為歎以勑之傳因其文重

分而屬之非訓噫嘻為歎勑也此噫嘻猶上篇云嗟嗟耳毛亦以上篇重農嗟嗟而勑保介此文類之明亦噫嘻而勑之○箋噫嘻至百穀○正義曰以噫嘻之下方美其成王明至而率時農夫乃在下句則噫嘻之言未是勑戒故以為有所多大之聲謂作者有所裒多美大而為聲以歎之故言噫嘻有所多大之聲假至釋詁文彼假作格音義同言既明至亦是君德著明而有所至故引尚書以當之光被四表格于上下堯典文也注云言堯德光耀及四海之外至於天地所謂大人與天地合其德與日月齊其明彼說堯德而聖人道同周公成王德亦如之故美其能昭假也先言此者人之恆性莫不急於未就惰於已成今成王者德既著至而猶尚重農以是而益可美矣故云又能率是主田之吏農夫使民耕田而種百穀謂王者率農夫教下民也知農夫是主田之吏者以文承成王之下則是王者率之若田農之夫非王所親率而釋言云畯農夫也畯即豳風小雅及春官籥師所云田畯者也田畯至典田之官而爾雅謂之農夫故知農夫是主田之吏也

駿發爾私終三十里亦服爾耕十千維耦

私民田也言上欲富其民而讓於下欲民之大發其私田耳終三十里言各極其望也箋云駿疾也發伐也亦大服事也使民疾耕發其私田竟三十里者一部一吏主之於是民大事耕其私田萬耦同時舉也周禮曰凡治野田夫間有遂遂上有徑十夫有溝溝上有畛百夫有洫洫上有塗千夫有澮澮上有道萬夫有川川上有路計此萬夫之地方三十三里少半里也耜廣五寸二耜為耦一川之間萬夫故有萬耦耕言三十里者舉其成數○浚本亦作駿音峻毛大也鄭云疾也發發伐一本無一發字徑古定反畛之忍反又之人反洫況域反澮古外反廣古曠反

【疏】傳私民至其望○正義曰毛以此經皆勑民之言故解其勑意所在皆有公田在民井田之間亦當民所耕發而云駿發爾私者上意欲富其民而讓於下欲民之大發私田使之耕以取富故言私而不及公令民知君於己之專則感而樂業故也大田云雨我公田遂及我私是民意之先公也此云駿發爾私言不及公主意之讓下也以彼公私相對知此言私對公訓駿為大故云大發其私田也又解正言

三十里意終三十里者各極其望謂人目之望所見極於三十每各極望則徧及天下矣三十以極望爲言則十千維耦者以萬爲盈數故舉之以言非謂三十里內有十千人也王肅云三十里天地合所之而三十則天下徧此申毛之意也言人目所望三十里而天地合於三十里外不復見之是爲極望也○箋駿疾至成數○正義曰釋詁云速疾也駿速也轉以相訓是駿爲疾也冬官匠人云一耦之伐伐發地故云發伐也言伐者以耜擊伐此地使之發起也亦大服事釋詁文彼亦作弈音義同箋以播厥百穀是王者率約農夫之言駿發爾私終三十里是農夫教民之言故云使民疾耕發其私田謂農夫使之也終訓竟也正使之竟三十里者王者之立田官每三十里分爲一部令一主田之吏主之主田之吏謂農夫是也農夫自勑終己境界故指言三十里也亦服爾耕十千維耦是民從農夫一號令之事故云於是民大耕其田萬耦同時舉足而耕也知此三十里爲部使一吏主之者以王者率農夫使教民種穀農夫即號令其一人令疾發私田終三十里明三十里者此農夫所部之界故知每三十里分爲一部使一吏主之公羊傳曰三公者何天子之吏則吏者在官之通稱七月傳云畯田大夫畯即此農夫也三十里而有一吏蓋皆以大夫爲之箋又以萬人爲耦與三十里大數相應故引周禮以證之所引周禮盡川上有路皆地官遂人文也彼意言凡治郊外野人之田一夫之間有通水之遂廣深各二尺也此遂上即有一步徑以通牛馬其十夫有通水之溝廣深各四尺也此溝上即有一徑畛以通大車其百夫有通水之洫廣深各八尺也此洫上即有一大塗以通一乘車其千夫有通水之澮廣丈六尺深丈四尺也此澮上即有一通道以容二軌其萬夫有自然之大川此川上即有一廣路以容三軌是周禮以萬夫爲限與此十千相當又計此萬夫之地一夫百畝方百步積萬夫方之是廣長各百夫以百百乘是萬也既廣長皆百夫夫有百步三夫爲一里則百夫爲三十三里餘百步即三分里之一爲少半里是三十三里又少半里也耜廣五寸二耜爲耦冬官匠人文也此一川之間有萬夫故有萬人對耦而耕此萬人受田計之乃三十三里少半里正言三十里者舉其成數也以三十里與十千舉

其成數正足相充故鄭首尾爲一以易傳也遂人注云十夫二鄰之田百夫一酇之田千夫二鄙之田萬夫四縣之田遂溝洫澮皆所以通水於川也遂廣深各二尺溝倍遂洫倍溝澮廣二尋深二仞徑畛塗道路皆所以通車徒於國都也徑容牛馬畛容大車塗容車一軌道容二軌路容三軌以南畮圖之則遂從溝橫洫從澮橫九。塗而川周其外焉是鄭具解五溝五塗之事也以遂人治野田故還據遂中鄰里酇鄙縣而說之四縣爲一部計六遂三十縣爲七部猶餘二部蓋與公邑采地共爲部也何者遂人於川上有路之下云以達於畿鄭云以至於畿則中雖有都鄙遂人盡主其地是都鄙與遂同制此法明其共爲部也地官序縣正每縣下大夫一人鄙師每鄙上士一人酇長每酇中士一人里宰每里下士一人鄰長五家則一人計四縣有二十鄙百酇四百里二千鄰則鄰長以上合有二千五百二十四人矣而云一吏主之者彼謂主民之官與典田者別職其主田之吏一部唯一人也遂人注所言遂溝洫澮廣深之數皆與冬官之文也徑畛塗道路所容於匠人差約而爲之耳無正文言以南畮圖之遂從溝橫洫從澮橫者以夫間有遂則兩夫俱南畮於畔上有遂故遂從也其遂既從則必注於橫者也故溝橫也百夫方千步除外畔其間則南北者九遂東西者九溝其東西之畔即是洫也從洫必注於橫澮則南北之畔即是澮也萬夫方萬步爲方千步者百除外畔其間南北者九洫東西者九澮其四畔則川周之故云川周其外也如是者九則方百里故遂人注又云萬夫者方三十三里少半里九而方一同也此皆設法耳川者自然之物當逐地形而流非於萬夫之外必有大川遶之且川者流水不得方折而匝之也

噫嘻一章八句

毛詩注疏校勘記（十九之二）　阮元撰盧宣旬摘錄

○昊天有成命

注云天神謂言五帝　閩本明監本毛本同案浦鏜云言衍字是也

早夜始順天命　小字本相臺本同案正義云始於信順天命又云故知所信順者始信順天命也考此箋始信乃經之基命傳所云基始命信也故正義云傳訓命爲信既有所信必將順之故言早夜始信順天命經中之命已訓爲信其言天命鄭自解義之辭故非經中之命也其順上有信字顯然今各本箋中脫者非也又此正義信字今亦刪去見下

天道成命者而稱昊天　閩本明監本毛本同案上天字浦鏜云夫誤是也

故曰成王　閩本明監本毛本同案此不誤浦鏜云王衍字非也今周語脫王字韋昭注云成成其王命也當成王王成其王命也亦誤刪王字

蒼帝非太帝　閩本明監本毛本同案浦鏜云大誤太是也

中苗與稱堯受圖書　閩本明監本毛本同案中下當脫候字盧文弨補之是也生民正義引作稷起注當是鄭據苗興以注稷起耳

故言早夜始順天命　閩本明監本毛本同案中下當脫信字上下文皆可證

所必信有信閩本明監本毛本同案下信字當作事

王上行既如此閩本明監本毛本同案王當作己

肆設也補案設當故字之譌毛本正作故

○我將

謂祭五帝之於明堂閩本明監本毛本同案浦鏜云之下當脫神字是也

莫適十閩本明監本同毛本十作卜案所改是也

四時迎氣於四郊祭帝毛本祭下剜添一字閩本明監本無案此誤補也言帝於文自足南齊書禮志有一字以義添之耳

詩人雖同祀明堂而作閩本明監本毛本同案浦鏜云同當因字誤是也

維羊維牛唐石經小字本相臺本同案經義雜記云正義本作維牛維羊周禮羊人疏隋書字文愷傳引亦如此今考正義其說是也唐石經與正義本不合未詳其所本經注各本箋皆云我奉養我享祭之羊牛與唐石經合當是一本也

維是肥羊維是肥牛也閩本明監本毛本同案經義雜記云此非孔氏原本原本作維牛維羊前後俱未及盡改是也羊牛字當互換

謂其不疾瘯蠡也明監本毛本蠡誤癳閩本不誤○案集韻有癳字正義以今字易古字耳左傳秖作蠡

○時邁

徧于羣神 小字本相臺本同案正義云此一句衍字也定本集注皆有此一句云云釋文云徧于音遍段玉裁云司馬彪祭祀志光武封大山刻石文亦有此四字經言秩則包攝徧于羣神在內鄭注云徧以尊卑次秩祭之是也鄭以經文前後詳略互見故引之如此正義非是見尚書撰異中

遠行也 閩本明監本毛本同小字本同相臺本無此三字案山井鼎云古本無後補入考無者是也此釋文邁行也誤入於注而又譌邁作遠遂不可解當是經注各本始附釋文者不加○爲隔故也小字本正如此是其驗矣

國語稱周公之頌曰 閩本明監本毛本同案公上浦鏜云脫文字是也

除地曰禪 閩本明監本毛本禪作墠案所改是也

而鳳望降 閩本明監本同毛本望作皇案所改是也

七十三家 補 閩本明監本毛本同案三當作二

懷柔百神 唐石經小字本相臺本同案正義云釋詁云柔安也某氏引詩云懷柔百神柔百神定本作柔集注作濡柔是也釋文云懷柔如字本亦作濡兩通俱訓安也段玉裁云當從集注本作濡見詩經小學

高岳岱宗也 閩本明監本毛本同小字本相臺本岳作嶽案嶽字是也十行本經中皆作嶽字注及正義中多作岳字乃以岳爲嶽之別體字而用之以取省也與說文所謂岳爲古文者全不相涉盧文弨經典釋文考證牽合之殊誤

而明見天之子有周 閩本明監本毛本同案周下浦鏜云脫家字是也

○執競

祀武王也 閩本明監本毛本此下有注小字本相臺本無考文古本同案山井鼎云此亦釋文混入於注是也

其心冀成王業未就 閩本明監本毛本同案浦鏜云王業下當脫王業二字是也

釋訓文明明斤斤 補 案文當作云

君臣醉飽 小字本相臺本同閩本明監本毛本同案正義云此羣臣等既醉於酒矣既飽於德矣又云故知謂羣臣醉飽也祭末旅酬下及羣臣是其本作羣各本作君皆誤考文古本作羣采正義

穰穰衆多之貌也 閩本明監本毛本同案貌當作福

故知謂羣神醉飽也 閩本明監本毛本同案山井鼎云神恐臣誤是也

○思文

黎民俎飢 閩本明監本毛本俎誤阻

俎讀曰阻 閩本明監本毛本俎阻字互誤按此條可證古本尚書十行本最佳處也古文尚書撰異中詳之

無此疆爾界也 小字本相臺本同唐石經初刻界後磨改介案釋文云界音介大是釋文本此字作介也考箋無此封竟於女今之經界乃大有

天下也云無此封竟於女之經界者說經疆爾也經界之界鄭自解義之辭非經中之介云乃大有天下者訓介爲大乃經中之介也正義本亦自不誤故釋文正義初無異說不知者誤認箋中界字爲經中介字乃改經耳此唐石經初刻之誤而各本同之者也李善注魏都賦引薛君云介界也然則韓詩讀介爲界或相涉而亂耳當據釋文本正之考文古本作介采釋文

白魚躍入于舟也 小字本同閩本明監本毛本同相臺本于作王案相臺本非也正義引大誓白魚入於王舟尚書之文本如此箋以上句有武王故下不更云王耳考文古本于王竝有亦采正義而誤

說文云𦏧周受來牟也 閩本明監本毛本同案𦏧當作來此引說文來字下文不知者誤改之耳

言無此疆爾界者 閩本明監本毛本同案界當作介此因經注本之誤而改正義耳

○臣工

於王之朝無自專 小字本相臺本同案此釋文本也釋文上來朝下云直遙反下皆同謂此箋及下箋諸侯朝周之春二朝字也正義云定本集注朝字作廟於義爲是正義本亦是廟字與釋文不同

言汝當祭此民之新田畬田何 補祭當作奈形近之譌毛本正作奈

耕則必獲 閩本明監本毛本同案浦鏜云獲當作穫是也

於久必多銍刈 閩本明監本毛本同案浦鏜云終誤於是也

周公謂越常氏之譯曰閩本明監本毛本常誤裳

定本集注廟字作廟閩本明監本毛本上廟作庿案所改非也山井鼎云恐朝字誤是也

曰在茻音莽中爲莫毛本音莽誤口閩本明監本不誤案此正義自爲音之未誤入正文者也○按此則文理不得不作小字者與前有別

以禘禮記周公於太廟閩本明監本毛本同案山井鼎云記恐祀誤是也

更解謂車右與保介之義也閩本明監本毛本同案山井鼎云與恐爲誤是

麻黍稷麥豆是也鄭以五行之穀閩本明監本毛本同案是也當誤倒是屬下句讀

非五行當穀【補】毛本當作常案所改是也

鎛鎒小字本相臺本同案此釋文本也釋文云鎒乃豆反或作耨又引字詁云鎒古字也今作耨同正義云此云鎛耨當是其本作耨

高誘注云耨芸田也【補】釋文校勘記通志堂本同盧本田作苗云苗舊作田今依本書改案此當是陸所引與今本不同改之未是小字本所附亦作田也○按當云所以芸田也俗人往往刪古書所以二字

銍獲鐵也【補】通志堂本盧本獲作穫案穫字是也

截穎謂之桎【補】通志堂本盧本桎作銍案銍字是也

鏄迫也補毛本也作地案所改是也

也本云垂作䅑閩本明監本同毛本剜也作世案所改是也

○噫嘻

噫嘻唐石經小字本相臺本同案釋文意嘻下云意本又作噫同正義引噫天喪予是其本作噫唐石經以下之所本也其實意卽噫之古字假借耳當以釋文本爲長

當在孟夏之日閩本明監本同毛本日作月案所改是也

夫報天而主日補閩本明監本毛本同案夫當作大

郊而後祈閩本明監本同毛本祈作耕案所改是也

意歎也補案此不誤意卽噫之古字假借耳毛本改作噫非

嘻和也小字本同閩本明監本毛本同相臺本和作勑考文古本同案釋文云毛云噫歎也嘻和也是其本作和正義云爲歎以勑之因其文重分而屬之非訓噫嘻爲歎勑也是其本作勑經注本當出於釋文岳氏古本皆依正義改之

及春官籥師閩本明監本毛本官誤宫案浦鏜云章誤師是也

田畯至典田之官閩本明監本毛本同案山井鼎云至恐主誤是也

駿發爾私 唐石經小字本相臺本同案釋文云浚本亦作駿音峻毛云大也鄭云疾也正義本是駿字

發伐也 小字本相臺本同案釋文云發發伐也一本無一發字正義云冬官匠人云一耦之伐伐發地故云發伐也是正義本與一本同考發伐於聲類爲至近故用爲訓詁無取於疊字也當以正義本爲長○按俗有墢字坺字皆謂耕起土也古衹作發作伐淺人謂土曰伐人發之曰發故增一發字

竟三十里者一部一吏主之於是民大事耕其私田 小字本同相臺本者下衍言字閩本明監本此二十字全脫去毛本初刻同後改有案因上文云使民疾耕發其私田復出私田而致誤

方三十三里少半里也 小字本相臺本同閩本明監本毛本上三字誤作二考文古本三字不誤但物觀補遺所載但云三十里無下三字則更誤矣

主意之讓下也 補 閩本明監本毛本同案主當作上

深丈四尺也 閩本明監本毛本同案此不誤浦鏜云六尺誤四尺非也此深二仞七尺曰仞是丈四尺考工匠人鄭遂人注及此正義皆有明文浦不考之甚

以百百乘是萬也 閩本明監本毛本下百字作自条所改非也

九塗而川周其外焉 閩本明監本毛本同案浦鏜云澮誤塗是也

附釋音毛詩注疏卷第十九（十九之三）

毛詩周頌　　鄭氏箋　　孔穎達疏

振鷺二王之後來助祭也二王夏殷也其後杞也宋也○振鷺上之慎反下音路一名舂鉏水鳥也一音盧夏戶雅反杞音起【疏】振鷺八句○正義曰振鷺詩者二王之後來助祭之樂歌也謂周公成王之時已致大平諸侯助祭二王之後亦在其中能盡禮備儀尊崇王室故詩人述其事而為此歌焉天子之祭諸侯皆助獨美二王之後來助祭者以先代之後一旦事人自非聖德服之則彼情未適今二王之後助祭得宜是其敬服時王故能盡禮客主之美光益王室所以特歌頌之○箋二王至杞宋○正義曰樂記稱武王伐紂既下車封夏后氏之後於杞投殷之後於宋故知之也史記杞世家云武王克殷求禹之後得東樓公封之於杞以奉夏后氏之祀是杞之初封卽為夏之後矣其殷後則初封武庚於殷墟後以叛而誅之更命微子為殷後書序云成王既黜殷命殺武庚命微子啓作微子之命是宋為殷後成王始命之也樂記武王封先代之後已言投殷之後於宋者以微子終為殷後後作記者從後錄之其實武王之時始封於宋○宋為殷後也樂記注云投者舉徙之辭謂微子在殷之先有國邑今舉而徙之別封宋國也若然僖六年左傳曰許僖公見楚子於武城許男面縛銜璧大夫衰絰士輿櫬○楚子問諸逢伯對曰昔武王克殷微子啓如是武王親釋其縛受其璧而祓之焚其櫬○禮而命之使復其所史記宋世家亦云周武王克殷微子乃持其祭器造於軍門肉袒面縛左牽羊右把茅膝行而前以告於是武王乃釋微子復其位如故言復位以還為微子但微國本在紂之畿內既以武庚君於畿內則微子不得復封於微也但微子自因以見武王武王使復其位正謂解釋其因使復臣位不是復封微國也以樂記之文知武王初卽封微子於宋矣但未知爵之尊卑國之大小耳至成王既殺武庚命為殷後當爵為公地方百里至制禮之後當受上公之地更方五百

里史記以爲成王之時始封微子於宋與樂記文乖其說非也如樂記之文武王始封夏後於杞而漢書酈食其說漢王曰昔湯伐桀封其後於杞武王伐紂封其後於宋者主言夏殷之滅其後得封耳以伐夏者湯克殷者武故繫而言之其意不言湯即封杞武即封宋也王者所以必立二王之後者以二代之先受命之祖皆聖哲之君故能克成王業功濟天下後世子孫無道喪其國家遂令宗廟絕享非仁者之意也故王者既行天罰封其支子爵爲上公使得行其正朔用其禮樂立祖王之廟郊所感之帝而所以爲尊賢德崇三統明王位非一家之有也故郊特牲曰王者存二代之後猶尊賢也尊賢不過二代書傳曰天子存二王之後與己三所以通天三統立三正鄭駮異義云言所存二王之後者命使郊天以天子禮祭其始祖受命之王自行其正朔服色此之謂通天三統是言王者立二王後之義也

振鷺于飛于彼西雝我客戾止亦有斯容興也振振羣飛貌鷺白鳥也雝澤也客二王之後箋云白鳥集于西雝之澤言所集得其處也興者喻杞宋之君有絜白之德來助祭於周之廟得禮之宜也其至止亦有此容言威儀之善如鷺然○處昌慮反

疏振鷺于飛○正義曰言有振振然絜白之鷺鳥往飛也其往飛則集止於西雝之澤色絜白之水鳥而集於澤誠得其處也以興有威儀之杞宋往行也其往而行則來助祭於有周之廟美威儀之人臣而助祭王廟亦得其宜也此鷺鳥之色有絜白之容我客杞宋之君其來至止也亦有此絜白之容非但其來助祭有此姿美耳又在於彼國國人皆悅慕之無怨惡之者今來朝周周人皆愛敬之無厭。依之者猶復庶幾於善夙夜行之以此而能長終美譽言其善於終始爲可愛之極也○傳振振至之後○正義曰此鳥名鷺而已振與鷺連即言于飛魯頌之言振振鷺故知振振羣飛貌也言鷺白鳥者以言亦有斯容則義取絜白故云白鳥也以鷺是水鳥明所往爲澤故知雝澤也謂澤名爲雝故箋云西雝之澤也明在作者之西有此澤言其往嚮彼耳無取於西之義也序言二王之後故知客二王之後客者敵主之言諸侯之於天子雖皆有賓客之義但先代之後時王偏所尊敬特謂之客昭二十五年左傳云宋樂大心曰我於周爲客皐陶謨曰虞賓在位此及有瞽皆云我客有客之篇以微子爲客皆以二王之後特稱賓客也○箋白鳥至鷺然○正義曰以此詩美其助祭明以在澤喻在廟取其得所爲義也以鷺鳥之白興客之威儀。前云絜白之德即鷺鳥之容也以上言飛往西雝喻其嚮京而朝而其容之美未見故又云亦有斯容明上句興喻之中亦有絜白之義故云杞宋之君有絜白之德也言威儀之善如鷺然正謂絜白是也

在彼無惡，在此無斁。庶幾夙夜，以永終譽。箋云在彼謂居其國無怨惡之者在此謂其來朝人皆愛敬之無厭之者永長也譽聲美也○斁音亦厭也厭於豔反

振鷺一章八句

豐年，秋冬報也。報者謂嘗也烝也○豐芳弓反

【疏】豐年七句○正義曰豐年詩者秋冬報之樂歌也謂周公成王之時致太平而大豐熟秋冬嘗烝報祭宗廟詩人述其事而爲此歌焉經言年豐而多穫黍稻爲酒醴以進與祖妣是報之事也言烝畀祖妣則是祭於宗廟但作者主美其報故不言祀廟耳不言祈而言報者所以追養繼孝義不祈於父祖至秋冬物成以爲鬼神之助故歸功而稱報亦孝子之情也作者見其然而主意於報故此序特言報耳其時則不然故那與烈祖實爲烝嘗而序稱爲祀以義不取於報故也其天地社稷之神雖則常祭謂之祈報故噫嘻載芟良耜之等與宗廟異也

豐年多黍多稌，亦有高廩，萬億及秭。豐大稌稻也廩所以藏齍盛之穗也數萬至萬曰億。數億至億曰秭箋云豐年大有年也亦大也萬億及秭以言穀數多○稌音杜徐勑古反廩徐力錦反又力荏反倉也秭咨履反一本作數韓詩曰陳穀曰秭也齍盛上音資下音成穗音遂數萬色主反下數億同

爲酒爲醴，烝畀祖妣，以洽百禮。降福孔皆。皆徧也箋云烝進畀予也○醴音禮畀必寐反予也

注同姚必履反祫胡甲反本或作洽偏音遍予音與【疏】豐年多黍○正義曰言今爲鬼神祐助而得大有之豐年多有黍矣多有稻矣既黍稻之多復有高
大之廩於中盛五穀矣其廩積之數有萬與億及秭也爲神所祐致豐積如此故以之爲酒以之爲醴而進與先祖先妣以會其百衆之禮謂牲玉幣帛之屬
合用以祭故神又下予之福甚周偏矣○傳豐大至曰秭○正義曰豐大釋詁文稌稻釋草文郭璞曰今沛國呼稻爲稌是也言廩所以藏齍盛之穗者器實
曰齍在器曰盛齍盛謂飯食也以米粟爲之遠本其初出於禾穗故謂廩之所藏爲齍盛之穗也禹貢百里賦納總卽禾稼也二百里銍卽穗也禾稼當積而
貯之不在倉廩其穗當在廩藏之故言藏齍盛之穗則自穗以往秸及粟米皆在倉廩矣以穗鄰於禾稼嫌不在廩故特舉其穗以下皆可知也又以經言高
廩則廩之高大於藏穗爲宜故言穗也此言藏穗則廩唯藏粟也而地官廩人注云藏米曰廩者對則藏米曰廩藏粟曰倉其散卽通也彼廩人職掌萬民之
食四釜三釜皆是米事故云藏米耳彼注又云廩人舍人倉人司祿官之長是廩爲倉之總可以兼米粟也明堂位云米廩有虞氏之庠注云魯謂之米廩虞
帝令藏齍盛之委焉記言米鄭言委則以廩之所容兼米兼粟也且此言爲酒爲醴以藏米爲之明亦藏米可知祭祀酒食當用籍田之粟此言廩之所容乃至
萬億及秭則是稅民之物而云以爲酒醴者祭祀之禮亦用稅物信南山云曾孫之穡以爲酒食畀我尸賓是用稅物之文也由其亦用稅物故舉廩之多容
以爲豐年之狀也言數萬至萬曰億數億至億曰秭於今數爲然定本集注皆云數億至萬曰秭毛以億云及秭萬下不云及億嫌爲萬箇億故辨之也知然
者以億言及秭則萬與億亦宜相累但文不可再言及耳○箋豐年大有年○正義曰年之豐熟必大有物豐訓爲大故云豐年大有之年也春秋宣十六年
穀梁傳曰五穀大熟爲大有年公羊以爲大豐年是也桓三年經書有年穀梁傳曰五穀皆熟爲有年公羊傳曰僅有年彼春秋之文相對爲例耳他經散文
不必然也魯頌曰歲其有年亦當謂大豐年矣○傳皆偏○正義曰偕訓俱也亦偏之義○箋烝進畀予○正義曰皆釋詁文

豐年一章七句

有瞽始作樂而合乎祖也。王者治定制禮功成作樂合者大合諸樂而奏之○瞽音古無目眹曰瞽眹音直謹反本或作鼓合乎祖也本或作合乎大祖治直吏反疏有瞽十三句○正義曰有瞽詩者始作樂而合於太祖之樂歌也謂周公攝政六年制禮作樂一代之樂功成而合諸樂器於太祖之廟奏之告神以知善否詩人述其事而爲此歌焉經皆言合諸樂器奏之事也言合於太祖則特告太祖不因祭祀且不告餘廟以樂初成故於最尊之廟奏之耳定本集注直云合於祖無太字此太祖謂文王也○箋王者至奏之○正義曰王者功成作樂治定制禮樂記文也引之者證此時成功故作樂也彼注云功成治定同時耳功主於王業治主於教民然則武王雖已克殷未爲功成故至於太平始功成作樂也大合諸樂而奏之謂合諸樂器一時奏之即經所云鞉磬柷圉簫管之屬是也知不合諸異代樂者以序者序經之所陳止說周之樂器言既備乃奏是諸器備集然後奏之無他代之樂故知非合諸異代樂也

有瞽有瞽在周之庭設業設虡崇牙樹羽應田縣鼓鞉磬柷圉瞽樂官也業大板也所以飾栒爲縣也捷業如鋸齒。或曰畫之植者爲虡衡者爲栒崇牙上飾卷然可以縣也樹羽置羽也應小鞞也田大鼓也縣鼓周鼓也鞉鞉鼓也柷木椌也圉楬也箋云瞽矇也以爲樂官者目無所見於音聲審也周禮上瞽四十人中瞽百人下瞽百六十人有視瞭者相之又設縣鼓田當作朄朄小鼓在大鼓旁應鞞之屬也聲轉字誤變而作田○虡音巨應應對之應注同田毛如字鄭作朄音胤縣音玄注皆同鞉字亦作鼗音桃柷尺叔反圉魚呂反栒荀允反鋸音據植時力反又直吏反衡華盲反卷音權又起圓反鞞步兮反椌苦江反楬苦瞎反矇音蒙有目眹而無見也瞭音了視瞭有目人也相息亮反疏有瞽有瞽○毛以爲始作大武之樂合於太廟之時有此瞽人有此瞽人其作樂者皆在周之廟庭矣既有瞽人又使人爲之設其橫者之業又設其植者之

虡其上刻爲崇牙因樹置五采之羽以爲之飾既有應之小鼓又有田之大鼓其鼓縣之虡業爲縣鼓也又有鞉有磬有柷有圉皆視瞭設之於庭矣既備具乃使瞽人擊而奏之又有吹者編竹之簫併竹之管已備舉作之喤喤然和集其聲此等諸聲皆恭敬和諧而鳴不相奪理先祖之神於是降而聽之於時我客二王之後適來至止與聞此樂其音感之長令多其成功謂感於和樂遂入善道也此樂能感人神爲美之極故述而歌之○鄭唯應田俱爲小鼓爲異餘同文須如此者以樂皆瞽人爲之故先言有瞽有瞽於瞽下言於周之庭則樂皆在庭矣周人初改爲縣故於諸樂先言縣事於虡業言設則柷圉以上皆蒙設文其簫管則執以吹之非所當設於乃奏之下別言備舉助祭之人蓋應多矣獨言我客者以二王之後尊故特言之也○傳瞽樂至圉楬○正義曰周禮瞽矇爲大師之屬職播鞉柷圉簫管弦歌是瞽爲樂官也釋器云大板謂之業是業爲大板也又解業之所用所以飾栒爲縣也縣之橫者爲栒其上加之以業業所以飾此栒而爲縣設也其形刻之捷業然如鋸齒故謂之業或曰畫之謂既刻又畫之以無明文故兩解業即栒上之。柷與栒相配爲一業故通解栒虡之體植者爲虡橫者爲栒也知者以春官典庸器冬官梓人及明堂位檀弓皆言栒虡而不言業此及靈臺言虡業而無栒文皆與虡相配栒業互見明一事也名生於體而謂之爲業則是其形捷業宜橫以置縣故知橫者爲栒既言業所以飾栒則與之爲一據栒定其橫植而業統名焉故不言橫曰業也栒業既橫則虡者自然植矣釋器云木謂之虡郭璞云縣鍾磬之木植者名虡虡既用木則栒亦木爲之也又知崇牙上飾卷然可以爲縣者靈臺云虡業維樅樅即崇牙上飾卷然可以爲縣者也繫於業而言維明在業上爲之故與此二文以互言業不言栒也虡者立於兩端栒則橫入於虡其栒之上加。於大板則著於栒其上刻爲崇牙似鋸齒捷業然故謂之業牙即業之上齒也故明堂位云夏后氏之龍簨虡殷之崇牙注云橫曰簨飾之以鱗屬以大板爲之謂之業殷又於龍上刻畫之爲重牙以掛縣。紘是牙即業之上齒也以其形卷然得掛繩於上故言可以爲縣也言掛縣。紘者。紘謂縣之繩也樹羽置羽者置之於栒虡之上角漢禮器制度云爲龍頭及頷口銜璧璧下有旄牛尾明堂位於崇牙之下又云周之璧翣注云周人畫繒爲翣戴以璧垂五采羽其下樹翣於簨之角上飾。鞞[illegible]是也知應小鞞者釋樂云大鼓謂之鼖小者謂之應是應爲小鼓也大射禮應鞞在建鼓東則爲應和建鼓應鞞共文是爲一器故知應小鞞也應既是小田宜爲大故云田大鼓也明堂位云夏后氏之足鼓殷人楹鼓周人懸鼓是周法鼓始在懸故云懸鼓周鼓解此詩特言懸意也若然大射禮者是周禮也其樂用建鼓建鼓則殷之楹鼓也而大射用之者以彼諸侯射禮略於樂備三面而已故無懸鼓也鞉者春官小師注云鞉如鼓而小持其柄搖之傍耳還自擊是也柷木椌圉楬者以樂記有椌楬之文與此柷圉爲一故辨之言木椌者明用木爲之言柷用木則圉亦用木以木可知而略之大師注木柷敔也是二器皆用木也皋陶謨云合止柷敔注云柷狀如漆筩中有。椎合之者投。椎於其中而撞之敔狀如伏虎背上刻之。所以。止。鼓謂之。止釋樂云所以鼓柷謂之止所以鼓敔謂之籈郭璞云柷如漆筩方二尺四寸深一尺八寸中有椎柄連底挏之令左右擊止者其椎名也敔如伏虎背上有二十七鉏。敔刻以木長尺櫟之籈者其名也此等形狀蓋依漢之。大予樂而知之其栒簴圉敔古今字耳○箋瞽矇至作田○正義曰瞽矇相對則目有小異周禮謂其官爲瞽矇故連言之解以瞽矇爲樂官之意以目無所見思絕外物於音聲審故也周禮上瞽四十人中瞽百人下瞽百六十人春官序官文也彼注云命其賢智者以爲太師小師是以才智爲差等不以目狀爲異也又解此無目而可用者有視瞭者相之又使此視瞭設懸鼓因明設業以下皆視瞭設之非瞽自設也春官序於瞽矇之下云視瞭三百人則一瞽一視瞭也注云瞭目明者也其職云掌大師之懸凡樂事相瞽注云大師當懸則爲之相謂扶工是主相瞽又設懸也以經傳皆無田鼓之名而田與應連文皆在懸鼓之上應者應大鼓則田亦應之類大師職云下管播樂器令奏鼓𣝅注云爲大鼓先引是古有名𣝅引導鼓故知田當爲𣝅是應鞞之屬也又解誤爲田意𣝅字以柬爲聲聲既轉去柬唯有申在申字又誤去其上下故變作田也

既備乃奏簫管備舉

喤喤厥聲肅雝和鳴先祖是聽箋云既備者懸也朄也皆畢已也乃奏謂樂作也簫編小竹管如今賣餳者所吹也管如篴併而吹之〇喤華盲反又音橫又音皇編薄殄反又必緜反史記音甫連反字林聲類韻集並布千反餳夕清反蜜也又音唐方言云張皇也郎乾餹也音唐篴字又作笛同徒歷反併步頂反

疏箋簫編至吹之〇正義曰釋樂云大簫謂之言小者謂之筊李巡曰大簫聲大者言言也小者聲揚而小故言筊筊小也郭璞曰簫大者編二十三管長尺四寸小者十六管長尺二寸一名籟易通卦驗云簫長尺四寸風俗通云簫參差象鳳翼十管長二尺其言管數長短不同蓋有大小故也要是編小竹管爲之耳如今賣餳者所吹其時賣餳之人吹簫以自表也史記稱伍子胥鼓腹吹簫乞食吳市亦爲自表異也方言云餳謂之張皇或云滑餹凡飴謂之餳關東之通語也然則餳者餹之類也管如笛併而吹之謂並吹兩管也小師注云管如笛形小併兩而吹之今大予樂官有之是也釋樂云大管謂之簥李巡曰聲高大故曰簥簥高也郭璞曰管長尺圍寸併漆之有底賈氏以爲如篪六孔

我客戾止永觀厥成箋云我客二王之後也長多其成功謂深感於和樂遂入善道終無愆過〇觀古衍反又如字注同多也樂如字或音洛愆去連反

有瞽一章十三句

潛季冬薦魚春獻鮪也冬魚之性定春鮪新來薦獻之者謂於宗廟也〇潛在廉反爾雅作涔郭音潛又音岑韓詩云涔魚池小雅作槮時砧反鮪于軌反

疏潛六句〇正義曰潛詩者季冬薦魚春獻鮪之樂歌也謂周公成王太平時季冬薦魚於宗廟至春又獻鮪澤及潛逃魚皆肥美獻之先祖神明降福作者述其事而爲此歌焉經總言冬春雜陳魚鮪皆是薦獻之事也先言季冬而後言春者冬即次春故依先後爲文且冬薦魚多故先言之冬言季冬春亦季春也月令季春薦鮪於寢廟天官漁人春獻王鮪注引月令季春之事是薦鮪在季春也不言季者以季春鮪魚新來正月未有鮪言春

則季可知且文承季冬之下從而略之也冬言薦春云獻者皆謂子孫獻進於先祖其義一也經言以享是冬亦爲獻月令季春言薦鮪是。冬亦有薦因時異而變文耳冬則衆魚皆可薦故總稱魚春唯獻鮪而已故特言鮪○箋冬魚至宗廟○正義曰冬魚之性定者冬月既寒魚不行乃性定而肥充故冬薦之也天官庵人注云魚鴈水涸而性定則十月已定矣但十月初定季冬始肥取其尤美之時薦之也月令季冬乃命。魚師始漁天子親往乃嘗魚先薦寢廟注云此時魚絜美故特薦之白虎通云王者不親取魚以薦廟故親行非此則不可故隱五年公矢。漁於棠春秋譏之是也魯語里革云古者大寒降土蟄發水虞於是乎講罛罶取名魚而嘗之廟言大寒降與此季冬同其言土蟄發則孟春也以春魚始動猶乘冬先肥氣序既移故又取以薦然則季冬孟春皆可以薦魚也韋昭以爲薦魚唯在季冬國語云孟春者誤案月令孟春獺祭魚則魚肥而可薦但自禮文不具無其事耳里革稱古以言不當謬也言春薦鮪新來者陸機云河南鞏縣東北崖上山腹有穴舊說云此穴與江湖通鮪從此穴而來北入河西上龍門入漆沮故張衡云王鮪岫居山穴爲岫謂此穴也然則其來有時以春取而獻之明新來也陸機又云大者爲王鮪小者爲鮛鮪言王鮪謂鮪之大者也序止言薦獻不言所在故言薦獻之者謂於宗廟也

猗與漆沮潛有多魚有鱣有鮪鰷鱨鰋鯉 漆沮岐周之二水也潛。槮也箋云猗與歎美之言也鱣大鯉也鮪鮥也鰷白鰷也鰋鮎也

○猗於宜反與音余漆音七沮七余反鱣張連反鰷音條鱨音常鰋音偃鯉音里槮素感反舊詩傳及爾雅本並作米傍參小爾雅云魚之所息謂之㯿㯿。槮也謂積柴水中令魚依之止息因而取之也郭景純因改爾雅從小爾雅作木傍參音霜甚反又疏廕反又心廩反字林作罧音山沁反義同鮥音洛爾雅云鮥叔鮪鮎乃謙反沈又奴廉反

【疏】猗與漆沮○毛以爲可猗嗟而歎美與此漆沮之二水其中有養魚之潛此潛之內乃有多衆之魚有鱣有鮪又有鰷鱨鰋鯉是其多也我太平王者以獻之先祖以之祀宗廟神明饗之以此得大大之福也○鄭唯介爲助餘同○傳漆沮至潛。槮○正義曰漆沮自豳歷岐周以

至豐鎬以其薦獻所取不宜遠於京邑故不言豳言岐周者鎬京去岐不遠故繫而言之其實此爲潛之處當近京邑釋器云槮謂之涔李巡曰今以木投水中養魚曰涔孫炎曰積柴養魚曰槮郭璞曰今之作槮者聚積柴木於水中魚得寒入其裏藏隱因以簿圍捕取之槮字諸家本作米邊爾雅作木邊積柴之義也然則槮用木不用米當從木爲正也涔潛古今字○箋鱣大至鰋鮎○正義曰鱣鮪已釋於衛風言白鰷鰋鮎以時驗而言之也釋魚有鰋郭璞曰今鰋額白魚也

以享以祀以介景福箋云介助景大也

潛一章六句

雝禘大祖也禘大祭也大於四時而小於祫大祖謂文王禘大計反大音泰祫戶夾反大祭名也

疏雝十六句○正義曰雝者禘大祖之樂歌也謂周公成王太平之時禘祭大祖之廟詩人以今之太平由此大祖故因其祭述其事而爲此歌焉經言祭祀文王諸侯來助神明安慶孝子愛予之多福皆是禘文王之事也毛於禘祫其言不明唯閟宮傳曰諸侯夏禘則不礿秋祫則不嘗然則天子亦有禘祫禘祫者皆殷祭蓋亦如鄭三年一祫五年一禘也武王以周十二月崩其明年周公攝政稱元年十二月小祥二年十二月大祥三年二月禫四年春禘蓋此明也若復五年則成王卽政之年頌之大例皆是元年前事此不應獨在五年禘時也鄭以武王十二月崩成王三年二月禫周公避流言而出明年春禘於時周公未反時非太平必不得爲此頌也又明年周公反而居攝是爲元年至三年而祫五年禘常禘當以夏此卽攝政五年之夏禘也然則此禘毛以春鄭以夏又不同○箋禘大至文王○正義曰禘大祭釋天文嫌祭之最大故又辨之云大於四時而小於祫禮記祭法禘嚳而郊稷禘謂祭天圓丘也大傳曰王者禘其祖之所自出禘謂祭感生之帝於南郊也然則圓丘與郊亦爲禘祭知釋天所云非祭天者以爾雅之文卽云繹又祭繹是宗廟之祭故知禘亦宗廟之禘也但宗廟尚爲大祭則郊丘大祭可知

故鄭志云禘大祭天人共之是也若然禘既大祭宜大不是過而得小於祫者以四時之外特爲此祭大於四時故云大祭但此大祭五年再爲一則合聚祭之一則各就其廟故以合祭爲祫就廟爲禘禘尚大祭祫大可知是舉輕以明重故鄭每云五年再殷祭殷大也謂祫禘二者俱爲大祭也禮宜小者稠大者稀而禮緯言三年一祫五年一禘反禘稀而祫數者聖人因事見法以天道三年一閏五年再閏故制禮象之三年一祫五年一禘每於五年之內爲此二禮據其年端數之故言三年五年耳其實禘祫自相距各五年非祫多而禘少也知禘小於祫者春秋文二年大事於大廟公羊傳曰大事者何祫也毀廟之主陳於大祖未毀廟之主皆升合食於大祖是合祭羣廟之主謂之大事昭十五年有事於武宮左傳曰禘於武公是禘祭一廟謂之有事也祫言大事禘言有事是祫大於禘也知大祖謂文王者以經云假哉皇考又言文武維后是此皇考爲天下之人后明非后稷若是后稷則身非天子不得言維后也大祖謂祖之大者既非后稷明知謂文王也文王雖不得爲始祖可以爲大祖也若此祭文王則於禮當諱而經云克昌厥後者以此詩自是四海之人歌頌之聲本非廟中之事故其辭不爲廟諱。反採得之後即爲經典詩書不諱故无嫌耳烝民云四方爰發亦此類也

有來雝雝至止肅肅相維辟公天子穆穆於薦廣牡相予肆祀相助廣大也箋云雝雝和也肅肅敬也有是來時雝雝然既至止而肅肅然者乃助王禘祭百辟與諸侯也天子是時則穆穆然於進大牡之牲百辟與諸侯又助我陳祭祀之饌言得天下之歡心〇相息亮反注同辟音璧君也注同於鄭如字王音爲

疏有來雝雝毛以爲有是從彼本國而來其顏色雝雝然而柔和既至止於此則容貌肅肅然而恭敬助祭事者維爲國君之諸公於是時天子之容則穆穆然而美言助祭者敬和祭者又美賓主各得其宜又指言助祭之事於我天子薦進大牡之牲其時辟公助祭陳其祭祀之饌言得天下之歡心由大祖德及使之然可嘉美哉君考文王其德彼於後世能安定我之孝子故今爲天下所歸是可嘉也皇考偏使之有才智者維天下之人謂皇考行化教

之令之有智所以然者由以文德武功維爲之君故也由皇考能偏使民智故孝子得安皇考之德又能安及皇天使無三辰之災而有徵祥之瑞以此爲天所祐故能昌大其後之子孫令長有天下以今禘祭則皇考又安祐我之孝子得年有秀眉之壽光大孝子以繁多之福也我孝子非徒爲皇考所福既見祐助於光明之考亦見祐助於文德之母言武王大姒以皇考之故亦祐助孝子也○鄭唯辟爲卿士公謂諸侯又以介爲助爲異餘同○傳相助廣大○正義曰釋詁云相助勴也俱訓爲勴是相得爲助廣是寬博亦大之義傳於烈文辟公皆斥諸侯無卿士之義則此辟亦非卿士當謂國君諸公也故王肅云來助祭者維國君諸公天子穆穆然以美德爲之王○箋雝雝至歡心○正義曰雝雝和肅肅敬樂記文也和在色敬在心和敬賢者之。訾因未至異文而分之耳其實常雝肅也以序言禘故云助王禘祭孝子當慇而趍言穆穆者以孝子於祖父則爲子孫之容若非對神前則可爲穆穆也言於薦大牡之牲舉其祭時所用楚茨所謂潔爾牛羊以往烝嘗或剝或烹之類是助王陳祭祀之饌言其得天下之歡心此言肆祀箋以爲陳祭祀之饌牧誓云商王受昬棄厥肆祀注云肆祀祭名者以祭必肆之故言肆祀尚書指言紂之所棄

假哉皇考綏予孝

故知祭名此言所助是其爲肆故不以爲祭名理亦相通也

子宣哲維人文武維后

假嘉也箋云宣偏也嘉哉。皇考斥文王也文王之德乃安我孝子謂受命定其基業也又偏使天下之人有才知以文德武功爲之君故○假音暇徐古雅反哲音哲本亦作哲同偏音遍下同知音智

【疏】傳假加○正義曰釋詁文○箋宣偏至君故○正義曰宣偏釋言文釋詁云皇君也此大祖宜爲一代始王故知嘉哉君考斥文王也閔予小子皇考與皇祖相對故知皇。考。爲武王此則下有烈考爲武王故知皇考爲文王考者成德之名可以通其父祖故也祭法云父曰考祖父曰王考曾祖曰皇考此與閔予小子非曾祖亦云皇考者以其散文取尊君之義故父祖皆得稱之安我孝子言其享有天下故知謂受命定其基業述皇考一人之德而言文武故知謂文德武功即文王有聲所云文王受命有此武功是文王有文有武

也並舉文武者文以教化武以除暴暴止教與故人皆有才智也燕及皇天克昌厥後綏我眉壽介以繁祉燕安也箋云繁多也文王之德安及皇天謂降瑞應無變異也又能昌大其子孫安助之以考壽與多福祿○克昌如字或云文王名此禘於文王之詩也周人以諱事神不應犯諱當音處兗反應應對之應【疏】箋繁多至福祿○正義曰昭二十八年左傳曰惡直醜正實繁有徒是繁為衆之義故為多也天之監下作為徵祥今言皇考之德能安及皇天故知謂降瑞應也以此福慶流及後昆故言又能昌大其子孫子孫既蒙其福今祭而得禮故文王之神安我孝子以壽考予之以福祿上言綏予孝子是皇考綏之今言綏我眉壽亦是皇考綏之以覆成上意也既右烈考亦右文母烈考武王也文母大姒也箋云烈光也子孫所以得考壽與多福者乃以見右助於光明之考與文德之母歸美焉○右音祐下同助也大姒音泰下。音。似文王妃【疏】傳烈考至烈大姒○正義曰以大祖一為文王皇考當之矣而別言烈考故知為武王即洛誥所云烈考武王宏朕恭一也彼注以烈為威此箋以烈為光者義得兩通故也文母繼文言之雖大姒自有文德亦因文王而稱之也此非頌所主而言之者明時得祐之多故歸美焉

雝一章十六句

載見諸侯始見乎武王廟也○見賢遍反下同【疏】載見十四句○正義曰載見詩者諸侯始見武王廟之樂歌也謂周公居攝七年而歸政成王成王即政諸侯來朝於是率之以祭武王之廟詩人述其事而為此歌焉經言諸侯來朝車服有法助祭得福皆為見廟而言故舉見廟以總之案經載見辟王謂見成王也又言率見昭考乃是見於武王之廟今序唯言始見於武王廟不言始見成王者以作者美其助祭不美朝王主意於見廟故序特言之但諸侯之來必先朝而後助祭故經始見君王與率見昭考為首引耳武王之崩至於成王即政歷年多矣立廟久矣諸侯往前之朝已應嘗

經助祭於此乃言始見於武王廟者以成王初即王位萬事改新成王之於此時親爲祭主言諸侯於成王之世始見武王非謂立廟以來諸侯始見也烈文成王即政諸侯助祭箋以爲朝享之祭則是周之正月朔日也於時始告嗣位不得祭前巳受諸侯之朝此詩言既朝成王乃後助祭則與烈文異時也要言始見君王不宜過後淹久蓋以夏之正月來朝即助春祀之祭也四時之祭偏祭羣廟獨言見武王者作者特言昭考其意主於武王故也

載見辟王曰求厥章龍旂陽陽和鈴央央鞗革有鶬。休有烈光

載始也龍旂陽陽言有文章也和在軾前鈴在旂上鞗革有鶬言有法度也箋云諸侯始見君王謂見成王也曰求其章也求車服禮儀之文章制度也交龍爲旂鞗革轡首也鶬金飾貌休者休然盛壯○辟音璧下同鈴音零左傳云錫鑾和鈴昭其聲也央於良反徐音英鞗音條鶬七羊反本亦作鎗同休許虯反又許求反注同軾音式

【疏】載見辟王○毛以爲諸侯始來朝而見君王作者美而述之曰此等皆能自求其章謂能內脩諸己自求車服禮儀文章使不失法度以此之故其所建交龍之旂陽陽然而有文章其在軾之和與旂上之鈴央央然而有音聲又以鞗皮爲轡首之革其末以金爲飾有鎗然而美此旂和鈴革如是休然盛壯而有以光是能自求文章故無所不美也既能朝見以禮至於祭時伯又率之以見於明德之考謂令入武王之廟使之助祭以致孝子之事以獻祭祀之禮以光大我王使得秀眉之壽又敘諸侯之意言此孝享之介壽之道長我諸侯能安而行之思使我君成王得衆多之福也是光明文章之君公能得禮如是我昭考之神乃安此諸侯以多福使之皆有光明之德以至於大大謂令傳世無窮長爲國君也○鄭以介爲助辟公謂百辟與諸侯俾緝熙于純嘏謂使之皆光明於大嘏之意唯此爲異餘同○傳載始至法度○正義曰釋詁云哉始也哉載義同故亦爲始龍旂者旂上畫爲交龍故知陽陽言有文章和亦鈴也言在軾前相傳爲然無正文也釋天云有鈴曰旂李巡曰以鈴著旒端郭璞曰懸鈴於竿頭畫交龍於旒是鈴在旂上鞗革有鎗鎗爲革之貌言有法度雖在有鎗之下主爲鞗革而言

其意亦兼言旂鈴皆有法也○箋諸侯至威壯○正義曰以辟公文見於下故先言諸侯此詩成王時事故知始見君王謂見成王也曰求其章者將自說其事故言曰以目之作者所稱曰非諸侯自言曰也諸侯謹慎奉法卽是自求其章旂鈴是在車之物故知車服禮儀文章制度也交龍爲旂春官司常文釋器云鑾首謂之革故知鞗革鑾首也鑾用皮革而云有鎗故知鎗爲金飾貌卽韓奕所云鞗革金厄是也休與烈光連文故爲威壯

率見昭考以孝以享以介眉壽永言保之思皇多祜

昭考武王也享獻也箋云言我皇君也諸侯既以朝禮見於成王至祭時伯又率之見於武王廟使助祭也以致孝子之事以獻祭祀之禮以助考。壽之福長我安行此道思。成王之多福○祜音戶福也朝直遙反下篇並同

疏傳昭考武王享獻○正義曰見武王而言昭考故知爲武王享獻釋詁文○箋言我至多福○正義曰言我皇君皆釋詁文又上謂諸侯見成王卽云率見昭考明是率此諸侯以孝以享是祭祀之事也故知於祭時伯又率之見於武王廟使助祭也以顧命畢公召公爲二伯率諸侯故知此亦伯率之也三言以者皆以諸侯爲此也以致孝子之事孝子卽成王也之事謂祭事諸侯致之謂助行之也以獻祭祀之禮亦是孝子之事但所助非一別言之耳以助壽考之福謂助行其禮使孝子得壽考之福三者相通爲一事也長我安行此道敘諸侯之意此道卽以孝以享以介眉壽之道也長安行之庶當神明之意思使成王之多福言諸侯之愛成王卽經之思皇也

烈文辟公綏以多福俾緝熙于純嘏

箋云俾使純大也祭有十倫之義成王乃光文百辟與諸侯安之以多福使光明於大嘏之意天子受福曰大嘏辭有福祚之言○俾必爾反本又作俾緝七入反嘏古雅反祚才故反

疏箋俾使至之言○正義曰俾使純大釋詁文十倫之義者祭統文也彼云夫祭有十倫焉見事鬼神之道焉見君臣之義焉見父子之倫焉見貴賤之等焉見親疏之殺焉見爵賞之施焉見夫婦之别焉見政事之均焉見長幼之序焉見上下之際焉此之謂十倫引之者解其言俾意以祭祀大而難明有十種倫理之義是爲難曉

故言使光明之也此光文百辟與諸侯助祭得禮當於神明昭考之神乃安之以多福又使之光明於大嘏之意謂神使之光明之也所以得光明大嘏意者天子受福故曰大嘏嘏辭有福祚之言以諸侯之意思使成王得多福令嘏辭以福予成王是稱滿諸侯之意則諸侯曉解神心故云使之光明之也俾緝熙是神使辟公光明之則綏以多福是神安辟公以多福非謂安孝子也知天子受福曰大嘏者禮運曰天子祭天地諸侯祭社稷祝嘏莫敢易其常是謂大嘏案特牲少牢皆祝以福慶之言告主人謂之嘏故知禮運大嘏是天子受福之事也彼天子與諸侯連文獨言天子者以此天子之事故言天子耳不可謂諸侯不然魯頌曰天錫公純嘏是諸侯亦爲大嘏也此經雖無毛傳但毛於辟公皆不言百辟嘏皆爲大不爲嘏辭則此辟公指謂諸侯純嘏謂大大也

載見一章十四句

有客微子來見祖廟也成王既黜殷命殺武庚命微子代殷後既受命來朝而見也○有客二王之後爲客也見賢遍反序注同紲勑律反又作黜同【疏】有客十二句○正義曰有客詩者微子來見於祖廟之樂歌也謂周公攝政二年殺武庚命微子代爲殷後乃來朝而見於周之祖廟詩人因其來見述其美德而爲此歌焉經之所陳皆說微子之美雖因見廟而歌其意不美在廟故經無廟事爲周太平之歌而述微子之美者言王者所封得人即爲王者之美故歌之也言見於祖廟○必是助祭序不言所祭之名不指所在之廟無得而知之也○箋成王至而見○正義曰自命微子以上皆書序文彼注云黜殷命謂殺武庚也微采地名微子啓紂同母庶兄也武王投之於宋因命之封爲宋公代殷後承湯祀是也彼言作微子之命所由微子先封於宋但未得爲殷後耳於此時命爲宋公故作此命辭或召來命之或遣使就命史傳無文未可知也要是既受命乃來朝而見此也知非此時召來受命見祖廟者以經言亦白其馬敦琢其旅是自國而來之辭若未受命不得已乘白馬明是受命而後乃來與上有聲振鷺或亦一時事也

有客有客亦白

其馬有萋有且敦琢其旅殷尚白也亦亦周也萋且敬慎貌箋云有客有客重言之者異之也亦亦武庚也武庚爲二王後乘殷之馬乃叛而誅不肖之甚也今微子代之亦乘殷之馬獨賢而見尊異故言亦殷而美之其來威儀萋萋且且盡心力於其事又選擇衆臣卿大夫之賢者與之朝王言敦琢者以賢美之故王言之○萋七西反且七序反敦都回反徐又音彫琢陟角反重直用反肖音笑殷鄭邦角反又音角雜也

【疏】有客有客○毛以爲微子來至京師爲周人所愛故述而歌之言我周家今有承先代之客此客亦如我周自乘所尚而白其馬其來則有萋萋然有且且然言能敬慎威儀盡心力於其事也身既如此又敦琢其從行之徒旅言選擇從者如敦琢玉然是從者皆賢故爲周人所愛有客已一宿又一宿有客經一信復一信至已多日可以去矣我周人授之縶絆以絆其馬愛而留之不欲使去也至於將去王始言餞送之左右之臣又從而安樂之謂與之餞燕厚之無已又歎美微子得爲王者之後用其正朔行其禮樂既有大法則矣神明降與之福則又甚易言有德故易福○鄭唯亦白其馬亦武庚爲異餘同○傳殷尚至慎貌○正義曰解言亦白其馬意以殷尚白故也檀弓曰殷人戎事乘翰翰白色馬雖戎事乘之亦以所尚故白言亦亦白其馬則是一代所尚宜以代相亦故云亦亦周也萋萋且且承白馬之下則是微子威儀故云敬慎貌○箋有客至言之○正義曰客止一人而重言有客有客是丁寧殊異以尊大之以亦爲亦武庚者此自周人而言有客爲彼此之勢則是據周爲辭不宜反以亦己故爲亦武庚也白馬武庚所當乘乃叛而誅之不肖之甚今微子亦乘殷之白馬不應乘而得乘之獨賢而見尊異故丁寧美大之言亦者歎武庚之惡而反以美之此箋申明易傳之意也既言有客見其乘馬則萋且爲來至之貌故云其來也威儀萋萋且且威儀多之狀故復言之威儀出於心而以力行之故言盡心力於其事也旅是從者之衆敦琢治玉之名人而言敦琢故爲選擇明尊其所往故擇卿大夫之賢者與之朝王從亦有士舉卿大夫而士同可知又解人而言敦琢之意以其此人賢故以玉言之謂以治玉之事言擇人也釋器云玉謂之雕又云玉謂

之琢是雕琢皆治玉之名敦雕古今字

有客宿宿，有客信信。言授之縶，以縶其馬。一宿曰宿，再宿曰信，欲縶其馬而留之。箋云：縶，絆也。周之君臣皆愛微子，其所館宿可以去矣，而言絆其馬，意各殷勤。○縶，陟立反。絆，音半。

薄言追之，左右綏之。箋云：追，送也。於微子去，王始言餞送之，左右之臣又欲從而安樂之，厚之無已。○餞，音賤。樂，音洛。

疏傳一宿至曰信○正義曰：《釋訓》云：「有客宿宿，再宿也。有客信信，四宿也。」彼因文重而倍之，此傳分而各言之，其意同也。○箋周之至殷勤○正義曰：言其所館宿可以去矣，是宿宿信信之後也。古之朝聘留停日數不可得而詳。《易·豐卦》初九：「遇其配主，雖旬無咎。」注云：「初脩禮上朝，四四以匹敵，恩厚待之，雖留十日，不爲咎。」正以十日者，朝聘之禮止於主國以爲限。聘禮畢歸大禮曰旬而稍，旬之外爲稍，久留非常。如鄭此言，似諸侯之朝鄰國，其留以十日爲限。案《春秋》相朝，動經時月，雖復亂世之法，正禮亦應當然。又《聘禮記》曰：「致饔，明日，夕夫人歸禮。既致饔，則。旬而稍。」於大禮之後，每旬而稍稍供其芻秣，亦非一旬即歸。且諸侯朝王，必待助祭，祭前齋，齋猶十日，明非一旬而反。但鄭以雖旬之言，故云十日爲限，不必從來至去唯十日也。故此唯言可以去矣，亦不知於信信之後幾日乃可去也。○箋追送至無已○正義曰：追謂已發上道，逐而送之，故以追爲送客。以王爲主，故知於微子去，王始言餞送，亦以王意不欲其去，故留之以久，於是始言餞送之。明先不言送，故稱始也。左右之諸臣又從而安樂之，亦猶顯父餞之，與之歡燕以安樂其心，是厚之無已。

既有淫威，降福孔夷。淫，大。威，則。夷，易也。箋云：既有大。則，謂用殷正朔，行其禮樂如天子也。神與之福又甚易也。言動作而有度。○易，以豉反，下同。

疏傳淫大威則夷易○正義曰：淫，大；夷，易，《釋詁》文。威，則，《釋言》文。

有客一章，十二句。

武，奏大武也。大武，周公作樂所爲舞也。○大，如字，徐音泰，注同。疏武七句○正義曰：《武》詩者，奏大武之樂歌也。謂周公攝政六年之時，象武王伐紂之事作大武之樂既成而於廟奏之詩人覩其奏而思武功故述其事而作此歌焉經之所陳皆武王生時之功也直言其奏不言其所奏之廟作者雖因奏作歌其意不在於廟故不言廟此與有瞽及酌或是一時之事但作者之意各有主耳○箋大武至爲舞○正義曰以王者功成作樂必待太平明堂位云周公攝政六年制禮作樂故知大武是周公作樂所爲舞也謂之武者禮器云樂也者樂其所自成注云。非樂者緣民所樂於己之功然則以武王用武除暴爲天下所樂故謂其樂爲武樂武樂爲一代大事故歷代皆稱大也

於皇武王無競維烈允文文王克開厥後烈業也箋云皇君也於乎君哉武王也無彊乎其克商之功業言其彊也信有文德哉武王也能開其子孫之基緒○於音烏注同【疏】於皇武王○毛以爲於乎可美而君哉者武王也此武王可謂無強乎維其克商之功業言克商之功業實最爲強也所以能致此業而得爲強者由於信有文德者之文王以聖德受命能開其後世子孫之基緒故武王繼嗣其迹而受之謂復受天命以伐紂勝此殷家止於殺人之害以致安定汝武王之大功其盛業如此故象而制樂是以美而歌之○鄭下三句爲異言嗣子武王受其業而行之舉兵伐紂勝殷而止其殺人至年老乃定汝之大功言不汲汲誅紂是其功業之盛故作樂象之○傳烈業○正義曰釋詁文○箋皇君至基緒○正義曰皇君釋詁文臣工於皇箋以爲美此爲君者以其述伐紂之事是爲君之道故也文王能開子孫之基緒謂受命作周七年五伐皆是也

嗣武受之勝殷遏劉耆定爾功武迹劉殺耆致也箋云遏止耆老也嗣子武王受文王之業舉兵伐殷而勝之以止天下之暴虐而殺人者年老乃定女之此功言不汲汲於誅紂須暇五年○遏於葛反耆毛音指致也鄭巨移反韓詩音同鄭云惡也汲音急【疏】傳武迹至耆致○正義曰武迹釋訓文劉殺釋詁文宣十二年左傳引此云耆定爾功耆昧也其意言致紂於昧故以耆爲致王肅云致定其大功謂誅紂定天下○箋遏止至五年○正義曰遏止釋詁文曲禮六十曰耆耆爲老也既言文王開後鄭云嗣武受之其文相承故以爲嗣子武王受

文王之業也其勝殷已是殺紂而別言遏劉者則所遏非紂也故以爲止天下暴虐而殺人者言天下爲衆多之辭謂紂時諸官亦化紂暴虐而殺害善人紂身既已被誅此等亦皆貶黜故得止殺人者論語云如有王者必世而後仁謂積世始得去殺此武王纔始伐紂卽得止殺人者論語所云謂令天下盡仁不復刑殺此謂遏止其時枉殺人者非止天下之用刑也年老乃安定汝之功者言武王之意不汲汲於早誅紂也紂惡久矣武王嗣位卽應誅之猶尙冀紂變改須待寬暇積年始誅之文王受命七年而崩武王以八年卽位至十三年乃誅紂是須暇五年也多方云維爾商後王逸厥逸天惟降時喪惟聖罔念作狂惟狂克念作聖天惟五年須暇湯之子孫注云天待暇其終至五年欲使傳子孫五年者文王受命八年至十三年是須暇五年之事也如尙書之言是天須暇紂此箋意以爲武王須暇紂者武王知天未喪故亦順天不伐據人事而言亦是武王須暇之也天生此紂故以滅殷下愚不移非可待變而云克念作聖須暇子孫者設教勸誘之言耳易傳者以其美武王能老乃定功不汲汲於誅紂以爲不得已而取天下是美之深故易之

武一章七句

臣工之什十篇十章一百六句

閔予小子之什詁訓傳第二十八

閔予小子嗣王朝於廟也嗣王者謂成王也除武王之喪將始卽政朝於廟也○朝直遙反注同【疏】閔予小子十一句○正義曰閔予小子詩者嗣王朝於廟之樂歌也謂成王嗣父爲王朝於宗廟自言當嗣之意詩人述其事而作此詩歌焉此朝廟早晚毛無其說毛無避居之事此朝廟事武王崩之明年周公卽已攝政成王未得朝廟且又無政可謀此欲夙夜敬愼繼續先緒必非居攝之年也王肅以此篇爲周公致政成王嗣位始朝

於廟之樂歌毛意或當然也此及小毖四篇俱言嗣王文勢相類則毛意俱爲攝政之後成王嗣位之初有此事詩人當卽歌之也鄭以爲成王除武王之喪將始卽政則是成王十三周公未居攝於是之時成王朝廟自言敬慎思繼先緒訪落與羣臣共謀敬之則羣臣進戒文相應和事在一時則俱是未攝之前後至太平之時詩人追述其事爲此歌也小毖言懲創往時則是歸政之後元年之事以其居攝之日抗禮世子今始卽政周之新王故亦與此爲類稱嗣王也經云於乎皇考下篇羣臣進謀云率時昭考皆以武王爲言計歲首命諸羣廟皆朝此特謀政故在武王廟也此篇王所自言亦是謀政之事但謀者與人之辭故下篇言謀此則獨述王言故稱爲朝且此三篇一時之事以一人之作皆因朝廟而有此事故首篇言朝以冠之○箋嗣王至朝於廟○正義曰以頌皆成王時事故知嗣王謂成王曲禮云內事曰孝王某外事曰嗣王某彼謂祝之所言以告神因其內外而異稱此非告神之辭直以嗣續先王稱嗣王耳古者天子崩百官聽於冢宰世子以三年之內不言政事此嗣王朝廟自謀爲政則是卽政之事故知除武王喪將始卽政朝於廟也曲禮稱天子在喪曰予小子若已除喪當爲吉稱而經言小子在疚爲喪中辭者以其服雖除去喪日近又序其在喪之事故仍同喪稱言將始卽政者始欲卽政先朝於廟旣朝而卽聽政故言將也烈文箋云新王卽政必以朝享之禮祭祖考告嗣位然則除喪朝廟亦用朝享之禮祭於廟矣序不言祭者以作者主述王言其意不在於祭故略而言朝則祭可知

閔予小子遭家不造嬛嬛在疚閔病造爲疚病也箋云閔悼傷之言也造猶成也可悼傷乎我小子耳遭武王崩家道未成嬛嬛然孤特在憂病之中○嬛其傾反崔本作煢疚本又作㝌音救

【疏】閔予小子○毛以爲成王將治政而朝於廟乃追悼於已過欲自強於未然故感傷而言曰困病乎我小子也往日遭此家道之不爲言先王既崩家事無人爲之使己孤特嬛嬛然在於憂病之中賴周公代爲家事得致太平今將自爲政故追述其父於乎可歎美者我之君考謂武王也此武王之道長可後世法之能爲孝行常能念此君祖文王上事天下治民以正直

之道而行止子行父業是能孝也皇考以念皇祖而能同其德行維我之小子當早起夜臥敬慎而行此祖考之道止言將不敢懈倦也於乎可歎美者我文武之君以道有此德故我當繼其緒業思其所行不敢遺忘也由不敢忘故夙夜行之○鄭以爲周公未攝之前成王因朝廟而感傷言曰可悼傷乎我小子耳今遭此家道之不成唯此爲異餘同○傳閔病至疚病○正義曰閔病疚病皆釋詁文造爲釋言文言毛意若在歸政之後則武王崩已多載今言小子在疚遭家不爲追述武王初崩之時也言遭家不爲謂家事無人爲之賴周公爲之已得太平將欲躬行故上念父祖追述此事爲下言發端故王肅云病乎我小子乃遭家之不爲言先王崩則家事莫爲徒嬛嬛在憂而病故周公代爲家事以致太平傳意或然○箋閔悼至之中○正義曰閔者哀閔之辭故爲悼傷之言有所造爲終必成就故造猶成也人之所行死則事廢後主當更造立故云家道未成父在則有所依恃無之則己身孤特故云嬛嬛孤特在憂病之中易傳者以閔疚並訓爲病於文太重孫毓云傳以閔爲病以造訓爲雖義不異於辭不便箋說爲長

於乎皇考永世克孝念茲皇祖陟降庭止

庭直也箋云茲此也陟降上下也於乎我君考武王長世能孝謂能以孝行爲子孫法度使長見行也念此君祖文王上以直道事天下以直道治民信無私枉○上時掌反又如字孝行下孟反○【疏】○傳庭直○正義曰釋詁文○箋茲此至私枉○正義曰茲此釋詁文又云陟升也釋言云降下也故以陟降爲上下也武王身爲孝子耳而云長世是其孝之法可後世長行故知謂以孝行爲子孫法度使長見行之也文王身爲王矣無人得在其上故爲上以直道事天爲君所以牧民故爲下以直道治民即與文王所云文王陟降一也以庭止與陟降共文則二者皆用直道故分而屬之直者即不私枉之謂故云言無私枉論語云舉直措諸枉是枉者不直也禮記曰奉三無私是直者無私

維予小子夙夜敬止於乎皇王繼序思不忘

序緒也箋云夙早敬慎也我小子早夜慎行祖考之道言不敢懈倦也於乎君王歎文王武王也我繼其緒思其所行不忘也○解

音懈疏傳序緒○正義曰釋詁文以王世相繼如絲之端緒故轉為緒○箋敬慎至不忘○正義曰敬者必慎故言敬慎也以上有皇考皇祖故云慎行祖考之道上文之意言皇考自念皇祖非成王念之此言繼緒思不忘宜為繼武王之緒思不忘武王耳而以為兼念文王者以成王矣武王能念文王明成王亦當念之此文處末可以總前祖考故知兼念文王也

閔予小子一章十一句

訪落嗣王謀於廟也謀者謀政事也疏訪落十二句○正義曰訪落詩者嗣王謀於廟之樂歌也謂成王既朝廟而與羣臣謀事詩人述之而為此歌焉

訪予落止率時昭考於乎悠哉朕未有艾將予就之繼猶判渙訪謀落始時是率循悠遠猶道判分渙散也箋云昭明艾數猶圖也成王始即政自以承聖父之業懼不能遵其道德故於廟中與羣臣謀我始即政之事羣臣曰當循是明德之考所施行故答之以謙曰於乎遠哉我於是未有數言遠不可及也艾扶將我就其典法而行之繼續其業圖我所失分散者收斂之○艾五蓋反徐音刈判普半反渙音喚疏訪予落止○毛以為成王始即王政恐不能繼聖父之業故於廟中與羣臣謀事汝等當謀我始即政之事止羣臣對王曰當循是明德之考令效武王所施而為之王又謙而答之曰於乎可嗟歎也此昭考之道悠然至遠哉我去之懸絕未有等數言其遠不可及不能循之汝若將我就之使我繼此先人之業則先人之道乃分散而去矣言己之才不足以繼之也維我小子才智淺短未任統理國家衆難成之事所以不能循是昭考也又述昭考之德言武王能繼其父文王以直道施於上下又能上下其家之職事謂治理羣臣使有次序也美矣我之君考武王能以此文王之道自安尊其身是昭考德同文王己不能及欲令羣臣助謀之也○鄭唯繼猶判渙謂繼續其業圖我所失分散者而收斂之未堪家多難謂年幼未堪以此為異餘同○

傳訪謀至渙散○正義曰訪謀落始率循時是悠遠猶道皆釋詁文春秋莊三年紀季以酅入于齊左傳曰紀於是乎始判是判爲分之義也渙然是散之意故爲散也王肅云將予就繼先人之道業乃分散而去言己才不能繼傳意或然○箋昭明至收斂之○正義曰釋詁云昭光也光即明義故爲明也釋詁云艾歷也歷數也轉以相訓故艾爲數猶圖釋言文此篇所述皆是王言獨知率時昭考一句爲羣臣言者以王方謀於臣不得自言率考且於乎悠哉朕未有艾是報答率時昭考之言序云謀於廟明此句是臣爲君謀也率時昭考猶曰儀刑文王欲令法效之也就其典法而行之謂就昭考之法也圖我所失分散者謂己不能行分張散失者欲令羣臣圖謀而收斂聚之以助己也易傳者以謀於羣臣當是求臣之助不宜過自謙退言己不堪繼續故易之

維予小子未堪家多難箋云多衆也我小子耳未任統理國家衆難成之事。必有任賢待年長大之志難成之事謂諸政有業未平者○難如字協韻乃旦反任音壬下二篇注皆同長張丈反【疏】箋多衆至未平者○正義曰多衆釋詁文此未堪家多難文與小毖正同但鄭以此篇在居攝之前小毖在致政之後下箋云謂使周公居攝時與此異者各準時事而爲說故不同也又重解難成之事謂諸政教已有基業未得平平亦成也謂若制禮作樂營洛之等於時未成也此經雖無傳但毛以此篇爲致政之後不得言年幼而未堪也當自謂才智淺短而未堪耳言未者言己得臣之助則堪之故以無助爲未堪也

紹庭上下陟降厥家休矣皇考以保明其身箋云紹繼也厥家謂羣臣也繼文王陟降庭止之道上下羣臣之職以次序者美矣我君考武王能以此道尊安其身謂定天下居天子之位○休許虯反【疏】箋紹繼至之位○正義曰紹繼釋詁文以大夫稱家其家謂其羣臣之家故知謂羣臣也上言昭考此言皇考皆斥武王也武王所繼者文王耳故知繼文王陟降庭止之道上篇陟降庭止與此文相協故全引而說之上云念茲皇祖此言紹庭上下文義正同彌似一人之作上下羣臣之職以次序者謂以德詔爵以功詔祿隨才任之不失次序也言尊安其身則以保爲

安明為尊禮運云君者所明注云明猶尊也以此道尊安其身謂用此文王之道以定天下居天子之位是安而且尊也言此者以武王美道如是己欲謀而行之故以此事告羣臣令為己謀之也

訪落一章十二句

敬之。羣臣進戒嗣王也○敬之一本無之字 疏 敬之十二句○正義曰敬之詩者羣臣進戒嗣王之樂歌也謂成王朝廟與羣臣謀事羣臣因在廟而進戒嗣王詩人述其事而作此歌焉

敬之敬之天維顯思命不易哉無曰高高在上陟降厥士日監在茲顯見士事也箋云顯光監視也羣臣見王謀即政之事故因時戒之曰敬之哉敬之哉天乃光明去惡與善其命吉凶不變易也無謂天高。又高在上遠人而不畏也天上下其事謂轉運日月施其所行日月。瞻視近在此也○易鄭音亦王以豉反見賢遍反遠于萬反上時掌反

疏 敬之敬之○毛以為成王既謀於廟羣臣進而戒之曰王當敬其事而行之無敬其事而行之天之臨下乃光明顯見去惡與善其命吉凶不變易哉王無得稱曰此天乃高而又高在上以為不見人之善惡而不畏天乃升降以行其事謂轉運日月照臨四方日。日視人其神近在於此不為遠也王既承其戒答之以謙曰維我小子不聰達於此敬之之意言己心不能達將欲以漸學之令日有所成就月有所可行且欲學作有光明之事於彼光明之人謂賢中之賢乃從之學又大是相克勝之道汝等羣臣當示導我以顯明之德行是王求戒之言也○鄭唯佛時仔肩一句別義具在箋○傳顯見士事○正義曰顯見釋詁文士察也獄官謂之士者言其能察理衆事是士為事之義也○箋顯光至在此○正義曰顯光監視釋詁文以此承上篇事相首尾故言羣臣見王謀即政之事故因時戒之天乃光明去惡與善謂天道去惡人與善人其事光明不暗昧也其吉凶不可變易謂善則予之吉惡則加之凶此事一定終不變易言

天之可畏也天高又高在上言遠人之意勿以天爲極高謂其不見人之善惡而不畏之言天上下其事謂以日月行於晝夜自上至下照知其事故云轉運日月施其所行日。日瞻視其神近在於此故須敬也天神察物不必以日月而知以人事所見舉驗者言之定本注云無謂天高又高在上

維予小子不聽敬止日就月將學有緝熙于光明佛時仔肩示我顯德行

小子嗣王也將行也光廣也佛大也仔肩克也箋云緝熙光明也佛輔也時是也仔肩任也羣臣戒成王以敬之敬之之故承之以謙云我小子耳不聰達於敬之之意日就月行言當習之以積漸也且欲學於有光明之光明者謂賢中之賢也輔佛是任示道我以顯明之德行是時自知未能成文武之功周公始有居攝之志○佛毛符弗反鄭音弼仔音茲毛云仔肩克也此二字共訓鄭亦同訓此二字云仔肩任也肩古賢反德行下孟反注同浸子鴆反道音導

疏傳小子至肩克○正義曰上二篇亦有小子於是始解者舉下以明上釋言云將送也孫炎曰將行之送是將亦行之義故爲行也以光之照耀所及廣遠故以光爲廣佛之爲大其義未聞釋詁云肩克也直以肩爲克耳傳言仔肩克也則二字共訓爲克猶權輿之爲始箋亦云仔肩任也雖所訓不同亦二字共義○箋緝熙至之志○正義曰釋詁云緝熙光也故爲光明鄭讀佛爲輔弼之弼時是釋詁文釋詁云肩勝也即堪任之義故爲任也敬之者止謂恭敬其事而已言不聽達者敬雖由己隨事而生事有不知無所施敬言不聽達其意也日就謂學之使每日有成就月將謂至於一月則有可行言當習之以積。漸也定本集注漸作浸王身當理政事而言學有光明是王意以己不達於政未能即任其事且欲學作有光明於彼光明之人謂選擇賢中之賢乃從之學以賢者必有光明之德故以光明表賢也身方學之未堪爲政故輔弼是任示導我以顯明之德行欲使輔弼之人示語己也王既謙虛如是是自知未能成文武之功周公於是時始有居攝之志知者以周公若已居攝則王不得朝廟謀政明於此時未攝政也周公之攝必當有因王自知不堪思任輔弼周公之志宜因此與故於是乃有攝意

也若然成王本欲任賢周公因之以攝所以管蔡流言復爲疑惑者成王本欲身自爲主委任賢臣及周公居攝乃代之爲主人臣而代天子曠世之所罕聞成王既幼復爲管蔡所惑故致疑也周公不爲臣輔之必攝其政者若使爲臣奉主每事稟承雖可以盡心而不得行意欲制禮作樂非攝不可故不得已而居之也中庸曰非天子不議禮不制度不考文又曰雖有其德苟無其位不敢作禮樂焉周公之攝王政其意在於此也

敬之一章十二句

附釋音毛詩注疏卷第十九(十九之三)

毛詩注疏校勘記（十九之三）　阮元撰盧宣旬摘錄

○振鷺

宋爲殷後也　閩本明監本毛本同案浦鏜云宋當未字誤是也

士輿櫬　閩本明監本毛本同案浦鏜云櫬誤櫬下同是也

無厭依之者　閩本明監本依作射毛本初刻同剜改作倦案所改是也

前云絜白之德　閩本明監本同毛本前作所案所改是也

○豐年

數億至億曰秭　小字本相臺本案此正義本也正義云數億至億曰秭於今數爲然定本集注皆云數億至萬曰秭釋文云數億至萬曰秭一本作數億至億曰秭考伐檀楚茨傳億字毛用今數則此傳自亦是今數當以正義本爲長

以洽百里　唐石經小字本相臺本同案釋文云祫本或作洽案載芟正義云賓之初筵與豐年皆有以洽百禮之文是正義本此作洽與彼二經同也彼二經箋皆云洽合也此無箋者從可知而省祫雖有合義而其字非此之用當以正義本爲長

○有瞽

而合乎祖也　唐石經小字本相臺本同案釋文云而合乎祖也本或作合乎太祖正義云定本集注直云合於祖無太字此太祖謂文王也考雍

序云禘太祖也鄭云太祖謂文王若此序先云太祖不容鄭不解之正義以彼注云謂文王者傳合於此非也當以釋文定本集注爲長

告神以知善否 閩本明監本同毛本善作和案所改是也譜正義云以觀其和否是其證

或曰畫之 小字本相臺本同案正義云或曰畫之謂既刻又畫之以無明文故爲兩解段玉裁云或曰當作以白字之誤也說文業下云大版也所以飾縣鍾鼓捷業如鋸齒以白畫之象其鉏鋙相承也正用此傳

鞉鞉鼓也 小字本相臺本同考文古本同閩本明監本毛本下鞉字誤小案正義云鞉者春官小師注云鞉如鼓而小言如鼓而小即不得云小鼓矣釋文鞉下云鞉鞉鼓也通志堂本亦誤改作小

職播鞉柷圉 閩本明監本同毛本職下剜添掌字案所補是也

業即栒上之柷 閩本明監本毛本同案浦鏜云板誤柷是也

加於大板 閩本明監本毛本同案於當作施形近之譌

以掛縣紘 閩本明監本毛本紘作紞案皆誤也當作紘

言掛縣紘者紞謂縣之繩也 閩本明監本毛本紘誤紞案下紞字亦紘之誤山井鼎云案禮記注作紘爲是是也

飾鞸多是也 閩本明監本毛本同案山井鼎云禮注鞸作彌是也

夏后氏之足鼓 閩本明監本毛本同案此不誤浦鏜云鼓足誤倒非也足鼓在商頌傳不盡依明堂位耳亦載廣雅

中有推閩本同明監本毛本推作椎案所改是也下同

所以止鼓之謂止閩本明監本毛本同案浦鏜云所以鼓之以止樂之誤是也爾雅疏卽取此正作所以鼓之以止樂可證

背上有二十七鉏敔刻閩本明監本毛本同案浦鏜云鋙誤敔考爾雅疏浦挍是也

蓋依漢之大予樂而知之閩本明監本毛本大予誤天子案下正義引小師注云今大予樂官有之不誤東都賦曰正予樂李善注引東觀漢記大予樂是也山井鼎據誤本後漢書欲改爲大子非又見爾雅疏

如今賣餳者所吹也小字本同毛本同相臺本餳作錫閩本明監本同案錫字是也見六經正誤正義中字同釋文亦誤餳

管如篴小字本相臺本同案釋文云篴字又作笛正義引小師注云管如笛形小當是其本作笛字故引後注之篴爲笛也

張皇反〔補〕通志堂本同盧本反作也云舊譌作反今從宋本案正義引方言云餳謂之張皇是張皇卽爲餳之别名也字是也小字本所附亦作反非

鍾之類也閩本明監本毛本鍾作鍠案所改是也

長多其成功小字本相臺本同案考文古本上有永長也觀多五字考釋文永觀下云注同當是其本有觀多之訓考文古文采而爲之耳

○潛

謂周公成王太平時閩本明監本同毛本平下剜入之字案所補是也

乃命魚師始漁 閩本明監本毛本同案浦鏜云漁誤魚是也此與下矢魚互易之誤耳

公矢漁於棠 閩本明監本毛本漁作魚案所改是也此誤與上互易

潛糝也 閩本明監本毛本同小字本相臺本糝作槮案釋文云槮也素感反舊詩傳及爾雅本作米旁參小爾雅云云郭景純因改爾雅從小爾雅作木旁參音霜甚反又疏蔭反正義云槮字諸家本作米邊爾雅作木邊積柴之義也然則槮用木不用米當從木爲正也考正義所謂諸家本者即釋文所謂舊詩傳也爾雅釋文亦云爾雅舊文幷詩傳並米旁作是槮字特郭璞所改不可轉依以改詩傳正義所說非也當以釋文本爲長

橬糝也 補 釋文挍勘記通志堂本同盧本糝作槮云槮字舊譌從米旁今改正案所改是也

傳漆沮至潛槮 閩本明監本毛本槮誤糝案此不知正義本作槮而以釋文糝字改之也

○雝

神明安慶孝子愛予之多福皆是禘文王之事也 閩本明監本慶作愛毛本初刻同後剜去予上愛字案十行本孝至也剜添者二字是慶愛二字皆當衍神明安孝子五字爲一句

蓋此明也 閩本同明監本毛本明作時案所改是也

反採得之後 閩本明監本同毛本反作及案所改是也

和敬賢者之嘗 閩本同明監本毛本嘗作常案所改是也

嘉哉皇考斥文王也小字本同閩本明監本毛本同相臺本皇作君案君字是也正義云可嘉美哉君考文王又云故知嘉哉君考斥文王也是其證閔予小子及訪落皆經言皇考箋言君考也

下音似[補]通志堂本音似作同姒釋文挍勘記云盧本同姒作音似云舊譌下同姒今從宋本正案考此宋本謂十行本所附也小字本相臺本所附亦是音似○按舊挍非也下同姒不誤古姒姓或作似如潛夫論及漢碑可證此當是鄭箋作大似故陸云下同姒宋本所附乃妄改也大明思齊作大姒則不爲音

○載見

鞗革有鶬唐石經小字本相臺本同案此釋文本也釋文云鶬七羊反本亦作鎗同正義本是鎗字

曰求其章也小字本同閩本明監本毛本同相臺本也作者考文古本同案者字是也

如是休然盛壯而有以光閩本明監本毛本以作顯案所改是也

以助考壽之福小字本相臺本同考文古本同閩本明監本毛本考壽作壽考案正義云以助壽考之福壽考是也雝箋考壽字兩見依彼正義亦壽考之誤

思成王之多福閩本明監本毛本同小字本相臺本思下有使字考文古本同案有者是也

祝嘏莫敢易其常閩本明監本毛本同案常下浦鏜云脫古字是也

○有客

駁而美之相臺本同閩本明監本毛本同小字本駮作駁案駮字乃是倨牙食虎豹之獸本當作駁取馬色不純之意也後人輒用駮字

既致饗則甸而稍閩本明監本毛本同案浦鏜云甸誤甸是也

○武

箋云既有大則小字本相臺本同案山井鼎云古本大下補法字不知據何本也今考此采正義云既有大法則矣而爲之耳非有本也

注云非樂者閩本明監本同毛本非作作案所改是也

須暇湯之子孫閩本明監本毛本同案浦鏜云湯衍字是也皇矣正義引作須夏之子孫注云夏之言暇此直作暇者以破引之

○閔予小子

計歲首命諸羣廟皆朝閩本明監本毛本同案浦鏜云命疑合字譌是也

閔悼傷之言也小字本相臺本同案釋文閔予小子下云鄭云閔傷悼之言正義云可悼傷乎又云故爲悼傷之言標起止云箋閔悼二本不同也

以道有此德閩本明監本毛本同案道字當在此字下錯誤耳

信無私枉小字本相臺本同案正義云故云言無私枉是信字當言字之誤也考文古本作言采正義

言不敢懈倦也　相臺本同閩本明監本毛本同小字本懈作解案解字是也

○訪落

嗣王謀於廟也　小字本相臺本同唐石經初刻朝後改廟案初刻誤也

艾扶將我　小字本同閩本明監本毛本同相臺本艾作女案女字是也正義云汝若將我就之可證考文古本作汝采正義

必有任賢待年長大之志　閩本明監本毛本同小字本相臺本必作心案心字是也山井鼎云古本後人旁記云必異本作心

○敬之

敬之羣臣進戒嗣王也　唐石經小字本相臺本同案釋文云一本無之字正義云敬之十二句是其本有

無謂天高又高在上　小字本相臺本同案正義云定本注云無謂天高又高在上如其所言非爲異本當有誤也意必求之或定本仍作高高無又字故正義用注以目之

日月瞻視近在此也　小字本相臺本同閩本明監本毛本同案正義云日月視人其神近在於此又云日日瞻視其神近在於此是月字乃涉上而誤耳今閩本以下幷正義中盡改爲日月誤之甚矣考文古本作日采正義

定本注云天謂天高又高在上　閩本明監本毛本同案上天字當作无形近之譌十行本每書無作无當時以爲別體字也

言當習之以積漸也小字本相臺本同案正義云定本集注漸作浸釋文云浸也子鴆反考文古本作侵山井鼎云侵恐浸誤采釋文正義也

附釋音毛詩注疏卷第十九〔十九之四〕

毛詩周頌　　鄭氏箋　　孔穎達疏

小毖嗣王求助也毖慎也天下之事當慎其小小時而不慎後爲禍大故成王求忠臣早輔助己爲政以救患難○毖音祕難乃旦反禍難之難皆同

疏小毖八句○正義曰小毖詩者嗣王求助之樂歌也謂周公歸政之後成王初始嗣位因祭在廟而求羣臣助己詩人述其事而作此歌焉經言創艾往過戒慎將來是求助之事也毛以上三篇亦爲歸政後事於訪落言謀於廟則進戒求助亦在廟中與上一時之事鄭以上三篇居攝之前此在歸政之後然而頌之大。列皆由神明而興此蓋亦因祭在廟而求助也○箋毖慎至患難○正義曰毖慎釋詁文箋以經文無小字而名曰小毖故解其意此意出於允彼桃蟲。翻飛維鳥而來也言早輔助者初嗣王位而即求之是其早也

予其懲而毖。後患莫予荓蜂自求辛螫。毖慎也荓蜂摩曳也箋云懲艾也始者管叔及其羣弟流言於國成王信之而疑周公至後三監叛而作亂周公以王命舉兵誅之歷年乃已故今周公歸政成王受之而求賢臣以自輔助也曰我其創艾於往時矣畏慎後復有禍難羣臣小人無敢我摩曳謂爲譎詐誑欺不可信也女如是徒自求辛苦毒螫之害耳謂將有刑誅○懲直升反韓詩云苦也荓普經反爾雅作甹音同蜂本又作峯。孚逢反螫音釋韓詩作辛赦赦事也。摩尺制反本又作掣曳以制反艾音刈字或作乂下同創初亮反復扶又反譎音決誑九況反

疏予其懲。而○毛以爲成王即政求助於羣臣告之云我其懲創於往時而謂管蔡誤己以爲創艾故慎彼在後恐更有患難汝等羣臣莫復於我。掣曳牽我以入惡道若其如是我必刑誅於汝是汝自求是辛苦毒螫之害耳以管蔡誤己尋被誅戮故自說懲創戒使勿然既言將欲慎患又說當慎其小惡之初始信如彼桃蟲耳爲惡不已於後更大似桃蟲翻然而飛維爲大鳥矣其意言管蔡始則讒毀周公

後遂舉兵。誅叛逆是積小成大言後有此類當小即誅之勿使至大又言求助之意以我才智淺薄未任獨當國家多難之事恐我又集止於患難。以蓼菜之辛苦然故須汝等助我慎之言又者非徒多難又集辛苦以此之故求人助己也○鄭於下四句文勢大同屬意小異言己所以創於往時者往始之時信以管蔡之讒爲小如彼桃蟲耳故不即誅之乃叛而作亂爲王室大患如桃蟲翻然而飛維爲大鳥矣於時我年幼少未任統理國家衆難成之事故使周公攝政即有三監及淮夷作亂使我又會於辛苦皆由不慎其小以致使然我今欲慎小防患故須汝等助我言己求助之意也○傳荓蜂摩曳○正義曰釋訓文孫炎曰謂相掣曳入於惡也彼作甹夆古今字耳王肅云以言才薄莫之藩援則自得辛毒孫毓云羣臣無肯牽引扶助我我則自得辛螫之毒此二家以蛢。蜂爲掣曳爲。善自求爲王身自求案傳本無此意故同之鄭說○箋懲艾至刑誅○正義曰懲與創艾皆嘗有事思自改悔之言此云予其懲而明是有事可創故鄭迹其創艾之所由管叔及其羣弟流言於國成王信之而疑周公金縢有其事也三監叛而作亂周公以王命誅之書序有其事也成王年十五周公自東都反而居攝稱元年其年即舉兵東伐至二年滅殷三年踐奄叛逆之事始得平定是歷年乃已也既創往時畏慎後禍恐其將復如是故戒羣臣小子無敢掣曳我也掣曳者從傍牽挽之言是挽離正道。便就邪僻故知謂譎詐誑欺不可信若管蔡流言之類也毒螫如彼毒蟲之螫故言謂將有刑誅

肇允彼桃蟲拚飛維鳥桃蟲鷦也鳥之始小終大者箋云肇始允信也始者信以彼管蔡之屬雖有流言之罪如鷦鳥之小不登誅之後反叛而作亂猶鷦之翻飛爲大鳥也鷦之所爲鳥題肩也或曰鴞。皆。惡。聲。之。鳥○拚芳煩反鷦子消反鳥始小後大者也

疏傳桃蟲鷦至終大○正義曰釋鳥云桃蟲鷦其雌鴱。舍人曰桃蟲名鷦其雌名鴱郭璞曰鷦䳭。亡。消。反桃雀也俗名爲巧婦鷦䳭小鳥而生鵰鶚者也陸機疏云今鷦鷯是也微小於黃雀其鶵化而爲鵰故俗語鷦鷯生鵰言始小終大者始爲桃蟲長大而爲鷦鳥以喻小惡不誅成爲大惡傳言始小終大其文得與箋同。俱毛以周公爲武王崩

之明年卽攝政爲元年時卽管蔡流言成王信之周公舉兵誅之成王猶尚未悟既誅之後得風雷之變啓金縢之書始。得周公箋言王意以管蔡流言爲小罪恨不登時誅之毛不得有此意耳是其必異於鄭當謂將來之惡宜愼其小耳故王肅云言患難宜愼其小是謂將來患難非悔不誅管蔡也○箋肇始至之鳥○正義曰肇始允信釋詁文管蔡初爲流言成王信之既信其言自然不得誅之今悔於不登時誅之者此謂啓金縢後既信周公之心已知管蔡之妄宜卽執而戮之乃迎周公當時以管蔡罪小不卽誅殺至使叛而作亂爲此大禍故所以爲創也箋又言鷦之所爲鳥題肩或曰鴞皆惡聲之鳥而定本集注皆云或曰鴞皆惡鳥也案月令季冬云征鳥厲注云征鳥題肩齊人謂之擊征或曰鷹然則題肩是鷹之別名與鴞不類鴞自惡聲之鳥鷹非惡聲不得云皆惡聲之鳥也說文云鷦鷯桃蟲也郭璞云桃蟲巧婦也方言說巧婦之名自關而東謂之桑飛或謂之工雀或謂之過贏或謂之女匠自關而西謂之桑飛或謂之韈雀郭璞注云卽鷦鷯是也諸儒皆以鷦爲巧婦與題肩又不類也今箋以鷦與題肩及鴞三者爲一其義未詳且言鷦之爲鳥題肩事亦不知所出遺諸後賢

未堪家多難予又集于蓼 堪任予我也我又集于蓼言辛苦也箋云集會也未任統理我國家衆難成之事謂使周公居攝時也我又會於辛苦遇三監及淮夷之難也○蓼音了

疏 傳堪任至辛苦○正義曰釋詁云堪勝亦任之義也予我釋詁文毛不得有追悔管蔡之事上經謂愼將來則此亦謂將來之事不得與鄭同也當言己才智淺短未任國家多難之事既已多難又會辛苦故王肅云非徒多難而已又多辛苦是說將來之事對多難爲文蓼辛苦之菜故云又集於蓼言辛苦也○箋集會至之難○正義曰集會釋言文會謂逢遇之也世道未平戰鬬不息於王者爲辛苦之事故言又會於辛苦也上以翻飛爲喻謂長惡使成此云又集于蓼謂逢其叛逆故上箋言管蔡此箋言三監猶是一事但指憶有先後耳言三監及淮夷之難者淮夷之叛亦三監使然故連言之也

小毖一章八句

載芟春籍。田而祈社稷也

籍田甸師氏所掌王載耒耜所耕之田天子千畝諸侯百畝籍之言借也借民力治之故謂之籍田○芟所銜反除草也甸田見反

【疏】載芟三十一句○正義曰載芟詩者春籍田而祈社稷之樂歌也謂周公成王太平之時王者於春時親耕籍田以勸農業又祈求社稷使獲其年豐歲稔詩人述其豐熟之事而為此歌焉經陳下民樂治田業收穫弘多釀為酒醴用以祭祀是由王者耕籍田祈社稷勸之使然故序本其多穫所由言其作頌之意經則主說年豐故其言不及籍社所以經序有異也月令孟春天子躬耕帝籍仲春擇元日命民人社大司馬仲春教振旅遂以蒐田獻禽以祭社然則天子祈社亦以仲春與耕籍異月而連言之者雖則異月俱在春時故以春總之祭法云王為羣姓立社曰泰社王自為立社曰王社此二社皆應以春社之但此為百姓祈祭文當主於泰社其稷與社共祭亦當謂泰社社稷焉○箋籍田至籍田○正義曰天官甸師掌耕耨王籍月令孟春云天子親載耒耜躬耕帝籍是籍田者甸師所掌王所耕也天子千畝諸侯百畝祭義文王親耕者一人獨發三推而已借民力使終治之故謂之籍田也月令說耕籍之事云天子三推公五推卿諸侯九推周語說耕籍之事。也王耕一。發班三之庶人終於千畝韋昭云王無耦以一耜耕班次也三之者下各三其上王一發公三卿九大夫二十七然則每耕人數如周語其推之數如月令則王一人發而三推公三人發各五推卿九人發各九推大夫推數則無文因以三孤并六卿是為九其大夫雖多見相三之數取二十七人為之耳其士蓋八十一人為之耳月令止有卿而韋昭兼言大夫明亦宜有士也庶人終於千畝謂甸師之屬徒也天官序云甸師下士。一人府一人史二人胥三十人徒。二百人其職云掌帥其屬而耕耨王籍注云其屬府史胥徒也耨芸芓也王以孟春躬耕帝籍天子三推三公五推卿諸侯九推庶人終於千畝庶人謂徒三百人籍之言借也王一耕之而使庶人芸芓終之是借民者謂借此甸師之徒也王者役人自是常事而謂之借者言此田耕耨皆當王親爲之但以民有所不暇故借人之力以爲己功是以謂之借也漢書孝文元年開籍田應劭曰籍田千畝典籍之田臣瓚案景帝詔曰朕親耕后親桑率天下先本不得以假借爲稱而鄭以爲借民力者凡言典籍者謂作事設法書而記之或復追述前言號爲典法此籍田在於公地歲歲耕墾此乃當時之事何故以籍爲名若以事載典籍卽名籍田則天下之事無非籍矣何獨於此偏得籍名瓚見親耕之言卽云不得假借豈籍田千畝皆天子親耕之乎聖王制法爲此籍田者萬民之業以農爲本五禮之事唯祭爲大以天子之貴親執耒耜所以勸農業也祭之所奉必用己力所以敬明神也祭義云天子爲籍千畝躬秉耒耜以事天地山川社稷先古以爲醴酪齍盛於是乎取之敬之至也是說籍田之意也

載芟載柞其耕澤澤千耦其耘徂隰徂畛侯主侯伯侯亞侯旅侯彊侯以除草曰芟除木曰柞畛場也主家長也伯長子也亞仲叔也旅子弟也彊彊力也以用也箋云載始也隰謂新發田也畛謂舊田有徑路者彊有餘力者周禮曰以彊予任民以謂閒民今時傭賃也春秋之義能東西之曰以成王之時萬民樂治田業將耕先始芟柞其草木土氣烝達而和耕之則澤澤然解散於是耘除其根株輩作者千耦言趨時也或往之隰或往之畛父子餘夫俱行彊有餘力者相助又取傭賃務疾畢已當種也○柞側伯反除木也澤澤音釋釋注同爾雅作郝音同云耕也郭云言土解也耦五口反芸音云本又作耘除草也畛之忍反徐又音眞彊其良反有餘力易本又作埸音亦長張丈反下同徑古定反閒音閑傭音容賃女鴆反烝音證解音蟹 疏 載芟載柞○毛以爲周公成王之時耕籍以勸下民祈社而求穀實故其時之民樂治田業於是始芟其所田之草始柞其所田之木待其土氣烝達然後耕之其耕則釋釋然土皆解散又二人相對者有千耦之人其皆耘除此所芟柞草木之根株也其耘之時或往之隰或往之畛其所往之人維爲主之家長維處伯之長子維次長之仲叔維衆之子弟維彊力之兼。士維所以傭賃之人此等俱往畛隰芸除草木盡家之衆皆服作勞有嗿然而衆其來饟饋之人卽其婦之與士也此農人不以其身爲苦乃謂饟已爲勞思逆而媚其行饟之婦有愛其從來子弟是王化之深務農之至也此農人既去草木根株有略然而利者其所用之耜以此利耜始耕於南畝之中以種其百衆之穀此穀之種實皆含此當生之活氣故從土中驛驛然其鑽土以射出其土也乃有厭然而特茂者其傑立之苗也厭厭然而長大者其齊等之苗也於是農人則緜緜然用其力麃芸之以此至於大熟則穫刈之濟濟然穗衆而難進有成實而多者其此民之積聚也乃有萬與億而及秭言其多無數也天下豐熟而此在上稅而取之以爲三種之酒以爲五齊之醴進予先祖先妣又以會聚其百衆之禮而爲祭祀此所爲之酒醴有飶然其氣芬香用之以祭祀爲鬼神所饗爲我國家之光榮也此所爲之酒醴有飶如椒之馨香用之以祭祀爲鬼神降福則得年壽與成德之安寧也既治田得穀用之祭祀而使鬼神歡悦邦國安寧祭祀得所故能誠感天地心非云此而有此謂禎祥之應事未至而先來也心非云今而有今謂嘉慶之事不先聞而卽至也此事乃自古以來當如此言脩德行禮莫不獲報非獨於此周時○鄭以俶載爲熾菑熾然入地而菑殺其草於南畝之中又以烝畀祖妣爲祭祀之禮以事宗廟以洽百禮爲饗燕之禮以待賓客既言二禮又反而申之言此所爲之酒醴有飶然其氣芬香用之以饗燕賓客爲賓所悦爲我國家光榮也又其爲酒醴有如椒之香馨用之以祭祀鬼神爲鬼神降福則得年壽與成德之安寧也又以且爲辭以振爲古餘同○傳除草至以用○正義曰隱六年左傳云如農夫之務去草焉芟夷藴崇之是除草曰芟也秋官柞氏掌攻草木及林麓是除木曰柞地官遂人云十夫有溝溝上有畛則畛謂地畔之徑路也至此而易之主故以畛爲場信南山云疆場翼翼是也坊記云家無二主主是一家之尊故知主家長也主既家長而别有伯則伯是主之長子也亞訓次也次於伯故知仲叔也不言季者以季幼少宜與諸子爲類也令旅中兼之旅訓衆也謂幼者之衆卽季弟及伯仲叔之諸子故云旅子弟也此子弟謂成人堪耕芸者若幼Ｙ則從饟而行下云有依其士是也强謂力能兼人故云强强力也以耕者傭賃之

以意驅用故云用也○箋載始至當種○正義曰此本其開地之初故載爲始原隰者地形高下之別名隰指。連形而言則是未嘗墾發故知謂新發田也畛是地畔道路之名故知謂舊田有徑路者強有餘力謂其人強壯治一夫之田仍有餘力能佐助他事者也周禮曰以強予任民地官遂人文彼注云強予謂民有餘力復予之田引之以證強有餘力彼民作甿注云變民言甿異外內也然則甿民是一故以民言之以謂閑民今時傭賃者太宰以九職任萬民其九曰閑民无常職轉移執事鄭司農云閑民謂無事業者轉移爲人執事若今時傭力也是有閑民傭賃之事也又解。之以之意春秋之義能東西之曰以此傭力隨主人所東西故稱以也僖二十六年左傳曰凡師能左右之曰以左右卽東西也彼雖爲師發例要以者任其東西故引之以證此太平之世而得有閑民者人之才度等級不同自有不能。有立於爲人所役者聖人順而任之周禮列於九職是雖太平之世必爲人傭故此得有之也土氣烝達者周語說將耕之事云陽氣俱烝土膏其動韋昭云烝升也月令孟春天氣下降地氣上騰注云此陽氣烝達可耕之候然則土氣烝達者謂陽氣升上達出於是耕之故土得釋釋然而散也釋訓云釋釋耕也舍人曰釋釋猶藿藿解散之意言輩作者合家盡行輩輩俱作言趨時也千耦謂爲耦者千是二千人爲千耦與十千維耦異也或往之隰或往之畛言其所往皆偏也故王肅云有隰則有原言畛新可見美其陰陽和得同時就功也。及解所以合家俱作之意務疾畢已當種也已猶了欲疾耕使畢了故下經而種之○

有嗿其饁思媚其婦有依其士 嗿衆貌士子弟也箋云饁饋。饟也依之言愛也婦子來饋饟其農人於田野乃逆而媚愛之言勸其事勞不自苦○嗿勑感反饁于輒反饋其愧反饟式亮反

【疏】傳嗿衆至子弟○正義曰以耘者千耦饟者必多故知嗿爲衆貌士者男子之稱而不在耕芸之中宜是幼者行饟故爲子弟此經言有嗿其饁以目之婦士俱是行饟之人七月云同我婦子子卽此之士也○箋饁饋至自苦○正義曰饁饋釋詁文孫炎曰士野之饋也依文與媚相類媚爲愛故知依亦愛也

有略其耜俶載南畝播厥

百穀實函斯活略利也箋云俶載當作熾菑播猶種也實種子也函含也活生也農夫既耘除草木根株乃更以利耜熾菑之而後種其種皆成好含生氣○略如字字書作畧同俶載毛並如字鄭作熾菑下篇同函戶南反下篇同熾尺志反盛也菑側其反種章勇反下其種同株音誅【疏】傳略利○正義曰釋詁文○箋實種至活生○正義曰此說初種故知實為種子函者容藏之義故轉為含猶人口含之也活者生活故為生言種子內含生氣種之必生也

驛驛其達有厭其傑厭厭其苗緜緜其麃達射也有厭其傑言傑苗厭然特美也麃耘也箋云達出地也傑先長者厭厭其苗衆齊等也○驛音亦爾雅作繹繹云生也厭於豔反下同緜緜如字爾雅云麃也韓詩作民民云衆貌麃表嬌反芸也說文作穮音同云穮耨鉏田也字林云穮耕禾間也方遙反射食亦反長張丈反【疏】傳達射至麃耘○正義曰苗生達。也則射而出故以達為射釋訓云驛驛生也舍人曰穀皆生之貌是驛驛其達謂苗生達。也也厭者苗長茂盛之貌其傑苗之傑者亦是苗也而與其苗異文傑謂其中特美者苗謂其餘齊等者二者皆美茂故俱稱厭但以齊等苗多重言厭厭耳以二者相涉故傳詳其文故云有厭其傑言苗傑然特美也箋申特美之意故云先長者傑既是先長明厭厭其餘衆苗齊等者麃是芸之別名緜緜是麃之貌釋訓云緜緜麃也孫炎曰緜緜言詳密也郭璞曰芸不。息也王肅云芸者其衆緜緜然不絕也

載穫濟濟有實其積萬億及秭濟濟難也箋云難者穗衆難進也有實實成也其積之乃萬億及秭言得多也○穫戶郭反積子賜反又如字注同秭音姊【疏】傳濟濟難○正義曰釋訓云濟濟。容止也在田穫刈不得有濟濟之容但容止濟濟者必舉動安舒此刈者以禾稠難進不能速疾故亦以濟濟言之言難者箋申之云穗衆難進也

為酒為醴烝畀祖妣以洽百禮。箋云烝進畀予洽合也進予祖妣謂祭先祖先妣也以洽百禮謂饗燕之屬○烝之烝反畀必二反注同【疏】傳百禮言多○正義曰檢定本集注皆無此文有者誤也○箋烝進至之屬○正義曰烝進畀予洽合皆

釋詁文箋以下云有飶有椒重設其文則是二事故分此以當之以洽百禮爲合聚衆禮其用酒醴者祭祀以外唯饗燕耳故言謂饗燕之屬賓之初筵與豐年皆有以洽百禮之文與此同而賓之初筵其文之下即云有壬有林林謂諸侯之君故箋以爲合見百國所獻之禮豐年止言報祭無饗燕之義故箋不爲說則與烝畀祖妣共爲祭祀之禮此以有二事故以爲饗燕之禮皆觀文爲義故三者皆異毛既無饗燕之言明皆據祭祀與鄭不同

有飶其香邦家之光

飶芬香也箋云芬香之酒醴饗燕賓客則多得其歡心於國家有榮譽○飶蒲即反芬芳也說文云食之香也字又作苾音同一音蒲必反注同

【疏】傳苾芬香○正義曰飶者香之氣故爲芬香也○箋芬香至榮譽○正義曰箋以此充饗燕下充祭祀者以言邦家之光謂國有光榮是於賓客之辭也胡考之寧言身得壽考與祭之祝慶萬壽無疆義同是於鬼神之辭也故知此爲饗燕下爲祭祀以饗燕施於賓客故云得其歡心於國家有榮譽祭祀進於祖妣故云多得福祿於身得壽考

有椒。其馨胡考之寧

椒猶飶也胡壽也考成也箋云寧安也以芬香之酒醴祭於祖妣則多得其福右○椒子消反徐子料反沈作俶尺叔反云作椒者誤也此論釀酒芬香無取椒氣之芳也案唐風椒聊箋云椒之性芬芳王註云椒芬芳之物此傳椒猶飶飶芬香椒是芬芳之物此正相協無故改字爲。椒。椒始也非芬香馨呼庭反

【疏】傳椒猶至考成○正義曰椒是木名非香氣也但椒木之氣香作者以椒言香故傳辨之云猶如飶也僖二十。三年左傳曰雖及胡耇周書謚法保民耆艾曰胡胡爲壽也考成釋詁文言考者明老而有成德蕩曰雖無老成人是也

匪且有且匪今斯今振古如茲

且此也振自也箋云匪非也振亦古也饗燕祭祀心非云且而有且謂將有嘉慶禎祥先來見也心非云今而有此今謂嘉慶之事不聞而至也言脩德行禮莫不獲報乃。古古而如此所由來者久非適今時○且七也反又子餘反下同見賢遍反

【疏】傳且此振自○正義曰毛雖有此訓其義與鄭不殊○箋振亦至今時○正義曰箋以爾雅有此正訓故易傳以爲振亦古也以上陳祭饗二事此

承上文故云饗燕祭祀直言饗燕祭祀謂爲之得其所也有天下者主於敬待神人接之以禮則人神慶悅至誠感物祥瑞必臻故知非且有且非今斯今謂嘉慶禎祥之事非謂其有而已有之以言報應之疾也且實語助但今謂今時則且亦今時其實是一作者美其事而丁寧重言之耳嘉慶謂王者所得美善之實事禎祥謂嘉慶之前先見爲徵應者也以其分爲二文故屬禎祥於上句屬嘉慶於下句但禎祥爲嘉慶而先見故言將有嘉慶禎祥先來見也以禎祥是事之先應故言先來見嘉慶是善之實事故云不聞而至二者意亦同也此禎祥嘉慶自天爲之享燕之禮得所不謂其至而已至言脩德行禮莫不獲報乃。古古以來當皆如此非適今時美此太平之主能重於農業獲此福慶故歌之也

載芟一章三十一句

良耜秋。報社稷也○耜音似田器也【疏】良耜二十三句○正義曰良耜詩者秋報社稷之樂歌也謂周公成王太平之時年穀豐稔以爲由社稷之所祐故於秋物既成王者乃祭社稷之神以報生長之功詩人述其事而作此歌焉經之所陳其末四句是報祭社稷之事婦子寧止以上言其耕種多獲以明報祭所由亦是報之事也經言百室盈止婦子寧止乃是場功畢入當十月之後而得言秋報者作者先陳人事使畢然後言其報祭其實報祭在秋寧止在冬也本或秋下有冬字衍字與豐年之序相涉而誤定本無冬字

畟畟良耜俶載南畝播厥百穀實函斯活畟畟猶測測也箋云良善也農人測測以利善之耜熾菑是南畝也種此百穀其種皆成好含生氣言得其時○畟楚側反爾雅云畟畟耜也郭云言嚴利也種章勇反【疏】畟畟良耜○毛以爲農人以畟畟然利刃善耜始事於南畝而耕之種其百衆之穀其實皆含此當時生之氣故生而漸長農人事而芸之於是有來視汝之農人者載其方筐及其圓筥其筐筥所盛以饟者維是黍也既饟到田見其農夫所戴之笠維糾然其田器之鎛以此趙而刺地以薅去

茶蓼之草其茶蓼之草既朽敗止黍稷乃茂盛止及其成熟乃穫刈之挃挃然爲聲既穫訖乃積聚之粟粟然衆多所積聚者其大如城雉之峻壯其比迫如櫛齒之相次既蹂踐而治之則以開百室一時而納之於是百室皆盈滿而多穀粟止婦子皆不行而安寧止天下大熟民安如此國家乃殺是犉牡之牲有捄然者此牲之角用此牲以報祭社稷所以報祭之者以嗣繼其先歲復求其豐年以續接其往歲復得以養人又求良善司嗇以續古昔之人庶其常勤勸農常得豐年也鄭唯傚載爲熾菑爲異餘同○傳畟畟猶測測○正義曰以畟畟文連良耜則是刃利之狀故猶測測以爲利之意也釋訓云畟畟耜也舍人曰畟畟耜入地之貌郭璞曰言嚴利也

或來瞻女載筐及筥其饟伊黍其笠伊糾其鎛斯趙以薅荼蓼笠所以禦暑雨也趙刺也蓼水草也箋云瞻視也有來視女謂婦子來以饁者也筐筥所以盛黍也豐年之時雖賤者猶食黍饁者見戴糾然之笠以田器刺地薅去荼蓼之事言閔其勤苦○筐丘方反筥紀呂反饟式亮反笠音立糾居黝反又其皎反鎛音博趙徒了反刺也又如字沈起了反又徒少反薅呼毛反說文云拔田草也又云或作茠引此以茠荼蓼荼蓼上音徒下音了刺七亦反下同盛音成去起呂反

【疏】傳笠所至水草○正義曰笠之爲器暑雨皆得禦之故兼言也其鎛斯趙則趙是用鎛之事鎛是鋤類故趙爲刺地也又釋草云薔虞蓼某氏曰薔一名虞蓼孫炎曰虞蓼是澤之所生故爲水草也蓼是穢草荼亦穢草非苦菜也釋草云荼委葉舍人曰荼一名委葉某氏引此詩則此荼謂委葉也王肅云荼陸穢蓼水草然則所由田有原有隰故並舉水陸穢草○箋瞻視至勤苦○正義曰瞻視釋詁文下言婦子寧止明此以爲不寧故知有來視汝謂婦子來饁者也筐筥之下即云饟黍故知筐筥所以盛黍也少牢特牲大夫士之祭禮食有黍明黍是貴也玉藻云子卯稷食菜羹爲忌日貶而用稷是爲賤也賤者當食稷耳故云豐年之時雖賤者猶食黍瞻汝是見彼農人之時而陳其笠其鎛故知見農人戴糾然之笠以田器刺地薅去荼蓼之草定本集注皆云薅去荼蓼之事言閔其勤苦與俗本不同

荼蓼朽

止黍稷茂止穫之挃挃積之栗栗其崇如墉其比如櫛以開百室挃挃穫聲也栗栗衆多也墉城也箋云百室一族也草穢既除而禾稼茂禾稼茂而穀成熟穀成熟而積聚多如墉也如櫛也以言積之高大且相比迫也其已治之則百家開戶納之千耦其耘輩作尚衆也一族同時納穀親親也百室者出必共洫間而耕入必共族中而居又有祭酺合醵之歡○朽虛有反爛也挃珍栗反積子賜反比毗志反注同櫛側瑟反酺音蒲又音步醵其據反又其略反合錢飲酒也

【疏】傳挃挃至墉城○正義曰釋訓云挃挃穫也栗栗衆也李巡曰栗栗積聚之衆孫炎曰挃挃穫聲也皆取此爲說也城之與牆俱得爲墉但此比高大故爲城○箋百室至之歡○正義曰周禮五家爲比五比爲閭四閭爲族是百室爲一族於六鄉則一族於六遂則一酇是鄭以鄉尊於遂故舉鄉言耳上篇言千耦此篇言百室雖未必一人作而其文千百不同故解其意千耦其芸輩作者尚衆故舉多言也一族同時納穀見聚居者相親故舉少言也又解族黨州鄉皆爲聚屬獨以百室爲親親之意由百室出必共洫間而耕入必共族中而居又有同祭酺合醵之歡也故偏言之也遂人云百夫有洫故知百室共洫間而耕彼注云百夫一酇之田爲六遂之法族在六鄉而引彼者小司徒注云鄉之田制與遂同故得舉酇之制以言族也祭酺者族師職云春秋祭酺注云酺者爲人物災害之神也。古書酺爲步杜子春云當爲酺玄謂校人職又有冬祭馬步則未知此世所云蝝螟之酺與人鬼之步與蓋亦爲壇位如雩。榮云族無飲酒之禮因祭酺而與其民以長幼相酬酢焉鄭於彼雖以酺步爲疑而以酺爲正故此以酺言之蝝螟食穀之蟲害及人物此神能爲災害故祭以止之因此祭酺聚錢飲酒故後世聽民聚飲皆謂之酺漢書每有嘉慶令民大酺五日是其事也彼注云因祭酺而與其民長幼相酬即此合醵也禮器云曾子曰周禮其猶醵與注云合錢飲酒爲醵王居明堂之禮乃命國。家醵是也族師雖云祭酺不言即爲醵飲酒禮記自有醵語不云醵是族法鄭知祭酺必有飲酒合醵是族法者以族師上文云月吉則屬民而讀邦法書其孝悌睦婣有學者即云春秋祭酺亦如之是於祭酺亦屬民讀法因祭而聚族民明其必為行禮不可徒然又以族無飲酒之禮故知因祭酺必合錢飲酒與其民長幼相酬酢也鄉飲酒之禮州長於春秋有屬民射於州序之禮黨正於國索鬼神而祭祀有屬民飲酒于序以正齒位之禮此皆禮有飲酒當以公物供之無為須合錢也唯族無飲酒之禮明合錢飲酒是族師之法故箋以為同族之禮

百室盈止婦子寧止殺時犉牡有捄其角以似以續續古之人

黃牛黑脣曰犉社稷之牛角尺以似以續嗣前歲續往事也箋云捄角貌五穀畢入婦子則安無行饁之事於是殺牲報祭社稷嗣前歲者復求有豐年也續往事者復以養人也續古之人求有良司。穡也○犉如純反本亦作犉捄音虯復扶又反下同

疏傳黃牛至往事○正義曰釋畜直云黑脣犉以言黑脣明不與身同色牛之黃者衆故知黃牛也某氏亦云黃牛黑脣曰犉取此傳為說也地官牧人云凡陰祀用黝。生毛之注云陰祀祭地北郊及社稷也然則社稷用黝牛。角以黑而用黃者蓋正禮用黝至於報功以社是土神故用黃色仍用黑脣也以經言角辨角之長短故云社稷之牛角尺也王制云祭天地之牛角繭栗宗廟之牛角握賓客之牛角尺無社稷之文卑於宗廟宜與賓客同尺也禮緯稽命徵云宗廟社稷角握此箋不易毛傳蓋以禮緯難信不據以為正也社稷太牢獨云牛者牛三牲為大故特言之以似以續似訓為嗣嗣續俱是繼前之言故為嗣前歲續往歲之事前往一也皆求明年使續今年據明年而言故謂今年為前往也○箋捄角至司嗇○正義曰此有捄其角與兕觥其觩角弓其觩觩皆與角共文故為角貌以上言其鑲是婦子所為此言寧止遙結上句故知安無行饁之事序云秋報社稷故云於是殺牲以報祭社稷也此為年豐報祭而云更求嗣續故知嗣前歲者復求有豐年也續往事者復求以養人也言今歲已有豐年得穀養人求今後歲復然也嗣續一義也豐年養人亦一事。故因其異文而分屬之耳甫田云以介我稷黍是求有年也以穀我士女是求養人也續古之人文連犉牡之末則亦祭求之非人無以續人明求將來之人使續往古之人農事須人唯司嗇耳故知求

有良司嗇謂求善田畯也言得善官教民可以益使年豐故也司嗇己所選擇而祭神求之者得賢以否亦是神明所助故因祭求之

良耜一章二十三句

絲衣繹賓尸也高子曰靈星之尸也繹又祭也天子諸侯曰繹以祭之明日卿大夫曰賓尸與祭同日周曰繹商謂之肜○繹絲衣繹祭之服音亦祭之明日又祭也字書作釋融餘戎反尚書作肜音同

【疏】絲衣九句○正義曰絲衣詩者繹賓尸之樂歌也謂周公成王太平之時祭宗廟之明日又設祭事以尋繹昨日之祭謂之爲繹以賓事所祭之尸行之得禮詩人述其事而爲此歌焉經之所陳皆繹祭始末之事也子夏作序則唯此一句而已後世有高子者別論他事云靈星之尸言祭靈星之時以人爲尸後人以高子言靈星尚有尸宗廟之祭有尸必矣故引高子之言以證賓尸之事子夏說受聖旨不須引人爲證毛公分序篇端於時已有此語必是子夏之後毛公之前有人著之史傳無文不知誰著之故鄭志答張逸云高子之言非毛公後人著之止言非毛公後人亦不知前人爲誰也以鄭言非毛公後人著之不云詩序本有此文則知鄭意不以此爲子夏之言也鄭知非毛公後人著之者鄭玄去毛公未爲久遠此書有所傳授故知毛時有之若是後人著之則鄭宜除去荅之以此明己不去之意以毛公之時已有此言故也高子者不知何人孟軻弟子有公孫丑者稱高子之言以問孟子則高子與孟子同時趙岐以爲齊人此言高子蓋彼是也靈星者不知何星漢書郊祀志云高祖詔御史令其天下立靈星祠張晏曰龍星左角曰天田則農祥也晨見而祭之史傳之說靈星唯有此耳未知高子所言是此以否○箋繹又至之肜○正義曰繹又祭釋天文李巡曰繹明日復祭曰又祭知天子諸侯同名曰繹以祭之明日者宣八年六月辛巳有事于太廟仲遂卒于垂壬午猶繹有事謂祭事也以辛巳日祭壬午而繹是魯爲諸侯用祭之明日此則天子之禮同名曰繹故知天子亦以祭之明日也故公羊傳曰繹者何祭之明日也知卿大夫曰賓尸者今

少牢饋食禮者卿大夫之祭禮也其下篇有司徹云若不賓尸注云不賓尸謂下大夫也以言若不賓尸是對有賓尸者有司徹所行卽賓尸之禮是卿大夫曰賓尸案其禮非異日之事故知與祭同日然則天子諸侯謂之繹卿大夫謂之賓尸是繹與賓尸事不同矣而此序云繹賓尸者繹祭之禮主爲賓事此尸但天子諸侯禮大異日爲之別爲立名謂之爲繹言其尋繹昨日卿大夫禮小同日爲之不別立名直指其事謂之賓尸耳此序言繹者是此祭之名賓尸是此祭之事故特詳其文也周曰繹商謂之肜者因繹又祭遂形釋天以明異代之禮別也彼云周曰繹商曰肜孫炎曰肜者亦相尋不絶之意尚書有高宗肜日是其事也

絲衣其紑載弁俅俅自堂徂基自羊徂牛鼐鼎及鼒絲衣祭服也紑絜鮮貌俅俅恭順貌基門塾之基自羊徂牛言先小後大也大鼎謂之鼐小鼎謂之鼒箋云載猶戴也弁爵弁也爵弁而祭於王士服也繹禮輕使士升門堂視壺濯及籩豆之屬降往於基告濯具又視牲從羊之牛反告充已乃舉鼎冪告絜禮之次也鼎圜弇上謂之鼒○紑孚浮反徐孚不反又音培又音弗載如字又音戴同弁皮變反俅音求恭慎也說文作絿同鼐乃代反郭音乃鼒音茲徐音災郭音才說文作鎡字音茲塾音孰門側堂也或音育冪亡歷反本亦作鼏圜音員圜弇古奄字

疏絲衣其紑○正義曰此述繹祭之事上五句言祭之初下四句言祭之末初言卑者恭順則當祭尊者可知祭末舉其不慢則當祭敬明矣是舉終始以見中舉輕以明重上言於祭之前使士之行禮在身所服以絲爲衣其色紑然而鮮絜在首載其爵色之麻弁其貌俅俅而恭順此絲衣載弁之人從門堂之上旣視壺濯及籩豆降往於門塾之基告君以濯具更視三牲從羊而往牛所以告肥充又發舉其鼐鼎及鼒鼎之覆冪而告此鼎之絜矣祭之初使卑者行事尚能恭順故至於當祭事尸禮無失者以此至於祭末旅酬之節兕觥罰爵其觩然徒設無所用之所以然者由此助祭飲美酒者皆思自安不讙譁不傲慢每事如禮故無所罰恭順如此當於神明是得壽考之休徵言祭而得禮必將得福故美而歌之○傳絲衣至之鼒○正義曰此述祭事故知絲爲之故云

絲衣祭服傳雖不解弁亦當以爲爵弁爵弁之服玄衣纁裳皆以絲爲之故云絲衣也絲衣與紑共文故爲絜鮮貌也載弁謂人戴弁也戴弁者捄捄則俅俅人貌故爲恭順貌也基門塾之基者釋宮云門側之堂謂之塾孫炎曰夾門堂也冬官匠人云門堂三之二注云以爲塾也白虎通云所以必有塾何欲以飾門因取其名明臣下當見於君必熟思其事是塾爲門之堂也直言自堂徂基何知非廟堂之基者以繹禮在門不在廟故知非廟堂也郊特牲曰繹之於庫門內祊之於東方失之矣繹於門內爲失明其當在門外祊以東方爲失明其當在西方是祊之與繹一時之事故注云祊之禮宜於廟門外之西室繹又於其堂神位在西二者同時而大名曰繹又禮器曰爲祊乎外注云祊祭明日之繹祭也謂之祊者於廟門外之傍因名焉其祭之禮既設祭於室而事尸於堂孝子求神非一處也以此二注言之則祊繹大同而繹統名焉繹必在門故知基是門塾之基謂廟門外西夾之堂基也祊自羊徂牛是從此往彼爲先後之次故知詩意言先小後大爲行事之漸也釋器云鼎絕大者謂之鼐鼎既絕大自然小故曰小鼎謂之鼒此經自堂徂基徂言所往之處不言所爲之事牛羊但言所視之物不言所往之處互相足也鼐及鼒不言自徂蒙上自徂之文鼎則先大後小與牛羊異者取鼒爲韻故變其文也〇箋載猶至之鼒〇正義曰載者在上之名故經稱載弁若言以頭戴之則於人易曉故云載猶戴也禮有冠弁韋弁皮弁爵弁皆不以絲爲衣且非祭祀之服雜記云士弁而祭於公冠而祭於己士冠禮有爵弁服。純衣與此絲衣相當故知此弁是爵弁士服之以助君祭也又解天子之朝羣官多矣所以不使服冕之人而使戴弁之意由繹之禮輕故使士也若正祭則小宗伯云視。滌濯祭之日逆齍省鑊告時於王告備於王彼正祭重使小宗伯此繹祭輕故使士蓋亦宗伯之屬士也知使士升門堂視壺濯及籩豆者以特牲雖則士禮而士卑不嫌其禮得同君故準特牲爲說特牲先夕陳事主人以卽位於堂下宗人升自西階視壺濯及籩豆反降東北面告濯具主人出復外位宗人視牲告充宗人舉鼎鼏告絜彼先視濯籩豆次視牲次舉。鼎先後與此羊牛、鼐次第正同自堂徂基文在牛羊之上自然是視壺濯籩豆矣以此知自堂徂基是告濯具從羊之牛是告充鼒鼎及鼒是舉冪告絜也禮之次者謂特牲之禮爲此次故準之以說天子之禮也鼎圜弇上謂之鼒釋器文孫炎曰鼎斂上而小口者以傳直言小鼎不說其形故取爾雅文以足之

兕觥其觩旨酒思柔不吳。不敖胡考之休

吳譁也考成也箋云柔安也繹之旅士用兕觥變於祭也飲美酒者皆思自安不讙譁不敖慢也此得壽考之休徵○兕字又作兕徐履反觥古橫反罰爵也字又作觵同觩音虯本又作觓吳舊如字說文作吳。吳。吳大言也何承天云。吳字誤當作。吳從口下大故魚之大口者名吳胡化反此音恐驚俗也音話敖五誥反本又作傲注同譁音花讙火官反又火元反慢亡諫反[疏]傳。吳譁考成○正義曰人自娛樂必讙譁爲譁故以娛爲譁也定本娛作吳考成釋詁文○箋柔安至休徵○正義曰柔安釋詁文少牢特牲大夫士之祭也其禮小於天子尙無兕觥故知天子正祭無兕觥矣今此繹之禮至旅酬而用兕觥變於正祭也知至旅而用之者兕觥所以罰失禮未旅之前無所可罰至旅而可獻酬交錯或容失禮宜於此時設之也有司徹是大夫賓尸之禮猶天子之繹所以無兕觥解者以大夫禮小卽以祭日行事未宜有失故無也上經說祭初行禮唯謂士耳此言飲。美皆思自安則是諸助祭者非獨士也以祭末多倦怠傲慢故美其於祭之末能不讙譁不傲慢則於祭前齊敬明矣恭敬明神必將獲福故以此得壽考之休徵壽考未然之事故言徵也

絲衣一章九句

酌告成大武也言能酌先祖之道以養天下也

周公居攝六年制禮作樂歸政成王乃後祭於廟而奏之其始成告之而已○酌音灼字亦作汋大如字徐音泰[疏]酌。九句○正義曰酌詩者告成大武之樂歌也謂周公攝政六年象武王之事作大武之樂既成而告於廟作者觀其樂成而思其武功述之而作此歌焉此經無酌字序又說名酌之意言武王能酌取先祖之道以養天下之民故名篇爲酌毛以爲述武王

取紂之事即是武樂所象。衆鄭以爲武王克殷用文王之道故經述文王之事以昭成之功所由功成而作此樂所以上本之也言告成大武不言所告之廟有嚳始作樂而合乎太祖此亦當告太祖也大司樂舞大武以享先祖然則諸廟之中皆用此樂或亦偏告羣廟也言酌先祖之道者周之先祖后稷以來先世多有美道武王酌取用之除殘去暴育養天下故詩人爲篇立名謂之爲酌序其名篇之意於經無所當也鄭以經陳文王之道武王得而用之亦是酌取之義但所酌之事不止此耳經有遵養時晦毛謂武王取紂鄭爲文王養紂此言以養天下則是愛養萬民非養紂身雖養字爲同非經養也酌左傳作。汋古今字耳○箋周公至而已○正義曰周公攝政六年制禮作樂明堂位文雖六年已作歸政成王乃後祭於廟而奏之初成之時未奏用也其始成告之而已故此篇歌其告成之事言此者以明告之早晚謂在居攝六年告之也知然者以洛誥爲攝政七年之事而經稱周公戒成王云肇稱殷禮祀於新邑明待成王即政乃行周禮禮既如此樂亦宜然故知大武之樂歸政成王始祭廟奏周公初成之日告之而已

於鑠王師遵養時晦時純熙矣是用大介

鑠美遵率養取晦昧也箋云純大熙興介助也於美乎文王之用師率殷之叛國以事紂養是闇昧之君以老其惡是周道大興而天下歸往矣故有致死之士助之○於音烏注同鑠舒灼反○

【疏】於鑠王師○毛以爲因告大武之成故歌武王之事於乎美哉武王之用師也率此師以取是闇昧之君謂誅紂以定天下由既誅紂故於是令周道大明盛矣是大明之故遂有大而又大謂致今時之太平也又本用師取昧之事所以爲可美者以我周家用天人之和而受之言以和受殷非苟用强力也蹻蹻然有威武之貌者我周武王之所爲則用此武而有嗣文王之功王能如是故歎美之實維爾王之事信得用師之道以此故作爲大武以象其事鄭以爲大武象武王伐紂本由文王之功故因告成大武追美文王之事於乎美哉文王之用師衆也乃率殷之叛國養是暗昧之君以成其惡故民服文王能以多事寡以是周道乃大興矣由有至美之德誠義足以感人是以大賢士來而助之賢士既來我文

王寵而受之來者既受用故蹻蹻然有威武之士競於我王之造言其皆來造王王則寵而用之以此而有嗣續言其傳相致達續來不絕由是武王因之得成功作樂故歎美之實維以武王之事信得用師之道言武王以文王之故故得道也○傳鑠美至晦昧○正義曰鑠美釋詁文又云遵率循也俱訓爲循是遵得爲率武王於紂養而取之故以養爲取宣十二年左傳引此云遵養時晦耆昧也故轉晦爲昧言取是暗之昧則謂武王取紂不得與鄭同也又緝熙之訓皆爲光明介字毛皆爲大則此亦宜然王肅云於乎美哉武王之用衆也率以取是昧謂誅紂定天下以除昧也於是道大明是用有大大言太平也○箋純大至助之○正義曰純大熙興皆釋詁文以卒句乃言信得用師之道於此未宜歎其大大故依常訓以介爲助以武王之業因於文王養紂不伐是文王之事此說大武功成文宜本之於父故以爲美文王之師養者承事之辭故云率殷之叛國以事紂左傳云耆昧也皇矣云上帝耆之是養之至老故云養是暗昧之君以老其惡論語云三分天下有其二以服事殷周之德可謂之至德孔子歎美文王謂之至德是周道以養紂之故遂得大興也孟子說伯夷避紂居北海之濱太公避紂居東海之濱聞文王作興而歸之二老者天下之大老也而歸之是天下父歸之也天下父歸之其子焉往也是天下歸往之也文武之士並歸周但下言蹻蹻是威武之貌故云有致死之士衆來助之文王率殷之叛國以事紂襄四年左傳文

我龍受之蹻蹻王之造載用有嗣

龍和也蹻蹻武貌造爲也箋云龍寵也來助我者我寵而受用之蹻蹻之士皆爭來造王王則用之有嗣傳相致○我蹻居表反造毛才老反鄭七報反詁也傳直專反

【疏】傳龍和至造爲○正義曰龍之爲和其訓未聞魯頌稱蹻蹻虎臣故爲武貌造爲釋言文王肅云我周家以天人之和而受殷用武德嗣文之功傳意或然天人之和謂天助人從和同與周也○箋龍寵至相致○正義曰上言大介爲大大來助周則我龍受之龍此大介寵字以龍爲聲故龍爲寵也來即寵受人皆羨之故蹻蹻之士爭來造王而王又用之則其餘嗣續而至儒行說交友之道久相待遠相致故以有嗣爲傳相致也從大

介至有嗣。卽之爲三等言從周之士有先後而至也○傳公。士○。正義曰。釋。詁。文實維爾公允師公事也箋云允信也王之事所以舉兵克勝者實維女之事信得用師之道疏箋允信至之道○正義曰允信釋詁文上說行文王之。士至此乃述武王故言武王之。士所以舉兵克勝謂伐紂勝之也

酌一章九句

桓講武類禡也。桓。武。志也。類也禡也皆師祭也○禡馬嫁反桓武志也本或以此句爲注疏桓九句○正義曰桓詩者講武類禡之樂歌也謂武王將欲伐殷陳列六軍講習武事又爲類祭於上帝爲禡祭於所征之地治兵祭神然後克紂至周公成王太平之時詩人追述其事而爲此歌焉序又說名篇之意桓者威武之志言講武之時軍師皆武故取桓字名篇也此經雖有桓字止言王身之武名篇曰桓則謂軍衆盡武謚法闢土服遠曰桓是有威武之義桓字雖出於經而與經小異故特解之經之所陳武王伐紂之後民安年豐克定王業代殷爲王皆由講武類禡得使之然作者主美武王意在本由類禡故序達其意言其作之所由講武是軍衆初出在國治兵也○類則於內祭天禡則在於所征之地自內而出爲事之次也○箋類也至師祭○正義曰釋天云是類是禡師祭也王制云天子將出征類乎上帝禡於所征之地注云上帝謂五德之帝所祭於南郊者言祭於南郊則是感生之帝夏。正於南郊祭者周則蒼帝靈威仰也南郊所祭一帝而已而云五德之帝者以記文不。旨言周不得斥言蒼帝故漫言五德之帝以總之又嫌普祭五帝故言南郊以別之五德者五行之德此五方之帝各有本德故稱五德之帝太昊炎帝之等感五行之德生亦得謂之五德之帝但類於上帝謂祭上天非祭人帝也且人帝無。時在南郊祭者以此知非人帝也謂之類者尚書歐陽說以事類祭之天位在南方就南郊祭之春官肆師云類造上帝注云造猶卽也爲兆以類禮

卽祭上帝也類禮依郊祀而爲之者言依郊祀爲之是用歐陽事類之說爲義也言爲兆以祭上帝則是隨兵所嚮就而祭之不必祭於南郊但所祭者是南郊所祭之天耳正以言造故知就其所往爲其兆位而祭之不要在南郊此言小異於歐陽也南郊之祭天周以稷配此師祭所配亦宜用常配之人周卽當以后稷也禡之所祭其神不明肆師云凡四時之大田獵祭表貉則爲位注云貉師祭也於立表處爲師祭祭造軍法者禱氣勢之增倍也其神蓋蚩尤或曰黃帝又甸祝掌四時之田表貉之祝號杜子春云貉兵祭也田以講武治兵故有兵祭習兵之禮故貉祭禱氣勢之十百而多獲由此二注言之則禡祭造兵爲軍法者爲表以祭之禡周禮作貉貉又或爲貊字古今之異也貉之言百祭祀此神求獲百倍

綏萬邦。婁豐年箋云綏安也婁亟也誅無道安天下則亟有豐熟之年陰陽和也○婁力住反亟欺冀反數也下同

疏綏萬邦○毛以爲武王誅紂之後安此萬邦使無兵寇之害數有豐年无飢饉之憂所以得然者上天所命爲善不解倦者以爲天子桓桓然有威武之武王則能安有其天下之事是其命爲善不倦故爲天所命於是用其武事於四方除其四方之殘賊能安定其家謂成就先王之業遂爲天下之主乃歎而美之於乎此武王之德乃明見於天殷紂以暴虐之故武王得用此美道以代之○鄭唯下二句爲異言於明乎曰天言天道之大明也紂爲天下之君但由爲惡之故天以武王代之餘同○箋綏安至陽和○正義曰綏安釋詁文又云亟屢疾也同訓爲疾是屢得爲亟也經言萬國箋言天下天下卽萬國也堯典云協和萬邦哀七年左傳曰禹會諸侯於塗山卽玉帛者萬國則唐虞夏禹之時乃有此萬國耳王制之注以殷之與周唯千七百七十三國无萬國矣此言萬國者因下有萬國遂舉其大數此文廣言天下之大不斥諸侯之身國數自可隨時變易其地猶是萬國之境故得舉萬言之此安天下有豐年謂伐紂卽然僖十九年左傳云昔周飢克殷而年豐是伐紂之後卽有豐年也

天命匪解桓桓武王保有厥士于以四方克定厥家士事也箋云天命爲善不解倦者以爲天子我桓桓有威武之武王

則能安有天下之事此言其當天意也於是用武事於四方能定其家先王之業遂有天下○解音懈注同疏箋天命至天下○正義曰以天命匪解爲下文總之克定厥家是天子之事故知天命以爲天子也安有天下之事謂天下衆事武王能安而有之以天下爲任而行之不解言其當於天意也以當天意故天命之於是用其武事於四方謂既能誅紂又四方盡定由是萬國得安陰陽得和此言結上之意也家者承世之辭故云能定其家先王之業遂有天下先王雖有其業而家道未定故於伐紂其家始定也

於昭于天皇以間之間代也箋云于曰也皇君也於明乎曰天也紂爲天下之君但由爲惡天以武王代之○於音烏注同間間廁之間注同疏傳間代○正義曰釋詁文毛傳未有以于爲曰皇多爲美此義必不與鄭同也王肅云於乎周道乃昭見於天故用美道代殷定天下傳意或然○箋于曰至代之○正義曰于曰皇君釋詁文言於明乎曰天言天去惡與善其道至光明也以武王代紂卽是明之事言武王當天意以代紂所以歎美之

桓一章九句

賚大封於廟也賚予也言所以錫予善人也大封武王伐紂時封諸臣有功者○賚來代反與也徐又音來疏賚六句○正義曰賚詩者大封於廟之樂歌也謂武王既伐紂於廟中大封有功之臣以爲諸侯周公成王太平之時詩人追述其事而爲此歌焉經無賚字序又說其名篇之意賚予也言所以錫予善德之人故名篇曰賚經之所陳皆是武王陳文王之德以戒勑受封之人是其大封之事也此言大封於廟謂文王廟也樂記說武王克殷之事云將帥之士使爲諸侯下文則云虎奔之士脫劍祀乎明堂注云文王之廟爲明堂制是大封諸侯在文王之廟也○箋大封至有功者○正義曰以言大封則所封者廣唯初定天下可有此事守文之世不應得然且宣十二年左傳曰昔武王克商而作頌其三曰敷時繹思我徂維

求定引此文以爲武王之頌故知武王伐紂時封諸臣有功者封爲諸侯樂記說武王克殷未及下車而封薊祝陳下車而封杞宋又言將率之士使爲諸侯是大封也昭二十八年左傳曰昔武王克商光有天下其兄弟之國者十有五人姬姓之國者四十人古文尚書武成篇說武王克殷而反祀於周廟列爵惟五分土惟三大賚于四海而萬民悅服皆是武王大封之事此言大封於廟樂記未至廟而已封三恪二代者言其急於先代之意耳祭統曰古者明君必賜爵祿於太廟示不敢專也然則武王未及下車雖有命封之必至廟受策乃成封耳亦在此大封之中也皇甫謐云武王伐紂之年夏四月乙卯祀於周廟將率之士皆封諸侯國四百人兄弟之國十五人同姓之國四十人如謐之言此大封是伐紂之年事也

文王既勤止我應受之敷時繹思我徂維求定勤勞應當繹陳也箋云敷猶偏也文王既勞心於政事以有天下之業我當而受之敷是文王之勞心能陳繹而行之今我往以此求定謂安天下也○敷音孚繹音亦偏音遍下篇同

【疏】文王既勤止○正義曰武王既封諸臣有功者於文王之廟因以文王之道戒勑之言我父文王既以勤勞於政事止以勤勞於事故有此天下之業我當受而有之故我偏於是文王勞心之事皆陳而思行之我往以此維求安定言用文王之道往行天下以求天下之定此文王勞心之事是我周之受天命而王之所由於乎今汝諸臣受封者亦當陳而思行之言己陳是行文王之道勑諸臣亦使陳而行之以此而至於太平故追述而歌之也○傳勤勞應當繹陳○正義曰皆釋詁文○箋敷猶至天下○正義曰敷訓爲布是廣及之義故云猶偏也文王既勞心於政事者尚書所謂日昃不遑暇食是其事也由此勞心以有天下之業我當受之謂受其位爲天子也今我往以此求定者往者自己及物之辭謂行之於天下以求安定天下也

時周之命於繹思箋云勞心者是周之所以受天命而王之所由也於女諸臣受封者陳繹而思行之以文王之功業勑勸之○於鄭如字王音爲王于況反又如字下篇同

【疏】箋勞心至勸之○正義曰言是者上之勞心也上天之命命不解怠者故知勞

心是周之所以受天命而王之所由此詩爲大封而作故知於繹思是勑諸臣受封使陳而思行之文王之道可永爲大法故以文王之功業勑勸之於亦歎辭也

賚一章六句

般巡守而祀四嶽河海也般樂也○般薄寒反注同守手又反般樂也音洛崔集注本用此注爲序文

【疏】般七句○正義曰般詩者巡守而祀四岳河海之樂歌也謂武王既定天下巡行諸侯所守之土祭祀四岳河海之神神皆饗其祭祀降之福助至周公成王太平之時詩人述其事而作此歌焉經稱喬嶽翕河是祀河岳之事也經無般字序又說其名篇之意般樂也爲天下所美樂定本般樂二字爲鄭注未知孰是岳實有五而稱四者天子巡守遠適四方至於其方之岳有此祭禮於中岳無事故序不言焉四瀆者五岳之匹故周禮岳瀆連文序既不言五岳故亦不言四瀆以河是四瀆之一故舉以爲言漢書溝洫志曰中國川原以百數莫著於四瀆而河爲宗然則河爲四瀆之長巡守四瀆皆祭言河可以兼之經無海而序言海者海是衆川所歸經雖不說祭之可知故序特言之

於皇時周陟其高山嶞山喬嶽允猶翕河高山四嶽也嶞山山之嶞嶞小者也翕合也箋云皇君喬高猶圖也於乎美哉君是周邦而巡守其所至則登其高山而祭之望秩於山川小山及高嶽皆信案山川之圖而次序祭之河言合者河自大陸之北敷爲九祭者合爲一○於音烏注同嶞吐果反注同郭云山狹而長也又同果反字又作嶞喬嶽上音橋下音岳翕許及反

【疏】於皇時周○毛以爲於乎美哉是周家也既定天下巡省四方所至之處則登其高山之岳而祭之其祭祭之也於大山之傍有嶞嶞然之小山與高而爲岳者皆信案山川之圖者又合九河爲一以大小次序而祭之也徧天之下山川皆聚其神於是配而祭之能爲百神之主德合山川之靈是周之所以受天命由此也

○鄭唯以皇爲君褒爲衆爲異餘同○傳高山至翕合○正義曰岳必山之高者故知高山四岳也隨山對高山爲小故知山之小者墮墮然言其狹長之意也毛於皇字多訓爲美王肅云美矣是周道已成天下无違四面巡岳升祭其高山傳意或然翕合釋詁文○箋皇君至爲一○正義曰皇君喬高釋詁文猶圖釋言文以於已是歎美之辭故以皇爲君君是周邦謂爲天子也巡守所至則登其高山而祭之謂每至其方告祭其方之岳也堯典及王制說巡守之禮皆言望秩于山川堯典注云徧以尊卑次秩祭之則知隨山喬岳允猶翕河皆謂秩祭之事故云小山高岳皆信案山川之圖而次序祭之此即望秩之事也喬岳與上句高山猶是一事但巡守之禮其祭主於方岳故先言陟其高山又說望秩之意言小山亦可與四岳同祭故又言喬岳令與小山爲類見其同祭之耳允猶之文承山岳之下可案山圖耳而幷云川者山之與川共爲一圖言望秩山川則亦案圖耳但河分爲九合而祭之一故退翕河之文在允猶之下使之不蒙允猶自河以外其餘衆川明皆案圖祭之故云信案山川之圖信者謂審信而案之又解山不言合獨河言合者河自大陸之北數爲九河祭者合之爲一故云翕也禹貢導河自積石至于龍門南至于華陰東至于。底柱又東至於孟津東過洛汭至于大伾北過降水至于大陸又北播爲九河同爲逆河入于海是大陸之北數爲九河數者分散之言與播義同故彼注云播猶散也同合也下尾合爲逆河言相迎受也然則因大陸分而爲九至下又合爲一以其首尾是一故祭者合之漢書地理志鉅鹿郡有鉅鹿縣大陸之澤在其北禹貢注云在鉅鹿鄭志答張逸云鉅鹿今名廣河澤然則河從廣河之北分爲九也禹貢兗州九河既道孔安國注云河水分爲九道在此州界平原以北是也鄭注云河水自上至此流盛而地平無岸故能分爲九以衰其勢壅塞故通利之也九河之名徒駭大史馬頰覆釜胡蘇簡絜鉤盤鬲津周時齊桓公塞之同爲一今河間弓高以東至平原鬲盤往往有其遺處焉鄭言九河之名釋水文也李巡曰徒駭者禹疏九河以徒衆起故曰徒駭大史者禹大使徒衆通水道故曰大史馬頰者河勢上廣下狹狀如馬頰覆釜者水多渚其渚往往而處狀如覆釜胡蘇者其水下流故曰胡蘇胡下也蘇流也簡者水深而簡大也絜者言河水多山石之苦故絜絜苦也鉤。盤者河水曲如鉤屈折如。盤故曰鉤。盤鬲津者河水狹小可隔爲津故曰鬲津孫炎曰徒駭者禹疏九河功難衆懼不成故曰徒駭太史者大使徒衆故依名云胡蘇者水流多散胡蘇然簡者水通易也鉤盤者水曲如鉤盤桓不前也鬲津者水多阨狹可隔以爲津而橫渡也是解九河之名意也溝洫志稱成帝時博士許商以爲古。記九河之名有徒駭胡蘇鬲津今見在成平東光鬲界中自鬲以北至徒駭間相去二百餘里今河雖數移不離此域如商此言上舉三河之名下以縣充之則徒駭在成平胡蘇在東光鬲津在鬲縣其餘六者商所不言蓋於時以不能詳知其處故也又商言自鬲以北至徒駭間相去二百餘里則徒駭是九河之最北者鬲津是九河之最南者然則爾雅之文從北而說也太史馬頰覆釜文在胡蘇之上則三者在成平之南東光之北也簡絜鉤盤文在胡蘇之下則三者在東光之南鬲縣之北也鄭亦不能具知所在故云往往有其遺處是其不審之辭也郭璞云徒駭今在成平縣東光有胡蘇亭鬲盤今皆爲縣屬平原渤海東光成平河閒弓高以東往往有其遺處焉璞言盤今爲縣以爲盤縣其餘亦不審也雖古之河跡難得而詳要於禹貢之時皆在兖州之界於漢之世則兖州之所部近南其界不及於北故鄭志趙商謂河在兖州之北已分爲九河分而復合於大陸之北又分爲九故問之曰禹貢導河至于大陸又北播爲九河然則大陸以南固未播也在於兖州安得有九至於何時復得合爲一然後從大陸已北復播爲九也答曰兖州以濟河爲界河流分兖州界文自明矣復合爲一乃在下頭子走南北何所求乎觀子所云似徒見今兖州之界不及九河而冀州分之故疑之耳既知今亦當知古是鄭以古之九河皆在兖州之界於漢乃冀州域耳言復合爲一乃在下頭正以經云同爲逆河入于海明弁爲一河乃入于海故云在下頭耳亦不知所弁之處故不斥言之齊桓公塞爲一者不知所出何書其弁爲一未知弁從何者

敷天之下裒時之對時周之命。裒聚也箋云裒衆對配也徧天之下衆山川之神皆如是配而祭之是周

之所以受天命而王也○裒蒲侯反於繹思毛詩無此句齊魯韓詩。疏○傳裒聚之今毛詩有者衍文也崔集注本有是採三家之本崔因有故解之○正義曰釋詁文○箋裒。聚至而王○正義曰釋詁云裒聚多也俱訓爲多是裒得爲衆釋詁云妃合會對是對得爲配言徧天之下則無有不祭故以爲衆山川之神皆配祭之。王言配者山川大小相從配之祭無不徧之意也是周之所以受天命而王者言其得神之助故能受天之命武王受命伐紂後乃巡守方始祭祀山川而云受命由此者作者以神能助人歸功於神見受命之前已能敬神及今巡守猶能敬之故所以得受天命而王天下言此是神明之助故也此篇末俗本有於繹思三字誤也

般一章七句

閔予小子之什十一篇十一章百三十七句

附釋音毛詩注疏卷第十九（十九之四）

珍倣宋版印

　阮元撰盧宣旬摘錄

○小毖

然而頌之大列（閩本明監本同毛本列作倒案所改非也列當作判形近之譌）

翻飛維鳥而來也（閩本明監本毛本同案此不誤浦鏜云經作拚非也翻字出箋鄭意以拚爲翻之假借故於訓釋中竟改其字而正義依之耳）

而毖後患（小字本相臺本同唐石經毖下旁添彼字案正義云故慎彼在後當是自爲文耳非其本更有彼字也用之添者誤）

自求辛螫（小字本相臺本同唐石經初刻同後磨改螫作蠚案蠚字是也五經文字云螫式亦反是其證）

蜂本又作峯（[補]釋文校勘通志堂本盧本峯作蠭案蠭字誤改也小字本所附亦作峯但峯亦譌字作夆爲是集韻三鍾載夆蜂二形云爾雅甹夆掣曳也或作蜂可證）

摩尺制反（[補]通志堂本盧本同釋文校勘云案摩非也考爾雅釋文云掣本或作摩同充世反說文云引而縱之依此是於說文爲摩字集韻十三祭所載掣摩二字下皆無摩）

予其懲而（閩本明監本毛本而作八句二字案所改非也山井鼎云而字上屬爲是是也正義讀而斷句釋文以懲而作音）

莫復於我掣曳（閩本明監本毛本同案注作摩正義作掣摩掣掣古今字易而說之也標起止仍作摩釋文云摩本又作掣非正義本）

也今爾雅作掣考文古本注作掣者采釋文正義耳○案掣本作瘛見說文說文無掣字也作摩更非

後遂舉兵誅叛逆　閩本明監本毛本同案誅當作謀形近之譌

以蓼菜之辛苦然　閩本明監本毛本同案山井鼎云以恐似誤是也

此二家以蛢蜂　閩本同明監本毛本蛢作荓案所改是也

爲掣曳爲善　閩本明監本毛本同案此不誤浦鏜云善疑惡字誤非也王肅孫毓掣曳爲善與鄭掣曳正相反正義上有明文浦不考之甚

便就邪僻　閩本明監本毛本同案浦鏜云使誤便是也

或曰鴞皆惡聲之鳥　小字本相臺本同案正義云定本集注皆云或曰鴟皆惡鳥也云云考鳥之單名鴞者鵩也單名鴟者梟也皆與桃蟲迥非一物此箋當本作或曰鴟鴞皆惡鳥也合爾雅方言廣雅陸機疏觀之可得其證○案當作或曰鷚月令注云征鳥題肩齊人謂之擊征或曰鷹鷚與鷹正一類二注正同耳此取小鳥化大鳥之義無取惡聲之義蓋有鷚誤爲鴞之本而淺人乃妄增皆惡聲之鳥五字耳鴞惡聲之鳥見毛傳題肩非惡聲也舊挍云當作或曰鴟鴞甚誤鴟鴞鸋鴂古說即桃蟲非桃蟲所變化也詳段玉裁詩經小學

釋鳥云桃蟲鷦其雌名鴱　閩本明監本毛本同案浦鏜云名衍字是也此涉下所引注而誤

鷦鷯亡消反桃雀也　閩本明監本毛本同案亡消反三字當旁行細書正義自爲音也

俱毛以周公 閩本明監本毛本同案山井鼎云俱恐但誤是也

始得周公 閩本明監本毛本同案得當作信

○載芟

春籍田而祈社稷也 閩本明監本毛本同唐石經籍作藉小字本相臺本同案說文作耤者爲正字諸書作藉者爲假借字或又用籍字爲之故此正義引應氏漢書注以典籍爲說也當是正義本字從竹十行本字多作籍依正義也經注本字作藉依石經也餘同此

周語說耕籍之事也 閩本明監本毛本同案浦鏜云也當云字誤是也

王耕一發 閩本明監本毛本同案此不誤浦鏜云墢誤發非也發古墢字正義所引國語自如此不與今本同也

甸師下士一人 閩本明監本毛本同案浦鏜云二誤一是也

徒二百人 閩本明監本毛本同案浦鏜云三誤二是也

漢書孝文元年 閩本明監本毛本同案浦鏜云二誤元是也

率天下先 閩本明監本毛本同案山井鼎云漢書率作爲非也正義所引漢書自如此耳

畛埸也 小字本相臺本閩本明監本毛本埸誤場案釋文云易本又作埸音亦正義本字作埸皆可證

強強力也 閩本明監本毛本同小字本相臺本強皆作彊案強字誤也下及正義中同寫者以强爲彊之別體字而亂之耳

維強力之兼土閩本明監本毛本土作士案士字是也

爲鬼神所嚮閩本明監本毛本同案浦鏜云嚮當饗字誤是也

隰指連形而言閩本明監本毛本連作地案皆誤也當作田

又解之以之意閩本明監本毛本同案上之字當作云形近之譌

自有不能有立閩本明監本同毛本下有字作存案所改是也

及解所以合家俱作之意也閩本明監本毛本同案浦鏜云及當又字誤是

饁饋饟也小字本相臺本同案此釋文本也釋文以饁饋饟也作音可證正義云饁饋釋詁文是其本無饟字考爾雅饟字在饋字上甫田箋取彼成文并解經之饁饟二字七月傳云饁饋也此箋與之同下文云婦子來饋饟其農人於田野乃取饟字以足句耳非此句中先有饟字也當以正義本爲長

孫炎曰土野之饋也閩本明監本毛本土作饁案所改是也七月正義作饁可證

正義曰苗生達也則射而出閩本明監本毛本同案也當作地壞字耳

謂苗生達也也厭者苗長茂盛之貌閩本明監本毛本下也字作厭案此誤改耳上也字當作地讀也字句絕厭者下屬乃說經有厭之文不得重厭字

郭璞曰芸不息也閩本明監本毛本同案此不誤浦鏜云案爾雅注作芸耨精非也正義所引自如此

釋訓云濟濟容止也閩本明監本毛本同案此不誤浦鏜云釋訓無容字非也容字正義增之不依本書耳文王正義所引亦有可證

箋云烝進小字本相臺本同案正義本上有傳標起止云傳百禮言多正義云檢定本集注皆無此文有者誤也

有椒其馨唐石經小字本相臺本同案釋文云椒子消反徐子料反又云沈作俶尺叔反云作椒者誤也云云正義本是椒字與釋文本同考釋文有云無故改字爲俶當是毛氏詩舊本無作俶者特始於沈重改之耳故釋文正義唐石經皆不從也

僖二十三年左傳曰閩本明監本毛本同案浦鏜云二誤三是也

乃古古而如此相臺本同閩本明監本毛本同小字本上古字作自案小字本誤

○良耜

秋報社稷也唐石經小字本相臺本同案釋文云本或有冬字者非正義云本或秋下有冬衍字與豐年之序相涉而誤定本無冬字

以續接其往歲閩本明監本毛本同案浦鏜云歲當事字誤是也

薅去荼蓼之事言閔其勤苦小字本相臺本同案正義云薅去荼蓼之草定本集注皆云薅去荼蓼之事言閔其勤苦與俗本不同依此是正義本事當作草無言閔其勤苦五字也

古書酺爲步　閩本明監本毛本同案浦鏜云故誤古是也

如雩禜云也　閩本明監本毛本禜作祭案所改非也山井鼎云榮恐禜誤是

乃命國家醵是也　閩本明監本毛本同案浦鏜云家衍文是也

後求有豐年也　小字本同閩本明監本毛本同相臺本後作復考文古本同案復字是也釋文正義皆可證

求有良司穡也　小字本相臺本同案正義標起止云至司嗇是其本作嗇字

用騂生毛之　閩本明監本生作牛毛本初刻同後剜作牲案所改是也

牛角以黑而用黃者　閩本明監本毛本同案浦鏜云角當色字誤是也

亦一事故因其異文　閩本明監本毛本同案故當作箋下屬讀之山井鼎云宋板故作也其實不然當是剜也

○絲衣

商謂之肜　小字本相臺本同案釋文云之融餘戎反尚書作肜音同依此是鄭此注本用融字今正義中字皆作肜標起止亦云至之肜或其本作肜與釋文本不同也爾雅亦作肜

字書作繹　【補】通志堂本同盧本作襗云舊作繹今改正

令其天下立靈星祠　閩本明監本毛本同案浦鏜云其令二字誤倒是也

仲遂于垂閩本明監本同毛本于上剜入卒字案所補是也

遂形釋天閩本明監本毛本形作彤案皆誤也當作取

乃舉鼎冪告絜小字本相臺本同案釋文以舉冪作音是其本無鼎字正義云是舉冪告絜也其本亦當無鼎字有者後人以正義所引特牲文添之耳

士冠禮有爵弁服紂衣閩本明監本毛本紂作絿案皆誤也當作純

視滫瀡閩本明監本同毛本滫作滌案所改是也

次視牲次舉鼎閩本明監本毛本同案鼎當作冪

不吳不敖唐石經小字本相臺本同案傳云吳譁也正義云人自娛樂必讙譁爲聲故以娛爲譁也定本娛作吳釋文云不吳舊如字譁也是正義本作娛釋文定本作吳也詳正義之意因傳云吳譁也而說之以娛樂讙譁又例以爲毛不破字故定經文從娛也其實此經字與泮水經同彼箋即用此傳經文皆本是吳字說文云吳大言也義與譁合當以釋文定本爲長盧文弨校乃依史記所引改爲虞誤也

說文作吴吴大言也補釋文挍勘記通志堂本同盧本二吴字皆作吳案所改是也

何承天云吴字誤當作吳從口下大補通志堂本盧本吴作吳吳作吴案所改是也

傳吳譁考成閩本明監本毛本同案吳當作娛

此言飲美皆思自安閩本明監本毛本同案美下浦鏜云脫酒字是也

○酌

酌九句閩本明監本毛本同案此不誤浦鏜云八誤九章末並同非也讀以實唯爾公爲一句允師爲一句唐石經亦云九句也

卽是武樂所象衆閩本明監本毛本同案盧文弨云衆疑衍是也

酌左傳作約閩本明監本毛本同案山井鼎云約當作汋是也

卽之爲三等閩本明監本毛本同案山井鼎云卽恐節誤是也

傳公士○正義曰釋詁文閩本明監本毛本在下節首十行本誤在上節末案山井鼎云士當作事是也下同

○桓

桓武志也唐石經小字本相臺本同案釋文云本或以此句作注正義云序又說名篇之意桓者威武之志云云是正義本亦爲序文

夏正於南郊祭者閩本明監本毛本同案正當作至形近之譌

以記文不旨言周閩本明監本毛本同案浦鏜云旨當指字誤是也

且人帝無時在南郊祭者閩本明監本毛本同案時當作特形近之譌

婁豐年唐石經小字本相臺本同閩本明監本毛本婁作屢案釋文作婁是其證也正義中字作屢當是易爲今字耳餘經依釋文皆當作婁正義自

爲文作屨者皆易字之例唐石經錯見屨字者非屨乃俗字耳今杜預集解本於宣十二年傳所引此經亦作屨非左氏之舊矣

卽玉帛者萬國 閩本明監本毛本同案山井鼎云左傳卽作執是也

○賚

○般

般樂也 小字本相臺本同案此釋文本也釋文云崔集注本用此注爲序文正義云經無般字序又說其名篇之意般樂也爲天下所美樂定本般樂二字爲鄭注未知孰是是正義本爲序文與集注同也考此序解般樂也與桓序云桓武志也賚序賚予也言所以錫予善人也正爲一例當以集注正義本爲長唐石經序末無此三字出於釋文定本而經注各本之所祖也

墮山山之墮墮小者也 小字本同閩本明監本毛本同相臺本墮作嶞案相臺本是也正義云有嶞嶞然之小山是嶞嶞疊經字不容下一字作墮也釋文云字又作嶞考說文山部云嶞山之嶞嶞者乃用此傳文則作嶞爲正矣十行本正義中字多作嶞唯故知山之小者墮墮然一處作墮或正義本是墮字後依經注本改之而未盡也明監本毛本幷改作嶞嶞閩本此與十行本同而上下文又改嶞爲墮

東至於底柱 閩本明監本毛本同案浦鏜云厎誤底是也

鉤盤者河水曲如鉤屈折如盤故曰鉤盤 閩本明監本毛本同案浦鏜云盤李本作股以爾雅釋文考之是也但此當是正義涉孫郭本而誤非其字有譌也

以爲古記九河之名閩本明監本毛本同案此不誤浦鏜云說誤記非也正義引漢志如此

時周之命唐石經小字本相臺本同案正義云此篇末俗本有於繹思三字誤也釋文云於繹思毛詩無此句齊魯韓有之今毛詩有者衍文也崔集注本有是採三家之本崔因有故解之今考正義釋文所說自得其實經義雜記乃并三家此句亦以爲衍誤矣

箋裒聚至而王閩本明監本毛本同案山井鼎云據注聚當作衆是

王言配者閩本明監本毛本同案浦鏜云王疑正字誤是也

駉之什詁訓傳第二十九

毛詩魯頌　鄭氏箋　孔穎達疏

魯頌譜

魯者少昊摯之墟也國中有大庭氏之庫則大庭氏亦居茲乎○正義曰昭十七年左傳云郯子曰少皞摯之立也定四年左傳祝佗曰命伯禽封於少皞之墟是其文所出也明堂位曰封周公於曲阜少皞之墟卽曲阜也漢書地理志云周興以少皞之墟曲阜封周公子伯禽爲魯侯以爲周公主應劭云曲阜在魯城中委曲長七八里然則其都在此曲阜其地則名魯也昭十八年宋衛陳鄭災左傳稱梓慎登大庭氏之庫以望之經傳之文雖不言大庭居魯而此庫繫大庭言之故爲疑辭云則大庭氏亦居此乎杜預曰大庭氏古國名在魯城內魯於其處作庫高顯故登以望氣然則大庭之居在於魯城內於其處作庫非大庭氏所作也○成王時周公歸政成王封其元子伯禽於魯○正義曰洛誥言七年冬周公致政成王其經云烝祭歲文王騂牛一武王騂牛一王命作冊逸祝冊惟告周公其後注云謂將封伯禽也又閟宮云王曰叔父建爾元子俾侯于魯是周公歸政成王封其元子伯禽之事也史記魯世家云武王旣克殷封周公旦於少皞之墟曲阜是爲魯公周公不就封於是卒相成王而使其子伯禽代就封於魯然則周公於武王之時已受魯封但身不之魯使伯禽就國至歸政之後成王乃大啓土宇令地方七百里魯之封疆於是始定故據後定言之其封域在禹貢徐州大野蒙羽之野○正義曰禹貢海岱及淮唯徐州云蒙羽其藝大野旣豬徐州是魯之界故知之○自後政衰國事多廢十九世至僖公當周惠王襄王時而遵伯禽之法養四種之馬牧於坰野○正義曰魯自伯禽之後有武公魯人追立其廟以爲世室又有孝公爲樊仲山甫所薦雖復賢於諸公不爲時所歌頌不能遵伯禽之法故總云政衰事

屨明僖公興之故致頌也世家云伯禽卒子考公酋立卒弟熙立是爲煬公卒子幽公宰立十四年弟濆弑幽公而立是爲魏公卒子厲公擢立卒魯人立其弟具是爲獻公卒子真公濞立卒弟敖立是爲武公卒子戲立爲懿公九年兄括之子伯御與魯人攻殺懿公而立伯御爲君十一年周宣王伐魯殺伯御乃立懿公弟稱是爲孝公卒子弗湟立是爲惠公卒子息姑攝行君事是爲隱公十一年冬公子翬殺隱公立其弟允爲君是爲桓公十八年卒立太子同是爲莊公三十二年卒立子開爲閔公立其卒於是季友奉公子申立之是爲僖公從周公數之故爲十九世僖公以惠王十九年即位襄王二十二年薨是當周惠王襄王時也○尊賢祿士脩泮宮守禮教○正義曰有駜喻僖公用臣必先致祿食振鷺言絜白之士羣集君朝是尊賢祿士也泮水頌僖公能脩泮宮是脩泮宮崇禮教也舒瑗云魯不合作頌故每篇言頌以名生於不足故也能脩泮宮土功之事春秋經不書者泮宮止國學也脩謂舊有其宮脩行其教學之法功費微少非城郭都邑例所不書也僖十六年冬會諸侯于淮上謀東略公遂伐淮夷○正義曰春秋僖十六年經書冬十有二月公會齊侯宋公等於淮左氏傳曰會于淮謀鄫且東略如傳之意以言此會主爲謀鄫且東行略地今鄭言謀東略則鄭意言此會非直謀鄫且謀東略以爲二俱謀之僖九年左傳宰孔云齊侯不務德而勤遠略故北伐山戎南伐荊楚西爲此會東略之不知西則否矣是謂征伐爲略也此言謀東略者謂東征伐而略地也淮會既有此謀公所以遂伐淮夷泮宮之篇所說伐淮夷事是也但春秋經傳僖公無伐淮夷之事故鄭推挍早晚以爲淮會之謀東略即是謀伐淮夷既謀即伐故稱遂也案左傳僖十六年冬公會諸侯于淮未歸而使師取項公爲齊所止十七年方始得還傳云書曰公至自會猶有諸侯之事焉且諱之也然則伐淮夷者是在十七年末公還之後乃興師伐之詩稱既作泮淮夷攸服則是受成於學然後出師非因會而遂行也淮會謀東略者與諸侯共謀詩稱伐淮夷者專美魯侯蓋以淮夷居淮水之上在徐州之界最近於魯於時霸者使魯獨征之故詩專美僖公也用兵征伐事之大者春秋之例君舉必書所以經傳無伐淮夷文

者當是史文脫漏故經傳皆闕○僖二十年新作南門又脩姜嫄之廟至於復魯舊制未徧而薨○正義曰二十年新作南門春秋經也閟宮云閟宮有侐實實枚枚又曰新廟奕奕奚斯所作是又脩姜嫄之廟也序稱僖公能遵伯禽之法而牧馬門廟魯之舊事是至於復魯舊制也伯禽之後國事多廢則所廢者非徒馬及門廟而已故云未徧而薨所以死後追頌若然新。然南門左傳云書不時也而以爲僖公之美者僖公新作南門意在脩復古制但不從啓塞之時是於禮爲小失春秋貶纖介之惡故取以爲譏論其復舊之情實爲美事作南門脩廟其事相類故鄭言脩廟因說作門贊成僖公之大美言其致頌之本意也脩姜嫄之廟春秋不書者魯國舊有此廟更脩理之用功少例所不書也○國人美其功季孫行父請命於周而作其頌○正義曰既言未徧而薨乃云請周作頌則此頌之作在僖公薨後知者以大夫無故不得出境上請天子追頌君德雖則羣臣發意其行當請於君若在僖公之時不應聽臣請王自頌己德明是僖公薨後也文六年行父始見於經十八年史克名見於傳則克於文公之時爲史官矣然則此詩之作當在文公之世其年月不可得而知也行父請周而不見於經者凡羣臣出使嘉好聘享受命而行者乃書之耳此行父適周自以羣臣之心請王作頌雖復告君乃行不稱君命以使非史策所得書也駉頌序云史克作是頌廣言作頌不指駉篇則四篇皆史克所作閟宮云新廟奕奕奚斯所作自言奚斯作新廟耳而漢世文人班固王延壽之等自謂魯頌是奚斯作之謬矣故王肅云當文公時魯賢臣季孫行父請于周而令史克作頌四篇以祀是肅意以其作在文公之時四篇皆史克所作也四篇一人之作而爲此次者以駉言務農重穀爲政之本又善於任賢故次有駜言君臣之有道也君臣同心則能脩教征伐故次泮水言能脩泮宮服淮夷也文武既備明神降福則能克剪放命復其疆宇故終以閟宮四篇皆頌僖公之美德也若然春秋僖八年秋七月禘于太廟用致夫人三十一年夏四月四卜郊不從猶三望三十三年薨于小寢皆爲春秋所譏則是行不純善而得作頌者春秋所譏皆人事小失非有損於國家僖以魯之先君國事多廢遠遵伯禽之法能復周公之字安寧魯國作爲賢君緣王者不陳其詩故臣子請而作頌亦猶他國作詩美其君耳非是太平德洽和樂頌聲雖復行有小失不妨其作頌文也僖公能遵伯禽之法尙爲魯人所頌則伯禽之德自然堪爲頌矣所以無伯禽頌者伯禽以成王元年受封於魯於時天下太平四海如一歌頌之作事歸天子列國未有變風魯人不當作頌○文公十三年太室屋壞○正義曰此春秋經也閟宮箋與此俱引此文者以彼傳云書不恭也杜預云簡慢宗廟使至傾頽故書以見臣子不恭然則宗廟毀壞者譏其不恭明脩造繕治者於事爲善申說僖公之復舊制作新廟爲可頌之事故引大室壞而反以證之公羊穀梁皆以太室爲世室謂伯禽之廟服杜皆以爲太廟之室鄭無所說蓋與左氏義同也○初成王以周公有太平制典法之勳命魯郊祭天三望如天子之禮故孔子錄其詩之頌同於王者之後○正義曰明堂位云武王崩成王幼周公踐天子之位以治天下六年制禮作樂頒度量而天下大服七年致政於成王以周公爲有勳勞於天下命魯公世世祀周公以天子之禮是以魯君孟春乘大輅載弧韣旂十有二旒日月之章祀帝于郊配以后稷天子之禮也是成王命魯之郊天也春秋每云不郊猶三望是魯郊祭天而因祭三望也鄭以三望爲河海岱是魯之境內山川也祭其境內山川則自是諸侯常法亦云天子之禮者以春秋郊望連文故因說郊天而幷云三望耳禮運云夫杞之郊也禹宋之郊也契是王者之後得郊天由命魯得郊天子禮周爲王者之後故孔子亦錄其詩之頌同於王者之後也王者之後而有頌者正謂宋有商頌解魯頌所以得與商頌同稱頌之意也○問者曰列國作詩未有請於周者行父請之何也曰周尊魯巡守述職不陳其詩至於臣頌君功樂周室之聞是以行父請焉○正義曰變風之序皆不言請周此獨言請故問而釋之王制說巡守之禮云命太師陳詩以觀民之風俗然則天子巡守采諸國之詩觀其善惡以爲黜陟今周尊魯若王者巡守述職不陳其詩雖魯人有作周室不采商譜云巡守述職不陳其詩示無貶黜客之義然則不陳魯詩亦示無貶黜魯之義也巡守陳詩觀民風俗善則賞之惡則貶之既示無貶黜不采其詩雖有善詩不得復采故王道既衰

變風皆作而魯獨無之以無魯風故知巡守述職不陳其詩魯之臣子緣周室尊魯不陳其詩是不欲。使魯有惡既不欲其惡當喜聞其善至於臣頌君功亦樂使周室聞之是以行父請焉魯人請周不作風而作頌者以頌者美盛德之形容是詠歌之善稱王者有成功盛德然後頌聲作焉今魯詩稱穆穆魯侯敬明其德是美盛德也既克淮夷孔淑不逆是成功也既有盛德復有成功雖不可上比聖王足得臣子追慕故借其嘉稱以美其人言其所美有形容之狀故稱頌也以作頌非常故特請天子以魯是周公之後僖公又實賢君故特許之不然亦不得轉借其名而作頌也○周之不陳其詩者爲。憂耳其有大罪侯伯監之行人書之亦示覺焉○正義曰又解不陳其詩所以爲勸誡者其大罪州牧侯伯監察之行人之官書記之亦足示覺知之焉雖則不陳其詩亦足以爲黜陟也商譜云示無貶黜客之。法此言亦示覺焉互相補足皆是示法而已其有善惡不得不黜陟之也此言主於戒惡故言有大罪耳其實小善小惡亦監之書之也侯伯者州牧之別名僖元年左傳曰凡侯伯救患分災討罪禮也是州內諸侯有善惡者侯伯當監之也秋官小行人云及其萬民之利害爲一書其禮俗政事教治刑禁之逆順爲一書其悖逆暴亂作慝猶犯令者爲一書其札喪凶荒厄貧爲一書其康樂和親安平爲一書凡此五物者每國辨異之以此反命于王以周知天下之故是諸國有善惡行人當書之

駉頌僖公也。僖公能遵伯禽之法儉以足用寬以愛民務農重穀牧于坰野魯人尊之於是季孫行父請命于周而史克作是頌　季孫行父季文子也史克魯史也○駉古熒反說文作驍又作駫同牧徐音目坰苦熒反徐又苦營反或苦瓊反遠也下同父音甫注同

疏　駉四章章八句至作是頌○正義曰作駉詩者頌僖公也僖公能遵伯禽之法伯禽者魯之始封賢君其法可傳於後僖公以前莫能遵用至於僖公乃遵奉行之故能性自節儉以足其用情又寬恕以愛於民務勸農業貴重田穀

牧其馬於坰遠之野使不害民田其爲美政如此故既薨之後魯國之人慕而尊之於是卿有季孫氏名行父者請於周言魯爲天子所優不陳其詩不得作風今僖公身有盛德詩爲作頌既爲天子所許而史官名克者作是駉詩之頌以頌美僖公也定本集本皆重有僖公字言能遵伯禽之法者伯禽是賢君其法非一僖公每事遵奉序者總以爲言也不言遵周公之法者以周公聖人身不之魯魯國之所施行皆是伯禽之法故繫之於伯禽以見賢能慕賢之意也儉者約於養身爲費寡少故能畜聚貨財以足諸用寬者緩於馭物政不苛猛故能明慎刑罰以愛下民此雖僖公本性亦遵伯禽爲然也務農謂止舍勞役盡力耕耘重穀謂愛惜禾黍不妄損費其事是一但所從言之異耳由其務農故牧於坰遠之野使避民居與良田卽四章上二句是也其下六句是因言牧在於坰野卽說諸馬肥健僖公思使之善終說牧馬之事也儉以足用寬以愛民說僖公之德與務農重穀爲首引耳於經無所當也僖公之愛民務農遵伯禽之法非獨牧馬而已以馬畜之賤尙思使之善則其於人事無所不思明矣魯人尊之以下以諸侯而作頌詩爲非常故說其作頌之意雖復主序此篇其義亦通於下三篇亦是行父所請史克所作也此言魯人尊之謂既薨之後尊重之也○箋季孫至魯史○正義曰行父是季友之孫故以季孫爲氏薨死諡曰文子左傳世本皆有其事文十八年左傳稱季文子使太史克對宣公知史克魯史也此雖借名爲頌而體實國風非告神之歌故有章句也禮諸侯六閑馬四種有良馬有戎馬有田馬有駑馬僖公使牧於坰野馬皆肥健作者因馬有四種故每章各言其一首章言良馬朝祀所乘故云彭彭見其有力有容也二章言戎馬齊力尙强故云伾伾見其有力也三章言其田馬田獵齊足尙疾故云驛驛見其善走也卒章言駑馬主給雜使貴其肥壯故云祛祛見其强健也馬有異種名色又多故每章各舉四色以充之宗廟齊豪則馬當純色首章說良馬而有異毛者容朝車所乘故也

駉駉牡馬。在坰之野。

駉駉良馬腹幹肥張也坰遠野也邑外曰郊郊外曰野野外曰林林外曰坰箋云必牧於坰野者辟民居與良田也周禮曰以官田牛田賞田牧田任遠郊之

地

薄言駉者有驈有皇有驪有黃以車彭彭牧之坰野則駉駉然驪馬白跨曰驈黃白曰皇純黑曰驪黃騂曰黃諸侯六閑馬四種有良馬有戎馬有田馬有駑馬彭彭有力有容也箋云坰之牧地水草既美牧人又良飲食得其時則自肥健耳〇驈戶橘反阮孝緒于密反顧野王餘橘反郭音述驪力知反沈又郎西反說文字林云深黑色馬也跨苦花反又苦故反又胡瓦反郭云髀間也蒼頡篇云兩股間也騂息營反赤黃曰騂下文同字林火營反種章勇反駑音奴飲食上音蔭下音嗣又並如字

思無疆思馬斯臧箋云臧善也僖公之思遵伯禽之法反覆思之無有竟已乃至於思馬斯善多其所及廣博〇疆居良反竟也覆芳服反

疏駉駉至斯臧〇正義曰僖公養四種之馬又能遠避良田魯人尊重僖公作者追言其事駉駉然腹幹肥張者所牧養之良馬也所以得肥張者由其牧之在於坰遠之野其水草既美牧人又良飲食得所莫不肥健故皆駉駉然薄言駉者有何馬也乃有白跨之驈馬有黃白之皇馬有純黑之驪馬有黃騂之黃馬此等用之以駕朝祀之車則彭彭然有壯力有儀容矣是由牧之以理故得使然此僖公思遵伯禽之法反覆思之無有竟已其所思乃至於馬亦令之使此善是其所及廣博不可忘也定本牧馬字作牡馬〇傳駉駉至曰坰〇正義曰腹謂馬肚幹謂馬脅宣十五年左傳曰雖鞭之長不及馬腹謂鞭馬肚也莊元年公羊傳曰拉公幹而殺之謂折公脅也肥張者充而張大故其色駉駉然是馬肥之貌耳但毛以四章分說四種之馬故言駉駉良馬腹幹肥張明首章爲良馬二章爲戎馬也坰者闊廣之義故爲遠釋地云邑外謂之郊郊外謂之牧牧外謂之野野外謂之林林外謂之坰此傳出於彼文而不言郊外曰牧注云郊外曰野者自郊以外野爲通稱因卽據野爲說不言牧。馬且彼郊外之牧與此經牧馬字同而事異若言郊外牧嫌與牧馬相涉故略之也郊牧野林坰自邑而出遠近之異名孫炎曰邑國都也設百里之國五者之界界各十里然則百里之國國都在中去境五十每十里而異其名則坰爲邊畔去國最遠故引之以證坰爲遠也彼據小國言之郊爲遠郊牧野林坰自郊外爲差則郊也牧也野也坰也四者不同處箋稱牧於坰野又言牧。在遠郊便是郊牧坰野共爲一處與爾雅異者自國都以外郊爲大限言牧在遠郊謂所牧之處在遠郊之外正謂在坰是也野者郊外通名故周禮六遂在遠郊之外遂人職云凡治野田是其郊外之地總稱野也牧於坰野自謂放牧在坰非遠近之名雖字與爾雅相涉其意皆不同也孫炎言百里之國十里爲郊則郊之遠近計境之廣狹以爲差也聘禮云賓及郊注云郊遠郊周制天子畿內千里遠郊百里以此差之遠郊上公五十里侯四十里伯三十里子。三十里男十里也近郊各半之是鄭之所約也以聘禮下云賓至于近郊故知賓及郊者爲遠郊也司馬法云王國百里爲遠郊且王畿千里其都去境五百里爾雅從邑之外止有五明當每皆百里故知遠郊且百里也知近郊半之者書序云周公既沒命君陳分正東郊成周於時周都王城而謂成周爲東郊則成周在其郊也於漢王城爲河南成周爲洛陽相去不容百里則所言郊者謂近郊故注云天子近郊五十里今河南洛陽相去則然是鄭以河南洛陽約近郊之里數也周禮杜子春注云五十里爲近郊白虎通亦云近郊五十里遠郊百里是儒者相傳爲然昭二年叔弓如晉左傳曰晉侯使郊勞服虔云近郊三十里或當別有依。終與鄭異也書傳云百里之國二十里之郊七十里之國九里之郊。三十里之國三里之郊言其百里七十里是夏殷諸侯之國其郊與周異也○箋必牧至之地○正義曰解牧馬必在坰野之意以國內居民多近都之地貴必牧於坰野者避民居與良田故也以序云務農重穀牧於坰野故知有避民田之義也引周禮者地官載師文彼注鄭司農云官田者以備公家之所耕也牛田者以養公家之牛也賞田者賞賜之田也牧田者牧六畜之田玄謂官田庶人在官者其家所受田也牛田牧田畜牧者之家所受田也必易司農者以載師掌。任土之法以物地事所陳者爲制貢賦而言也若官所耕田及牛牧之田則自公家所田無賦稅之事下文何云近郊十一遠郊二十而三爲稅法也以此故易之彼司農以牛田爲牧家所受則非復放牧之田而引證此者以牧人之牧六畜常在遠郊之外因近其牧處而給之田故引此爲證牧馬之處當遠於國也彼雖天子之

法明諸侯亦當然則牧在遠地避民良田乃是禮法當然自僖公以前不能如
禮故特美之○傳牧之至力有容也○正義曰上言駉駉。牡馬在坰之野不是馬
之肥。乃言其牧處此云薄言駉者有驕有皇是就其所牧之中言肥馬之色此
駉駉之肥由牧之使然故傳辨之云牧之坰野則駉駉然釋畜云驪馬白跨驈
孫炎曰驪黑色也白跨股脚白也郭璞云跨髀間也然則跨者所跨據之處謂
髀間白也釋畜又云黄白皇舍人曰黄白色雜名皇也其驪與黄則爾雅無文
爾雅黄白皇謂黄而色白者名之爲皇則黄而赤色者直名爲黄明矣故知黄
月令孟冬云駕鐵驪象時之色檀弓云夏后氏尚黑戎事乘驪故知純黑曰驪
騂曰黄騂者赤色謂黄而雜色者也諸侯六閑馬四種夏官校人有其事故知
邦國六閑傳唯變邦國以爲諸侯耳以四章所論馬色既則皆言以。事明其每
章各有一種故言此以充之不於上經言之者以上文二句四章皆同無可以
爲別異故就此以車異文而引之也閑謂馬之所在有限衛之處校人之注以
爲二百一十六匹爲一廄每廄爲一閑諸侯有四種其三種別爲一閑駑一種
而分爲三閑也傳既言一馬有四種又辨四種之異故云有良馬有戎馬有田馬
有駑馬彼校人上文辨六馬之屬種戎齊道田駑本無良馬之名鄭於彼注以
爲諸侯四種無種戎而有齊道田駑此傳有良戎而無齊道與彼異者彼上文
說六馬之屬下言天子六種邦國四種家二種自上降殺以兩明當漸有其等
差其義必如鄭說今傳言良馬非彼六馬之名則戎馬非彼之義戎馬自以時
事名之蓋謂齊馬爲良馬道馬爲戎馬也何則國之大事在祀與戎諸侯之國
必有朝祀征伐之事謂朝祀所乘爲良馬征伐所乘爲戎馬非周禮之種戎也
彼鄭注以次差之玉路駕種馬戎路駕戎馬金路駕齊馬象路駕道馬田路駕
田馬駑馬給宮中之役彼以天子具有五路故差之以當六馬而諸侯路車多
少不等有自金路以下者有象路以下者有革路以下者車雖有異馬皆四種
則知其爲差次不得同天子故傳準所用別爲立名謂之良戎不言齊道案魯
以同姓勳親有金路以下則當金路象路共駕良馬戎路駕戎馬田路駕田馬
駑馬給宮中之役其餘諸侯無金路者事窮則同蓋亦準其時事分乘四種大

夫本無路車亦有二種之馬明以時事乘之不必要駕路車也若然案夏官戎右注云此充戎路之右田亦爲之右然則戎田相類何知不象路駕戎馬戎路駕田馬而必知諸侯有金路者金路象路共駕良馬戎路駕戎馬者以兵戎國之大事當駕善馬不得與田馬同也天子戎路以其無飾故卑於象路戎馬以其尚强故戎馬先於齊馬以此知諸侯戎路亦不得與田路同馬且戎路之衡高於田路田馬不得駕之冬官輈人爲輈國馬之輈深四尺有七寸田馬之輈深四尺注云國馬謂種馬戎馬齊馬道馬高八尺兵車乘車衡高八尺七寸田馬七尺則衡高七尺七寸是戎馬之高當與齊道同不與田馬等故知戎。馬不得駕田馬也戎路必駕戎馬則知有金路者金路象路共駕良馬明矣校人又云凡頒良馬而養乘之注云良善也善馬五路之馬彼以五路之馬皆稱爲良此傳獨以齊馬爲良馬者以其用之朝祀故謂之良不與周禮同也朝祀所乘雖取其力亦須儀容故云彭彭有力有容言其能備五御之威儀也○箋臧善至廣博○正義曰臧善釋詁文疆者竟也故言反覆思之無竟已言伯禽之法非一僖公每事思之所思衆多乃至於思馬斯善以馬是賤物舉微以見其著多大其思之所及者能廣博也

駉駉牡馬在坰之野薄言駉者有騅有駓有騂有騏以車伾伾

蒼白雜毛曰騅黃白雜毛曰駓赤黃曰騂蒼。祺曰騏伾伾有力也○騅音隹駓符悲反字又作駓郭云今桃花馬也字林作騢。音丕騏音其伾敷悲反說文同字林作。駓走也父之反音丕祺音其字又作騏

思無期思馬斯才

才多材也

【疏】傳倉白至有力○正義曰釋畜云倉白雜毛騅郭璞曰郎今騅馬也又云黃白雜毛駓郭璞曰今之桃華馬也此二者皆云雜毛是體有二種之色相間雜上云黃白曰皇黃騂曰黃止一毛色之中自有淺深與此二色者異故不云雜毛也其騂騏爾雅無文周人尚赤而牲用騂。綱禮稱陽祀用騂牲是騂爲純赤色言赤黃者謂赤而微黃其色鮮明者也上云黃騂曰黃謂黃而微赤此云赤黃曰騂謂赤而微黃此其所以異也騏者黑色之名倉騏曰騏謂青而微黑今之驄馬也顧命曰四人騏弁注云青黑曰騏引詩云我馬維

騏是騏爲青黑色此章言戎馬戎馬貴多力故云伾伾有力 駉駉牡馬在坰之野薄言駉者有驒有駱有駵

有雒以車繹繹。青驪驎曰驒白馬黑。鬣曰駱赤身黑鬣曰駵黑身白鬣曰雒繹繹善。走也○驒徒河反說文云馬文如鼉魚也韓詩及字林云白馬黑髦也駱音洛樊孫爾雅並作白馬黑髦鬣尾也駵音留字林云赤馬黑髦尾也雒音洛本或作駱同繹音亦善足也一本作善走也崔本作驛驎本亦作瀕郭良忍反毛色有深淺班駁隱。瀕今之連錢驄也呂沈良振反孫炎音鄰云似魚鱗也鬣力輒反

【疏】傳青驪至善走○正義曰釋畜云青驪驎驒孫炎云色有淺深似魚鱗也郭璞曰色有深淺。班。駁隱。鄰今之連錢驄也又云白馬黑鬣駱郭璞引禮記曰夏后氏駱馬黑鬣然則髦卽是鬣皆謂馬之騣也定本集注髦字皆作鬣其駵雒爾雅無文爾雅有駵白駁駵馬黃。脊騝。音。乾則駵是色名說者以駵爲赤色若身鬣俱赤則騂馬故爲赤身黑鬣曰駵卽今之駵馬也黑身白鬣曰雒則未知所出檢定本集注及徐音皆作。駱字而俗本多作駁字爾雅有駵白駁謂赤白雜色駁而不純非黑身白鬣也東山傳曰於白曰駁謂赤白雜取爾雅爲說若此亦爲駁不應傳與彼異且注爾雅者樊光孫炎於駵白駁下乃引易乾爲駁馬引東山皇駁其馬皆不引此文明此非駁也其字定當爲雒但不知黑身白鬣何所出耳此章言田馬田獵尚疾故言繹繹善走

思無斁思馬斯作作始也箋云斁厭也思遵伯禽之法無厭倦也作謂牧之使可乘駕也○斁音亦

【疏】傳作始○正義曰釋詁云俶作也始也俶之所訓爲作爲始是作亦得爲始思馬斯始謂令此馬及其古始如伯禽之時也○箋斁厭至乘駕○正義曰斁厭釋詁文彼作射音義同以上章斯臧斯才皆馬之身事故易傳以作爲作用謂牧之使可作用乘駕也

駉駉牡馬在坰之野薄言駉者有駰有騢有驔有魚以車祛祛。陰白雜毛曰駰彤白雜毛曰騢豪。骭曰驔。二目白曰魚祛祛彊健也○駰舊於巾反讀者並音因騢音遐說文云赤白雜色文似鰕魚驔音簟待點反字林云又音譚育魚如字字書作䲜字

林作瞷音並同毛云一目白曰魚爾雅云一目白瞷二目白瞷瞷音閑祛起居反彤徒冬反赤也馯戶晏反疏傳陰白至強健○正義曰釋畜云陰白雜毛駰舍人曰今之泥驄也樊光曰駰者目下白也孫炎曰陰淺黑也郭璞曰陰淺黑今之泥驄或云目下白或云白陰皆非也璞以陰白之文與驪白黃白倉白彤白相類故知陰是色名非目下白與白陰也又云彤白雜毛騢舍人曰赤白雜毛今赭馬名騢郭璞云彤赤也即今赭白馬是也又云一目白瞷二目白魚舍人曰一目白曰瞷兩目白爲魚郭璞曰似魚目也其驔爾雅無文說文云馯骹也郭璞曰馯脚脛然則馯者膝下之名釋畜云四骹皆白驓無豪馯白之名傳言豪馯白者蓋謂豪毛在馯而白長名爲驔也驓則四骹雜白而毛短故與驔異也此章言驚馬主以給。官中之役貴其肥。牡故曰祛祛強健也

思無邪思馬。斯徂箋云徂猶行也思遵伯禽之法專心無復邪意也牧馬使可走行○邪似嗟反注同復扶又反疏箋徂猶至走行○正義曰徂訓爲往行乃得往故徂猶行也思牧馬使可走行亦上章使可乘駕之事也王肅云徂往也所以養馬得往古之道毛於上章以作爲始則此未必不如肅言但無迹可尋故同之鄭說

駉四章章八句

有駜頌僖公君臣之有道也有道者以禮義相與之謂也○駜備筆反又符必反字林父必反疏有駜三章章九句至有道○正義曰君以恩惠及臣臣則盡忠事君君臣相與皆有禮矣是君臣有道也經三章皆陳君能祿食其臣臣能憂念事君夙夜在公是有道之事也此主頌僖公而兼言臣者明君之所爲美由與臣有道道成於臣故連臣而言之○箋有道至之謂○正義曰蹈履有法謂之禮行允事宜謂之義君能致其祿食與之燕飲是君以禮義與臣也臣能夙夜在公盡其忠敬是臣以禮義與君也

有駜有駜駜彼乘黃駜馬肥彊貌馬肥彊則能升高進遠

臣彊力則能安國箋云此喻僖公之用臣必先致其祿食祿食足而臣莫不盡其忠○乘繩證反下同夙夜在公在公明明箋云夙早也言時臣憂念君事早起夜寐在於公之所在於公之所但明。義明德也禮記曰大學之道在明明德○大學音泰振振鷺鷺于下鼓咽咽醉言舞于胥樂兮振振羣飛貌鷺白鳥也以興絜白之士咽咽鼓節也箋云于於胥皆也僖公之時君臣無事則相與明義明德而已絜白之士羣集於君之朝君以禮樂與之飲酒以鼓節之咽咽然至於無算爵則又舞燕樂以盡其歡君臣於是則皆喜樂也○咽本又作淵鼓同烏玄反又於巾反樂音洛注喜樂下于胥樂兮及注安樂同朝直遙反

疏有駜至樂兮○正義曰言有駜有駜然肥強之馬此駜然肥強者彼之所乘黃馬也將欲乘之先養以芻秣故得肥強乘之則可以升高致遠得爲人用矣以興僖公有賢能之臣將任之先致其祿食故皆盡忠任之則可以安國治民得爲君用矣羣臣以盡忠之故常侵早逮夜在於公所其在於。君所則君臣無事相與明義明德而已以君臣閑暇共明德義故在外賢士競來事君振振然而羣飛者絜白之鷺鳥也此鷺鳥於是下而集止於其所以喻絜白者衆士也此衆士於是來而集止於君朝既集君朝與之燕樂以鼓節之咽咽然至於無算爵而醉爲君起舞以盡其歡於是君臣皆喜樂兮是其相與之有道也○傳駜馬至安國○正義曰以駜與乘黃連文故知駜者馬肥強之貌以序言君臣有道下句皆說臣事故知以肥馬喻強臣也四馬曰乘故言乘黃○箋此喻至其忠○正義曰傳以馬之肥強喻臣之強力馬由人所養飼乃得肥強肥強乃能致遠人得祿食充足乃能盡忠盡忠乃肯用力若其不然雖有強力不肯用之故箋重申傳意案夏官司士云以功詔祿儒行云先勞而後祿不亦易祿乎然則臣當先施功勞然後受祿此僖公用臣所以先致祿食者彼二文皆謂君初用臣臣初仕君必試之有功乃與之祿若其位定之後食祿是常君當豐其祿食要其功効不得復待有功方始祿之故美僖公先致祿食使臣盡忠此則禮之常法美僖公能順禮也○箋夙早至明德○正義曰夙早釋詁文以臣之於君德義而

已以經有二明故知謂明義明德也定本集本皆云議明德也無上明字施物得宜為義在身得理為德雖內外小殊而大理不異引大學明德者彼謂顯明

明德之事故引之以證此為明德也○箋于於至喜樂○正義曰于於胥皆釋詁文絜白之士不仕庸君以僖公君臣無事相與明義明德而已德義明乃為

賢人所慕故絜白之士則羣集於君之朝既言君臣相與明義明德别言絜白之士羣集君朝則絜白之士謂舊臣之外新來者也上言在公明明據臣為文

則明義明德惟應臣明之耳而云相與者以言在公則是共公明之故知君臣並明德義也以禮與之飲酒謂為燕禮燕禮以樂助勸故以鼓節之咽咽然醉

始言舞故知至於無算爵則有舞盡歡以君與臣燕故知君臣於是皆喜樂也

有駜有駜。駜彼乘牡。夙夜在公。在公飲酒。言臣有餘敬而君有餘惠

【疏】傳言臣至餘惠○正義曰臣禮朝朝暮夕不當常在君所今間暇無事而夙夜在公是臣有餘敬也君之於臣饗燕有數今以無事之故即與之飲酒是君有餘惠也

振振鷺。鷺于飛。鼓咽咽。醉言歸。于胥樂兮。箋云飛喻羣臣飲酒醉欲退也

【疏】箋飛喻至欲退○正義曰以上言於下此言於飛是既下而飛去故知喻羣臣飲酒醉欲退也絜白之士謂新來之人但所來之人即在臣例且與舊臣同燕故以羣臣言之

有駜有駜。駜彼乘駽。青驪曰駽○駽呼縣反徐又火玄反又胡眄反又音炫 夙夜在公。在公載燕。箋云載言則也

【疏】傳青驪曰駽○正義曰釋畜云青驪駽舍人曰青驪馬今名駽馬也孫炎曰色青黑之間郭璞曰今之鐵驄也

自今以始。歲其有。君子有穀。詒孫子。于胥樂兮。歲其有豐年也箋云穀善詒遺也君臣安樂則陰陽和而有豐年其善道則可以遺子孫也○歲其有本或作歲其有矣又作歲其年者矣皆衍字也詒以之反本或作詒厥孫子詒于孫子皆是妄加也遺唯季反下同

【疏】自今至樂兮○正義曰君臣有道如此可致陰陽和順從今以為初始歲其當有豐年善君德可以感之也君子僖公有善道可以遺其子孫言其德澤甚及於後

也以此之故於是君臣皆喜樂今○傳歲其有豐年○正義曰春秋書有年者謂五穀大熟豐有之年故知其有年謂從今以去當有豐年也定本集注皆云歲其有年此詩僖公薨後乃作而云自今以始者上言在公載燕因即據燕爲今與將來爲始非以作詩爲始○箋穀善。貽遺○正義曰穀善釋詁文貽遺釋言文

有駜三章章九句

泮水頌僖公能脩泮宮也○泮普半反疏泮水八章章八句至泮宮○正義曰作泮水詩者頌僖公之能脩泮宮也泮宮學名能脩其宮又脩其化經八章言民思往泮水樂見僖公至於克服淮夷惡人感化皆脩泮宮所致故序言能脩泮宮以總之定本云頌僖公脩泮宮无能字

思樂泮水薄采其芹泮水泮宮之水也天子辟廱諸侯泮宮言水則采取其芹宮則采取其化箋云芹水菜也言己思樂僖公之脩泮宮之水復伯禽之法而往觀之采其芹也辟廱者築土雝水之外圓如璧四方來觀者均也泮之言半也半水者蓋東西門以南通水北无也天子諸侯宮異制因形然○僖音希頖音判本多作泮泮宮諸侯之學也泮半也半有水半无水也鄭注禮記言頖班也所以班政教芹其巾反辟音璧下同圜音圓觀古亂反又音官魯侯戾止言觀其旂其旂茷茷。鸞聲噦噦。無小無大從公于邁戾來止至也言觀其旂言法則其文章也茷茷言有法度也噦噦言。其聲也箋云于行邁行也我采水之芹見僖公來至于泮宮我則觀其旂茷茷然鸞和之聲噦噦然臣无尊卑皆從君行而來稱言此者僖公賢君人樂見之○伐蒲害反又普貝反本又作茷噦呼會反疏思樂至于邁○正義曰僖公能脩泮宮爲宮立水水傍生菜宮內行化魯人言己思樂往泮宮之水我欲薄采其芹之菜也既采其菜又觀其化。傳魯侯僖公來至此泮宮我觀其車之所建之旂而有文章法度則其旂乃

茷茷然有法度其鸞則噦噦然有聲言其車服得宜行趨中節也又魯之羣臣无小无大皆從公往行而至泮宮言僖公之賢人樂見之也○傳泮水至其化○正義曰此美僖公之脩泮宮述魯人之辭而云思樂泮水故知泮水即泮宮之外水也天子辟廱諸侯泮宮王制文其餘諸侯止有泮宮一學魯之所立非獨泮宮而已明堂位曰米廩有虞氏之庠也序夏后氏之序也瞽宗殷學也頖宮周學也是魯禮得立四代之學魯有四代之學此詩主頌其脩泮宮者先代之學尊魯侯得立之示存古法而已其行禮之飲酒養老兵事之受成告克當於周世之學在泮宮也僖公之伐淮夷將行則在泮定謀既克則在泮獻馘作者主美其作泮宮而能服淮夷故特言其脩泮宮耳僖公志復古制未必不四代之學皆脩之也又解泮宮泮水正是一物而此詩或言宮或言水之意以菜生於水化出於宮言水則采取其芹言宮則采取其化故詩言采芹藻之菜則言泮水說行禮謀獻之事則云泮宮下章云既作泮宮淮夷攸服是言克淮夷者由宮內行化而服之故言宮也泮宮之名既定亦可單稱為泮此經四言在泮及集于泮林皆謂泮宮為泮也采者取菜之名而化亦言采者俱是己往取之因采菜而同其文○箋芹水至形然○正義曰采菽云觱沸檻泉言采其芹芹生於泉水是小菜也言水菜者解其就泮水之意藻茆亦水菜從此可知也魯人之樂泮水意在觀化非主采菜但水能生菜因采取之并以采菜為言故箋解其意言己思樂僖公之脩泮宮之水復伯禽之法而往觀之采其芹也是其思樂者樂僖公所脩觀宮因采其菜其往不專為菜又申傳辟廱泮宮之義辟廱者築土為堤以壅水之外使圓如璧令四方來觀者均故謂之辟廱也釋詁云肉倍好謂之璧孫炎云肉身也好孔也身大而孔小然則璧體圓而內有孔此水亦圓而內有地是其形如璧也圓既中規而望水內則遠近之路等故四方來觀者均言均得所視也此箋言築土壅水四方來觀者均說水之外畔靈臺傳云水旋丘以節觀者說水之中央所據不同互相發見也言四方來觀者均則辟廱之宮內有館舍外无墻院也後漢書稱光武中元二年初載建三廱明帝即位親行其禮天子始冠通天衣日月備法物之駕盛清道之儀坐明

堂而朝羣臣登靈臺以望雲物祖割辟廱之上尊養三老五更饗射禮畢帝正坐自講諸儒問難於前冠帶搢紳之人圜橋門而觀聽者蓋億萬計是由外无廧院故得圜門觀之也天子之宮形既如璧則諸侯宮制當異矣而泮爲名則泮是其制故云泮之言半半水者蓋東西門以南通水北无也既以蓋爲疑辭必疑南有水者以行禮當南面而觀者宜北面畜水本以節觀宜其先節南方故知南有水而北无也北无水者下天子耳亦當爲其限禁故云東西門以南通水明門北亦有溝塹但水不通耳諸侯樂用軒懸去其南面泮宮之水則去北面者樂爲人君而設實在近人與其去之寧去遠者泮水自以節觀故留南方各從其宜不得同也天子諸侯之宮異制因形然言由形異制殊所以其名亦別也定本集注皆作形然俗本作殺字誤也此解辟廱泮宮之義皆以其形名之而王制注云辟明也廱和也所以明和天下泮之言班也所以班政教也以物有名生於形因名立義以此天子諸侯之宮實圓水半水耳不以圓半爲名而謂之辟泮故知辟泮之稱有義存焉故於禮注解其義與此相接成也〇傳戾來至有聲〇正義曰釋詁云戾來至也俱訓爲至是戾得爲來也止者至而止住故云至非訓止爲至也復解泮宮在郊旂鸞在車之飾諸侯禮當有之今云言觀者欲法則其。文。意故美而觀之也此是魯人作詩而自稱其君爲魯侯者以其魯君之美可爲四方所則因其請王而作遂爲外人之辭以示僖公之德非獨魯人所頌也〇箋其音至德音〇正義曰以其馬是僖公之馬故知其音是僖公之音以文承馬下嫌是馬音故明之

思樂泮水薄采其藻魯侯戾止其馬蹻蹻其馬蹻蹻其音昭昭其馬蹻蹻言彊盛也箋云其音昭昭僖公之德音〇藻音早水草也蹻居表反昭之繞反載色載笑匪怒伊教色温潤也箋云僖公之至泮宮和顏色而笑語非有所怒於是有所教化也思樂泮水薄采其茆茆鳧葵也〇茆音卯徐音柳韋昭萌藻反于寶云今之馬蹏草堪爲葅江東有之何承天云此菜出東海堪爲葅醬也鄭小同云江南人名之蓴菜生陂澤中草木疏同又云或云水戾一云今之浮菜

即猪蓴也本草有鳧葵陶弘景以入有名無用品解者不同未詳其正沈以下同及草木疏所說爲得鳧音符

魯侯戾止在泮飲酒既飲旨酒永錫難老箋云在泮飲酒者徵先生君子與之行飲酒之禮而因以謀事也已飲美酒而長賜其難使老難使老者最壽考也長賜之者如王制所云八十月告存九十日有秩者與○者與音餘順彼長道屈此羣醜屈收醜衆也箋云順從長遠屈治醜惡也是時淮夷叛逆既謀之於泮宮則從彼遠道往伐之治此羣爲惡之人○屈丘勿反鄭云治也徐云鄭又其勿反韓詩云屈收也收斂得此衆聚

疏思樂至羣醜○毛以爲魯人言己思樂往泮宮之水我薄欲采其茆之菜也既采其菜又觀其化值魯侯來至在泮水之宮與羣臣飲酒謂召先生君子與之行飲酒之禮既飲此美酒而得其宜則天長與之以難老之福故能順彼仁義之長道以收斂此羣衆人民○鄭以爲既飲此美酒又長賜其難老之人謂所養老人常有賙餼也又言僖公行飲酒之禮因以謀征伐之事乃欲從彼長遠之道路以治羣爲惡之人謂時淮夷叛逆魯謀伐之此章言其謀行故下章言其伐克也○此傳茆鳧葵○正義曰陸機疏云茆與荇菜相似菜大如手赤圓有肥者著手中滑不得停莖大如七柄葉可以生食又可鬻滑美江南人謂之蓴菜或謂之水葵諸陂澤水中皆有○箋在泮至者與○正義曰泮宮者行禮養老之宮而云在泮飲酒明是以禮飲酒故知徵先生君子與之行飲酒之禮也鄉飲酒鄉射之禮皆以明日息司正而復行小飲酒之禮云徵唯所欲以告于先生君子可也鄉射注云先生鄉大夫致仕者君子有德不仕者鄉飲酒注云先生不以筋力爲禮於是可以采可者召唯所欲是飲酒之禮有召老之法下句言永錫難老明是召之與飲也王制云天子將出征受命於祖受成於學注云定兵謀也天子之禮如是則知諸侯亦然下章言淮夷攸服明當於是謀之故知行飲酒之禮因以謀伐淮夷之事也難老者言其身力康强難使之老故云謂最壽考者長賜終老者之身賜之不絕故言如王制所云八十月告存九十日有秩彼注以爲告存者每月致膳有秩者日有常膳然則八十者每月一致膳九十者

日日常有膳所膳之物則無文蓋如漢世老人有名德者時詔郡國常以八月致羊酒之類也王制告存之文承七十不俟朝之下則謂朝臣有德致仕者也庶人之老者則不能然直行復除以養之耳王制又云凡三王養老皆引年八十者一子不從政九十者其家不從政注云引戶校年當行復除老人衆多非賢者不可皆養之也○傳屈收醜衆○正義曰屈者屈彼從己是收斂之義故爲收也醜衆釋詁文毛云收此羣衆則是不斥淮夷當謂順行長遠之道收斂魯國之民人也王肅云天長與之難老之福乃能順彼仁義之長道以斂此羣衆傳意或然○箋順從至之人○正義曰順者隨從之義長者遠遠之言故順爲從長爲遠也屈治釋詁文彼屈作淈某氏引此詩是音義同也下云既作泮宮淮夷攸服則將伐淮夷於泮宮謀之明是飲酒因謀此則謀之之事故以醜爲惡此則謀治之耳未是兵已行也下云淮夷攸服乃是伐而服之

穆穆魯侯敬明其德敬愼威儀維民之則允文允武昭假烈祖假至也箋云則法也僖公之行民之所法傚也僖公信文矣爲脩泮宮也信武矣爲伐淮夷也其聰明乃至於美祖之德謂遵伯禽之法○假古百反行下孟反又如字靡有不孝自求伊祜箋云祜福也國人無不法傚之者皆庶幾力行自求福祿○祜音戶

疏穆穆至伊祜○正義曰言穆穆然美者是魯侯僖公能敬明其德又敬愼其舉動威儀內外皆善維爲下民之所法則也信有文矣信有武矣文則能脩泮宮武則能伐淮夷既有文德又有武功其明道乃至於功烈美祖謂遵伯禽之法其道同於伯禽也以此化民民皆傚之魯國之民無有不爲孝者皆庶幾庶行孝自求此維多福祿言能勉力行善則福祿自來歸之僖公行己有道化之深也

明明魯侯克明其德既作泮宮淮夷攸服箋云克能攸所也言僖公能明其德脩泮宮而德化行於是伐淮夷所以能服也矯矯虎臣在泮獻馘淑問如皐陶在泮獻囚囚拘也箋云矯矯武貌馘所格者之左耳淑善也囚所虜獲者僖公既伐淮夷而反在泮宮使武臣獻馘又使善聽獄之吏如

皋陶者獻囚言伐有功所任得其人○矯本又作蟜亦作蹻居表反馘古獲反截耳也皋陶音遙皋陶唐虞之士官疏明明至獻囚○正義曰明明然有明德之魯侯甚能明其德也又說其明德之事既作泮水之宮以行其德化謀伐淮夷而淮夷所以順服是其德之明也僖公既伐淮夷有功而反矯矯然有威武如虎之臣使之在泮宮之內獻其截耳之馘善問獄如皋陶者使之在泮宮之內獻其所執之囚言折馘則有威武執囚則善問獄美其所伐有功而所任得人也○箋克能攸所○正義曰皆釋言文○傳囚拘○正義曰釋言文○箋馘所至其人○正義曰釋詁云馘獲也皇矣傳曰殺而獻其左耳曰馘故云馘所。獲者之左耳謂臨陣格殺之而取其耳也淑善釋詁文囚所虜獲者謂生執而係虜之則所謂執訊者也王制云天子將出征受成於學出征執有罪反釋奠於學以訊馘告注云釋菜奠幣禮先師是將出則謀於學而後行反則禮先師以告克故僖公既伐淮夷而反在泮宮也彼云以訊馘告者即此獻馘是其事也所馘者是不服之人須武臣之力當殺其人而取其耳故使武臣如虎者獻之所囚者服罪之人察獄之吏當受其辭而斷其罪故使善聽獄如皋陶者獻之執俘截耳而還言伐有功也有武力者折馘善問獄者執囚言任得其人也此章言淮夷攸服即說獻囚急見所任得人以明其服之狀故下二章更說往伐之事

濟濟多士克廣德心桓桓于征狄彼東南

桓桓威武貌箋云多士謂虎臣及如皋陶之屬征征伐也狄當作剔剔治也東南斥淮夷○狄王他歷反遠也孫毓同鄭作剔音同沈云毛如字未詳所出韓詩云鬄除也

烝烝皇皇不吳。不揚。不告于訩在泮獻功

烝烝厚也皇皇美也揚傷也箋云烝烝猶進進也皇皇當作暀暀暀暀猶往往也吳譁也訩訟也言多士之於伐淮夷皆勸之有進進往往之心不讙譁不大聲僖公還在泮宮又無以爭訟之事告於治訟之官者皆自獻其功○烝之丞反皇毛如字鄭作暀于況反吳鄭如字讙也又王音誤作吳音話同瘍余章反訩音凶讙音歡譁音花爭爭鬭之爭疏濟濟至獻功○毛以為上言任得其人此本往還之事言濟濟然多威儀之多

士皆能廣其德心謂心德寬弘並無褊躁又桓桓然有威武之容其往征也遠服彼東南淮夷之國此多士之德烝烝然而厚皇皇然而美不爲過誤不有損傷於軍旅之閒更無忿競其迴還也不有告於官司爭訟之事者唯在泮宮之內獻其戰功而已美其軍旅齊整又能克捷鄭唯以狄彼東南三句爲異言以威武往征剔治彼東南之國其往之時莫不相勸有進進往往之心不讙譁不揚聲美其樂戰之心而在軍又整餘同○傳桓桓威武貌○正義曰釋訓云桓桓威也故爲威武貌毛無破字之理瞻仰傳以狄爲遠則北狄亦爲遠也王肅云率其威武往征遠服東南謂淮夷來服也○箋多士至淮夷○正義曰上言反而獻功此又本其初往此言濟濟多士還是獻捷之人故知多士謂虎臣及如皋陶之屬所謂伐而正其罪故以征爲伐征伐所以治罪故讀狄爲剔剔治毛髮故爲治也淮夷之國在魯之東南故知東南斥淮夷也○傳烝烝至揚傷○正義曰釋訓云烝烝作也衆作是厚重之意故爲厚也皇皇美釋詁文揚與誤爲類故爲傷○謂不過誤不損傷也王肅云言其人德厚美不過誤有傷者○箋烝烝至其功○正義曰釋詁云烝進也故烝烝猶進進也謂前進則皇爲往行故知皇當作往釋詁云往往皇皇美也俱訓爲美聲又相近故因而誤也鄭讀不吳爲不娛人自娛樂必讙譁爲聲故以娛爲譁也訩訟釋言文揚者高舉之義不娛爲不讙譁不揚爲不揚聲故云多士之伐淮夷皆勸之有進進往往之心不讙譁不大聲謂初反及在軍之時能如此也僖公還泮宮又無爭訟之事告治獄之官由在軍不競故無所告皆自獻其功而已

角弓其觩束矢其搜戎車孔博徒御無斁。既克淮夷孔淑不逆觩弛貌五十矢爲束搜衆意也箋云角弓觩然言持弦急也束矢搜然言勁疾也博當作傅甚傅。緻者言安利也徒行者御車者皆敬其事又無厭倦也僖公以此兵衆伐淮夷而勝之其士卒甚順軍法而善無有爲逆者謂堙井刊木之類○觩音虯搜依字作摉色留反博徐云毛如字王同大也鄭作傅音附繹本又作射又作斁作懌皆音亦厭也施式氏反本又作弛同致直置反卒尊忽反堙音因塞也刊苦干反服虔云削也

式固爾

猶淮夷卒獲箋云式用猶謀也用堅固女軍謀之故故淮夷盡可獲服也謀謂度己之德慮彼之罪以出兵也○度待洛反

疏角弓至卒獲○毛以爲多士以威武而往伐淮夷望而即服故角弓其觩然弛而不張束矢其搜然衆而不用其兵車甚博大徒行御車之人皆敬其事無厭倦者故能克服淮夷既克淮夷而淮夷甚化於善不復爲逆亂也此淮夷不逆是僖公之功故述而美之言僖公用能固執大道之故故淮夷卒皆服也○鄭以爲既言服而獻功更陳克捷之勢言僖公之伐淮夷也以角爲弓其張則觩然而持弦甚急所束之矢其發則搜然而勁又且疾其戎車甚傅緻而牢固徒行之人又並無厭倦者從軍之初發至於既克淮夷其軍旅士卒甚善矣不有違逆軍法號令者此皆僖公之德故稱美之言此由僖公用堅固爾軍謀之故故淮夷盡得服也○傳觩弛至衆意○正義曰毛以美僖公之克淮夷必美其以德不以力此當設言爲不戰之辭故以觩爲弛貌荀卿論兵云魏氏武卒衣三屬之甲操十二石之弩負矢五十箇是一弩用五十矢矣荀則毛氏之師故從其言以五十矢爲束也大司寇云入束矢於朝注云古者一弓百矢其百箇與則鄭意以百矢爲束此箋不易傳者百矢爲束亦無正文以尚書及左傳所言賜諸侯以弓矢者皆云彤弓一彤矢百以一弓百矢故謂束矢當百箇而在軍之禮重弓以備折壞或亦分百矢以爲兩束故不易傳也。已以爲搜與束矢共文當言其束之多故搜爲衆意。得以弓言觩矢言搜其意言弓不張矢不用是僖公不至大戰而克服淮夷也又毛於猶字皆訓爲道則下句猶亦爲道王肅云言弓弛而不張矢衆而不用兵車甚博大徒行御車無厭其事者已克淮夷淮夷甚化於善不逆道也魯侯能固執其大道卒以得淮夷傳意或然上有因馘則非全不戰傳意蓋以此章爲深美之言○箋角弓至之類○正義曰以上言獻馘獻囚是戰而克之此章不宜復言弛弓束矢故云角弓觩然則言持弦急謂弓張故弦急也搜爲矢行之聲故束矢搜然言勁且疾也車之廣狹度量有常不得以甚博爲言故博當作傅傳其車甚傅緻言安穩而調利也用兵貴於順禮而云孔淑不逆則謂士卒所爲不逆軍之正法故云士卒甚順軍法而善無有不善者於既克淮夷之下乃云孔淑不逆言其從始至終皆不逆也此美僖公用兵不逆則當時行兵有逆者謂堙井刊木之類襄二十五年左傳云陳侯會楚子伐鄭當陳隧者井堙木刊服虔云堙塞刊削也○箋式用猶謀○正義曰式用釋言文猶謀釋詁文

翩彼飛鴞集于泮林食我桑黮懷我好音翩飛貌鴞惡聲之鳥也黮桑實也箋云懷歸也言鴞恆惡鳴今來止於泮水之木上食其桑黮為此之故故改其鳴歸就我以善音喻人感於恩則化也○翩音篇鴞于嬌反黮說文字林皆作葚時審反為于偽反

憬彼淮夷來獻其琛元龜象齒大賂南金憬遠行貌琛寶也元龜尺二寸賂遺也南謂荊楊也箋云大猶廣也廣賂者賂君及卿大夫也荊楊之州貢金三品○憬九永反沈又孔永反說文作廣音獷云闊也一曰廣大也琛敕金反犍為舍人云美寶曰琛賂音路遺唯季反

疏翩彼至南金○正義曰翩然而飛者彼飛鴞惡聲之鳥今來集止於我泮水之林食我泮宮之桑黮歸我好善之美音惡聲之鳥食桑黮而變其音喻不善之人感恩惠而從化憬然而遠行者是彼淮夷來就魯國獻其琛寶其所獻之物是大龜象齒又廣賂我以南方之金言君臣並皆得之是脩泮宮所致故以此結篇也○傳憬遠至荊楊○正義曰淮夷去魯既遙故以憬為遠行貌琛圭釋言文舍人曰美寶曰琛來獻其琛總言獻寶其龜象南金還是寶中之別以其物貴特舉而言其獻非唯此等也漢書食貨志云龜不盈尺不得為寶此言元龜龜之大者故云元龜尺二寸也賂者以財遺人之名故賂為遺也荊楊之州於諸州最處南偏又此二州出金今云南金故知南謂荊楊也禹貢徐州淮夷蠙珠洎魚則淮夷居在徐州貨唯珠魚而已其土不出龜象其國不屬荊楊而得有龜象南金獻於魯者禹貢所陳謂常貢天子土地所出此則僖公伐而克之懼以賂魯其國先得此寶以其國寶為獻非是淮夷之地出此物也○箋大猶至三品○正義曰大賂者賂之多大故云大猶廣也春秋襄二十五年晉帥諸侯伐齊齊人賂晉侯自六正五吏三十帥及處守者皆有賂是及羣臣故知廣賂者君及卿大夫也又申傳南荊楊之義故云荊楊之州貢金三品

禹貢揚州厥貢惟金三品荆州云厥貢羽毛齒革惟金三品彼注云三品者銅三色也王肅以爲三品金銀銅鄭不然者以梁州云厥貢鏐鐵銀鏤爾雅釋器云黄金之美者謂之鏐白金謂之銀貢金銀者既以鏐銀爲名則知金三品者其中不得有金銀也又檢禹貢之文厥貢鏐鐵錫鉛而獨無銅故知金即銅也僖十八年左傳曰鄭伯始朝于楚楚子賜之金既而悔之與之盟曰無以鑄兵故以鑄三鍾考工記云六分其金而錫居一謂之鍾鼎之齊是謂銅爲金也三色者蓋青白赤也

泮水八章章八句

附釋音毛詩注疏卷第二十（二十之一）

毛詩注疏校勘記(二十之一)　阮元撰盧宣旬摘錄

駉之什詁訓傳閩本明監本毛本同唐石經小字本相臺本皆無之什二字案釋文云本或作駉之什者隨例而加耳商頌亦然鹿鳴正義云今魯頌四篇商頌五篇皆不滿十無之什也或有者承此雅頌之什之後而誤耳云云是釋文正義本皆無此二字唐石經及經注各本是也十行本始誤同或本耳考文古本亦有之什二字可見其本之未善

魯頌譜

其封域在禹貢補案其上當○

立子開爲閔公立其卒閩本明監本毛本同案浦鏜云二年誤立其是也

以惠王十九年卽位也閩本明監本毛本同案浦鏜云八誤九從年表挍是也

襄王二十二年薨閩本明監本毛本同案下二字浦鏜云五誤從年表挍是也

脩泮宮守禮教閩本明監本毛本同案浦鏜云崇誤守考正義云是脩泮宮崇禮教也浦校是也

舒援云閩本明監本毛本同案浦鏜云瑗誤援以正義考之是也隋書經籍志作援

僖十六年冬補案僖上當○

詩稱既作泮閩本明監本毛本稱既誤倒案泮下當有宮字

新然南門補案然當作字之譌

由命魯得郊天子禮明監本毛本由誤申閩本不誤案盧文弨云子禮上當有用天二字是也此天字複而脫

周爲王者之後閩本明監本毛本同案出井鼎云作同於王者之後是也

是不欲侵魯有惡閩本明監本毛本同案盧文弨云侵疑使是也

周之不陳其詩者爲憂耳閩本明監本毛本同案浦鏜云優誤憂是也駉正義魯爲天子所優可證

示無貶黜客之法閩本明監本毛本同案此不誤浦鏜云義誤法非也彼譜是義字而正義云示無貶黜者示法而已故此引作法不盡依本文也上文引仍作義如此等者非有定例不可拘也

○駉

頌僖公也僖公能遵伯禽之法唐石經小字本相臺本同案正義云定本集注皆重有僖公字是正義本直云頌僖公能遵伯禽之法云云也考此頌僖公也一句乃總序而後申其意故文與下三篇序不同正義本乃涉下而誤當以定本集注爲長

牧于坰野唐石經小字本相臺本同案釋文以牧乎作音是其本于作乎也考正義云牧其馬於坰遠之野于於古今字易而說之則其本當是于字唐石經以下之所從出也

詩爲作頌閩本明監本毛本同案浦鏜云請誤詩是也

駉駉牡馬 小字本相臺本同唐石經初刻牡後改牧下同案釋文云牡馬茂后反草木疏云騭馬也說文同本或作牧正義云定本牧馬字作牡馬考在六朝時江南書皆作牝牡之牡河北本悉爲放牧之牧見顏氏家訓顏據此章傳良馬之文以爲有騭無驛定從牡字段玉裁云考周官馬政凡馬特居四之一絕無郊祀朝聘有騭無驛之說且序云牧于坰野傳云牧之坰野則駉駉然正義云駉駉然腹幹肥張者所牧養之良馬也經文作牧爲是顏氏說誤詳詩經小學今考正義云但毛以四章分說四種之馬故言駉駉良馬腹幹肥張明首章爲良馬二章爲戎馬也又云以四章所論馬色既別皆言以車明其每章各有一種故言此以充之不於上經言之者以上文二句四章皆同無可以爲別異故就此以車異文而引之也正義此言深得傳旨若如顏說則四章止有良馬耳自與傳乖已不可通矣當以正義本爲長經義雜記又以爲釋文於牡馬下引草木疏云騭馬也陸機亦作牡乃三國時本更爲可據其說非也草木疏雖亡但所云騭馬也者非有專疏此詩之明徵也特陸引之使就此牡字耳下文云說文同今說文具存更何得指馬部騭字爲專解此詩乎又以爲唐石經初刻牧後改牡亦誤

不言牧馬 閩本明監本毛本同案浦鏜云馬當焉誤是也

又言牧在遠郊 閩本明監本毛本同案浦鏜云任誤在是也

子三十里 閩本明監本毛本同案浦鏜云二誤三是也

或當別有依終 閩本明監本毛本同案終當作約形近之譌

三十里之國 閩本明監本毛本同案浦鏜云五誤三是也

以載師掌在士之法閩本同明監本毛本士作土案所改是也山井鼎云在恐任誤是也

上言駉駉牡馬閩本明監本毛本同案牡當作牧此不知正義本作牧者誤改之耳

乃言其牧處閩本明監本毛本同案乃當作及形近之譌

皆言以事閩本明監本毛本同案浦鏜云車誤事是也正義下文可證

故知戎馬不得駕田馬也閩本明監本同毛本上馬字作路案所改是也

蒼祺曰騏小字本同閩本明監本毛本同相臺本祺作騏案釋文云蒼祺字又作騏相臺本依之改也釋文之意以祺為假借字但考小戎尸鳩傳騏文皆本是綦文此傳用字當同蒼騏亦本是蒼綦也祺字恐非此之用正義云蒼騏曰騏謂青而微黑不知其本果作騏抑或後人所改也段玉裁云古假騏為綦因而以騏釋騏小戎尸鳩傳皆同此亦以虛釋虛以要釋要之例也

字林作駓走也〔補〕釋文挍勘記通志堂本盧本同案駓字各本皆誤當作䮽集韻六脂云䮽馬走也本此陸氏有駓下本云字林作䮽伾伾下本云字林作䮽今釋文皆云字林作駓者伾伾下誤也小字本十行本所附字林作䮽反在有駓下亦誤倒今特訂正

而牲用騂綱閩本明監本毛本綱誤剛案所改非也此當作犅形近之譌

以車繹繹唐石經小字本相臺本同案釋文云繹繹崔本作驛考正義於序下云故云驛驛見其善走也是其本字作驛與崔本正同其此章正義云故言繹繹善走當是後人以經注本改之耳浦鏜乃挍序下云繹驛經作繹繹此不知經注本非正義本之誤也○案繹者正字驛者俗字此蓋正義易字

釋經之例也

白馬黑鬣曰駱　小字本相臺本同案正義云定本集注髦字皆作鬣是其本作黑髦也釋文云黑鬣力輒反又駱下云樊孫爾雅並作白馬黑髦爾雅釋文同又四牡騑騑駱馬傳釋文云黑鬣力輒反本亦作髦音毛依此則正義本四牡傳亦當是髦字但未有明文耳

善走也　小字本相臺本同案釋文繹繹下云善足也一本作善走也正義本是走字此及字下標起止皆可證

班駮隱甐　補通志堂本盧本同影宋本甐作粼釋文挍勘云案甐字誤也爾雅釋文所載郭注作鄰粼即鄰也唐揚之水粼粼可互證

班駮隱鄰　閩本明監本毛本班駮誤斑駮明監本毛本鄰作甐閩本作鄰案此當作鄰皆形近之譌也釋文驎字下亦誤爲甐〇案此本鄰無正字皆用同音字耳舊挍非也甐字多讀作去聲故郭良刃反呂良振反

騂馬黃脊騝音乾　閩本明監本脊誤春毛本不誤案音乾二字當傍行細書乃正義自爲音也

皆作駱字　閩本明監本毛本同案駱當作雒下文云其字定當爲雒是其證

以車袪袪　小字本同閩本明監本毛本同唐石經作祛祛相臺本同案祛字是也六經正誤云作祛祛誤从示者袪逐也从衣者袪袂也考此但毛居正臆爲區別其實說文不載祛字無容見於毛氏詩也惟從衣之字每見混於從示之字今釋文正義祛字從示者皆傳寫之誤而毛居正以後人又誤認從示爲正耳

豪骭曰驔　小字本相臺本同案此釋文本也釋文驔下云豪骭曰驔此經注各本之所本也正義云釋畜云四骹皆白驓無豪骭白之名傳言

豪骭白者蓋謂豪毛在骭而白長名爲驒也是其本骭下有白字

二目白曰魚小字本相臺本同案釋文云毛云一目白曰魚爾雅云一目白瞯二目白魚考正義亦引爾雅幷舍人郭璞注而不云有異是其本字與爾雅同亦作二目也但考毛傳多有與爾雅不合者如卷耳崔嵬岨陟岵岵屺之類或此傳亦然正義本依爾雅改耳

主以給官中之役閩本明監本毛本同案山井鼎云官恐宫誤是也

貴其肥牡閩本明監本毛本牡作壯案所改是也

思馬斯徂明監本馬誤爲各本皆不誤

○有駜

但明義明德也小字本相臺本同案正義云以經有二明故知謂明義明德也定本集注皆云議明德也無上明字段玉裁云義是衍字羣經言明明者皆連二字爲文當作但明明德也今考此箋之下引大學在明明德彼注云謂顯明其至德也訓同爾雅及毛大明傳還與此明明相證成不得如正義所說以二明字分屬一義一德也段說爲是下箋則相與明義明德而已義字衍同定本集注亦誤

本又作淵鼓〔補〕案淵鼓二字當鼝之譌文選東京賦雷鼓鼝鼝注引詩咽咽作鼝鼝鼝卽鼘字說文鼘鼓聲也詩曰鼗鼓鼘鼘

其在於君所閩本明監本毛本同案君當作公上句可證

載言則也閩本明監本毛本同小字本相臺本載下有之字考文古本同案有者是也

今之鐵總也【補】毛本總作驄案所改是也

歲其有　小字本相臺本同唐石經有下旁添年字案釋文云歲其有本或作歲其有矣又作歲其有年者矣皆衍字也正義本未有明文唯周頌豐年正義云魯頌曰歲其有年當是其本有年字與或作本同唐石經本之添也考此詩有與下子韻不容更有年字依釋文本爲是惠棟引漢西嶽華山廟碑有歲其有年之文此或出於三家耳考文古本有矣字采釋文釋文亦有誤當正

詒孫子　小字本相臺本同唐石經詒下旁添厥字案釋文云本或作詒厥子孫詒于孫子皆是妄加也正義本未有明文考正義說此經云可以遺其孫子若以其說厥則其本或有厥字也但當依釋文爲是惠棟引劉氏列女傳貽厥孫子此正三家詩也

歲其有豐年也　小字本相臺本同案此正義本也正義云定本集注皆云歲其有年標起止云傳歲其有豐年可證也考此經本云歲其有傳本云歲其有年也傳以有年說經之有也經誤衍有下年字傳又誤衍年上豐字皆失其旨當以定本集注爲長

又作歲其年者矣【補】通志堂本盧本歲其下有有字小字本所附同釋文校勘【補】段玉裁云矣字衍

箋穀善貽遺　閩本明監本毛本同案浦鏜云貽箋作詒通非也當是正義本經作貽字不與各本同耳

○泮水

頌僖公能脩泮宮也　唐石經小字本相臺本同案此正義本也標起止云至泮宮下文同可證釋文云頖宮音判本多作泮考此亦序與經不同字之例當以釋文本爲長

其旂茷茷唐石經小字本相臺本同案釋文云伐伐蒲害反又普貝反言有法度本又作茷正義云則其旂乃茷茷然有法度與釋文又作本同也經義雜記以爲正義本當亦作伐是以釋文改正義失之矣羣經音辨人部載此乃取諸釋文非賈昌朝曾見經文作伐伐之本也

噦噦言其聲也閩本明監本毛本同小字本相臺本其作有考文古本同案有字是也正義云其鸞則噦噦然有聲可證也

箋云于行閩本同小字本相臺本行作往考文古本同明監本毛本作邁案往字是也行形近之譌邁字誤改也

傳魯侯僖公閩本明監本毛本同案浦鏜云值誤傳是也三章正義云值魯侯來至其證也

明堂位曰采廩毛本同閩本明監本采作米案所改是也

是小菜也補小當作水下句言水菜者可證

其住不專爲菜補住當作往

釋詁云肉倍好閩本明監本毛本同案浦鏜云器誤詁是也

光武中元二年初載建三廱閩本明監本毛本同案浦鏜云元誤二載疑衍字以後漢書儒林傳考之浦挍是也

欲法則其文意閩本明監本毛本文誤立案意當作章形近之譌

箋其音至德音閩本同明監本毛本以此節正義改入下章其音昭昭句注下首脫箋字案此十行散附時所誤繫耳

菜大如手閩本明監本毛本同案浦鏜云葉誤菜是也

又可鸞閩本明監本同毛本鸞作鸞案所改是也

於是可以采閩本明監本毛本同案山井鼎云鄉飲酒注作於是可以來是也

可者召唯所欲閩本同案山井鼎云鄉飲酒注作可者召不召唯所欲又云當以彼注爲正也非也此正義不全引耳明監本毛本作可以召尤誤

皆庶幾庶行孝閩本明監本毛本同案浦鏜云庶行當力行之誤是也箋文可證

矯矯虎臣唐石經小字本相臺本同案釋文云蟜蟜本又作矯正義云矯矯然有威武如虎之臣是其本作矯字也

故云馘所獲者之左耳閩本明監本毛本同案獲當作格箋文是格字正義下文云謂臨陣格殺之可證

不吳不揚唐石經小字本相臺本同案正義云鄭讀不吳爲不娛人自娛樂必讙譁爲聲故以娛爲譁也釋文云不吳鄭如字讙也王音誤考此經字與絲衣同鄭此箋即彼傳也釋文以爲鄭如字者最合箋意正義以爲鄭讀不娛者亦自據其彼經而言耳即王音誤其經仍是吳字但讀作誤以爲申毛而與鄭相難也盧文弨按乃以此併前絲衣同改爲虞皆失之也釋文於不吳下于誨上以瘍字作音云余章反今考箋云不大聲則經自是揚字正義本及唐石經等皆不作瘍字或是傳揚傷也傷字釋文本作瘍與正義本不同而爲之作音今本誤錯出在上耳瘍傷古通用巧言釋文有其證盧文弨於此釋文瘍上添入不字亦爲專輒○案此毛鄭不同毛作瘍訓傷鄭讀瘍爲揚訓大聲後人從鄭改經字

吳譁也小字本相臺本同案此正義本也正義云故以誤爲譁也釋文云讙也音歡考鄭用絲衣傳當以正義本爲長

其往征也閩本明監本毛本征誤往下以威武往征剔治彼東南之國毛本亦誤

則北狄亦爲遠也閩本明監本毛本同案北字山井鼎云恐此字誤是也

故知皇當作往釋詁云往往閩本明監本毛本同案浦鏜云三往字皆當作暀是也

徒御無斁唐石經小字本相臺本同案釋文云繹本又作射又作斁或作懌皆音亦厭也正義本未有明文今無可考餘經射斁字多不畫一依釋文本則此經又假借作繹其用字之例本有如此者也

甚傅緻者閩本明監本毛本同小字本相臺本緻作致案致字依定本釋文是也

己以爲捜與束矢共文閩本明監本毛本同案己當作毛形近之譌

得以弓言鍭矢言捜閩本明監本毛本同案浦鏜云傳誤得是也

琛圭釋言文閩本明監本毛本同案山井鼎云圭當作寶是也

厥貢鏐鐵錫鉛閩本明監本毛本同案錫當作銀見下鏐鐵銀在梁州鉛在青州也

而獨無銅明監本毛本而誤銀閩本不誤案山井鼎云作銀屬上讀者似是非也上文銀誤作錫乃誤改去而字耳

附釋音毛詩注疏卷第二十〔二十之二〕

〔六八〕

毛詩魯頌　　鄭氏箋　　孔穎達疏

閟宮頌僖公能復周公之宇也宇居也○閟筆位反音祕同僖音希疏閟宮八章首章十七句二章章十二句三章三十八句四章十七句五章六章章八句七章八章章十句至之宇○正義曰作閟宮詩者頌美僖公能復周公之宇謂復周公之時土地居處也明堂位曰成王以周公爲爲有勳勞於天下是以封周公於曲阜地方七百里革車千乘是周公之時土境特大異於其餘諸侯也伯禽之後君德漸衰鄰國侵削境界狹小至今僖公有德更能復之故作詩以頌之也復周公之宇雖辭出於經而經之所言止爲常許此則總序篇義與經小殊其言復周公之宇主以境界爲辭但僖公所行善事皆是復故非獨土地而已自三章周公之孫以下皆述僖公之德作者將美僖公追述遠祖上陳姜嫄后稷至於文武大王爰及成王封建之辭魯公受賜之命言其所以有魯之由與僖公之事爲首引耳序者以其非頌所主之意故從而略之

閟宮有侐實實枚枚閟閉也先妣姜嫄之廟在周常閉而無事孟仲子曰是禖宮也侐清淨也實實廣大也枚枚礱密也箋云閟神也姜嫄神所依故廟曰神宮○侐況域反說文云靜也一音火季反枚莫回反韓詩云閟暇無人之貌也嫄音元禖莫回反礱路東反厲也

赫赫姜嫄其德不回上帝是依無災無害彌月不遲上帝是依依其子孫也箋云依依其身也彌終也赫赫乎顯著姜嫄也其德貞正不回邪天用是憑依而降精氣其任之又無災害不坼不副終人道十月而生子不遲晚○災字又作灾本亦作菑音同邪似嗟反憑依本又作凴同皮陵反一本作凴依其身坼勑宅反裂也副孚逼反

是生后稷降之百福黍稷重穋稙稺菽麥奄有下國俾民稼穡先種曰稙後種曰稺箋云奄猶覆也姜嫄

用是而生子后稷天神多。與之福以五穀終覆蓋天下使民知稼穡之道言其不空生也后稷生而名弃長大堯登用之使居稷官民賴其功後雖作司馬天下猶以后稷稱焉○重直容反本又作種同穋音六本又作稑音同穉徵力反徐時力反韓詩曰長稼也穉音雉韓詩云幼稺也菽音叔大豆也卑必爾反本又作俾下皆同長張丈反

有稷有黍有稻有秬奄有下土纘禹之緒

緒業也箋云秬黑黍也緒事也堯時洪水爲災民不粒食天神多予后稷以五穀禹平水土乃教民播種之於是天下大有故云纘禹之事也美之故申說以明之○秬音巨纘子管反纘繼也粒音立

【疏】閟宮至之緒○毛以爲將美僖公上述遠祖周人立姜嫄之廟常閉而無事欲說姜嫄又先言其廟言在周所閉之宮有侐然清。淨其宮之內則實實然而甚廣大其宮之材則枚枚然而礱之密之此是姜嫄廟也既言其廟遂說其身赫赫然顯著者其姜姓之女名嫄也此姜嫄其德貞正不回邪故上帝之天用是之故依其所生子孫使其在母之時令其母無災殃無患害終人道之月而生之不遲也是所生者乃是后稷天神又下與之以百種之福使之有明哲之性曉稼穡之事又與之黍與之稷先種後熟之重後種先熟之穋先種之。植後種之穉及菽之與麥下此衆穀令稷種之同有天下諸國使民知稼穡之道民賴后稷之功多又復申說其事后稷之所種者有稷有黍有稻有秬以此衆穀偏教下民同有此穀於天下之土以繼大禹之業言禹平水土稷教播種事業可以相繼故言纘禹之緒以美之○鄭以閟宮爲神宮於魯國有其宮故先言廟而逆說姜嫄上帝是依謂憑依其身降之精氣又以奄爲覆緒爲事爲異餘同

○傳閟閉至礱密○正義曰莊三十二年左傳稱公見孟任從之閟謂閉戶拒公故閟爲閉也下句言赫赫姜嫄則此述姜嫄之廟禮生曰母死曰妣姜嫄是周之先母故謂之先妣說姜嫄之廟而謂之閟宮故知常閉而無事春官大司樂云舞大護以享先妣則先妣之廟有祭事矣且立廟所以祭神而云閉而無事者案祭法王立七廟五廟皆月祭之二祧享嘗乃止彼文據周爲說其言不及先妣先妣立廟非常而祭之又疏月朔四時祭所不及比於七廟是閉而無

事也周禮定其用樂明其有祭之時但其祭時節禮無明文或因大祭而則祭之也傳亦以此司樂之文知姜嫄之廟在周耳言其在周則謂魯無其廟以周立是非常故魯不得有也孟仲子曰是謂禖宮蓋以姜嫄祈郊禖而生后稷故名姜嫄之廟爲禖宮嫄廟清淨之處故以侐爲清淨實謂宮內所容重言實實故謂宮之廣大枚枚者細密之意故云礱密晉語及書傳說天子廟飾皆云斲其材而礱之加密石焉是礱密之事也又鄭注禮器云宮室之飾士首本大夫達稜諸侯斲而礱之天子加密石是也○箋閟神至神宮○正義曰箋以詩人之作觀事興辭若魯無姜嫄之廟不當先述閟宮又卒章云新廟奕奕奚斯所作發首言閟宮於末言新廟則所新之廟新此閟宮首尾相承於理爲順奚斯作之自然在魯不宜獨在周也且立廟而祭不宜以閉爲名釋詁云毖神溢愼也俱訓爲愼是閟得爲神閟與毖字異音同故閟爲神也以其姜嫄神之所依故廟曰神宮凡廟皆是神宮以姜嫄之事說之於下故先言神宮以顯之○傳上帝至子孫○正義曰毛氏不信履迹之事不得言天依姜嫄故爲依其子孫正謂依助后稷使其母無災害也此直依其子耳兼言孫者以后稷後世克昌皆是天所依祐并孫言之以協句也○箋依依至遲晚○正義曰箋以生民之篇說姜嫄履帝迹而有后稷則是上帝憑依姜嫄而使之有子故以依爲依其身履其拇指之處而心體歆歆然如有人道感己是其依之也以姜嫄其德貞正不回邪上天用是之故憑依其身而降之精氣使得懷任后稷也生民言不坼不副無災無害文在先生如達之下則謂當生之時無災害也此篇無災害文在彌月不遲之上則是未生之時無災害也言懷任以至於生其母常無災害故文有先後災害可兼未生其不坼不副唯謂生時不爾此箋云其生之又無災害不坼不副災害謂懷任時坼副謂生時也以其意與彼同故引彼爲說家語執轡篇大戴禮本命篇皆云人十月而生此云彌月不遲故知終人道十月而生子美其不遲晚也○傳先種至曰穉○正義曰重穋稙穉生熟早晚之異稱耳非穀名先種曰稙後種曰穉當謂先種先熟後種後熟但傳略而不言其熟耳七月傳曰後熟曰重先熟曰穋天官內宰鄭司農注云先種後熟謂之

穜後種先熟謂之稑是傳亦略而不言其種與此互相明也孰競傳以奄為同則此奄亦為同也王肅云堯命以后稷使民知稼穡下國同時有是大功也○
箋奄猶至稱焉○正義曰綱奄覆爲獸而取之故以奄猶覆也天神多與之福者王肅云謂受明哲之性長於稼穡是言天授之智慧爲與之福也以五穀終
覆蓋天下使民知稼穡之道謂堯遭洪水之後種百穀以教民也言其不空生謂生必濟世不徒然也孝經援神契曰聖人不空生生必有所制是大賢不徒
生也又解后稷其名曰。弃末爲司馬不言弃爲司馬而言后稷之意以其居稷官之日民賴其功後雖作司馬天下猶以后稷稱之周本紀云初欲弃之因名
曰弃堯典云帝曰弃是后稷生名曰弃也本紀又云堯舉弃爲農師天下得其利是堯登用之使居稷官民賴其功也堯典之文末說舜命羣官使禹宅百揆
即天官也契在五教爲司徒即地官也伯夷爲秩宗即春官也咎繇爲士即秋官也垂爲共工即冬官也唯夏官不言命而上句禹讓稷契之下帝曰弃黎民
阻飢汝后稷播時百穀襃述其爲稷之功不言命而爲官明是稷作司馬爲夏官也且尚書刑德。故云稷爲司馬契爲司徒故云後雖作司馬猶以后稷稱焉
○傳緒業○正義曰釋詁云業緒也故緒爲業也○箋秬黑至明之○正義曰秬黑黍釋草文緒事釋詁文事業大同耳當時所爲謂之事後人所祖謂之業
禹稷同時其事相繼此述當時之事非謂在後相祖故易之爲事堯典云帝曰湯湯洪水方割是堯時洪水爲災也思文之美后稷云粒我烝民是洪水之時
民不粒食也生民云誕降嘉種者從上而下之辭是天神多與后稷以五穀也言天神與者以種之必長歸功於天非天實與之也若洪水未平則無地可種
故知禹平水土乃教民播種之於是天下大有謂大有五穀也禹能平水土稷能種穀二者俱以利民故謂之繼禹之事稷之播種種禹所治之地故言禹平
水土乃教民播種爲先後之辭耳其實禹稷所爲亦同時矣非洪水　大平之後始教之也此經與上事同文重故解其意美之申說以明之

后稷之孫實維大王居岐之陽實始翦商翦齊也箋云翦斷也大王自豳徙居岐陽四方之民咸歸往之於時而有王迹故云是始

斷商○大音泰後大王大平皆同翦子踐反鄭斷也斷音短下同豳彼貧反王于況反

至于文武纘。大王之緒致天之屆于牧之野無貳無虞上帝臨女虞誤也箋云居。極虞度也文王武王繼大王之事至受命致。大。平。天所。以罰。極紂於商郊牧野其時之民皆樂武王之如是故戒之云無有二心也無復計度也天視護女至則克勝○居首戒貳音二極紀力反下同度待洛反下同復扶又反敦商之旅克咸厥功箋云敦治旅衆咸同也武王克殷而治商之臣民使得其所能同其功於先祖也后稷大王文王亦周公之祖考也伐紂周公又與焉故述之以美大魯○敦鄭都回反注同王徐都門反厚也與音預

疏 后稷至厥功○毛以爲上言后稷之事此又接說其後言后稷後世之孫實維是周之大王也此大王自豳而來居於岐山之陽民歸往之初有王迹實始有翦齊商家之萌兆也至於文王武王則能繼大王之業於時商家暴虐天欲誅之武王乃致天之誅於牧野之地民皆樂戰不自以爲苦反勸戒武王云今天下歸周無有貳心無有疑誤乃由上天之臨視汝矣言民從天助往必克勝欲使之勉力決戰也武王於是伐而克之乃以禮法治商之衆民莫不得所能同其功於先祖謂先祖欲成王業武王卒能成之是合同其功○鄭唯以翦爲斷緒爲事無貳無虞謂民勸武王無有。二心無復計度上帝今臨視汝爲異餘同○傳翦齊箋翦斷至斷商○正義曰翦齊釋言文齊即斬斷之義故箋以爲斷其意同也大王之居岐陽民咸歸之是有將王之迹故云是始斷商言有滅商之萌兆也○傳虞誤○正義曰大明云上帝臨女無貳爾心傳云無敢懷貳心以爲民無貳心傳以虞爲誤則亦爲民之情謂民無疑誤也王肅云天下歸周無貳心無疑誤上帝臨命汝傳意或然○箋居極至克勝○正義曰居。極虞度釋言文釋言又云。殛誅也然則此。極又轉爲誅紂爲無道天欲誅之武王奉行天意故云致天之屆牧誓云時甲子昧爽武王朝至于商郊牧野乃誓是致天所罰殺紂於牧野定本集注皆云。極紂於牧野。極是殺非也箋以汝者汝武王故以無貳無虞爲戒武王之辭太誓說十一年觀兵盟津之時八百諸侯皆曰

受可伐王曰爾未知天意未可伐是其所計度故今戒之云無有貳心無復計度也致天之誅唯武王耳此經文武共文以其受命伐紂事相接成故也○箋

敦治至先祖○正義曰旅衆釋詁文武王克紂治商之衆故以敦爲治釋詁云咸皆也皆亦同之義故以咸爲同也同其功於先祖者周自后稷以來世脩其

業大王文王之意皆欲成周之功但時未可耳今武王誅紂。先祖之意故美其能同其功於先祖言與先祖同成其功也克王曰叔父建爾

元子俾侯于魯大啓爾宇爲周室輔王成王也元首宇居也箋云叔父謂周公也成王告周公曰叔父我立女首子使爲

君於魯謂欲封伯禽也封魯公以爲周公後故云大開女居以爲我周家之輔謂封以方七百里欲其彊於衆國○乃命魯公俾侯于東

錫之山川土田附庸箋云東東藩魯國也既告周公以封伯禽之意乃策命伯禽使爲君於東加賜之以山川土田及附庸令專統之王

制曰名山大川不以封諸侯附庸則不得專臣也○藩方元反策初革反令力呈反周公之孫莊公之子龍旂承祀六轡

耳耳春秋匪解享祀不忒周公之孫莊公之子謂僖公也耳耳然至盛也箋云交龍爲旂承祀謂視祭事也四馬故六轡春秋猶言

四時也忒變也○解音懈忒他得反皇皇后帝皇祖后稷享以騂犧是饗是宜降福既多騂赤犧純也箋

云皇皇后帝謂天也成王以周公功大命魯郊祭天亦配之以君祖后稷其牲用赤牛純色與天子同也天亦饗之宜之多予之福○騂息營反赤色也犧許

宜反純毛牲周公皇祖亦其福女秋而載嘗夏而楅衡白牡騂剛犧尊將將毛炰胾

羹籩豆大房萬舞洋洋孝孫有慶諸侯夏禘則不礿秋祫則不嘗唯天子兼之楅衡設牛角以楅之也白牡周公牲也騂剛

魯公牲也犧尊有沙飾也毛炰豚也胾肉也羹大羹鉶羹也大房半體之俎也洋洋衆多也箋云此皇祖謂伯禽也載始也秋將嘗祭於夏則養牲楅衡其牛

角爲其觸觝人也秋嘗而言始者秋物新成。尚之也大房玉飾俎也其制足間有橫下有。柎似乎堂後有房然萬舞干舞也○福音福偪也犧尊鄭素河反毛云有沙飾則宜同鄭王許宜反尊名也將七羊反炰蒲包反胾側吏反羹音庚又音衡洋音羊徐音翔論羊灼反袷咸夾反楅音逼有沙蘇河反刻鳳皇於尊其羽形婆娑然也一云畫也豚字又作豘徒門反鉶字又作鈃音刑爲其于偽反觝都禮反橫古曠反一音光柎方于反

俾。爾熾而昌俾爾壽而臧保彼東方魯邦是嘗。不虧不崩不震不騰三壽作朋如岡如陵震動也騰乘也

壽考也箋云此皆慶孝孫之辭也俾使臧善保安嘗守也虧崩皆謂毀壞也震騰皆謂僭踰相侵犯也三壽三卿也岡陵取堅固也○熾尺志反僭子念反

疏 王曰至如陵○毛以爲上既述遠祖之功以美大魯國此乃說其封建之由及今僖公之事言將欲封魯之時成王乃告周公曰叔父我今欲立汝首子使之爲侯於魯國大開汝之所居永爲周室藩輔告周公既訖乃爲書以策命魯公伯禽使之爲侯於東方賜之以境內之山川使之專有又賜之以境內之土田幷小國之附庸命使四鄰小國附屬之言其統於衆國也至於今日周公後世之孫魯莊公之子謂僖公也其車建交龍之旂承奉宗廟祭祀所乘四馬其六轡耳耳然而至盛春秋四時非有解怠所獻所祀不有忒變因說祭祀之事皇皇而美者爲君之天及君祖后稷獻之以赤與純色之牲天與后稷於是歆饗之於是以爲宜下福與之既已多大矣非徒天與后稷降之多福周公與君祖伯禽亦其福汝僖公矣又言祭宗廟得禮故先祖福之更說祭廟之事將於前秋則爲嘗祭此夏而已楅衡其牛言豫養所祭之牛設橫木於角以楅之令其不得觝觸人也所養者是白色之牡與赤色之。特盛酒之器有犧羽所飾之尊將將然而盛美也其饌則有。爓火去其毛而炰之豚又有切肉之胾與大羹鉶羹其食器有竹籩木豆又有大房之俎鼎俎既陳籩豆已列於是歌舞其神執干戚而爲萬舞者洋洋然衆多禮樂不愆祭祀得所孝孫僖公於是有慶賜之榮作者喜其德當神明故設辭慶之使汝得福熾盛而昌大使汝年命長

壽而臧善安於彼東方之國魯邦是其常有其堅固如山不可虧損不可崩落言其無毀壞之時其安靜如川不可震動不可乘陵言其無僭踰相犯國之三壽考之卿與作朋友君臣相親國家堅固使之如岡然如陵然言永無散亂也○鄭唯秋而載嘗爲異以載爲始言秋而始欲嘗祭於夏則養牲餘同○傳王成至宇居○正義曰洛誥說周公攝政七年十有二月歸政成王之事其經云歲文王騂牛一武王騂牛一王命作冊逸祝冊告周公其後注云歲成王元年正月朔日於周二特牛祫祭文武於文王廟使逸讀所作冊祝之書告神以周公其宜爲後者謂將封伯禽則是成王即政之元年正月朔日封伯禽也呼周公爲叔父知王是成王也釋詁云元首始也俱訓爲始是元得爲首屋宇用以居人故以宇爲居○箋東東藩至得專臣○正義曰諸侯爲天子蕃屏故云東藩魯國也賜謂與之使爲己有故言加賜之山川及附庸令專統之也以土田者是魯國之土田亦既封爲魯君自然田爲魯有而山川附庸與土田共蒙賜之文土田既是專統則知山川附庸亦專統也箋以專統土田是諸侯之常而山川附庸則是加賜故特言加賜之山川附庸以明之凡言賜之謂非所當得也故引王制名山大川不以封諸侯故山川當言賜也附庸則不得專臣故附庸亦言賜也王制云名山大澤不以封鄭以經有山川故改澤爲川也彼又說夏殷之禮云子男五十里不能五十里者不合於天子附於諸侯曰附庸言附諸侯事大國不得專臣也若然魯亦不得專臣而與山川土田同言賜者以於法不得有之故言賜耳非謂賜之使專臣也何則諸侯之有附庸者以其土田猶少未及大國之數故令有附庸使之附屬功德若進擬以給之其地方五百里者土地已極無復進期不得更有附庸也魯爲侯爵以周公之勳受上公之地可爲五百里耳於法無附庸也明當位封周公於曲阜地方七百里是於五百里之上又復加之附庸故注云上公之封地方五百里加魯以四等之附庸方百里者二十四幷五五二十五積四十九開方之得七百里大司徒注云凡諸侯爲牧正帥長及有德者乃有附庸爲有祿者當取焉公無附庸侯附庸九同伯附庸七同子附庸五同男附庸三同進則取焉退則歸焉魯於周法不得

有附庸故言錫之也言地方七百里者包附庸以大言之也附庸二十四言得兼此四等矣如鄭此言是由法不得有故謂之賜猶不使魯專臣也論語云顓臾昔者先生以爲東蒙主是社稷之臣顓臾魯之附庸謂之社稷之臣者以其附屬於魯亦謂魯之社稷其國猶自繼世非專臣也以非專臣故季氏將伐若其純臣魯君季氏豈得伐取之也言四等附庸者侯九伯七子五男三并之得二十四也夏殷之禮不能五十里者爲附庸則周法附庸不滿百里而云九同七同者聚積其國使得同耳非謂一同一附庸也○箋交龍至忒變○正義曰交龍爲旂春官司常文承者奉持之義故云承祀謂視祭事此龍旂承祀謂視宗廟之祭何則明堂位云魯君孟春乘大輅載弧韣旂十有二旒日月之章祀帝于郊配以后稷天子之禮也彼祀天之旂建日月之章明此龍旂是宗廟之祭也異義古詩毛說以此龍旂承祀爲郊祀者自是舊說之謬非鄭所從故此箋直言視祭不言祭天也作者錯舉春秋以明冬夏故云春秋猶言四時也釋言云爽忒也孫炎曰忒變雜不一是忒爲變之義也○箋皇皇至之福○正義曰釋詁云皇皇美也后君也以天者尊神故以美言之而謂之爲君也論語曰皇皇后帝注云帝謂大微五帝此亦云皇皇后帝直言謂天者以論語說舜受終于文祖宜總祭五帝魯不得偏祭五帝故直言謂天謂祭周所感生蒼帝也故明堂位祀帝于郊之下注云帝謂蒼帝靈威仰也昊天上帝魯不祭是魯君所祭唯祭蒼帝耳蒼帝亦太微五帝之一故同稱皇皇后帝焉明堂位稱成王以周公爲有勳勞於天下是以魯君祀帝於郊配以后稷天子之禮也是成王命魯郊天亦配以后稷之事言亦者亦周也地官牧人云陽祀用騂牲毛之注云陽祀祭天於南郊是天子祭天南郊用赤牛純色今魯亦云享以騂犧是與天子同也天亦饗之宜之言亦者亦周也以諸侯不得祭天嫌其不可故每事言亦也○傳諸侯至衆多○正義曰毛以載爲則言秋而則嘗謂當祫之年雖爲祫祭而則爲嘗祭故解其意言諸侯之禮於夏爲大祭之禘則不爲時祭之礿於秋爲大祭之祫則不爲時祭之嘗唯天子兼之雖爲禘祫不廢時祭今魯亦如天子之禮故言秋而則嘗謂爲祫復爲嘗鄭禘祫志云儒家之說禘祫通

俗不同或云歲祫終禘或云三年一祫五年再禘鄭駁異義云三年一祫五年一禘百王通義以禮讖所云故作禘祫志考春秋禘祫之數定以爲三年祫五年禘毛氏之言禘祫唯此傳耳而不辨禘祫年數或與鄭同也傳言夏禘秋祫則以爲禘在夏祫在秋鄭於禘祫志云周改先王夏祭之名爲礿故禘以夏先王祫於三時周人一焉則宜以秋是從毛此說爲禘在夏祫在秋也諸侯禘則不礿祫則不嘗所以下天子也唯天子兼之言魯禮亦如天子故云載嘗也傳之此言無正文正以王制說先王之法云天子犆礿祫禘祫嘗祫蒸言天子當祫之歲以春物未成犆礿而已於夏秋冬則爲祫復爲時祭也王制又云諸侯礿犆禘一犆一祫嘗祫蒸祫其意言諸侯當祫之歲春則犆礿夏則祫而不禘秋冬乃爲時祭而復爲祫也先王之禮諸侯與天子不同明知周世諸侯亦當異於天子故知禘則不礿祫則不嘗鄭於諸侯禘祫更無明說亦當如此傳也楅衡謂設橫木於角以楅迫此牛故云設牛角以楅之也地官封人云凡祭祀飾其牛牲設其楅衡注云楅設於角衡設於鼻如椵狀如彼注楅衡別兩處設之此箋申傳言楅衡其牛角爲其觝觸人以楅衡爲一者無文故兩解也白牡周公牲騂剛魯公牲者文十三年公羊傳云魯祭周公何以爲牲周公用白牡魯公用騂犅羣公不毛何休云白牡殷牲也周公死有王禮謙不敢與文武同也不以夏黑牲者嫌改周當以夏避嫌也魯公諸侯不嫌也故從周制是周公魯公異牲之意也說文云犅特也白牡謂白特騂犅謂赤特也犧尊之字春官司尊彝作獻尊鄭司農云獻讀爲犧犧尊飾以翡翠象尊以象鳳皇或曰以象骨飾尊此傳言犧尊者沙羽飾與司農飾以翡翠意同則皆讀爲娑傳言沙娑之字也阮諶禮圖云犧尊飾以牛象尊飾以象於尊腹之上畫爲牛象之形王肅云將將盛美也大和中魯郡於地中得齊大夫子尾送女器有犧尊以犧牛爲尊然則象尊尊爲象形也王肅此言以二尊形如牛象而背上負尊皆讀犧爲羲與毛鄭義異未知孰是毛炰豚者地官○封人祭祀有毛炰之豚故知毛炰是豚彼注云○爛去其毛而炰之也胾謂切肉曲禮注云胾切肉是也大羹鉶羹者以特牲士之祭祀尚有大羹鉶羹故以此羹兼二羹也特牲注云大羹

湆羮肉汁不和貴其質也鉶羮肉味之有菜和者也大羮謂大古之羮鉶羮謂盛之鉶器其大羮則盛之於登以大爲名故不舉所盛之器也大房與籩豆同文則是祭祀之器器之名房者唯俎耳故知大房半體之俎明堂位曰俎有虞氏以梡夏后氏以嶡殷以椇周以房俎注云梡斷木爲四足而已嶡謂中足爲横距之象椇謂曲橈之也房謂足下跗也上下兩間有似於堂房然是俎稱房也知是半體者周語云禘郊之事則有全烝王公立飫則有房烝親戚燕饗則有殽烝知彼文次全烝謂全載牲體殽烝謂體解節折則房烝是半體可知此亦云房故知是半體之俎言禘郊乃有全烝宗廟之祭唯房烝耳故舉大房而言也昬禮婦饋舅姑特豚合升側載注右胖載之舅俎左胖載之姑俎是俎載半體之事也明堂位稱祀周公。作大廟俎用梡嶡此云大房蓋魯公之廟用大房也洋洋與萬舞共文則是舞者之貌故爲衆多魯得以八佾舞周公故美舞者衆多也○箋皇祖至干舞○正義曰以周公皇祖之下卽云白。牡騂。犅騂犅是魯公之牲故知皇祖謂伯禽也此皇祖之文在周公之下故以爲二人上文皇祖在后稷之上且上與皇皇后帝連文則是配天之人故知上文皇祖卽后稷也箋以禘祫之事於文不見言不宜以載爲則故易之爲始以秋物新成始可嘗之故箋言始嘗也定本集注皆言秋物新成尙之也言貴尙新物故言始也作嘗字者誤也又解房俎稱大之意以其用玉飾之美大其器故稱大也知大房玉飾者以俎豆相類之物明堂位說祀周公之禮云薦用玉豆既玉飾明俎亦玉飾其制足間有横其下有跗以明堂之文差次爲然跗上有横似於堂上有房故謂之房也萬舞干舞宣八年公羊傳文○傳震動至壽考○正義曰震動壽考皆釋詁文月令稱累牛騰馬騰是相乘之義故爲乘也○箋此皆至堅固○正義曰上言孝孫有慶此則致福之言故爲慶孝孫之辭下章用兵之後亦有此慶則作者以意慶之非嘏辭也俾使臧善皆釋詁文自保守者安居之義故保爲安也魯邦是常言其常守魯國故以常爲守也虧崩以山喻故皆謂毀壞也震騰以川喻故皆謂僭踰相侵犯也言上下相侵犯猶水之相乘陵也老者尊稱天子謂父事之者爲三老公卿大夫謂其家臣之長者稱室老諸侯

之國立三卿故知三壽卿三卿也言作朋者謂常得賢人僖公與之爲公車千朋卿伐木傳云國君友其賢臣是也岡陵不動之物故言取其堅固也

乘朱英綠縢二矛重弓大國之賦千乘朱英矛飾也縢繩也重弓重於鬯中也箋云二矛重弓備折壞也兵車之法左人持弓右人持矛中人御○乘繩證反注千乘同英如字徐於耕反縢徒登反重直龍反注同鬯敕亮反弓衣也字或作韔同公徒三萬貝冑朱綅烝徒增增貝冑貝飾也朱綅以朱綅綴之增增衆也箋云萬二千五百人爲軍大國三軍合三萬七千五百人言三萬者舉成數也烝進也徒進行增增然○冑直又反綅息廉反說文云綫也沈又蒼林反又音侵烝之升反增如字綴沈知稅反又張劣反戎狄是膺荊舒是懲則莫我敢承膺當承止也箋云懲艾也僖公與齊桓舉義兵北當戎與狄南艾荊及羣舒天下無敢禦也○艾音刈俾爾昌而熾俾爾壽而富黃髮台背壽胥與試箋云此慶僖公勇於用兵討有罪也黃髮台背皆壽徵也胥相也壽而相與試謂講氣力不衰倦○台背他來反下音貝俾爾昌而大俾爾耆而艾萬有千歲眉壽無有害箋云此又慶僖公勇於用兵討有罪也中時魯微弱爲鄰國所侵削今乃復其故故喜而重慶之俾爾猶使女也眉壽秀眉亦壽徵○艾五蓋反中張仲反重直用反

疏公車至有害○正義曰上既美其祭祀鬼神此又美其用兵征伐公之兵車有千乘矣車上皆有三人右人所持者朱色之英左人所持者綠色之繩此朱英綠繩者是二矛重弓也言二矛載於車上皆朱爲英飾重弓共在鬯中以綠繩束之又公之徒衆有三萬人矣以貝飾冑其甲以朱繩綴之進行之時增增然衆多車徒既多甲兵又備西戎北狄來侵者於是以此膺當之荊楚羣舒叛逆者於是以此懲創之軍之所征往無不克則無有於我僖公敢禦止之者由其無敵於天下故得民庶安寧土境復故作者喜其討罪設辭慶之使汝昌大而熾盛使汝長壽而富足髮有黃色之髮背有台文之背得有如此長壽相與講試氣力奇其老而不

衰也以其用兵之善又重慶之使汝得福則昌而且大使汝年壽則耆而又艾使得萬有千歲爲秀眉之壽無有患害以魯衰而復興故喜而重慶之也○傳大國至㘚中○正義曰明堂位云封周公於曲阜地方七百里革車千乘今復其故也司馬法成方十里出革車一乘計魯方七百里爲車多矣而云千乘者坊記云制國不過千乘然則地雖廣大以千乘爲限故云大國之賦千乘司馬法兵車一乘甲士三人步卒七十二人計千乘有七萬五千人則是六軍矣與下公徒三萬數不合者二者事不同也禮天子六軍出自六鄉萬二千五百家爲鄉萬二千五百。爲軍地官小司徒曰凡起徒役無過家一人是家出一人鄉爲一軍此則出軍之常也天子六軍既出六鄉則諸侯三軍出自三鄉下云公徒三萬自謂鄉之所出非此千乘之衆也此云公車千乘自謂計地出兵非彼三軍之事也二者不同故數不相合所以必有二法者聖王治國安不忘危故令所在皆有出軍之制若從王伯之命則侯國之大小出三軍二軍若其前敵不服用兵未已則盡其境內皆使從軍故復有此計地出軍之法但鄉之出軍是正故家出一人計地所出則非常故成出一車以其非常故優之也清人云二矛重英故知朱英矛飾蓋絲纏而朱染之以爲矛之英飾也小戎云竹閉緄縢傳曰緄繩縢約謂内弓於閉以繩束之此云縢爲繩者縢亦爲約之以繩非訓縢爲繩但傳詳彼而略此耳○重弓謂内弓於㘚㘚中有二弓小戎云交韔二弓是其事也○箋二矛至人御○正義曰弓矛所用執一而已解其有二矛重弓之意故云備折壞也考工記云酋矛常有四尺夷矛三尋則矛一法自有二等此云二矛知非二等之矛者以重弓是一弓而重之故知二矛亦一矛而有二俱是備折壞也矛有二等此當是酋矛何則考工記又云攻國之兵用短守國之兵用長此美其當戎狄懲荆舒則是往伐之明是酋矛而有二也此用朱英綠縢與二矛重弓兩句自相充配朱英是二矛飾之以朱染綠縢是重弓束之以綠繩所異者二矛各自有英飾二弓共束以綠繩耳又解車乘之下即說弓矛之意故云兵車之法左人持弓右人持矛中人御宣十二年左傳云楚許伯御樂伯攝叔爲右以致晉師樂伯曰吾聞致師者左射以菆樂伯在左而云左射是左人持弓也成十六年晉侯與楚戰于鄢陵左傳稱欒鍼爲右使人告楚令尹子重曰寡君乏使使鍼御持矛焉哀二年鐵之戰左傳稱郵無恤御簡子衛太子爲右禱云蒯聵不敢自佚備持矛焉是右人持矛也甘誓云左不攻于左汝不共命右不攻于右汝不共命御非其馬之正汝不共命既云左右又別云御是御在中央也○傳貝胄至增增衆○正義曰貝者水蟲甲有文章也胄謂兜鍪貝非爲胄之物故知以貝爲飾說文云綅綫也然則朱綅直謂赤綫耳文在胄下則是甲之所用故云以朱綅綴之謂以朱綫連綴甲也增增衆釋訓文定本集注皆作增字其義是也俗本作增誤也○箋萬二至增增然○正義曰萬二千五百人爲軍大國三軍皆夏官序文也舉成數者謂略其七千五百直言三萬耳如此箋以爲僖公當時實有三軍矣荅臨碩云魯頌公徒言三萬是三軍之大數又以此爲三軍者以周公受七百里之封明知當時從上公之制備三軍之數此敘云復周公之宇故此箋以三萬爲三軍言其復古制也又以凡舉大數皆舉所近者若是三萬七千五百文數可爲四萬此頌美僖公宜多大其事不應減退其數以爲三萬故荅臨碩謂此爲二軍以其不安故兩解之也今以春秋檢之則僖公無三軍襄十一年經書作三軍明已前無三軍也昭五年又書舍中軍若僖公有三軍則作之當書也自文至襄復減爲二則舍亦當書也春秋之例以軍賦事重作舍皆書於僖公之世無作舍之文使知當時無三軍也鄭以周公伯禽之世合有三軍僖公能復周公之宇遵伯禽之法故以三軍解之其實於時唯二軍耳烝進釋詁文步行曰徒故以爲行也○上句既云公徒則知此言烝徒謂進行之時且與增增共文明是行時衆多也○傳膺當承止○正義曰膺當釋詁文承者當待之義不敢當待即是不敢禦止故以承爲止也○箋懲艾至禦之○正義曰懲艾皆創故爲艾也僖公之時齊桓爲霸故知與齊桓公舉義兵也僖公之世用兵於戎狄荆舒者唯有僖公耳僖四年經書公會齊侯等侵蔡蔡潰遂伐楚楚一名荆羣舒又是楚之與國故連言荆舒其伐戎狄則無文唯十年經書齊侯許男伐北戎其時蓋魯使人助之師賤兵少故不書或別有伐時經傳脫漏如伐淮夷之類

泰山巖巖魯

邦所詹。奄有龜蒙，遂荒大東。至于海邦，淮夷來同。莫不率從，魯侯之功。

詹至也龜山也蒙山也荒有也箋云奄覆荒奄也大東極東海邦近海之國也來同爲同盟也率從相率從於中國也魯侯謂僖公○大音泰本又作泰下注大室皆同荒如字韓詩作荒云至也近附近之近

疏泰山至之功○毛以爲既美征伐遠夷又美境界復故言泰山之高巖巖然魯之邦境所至也魯境又同有龜山蒙山遂包有極東之地至於近海之國淮夷舊不服者亦來與之同盟凡此東方之國莫不相率而從中國是魯侯僖公之功也○鄭以奄爲覆覆有龜蒙之山遂奄有極東之地餘同○傳詹至至荒有○正義曰詹至釋詁文春秋定十年齊人來歸鄆讙龜陰之田謂龜山之北田也論語說顓臾云昔者先王以爲東蒙主謂顓臾主蒙山也魯之境內有此二山故知龜蒙是龜山蒙山也龜蒙今在魯地故言奄有泰山則在齊魯之界故言所詹見其不全屬魯也禮祭法諸侯之祭山川在其地則祭之亡其地則不祭春秋僖三十一年不郊猶三望者公羊傳曰三望者何泰山河海鄭駁異義云昔者楚昭王曰不穀雖不德河非所獲罪言境內所不及則不祭也魯則徐州地禹貢海岱及淮惟徐州以昭王之言魯之境界亦不及河則所望者海也岱也淮也是之謂三望又王制云諸侯祭名山大川之在其地者注云魯人祭泰山晉人祭河是也是由魯境至於泰山故得望而祭之禮器云齊人將有事於泰山必先有事於配林齊人亦祭泰山是齊境亦及之矣由其泰山廣長故二國皆以爲望也荒訓爲奄此云荒有者亦謂奄有之也○箋奄覆至中國○正義曰釋言云弇蓋也孫炎曰弇覆蓋亦覆之義故以奄爲覆荒奄釋言文大者廣遠之言以大東爲極東地之最東至海而已大東之下卽云至于海邦故以東爲極東言其極盡地之東偏春秋之世諸侯同盟以奬王室故知來同爲同盟當僖公之世東方淮夷小國見於盟會唯邾莒滕杞而已其餘小國及淮夷同盟不見於經蓋主會者不列之耳言莫不率從有從魯之嫌故明之相率從於中國以僖非盟主不得爲從魯故也

保有鳧繹，遂荒徐宅。至于海邦，淮夷

蠻貊及彼南夷莫不率從莫敢不諾魯侯是若鳧山也繹山也宅居也淮夷蠻貊而夷行也南夷荊楚也若順也箋云諾應辭也是若者是僖公所謂順也○鳧音符山名也繹音亦一音夕字又作嶧同山名也貊字又作貉武伯反行下孟反應應對之應○疏保有至是若○正義曰此又美僖公境界廣遠威德所及言安有鳧山嶧山遂有是徐方之居至于近海之國淮夷爲蠻貊之行者及彼南方之夷謂荊楚之國莫不相率而從於中國若王伯有命則莫敢不應諾順從此皆由魯侯之功於是順服也○傳鳧山至若順○正義曰禹貢徐州嶧陽孤桐謂嶧山之陽有桐木也鳧嶧連文與龜蒙相類故知是鳧山嶧山也宅居釋言文言淮夷蠻貊如夷行者以蠻貊之文在淮夷之下嫌蠻貊亦服故辨之以僖公之從齊桓唯能服淮夷耳非能服南夷之蠻東夷之貊故卽淮夷蠻貊謂淮夷如蠻貊之行僖四年從齊桓伐楚而服之故言南夷謂荊楚鄭志答趙商云楚交中國而近南夷末世夷行故謂之夷也若順釋言文定本集注若順之上有諾順兩字○

天錫公純嘏眉壽保魯居常與許復周公之宇常許魯南鄙西鄙箋云純大也受福曰嘏許許田也魯朝宿之邑也常或作嘗在薛之旁春秋魯莊公三十一年築臺于薛是與周公有嘗邑。許。口田未聞也六國時齊有孟嘗君食邑於薛○嘏古雅反朝直遙反薛字又作薛息列反與音餘

魯侯燕喜令妻壽母宜大夫庶士邦國是有既多受祉黃髮兒齒箋云燕燕飲也令善也喜公燕飲於內寢則善其妻壽其母謂爲之祝慶也與羣臣燕則欲與之相宜亦祝慶也是有猶常有也兒齒亦壽徵○兒五兮反齒落更生細者也字書作齯音同一音如字爲于僞反祝之又反下同疏天錫至兒齒○毛以爲既言僖公威德被及廣遠又言天與之福復其故居天乃與公大。夫之福使有秀眉之壽而保其魯國又能居其常邑與許邑復周公之故居也魯侯僖公燕飲而皆喜燕於內寢則善其妻壽其母謂爲之祝慶使妻善而母壽也其燕於外寢則宜其大夫與衆士亦謂爲之祝慶使與之相宜也其魯之邦國

七百里之封僖公於是常保有之既多受其福又有黄髮兒齒由僖公每事得所故慶之使享其永年○鄭唯以嘏爲福爲異餘同○傳常許至西鄙○正義曰春秋言伐我東鄙西鄙者皆謂伐其邊邑故月令注云鄙界上之邑此美其復故之宇當舉邊邑言之故知常許皆是鄙邑也言常許魯南鄙西鄙則常爲南鄙許爲西鄙或當有所依據不知出何書也○箋純大至於薛○正義曰純大釋詁文禮特牲少牢尸致福於主人皆謂之嘏是受福曰嘏傳以常許爲魯之鄙邑書傳無文故箋易之許許田也魯朝宿之邑也諸侯有大德受采邑於京師爲將朝而宿焉謂之朝宿之邑魯以周公之故成王賜之許田春秋之時魯不朝周邑無所用而許田近於鄭國鄭有祊田地勢之便而與鄭易之桓元年鄭伯以璧假許田公羊傳曰許田者何魯朝宿之邑也此魯朝宿之邑曷爲謂之許田諱取周田繫之許許近許也如此則魯之有許見於經傳明此常與許卽是彼之許邑彼以近許繫許則非魯之鄙邑故箋言此以易傳也桓公以許與鄭僖公又得居之故美其能復周公之宇也春秋於僖公之世不書得許田蓋經傳闕漏故無其事也既以許爲朝宿而當邑無文故推本其事言常字詩本或有作嘗字者常邑在薛之傍春秋魯莊公三十一年築臺于薛是與築臺于薛春秋經文是與者其是此嘗邑與嘗在薛傍魯有薛邑故言是與爲疑之辭周公之有許邑事見春秋嘗則無文故云周公有嘗邑。許。田未聞也鄭云嘗邑在薛之傍亦無明文故又自言其證六國時齊有孟嘗君食邑於薛以其居薛邑而號孟嘗君則嘗在薛傍共爲一地也六國者韓魏燕趙齊楚在春秋之後俱僭稱王號爲六國孟嘗君者姓田名文父曰靜郭君田嬰嬰者齊威王少子而齊宣王庶弟也宣王卒嬰相齊湣王湣王三年封田嬰嬰卒文代立於薛是爲孟嘗君史記有其傳

徂來之松新甫之柏是斷是度是尋是尺

徂徠山也新甫山也八尺曰尋○斷音短度待洛反

松桷有舄路寢孔碩新廟奕奕奚斯所作

桷榱也舄大貌路寢正寢也新廟閔公廟也有大夫公子奚斯者作是廟也箋云孔甚碩大也奕奕姣美也脩舊曰新新者姜嫄廟也僖公承衰亂

之政脩周公伯禽之教故治正寢上新姜嫄之廟姜嫄之廟廟之先也奚斯作者教護屬功課章程也至文公之時大室屋壞○桷音角方曰桷舄音昔徐又音託奕音亦榱巴追反姣古卯反屬音燭

孔曼且碩萬民是若曼長也。箋云曼脩也廣也且然也國人謂之。順也○曼音萬

【疏】徂來至是若○毛以為僖公威德遠及國內咸宜乃命彼賢臣脩造寢廟取彼徂來山上之松新甫山上之柏於是斬斷之於是量度之其度之也於是用八尺之尋於是用十寸之尺既量其材乃用松為桷有舄然而大作為君之正寢甚寬大又新作閟公之廟奕奕然廣大作寢則人安作廟則神悅人神安悅君德備矣此廟是誰為之乃是奚斯所作美其作之得所故舉名言之奚斯監護而已其作用民之力故又美民之勸事言廟甚長廣而且大用功雖多萬民於是謂之順民既以之為順明其不憚劬勞故言之以頌僖公也○鄭唯以新廟為姜嫄之廟為異餘同○傳桷榱至是廟○正義曰桷之與榱是椽之別名莊二十四年刻桓宮桷謂刻其椽也舄是桷狀故為大貌王肅云言無刻飾文章徒見松桷張大至牢固義或當然路寢正寢公羊穀梁傳並云然定本集注云路正也釋詁云路大也以君之正寢故以大言之言新廟是作此廟僖公繼閔公為君故以新廟為閔公廟王肅云僖公以庶兄後閔公為之立廟奕奕威大美其作之中禮能自儉而崇大宗廟是申說毛義稱作是廟美僖公之意也奚斯與新廟連文故云公子奚斯作是廟欲見作者主為新廟而言奚斯其意不兼路寢也閔二年慶父出奔莒左傳曰以賂求共仲于莒莒人歸之及密使公子魚請不許哭而往共仲曰奚斯之聲也乃縊是奚斯為公子也如傳文蓋名魚而字奚斯○箋孔甚至屋壞○正義曰孔甚釋言文碩大釋詁文孔碩言其寢美也定本集注云孔碩甚佼美也與俗本異春秋有新作南門新作雉門說者皆以脩舊曰新改舊曰作故鄭依用之以閟公後死禮當遷入祖廟止可改塗易檐不應別更作之而此詩首章言閟宮卒章言新廟明是脩彼閟宮使之新故易傳以為所新者姜嫄之廟也作寢廟所以為美者以僖公承衰亂之後寢廟廢壞能脩周公伯禽之教故治其正寢上新姜嫄之廟由其脩治廢壞故可美

也又言姜嫄之廟廟之先者欲見姜嫄之廟既新之則餘廟毀壞亦脩之然則舉其治正寢則餘寢亦治之矣又解奚斯所作之意正謂爲之主帥主帥教令工匠監護其事屬付功役課其章程而已非親執斧斤而爲之也中候握河紀說帝堯受河圖之禮云稷辨護注云辨護供時用相禮儀是監典謂之護也昭三十二年左傳說城成周之事云屬役賦丈謂付屬作者以功役也漢書稱高祖使張倉定章程謂定百工用材多少之量及制度之程品是屬課章程之事也引文十三年太室屋壞者與譜同以壞者譏其不恭則脩者事爲可善反明詩人稱新作寢廟以美僖公之意也○箋曼脩至之順○正義曰定本集注箋曼脩也廣也且然也國人謂之順與俗本不同

閟宮八章二章章十七句一章十二句一章三十八句二章章八句二章章十句

駉四篇二十三章二百四十三句

附釋音毛詩注疏卷第二十（二十之二）

○閟宮

侐清淨也按各本皆同攷釋文作清靜也引說文侐靜也當依釋文更正楚茨傳莫莫言清靜而敬至也亦可證

天神多與之福小字本相臺本同案與當作予下箋云天神多予后稷以五穀是其證正義作與乃易字耳考文古本弃作與非

先種之植閩本明監本同毛本植作稙案所改是也下非穀名先種曰植誤同

而則祭之也閩本明監本毛本同案此不誤浦鏜云則疑衍字非也而則祭者下經之而載嘗也本句下正義可證

此箋云其生之又無災害閩本明監本毛本同案浦鏜云任誤生是也

又解后稷其名曰弃閩本明監本毛本弃作棄下同案箋字作棄生民可證正義自爲文亦用棄字引尚書史記乃依彼作弃字十行本盡作弃閩本以下盡作棄皆有誤凡唐石經於棄字皆作弃以其中爲世字諱而避之也正義避諱之例則不如此如泄字唐石經避作洩而正義仍作泄當是作正義時例但缺畫也

且尚書刑德故云閩本明監本毛本同案浦鏜云放誤故是也

纘大王之緒毛本纘誤讚明監本以上皆不誤

箋云居極虞度也小字本相臺本同考文古本同閩本明監本毛本極作殛案殛字誤也釋文云居極紀力反下同之居下云極也正

義云居極虞度釋言文云云是正義釋文二本皆本是極字也閩本以下又盡改正義中極字作殛誤甚十行本不誤見下段玉裁尚書撰異中凡三論極殛字至爲詳矣

致大平天所以罰　小字本相臺本同案大平及以三字衍也正義云是致天所罰復舉箋文可爲明證且此與大平迴不相涉而武王又實未大平其説見於茅菖正義斷爲衍字無疑矣各本皆誤當正

極紂於商郊牧野　小字本相臺本同考文古本同案正義云殺紂於牧野定本集注皆云極紂於牧野極是殺非也是正義本極作殺必當時俗本如此而正義定從定本集注以極爲是以殺爲非也釋文居極下云下同是釋文本亦作極不作殺

謂民勸武王無有二心　閩本明監本同毛本二作貳案所改是也

箋居極至克勝　閩本明監本毛本極誤殛案山井鼎云宋板此疏除釋言又云殛誅也外皆作極考此一殛字亦極之誤菀柳正義引可證也

克先祖之意　閩本明監本毛本同案浦鏜云克當竟字誤是也

秋物新成尚之也　小字本相臺本同案正義云以秋物新成始可嘗之故言始嘗也定本集注皆言秋物新成尚之也言貴尚新物故言始也作嘗字者誤也是正義本尚作嘗

下有柎　小字本相臺本同閩本明監本毛本柎作跗案釋文云有柎方于反考常棣箋用拊字從手柎拊實一字也正義中字皆作跗或是其所

易今字耳各本依之未是

俾爾熾而昌 唐石經小字本相臺本同案盧文弨云俾一作卑見校官碑今考上釋文以卑民作音云本又作俾下皆同是釋文本作卑字也餘經盡然盧未細考耳又案段玉裁云說文云俾門持人也凡經傳言俾者皆取義於此門持人今說文譌作門侍人莊述祖正之卑者俾之假借字

魯邦是嘗 唐石經小字本相臺本嘗作常閩本明監本毛本同案嘗字誤也

與赤色之特 閩本明監本毛本同案此不誤浦鏜云特當犅字誤非也正義下引說文云犅特也故此自爲文以犅爲特也

則有爛火去其毛而炰之豚 閩本明監本毛本爛作以案皆誤也當作爓下文彼注云爛去其毛而炰之也同

正月朔日於周二特牛 閩本明監本毛本同案於當作也周當作用烈文正義引可證

地官〇封人 閩本明監本毛本〇作中案皆誤也當衍

大羹渚煑肉汁 閩本毛本同明監本渚作湆案所改是也

稱祀周公作大廟 閩本明監本毛本同案浦鏜云於誤作是也

即云白牡騂犅 閩本明監本毛本牡誤牲案浦鏜云犅經作剛非也正義中犅字皆其所易耳

天下無敢禦也 小字本同閩本明監本毛本同相臺本也作之案之字是也正義云則無有於我僖公敢禦止之也標起止云至禦之可證也考文古本也上有之字采正義

萬二千五百爲軍閩本明監本毛本同案浦鏜云爲上疑脫人字是也

俗本作增誤也閩本明監本同毛本增作憎案所改是也

是三軍之大數又以此爲三軍者閩本明監本毛本同案三字盧文弨云當作二下同是也正義下文云故荅臨碩謂此爲二軍二字不誤可證

文數可爲四萬閩本明監本毛本同案浦鏜云文疑大字誤是也

使知當時無三軍也閩本明監本毛本同案浦鏜云便誤使是也

唯有僖公耳閩本明監本毛本同案僖字盧文弨云當作桓是也浦鏜校改上文僖公二字作春秋非也

師賤兵少閩本明監本毛本同案山井鼎云師當作帥是也此因帥字俗體有作師者而譌耳

魯邦所詹唐石經小字本相臺本同考文古本詹作瞻案古本非也傳訓詹爲至毛氏詩不作瞻明甚唯說苑等引此文作瞻者是三家詩也韓詩外傳有其證

淮夷蠻貊而夷行也小字本相臺本同案此傳而當依正義作如其讀則以淮夷蠻貊四字爲逗傳之複舉經文者也如夷行也四字爲句傳文之說經也以毛公文字簡奧故說經本但有淮夷而併言蠻貊之意云如夷行也如者譬況之言謂經此文是譬況淮夷之行也以爲足以明之矣厥後作正義者所受之讀未誤故引而伸之曰言淮夷蠻貊如夷行者以蠻貊之文在淮夷之下嫌蠻貊亦服故辨之以僖公之從齊桓唯能服

淮夷耳非能服南夷之蠻東夷之貊故卽淮夷蠻貊謂淮夷如蠻貊之行其言極爲明晰可據以正各本如作而之誤卽可據以正岳本點淮夷二字逗蠻貊而夷行也六字爲句之誤也經義雜記讀之不審一改傳文作淮夷蠻貊夷行如蠻貊也再改正義言淮夷蠻貊如夷行者作言淮夷如蠻貊之行者紛紛塗竄皆由未得其句逗所致

鳧嶧連文 閩本明監本毛本嶧誤繹案經文作繹此作嶧者繹嶧古今字易而說之也例見前禹貢爾雅說文皆作嶧是嶧爲正字釋文云字又作嶧亦指禹貢等言之也毛氏詩但作繹古文多假借也○段玉裁云繹山與葛峯山是兩山尙書嶧陽孤桐此葛峯山也地理志在東海下邳今在淮安府邳州魯頌及左傳邾國之繹此繹山也地理志在魯國騶縣今在兗州府鄒縣前說云繹嶧古今字非是繹山字史記及漢志作嶧要以秦碑作繹爲正

許□田未聞也 小字本許田不空考文古本同閩本明監本毛本空處誤補許字相臺本許田作所由案所由是也

天乃與公大夫之福 閩本明監本毛本夫作大案所改是也

許田未聞也 閩本明監本同案此許田亦所由之誤

徂來之松 唐石經相臺本同閩本明監本毛本同小字本來作徠考文古本同案傳徂來山也相臺本仍作來餘本皆作徠正義中來字十行本作來閩本以下改作徠而標起止未改是正義本唐石經皆作來爲可據矣

孔甚碩大也奕奕姣美也 小字本相臺本同案正義云孔甚釋言文碩大釋詁文孔碩言其寖美也定本集注云孔碩甚佼美

也與俗本不同考正義上文云作爲君之正寢甚寬大又新作閟公之廟奕奕然廣大初無奕奕佼美之文今本箋有誤故與定本集注及俗本俱不合釋文以甚姣作音當是其本與定本集注同今釋文各本甚誤作其非也

新者姜嫄廟也小字本同閩本明監本毛本同相臺本無也字新上有所字考文古本有案無者是也相臺本乃所謂以疏中字微足其義者耳

曼脩也廣也且然也國人謂之順也小字本相臺本同案正義云定本集注箋曼脩也廣也且然也國人謂之順與俗本不同如其所言非爲異本當有誤也今無可考

附釋音毛詩注疏卷第二十〔二十之三〕

毛詩商頌　鄭氏箋　孔穎達疏

商頌譜

商者契所封之地有娀氏之女名簡狄者吞鳦卵而生契堯之末年舜舉為司徒有五教之功乃賜姓而封之○正義曰殷本紀云契母曰簡狄有娀氏之女也為帝嚳次妃三人行浴見鳥墮其卵簡狄取吞之因孕生契契長而佐禹治水有功帝舜乃封於商又中候亦有其事文十八年左傳云高辛氏有才子八人天下之民謂之八元舜臣堯舉八元使布五教於四方父義母慈兄友弟恭子孝內平外成又尚書堯典云帝曰契汝作司徒。敬敷五教。五教在寬由此言之敷五教者是契之所為舉八元使布五教者正謂舉契使布之也故云堯之末年舜舉為司徒有五教之功也乃賜姓曰子而封之於商也中候握河紀云堯曰嗟朕無德欽奉丕圖賜示二三子斯封。稷皋陶賜姓號注云斯此封三臣賜姓號者契為子稷為姬皋陶未聞又契握湯說契云賜姓子氏以題朕躬注云題名也躬身也引孝經援神契曰堯知天命賜契子氏知有湯是堯賜之姓而封之商也本紀稱帝舜封契於商者長發箋云堯封之於商為小國舜之末年益其土地為大國是舜亦封之故歸之舜也商者成湯一代之大號而此云商者契所封之地則鄭以湯取契之所封以為代號也服虔王肅則不然襄九年左傳曰閼伯居商丘相土因之服虔云商丘地名相土契之孫因之者代閼伯之後居商丘湯以為號又書序王肅注云契孫相。土居商丘故湯因以為國號而鄭玄以為由契封商者契之封商見於書傳史記中候其文甚明經典之言商者皆單謂之商未有稱為商丘者又相。土居商丘以後不恆厥邑相。土之於殷室雖是先公後者譬之於周則公劉之儔耳既非湯功所起又非王迹所因何當取其所居以為代號也商之有契猶周之有稷成湯以商為代號文王不以邰為代號者自契至湯雖則八遷而國號不改商名未易成湯以商受命故當以商為號周卽處邰處豳國名屢變易大王來居周地其國始名曰周文王以周受命當以周爲號不得遠取部也若然湯在亳地受命不以亳爲代號而禮記郊特牲云亳社北牖襄三十年左傳云鳥鳴于亳社皆謂殷亡國之社也謂之亳社者禮存亡國之社以爲戒亳實湯所居地故指地而言以殷紂無道喪滅湯之所居欲使諸侯觀之以思自保固故不舉代號而指亳社也亳是湯之所居耳及紂滅之時則在朝歌非復亳地也成湯之初以商爲號及盤庚遷於殷以後或呼爲殷故。名序云盤庚五遷將治亳殷注云商家改號曰殷玄鳥云殷受命咸宜殷武云撻彼殷武是其兼稱殷也雖或稱殷不是全改商號故大明云殷商之旅蕩云咨汝殷商皆取前後二號而雙言之是其不全改也○世有官守十四世至湯則受命。代夏桀定天下○正義曰堯以契爲司徒又封之商國子孫則當世世爲諸侯或入列王官故云世有官守國語云玄王勤商十四世而興殷本紀云契卒子昭明立卒子相土立卒子昌若立卒子曹圉立卒子冥立卒子振立卒子微立卒子報丁立卒子報乙立卒子報丙立卒子主壬立卒子主癸立卒子天乙立是爲成湯是從契至湯爲十四世也中候。維予命云天乙在亳東觀於洛黃魚雙躍出濟于壇黑烏以雒隨魚亦上化爲黑玉赤勒曰玄精天乙受神福命之予伐桀命克予商滅夏天下服是受命伐桀定天下也○後世有中宗者嚴恭寅畏天命自度治民祗懼不敢荒寧後有高宗者舊勞於外爰洎小人作其即位乃或諒闇三年不言言乃雍不敢荒寧嘉靖殷邦至于小大無時或怨○正義曰此尚書無逸文也彼注云中宗謂大戊也高宗謂武丁也舊猶久也爰於洎與也武丁爲太子時殷道衰爲其父小乙將師役於外與小人之故言知其憂樂也作起也諒闇轉作梁闇楣謂之梁闇廬也小乙崩武丁立憂喪三年之禮居凶廬柱楣不言政事此三。主有受命中興之功時有作詩頌之者○正義曰受命謂成湯也中興謂中宗高宗也商頌五篇唯有此三王之詩故鄭歷言其功德也殷本紀云大戊立亳有祥桑穀共生於朝一暮大拱大戊懼問伊陟伊陟曰臣聞妖不勝德帝之政其有闕與帝其脩德大戊從之而祥桑穀枯死殷復興諸侯歸之故稱中宗禮記喪服四制曰書云高宗諒闇三年不言善之也王者莫不行此禮何以獨善高宗高宗者武丁武丁者殷之賢王繼世即位而慈良於喪當此之時殷衰而復興禮廢而復起故善之善之故載之書中高而宗之故謂之高宗是中宗高宗中興也由此三王皆有功德時人有作詩頌之者那序云祀成湯是頌成湯也烈祖序云祀中宗是頌中宗也玄鳥殷武序皆云高宗長發居中從可知是玄鳥三篇頌高宗也此頌之者皆在崩後頌之那祀成湯經稱湯孫以湯孫爲太甲則那之作當太甲時也烈祖祀中宗箋稱此祭中宗諸侯來助明是其崩之後或子孫之時未知當誰世也玄鳥祀高宗箋以祀當爲祫高宗崩而始祫祭於契之廟歌是詩焉是崩後可知也殷武云祀高宗則亦在其崩後玄鳥殷武既是崩後則知長發之作亦在崩後矣長發述其生存之日禘祭先王殷武述其征伐荊楚脩治寢室皆是崩後追述之也○商德之壞武王伐紂乃以陶唐氏火正閼伯之墟封紂兄微子啓爲宋公代武庚爲商後○正義曰商德之壞謂紂時也樂記說武王伐紂既下車而投殷之後於宋是伐紂即封微子昭元年左傳曰昔高辛氏有二子伯曰閼伯季曰實沈居于曠林不相能也日尋干戈以相征討后帝不臧遷閼伯于商丘主辰商人是因故辰爲商星襄九年左傳曰陶唐氏之火正閼伯居商丘祀大火而火紀時焉相土因之故商主大火以此言之是宋居閼伯故地故漢書地理志云周封微子於宋今之睢陽是也本陶唐氏火正閼伯之墟鄭取其言以爲說也書傳云武王殺紂繼公子祿父史記衞世家云武王已克殷紂復以殷餘民封紂子武庚祿父以奉其先祀是武王初殺紂以武庚爲商後也至周公攝政武庚叛而誅之乃命微子代武庚爲商後書序云成王既黜殷命殺武庚命微子是命微子在成王時也今因伐紂之下即連言封微子於宋代武庚爲商後者以封之於宋竟爲商後以宋是武王所封故故終言之○其封城在禹貢徐州泗濱西及豫州盟豬之野○正義曰禹貢徐州云泗濱浮磬豫州云導河澤被孟豬地理志云孟豬澤在梁國睢陽東北是孟豬在豫州地理志云宋地今之梁國市楚山陽濟陰東平及東都之須昌壽張皆宋分也據時驗之是宋之封域東至泗濱西至孟豬也○自從政衰散亡商之禮樂七世至戴公時當宣王大夫正考父者校商之名頌十二篇

於周太師以那爲首歸以祀其先王○正義曰微子爲商之後得行殷之禮樂明時商頌皆在宋矣於後不具明是政衰而失之那序云微子至於戴公其間禮樂廢壞是散亡商之禮樂也史記宋世家云微子啓卒弟仲衍立卒子宋公稽立卒子丁公申立卒子湣公共立卒弟煬公熙立湣公子鮒祀殺煬公而自立是爲厲公卒子釐公舉立卒子惠公覸立卒子哀公立卒子戴公立自微子至戴公凡十君除二及餘八君是微子之後七世至戴公也世家又云惠公四年周宣王即位戴公二十九年周幽王爲犬戎所殺考校其年宣王以戴公十八年崩是戴公當宣王時也正考父考校商之名頌十二篇於周之大師以那爲首魯語文也韋昭云名頌頌之美者然則言校者宋之禮樂雖則亡散猶有此詩之本考父恐其紕繆故就太師校之也此頌皆爲祀先王而作故知校之既正歸以祀其先王也○孔子錄詩之時則得五篇而已乃列之以備三頌著爲後王之義監三代之成功法莫大於是矣○正義曰而今詩是孔子所定商頌止有五篇明是孔子錄詩之時已亡其七篇唯得此五篇而已王者存二王之後所以通大三統夏之篇章既以泯棄唯有商頌而已孔子既錄魯頌同之二王之後乃復取商頌列之以備三頌著爲後王之義使後人監視三代之成法其法莫大於是言聖人之有深意也○問者曰列國政衰則變風作宋何獨無乎曰有焉乃不錄之王者之後時王所客也巡守述職不陳其詩亦示無貶黜客之義也○正義曰巡守之陳詩者以觀民之好惡示有刺責則貶黜之今不陳其詩示無貶黜客之義亦既示無貶黜不陳惡詩雖有其美者亦不得復採故所以無宋詩也示無貶黜者示法而已其有大罪亦當如魯譜所云侯伯監之行人書之不得全無貶黜故春秋之時杞爲伯爵是其爲時王所黜也○又問曰周大師何由得商頌曰周用六代之樂故有之○正義曰以周用六代之樂樂章固當有之故得有商頌也然則自夏以上周人亦存其樂而得無其詩者或本自不作或有而滅亡故也此商頌五篇自是商世之書由宋而得後得有故鄭爲譜因商而又序宋也

那。祀成湯也微子至于戴公其閒禮樂廢壞有正考甫者得商頌十二篇於周之大師以那爲首禮樂廢壞者君怠慢於爲政不脩祭祀朝聘養賢待賓之事有司忘其禮之儀制樂師失其聲之曲折由是散亡也自正考甫至孔子之時又無七篇矣正考甫孔子之先也其祖弗甫何以有宋而授厲公○那乃河反微子名啓紂庶兄周武王封之於宋爲殷後正考父音甫本亦作甫宋湣公之曾孫孔子七世祖大音泰後大甲大古大戊大祖皆放此朝直遙反折之設反

疏○那一章二十二句至爲首○正義曰那詩。詩者祀成湯之樂歌也成湯創業垂統制禮作樂及其崩也後世以時祀之詩人述其功業而作此歌也又總序商頌廢興所由言微子至于戴公之時其閒十有餘世其有君闇政衰致使禮樂廢壞令此商頌散亡至戴公之時其大夫有名曰正考父者得商頌十二篇於周之太師此十二篇以那爲首是故孔子錄詩之時得其五篇列之以備三頌也殷本紀云主癸生天乙是爲成湯案中候雒予命云天乙在亳注云天乙湯名是鄭以湯之名爲天乙也則成湯非復名也周書謚法者周公所爲禮記檀弓云死謚周道也則自殷以上未有謚法蓋生爲其號死因爲。語耳謚法安民立政曰成除殘去虐曰湯蓋以天乙有此行故號曰成湯也長發稱武王載旆又呼湯爲武王者以其伐。紂革命成就武功故以武名之非其號謚也國語云校商之名頌十二篇此云得商頌十二篇謂於周之太師校定真僞是從太師而得之也言得之太師以那爲首則太師先以那爲首矣且殷之創基成湯爲首那序云祀成湯明知無先那者故知太師以那爲首也經之所陳皆是祀湯之事毛以終篇皆論湯之生存所行之事鄭以奏鼓以下言湯孫太甲祭湯之時有此美事亦是祀湯而有此事故序總云祀成湯也○箋禮樂至厲公○正義曰禮樂廢壞者正謂禮不行樂不用故令之廢壞廢壞者若牆屋之不脩也但禮事非一箋略舉禮之大者以言焉由君不復行禮有司不復脩習故忘其禮之儀制由君不復用樂樂師不復脩習故失其聲之曲折由是禮樂崩壞故商詩散亡也知孔子之時七篇已亡者以其考甫校之

太師歸以祀其先王則非煩重蕪穢不是可棄者也而子夏作序已無七篇明是孔子之前已亡滅也世本云宋湣公生弗甫何弗甫何生宋父宋父生正考
甫正考甫生孔父嘉為宋司馬華督殺之而絕其世其子木金父降為士木金父生祁父祁父生防叔為華氏所偪奔魯為防大夫故曰防叔防叔生伯夏伯
夏生叔梁紇叔梁紇生仲尼則正考甫是孔子七世之祖故云孔子之先也其祖弗父何以有宋而授厲公昭七年左傳文也服虔云弗父何宋湣公世子厲
公之兄以有宋言湣公之適辭當有宋國而讓與弟厲公也宋世家稱厲公殺煬公而自立傳言弗父何授之者何是湣公世子父卒當立而煬公篡之蓋厲
公既殺煬公將立弗父何而何讓與厲公也

猗與那與置我鞉鼓

猗歎辭那多也鞉鼓樂之所成也夏后氏足鼓殷人置鼓周人縣鼓箋云置讀曰植植鞉鼓者為楹貫而樹之美湯受命伐桀定天下而作濩樂故歎之多其改夏之制乃始植我殷家之樂鞉與鼓也鞉雖不植貫而搖之亦植之類○猗於宜反與音余下同置毛如字殷人置鼓鄭作植字時職反又音值鞉音桃小鼓也夏戶雅反注同縣音玄下同楹音盈柱也貫古亂反濩戶故反

殷湯樂曰大濩

奏鼓簡簡衎我烈祖湯孫奏假綏我思成

衎樂也烈祖湯有功烈之祖也假大也箋云奏鼓奏堂下之樂也烈祖湯也湯孫太甲也假升綏安也以金奏堂下諸縣其聲和大簡簡然以樂我功烈之祖成湯湯孫太甲又奏升堂之樂弦歌之乃安我心所思而成之謂神明來格也禮記曰齊之日思其居處思其笑語思其志意思其所樂思其所嗜齊三日乃見其所為齊者祭之日入室僾然必有見乎其位周旋出戶肅然必有聞乎其容聲出戶而聽愾然必有聞乎其歎息之聲此之謂思成○衎苦旦反假毛古雅反鄭作格升也樂音洛下以樂我同齊側皆反本亦作齋下同耆市志反為于僞反僾音愛愾苦代反

鞉鼓淵淵嘒嘒管聲既和且平依我磬聲

嘒嘒然和也平正平也依倚也磬聲之清者也以象萬物之成周尚臭殷尚聲箋云磬玉磬也堂下諸縣與諸管聲皆和平不相奪倫又與玉磬之聲相依亦謂和平也玉磬尊故異言

之○淵古玄反又烏玄反嘒呼惠反倚於綺反於赫湯孫穆穆厥聲庸鼓有斁萬舞有奕於赫湯孫盛矣湯爲人子孫也大鍾曰庸斁斁然盛也奕奕然閑也箋云穆穆美也於盛矣湯孫呼太甲也此樂之美其聲鍾鼓則斁斁然有次序其干舞又閑習○於音烏注同庸如字依字作鏞大鍾也斁奕繹並音亦繹字又作懌同我有嘉客亦不夷懌。自古在昔先民有作溫恭朝夕執事有恪夷說也先王稱之曰。在古古曰在昔昔曰先民有所作有作也恪敬也箋云嘉客謂二王後及諸侯來助祭者我客之來助祭者亦不說懌乎言說懌也乃大古而有此助祭禮禮非專於今也其禮儀溫溫然恭敬執事薦饌則又敬也○恪苦各反說音悅下同爨箋練反本又作薦同饌士戀反顧予烝嘗湯孫之將箋云顧猶念也將猶扶助也嘉客念我殷家有時祭之事而來者乃太甲之扶助也序助者之。來意也○烝之丞反

【疏】猗與至湯孫之將○毛以爲成湯崩後祀於其廟詩人美湯功業述而歎之【正】曰猗與猗與湯之功亦甚多而能制作。護樂植立我殷家鞉與鼓也既立一代之樂用之以祭其先祭之時廟中奏此鞉鼓其聲簡簡然而和大也以樂我有功烈之祖湯之上祖有功烈者謂契冥相。士之屬也既以樂祭祖而德當神明故更述湯功美其奏樂言湯之能爲人子孫也奏此大樂以祭鬼神故得降福安我所思而得成也思之所成者正謂萬福來宜天下和平也又述祭時之樂其鞉鼓之聲淵淵而和也嘒嘒然而清烈者是其管籥之聲諸樂之音既以和諧且復齊平不相奪倫又依倚我玉磬之聲與之和合以其樂音和諧更復歎美成湯於乎赫然盛矣者乃湯之爲人之子孫也穆穆然而美者其樂之音聲大鍾之。鏞與所植之鼓有斁斁然而盛執其干戈爲萬舞者有奕然而閑習言其用樂之得宜也於此之時有王者之後及諸侯來助湯祭我有嘉善之賓客矣其助祭也豈亦不夷悅而懌樂乎言其夷悅而懌樂也此助祭之法乃從上古在於昔代先。正之民有作此助祭之禮非專於今故此嘉客依禮來助祭其儀溫溫然而恭敬早朝闇夕在於賓位其執事薦饌則有恭敬此嘉賓所以來顧念

我此烝嘗之時祭者正以湯爲人之子孫亦有顯大之德所致也以湯能制作禮樂善爲子孫嘉客助祭鬼神降福故陳其功德以歌頌之也○鄭以奏鼓以下皆述湯孫祭湯之事烈祖正謂成湯是殷家有功烈之祖也湯孫奏假謂太甲奏升堂之樂綏我思成謂神明來格安我所思得成也於赫湯孫美太甲之盛顧予烝嘗謂嘉客念太甲之祭湯孫之將言來爲扶助太甲唯此爲異其文義略同○傳猗歎至縣鼓○正義曰齊風猗嗟共文是猗爲歎詞美而歎之也那多釋詁文鞉鼓樂之所成者禮記曰鼓無當於五聲五聲不得不和是樂之所成在於鼓也鞉則鼓之小者故連言之王制曰天子賜諸侯樂則以柷將之賜伯子男樂則以鞉將之注云柷鞉皆所以節樂是樂成亦由鞉也夏后氏足鼓以下皆明堂位文所異者唯彼置作楹傳依此經而改之矣○箋置讀至之類○正義曰金縢云植璧秉圭注云植古置字然則古者置植字同故置讀曰植此云植我鞉鼓明堂位作楹鼓故知植鞉鼓者爲楹貫而樹之大濩之樂殷之樂也此述成湯之功而云植我鞉鼓是美湯作濩樂故歎之多其改夏之制始植我殷家之鼓也呂氏春秋仲夏紀云殷湯卽位夏爲無道暴虐萬民湯於是率六州以討桀之罪乃命伊尹作爲大濩歌晨露脩九招六列以見其善高誘注云大濩晨露九招六列皆樂名也是成湯作濩樂之事也晨露九招六列之樂蓋大濩之樂別曲名也又解鞉亦稱植之意鞉雖不植以木貫而搖之亦植之類故與鼓同言植也春官小師注云鞉如鼓而小持其柄搖之傍耳還自擊是說鞉之狀也○傳衎樂至假大○正義曰衎樂假大皆釋詁文下傳湯爲人子孫則此篇上下皆述湯事美湯之祭而云烈祖則是美湯之先公有功烈者故云烈祖湯有功烈之祖湯之前有功烈者止契冥相土之屬也○王肅云湯之爲人子孫能奏其大樂以安我思之所成謂萬福來宜天下和平○箋奏鼓至思成○正義曰禮設樂縣之位皆鍾鼓在庭故知奏鼓堂下樂也以序稱祀成湯則經之所陳是祀湯之事不宜爲湯之祀祖故易傳以烈祖爲湯下篇烈祖既是成湯則知此亦成湯其子孫奏鼓以樂之也殷本紀湯生太丁太丁生太甲太甲成湯適長孫也故知湯孫謂太甲也孫之爲言雖可以關之後世

以其追述成湯當在初崩之後太甲是殷之賢王湯之親孫故知指謂太甲也假升綏安皆釋詁文也以奏者作樂之名假又正訓爲升故易傳以奏假爲奏升堂之樂對鼓在堂下故言奏升堂之樂樂之初作皆擊鍾奏之經雖言鼓而鍾亦在焉故云以金奏堂下諸懸也琴瑟在堂故知奏升堂之樂謂弦歌之聲也於祭之時心之所思唯思神耳故知安我心所思而成之謂神明來格也皋陶謨說作簫韶之樂得所而云祖考來格意與此協故言神明來格取彼意以爲說也所引禮記祭義文也致思之深想若聞見。視其有所成故引以證之此之謂思成也所思五事先思居處後思樂嗜者先粗而後精自外而入內也居處措身之所笑語貌之所發此皆目所可見是外之粗者在內有常理可測度者志意也在內無常緣物而動者樂嗜也內事難測深思然後及之故後言之也齊三日乃見其所爲齊者謂致齊也散齊則不御不弔而已未能至於深思而及此五事也祭之日所以得有出戶而聽者彼注云周旋出戶謂設薦時也無尸者闔戶若食間則有出戶而聽之是由無尸者有闔戶出聽之事也古之祭者莫不以孫行者爲尸而得有無尸者士虞記云無尸則禮及薦饌皆如初注云無尸謂無孫列可使者也是祭有無尸者故作記者言及之也○傳磬聲至尙聲○正義曰傳意亦以磬爲玉磬聘義說玉之德云其聲清越以長是玉聲必清故云聲之清者解其別言依磬之意也象萬物之成者以秋天是萬物成就之時其律呂數短聲調皆清故楚辭宋玉云秋之爲氣也天高而氣清周尙臭殷尙聲郊特牲文言此者以祭祀之禮有食有樂此詩美成湯之祭先祖不言酒食唯論聲樂由其殷人尙聲故解之○箋磬玉磬○正義曰此申說傳意言磬聲清之意也知是玉磬者以鍾鼓磬管同爲樂器磬非樂之主而云鼓管和平來依磬聲明此異於常磬非石磬也皋陶謨云戛擊鳴球謂玉磬也成二年左傳齊人賂晉以玉磬是古人以玉爲磬也由玉磬尊故異言之○傳於赫至然閔○正義曰毛以此篇祀成湯美湯之德而云湯孫故云湯善爲人之子孫也以上句言衎我烈祖陳湯之祭祖故以孫對之子孫祭祖而謂祖善爲人之子孫猶閔予小子言皇考之念茲皇祖永世克孝也此篇三云湯孫於此

爲傳者舉中以明上下也釋樂云大鍾謂之鏞是大鍾曰庸也以數爲鍾鼓之
狀故爲盛奕萬舞之容故爲閑也箋云數數然有次序亦言其音聲盛也○箋
嘉客至扶助○正義曰王制祭統言四時祭名皆云春礿夏禘秋嘗冬烝注以
爲夏殷祭名是烝嘗爲時祭故云念我殷家有時祭之事而來也若然郊特牲
云饗禘有樂而食嘗無樂故春禘而秋嘗注禘當爲礿字之誤也王制云春礿
夏禘鄭引王制夏殷以正特牲之文則特牲所云。食無樂嘗。是夏殷禮矣此云
烝嘗則是秋冬之祭而上句盛陳聲樂者此經所陳總論四時之祭非獨爲秋
冬發文直取烝嘗之言爲韻耳縱使嘗實無樂而礿禘有之故得言其聲樂也
且禮文殘缺鄭以異於周法者卽便推爲夏殷未必食嘗無樂非夏禮也箋以
湯孫爲太甲故言太甲之扶助傳以湯爲人之子孫則將嘗訓爲大不得與鄭
同也王肅云言嘉客顧我烝嘗而來
者乃湯爲人子孫顯大之所致也

那一章二十二句

烈祖祀中宗也 中宗殷王大戊湯之玄孫也有桑穀之異懼而脩德殷道復興故表顯之號爲中宗○烈。祖烈祖有功烈之祖復扶又反下亦復同

[疏]烈祖一章二十二句○正義曰烈祖詩者祀中宗之樂歌也謂中宗既崩
之後子孫祀之詩人述中宗之德陳其祭時之事而作此歌焉經稱成湯
王有天下中宗承而興之諸侯助祭神明降福皆是祀時之事故言祀以總之
○箋中宗至中宗○正義曰案殷本紀云湯生太丁太丁生太甲太甲崩子沃丁立
崩弟太庚立崩子小甲立崩弟雍已立崩弟大戊立是太戊爲湯之玄孫也本
紀又云太戊立亳有祥桑穀共生於朝一暮大拱太戊懼問伊陟伊陟曰帝之
政其有闕與帝其脩德太戊從之而祥桑穀枯死殷復興諸侯歸之故稱中宗
是表顯立號之事也禮王者祖有功宗有德不毀其廟故異義詩魯說丞相匡
衡以爲殷中宗周成宣王皆以時毀古文尚書說經稱中宗明其廟宗而不毀
謹案春秋公羊御史大夫貢禹說王者宗有德廟不毀宗而復毀非尊德之義

鄭從而不駮明亦以爲不毀也則非徒六廟而已鄭言殷六廟者據其正者而言也禮稽命徵曰殷五廟至於子孫六注云契爲始祖湯爲受命王各立其廟與親廟四故六是此六者沒定不毀故鄭據之以爲殷立六廟至於中興之主有德則宗宗既無常數亦不定故鄭不數二宗之廟也

嗟嗟烈祖

有秩斯祜申錫無疆及爾斯所既載清酤賚我思成秩常申重酤酒賚賜也箋云祜福也賚讀如往來之來嗟嗟乎我功烈之祖成湯既有此王天下之常福天又重賜之以無竟界之期其福乃及女之此所女女中宗也言承湯之業能興之也既載清酒於尊酌以祼獻而神靈來至我致齊之所思則用成重言嗟嗟美歎之深○祜音戶疆居良反竟也下同酤音戶賚毛如字鄭音來重直用反下皆同王天下于況反竟音境本又作境祼古亂反齊側皆反本亦作齋

亦有和羹既戒既平鬷假無言時靡有爭綏我眉壽黃耇無疆戒至鬷。總假大也總大無言无爭也箋云和羹者五味調腥熟得節食之於人性安和喻諸侯有和順之德也我既祼獻神靈來至亦復由有和順之諸侯來助祭也其在廟中既恭肅敬戒矣既齊立。乎列矣至于設薦進俎又總升堂而齊一皆服其職勸其事寂然無言語者無爭訟者此由其心平性和神靈用。之故安我以壽考之福歸美焉○鬷子東反假毛古雅反鄭音格至也下以假以享同爭爭鬪之爭注同綏音妥安也耇音苟總音揔調音條祼音灌

約軝錯衡八鸞鶬鶬以假以享我受命溥將自天降康豐年穰穰八鸞鶬鶬言文德之有聲也假大也箋云約軝轂飾也鸞在鑣四馬則八鸞假。升也享獻也將猶助也諸侯來助祭者乘篆轂金飾錯衡之車駕四馬其鸞鶬鶬然聲和言車服之得其正也以此來朝升堂獻其國之所有於我受政教至祭祀又溥助我言得萬國之歡心也天於是下平安之福使年豐○軝祁支反錯如字徐又采故反鶬七羊反本又作鏘溥音普。穰如羊反轂古木反下音式鑣彼苗反篆直轉反朝直遙反轂飾

來假來饗。降福無疆箋云。享謂獻酒

使神享之也諸侯助祭者來升堂來。獻酒神靈又下與我久長之福也○假音格鄭云升也王云至也

顧予烝嘗湯孫之將箋云此祭中宗諸侯來助之所言湯孫之將者中宗之享此祭由湯之功故本言之

【疏】嗟嗟至之將○毛以為中宗崩後子孫祀之中宗之有天下乃由成湯創業作者述成湯之功言其福流於後故言嗟嗟乎我烈之祖成湯也有常者是此王天下之福言當常王天下也成湯既有此福天又重賜我商家以无疆境之期故得及爾中宗以此處所也謂能成湯之業復使中興也中宗既有此業故余祀之既載清酒於樽酌以祼獻以其絜敬之故神明賜之我所思而得成亦謂萬福來宜天下和平也其祭之時非直羣臣而已亦有和羹也羹者五味調和以喻諸侯有和順之德此和順諸侯來在廟中既肅敬而戒至矣既齊立於列位矣莫不總集大衆而能寂然無言語者於時凡在廟中無有爭訟者以此故神靈安我孝子以秀眉之壽使得黃髮耇老無有疆境之福也既言在廟助祭又本其初來之時所乘之車以朱篆約其長轂之軝以綵飾錯置於衡之上其八鸞之聲則鏘鏘然以其大禮而來以獻國之所有於我殷王受其政教之命至祭祀之時又溥來助祭由此得萬國之歡心故從天下平安之福故獲得豐年穰穰然而每物豐多也既言天使之豐又說神降之福中宗之神來至其坐矣來享其祭矣乃下與大福無有疆境也又言諸侯所以來。故念我此烝嘗之時祭者乃由湯善為人子孫亦顯大之所致也此祭中宗而引湯善為子孫者以湯是商家王業之所起故歸功於湯()鄭以賚我思成謂神靈來至我孝子所思得成也鬷假無言謂總集升堂皆無言語也以假以享謂來朝升堂獻國之所有也來假謂諸侯來升堂獻酒來饗謂神來歆饗之湯孫之將正謂此時設祭之君諸侯來扶助之然則此時祭者當是中宗子孫而云湯孫之將者中宗之饗此祭由湯之功故本言之雖中宗子孫亦是湯遠孫故亦得言湯孫也唯此為異其文義略同○傳秩常至賚賜○正義曰秩常申重賚賜皆釋詁文也言賜我思成者王肅云先祖賜我思之所欲成也知酤是酒者以此說祭事而云既載清酤文與旱麓清酒既載事同故知酤是酒也○箋祜福至思。成○正

義曰祜福釋詁文以思成者齊之所思成也思之得成由神明來格故知賚讀如往來之來商之王功起於湯故知功烈之祖正謂成湯也王天下之常福言湯之子孫常王天下也既言常福又言重賜無疆界福之長短天之所賜故知是天重賜之也及汝之此所所謂處所言中宗之得中興是天福之所及也此祭祭中宗也故知汝者汝中宗也言中宗承湯之業能中興之故陳湯有常福以及中宗也酒者祼獻所用故知既載清酒於樽謂酌以祼獻案禮言周法祼用鬱鬯殷禮雖則不明其祼亦應用鬱而云用酒以祼獻者鬱鬯釀秬為酒築鬱金草和之而已總而言之亦是酒也詩人所述舉其大綱非如記事立制曲辯酒齊之異清酤之言可兼祼獻之用故鄭並舉祼獻以充之○傳戒至至言無爭也○正義曰言戒至者謂恭肅敬戒而至非訓戒為至也鬷總古今字之異也故轉之以從今假大釋詁文總大無言無爭者以諸侯大衆總集或有言語忿爭故云無言無爭美其能心平性和也○箋和羹至美焉○正義曰祭之設饌有大羹鉶羹何知不實論羹而以為喻諸侯有和順之德者以昭二十年左傳晏子曰和如羹焉水火醯醢鹽梅以烹魚肉燀之以薪宰夫和之齊之以味濟其不及以泄其過君子食之以平其心君臣亦然故曰亦有和羹既戒且平鬷假無言時靡有爭彼引此和羹證君臣之和則知以和羹為喻非實羹也下句約軝錯衡諸侯來朝之事無言無爭又美助祭之人故知亦有和羹謂諸侯對朝廷羣臣而稱亦也釋詁假為升故易傳以鬷假為設薦進俎之時諸侯總集而升堂齊一也神之降福自祭之得禮非獨為助祭者也而云神靈用是之故安我以壽考之福者善其助祭得禮故歸美焉○傳八鸞至假大○正義曰此解在車之飾非直鸞和而已獨言鸞聲之意故云言文德之有聲也有聲謂此助祭諸侯有文德有聲聞故作者因事見義舉其鸞聲以顯之傳訓假為大而其義不明但軝衡是諸侯之車以享謂獻國之所有則以假亦是來朝之事當謂以大禮而來朝也○箋約軝至歡心○正義曰軝者長轂之名約謂以絲色纏約之故云約軝轂飾也采芑言約軝錯衡文與此同傳云朱而約之則此亦當以皮纏約而朱漆之也鄭於秦風駟驖之箋云置鸞於鑣異於乘車禮

記注云鸞在衡則鄭以乘車之鸞必在衡而此之鸞在鑣者以鸞之所在經無正文而殷周或異故從舊說以爲在鑣以示不敢質也言篆轂金飾者考工記云容轂必直陳篆必正注云篆轂約也容轂者治轂爲之形容彼言篆轂卽此約軝故言諸侯來助祭者乘篆轂金飾錯衡之車也知金飾者以采芑約軝錯衡與輅車有奭連文奭赤貌則彼是金輅彼爲金輅則此亦金輅知約軝錯衡爲金飾也案春官巾車之職金輅同姓以封則王子母弟同姓公侯乃得乘金輅耳殷禮雖亡不應三等之爵皆乘金輅此說諸侯來助獨言金輅舉其尊者言之耳假之爲升乃是正訓諸侯之朝必升堂授玉故易傳以假爲來朝升堂也朝必獻國所有故言以享也旣行朝禮後乃助祭故云至祭祀又溥助我言其得萬國之歡心也○箋享謂至獻酒○正義曰箋以說祭之事而云來享故知是獻酒使神享之也獻酒必升堂故知來假謂未升堂獻酒也傳於上下假皆不訓爲升則此亦不得與鄭同也王肅云祖考來至來享嘉薦然則音爲格故訓爲至也○箋此祭至言之○正義曰此祭中宗在中宗崩後當是中宗子孫而云湯孫故知本之傳於上篇以湯孫爲湯爲人子孫則此亦當然祭中宗而美湯之爲人子孫者王肅云祭中宗而引湯者本王業之所起也

烈祖一章二十二句

玄鳥祀高宗也祀當爲祫祫合也高宗殷王武丁中宗玄孫之孫也有雊雉之異又懼而脩德殷道復興故亦表顯之號爲高宗云崩而始合祭於契之廟歌是詩焉古者君喪三年旣畢禘於其廟而後祫祭於太祖明年春禘于羣廟自此之後五年而再殷祭一禘一祫春秋謂之大事○玄鳥燕也一名鳦音乙祀毛上如字鄭作祫戶夾反三年喪畢之祭也雊古豆反之異尙書云高宗祭成湯有飛雉升鼎耳而雊是也復扶又反契息列反殷之始祖也本又作偰同又作卨古字也後放此古者喪三年旣畢祫于太祖明年春禘于羣廟一本作古字君喪三年旣畢禘于其廟而後祫祭于太祖明年春禘于

羣廟案此序一注舊有兩本前祫後禘是前本禘夾一祫是後本也【疏】玄鳥一章二十二句○正義曰玄鳥詩者祀高宗之樂歌也鄭以祀爲祫謂高宗崩三年喪畢始爲祫祭於契之廟詩人述其事而作此歌焉以高宗上能興湯之功下能垂法後世故經遠本玄鳥生契帝命武湯言高宗能興其功業又述武丁孫子無不勝服四海來至百祿所歸言高宗之功澤流後世因祫祭而美其事故序言祫以總之毛無破字之理未必以此爲祫或與殷武同爲時祀但所述之事自有廣狹耳○箋祀當至大事○正義曰知此祀當爲祫者以經之所陳乃上述玄鳥生商及成湯受命若是四時常祀不應遠頌上祖殷武與此皆云祀殷武所陳高宗身事而已則知此與彼殊宜當爲祫也案殷本紀太戊生仲丁及外壬及河亶甲亶甲生祖乙祖乙生祖辛祖辛生祖丁祖丁生陽甲及盤庚及小辛及小乙小乙生武丁是武丁爲太戊玄孫之孫書序云高宗祭成湯有飛雉升鼎耳而雊作高宗肜日殷本紀稱武丁見雉升鼎耳懼而脩政行德天下咸懽殷道復興立其廟爲高宗喪服四制說高宗之德云當此之時殷衰而復興禮廢而復起高而宗之故謂之高宗是殷道復興表顯立號之事也禮三年喪畢祫於太祖之廟以新崩之主序於昭穆此高宗崩喪畢之後新與羣廟之主始合祭於契之廟故詩人因此祫祭之後乃述序其事而歌。作詩焉鄭駁異義云三年一祫百王通義則殷之祫祭三年一爲而必知此崩而始祫者以序云祫高宗也若是三年常祫則毀廟之主陳於太祖未毀廟之主皆升合食於太祖使偏及先祖不獨主於高宗今序言祫高宗明是爲高宗而作祫故知是崩後初祫於契之廟也既言崩而始祫因辯祫之先後及言古者君喪以下以明禘祫之疏數也大宗伯及王制之注皆云魯禮三年喪畢祫於太祖明年春禘於羣廟自此之後五年而再殷祭一禘一祫春秋謂之大事彼二注其言與此正同而云魯禮則此云古者君喪以下謂魯禮也此箋及禮注所言禘祫疏數經無正文故鄭作魯禮禘祫志以推之其略云魯莊公以其三十二年秋八月薨閔二年五月而吉禘此時慶父使賊殺子般之後閔公心懼於難務自尊成以厭其禍至二年春其間有閏二十一月禫除喪夏四月則祫又即以五月禘。此月大祭故譏其速譏其速者明當異歲也經獨言吉禘於莊公閔公之服凡二十一月於禮少四月又不禫無恩也魯閔公二年秋八月公薨僖二年除喪。而明年春禘自此之後乃五年再殷祭六年祫故八年經曰秋七月禘於大廟用致夫人然致夫人自魯禮因禘事而致哀。姜故譏焉魯僖公以其三十三年冬十二月薨文二年秋八月祫僖薨至此而除間有閏積二十一月從閔除喪不禫故明月即祫經云八月丁卯大事於太廟躋僖公。僖公之服亦少四月不刺者有恩也魯文公以其十八年春二月薨宣二年除喪而祫明年春禘自此之後五年而再殷祭與僖爲之同六年祫故八年禘經曰夏六月辛巳有事於大廟仲遂卒於垂說者以爲有事謂禘爲仲遂卒張本故略之言有事耳魯昭公十一年夏五月夫人歸氏薨十三年夏五月大祥七月而禫公會劉子及諸侯於平丘公不得志八月歸不及祫冬公如晉明十四年春歸乃祫故十五年春乃禘經曰二月癸酉有事於武宮傳曰禘於武公及二十五年傳將禘於襄公此則十八年祫二十年禘二十三年祫二十五年禘於茲明矣儒家之說禘祫也通俗不同學者競傳其聞。是用訩訩爭論從數百年來矣竊念春秋者書天子諸侯中失之事得禮則善違禮則譏可以發起是非故據而述焉從其禘祫之先後考其疏數之所由而粗記注焉魯禮三年之喪畢則祫於太祖明年春禘於羣廟僖也宣也八年皆有禘祫祭則公羊傳所云五年而再殷祭祫在六年明矣明當位曰魯王禮也以相準況可知也此是鄭君考校魯禮禘祫疏數之事也閔二年五月吉禘於莊公郎是春秋之經而於禘之前經無祫事鄭知四月祫者以文二年經書大事於太廟公羊傳曰大事者何祫也彼是除喪而祫則知閔之吉禘之前亦當先有祫祭於祫所以不譏者以時有慶父之難君子原情免之但爲祫足以成尊不假更復爲禘而五月又禘故譏之而書吉禘也譏之言吉則是未應從吉故知明當異歲也且五年而再殷祭乃是公羊傳文後禘去前禘當五年矣僖也宣也皆八年有禘明知前禘當在三年矣文公以二年祫祭祫在除喪之年禘宜在三年是其與祫當異歲也鄭以春秋上下考校知其必然故此箋及禮注皆爲定解仍恐後。字致惑故又作志以明之如志之言五年再殷祭先祫後禘而此云一禘一祫先言禘者恐其文便無義例也春秋謂之大事指謂文二年祫祭之事耳其禘則春秋或謂之禘或云有事皆不言大事僖宣八年之經是也此箋或云古者君喪三年喪畢禘於其廟而後祫於太祖自此之後五年而再殷祭者其文誤也何則禮注及志皆無此言則此不當獨有也定本亦無此文

天命玄鳥降而生商宅殷土芒芒 玄鳥鳦也春分玄鳥降湯之先祖有娀氏女簡狄配高辛氏帝。帝率與之祈于。郊禖而生契故本其為天所命以玄鳥至而生焉芒芒大貌箋云降下也天使鳦下而生商者謂鳦遺卵娀氏之女簡狄吞之而生契為堯司徒有功封商堯知其後將興又錫其姓焉自契至湯八遷始居亳之殷地而受命國日以廣大芒芒然湯之受命由契之功故本其天意○芒莫剛反後同娀夙忠反契母之本國名郊禖音梅本亦作高禖卵力管反亳傍各反地名

古帝命武湯正域彼四方方命厥后奄有九有 正長域有也九有九州也箋云古帝天也天帝命有威武之德者成湯使之長有邦域為政於天下方命其君謂偏告諸侯也湯有是德故覆有九州為之王也○長張丈反下同偏音遍

商之先后受命不殆。在武丁孫子 武丁高宗也箋云后君也商之先君受天命而行之不解殆者在高宗之孫子言高宗興湯之功法度明也○解音懈

武丁孫子武王靡不勝龍旂十乘大糦是承 勝任也箋云交龍為旂糦黍稷也高宗之孫子有武功有王德於天下者無所不勝服乃有諸侯建龍旂者十乘奉承黍稷而進之者亦言得諸侯之歡心十乘者二王後八州之大國○武王于況反又如字注同勝毛音升鄭式證反乘繩證反注同糦尺志反韓詩云大祭也任音壬下何同

邦畿千里維民所止肇域彼四海 畿疆也箋云止猶居也肇當作兆王畿千里之內其民居安乃後兆域正天下之經界言其為政自內及外○疆居良反

四海來假來假祁祁景員維河。殷受命咸宜百祿是何 景大員均

何任也箋云假至也祁祁衆多也員古文作云河之言何也天下既蒙王之政令皆得其所而來朝覲貢獻其至也祁祁然衆多其所貢於殷大至所云維言何乎言殷王之受命皆其宜也百祿是何謂當擔負天之多福○假音格下同祁巨移反或上之尺之二反員毛音圓鄭音云河王以爲河水本或作何何音河河可反本亦作苛音同鄭云擔負也下篇何天同朝直遙反擔都藍反下篇同

疏天命至是何○毛以爲契母簡狄於春分玄鳥至日祁於高禖而生契封商後世有此殷國今以高宗有國本而美之言上天命此玄鳥使下而生此商國故契之子孫得言此殷王其國境廣大芒芒然既總言此天命生商又指陳商興之節古之天帝命有威武之德者成湯令長有彼四方之國謂爲之君長有其土地天既命成湯爲長又令四方歸之方方命其諸侯之君使歸成湯故得同有此九州之民也成湯既受天命子孫又能循之商之先君受天之命年世延長所以不至危殆者在此高宗武丁善爲人之孫子也此武丁爲人之子孫○行其先祖武德之王道威德盛大無所不勝任之也故於此祀高宗也乃有諸侯建龍旂者十乘來助殷祭於祭之時有大黍稷之食此諸侯於是奉承而進之言高宗澤及天下故子孫祭之得萬國之懽心也高宗前世殷政衰微又述高宗能興之狀殷之邦畿之內地方千里維是民之所安止矣然後始有彼四海言高宗爲政先安畿內之民後安四海之國以爲己有由此能有彼四海故四海諸侯莫不來至其來至也祁祁然數甚衆多此衆多諸侯其辭皆云殷王之政甚大均矣維如河之潤物然言其無不霑及也成湯既受天命子孫克循其道則殷之受命皆得其宜故百衆福祿於是宜擔負之高宗興殷之道能爲四海所慶故因其祀也述而歌之鄭以爲簡狄吞鳦卵生契故言天命玄鳥降而生商也正域彼四方言長有邦域爲政於四方又以奄爲覆故言覆有九州爲之王也又受命不怠在武丁孫子謂行之不解怠者在武丁之孫子言高宗興湯之功法度著明以教戒後世子孫行之不解怠也武王靡不勝謂武丁孫子有武功有王德者於天下無所不勝由高宗功被後世故子孫能服天下也兆域彼四海謂正天下之經界爲營兆境域以至於彼四海也景云維河

言諸侯大至所言維云何乎殷受命咸宜百祿是何即其言之所云也唯此爲異餘文義略同○傳玄鳥至大貌○正義曰釋鳥云燕燕鳦也色玄故又名爲玄鳥毛氏不信讖緯以天無命鳥生人之理而月令仲春云是月也玄鳥至之日以大牢祀于高禖天子親往后妃率九嬪御玄鳥降則日有祀郊禖之禮也大戴禮帝係篇說帝嚳卜其四妃之子皆有天下云有娀氏女簡狄則契爲高辛之子簡狄高辛之妃而云玄鳥至生商則是以玄鳥至日祈而得之也故以爲春分玄鳥降湯之先祖簡狄祈郊禖而生契也玄鳥以春分而至氣候之常非天命之使生契但天之生契將令王有天下故本其欲爲天所命以玄鳥至而生焉記其祈福之時美其得天之命故言天命玄鳥使下生商也玄鳥之來非從天至而謂之降者重之若自天來然月令季春戴勝降于桑注云是時指在桑言降者若始自天來重之故稱降也襄四年左傳稱芒芒禹迹畫爲九州是芒芒爲大貌也○箋天使至天意○正義曰鄭以中候契握云玄鳥翔水遺卵流娀簡吞之生契封商殷本紀云簡狄行浴見玄鳥墮其卵簡狄取吞之因孕生契此二文及諸緯候言吞鳦生契者多矣故鄭據之以易傳也書序云自契至於成湯八遷湯始居亳又云盤庚五遷將治亳殷於湯言居亳於盤庚言亳殷則殷是亳地之小別名故知湯是亳之殷地而受命之也自契至湯八遷者皇甫謐云史失其傳故不得詳是八遷地名不可知也其亳地在河洛之間書序注云今屬河南偃師地理志河南郡有偃師縣有尸鄉殷殷湯所都也皇甫謐云學者咸以爲亳在河洛之間書序注云今屬河南偃師地理志河南郡有偃師縣有尸鄉殷湯所都也皇甫謐云學者咸以亳在河洛之間今河南偃師西二十里有尸鄉亭是也謐考之事實失其正也孟子稱湯居亳與葛爲鄰案地理志葛今梁國寧陵之葛鄉是也湯地七十里耳葛伯不祀湯使亳衆爲之耕有童子餉食葛伯奪而殺之古文仲虺之誥曰湯征自葛始計寧陵去偃師八百里而使亳衆爲耕有童子餉食非其理也今梁國自有二亳也南亳在穀熟之地北亳在蒙地非偃師也書序曰盤庚五遷將治亳殷即偃師是也然則殷有三亳二在梁國一在河洛之間穀熟爲南亳即湯都也蒙爲北亳即景

亳是湯所受命也偃師爲西亳卽盤庚所徙者也立政之篇曰三亳阪尹是也如謚之言非無理矣鄭必以亳爲尸鄉者以地理志言尸鄉爲殷湯所都是舊說爲然故從之也且中候格予命云天乙在亳東觀在洛若亳在梁國則居於洛東不得東觀於洛也所言三亳阪尹謂其尹在阪謚之所言三亳其地非皆有阪故立政注云三亳者湯舊都之民分爲三邑其長居險故云阪尹蓋東成皐南轘轅西降谷也是鄭以三亳爲分亳民於三處有亳地也杜預以景亳爲周地河南鞏縣西南有湯亭或說卽偃師也漢書音義曰臣瓚案湯居亳今濟陰薄縣是也今薄有湯冢已氏有伊尹冢皆相近又以亳爲濟陰薄縣以其經無正文故各爲異說地名變易難得而詳也孟子稱湯以七十里有天下則湯之初國猶尚小耳言日以廣大芒芒然謂至湯身而漸大也又解將述成湯而遠言契意以湯之受命由契之功故本其天意而言契之初生也○傳正長至九州○正義曰正長釋詁文域有者言封域之內皆爲己有非訓域爲有也言九有九有是同有天下之辭言分天下以爲九分皆爲己有故知九有九州也傳於奄字皆訓爲同王肅云同有九州之貢賦也○箋古帝至之王○正義曰湯之受命上天命之故知古帝謂天也尚書緯云曰若稽古帝堯稽同也古天也是謂天爲古故得稱天爲古帝也方命其君謂於四方之國方方命之故爲偏告諸侯言湯有是德天道遠矣非與人道言云偏告之者正謂授湯聖德令之所征無敵使諸侯偏聞是偏告之也○傳武丁高宗○正義曰作詩所以稱王名者王肅云殷質以名篇商之先君成湯受天命所以不危殆者在武丁之爲人孫子也毛以爲湯孫湯爲人子孫則此亦當如肅言也○箋商之至度明○正義曰商之先君受天命成湯是也以天下之大王業之重創基甚難守亦不易故言行之不懈怠者在高宗之孫子美此高宗孫子能得行之不懈怠也又解此詩主頌高宗而美高宗子孫者言高宗興湯之功法度著明故子孫能得行之亦是高宗之美故主頌高宗而言其子孫也○箋交龍至大國○正義曰交龍爲旂春官司常文也言以大糦是承謂奉承助祭祭之粢盛唯黍稷耳糦字從米故知是黍稷也乃有諸侯建龍旂者十乘奉承黍稷而進之殷禮既

亡無可案據若以周法言之則謂諸侯乘墨車建龍旂入天子之門至祭時奉黍稷之饌以助祭也覲禮曰侯氏裨冕乘墨車載龍旂弧韣乃朝注云墨車大夫制也乘之者入天子之國車服不可盡與王同交龍爲旂諸侯所建是入天子之門乘墨車也其在道路則隨其尊卑故覲禮記云偏駕不入王門注云在傍與己同曰偏駕同姓金輅異姓象輅四衞革輅蕃國木輅駕之與王同謂之偏駕不入王門者乘墨車以朝偏駕之車舍於館矣是未入於王門駕不入王門者則所駕之車隨其尊卑其建龍旂則終始同也又解諸侯衆多獨言十乘之意謂二王之後與八州之大國故十也八州大國謂州牧也諸侯當以服數來朝而得十乘並至者舉其有十乘耳未必同時至也或者王不巡守之歲則諸侯並時來朝四時更來則年之閒而十乘俱至也○傳畿疆○正義曰畿者爲之畿限疆畔故爲疆也毛無破字之理則肇當訓爲始王肅云殷道衰四夷來侵至高宗然後始復以四海爲境域也○箋肇當至及外○正義曰箋以肇域共文當謂界域營兆故轉肇爲兆言已令千里之內民得安居乃後正天下之經界以四海爲兆域先安畿內後正四海言其自內及外也○傳景大員均何任○正義曰景大釋詁文員者周匝之言故爲均也荷者在負之義故爲任也傳解維河之義既以景員爲大均則維河者當謂政教大均如河之潤物然言其霑潤無所不及也○箋假至至多福○正義曰假至釋詁文彼作格音義同傳員爲云河爲何者以頍弁既醉言維何者皆是設問之辭與下句發端此下句言殷受命咸宜是對前之語則此言維何當與彼同不得爲水傍河也故知河當爲何維何既是問辭則大員是諸侯大至日之所云不得爲大均之義且古文云員字同故易傳也上言兆域彼四海以四海爲界也既言四海爲界也因卽乘而立文言四海來假正謂四海之內中國諸侯來至貢獻非自四夷貢獻也所云維言何乎將故述其美殷之旨故開其問端也荷任卽是擔負之義故言擔負天之多福

玄鳥一章二十二句

附釋音毛詩注疏卷第二十（二十之三）

毛詩注疏校勘記（二十之三）　阮元撰盧宣旬摘錄

卷第二十 二十之三 六九 十行本此下脫那詁訓傳第三十一行閩本以下有考文古本同是也但那下仍衍之什二字說見前又閩本以下誤在毛詩商頌鄭氏箋孔穎達疏後說見卷一當依唐石經小字本相臺本刪之什二字補在毛詩商頌一行之上也

商頌譜

汝作司徒敷五教五教在寬 明監本毛本敷上有敬字閩本剜入案所補非也正義引之不備耳浦鏜云衍五教二字非也考殷本紀重五教二字正用尚書文唐石經初刻亦然後乃摩去合諸此正義所引可知唐時本尚書自重二字不得依今本輒刪之也

斯封稷臯陶 閩本明監本毛本同案稷下浦鏜云脫契字是也長發正義引有

契孫相士居商丘 閩本同明監本毛本士作土案所改非也當是王肅自用士字故依彼引之不得用正義改為土也〇按楊升菴欲改左傳士氏為土氏以合在周為唐杜之文而不知士卽理官士氏以官得氏也

故名序云 〔補〕毛本名作書是也

代夏桀定天下 閩本明監本毛本同案代當作伐正義可證

中候維予命云 閩本明監本毛本同案浦鏜云雒誤維是也那正義引作雒

此三主有受命中興之功 閩本同明監本毛本主作王案所改是也此正義及長發正義引皆可證山井鼎考文所載以

爲毛本主宋板王諸本同皆誤

故故終言之 閩本明監本毛本不重故字案所改非也下故字當作譜此亦寫者誤而未及改正耳不當輒刪

西及豫州盟豬之野 閩本明監本毛本同案陳譜作明豬正義引此文亦作明今作盟當誤正義中孟字據地理志及陳譜正義所引尚書訂之則當作盟

導河澤 閩本明監本毛本同案河字盧文弨云當作菏是也此誤落去上廾耳

今之梁國市 補 閩本明監本毛本同案市當作沛

及東都之須昌壽張 閩本明監本毛本同案都字盧文弨云當作郡是也

自從政衰 閩本明監本毛本同案浦鏜云後誤從是也

所以通大三統 閩本明監本毛本同案大當作天形近之譌通天三統書傳駁異義皆有其文引在振鷺正義

○那

那祀成湯也 小字本同閩本明監本毛本同相臺本那作那唐石經初刻那摩改那案那字是也下同

有正考甫者 唐石經小字本相臺本同案釋文云父本亦作甫此唐石經之所出也正義云其大夫有名曰正考父者是其本作父字今正義中父甫字互歧乃合併以後依經注有所改耳

正義曰那詩詩者補閩本明監本毛本上詩字作之案所改非也當衍一詩字

死因爲語耳閩本同明監本毛本語作謚案所改是也

以其伐紂革命閩本明監本毛本同案紂當作桀

宋父生正考甫閩本明監本同毛本甫作父案所改是也但餘多仍作甫

言湣公之適辥補毛本辥作嗣

亦不夷懌唐石經小字本相臺本同案釋文云繹字又作懌正義本是懌字當爲唐石經之所本也○按懌者俗字從繹爲是

先王稱之曰在古小字本相臺本同段玉裁云魯語先聖王之傳恭猶不敢專稱曰自古古曰在昔昔曰先民韋注引傳亦曰先王稱之曰自古然則各本作在字誤也山井鼎云古本本同後改在作自不知據何本也考此乃依國語改而偶有合也

序助者之來意也相臺本同閩本明監本毛本同小字本之來作來之案小字本是也

而能制作護樂閩本明監本毛本護作濩案所改非也當是正義本作護字正義下文皆作濩乃合併以後依經注改之耳

大鍾之鏞閩本明監本毛本同案經傳作庸正義作鏞庸鏞古今字易而說之也例見前

乃從上古在於昔代先正之民閩本明監本毛本正作王案所改是也又按作正義時其本作在昔

視其有所成閩本明監本毛本同案視當作是

則特牲所云食無樂當是夏殷禮矣閩本明監本毛本食下有當字是上無當字案所補是也所删非也

○烈祖

既齊立平列矣補毛本同案乎當平字之譌

鬷總假大也小字本相臺本同案釋文以總也作音是其本多也字

神靈用之故小字本相臺本同案之是也此也正義說經云以此故可證下文云而云用是之故當是正義自爲文耳考文古本用下有是字采正義而爲之耳

假升也小字本相臺本同考文古本同閩本明監本毛本升誤大案山井鼎云不可與傳混也是也

來假來饗唐石經小字本相臺本同考文古本同閩本明監本毛本饗誤享案經中饗享二字截然有別享者下享上也饗者上饗下也自歐陽脩本義以來諸家論之審矣○按有同字義別而相因者如獻神爲享神食其所獻亦爲享是也此等在訓詁中蓋未可枚舉後儒曲爲分別乃以獻之作享神食所獻作饗於我將閟宫烈祖皆用此例定其字故唐石經宋本似是而非今俗本概作享似非而是此篇前享字箋云獻也後享字箋云謂獻酒使神享之也相承爲說當時斷非有二形也

享謂獻酒使神享之也閩本明監本毛本同小字本相臺本享作饗考文古本同案享字誤見上十行本下箋中宗之享此祭誤同與經文爲岐出正義中歆饗字亦饗享錯雜此寫者以享爲饗別體字而亂之耳閩本以下仍之而不覺又因此而改經文亦爲享誤甚

來升堂來獻酒小字本相臺本同案來升堂者來假也來獻酒者來饗也上箋云饗謂獻酒使神饗之也此箋乘上爲文故省而但言獻酒下箋說經降福無疆云神靈又下與我久長之福也又者又神饗之也是此獻酒括上使神饗之而言明甚矣箋之兩來字卽經之兩來字本自無誤正義云來假謂諸侯來升堂獻酒來饗謂神來歆饗之又云獻酒必升堂故知來假謂來升堂獻酒也以獻酒連升堂入於來假之下以來饗屬之神來微失箋意箋意來饗之來仍是諸侯來不是神來但饗是神饗之耳王肅述毛則以兩來字皆屬之神此其與鄭異也經義雜記因正義此言以爲下一來字是淺人所增其說非也

故余祀之閩本明監本毛本余作今案此皆誤也當作祭形近之譌

又言諸侯所以來故念我補毛本故作顧

箋祜福至思成閩本同明監本毛本思作用案所改是也

鬷惣古今字之異也閩本同明監本毛本惣作總案所改非也惣卽總字正義自爲文多用之唯順經注乃有總字明監本以下悉改之爲總者非

旣戒且平閩本明監本毛本同案此不誤浦鏜云旣平誤且平非也考杜預注及正義傳文本作且晏子春秋亦作且可見此正義引傳爲是今傳作旣者依此詩改之耳申鑒亦引作且皆不與毛氏詩同

箋約軝至歡心閩本明監本毛本軝誤軧下同案正義本是軝字上文作軧者皆後人改耳已見采芑經

鄭於秦風駟驖之箋云閩本明監本毛本驖作鐵案所改是也

謂未升堂獻酒也閩本同明監本毛本未作來案所改是也

○玄鳥

古者君喪三年既畢禘於其廟而後祫祭於太祖明年春禘于羣廟小字本相臺本同案釋文云古者喪三年既畢祫于大祖明年禘于羣廟一本作古者君喪三年既畢禘于其廟而後祫祭于大祖明年春禘于羣廟此序一注舊有兩本前祫後禘是前本也兩禘夾一祫是後本也正義此箋或云古者君喪三年喪畢禘於其廟而後祫于大祖自此之後五年而再殷祭者其文誤也何則禮注及志皆無此言則此不當獨有也定本亦無此文惠棟云正義本無經及傳箋南宋刻正義始增入之而誤入宋時所傳之本此箋正義已言其誤而書仍載者刻書之人載入之箋不與正義相涉故也今考正義本與釋文同所謂前本者也

而歌作詩焉補毛本同案作當此字之譌

此月大祭故譏其速閩本明監本毛本同案此當作比形近之譌

僖二年除喪而閩本明監本毛本同案而下當脫祫字

因禘事而致哀美閩本明監本毛本同案山井鼎云美當作姜是也

僖公之服亦少四月閩本明監本毛本同案此不誤浦鏜云文誤僖非也上文閔公之服自服者而言也此僖公之服自所爲

服而言也二者文不同而義俱通無容改而一之也

學者競傳其間 補 閩本明監本毛本同案間當作聞

仍恐後字致惑 閩本明監本毛本同案山井鼎云字恐學誤是也

祈于郊禖而生契 小字本相臺本同案釋文云郊禖本或作高禖正義云祈於高禖而生契是正義本當作高字下文又作郊禖者或合併後所改○按月令作高禖毛傳生民玄鳥皆作郊禖月令正義分析甚明是傳不當作高也或云郊或云高者鄭志焦喬荅王權甚明此正義自當作郊禖舊挍非也

受命不殆 唐石經小字本相臺本同案箋云受天命而行之不解殆者正義云又受命不怠在武丁孫子謂行之不解怠者在武丁之孫子言高宗興湯之功法度著明以教戒後世子孫行之不解怠也又云言行之不懈怠者在高宗之孫子矣此高宗孫子能得行之不懈怠也考此經字作殆故正義引王述毛以爲危殆也鄭以爲殆卽懈怠字故箋云不解殆而字仍作殆正義乃易爲怠字而說之也趙岐注孟子告子下王弼注易震皆用殆爲怠可見在鄭時不煩改字矣殷武經用怠字此不畫一之例也

八州之大國 小字本相臺本同案釋文云大國與音余是其本國下有與字正義云又解諸侯衆多獨言十乘之意謂二王之後與八州之大國故十也不云言與爲疑辭是其本無也此無正文當以釋文本爲長

景員維河 唐石經小字本相臺本同案釋文云鄭云河之言何也王以爲河水本或作何正義云轉員爲云河爲何者云云是其本作河也此經本

是何字故王申毛以爲河水或作本乃以箋改經耳

音河河可反本亦作苛 【補】釋文挍勘通志堂本盧本同案盧文弨云音河當作音荷非也候人釋文云何戈何可反又音河是河字不誤也小字本所附同相臺本所附作又河可反又字當有苛盧文弨云荷字之誤是也

員古文作云 按作字衍也謂員是古文云字此言古文之假借說文多云古文以某爲某皆言假借秦誓古文若弗員來衞包始改爲云來員是古文云是今字若衍作字則古今互易矣詳段玉裁詩經小學

謂當擔負天之多福 小字本相臺本同案此與長發箋擔皆當作檐羣經音辨木部檐下載此箋是其證也羣書亦多用從木字如釋名云檐任也之屬正義中本皆作檐今檐擔錯雜改之而未盡也音辨本取釋文而通志堂本誤改從扌

得言此殷王 閩本明監本毛本同案山井鼎云言恐居誤王土誤是也

〇行其先祖武德之王道 閩本同明監本毛本〇作能案所改非也〇當衍

玄鳥降則日有祀郊禖之禮也 閩本同明監本毛本則作之案此誤改也則日二字當倒耳郊當作高見上〇按作郊者是

注云是時指在桑 閩本明監本毛本同案山井鼎云指當作恆是也

鬭狄行洛 閩本毛本同明監本洛作浴案浴字是也譜正義引作浴

墮其卵 閩本明監本毛本同案浦鏜云墮本紀作嫷是也譜正義引作嫷

故知湯是亳之殷地而受命之也 閩本同明監本毛本下之字作者案所改非也之當衍字

殷殷湯所都也 閩本明監本毛本不重殷字脫也字案不重是也

學者咸以爲亳在河洛之閒書序注云今屬河南偃師地理志河南郡有偃師縣有尸鄉殷湯所都也皇甫謐云學者咸以亳在河洛之閒 閩本明監本毛本無書序以下至河洛之閒四十二字案此十行本複衍也

且中候格予命云 閩本明監本毛本同案山井鼎云格恐洛誤是也譜正義引作雒

東觀在洛 閩本明監本毛本同案在當作於譜正義引作於此與下互換而誤也

不得東觀於洛也 閩本明監本毛本同案於當作在此與上互換

言九有九有 閩本明監本毛本同案上九字當作奄下文云是同有天下之辭以同解奄也

殷質以名篇 閩本明監本毛本同案篇當作著形近之譌

在傍與己同曰偏駕 閩本明監本毛本同案己當作王

荷者在負之義 閩本明監本毛本同案浦鏜云在當任字誤是也

既言四海爲界也閩本明監本毛本同案浦鏜云也疑衍字是也

將故述其美殷之言補毛本故作欲案欲字是也

荷任卽是擔負之義明監本毛本脫荷字閩本不誤案擔當作檐見上

故言檐負天之多福閩本明監本毛本檐作擔字按儋是正字俗作擔从手蓋唐早有之集韻平聲儋擔同字去聲擔檐同字

毛詩商頌　鄭氏箋　孔穎達疏

長發大禘也大禘郊祭天也禮記曰王者禘其祖之所自出以其祖配之是謂也○長知字禘大計反王云殷祭也王者于況反又如字 疏 長發七章首章八句次四章章七句一章九句卒章六句○正義曰長發詩者大禘之樂歌也禘者祭天之名謂殷王高宗之時以正歲之正月祭其所感之帝於南郊詩人因其祭也而歌此詩焉經陳洪水之時已有將王之兆玄王政教大行相土威服海外至於成湯受天明命誅除元惡王有天下又得賢臣爲之輔佐此皆天之所祐故歌詠天德因此大禘而爲頌故言大禘以總之經無高宗之事而爲高宗之頌者以高宗禘祭得禮因美之而爲此頌故爲高宗之詩但作者主言天德止述商有天下之由故其言不及高宗此則鄭之意耳王肅以大禘爲殷祭謂禘祭宗廟非祭天也毛氏既無明訓未知意與誰同○箋大禘至是謂○正義曰祭法云殷人禘嚳而郊冥注云禘謂冬至祭天於圓丘則圓丘之祭名爲禘也又王制云及祭統言四時祭名春礿夏禘秋嘗冬烝注云蓋夏殷制則殷之夏祭宗廟亦名禘也又鄭駁異義云三年一祫五年一禘百王通義以爲禮讖云殷之五年殷祭亦名禘也然則祭之名禘者多矣而知此大禘爲郊祭天者以冬至爲祭乃是天皇大帝神之最尊者也爲萬物之所宗人神之所主非於别代異姓曲有感助經稱帝立子生商謂感生之帝非天皇大帝也且周頌所詠靡神不舉皆無圓丘之祭殷人何獨捨其感生之帝而遠述昊天上帝乎以此知非圓丘之禘也時祭所及親廟與太祖而已而此經歷言玄王相土非時祭所及又非宗廟夏禘也五年殷禘鄭於禘祫志推之以爲禘祭各就其廟今此篇上述商國所興之由歷。更前世有功之祖非是各就其廟之言以此又知非五年殷祭之禘也彼諸禘者皆非此篇之義故知此云大禘唯是郊祭天耳祭天南郊亦名爲禘故引禮記以證之所引者喪服小記及大傳皆有此文大傳注云凡大祭曰禘自由也祭其先祖所由生謂郊祀天也王者之先祖皆感太微五帝之精以生蒼則靈威仰赤則赤。熛怒黃則含樞。紐白則白招拒黑則汁光紀皆用正歲之正月郊祭之蓋特尊焉孝經曰郊祀后稷以配天配靈威仰也宗祀文王於明堂以配上帝謂汎配五帝也如彼注則殷人之祖出於汁光紀故以正歲正月於郊禘而祭之故此序謂之大禘也易緯稱。王王之郊一用夏正故知郊天皆用正歲正月也鄭志趙商問此云案祭法殷人禘嚳而郊冥又喪服小記及大傳皆云王者禘其祖之所自出以其祖配之注皆以為祭天皇大帝以嚳配之然則此詩之禘亦宜以為圓丘之祭不審云郊何答曰郊祀后稷以配天則以祖配其祖從出之明文也云注皆以為祭天皇大帝詩之大禘宜為圓丘之祭探意大過得無誣乎禘者祭名天人共云是鄭解此禘為郊天之事也小記大傳言禘祖之所自出者注皆以為郊所感之帝而商云祭天皇大帝故云得無誣乎祭法稱殷人禘嚳而郊冥此若郊天當以冥配而不言冥者此因祭天歌詠天德言其能降靈氣祐殷興耳其意不述祭時之事不美所配之人昊天有成命郊祀天地亦是南郊之祭而辭不及稷何怪此篇不言冥也馬昭云長發大禘者宋為殷後郊祭天以契配不郊冥者異於先王故其詩詠契之德宋無圓丘之禮唯以郊為大祭且欲別之於夏禘故云大禘此說非也何則名曰商頌是商世之頌非宋人之詩安得云宋郊契配也。諸稱三王有受命中興之功時有作詩頌之者則是殷人之時作之理在不惑而云宋人郊天虛妄何甚而馬昭雖出鄭門其言非鄭意也若然商非宋詩而樂記云溫良而能斷者宜歌商注云商宋詩者以宋承商後得歌商頌非謂宋人作之也

濬哲維商長發其祥洪水芒芒禹敷下土方外大國是疆幅隕。既長

濬深洪大也諸夏為外幅廣也隕均也箋云長猶久也隕當作圓圓謂周也深知乎維商家之德也久發見其禎祥矣乃用洪水禹敷下土正四方定諸夏廣大其竟界之時始有王天下之萌兆歷虞夏之世故為久也○濬音峻悊音哲字或作哲芒音亡依韻音忙疆居良反竟界也幅方目反隕音圓徐于貧反夏戶雅

反下皆同圜音還又音圓。王知音智見賢遍反禎音貞祥也竟音境。天下于況反下湯王言王之王德皆同有娀方將帝立子生商有娀契母也將大也契生商也箋云帝黑帝也禹敷下土之時有娀氏之國亦始廣大有女簡狄吞鳦卵而生契堯封之於商後湯王因以爲天下號故云帝立子生商【疏】濬哲至生商○毛以爲有深智者維我商家之德也昔在前世久發見其禎祥矣其祥之見在何時乎往者唐堯之末有大水芒芒然有大禹者敷廣下土以正四方京師之外大國於是畫其疆境令使中國廣大均平既已長遠矣於是時契已佐禹是其禎祥久見也又說商興之由有娀氏之女方欲長大之時天爲之生立其子而使之生商謂上天祐契使賢而生有商國也○鄭以隕爲圓言中國廣大而圓周也有娀方將謂有娀之國方始廣大黑帝憑依簡狄使之有子立其子使生商國其文義略同○傳濬深至隕均○正義曰濬深釋言文洪大釋詁文諸夏爲外對京師爲內也幅如布帛之幅故爲廣也王肅云外諸夏大國也京師爲內諸夏爲外言禹外畫九州境界。禹平治水土中國既廣已平均且長也○箋隕當至爲久○正義曰箋云深智乎維商家之德者總歎商家深智不指斥一人也禹敷下土廣大其境界之時正謂水害既除輔成五服之時也始有王天下之萌兆謂契能佐禹治水敬敷五教功被當世故後嗣克昌是其王之萌兆也爾時已有萌兆即是久見其祥。比至成湯之興歷虞夏之世故爲久也○傳有娀至生商○正義曰有娀契母之姓婦人以姓爲字故云有娀契母也將大釋詁文謂契母方成大之時天爲生立其子商者成湯王天下一代之大號此商之有天下其本由契而來故言契生商也詩言商興所由。上須言契而已○上句乃述禹敷下土者以契禹俱事帝堯皆有大功故將欲論契先言洪水也○箋帝黑至廣大○正義曰禘者郊天之名郊祭所感之帝商是水德黑帝之精故云黑帝謂汁光紀也且以下云玄王故以黑帝言之以有娀是簡狄國名非簡狄之身言有娀方將不得爲簡狄長大故以爲禹敷下土之時有娀氏之國亦始廣大也有娀氏國之大小非復商家之事而言及之者君子言人之美務欲加之因其國實廣大見簡狄爲大國之女

猶大明之篇言摯莘也

玄王桓撥受小國是達受大國是達率履不越遂視既發

玄王契也桓大撥治履禮也箋云承黑帝而立子故謂契爲玄王遂猶徧也發行也玄王廣大其政治始堯封之商爲小國舜之末年乃益其土地爲大國皆能達其教令使其民循禮不得踰越乃徧省視之教令則盡行也○撥本末反韓詩作發發明也徧音遍下同治直吏反【疏】傳玄王至履禮○正義曰上言有娀生子此句卽言玄王故知玄王卽契也且國語云玄王勤商十四世而興玄王爲契明矣履禮釋言文公羊傳云撥亂世謂治亂世故以撥爲治也○箋承黑至盡行○正義曰箋以契不爲王玄又非謚解其稱玄王之意玄黑色之別以其承黑商立子故謂契爲玄王也以湯有天下而稱王契卽湯之始祖亦以王言之尙書武成云昔先王后稷國語亦云昔我先王后稷又曰我先王不窋韋昭云周之禘祫文武不先不窋故通謂之王商頌亦以契爲玄王是其爲王之祖故呼爲王非追號爲王也玄王廣大其政治正謂達其教令是也知堯封爲小國舜益爲大國者中候握河紀說堯云斯封稷契皐陶賜姓號是堯封之也考河命說舜之事云褒賜羣臣賞爵有功稷契皐陶益土地是舜益地爲大國也自殷以上大國百里握河紀注云稷契公也公卽周禮三公八命其出封加一等然則堯之封契已應百里便是土地之極而舜又益之者以其身有大功特加褒賜如周之賜魯衛之屬越禮特賜既賜之後不必止於百里而已率履不越文承是達之下明民從政化非契身率禮故云使其民循禮不得踰越偏省視之教令則盡行卽是達之驗也

相土烈烈海外有截

相土契孫也烈烈威也箋云截整齊也相土居夏后之世承契之業入爲王官之伯出長諸侯其威武之威烈烈然四海之外率服截爾整齊○相息亮反注相土皆同截才結反長張丈反【疏】箋截整至整齊○正義曰截者斬斷之義故爲齊也相土是昭明之子契之孫也故云居夏后之世承契之業契封商國相土嗣之止爲一國之君而已不得威行海外今云海外有截故知入爲王官之伯出長諸侯也僖四年左傳管仲說太公爲王官之伯云五侯九伯汝實征之以夾輔

周室是王官之伯分主東西得征其所職之方故得云威武烈烈然而四海之外截。而整齊分主東西則威加一面而已而云四海者不知所主何方故總舉四海言之截然整齊謂守其所職不敢內侵外畔也王肅云相土能繼契四海之外截然整齊而治言有烈烈之威則相土在夏為司馬之職掌征伐也說春秋者亦以太公為司馬之官故得征五侯九伯與鄭異也

帝命不違至于湯齊至湯與天心齊箋云帝命不違者天之所以命契之事世世行之其德。浸大至於湯而當天心○湯齊如字浸子鴆反

湯降不遲聖敬日躋昭假遲遲上帝是祇帝命式于九圍不。遲言疾也躋升也九圍九州也箋云降下假暇祇敬式用也湯之下士尊賢甚疾其聖敬之德日進然而以其德聰明寬暇天下之人遲遲然言急於己而緩於人天。命是故愛敬之也天於是又命之使用事於天下言王之也○日躋子兮反鄭注禮記讀上為湯躋讀此為日齊齊莊也假古雅反鄭云暇也徐云毛音格鄭音暇案王肅訓假為至格是王音也沈云鄭箋云寬暇以此義訓非。韓字也祇諸時反下士遐嫁反

疏帝命至九圍○正義曰上陳玄王相土論商興所由此下皆述成湯指言興事言天之所以命契之事自契之後世世行而不違失天心雖已漸大未能行同於天至於成湯而動合天意然後與天心齊也因說成湯之行湯之下士尊賢甚疾而不遲也其聖明恭敬之德日升而不退也以其聰明寬假天下之人遲遲然而舒緩也上天以是之故常愛敬之故天命之使用事於九州為天下王也○傳至湯與天心齊○正義曰言至湯者謂從契而至湯也自契以後雖則不違天命未能齊於天心至湯而與之齊以為漸大之意也上言帝命即云湯齊故知湯所與齊唯天心耳易稱聖人與天地合其德此之謂也傳以此為湯齊甚分明矣而孔子閑居注云詩讀湯齊為湯躋者言三家詩有讀為躋者也○箋帝命至天心○正義曰契无受命之事矣而云天命契者正謂授以上智之性使之佐舜有功建國於商德垂後裔是天所以命契之事也湯以孤聖獨與父祖未有王迹而云其德浸大者以言至於湯齊又為漸高之勢故述其意言浸大耳定本作浸

字其實相土至湯有令聞者唯其冥勤其官而水死耳其餘不能漸大也〇傳。升至九州〇正義曰躋升釋詁文謂九州爲九圍者蓋以九分天下各爲九處

規圍然故謂之九圍也〇箋降下至於人〇正義曰降下式用釋言文祗敬釋詁文假者假借之義故爲暇也湯爲天子而云湯降故知下者是下士尊賢也

晉。維宋公孫固說公子重耳之德引此詩乃云降有禮之謂也是亦以此爲下賢也寬暇天下之人謂不責人所不能馭之舒緩也待士則疾馭下則舒言其

急於己而緩於人也

受小球大球爲下國綴旒何天之休

球玉綴表旒章也箋云綴猶結也旒旌旗之垂者也休美也湯既爲天所命則受小玉謂尺二寸圭也受大玉謂珽也長三尺執圭搢珽以與諸侯會同結定其心如旌旗之旒。縿。著焉擔負天之美譽爲衆所歸鄉〇球音求美玉也下同綴陟劣反徐又張衛反毛云表也鄭云結也二同休虛虯反珽吐頂反天子玉笏長三尺杼上終葵首長直亮反縿所銜反著直略反鄉本亦作鄉許亮反下篇同

不競不絿不剛不柔敷政優優百祿是遒

絿急也優優和也遒聚也箋云競逐也不逐不與人爭前後〇絿音求徐音虯遒子由反又在由反

疏

受小球至是遒〇毛以爲上言用事九圍此言用事大之實湯之用事也受小球玉謂尺二寸之鎮圭也大球玉謂三尺之珽也受此二玉以作天子爲下國諸侯之表章能荷負天之美譽也又述湯之行能致美譽之由湯之性行不爭競不急躁不大剛猛不大柔弱舉事。其得其中敷陳政教則優優而和美以此之故百衆之祿於是聚而歸之福祿聚歸能荷之也鄭唯下國綴旒爲異言湯受二玉與諸侯而會同諸侯心繫天子如旌旗之旒縿著於縿餘同〇傳球玉至旒章〇正義曰禹貢雍州厥貢球琳琅玕是球爲玉之名也綴之爲表其訓未聞冕之所垂及旌旗之飾皆謂之旒旒者所以章明貴賤故爲章也〇箋綴猶至著焉〇正義曰內則云衣裳綻裂紉箴請補綴是綴爲連結之義也又襄十六年公羊云君若贅旒然言諸侯反繫屬於大夫也此言綴旒文與彼同明以旌旗爲喻故易傳以綴猶結也旒爲旌旗之垂也秋官大行人及考工記說旌旗之事皆云九旒七旒爾

雅說旌旗云練旒九是旌旗垂者名爲旒也言受小玉大玉者此小玉大玉是天子之器非爲天子不得執用湯既爲天所命則得用之是受之於天故言受也知小玉謂尺二寸圭大玉謂珽長三尺者考工記玉人云大圭長三尺杼上終葵首天子服之鎮圭尺有二寸天子守之所服所守唯此二玉故知也春官典瑞云王搢大圭執鎮圭藻五采五就以朝日覲禮云天子乘龍載大旂象日月升龍降龍出拜日於東門之外反祀方明注云此謂會同以春者也引朝事儀曰天子冕而執鎮圭尺有二寸乘大輅率諸侯朝日於東郊所以教尊尊也退而見諸侯由此而言知朝日與諸侯會同俱是執圭搢珽今言受小玉大玉卽云爲下國綴旒故知執圭搢珽與諸侯會同結定其心如旌旗之旒縿結著焉也定本云如旌旗之縿旒。者焉此言執圭搢珽而玉人云天子執冒四寸以朝諸侯者此謂國外會同彼謂在國受朝也故玉人注云名玉曰冒者言其德能覆冒天下也四寸者方以尊接卑以小爲貴是爲在國受朝下諸侯故執冒也

受小共大共爲下國駿厖何天之龍共法駿大厖厚龍和也箋云共執也小共大共猶所執搢小球大球也駿之言俊也龍當作寵寵榮名之謂○小共大共毛音恭鄭音拱執也一云毛亦音拱駿音峻鄭俊俊也又一云毛亦作俊讀厖莫邦反徐云鄭音武講反是叶拱及寵韻也龍毛如字鄭作寵

敷奏其勇不震不動不戁不竦百祿是總。戁恐竦懼也箋云不震不動不可驚憚也○傳音孚本亦作敷戁奴版反竦小勇反總子孔反本又作鬷音宗恐曲勇反憚末丹反

【疏】受小至是總○毛以爲此又言成湯之用事也受小玉之法受大玉之法施之諸侯成諸侯之性行爲下國之大純厚能荷負天之和道也又述成湯之行能荷天之和道所由湯之陳進其勇不可震不可動不戁恐不竦懼所征無敵克平天下百衆之祿於是總聚而歸之故能荷天之和道也○鄭以爲此又覆述上章言湯受小玉而執之受大玉而執之執此二玉與諸侯會同爲下國作英俊厚德之君能荷負天之榮寵餘同○傳共法至寵和○正義曰傳讀共爲恭敬之恭故爲法也駿大厖厚釋詁文龍之爲和其訓未聞言小法大

法正謂執圭搢珽與諸侯爲法也言爲下國大厚謂成其志性使大純厚也王肅云言湯爲之立法成下國之性使之大厚乃荷任天之和道也○箋共執至之謂○正義曰拱執釋詁文以此章文類於上玉必以手執之故易傳以爲小拱大拱猶所執搢小球大球也大球寶搢之而言執者將搢亦執故同言拱也又以上言綴旒爲諸侯之所繫屬則知此言駿厖亦是諸侯之言天子故讀駿爲俊言成湯與諸侯作英俊厚德之君也又荷天之龍與上荷天之休其文相值。採爲美譽則此宜爲榮名且韻宜爲寵故易之也

武王載旆有虔秉鉞如火烈烈則莫我敢曷

武王湯也旆旗也虔固曷害也箋云有之言又也上既美其剛柔得中勇毅不懼於是有武功有王德及建旆興師出伐又固持其鉞志在誅有罪也其威勢如猛火之炎熾誰敢禦害我○旆蒲具反鉞音越中張仲反

苞有三櫱莫遂莫達九有有截

苞本櫱餘也箋云苞豐也天豐大先三正之後世謂居以大國行天子之禮樂然而無有能以德自遂達於天者故天下歸鄉湯九州齊。一截然○櫱五葛反韓詩云色也

韋顧既伐昆吾夏桀

有韋國者有顧國者有昆吾國者箋云韋豕韋彭姓也顧昆吾皆己姓也三國黨於桀惡湯先伐韋顧克之昆吾夏桀則同時誅也○韋顧二國名也漢書古今人表作韋鼓己音紀又音杞

【疏】武王至夏桀○。以爲上言成湯進勇此述爲勇之事有有武功有王德之成湯載其旆旗以出征伐又能固執其鉞志在誅殺有罪其威勢嚴猛如火之炎熾烈烈然曾無於我成湯敢害之者又述成湯得衆之由。克。伐既滅封其支子爲王者之後猶樹木既斬其根本更有櫱生之條言夏桀與二王之後根本之上有三種櫱餘承藉雖重必無德行莫有能以行申遂天意者莫能以德自達於天者天下諸國無所歸依故九州諸侯截然齊整一而歸湯也九州諸國既盡歸湯唯有韋顧昆吾黨桀爲惡成湯於是恭行天罰韋顧二國既已伐之又伐昆吾之與夏桀羣惡既盡天下鄭清成湯於是乃即真爲天子○鄭唯以苞爲豐言天豐有三正之餘使爲大國而不能遂達故九州歸湯餘同○傳苞本櫱餘○正義曰易稱繫于苞桑謂

桑本故以苞爲本盤庚云若顛木之有由櫱謂本根已。順更生枝餘故云櫱餘也言本有三餘謂上世受命創基之君爲之本當時二王之後及今夏桀是其餘餘也其意與箋言三正之後亦同○箋苞豐至截然○正義曰苞豐釋詁文以此詩之旨言國之大者不得天意故使諸國一時歸湯而云豐有三櫱櫱者樹木於根本之上更生枝餘之名則知三櫱皆諸帝王之後也郊特牲稱王者存二代之後猶尊賢也尊賢不過二代則是先代有二與今王爲三也故云天豐大先三正之後世謂居以大國行天子之禮樂也三正者謂夏與唐虞也正朔三而改夏以建寅爲正則舜當以建子堯當以建丑是之謂三正也桀爲天子與二王之後尊卑不類但三者俱得行其正朔故與桀同稱三也以三者承藉餘緒國大禮盛宜爲天下所歸而不能以德自達故天下歸湯美湯以小國而得天意也莫達謂不能以德自達則莫遂謂不能以行申遂天意也○箋韋豕至時誅○正義曰鄭語云祝融其後八姓。不歷數之己姓昆吾顧溫彭姓豕韋則商滅之矣故知韋即豕韋彭姓也顧與昆吾皆己姓也鄭語又云豕韋爲商伯此已滅之又得爲商伯者成湯伐之不滅其國故子孫得更興爲伯也爲湯所伐明與桀同心故知三國黨於桀惡昆吾夏桀共文在既伐之下故知先伐韋顧克之昆吾夏桀則同時誅昆吾與桀亦是成湯伐之而不言伐者以上句言既伐足明下句亦是伐作文之體句有所施以其足相發明不須更言伐也禮器云湯放桀武王伐紂時也則桀放而不誅而云同時誅者對則誅放有異散文則放之遠方亦爲誅也昭十八年左傳云二月乙卯周毛得殺毛伯過萇弘曰毛得必亡是昆吾稔之日也。侈故之以言昆吾以乙卯日亡也。是吾與桀同日誅則桀亦以乙卯日亡也故檀弓注云桀以乙卯亡則亡日必是乙卯未知何月也

昔在中葉有震且業允也天子降予卿士葉世也業危也箋云中世謂相土也震猶威也相土始有征伐之威以爲子孫討惡之業湯遵而興之信也天命而子之下予之卿士謂生賢佐也春秋傳曰畏君之震師徒橈敗○中如字又張仲反橈女教反一音女卯反亂也

實維阿衡實左右商王阿衡伊尹也左右助

也箋云阿倚衡平也伊尹湯所依倚而取平故以爲官名商王湯也○左音佐注同右音又注同倚於綺反下同疏昔在至商王○毛以爲既言成湯伐桀又上本未興之時及得臣之助云昔在中間之世謂成湯之前商爲諸侯之國有震懼而且危怖矣至於成湯乃有聖德言實也上天子而愛之下大賢之人予之使爲卿士此卿士者實爲阿衡之官實佐助我成湯故能克桀而有天下此皆上天之力高宗祭又得禮故因大禘之祭述而歌也○鄭以爲昔在中世謂相土之時有征伐之威且爲子孫討惡之業故成湯亦遵用其道皇天子而愛之餘同○箋中世至橈敗○正義曰傳以業爲危則湯未興之前國弱而危懼也箋易之者以此篇上述玄王相土言至湯而齊於天心則是自契以來作漸盛之勢不應於此方言上世衰弱故易傳也以上言相土烈烈威服海外是相土有征伐之威爲子孫討惡之業也所引春秋傳者成二年左傳文引之者證震得爲威之義○傳阿衡至右助○正義曰以言左右商王則是功最大者成湯佐命之臣唯伊尹耳故知阿衡是伊尹也伊是其氏尹正也言其能正天下故謂之伊尹阿衡則其官名也君奭曰在昔成湯既受命時則有若伊尹格于皇天在太甲時則有若保衡格于上帝注云伊尹名摯湯以爲阿衡至太甲改曰保衡阿衡保衡皆公官然則伊尹摯阿衡保衡一人也彼注阿衡爲公官此言卿士者三公兼卿士也

長發七章一章八句四章章七句一章九句一章六句

殷武祀高宗也疏殷武六章首章六句二章七句三章五句四章五章章六句卒章七句至高宗○正義曰殷武詩者祀高宗之樂歌也高宗前世殷道中衰宮室不脩荆楚背叛高宗有德中興殷道伐荆楚脩宮室既崩之後子孫美之詩人追述其功而歌此詩也經六章首章言伐楚之功二章言責楚之義三章四章五章述其告曉荆楚卒章言其脩治寢廟皆是高宗生存所行故於祀而言之以美高宗也

撻彼殷武奮伐荆楚

罙。入其阻裒荊之旅

撻疾意也殷武殷王武丁也荊楚荊州之楚國也罙深裒聚也箋云有鐘鼓曰伐罙冒也殷道衰而楚人叛高宗撻然奮揚威武出兵伐之冒入其險阻謂踰方城之險克其軍率而俘虜其士衆○撻他達反韓詩云達也罙面規反說文作罙從內米云冒也阻莊呂反險也裒蒲侯反冒莫報反下同險於懈反窖也俘音孚囚也

有截其所湯孫之緒

箋云緒業也所猶處也高宗所伐之處國邑皆服其罪更自敕整截然齊壹是乃湯孫大甲之等功業○處昌慮反下同

【疏】撻彼至之緒○毛以為撻然而疾者彼殷王之武丁也又言其疾之意乃能奮揚其威武往伐荊楚之國深入其險阻之內聚荊國之人衆俘虜而以歸也既伐楚克之則無往不服有截然而齊整者其高宗往伐之處所是高宗之功乃湯之為人子孫之業也美高宗之伐與湯同也鄭以罙為冒又以湯孫之緒為太甲之等功業高宗之功與太甲之等同也餘同○傳撻疾至裒聚○正義曰撻疾是速疾之意言伐楚之疾也述高宗而言殷武故知是殷王武丁也定本直云殷武武丁也荊是州名楚是國名故云荊州之楚也周有天下始封熊繹為楚子於武丁之世不知楚君何人也罙者深入之意故為深也裒聚釋。詁○箋有鐘至士衆○正義曰有鐘鼓曰伐莊二十九年左傳文以其遠入險阻宜為冒突之義故易傳為冒也僖四年左傳稱楚大夫屈完對齊桓公曰楚國方城以為城漢水以為池雖君之衆無所用之服虔云方城山也漢水名皆楚之險塞耳今言冒入其阻故知踰方城之險戰勝必當俘虜言聚荊之旅故知俘虜其士衆也○箋緒業至功業○正義曰釋詁云業緒也反覆相訓緒得為業是乃湯孫太甲之等功業言高宗此功同於太甲之等殷之諸賢王之功也太甲以下皆是湯孫故言之等以包之傳於那篇言湯孫者湯為人子孫則此亦當然故王肅云於所伐截然大治是湯為人子孫之業大武丁之伐與湯同

維女荊楚居國南鄉昔有成湯自彼氏羌莫敢不來享莫敢不來王曰商。是常

鄉所也箋云氏羌夷狄國在西方者也享獻也世見曰王維女楚國近在荊州之域居中

國之南方而背叛乎成湯之時乃氏羌遠夷之國來獻來見曰商王是吾常君也此所用責楚之義女乃遠夷之不如〇氏都啼反世見賢遍反而背音佩
【疏】箋氏羌至不如〇正義曰氏羌之種漢世仍存其居在秦隴之西故知在西方者也享獻釋詁文氏羌遠夷一世而一見於王以經言來故解之云世見
曰來王秋官大行人云九州之外謂之藩國世一見謂其國父死子繼及嗣王即位乃來朝是之謂世見也言維汝荊楚則是以言告楚故知此所用責楚之
義謂未伐之前先以此言告之但此詩主美伐功故上章先言伐事此章盡五章。以。來。更本其告責之禮耳
天命多辟設都于禹之績歲事來辟勿予禍適稼穡匪解
辟君適過也箋云多衆也來辟猶來王也天命乃令天下衆君諸侯立都於禹所治之功以歲時來朝覲於我殷王者勿罪過與之禍適徒敕以勸民稼穡非可解倦時楚不脩諸侯之職此所用告曉楚之義也禹平水土弼成五服而諸侯之國定是以云然〇多辟音璧下同注放此王音辟邪也適直革反徐張革反注同韓詩云數也解音懈注同朝直遙反
【疏】天命至匪解〇正義曰此亦責楚之辭言上天之命乃令天下衆君諸侯建設都邑於禹所治功處謂布在九州也常以歲時行朝覲之事來見君王我殷王勿予之患禍不責其罪過唯告之以勸民稼穡之事非得有解惰而已王者之待諸侯其義如此而汝何得不脩諸侯之職不來朝見王也〇箋禹平至云然〇正義曰箋以諸侯之立其來久矣非由禹治洪水始建都邑而云設都於禹之績故作此言以解之皐陶謨云禹曰予惟荒度土功弼成五服至于五千注云荒奄也奄大九州四海之土敷土既畢廣輔五服而成之至於面各五千里四面相距為萬里堯制五服服各五百里要服之內四千里曰九州其外荒服曰四海禹所弼五服之殘數亦每服者。合五百里故有萬里之界焉又禹貢云五百里甸服每言五百里一服者是堯舊服每服之外更言三百里二百里者是禹所弼之殘數也堯之五服服五百里耳禹平水土之後每服更以五百里輔之是五服服別千里故一面而為差至於五千也賈逵馬融之說尚書云甸服之外每百里為差所納總銍秸粟

米者是甸服之外特爲此數其侯服之外每言三百二百里者還就其服之內別爲名耳非是服外更有其地也史記司馬遷說以爲諸小數者皆是五百里服之別名大界與堯不殊四面相距爲五千里耳王肅注尚書總諸義而論之云賈馬既失其實鄭玄尤不然矣禹之功在於平治山川不在於拓境廣土土地之廣三倍於堯而書傳無稱焉則鄭之創造難可據信漢之孝武疲弊中國甘心夷狄天下戶口至減太半然後僅開緣邊之郡而已禹方憂洪水三過其門而不入未暇以征伐爲事且其所以爲服之名輕重顛倒遠近失所難得而通先王規方千里以爲甸服其餘均平分之公侯伯子男使各有實宇而使甸服之外諸侯皆入禾藁非其義也史遷之旨蓋得之矣如肅之難非無理也鄭不然者何哉將以山川帶地土境不移前聖後聖義終一揆禹之所導山川也西被流沙東漸滄海南距衡山之陽北臨碣石之北經塗所宜萬有餘里若其所弼五服唯極五千而遠遊夷狄之表勞功荒服之外復何爲哉又周公制禮作爲九服蠻畿之內尚至七千舜禹之功不應劣於周世何由土境蹙促三倍狹於周世又外傳稱禹會諸侯于塗山執玉帛者萬國執玉帛者唯中國耳若要服之內唯止四千率以下等計之正容六千餘國況諸侯之大地方百里三等分土纔至數千安得有萬國之言乎唐堯之初協和萬國於時境界蓋應廣矣至於洪水滔天。烝民不粒土地既削國數亦減故五服之界纔至五千洎乎禹治洪水地平天成災害既除大制疆域固當復其故地而至五千何云不在於拓境廣土也若云大禹之功不在拓境廣土則武王周公之功豈專以境界爲事而能使要服之內有七千里乎且經稱弼成五服至於五千若五服之廣猶是堯之舊制何弼成之有乎而稱之以爲功也凡言至於者皆從此到彼之辭明是自京師而至於四境爲五千耳若其四面相距爲五千則設文從何而往而言至於哉漢之孝武德非聖人乘其六世之資而與夷狄角力及開緣邊之郡境界踰於萬里何由舜禹之境纔至五千此乃所以爲證非所以爲難也肅意將謂大禹之德不逮於漢武乎何其取譬之非類也先王作法遭時制宜甸服之外去京未遠使入禾藁復何傷乎而云非其義也鄭以尚書之文上下

相校禹稱弼成五服至於禹貢曆數服名正合五千之數參之以周漢之域驗之於山川之圖則廣萬里爲得其實故不從賈馬別爲此說天命降

監下民有嚴不僭不濫不敢怠遑命于下國封建厥福嚴敬也不僭不濫賞不僭刑不濫也封大也箋云降下遑暇也天命乃下視下民有嚴明之君能明德慎罰不敢怠惰自暇於政事者則命之於小國以爲天子大立其福謂命湯使由七十里王天下也時楚僭號王。仰此又所用告曉楚之義○僭子念反王天下于況反

【疏】傳嚴敬至封大○正義曰嚴敬釋詁文襄二十六年左傳曰善爲國者賞不僭刑不濫賞僭懼及淫人刑濫懼及善人彼文又引此詩故知不僭不濫謂賞不僭差刑不濫溢也定四年左傳曰吳爲封豕長蛇是封爲大之義○箋降下至之義○正義曰降下遑暇釋言文明德慎罰康誥文中候契握。曰若稽古王湯既受命興由七十里起孟子所云湯以七十里文王以百里案契爲上公受封舜之末年又益以土地則當爲大國過百里矣而成湯之起止由七十里蓋湯之前世有君衰弱土地減削故至於湯時止有七十里耳以此經責楚之辭而說成湯有明德而王天下矣明是於時楚僭慢王位故告曉之

商邑翼翼四方之極赫赫厥聲濯濯厥靈壽考且寧以保我後生商邑京師也箋云極中也商邑之禮俗翼翼然可則傚乃四方之中正也赫赫乎其出政教也濯濯乎其見尊敬也王乃壽考且安以此全守我子孫此又用商德重告曉楚之義○重直用反

【疏】商邑至後生○正義曰此又責楚之辭言商王之都邑翼翼然皆能禮讓恭敬誠可法則乃爲四方之中正也赫赫乎顯盛者其出政教之美聲也濯濯乎光明者其見尊敬如神靈也故商王得壽考且又安寧以保守我後嗣所生子以我商家之德盛明如此汝何故敢背叛不從我化乎以楚不識商之明德故告曉之

陟彼景山松柏丸丸是斷是遷方斲是虔松桷有梴。旅楹有閑寢成孔安丸丸易直也遷徙虔敬也梴長貌旅陳也寢路寢也箋云椹謂之虔升景山掄材木取松

柏易直者斲而遷之正斲於椹上以爲桷與衆楹路寢既成王居之甚安謂施政教得其所也高宗之前王有廢政教不脩寢廟者高宗復成湯之道故新路寢焉○斷音短注同斲陟角反說文云斫也虔其連反爾雅作榩桷音角梴丑連反又力纏反柔梴物同耳字音。纏俗。作易以豉反下同椹陟金反掄魯門反擇也沈音倫理也【疏】陟彼至孔安○毛以爲高宗前王有廢於政教不脩寢廟者高宗既伐荊楚四方無事乃使人升彼大山之上觀松柏之木丸丸然易直者於是斬斷之於是遷徙之又方正而斲之於是之時工匠皆敬其事不惰慢也以松爲屋之榱桷有梴然而長陳列其楹有閑然而大及寢室既成王居之而甚安矣美其能脩治寢廟復故法也○鄭以榩。又爲椹言正斲於椹上又以旅爲衆唯此爲異餘同○傳丸丸至路寢○正義曰易直者言其滑易而調直也徙謂徙之來歸也虔敬旅陳釋詁文桷者椽也椽以長爲善故梴爲長貌王之所居路寢是寢之尊者故知謂路寢也箋。云不解閑義梴爲桷之長貌則閑爲楹之大貌○王肅云桷楹以松柏爲之言無彫鏤也陳列其楹有閑大貌○箋椹謂至寢焉○正義曰椹謂之榩釋宮文孫炎曰椹斲材質也以其方論斲所楹桷不宜言敬故易傳也地官山虞云凡邦工入山掄材不禁注云掄猶擇也此經丸丸之文在斲遷之上是謂擇取易直者故言升景山掄材木也言爲桷與衆楹則訓旅爲衆也以其方始斲之未宜已爲陳列故易傳也居寢所以行政政不得所王者不安故知居之甚安謂施政教得其所也今美高宗之能脩寢廟明是前王有廢政教不脩寢廟者也案殷本紀盤庚崩弟小辛。崩弟小乙立崩子武丁立盤庚始遷於殷明即爲寢廟其不脩者蓋小辛小乙耳未知誰世故不斥言經止有寢耳箋幷言廟者君子將營宮室宗廟爲先明亦脩廟故連言之經無廟者詩人之意主美寢也

殷武六章三章章六句二章章七句一章五句

那五篇十六章百五十四句

附釋音毛詩注疏卷第二十（二十之四）

毛詩注疏校勘記(二十之四)

阮元撰盧宣旬摘録

○長發

歷更前世有功之祖　閩本明監本同毛本更作陳案所改是也

赤則赤摽怒　閩本明監本毛本同案浦鏜云熛誤摽是也

黄則含樞細　閩本同明監本毛本細作紐案所改是也

易緯稱王王之郊　閩本明監本毛本同案山井鼎云上王恐三誤是也

諸稱三王有受命中興之功　閩本明監本毛本同案浦鏜云譜誤諸是也

幅隕既長　唐石經小字本相臺本同閩本同考文古本同明監本毛本隕誤幀

隕當作圓　相臺本同閩本明監本毛本同小字本圓作員案正義云鄭以隕爲圓是其本作圓也釋文云作圓音還又音圓考圓卽圓之正字考工記注云故書圜或作員當作圜其證也羣書圜圓員不一

王知音智　補通志堂本盧本並無王字案當是下王天下王字誤在上

天下于況反　補通志堂本盧本並作王天下于況反案天下上當有王字此誤在前知音智上

禹平治水土　閩本明監本毛本同案禹當作内形近之譌

上須言契而已閩本明監本毛本同案上當作止形近之譌

以其承黑商立子閩本明監本毛本同案山井鼎云商恐帝誤是也

國語亦云昔我先王后稷閩本明監本毛本同案先王浦鏜云周語作先世非也國語本作昔我先王世后稷誤本乃無王字耳正義所引當亦王世兩有而緜正義引云昔我先世后稷各少一字

文武不先不窋閩本明監本毛本上不字誤之窋誤窟案上文我先王不窋十行本已誤窟閩本以下同

故爲齊也閩本明監本毛本同案齊上浦鏜云脫整字是也

截而整齊閩本明監本毛本同案浦鏜云而箋作爾此譌是也

其德浸大小字本相臺本同案釋文云浸大子鴆反正義云定本作浸字如其所言非爲異本當有誤也意必求之或正義本是漸字正義云雖已漸大又云以爲漸大之意也又云其餘不能漸大也當是本此箋文又云而云其德浸大者又云故述其意言浸大耳二浸字依經注本之所改也○按古浸寖同字容是一本作寖耳

不違言疾也補毛本違作遟案遟字是也

天命是故愛敬之也閩本明監本毛本同小字本相臺本命作用案用字是也

非韓字也補釋文挍勘通志堂本同盧本韓作改云改舊譌韓非也案小字本所附亦如此韓當作形近之譌

以其聰明寬假天下之人 閩本明監本毛本假作暇案所改是也

傳升至九州 閩本明監本毛本同案升上當脫躋字

晉維宋公孫固也 閩本明監本固誤因毛本不誤案山井鼎云維恐語誤是

如旋旗之旒縿著焉 小字本相臺本同案正義云定本云如旋旗之縿旒者焉釋文云旒縿所銜反著焉直略反是釋文本與正義本同也此箋當讀旒字略逗縿著焉三字爲句定本非是○按爾雅及周禮注正幅曰縿旒著於正幅之旁然則當云旋旗之縿旒著焉正義本非

舉事其得其中 閩本明監本毛本上其字作甚案所改非也此具字之誤

如旋旗之縿旒者焉 閩本明監本毛本者誤首○按依定本上縿下旒爲是者字亦是著字之譌也直略反

敷奏其勇 唐石經小字本相臺本同案釋文云傅奏音孚本亦作敷正義本未有明文今無可考大戴禮所引是傅字此亦如尚書敷納敷土敷淺原多引作傅也

百祿是總 唐石經小字本相臺本同案釋文云是總子孔反本又作鬷音宗正義標起止云至是總是其本作總字鬷總烈祖正義以爲古今字也

○按此當鬷字爲長淺人以總字與上文三上聲相叶而輒改耳

戁恐竦懼也 小字本相臺本同案釋文以恐也作音是其本多也字考文古本有亦采釋文耳

採爲美譽 補案採當作休毛本不誤

九州齊一截然閩本明監本毛本同小字本相臺本一作壹考文宋板同

○以爲上言成湯進勇也閩本明監本毛本同案浦鏜云以上當脫毛字是

克伐旣滅以封支子閩本明監本毛本同案克伐當作先代形近之譌

謂本根已順明監本毛本順作顛閩本作顧案顛字是也

不歷數之閩本明監本毛本同案浦鏜云下誤不是也

移故之以補閩本明監本毛本同案移當作侈形近之譌

是吾與桀補毛本是作昆案昆字是也

言實也上天子而愛之閩本明監本毛本同案浦鏜云言疑信字譌是也實當衍字此以信也說經允也浦屬上句讀者誤

○殷武

撻彼殷武小字本相臺本同唐石經自撻彼起下至設都止五行每行十二字案此葢去上序一行從後改入故變而每行多二字也

冞入其阻詳詩經小學唐石經小字本相臺本同閩本明監本毛本冞誤罙案依字當作罙

裒聚釋詁○閩本明監本毛本詁下有文字案所補是也

曰商是常小字本相臺本同唐石經商下旁添王字案旁添誤也箋云曰商王是吾常君也王字是箋文而非經文也

謂之藩國閩本明監本毛本藩作蕃案所改非也藩卽蕃字耳○按依說文藩是正字

此章盡五章以來更本其告責之禮耳明監本毛本以來更誤敘未伐閩本更誤史以來不誤

亦每服者合五百里閩本明監本毛本同案浦鏜云合當各之誤是也

經塗所宜閩本明監本毛本同盧文弨云宜疑直嚴杰云亦非也此用蜀都賦經塗所亙五千餘里之句亙居鄧切竟也

丞民不粒閩本同明監本毛本丞作烝案所改是也

時楚僭號王仰閩本同小字本相臺本仰作位明監本毛本同案位字是也正義云明是於時楚僭慢王位或其本是慢字然無明文也考文古本作慢采正義

中候契握曰若稽古王湯閩本明監本毛本同案曰字當重而誤脫其一

松桷有梴唐石經小字本相臺本同案釋文云梴丑連反又力鱣反長貌柔梴物同耳字音羶俗作埏段玉裁云釋文柔挺物同耳老子音義曰挻字林云長也丑連反又一曰柔挻合此二音義觀之則毛詩本作挻而說文木部挻字恐後人羼入今考正義云有梴然而長五經文字木部云梴長貌見詩頌其本字皆從木唐石經之所本也釋文舊多誤當正詳後考證

字音鱣補釋文挍勘通志堂本盧本同按小字本所附作羶不誤

俗作補釋文挍勘記通志堂本同盧本作下有埏字云埏字舊無今補白帖卷一百引詩松桷有埏則唐時本有俗從土者案段玉裁云是也今考

小字本此十行本所附皆作下更無字當是釋文舊如此矣

鄭以樓又爲椹閩本明監本毛本同案浦鏜云又疑衍字是也經及箋作虔正義作樓虔樓古今字易而説之也例見前

箋云不解閑義閩本明監本毛本同案云當作亦形近之譌

弟小辛崩閩本同明監本毛本辛下有立字案所補是也